经贸院七

转徐荷东

贺教方印

泰政文问项目

心星云题

李智媒
哪州方八

教育部哲学社会科学研究重大课题攻关项目

改革开放以来马克思主义在中国的发展

THE DEVELOPMENT OF MARXISM IN CHINA SINCE THE REFORM AND OPENING UP

顾钰民 等著

经济科学出版社
Economic Science Press

图书在版编目（CIP）数据

改革开放以来马克思主义在中国的发展/顾钰民等著.
—北京：经济科学出版社，2012.11
（教育部哲学社会科学研究重大课题攻关项目）
ISBN 978-7-5141-2430-9

Ⅰ.①改… Ⅱ.①顾… Ⅲ.①马克思主义-发展-研究-中国 Ⅳ.①D61

中国版本图书馆 CIP 数据核字（2012）第 218916 号

责任编辑：程晓云
责任校对：徐领柱
版式设计：代小卫
责任印制：邱　天

改革开放以来马克思主义在中国的发展
顾钰民　等著
经济科学出版社出版、发行　新华书店经销
社址：北京市海淀区阜成路甲 28 号　邮编：100142
总编部电话：88191217　发行部电话：88191537
网址：www.esp.com.cn
电子邮件：esp@esp.com.cn
北京中科印刷有限公司印装
787×1092　16 开　31 印张　570000 字
2012 年 11 月第 1 版　2012 年 11 月第 1 次印刷
ISBN 978-7-5141-2430-9　定价：77.00 元
（图书出现印装问题，本社负责调换。电话：88191502）
（版权所有　翻印必究）

课题组主要成员

（按姓氏笔画为序）

| 孙　谦 | 肖　巍 | 吴晓明 | 吴海江 | 余源培 |
| 陈学明 | 郎秀云 | 顾钰民 | 钱箭星 | 徐　蓉 |

编审委员会成员

主　任　孔和平　罗志荣
委　员　郭兆旭　吕　萍　唐俊南　安　远
　　　　　文远怀　张　虹　谢　锐　解　丹
　　　　　刘　茜

总 序

哲学社会科学是人们认识世界、改造世界的重要工具，是推动历史发展和社会进步的重要力量。哲学社会科学的研究能力和成果，是综合国力的重要组成部分，哲学社会科学的发展水平，体现着一个国家和民族的思维能力、精神状态和文明素质。一个民族要屹立于世界民族之林，不能没有哲学社会科学的熏陶和滋养；一个国家要在国际综合国力竞争中赢得优势，不能没有包括哲学社会科学在内的"软实力"的强大和支撑。

近年来，党和国家高度重视哲学社会科学的繁荣发展。江泽民同志多次强调哲学社会科学在建设中国特色社会主义事业中的重要作用，提出哲学社会科学与自然科学"四个同样重要"、"五个高度重视"、"两个不可替代"等重要思想论断。党的十六大以来，以胡锦涛同志为总书记的党中央始终坚持把哲学社会科学放在十分重要的战略位置，就繁荣发展哲学社会科学做出了一系列重大部署，采取了一系列重大举措。2004年，中共中央下发《关于进一步繁荣发展哲学社会科学的意见》，明确了新世纪繁荣发展哲学社会科学的指导方针、总体目标和主要任务。党的十七大报告明确指出："繁荣发展哲学社会科学，推进学科体系、学术观点、科研方法创新，鼓励哲学社会科学界为党和人民事业发挥思想库作用，推动我国哲学社会科学优秀成果和优秀人才走向世界。"这是党中央在新的历史时期、新的历史阶段为全面建设小康社会，加快推进社会主义现代化建设，实现中华民族伟大复兴提出的重大战略目标和任务，为进一步繁荣发展哲学社会科学指明了方向，提供了根本保证和强大动力。

高校是我国哲学社会科学事业的主力军。改革开放以来，在党中央的坚强领导下，高校哲学社会科学抓住前所未有的发展机遇，紧紧围绕党和国家工作大局，坚持正确的政治方向，贯彻"双百"方针，以发展为主题，以改革为动力，以理论创新为主导，以方法创新为突破口，发扬理论联系实际学风，弘扬求真务实精神，立足创新、提高质量，高校哲学社会科学事业实现了跨越式发展，呈现空前繁荣的发展局面。广大高校哲学社会科学工作者以饱满的热情积极参与马克思主义理论研究和建设工程，大力推进具有中国特色、中国风格、中国气派的哲学社会科学学科体系和教材体系建设，为推进马克思主义中国化，推动理论创新，服务党和国家的政策决策，为弘扬优秀传统文化，培育民族精神，为培养社会主义合格建设者和可靠接班人，做出了不可磨灭的重要贡献。

自2003年始，教育部正式启动了哲学社会科学研究重大课题攻关项目计划。这是教育部促进高校哲学社会科学繁荣发展的一项重大举措，也是教育部实施"高校哲学社会科学繁荣计划"的一项重要内容。重大攻关项目采取招投标的组织方式，按照"公平竞争，择优立项，严格管理，铸造精品"的要求进行，每年评审立项约40个项目，每个项目资助30万~80万元。项目研究实行首席专家负责制，鼓励跨学科、跨学校、跨地区的联合研究，鼓励吸收国内外专家共同参加课题组研究工作。几年来，重大攻关项目以解决国家经济建设和社会发展过程中具有前瞻性、战略性、全局性的重大理论和实际问题为主攻方向，以提升为党和政府咨询决策服务能力和推动哲学社会科学发展为战略目标，集合高校优秀研究团队和顶尖人才，团结协作，联合攻关，产出了一批标志性研究成果，壮大了科研人才队伍，有效提升了高校哲学社会科学整体实力。国务委员刘延东同志为此做出重要批示，指出重大攻关项目有效调动各方面的积极性，产生了一批重要成果，影响广泛，成效显著；要总结经验，再接再厉，紧密服务国家需求，更好地优化资源，突出重点，多出精品，多出人才，为经济社会发展做出新的贡献。这个重要批示，既充分肯定了重大攻关项目取得的优异成绩，又对重大攻关项目提出了明确的指导意见和殷切希望。

作为教育部社科研究项目的重中之重，我们始终秉持以管理创新服务学术创新的理念,坚持科学管理、民主管理、依法管理,切实增强服务意识,不断创新管理模式,健全管理制度,加强对重大攻关项目的选题遴选、评审立项、组织开题、中期检查到最终成果鉴定的全过程管理,逐渐探索并形成一套成熟的、符合学术研究规律的管理办法,努力将重大攻关项目打造成学术精品工程。我们将项目最终成果汇编成"教育部哲学社会科学研究重大课题攻关项目成果文库"统一组织出版。经济科学出版社倾全社之力,精心组织编辑力量,努力铸造出版精品。国学大师季羡林先生欣然题词:"经时济世 继往开来——贺教育部重大攻关项目成果出版";欧阳中石先生题写了"教育部哲学社会科学研究重大课题攻关项目"的书名,充分体现了他们对繁荣发展高校哲学社会科学的深切勉励和由衷期望。

创新是哲学社会科学研究的灵魂,是推动高校哲学社会科学研究不断深化的不竭动力。我们正处在一个伟大的时代,建设有中国特色的哲学社会科学是历史的呼唤,时代的强音,是推进中国特色社会主义事业的迫切要求。我们要不断增强使命感和责任感,立足新实践,适应新要求,始终坚持以马克思主义为指导,深入贯彻落实科学发展观,以构建具有中国特色社会主义哲学社会科学为己任,振奋精神,开拓进取,以改革创新精神,大力推进高校哲学社会科学繁荣发展,为全面建设小康社会,构建社会主义和谐社会,促进社会主义文化大发展大繁荣贡献更大的力量。

教育部社会科学司

摘要

本书稿由五部分构成。

第一篇为改革开放与马克思主义在中国的发展。该篇讨论了中国为什么要改革开放，以及改革开放以来马克思主义在中国发展的时代背景；"改革开放是决定中国命运的一招"，也是中国实现社会主义现代化的新动力；我们运用"世界历史"的眼光，既不割断历史，又不迷失方向，既不落后于时代，不超越阶段，用我们的发展向世界证明马克思主义的真理性。

第二篇为当代中国马克思主义的重大课题与发展战略。该篇讨论了新时期马克思主义中国化的重大课题、经验启示以及改革开放以来的中国发展战略；当代中国马克思主义，探索和回答什么是马克思主义，怎样对待马克思主义？什么是社会主义、怎样建设社会主义？建设什么样的党、怎样建设党？实现什么样的发展、怎样发展等重大理论和实际问题，并在今天凝练出科学发展和谐发展和平发展的主旋律。

第三篇为中国特色社会主义理论建设。该篇讨论了中国特色社会主义的市场经济建设、民主政治建设、先进文化建设与和谐社会建设等理论。建设富强民主文明和谐的社会主义现代化是一个整体目标，深入研究和从整体上把握当代中国马克思主义的理论成果，将为我们更好地实现经济增长、社会进步与可持续发展相统一提供思想指导。

第四篇为中国发展与当代中国马克思主义进行时。该篇讨论了马克思主义在中国发展面临的新机遇新挑战，包括进一步发展中国、顺应时代、普惠大众；如何转变发展方式，实现新的跨越；如何在推进马克思主义中国化时代化中实现大众化。我们所做的一切都应使发展成果由人民共享，让人民生活得更加幸福、更有尊严，让社会更加公正、和谐。当代中国马克思主义的大众化，必须着眼于传播方法的创新。

  第五篇为当代中国马克思主义对世界的影响。该篇讨论了改革开放以来马克思主义在中国发展的世界效应，以及国外学者有关马克思主义在中国发展的论述。中国与世界的关系已经发生了历史性变化，不但中国的前途命运日益紧密地同世界的前途命运联系在一起，而且中国还以自己的发展有力地促进地区和世界共同发展。关注国外有关研究，有助于我们拓宽视野，并从比较研究中获得借鉴和启发。本书还附有改革开放以来马克思主义在中国发展的大事记，希冀有助于对有关发展的实践背景和历史线索的了解。

Abstract

The manuscript is composed of five parts:

Part I is directed at the question of why the Reform and Opening-up is necessary in China and the background of how Marxism develops in China after the Reform and Opening-up. "The Reform and Opening-up is the strategy that decides the destiny of China", and it is also the new propulsion for China to realize the socialistic modernization. We are going to prove by our development to the world the truth of Marxism which has the "universally historical eyesight", which historically is neither dissevered nor lost, neither backward nor forward.

Part II is focused on the important issue of Marxist Sinicization in the new period of China, the experience and inspiration and the strategy of China since Reform and Opening-up. We make research on the contemporary Marxism in order to quest and answer the questions of what Marxism is and how to look upon Marxism, what Socialism is and how to build Socialism, what and how we should do to build our Party, what and how we should try to develop and so on. We are trying to grope for the theme of "scientific, harmonious and peaceful development."

Part III follows the theories closely on the constructions of market economy, democratic politics, advanced culture, and harmonious society etc. The construction of a strong, democratic and harmonious socialistic modernization is an overall goal. The deep research and the overall field of view are important for contemporary Marxism study in China, which will provide the ideological guidance for the economic growth, the social advance and sustainable development.

Part IV indicates the new challenges and opportunities for Marxism to develop in China, including how to further China's development, to suit the times and to benefit the people; how to change the developing ways to obtain great leap forward; how to push Marxism to better Sinicization, modernization and popularization.

Part V discusses the worldwide influence of Marxism's development in China after

Reform and Opening-up and the opinions of overseas scholars on this issue. There has been a historic change in the relationship between China and the world, which means not only that the future of China will be more affinitive with the world, but also that China will effectively promote the development of the world. Overseas research will widen our eyesight, and give us reference and enlightenment. The manuscript is attached with chronicle of Marxism's development in China, which will help us to find out the practical examples and historic clues.

目录

导论　1

第一篇

改革开放与马克思主义在中国的发展　21

第一章 ▶ 改革开放是决定中国命运的一招　23

一、经典作家论社会发展动力　23

二、推动中国走上现代化正轨的改革动力论　30

三、中国现代化迈向新征程的创新动力　40

第二章 ▶ 改革开放以来马克思主义在中国发展的时代背景　51

一、用"世界历史"眼光看世界　51

二、科学技术是第一生产力　56

三、对当今时代主题和总体国际格局的科学分析　63

四、苏联兴亡的经验教训　72

五、对传统发展模式的反思与超越　84

第二篇

当代中国马克思主义的重大课题与发展战略　97

第三章 ▶ 新时期马克思主义中国化的重大课题　99

一、旗帜、道路与理论体系　100

二、关于"什么是马克思主义，怎样对待马克思主义"　102

三、关于"什么是社会主义，怎样建设社会主义"　106

四、关于"建设什么样的党，怎样建设党"　110

五、关于"实现什么样的发展，怎样发展"　　114
　　六、站在新的历史起点上　　118

第四章 ▶ 新时期马克思主义中国化的经验与启示　　124
　　一、总结经验，继往开来　　124
　　二、理论联系实际的典范　　129
　　三、既是中国的，又是世界的　　133
　　四、与时俱进的实现途径　　137
　　五、造福人民的根本宗旨　　141

第五章 ▶ 中国现代化的发展战略与实践路径　　146
　　一、马克思主义发展理论　　146
　　二、"中国式现代化"的定位和目标　　154
　　三、从"硬道理"到"第一要务"　　160
　　四、科学发展、和谐发展、和平发展　　168

第三篇

中国特色社会主义理论建设　　177

第六章 ▶ 社会主义初级阶段理论　　179
　　一、社会主义初级阶段理论的形成和主要内容　　179
　　二、关于社会主义本质的新论断　　184
　　三、社会主义初级阶段的基本路线、基本纲领　　189

第七章 ▶ 中国特色社会主义经济建设　　195
　　一、关于"社会主义市场经济"　　195
　　二、关于"社会主义初级阶段基本经济制度"　　203
　　三、关于"社会主义初级阶段分配制度"　　211

第八章 ▶ 中国特色社会主义政治建设　　220
　　一、改革开放以来的政治建设　　220
　　二、关于民主与法制　　223
　　三、关于政治文明与政治发展　　230
　　四、关于政治体制改革　　237

第九章 ▶ 中国特色社会主义文化建设　244

一、改革开放以来的文化建设　244

二、"两个文明一起抓"　249

三、代表先进文化的前进方向　255

四、促进文化大发展大繁荣　260

第十章 ▶ 中国特色社会主义社会建设　267

一、改革开放以来的社会建设　267

二、全面建设小康社会　273

三、构建社会主义和谐社会　279

四、加强和创新社会管理的新要求　285

第四篇

中国发展与当代中国马克思主义进行时　291

第十一章 ▶ 进一步发展中国、顺应时代、普惠大众　293

一、发展是解决中国所有问题的关键和基础　293

二、勇敢应对后危机时代的机遇与挑战　302

三、促进社会公平正义，发展成果由人民共享　309

第十二章 ▶ 转变发展方式，实现新的跨越　318

一、我国经济发展转型的动因　318

二、我国经济发展转型的目标　323

三、我国经济发展转型的途径　332

四、更加注重民生与社会公平　340

第十三章 ▶ 在推进马克思主义中国化、时代化中实现大众化　349

一、推进马克思主义中国化、时代化、大众化的新要求　350

二、重温马克思的"研究方法"与"叙述方法"　361

三、关于当代中国马克思主义的整体性研究方法　364

四、关于当代中国马克思主义大众化的传播方法　367

第五篇

当代中国马克思主义对世界的影响　373

第十四章 ▶ 改革开放以来中国发展的世界效应　375

　　一、中国与世界关系发生了历史性的变化　376
　　二、维护世界和平，促进共同发展　385
　　三、勇敢承担与我国地位相称的国际责任　395

第十五章 ▶ 国外学者论马克思主义在中国的发展　406

　　一、国外有关马克思主义在中国发展研究的现状　406
　　二、国外学者有关研究的范式与方法　415
　　三、国外有关马克思主义在中国发展研究的主要问题　421
　　四、国外有关马克思主义在中国发展研究的趋势　431

改革开放以来有关大事记　439

后记　475

Contents

Introduction 1

Part 1
The development of Marxism in China with A reform and opening up   21

Chapter 1   Reform and Opening Up Decided the Fate of China   23
1. Classical Writers on the Power of the Development of Society   23
2. The Theory of Reform Power on Promote the Modernization of China   30
3. The Innovation Power of the Modernization of China towards A New Journey   40

Chapter 2   The Background of Marxism Development in China since the Reform and Opening Up   51
1. To See the World with the Vision of "World History"   51
2. "The Science and Technology are Primary Productive Forces"   56
3. Analysis on the Theme of the Modern Era and the Overall International Pattern   63
4. The lessons of the Rise and Fall of the Soviet Union   72
5. Reflection and Beyond the Traditional Development Mode   84

Part 2
The Important Topics and the Development Strategy of Marxism in Contemporary China   97

Chapter 3   The Important Topics of Marxism in China in New Era   99
1. Banner, Road and Theories   100

2. On "What is Marxism and how to Treat Marxism"　　102
  3. On "What is Socialism and how to Build Socialism"　　106
  4. On "What Kind of Party and how to Build the Party"　　110
  5. On "what Kind of Development, and how to Develop"　　114
  6. Standing at A New Historical Starting Point　　118

Chapter 4　the New Experience and Enlightenment of Marxism in China　　124

  1. Carry forward the Cause and Forge Ahead into Future　　124
  2. The Example of Theory with Practice　　129
  3. Not only belong to China, but also A Part of the World　　133
  4. Keeping Pace with the Times　　137
  5. The Fundamental Purpose to the Benefit of the People　　141

Chapter 5　The Development Strategy and Practice Path　　146

  1. The Development Theory of Marxism　　146
  2. The Location and Target of "Chinese – style Modernization"　　154
  3. Development is Top Priority　　160
  4. Scientific Development, Harmonious Development and Peaceful Development　　168

Part 3
The Theory of Socialism with Chinese Characteristics　　177

Chapter 6　The Theory of Primary Stage of Socialism　　179

  1. The Formation and the Main Content of the Theory of the Primary Stage of Socialism　　179
  2. The New Thesis about the Nature of Socialism　　184
  3. The Basic Line and the Basic Program for the Primary Stage of Socialism　　189

Chapter 7　The Market Economy of Socialism with Chinese Characteristics　　195

  1. On "Socialist Market Economy"　　195
  2. On "the Economic System in the Primary Stage of Socialism"　　203
  3. On "the Distribution System in the Primary Stage of Socialism"　　211

**Chapter 8   The Democratic Politics of Socialism with
            Chinese Characteristics   220**

1. The Political Construction since the Reform and Opening Up   220
2. On Democracy and the Rule by Law   223
3. On Political Civilization and Political Development   230
4. On the Reform of the Political System   237

Chapter 9   The Advanced Culture of Socialism with Chinese Characteristic   244

1. The Cultural Construction since the Reform and Opening Up   244
2. Material Civilization and Spiritual Civilization   249
3. The Advanced Cultural Direction   255
4. To Promote Cultural Development and Prosperity   260

Chapter 10   The Harmonious Society of Socialism with Chinese Characteristics   267

1. The Social Construction since the Reform and Opening Up   267
2. The Well – off Society   273
3. Building A Socialist Harmonious Society   279
4. Strengthen and Innovative Social Management   285

Part 4
Chinese Development and Contemporary Chinese Marxism   291

**Chapter 11   The Further Development of China, Conforming to the Times,
            and General Benefits for the People   293**

1. Development is the Key to Solve all the Problems in China   293
2. The Opportunities and Challenges of the Post – crisis Era   302
3. To Promote Social Justice, To Share the Fruits of Development   309

Chapter 12   To Change the Development Mode and Achieve New Leaps   318

1. The Motives of Transformation of China's Development   318
2. The Goals of Transformation of China's Development   323
3. The Way the Transformation of China's Development   332
4. Pay More Attention to People's Livelihood and Social Equity   340

Chapter 13   Contemporary Chinese Marxism Popularization   349

1. To Promote Chinalization , the Realization and Popularization of Marxism   350
2. Review Marx's "Research Method" and the "Narrative Approach"   361
3. On the Holistic Research Methods   364
4. On the Dissemination of Popularization   367

Part 5
The Effect of Contemporary Chinese Marxism on the World   373

Chapter 14   The Effect of China's Development on the World since the Reform and Opening   375

1. A Historic Change of Relationship between China and the World   376
2. Safeguarding World Peace and Promoting Common Development   385
3. Bearing International Responsibility Worthy of Our Status   395

Chapter 15   Foreign Scholars on Marxism in China   406

1. On the Research Status Quo of the Development of Marxism in China   406
2. On Research Paradigms and Methods   415
3. On the Main Problem about the Development of Marxism in China   421
4. On the Research Trend of the Development of Marxism in China   431

Memorabilia   439

Postscript   475

导　论

马克思主义是发展的科学，发展的依据是社会实践的发展；马克思主义发展是具体的，是与各国实际和国情联系在一起的发展；马克思主义发展是与时俱进的，是与时代变化相同步的发展。所以，马克思主义的发展具有鲜明的实践性、本土性和时代性特征。改革开放以来马克思主义在中国的发展集中体现了这三个特性，正是具有这三个特性，改革开放以来中国马克思主义的发展才形成了当代中国马克思主义理论成果。

一、改革开放是新时期马克思主义在中国发展的实践基础

改革开放以来马克思主义在中国的发展，是围绕着中国特色社会主义建设这一主题展开的，也随着实践的发展而不断深化，所取得的理论成果集中体现为中国特色社会主义理论体系。这一理论体系包括邓小平理论、"三个代表"重要思想，以及科学发展观等重大战略思想，它们在改革开放的不同发展阶段，系统回答了在中国这样一个十几亿人口的发展中大国建设什么样的社会主义、怎样建设社会主义，建设什么样的党、怎样建设党，实现什么样的发展、怎样发展等一系列重大问题，使马克思主义在中国的实践中具有新的理论内容，获得了实质性的发展，并且还将继续丰富发展，是一个开放的理论体系。

改革开放是中国社会发展的一次伟大转折，是中国人民思想观念的一次重大转变，也是马克思主义在中国发展的实践基础，中国特色社会主义理论体系的形成和发展是与改革开放紧密联系在一起的。

首先，改革开放开辟了中国社会主义发展新道路。改革开放之前，中国经历了"文化大革命"的10年动乱，人们的思想被搞乱了，对什么是马克思主义、什么是社会主义的认识处于非常混乱的状态。社会主义应该走怎样的发展道路并不清晰，人们的思想观念还被束缚在传统理论的框架中，思维方式还没有跳出教条主义的局限。实践的发展迫使我们必须对传统理论、传统观念，以及我们走过的社会主义发展道路进行反思。反思的成果是我们选择了改革开放，改革开放的实质是我们对中国社会主义发展道路做出了重新选择，我们以一种全新的观念和思维方式来对待社会主义的发展。

其次，改革开放开辟了中国社会主义发展走向世界的新道路。由于特殊的历史条件和环境，改革开放前中国社会主义基本上走的是一条闭关锁国的发展道路。主要表现为除了在一段时间内与苏联有着比较密切的经济联系以外，与其他国家很少有经济贸易往来，更谈不上有深度的经济联系，社会主义建设基本上是在封闭的经济环境中进行的。同时，因为中国与世界很少交往，我们既不了解世界发展的情况和世界发展的基本趋势，世界也不了解中国。这种状况使中国的建设远离了世界，中国的发展不能从世界得到所需要的技术、资金、人才等资源，这是一种缺乏开放精神的发展道路。而改革开放就是要打破这种封闭的状态，要在与世界的交往中进行社会主义建设，使开放成为中国发展的一个基本特征，走融入全球化的发展道路。

再其次，改革开放开辟了马克思主义在中国发展的新道路。马克思主义在中国的发展是以中国的实践为基础，中国实践发展的走向在很大程度上影响着理论的发展。从理论与实践的关系来看，理论是否能够向前发展，是受实践发展制约的。当在实践中出现走弯路的时候，理论的发展就会受到障碍，在这种情况下，往往是从反面，即从总结经验教训的角度来推动理论的发展。当实践按照正确的轨道发展时，就会为理论的发展提供良好的条件，从正面推动理论的发展和创新。改革开放前的30年，更多的是从经验教训的角度来推动马克思主义的理论发展。改革开放以后，开辟了中国特色社会主义实践发展的全新道路，也开辟了马克思主义理论在中国发展的全新道路。正是因为马克思主义理论在中国获得了全新的发展道路，改革开放以来的时期也就成为马克思主义在中国发展最辉煌的时期。

最后，党的十一届三中全会以来，我们在建设中国特色社会主义实践中所取得的一切成绩都是与改革开放紧密联系在一起的；中国人民的面貌、社会主义中国的面貌、中国共产党的面貌发生的历史性变化都是与改革开放紧密联系在一起的；马克思主义在中国的发展都是与改革开放紧密联系在一起的。离开了改革开放的伟大实践，上述的一切发展变化就将成为"无源之水、无本之木"。正如党的十七大报告指出的:"改革开放是决定当代中国命运的关键抉择,是发展中国特色社会主义、实现中华民族伟大复兴的必由之路;只有社会主义才能救中国,只有改革开放才能发展中国、发展社会主义、发展马克思主义。"①

二、发展马克思主义关键是科学认识和对待马克思主义

发展马克思主义并不是一句空话,也不是口号,发展马克思主义的根本是为马克思主义增添新的内容,这个新的内容一方面必须符合马克思主义基本立场和方法,符合基本原理。另一方面,这个新的内容必须要反映实践发展、时代发展,具有国别特征,要与经典理论有不一样的地方。如果这样来界定发展马克思主义能够得到认同的话,那么,首先要解决的问题就是,什么是马克思主义,怎样对待马克思主义。

什么是马克思主义,首先是要从理论上搞清楚这一问题,而搞清楚这一问题,可以从理论上进行梳理,很清晰地说出几条,看做是对什么是马克思主义这一问题的回答。但是,只是从理论上简单地做出这样的回答,并不能真正解决这一问题,因为要搞清楚什么是马克思主义并不是仅仅停留在理论上的回答就能够解决问题的,理论上的回答必须与现实结合起来,才能真正把握什么是马克思主义的问题。什么是马克思主义的问题必须要从理论与实际的结合上来回答。

发展马克思主义必须符合马克思的立场。在社会科学中,立场是一个根本性的问题。立场就是看问题的出发点,站在不同的立场上看同一个问题会有不同的结论,并且都能够从自己的立场上来对这一结论进行充分地论证。对同样的问题之所以会得出不同的结论,关键是立场不同,而不是谁有道理谁没有道理。因为在不同的立场上,就会有不同的道理,但不同立场之间的道理是不相通的。马克思是站在劳动人民的立场上,马克思主义也一定是站在劳动人民的立场上来看问题。如果不站在劳动人民的立场上来看问题,就不能成为马克思主义者,这应该成为回答什么是马克思主义这一问题的首要标准。只有站在劳动人民的立场上,才是站在大多数人的立场上,也只有站在劳动人民的立场上,才能建立人与人之间平等的利益关系,而不至于产生人剥削人的经济关系。马克思主义必须是站在

---

① 胡锦涛:《高举中国特色社会主义伟大旗帜 为夺取全面建设小康社会新胜利而奋斗》,人民出版社2007年版,第10页。

劳动人民的立场上，为劳动人民说话。

发展马克思主义必须运用马克思的方法。方法是与理论的属性联系在一起的，不同的理论要求运用不同的方法。马克思主义理论是要揭示人类社会生产关系（经济关系）的发展规律，是要说明公有制社会取代私有制社会是人类社会发展的必然趋势，马克思运用的方法是历史唯物主义的辨证方法，这一方法的基本特征是对问题进行定性分析，也就是研究人与人之间的经济关系。我们不能把方法看成是独立于理论体系之外的，方法是整个理论体系内容的一部分。在马克思理论中也常常运用定量分析的方法，但运用定量分析的方法是针对解决的不同问题，而不是作为马克思主义理论运用的方法的特征。马克思主义不排斥运用定量分析问题，但马克思主义方法的特征不是定量分析，而是定性分析。不用定性的方法就不可能揭示各种经济现象背后的本质。

发展马克思主义必须坚持马克思的基本理论。坚持马克思主义与坚持马克思的基本理论是一致的，离开了马克思的基本理论来谈坚持马克思主义是不能成立的。当然，这首先要搞清楚什么是马克思的基本理论，这一问题不搞清楚，坚持马克思主义就会落空。马克思的基本理论是指支撑马克思主义最基本、最核心的内容，离开了这些内容，马克思主义就不能成立。这些基本理论不同于马克思的一些理论观点和个别结论，因为这些观点和结论会随着实践和时代的发展而发生变化的。而基本理论是马克思主义本体的东西，抛弃了这些理论就不再是马克思主义。马克思的基本理论至少包括这样几方面：一是历史唯物主义理论；二是劳动价值理论；三是剩余价值理论；四是科学社会主义理论。这些基本理论也是不断发展的，但是，这种发展是对这些理论的不断完善，而不是抛弃这些理论，如果发展的结果是对这些理论的否定，那就不是坚持马克思主义，而是借发展之名，行否定之实。只有坚持马克思的基本理论，才是真正地坚持马克思主义。

回答什么是马克思主义的问题，必须要把握马克思的基本理论。马克思主义不是抽象的，是有具体内容的，是可以把握的。马克思主义又不是僵化的，是不断发展的，并随着实践的发展不断增添新的内容。我们不能只是抽象地谈论马克思主义，认为马克思主义是空洞的、不能把握的，也不能机械地理解马克思主义，认为马克思主义就是几条固定不变的教条。这是回答什么是马克思主义应该具有的基本理念。回答什么是马克思主义的问题，要能够从整体上反映只有马克思主义才具有的基本理论，也就是马克思主义的理论特征。

进一步的问题是怎样对待马克思主义。对于这一问题的正确回答就是用马克思的方法来对待马克思主义。

第一，实事求是地对待马克思主义。实事求是地对待马克思主义包含两层意思：一是从实际出发、从现实条件和情况出发来看待马克思主义的具体理论和结论，而不是用马克思主义的观点和结论套到现实中。如果在现实与理论之间发生矛盾，有不一致的地方，那么，应该修改的是理论，因为现实条件是无法改变的，马克思主义理论应该根据现实条件的变化做出修改，以适应现实情况的变化，不能不顾条件的变化，简单地把马克思主义理论看做不变的教条。二是马克思主义关于社会发展的道路、模式具有国别特征，不存在普遍适用的道路和模式。不同的国家、在不同的时期，发展道路和模式可以是多样化的，不能以一国的道路和模式作为判断标准，排斥其他的道路和模式。只要是符合马克思主义基本理论特征的，都是马克思主义的。不能人为地把马克思主义局限在一个狭小的范围里，马克思主义本身具有广阔的包容性，要以宽广的胸怀来对待马克思主义。

　　第二，用发展的观点来对待马克思主义。与时俱进是马克思主义的理论本质，这一本质决定了马克思主义是发展的理论。不能把马克思主义看做僵化的理论，否则马克思主义就失去了生命力。用发展的观点来对待马克思主义，就是要在实践中不断地丰富和创新马克思主义，使马克思主义能够随着实践的发展而不断发展，没有实践中的丰富和创新，发展马克思主义也就成为一句空话。实践发展永无止境，认识真理永无止境，理论创新永无止境，对马克思主义的发展永无止境。在今天，对马克思主义发展以国别为特点，以一个国家的实践为基础，因而对马克思主义的发展也具有鲜明的国别性。马克思主义的发展就是由各个国家的发展集合而成，或者说，对马克思主义的发展既是国别的，又是世界的，只有发展才能使马克思主义充满生机和活力。

　　第三，以实践为标准来检验马克思主义。怎样对待马克思主义的一个重要内容是以什么为标准来检验马克思主义。这是一个在认识上已经明确，但在实践中并不一定始终清晰的问题。对马克思主义的认识有一个过程，要验证马克思主义是否科学也需要有一个过程，这个过程就是实践。明确这一点要解决的问题就是，我们不能以书本上的东西作为检验的标准，不能以领导人的讲话作为检验的标准，也不能以实践中的某些经验作为检验的标准。检验的标准只有一个就是实践。实践证明是正确东西，我们就应该毫不动摇地坚持；被实践证明是错误的东西，我们就应该纠正或放弃。马克思主义有必须坚持的内容，也就一定有应该放弃的东西，这并不是对马克思主义的否定，而是体现了真正坚持马克思主义。以实践作为检验标准是最科学的标准、最有说服力的标准、最能够使人接受的标准，也是最马克思主义的标准。理论是由人提出来的，因此不能以人的主观意志作为检验标准；理论是以书本的形式表现出来的，因此不能以书本作为检验标准；理论是用来指导实践的，只有实践才是检验理论是否具有科学性的根本标准。

三、发展马克思主义与中国特色社会主义

自从马克思主义作为一种先进的思想传入中国以后，就立足于中国的实际，结合中国的国情开始了中国化的发展道路。在90多年的发展历程中，形成了中国化马克思主义的两大理论成果。一是毛泽东思想；二是中国特色社会主义理论体系。按照时间发展阶段，前一个理论成果是在改革开放前革命和建设实践中形成的；后一个理论成果是改革开放以来形成的。从这一意义上说，讲中国特色社会主义理论体系，实际上就是讲改革开放以来马克思主义在中国的发展。走改革开放的道路，一个基本的和首要的问题是要搞清楚什么是社会主义、怎样建设社会主义重大问题。改革开放以后，马克思主义在中国的发展也就集中地体现于如何认识社会主义的问题。

社会主义是马克思设想的未来社会，它能够克服资本主义社会的基本矛盾和推动生产力快速发展，并能够实现人类解放和生活幸福。自从马克思提出社会主义社会这一理想以后，建立社会主义社会就成为无产阶级追求和奋斗的目标。但由于社会主义是马克思根据人类社会发展的客观规律而提出的理论设想，在当时并没有成为一种现实的社会，人们对社会主义社会的认识还不是那么清晰，还处于一种朦胧的状态。在当时，社会主义只是一种理想目标，还不是现实社会运行的问题，对社会主义社会的认识并不那么具体并不影响社会主义在人们心目中的地位和对它的追求。

但是，当建立社会主义社会这一目标实现以后，人们面对的问题是如何实现这一社会的发展和高效率地运行，需要解决社会主义发展过程中的一系列现实问题。社会主义的实践会使人们对什么是社会主义社会的认识越来越清晰，越来越深刻，同时也在不断改变着对现实社会主义社会的认识和看法，使我们对社会主义社会的看法不是停留在理想状态，而是符合客观实际。首先是对什么是社会主义的认识，或者说社会主义必须具备怎样的特征的认识在不断深化。在马克思主义经典作家的认识中，对社会主义特征的认识是比较原则的，对具体制度特征的认识并不非常具体，这与社会主义还没有成为一种现实的制度有直接的关系。或者说，当社会主义还没有成为现实制度时，对社会主义特征的认识只能是一种理论推论或理论设想。马克思恩格斯当时对社会主义制度基本经济特征的设想主要集中在以下三个方面：一是消灭私有制，建立生产资料公有的经济制度，这种公有是全社会共同所有。二是消灭人剥削人的分配制度，实行个人消费品的按劳分

配（按需分配）制度，这种分配制度不需要通过价值工具来实现。三是消灭市场自由竞争的生产无政府状态，实现社会生产有计划按比例地进行。这些设想也就成为在一个相当长的历史阶段中人们对社会主义经济的基本认识，这就是公有制、按劳分配、有计划三大特征。

从基本原则来说，这三大特征就是社会主义经济的基本内涵，没有这三大特征，就不是社会主义，这对于今天的社会主义同样适用，离开了这三大特征，也就离开了社会主义的轨道，坚持社会主义在根本上就是坚持这三大特征。但是，这三大特征必须具体化，因为抽象的这三大特征是无法坚持的。公有制有不同的种类，公有制有不同的实现形式，公有制有不同的范围、规模，公有制本身就有巨大的差别，如果只是抽象地讲公有制，在实践中是无法实施的。按劳分配也有不同的范围、不同的实现方式，以及受不同因素的制约，只是抽象地讲按劳分配也是无法实行的。有计划发展也涉及计划的方式和程度，以及计划的覆盖面，而且计划的实施必须要有一定的体制保证，不建立相应的经济体制，有计划发展是不可能实现的。所有这些涉及的一个问题就是公有制、按劳分配、有计划发展必须具体化，社会主义才是现实的社会主义。

实际上，什么是社会主义，或建设这么样的社会主义，就在于对社会主义这三大特征认识的具体化，马克思主义关于社会主义理论的发展和创新，也集中体现为这三大特征理论的发展。

1. 关于社会主义公有制的认识深化

从马克思主义理论诞生至今的一百多年时间里，社会主义已经由理想变为现实的制度，社会主义所有制理论也随着实践的发展而不断地丰富和发展。马克思恩格斯提出的关于社会主义所有制问题的基本原理，到中国化马克思主义关于所有制问题的基本原理，对公有制的深化认识和理论发展集中体现在以下方面。

一是现阶段社会主义基本经济制度，除了公有制以外还有多种非公有制经济成分，非公有制经济成分可以成为社会主义基本经济制度的构成内容。从社会主义性质和初级阶段的国情出发，在市场经济条件下，对社会主义基本经济制度的认识，必须以以下三点作为依据：其一，我国是社会主义国家，社会主义的性质决定了必须坚持公有制的主体地位，这一条在任何时候都不能动摇，动摇了就改变了经济制度的性质。其二，我国处在社会主义初级阶段，需要发展多种所有制经济，多种所有制经济的共同发展，是社会主义初级阶段的内在要求。其三，一切符合"三个有利于"标准的所有制形式都可以而且应该用来为社会主义服务，现阶段发展一切符合"三个有利于"标准的所有制形式，也就符合社会主义本质的要求。这是中国化马克思主义的理论发展，这一发展使马克思主义基本原理更符合现实社会主义的实际，更符合生产力发展水平的实际。

二是公有制经济可以通过多样化的形式来实现。在对公有制经济的认识上，把公有制的性质与实现形式作为两个不同的问题，公有制经济可以通过多样化的形式来实现。公有制的性质与公有制的实现形式是两个不同层次的问题。公有制是由社会成员共同占有生产资料的一种所有制形式，它的基本性质体现在所有权的归属上。坚持公有制的性质，根本的是坚持国家和集体对生产资料的所有权。公有制经济在现实中又要通过具体的形式来实现，一切反映社会化大生产规律的经营方式和组织形式都可以大胆利用。国有经济要根据社会化大生产规律的要求，采取多样化多经营方式和资产组织形式，股份制、股份合作制等都可以作为公有制经济的实现形式，只要控制权掌握在国家和集体手中，就能够有效地实现公有制经济的性质。公有制的实现形式不是单一的，而是多样化的，实现形式是中性的，本身不具有制度的属性。中国化马克思主义的这一理论发展，使公有制经济更符合市场经济的发展要求，更能够适应现代经济的发展特征，更有利于公有制经济获得良好的发展条件。

三是公有制的主体地位体现在对经济的主导作用和具有控制力。公有制的主体地位和国有经济的主导作用是在与非公有制经济混合发展过程中体现和实现的。公有制主体地位不再以纯公有制经济的形式和数量来体现。巩固和发展公有制经济，主要的不再表现为发展纯公有制经济，而是表现为公有制经济与其他所有制经济的混合发展。国有经济的主导作用也不再以纯国有的形式来实现，而是通过控股、参股的形式来实现。要更好地利用股份制这一形式，使之成为公有制的主要实现形式。股份制这一现代企业的财产组织形式，将成为社会主义市场经济中企业的主要形式。无论是公有制经济还是非公有制经济，都将更多地通过这一形式来实现自身的发展。一种经济成分是否能够在经济中确立其主体地位，不仅要看量的优势，更重要的是要看国有经济是否对经济发展起主导作用，是否对国民经济具有控制力。国有经济的主导作用主要体现在控制力上，国有经济的控制力和竞争力能够得到有效的增强，能够控制国民经济命脉，就是社会主义性质的体现。

中国化马克思主义关于公有制问题的理论发展，使我们对现实社会主义公有制特征有了更清晰、更符合实际的认识，社会主义公有制理论内容更加丰富，对社会主义实践发展起着更有效的指导作用。社会主义公有制理论的发展，使我们对什么是社会主义、建设什么样的社会主义、怎样建设社会主义这一重大问题有了更清醒的认识。

2. 关于社会主义按劳分配的认识深化

坚持以按劳分配为主体、多种分配方式并存的收入分配制度，其实质是要解决好两方面的问题：一是如何在市场经济条件下更好地贯彻按劳分配；二是如何在社会主义市场经济条件下更好地实行多种收入分配方式。马克思设想的按劳分配是以产品经济为条件的，但是现实社会主义中实行的按劳分配是以市场经济为条件的。充分认识现阶段按劳分配具有的特点，是更好地贯彻按劳分配的基本前提。

第一，按劳分配的"劳"还不是直接的社会劳动。在市场经济条件下，劳动者是在企业从事生产劳动，他的劳动只是构成企业劳动的一部分，对于社会来说，企业向社会提供的劳动只能是一种带有个别劳动性质的局部劳动，而不能成为直接的社会劳动，这种劳动只能是企业局部劳动的构成部分。这种局部劳动在客观上存在着一个是否能够转化为社会劳动的问题。劳动者提供的劳动，有可能为社会所承认，转化为社会劳动，但也有可能不被社会所承认，不能转化为社会劳动。

第二，按劳分配还不能在全社会范围内实行，而只能在局部的范围内实行。在现阶段，对劳动者进行分配的主体是企业，而不是社会，所以也无法做到在全社会范围内按照统一的标准对劳动者进行分配。企业作为对劳动者进行分配的主体，当然也只能在企业的范围内按同一标准对劳动者进行按劳分配，离开了企业的范围，就谈不上对劳动者按同一标准进行分配。在现阶段作为全社会分配原则的按劳分配，是通过各个企业对劳动者实行按劳分配来实现的。从社会的角度来看，还不能在全社会范围内按统一的标准来实现劳动者提供等量劳动领取等量报酬。

第三，按劳分配还不能按照劳动者实际提供的劳动量来计量，而只能按照被社会承认的劳动量来计量。劳动者向企业提供劳动，但提供的这部分劳动是否都能够为社会所承认，取决于企业的经营情况。劳动者实际提供的劳动与被社会承认的劳动之间就有可能出现不一致。企业对劳动者进行的分配，是按照被社会承认的劳动量来进行分配的，而不是按照劳动者实际提供的劳动量来进行分配的。这就会出现同一企业不同时期，由于企业经营状况不同，劳动者即便提供了相同数量的劳动，也会出现收入上的差别。

第四，按劳分配还必须通过商品货币的形式来实现。在市场经济条件下，经济活动都是采取价值形式，按劳分配也必须借助商品货币形式来实现。劳动者提供劳动，所得到的是价值形态的货币，再用货币去购买所需要的商品。由于按劳分配是通过价值形式来实现的,因而价格的变动就不可避免地会影响到劳动者的实际收入水平,从而影响到按劳分配实现的程度。

社会主义市场经济条件下按劳分配具有的这些特点是客观的,这些特点也决定了切实地贯彻按劳分配,必然会产生人们收入的差距,只要是符合按劳分配特点的收入差距就是合理的、正常。按劳分配本身就会产生差距,与市场经济结合在一起的按劳分配会进一步拉大收入差距。等量劳动取得等量报酬这一原则在市场经济条件下并不是在任何条件下、任何时候都能够得到贯彻的,它要受到各种条件的限制。

在现阶段基本经济制度条件下,我们只能坚持这样的收入分配制度。收入分配制度是不能选择的,能够选择的只是所有制结构,在所有制结构既定的条件下,不存在选择分配制度的问题。多种收入分配方式中最主要是按生产要素分配这一方式,按生产要素分配,其实质是按生产要素所有权进行分配,生产要素的所有者可以凭借其对生产要素的所有权从生产成果中得到一部分利益,这部分利益属于非劳动所得。这种分配方式就其性质来说,是非社会主义性质的,但在社会主义市场经济中的存在是必要的、合理的。之所以这样说,根本的依据在于现阶段基本经济制度和社会主义市场经济。在社会主义经济中存在非社会主义经济成分的条件下,在分配领域中也必然存在非社会主义性质的分配方式。

3. 关于社会主义计划经济和市场经济的认识深化

在马克思理论中,计划经济是社会主义的基本特征之一,计划经济始终是和社会主义联系在一起的。在社会主义发展的实践中,对计划经济有了新的认识。改革开放以来,随着商品经济的发展与商品经济认识的不断深化,对计划与市场关系的认识也越来越深刻。市场经济是商品经济发展的高级阶段,是属于同一个经济形态,承认商品经济实际上也就承认市场经济发展的必然性。在市场经济与社会主义的关系上,必须解放思想,从实际出发,重新认识二者的关系。

以邓小平为核心的中国共产党第二代领导集体,遵循解放思想、实事求是的思想路线,在党的十四大上系统地提出了社会主义市场经济理论。这一理论认为,计划经济不等于社会主义,资本主义也有计划;市场经济不等于资本主义,社会主义也有市场。计划和市场都是经济手段。计划多一点还是市场多一点,不是社会主义与资本主义的本质区别。在计划经济与市场经济关系问题的认识上,不再把计划经济作为社会主义的基本特征,计划或市场只是资源配置的一种方式和手段,是中性的,不再具有制度属性,无论是社会主义还是资本主义都可以运用这两种手段。这就从根本上解除了把计划或市场从属于社会主义或资本主义的思想束缚,从理论上第一次把市场经济与社会主义统一起来,确立了社会主义市场经济理论和社会主义市场经济体制的目标模式。实现了对马克思主义经济学的创新和发展。具体体现在以下方面:

(1) **社会主义与市场经济的结合不会改变社会主义的经济性质**。

这一命题的确立是建立在对计划经济与市场经济基本认识的理论创新基础之上的。从社会化大生产的客观要求来看,任何社会都要解决好对资源进行高效率配置的问题。在人类社会的发展过程中,计划和市场是对资源进行配置的两种基本方式。作为资源配置的方式,它们本身不具有制度属性,因而不属于社会基本制度的范畴。社会主义与市场经济的结合,其实质是使市场在资源配置中起基础性作用,以更好地适应社会化大生产的要求,更有利于社会生产力的发展,它不涉及社会经济性质的改变。从根本上打破了把计划经济与社会主义等同起来,把市场经济与资本主义等同起来的传统观念,为确立社会主义市场经济理论奠定了基本的前提。

(2) **市场经济总体上比计划经济更有利于发展生产力**。

计划与市场作为调节经济的两种手段,它们对经济活动的调节各有自己的优势和长处,但也有自身的不足和缺陷。在社会化大生产和存在着复杂经济关系的条件下,市场经济这一方式对促进经济发展具有更强的适应性和更显著的优势。实践证明,从总体上说,把市场作为资源配置的基础性手段比把计划作为资源配置的主要手段具有更高的效率。按照"三个有利于"的标准,必须走社会主义市场经济发展道路。

(3) **社会主义市场经济体制是同社会主义基本制度结合在一起的**。

市场经济作为资源配置的一种方式是不具有制度属性的,但是,它与社会主义相结合而形成的经济体制则必须体现社会主义基本制度的特征。把发展市场经济与坚持社会主义的基本制度有机结合起来,是建设有中国特色社会主义经济的主要内容,也是社会主义市场经济与资本主义市场经济相区别的根本之点。必须始终坚持公有制经济和按劳分配的主体地位,坚持国家对国民经济的宏观调控。社会主义也可以搞市场经济,但并不等于搞市场经济就是社会主义,只有在坚持社会主义基本制度的前提下走市场经济的发展道路,才是社会主义市场经济。

以邓小平为核心的中国共产党第二代领导集体创立的社会主义市场经济理论,第一次从理论上实现了社会主义经济与市场经济的统一,实现了马克思主义经济学的又一次理论创新。这一理论发展使人们以一种全新的观点来看待社会主义经济，把对社会主义的认识提高到了一个新的水平。

四、发展马克思主义与执政党建设

把党的建设作为一项伟大的工程，是基于以下两点基本认识：一是中国共产党是执政党，党的执政地位不是与生俱来的，也不是一劳永逸的；二是办好中国的事情，关键在党。要巩固党的执政地位，办好中国的事情，就必须加强党的建设，必须提高党的执政能力，必须使党具有先进性。

"三个代表"重要思想的提出，从理论上回答了建设什么样的党的问题。我们党必须始终代表中国先进生产力的发展要求，代表中国先进文化的前进方向，代表中国最广大人民的根本利益。在中国特色社会主义现代化建设过程中，面对全新的实践，我们党要能够胜任作为执政党的要求，首先要考虑的问题是要把党建设成为什么样的党，这是在现代化建设时期对党的建设的总体认识。

党必须始终代表中国先进生产力的发展要求，这是从生产力发展的要求来认识应该建设什么样的党。作为执政党发展生产力是兴国的第一要务，凡是有利于先进生产力发展要求的，党就要为其创造条件。在今天首先要搞清楚什么是先进生产力的发展要求，只有这样才能去很好地代表先进生产力的发展要求。从构成生产力的各种要素来看，资本、劳动、管理、科技、土地等生产力发展不可缺少的，其中物质生产要素只是构成生产力的自然条件，非物质生产要素是生产力发展的主观条件，是反映生产力发展要求的。而其中代表先进生产力发展要求的是科技、管理、劳动。所以，说代表先进生产力发展要求，实际上就是代表科技、管理、劳动的要求。科学技术是第一生产力，管理是现代生产力发展的必要条件，劳动是先进生产力的主体，代表了它们的要求，就是代表了先进生产力的发展要求。

党必须始终代表中国先进文化的前进方向，这是从文化发展的要求来认识应该建设什么样的党。文化是社会发展的综合体现，先进文化是社会发展的方向，党代表先进的前进方向，就是代表了社会发展的方向。先进文化虽然很难有一个明确的界定，但它总是反映了社会发展所追求的基本目标。在今天，先进文化的体现就是公平、正义、和谐、文明等人类社会共同的向往。除了这些人类社会共同的追求以外，在意识形态方面体现先进文化发展方向的是不断发展着的马克思主义、社会主义核心价值体系。先进文化既是在长期历史发展过程中形成的，又是超越社会发展的现实而体现出它的先进性。党始终代表中国先进文化的前进方向，就是要顺应社会发展的方向，把人类社会发展共同的追求以及社会发展的先进思想和意识形态作为自身的目标，从而能够引领社会的发展。

党必须始终代表中国最广大人民的根本利益，这是从党自身的性质来认识应该建设什么样的党。党是我们人民的先锋队，是人民中的先进分子，党来自于人民。又代表着人民，人民是党存在的土壤，党离开了人民，一刻也不能存在。党要始终能够得到人民群众的支持和拥护，必须始终代表中国最广大的根本利益。党从成立的第一天起就把代表人民的利益作为自己的宗旨，党的利益就是人民的利益。因为党代表了人民的利益，才能夺取政权成为一个执政党，执政以后，党也只有始终代表人民的利益，才能巩固政权。因此，作为一个执政党的根本问题，就在于是否能够始终代表人民的根本利益。只有始终代表人民的根本利益，才能不断增强凝聚力和影响力，才能不断巩固党的阶级基础和扩大党的群众基础，才能使党始终不脱离人民群众。

党的执政能力建设和先进性建设，从理论和实践的结合上回答了怎样建设党的问题。中国共产党是执政党，因为是执政党必须要解决中国经济社会发展过程中的一切重大问题，必须要不断提高人民的生活水平和生活质量，必须要应对执政党必须面临的各种考验，必须要不断克服自身存在的问题。办好中国的事情，关键在党，党能不能办好中国的一切事情，是衡量党是否巩固执政地位的最现实、最关键的标准。怎样建设党的问题，集中到一点，就是要不断提高党的执政能力和体现党的先进性。

办好中国的事情，关键要使党在新情况新问题的挑战下经受住各种考验，提高党的领导水平和执政水平、提高拒腐防变和抵御风险的能力，加强党的执政能力建设和先进性建设。

执政的考验。执政考验的实质是权力的考验，因为中国共产党是执政党，手中掌握着权力和资源，这种权力和资源能够为个人或集团带来巨大的利益。因而执政党就成为需要得到这种权力和资源的人腐蚀的对象。这是对于执政党特有的考验，或者说是对于掌握权力的党的特有的考验。这种考验不同于战争中的生死考验，它不是死亡和痛苦的瞬间考验，而是充满各种利益和诱惑的长期考验。是否能够经受住权力的考验，直接关系到是否能够巩固执政地位并长期执政的根本问题。要把经受住执政考验作为党的先进性建设最重大的内容和最主要事情来做，不解决好这一问题，经受不住这一考验，那么，党要做好的其他事情都无从谈起，因为这会丧失执政地位。

改革开放的考验。改革开放考验的实质是新情况新问题的考验，因为改革开放使人们的思想观念、行为方式等都发生一系列的变化，无论是对内还是对外，都出现了以前所没有遇到过的新局面。我们党是否能够在这些新情况新问题面前，适应发展的要求不断提高执政水平和能力，是对执政党的一个重大考验。能否适应改革开放的考验，就是能否适应发展的要求去解决发展过程中的一系列新问题。改革开放是决定中国命运的重大抉择，是我们发展中国特色社会主义的必由之路，这一选择是不会动摇的。必须使我们党适应新的要求，不断解决发展过程中的各种新问题，提高能力，才能在发展过程中永远保持充分的活力和强大的动力，始终站在发展的前列。

市场经济的考验。市场经济考验的实质是驾驭经济发展能力的考验，因为市场经济条件下的经济发展模式完全不同于计划经济条件的经济发展模式，政府已经不能用行政命令来控制经济运行，市场经济规律将成为资源配置和调节经济运行的基本规律。一方面市场经济在调节经济发展过程中将体现出它在动力和效率上的优势；另一方面，在市场经济运行过程中也会出现许多问题和负面影响。面对市场经济这一"双刃剑"，作为执政党如何既充分发挥市场经济的积极作用，又要把其消极影响减少到最低程度，并使市场经济的发展与社会主义制度基本要求相符合，是面临的一大考验。经济是基础，在市场经济发展的基础上，政治发展、文化发展、社会发展等都会呈现出与市场经济发展的那种联系。执政党要驾驭市场经济的发展，同时还要驾驭政治、文化、社会的发展，这对党的能力建设提出了更高的要求，党必须经受这一考验，才能够驾驭整个社会的发展。

外部环境的考验。外部环境考验的实质是全球化的考验，因为经济全球化的发展趋势是不可阻挡的，我们实行对外开放的基本国策必然会融入全球化。全球化一方面要求我们必然更多地与资本主义打交道，另一方面我们必须要从全球发展的视角来看中国的发展，把中国作为全球发展的一部分，同时又把中国的发展作为全球的一支重要力量。中国的发展已经不完全取决于国内的因素，外部因素和环境将对我国的发展产生直接的影响。我们在世界市场上的竞争对手是比我国发达的国家，它们在科技、经济竞争力等方面具有明显的优势。在这样复杂的、我们并不占优势的外部环境下，如何应对挑战，这对于中国共产党来说是一个严峻的考验，我们必须学会原来不熟悉的东西，不断提升自己的能力，为我国的现代化建设创造一个有利的外部环境。

办好中国的事情，关键要看党是否能够不断克服自身存在的问题和各种危险。新中国成立以来，特别是改革开放以来，中国共产党自身所处的历史方位和中心任务发生了变化，面对这些变化，党不断加强自身的建设，党的领导水平和执政水平、党员队伍素质总体上同党肩负的历史使命是适应的。但同时，党内也存在不少不适应新形势、新任务、新要求、不符合党的性质和宗旨的问题。

一是精神懈怠的危险。精神懈怠对于执政党来说是容易出现的危险之一，因为在革命战争年代，精神懈怠会直接关系到党的生死存亡。现在处于执政地位，精神懈怠在短时间内并不会直接威胁到党的执政地位，因为执政党掌握着巨大的权力，权力可以使执政地位不马上受到威胁，因而容易出现精神懈怠。在执政和掌握权力的条件下，党员干部会出现安于现状、贪图享受、不思进取、不爱学习、理想信念动摇、缺乏忧患意识的思想。这种精神懈怠是一种腐蚀剂，它会严重影响到党的战斗力，影响到党的生机和活力，在不知不觉中使党丧失先进性，同时也弱化了党的执政能力。精神懈怠的危险是一种软危险，之所以说是一种软危险，因为它不是在短时间里，而是在一段较长的时间里潜移默化地影响党的执政地位，但最终的结果也是使党削弱了执政能力和先进性而丧失执政地位。必须把克服和消除精神懈怠的危险作为执政党的一个艰巨任务。

二是能力不足的危险。能力不足是党的建设跟不上形势发展的要求而产生的对党执政地位和先进性形成的威胁。党在推进改革开放和社会主义现代化建设中肩负任务的艰巨性、复杂性、繁重性世所罕见，要使党的能力适应形势发展对党的建设提出的客观要求。实践的发展对党的能力提出的要求与党的能力的现实状况之间的差距是客观存在的，关键在于党要通过不断地加强建设来提高自身的能力，使这种差距不断地缩小，而不是拉大。一方面要使我们的党员，特别是党员干部的能力不断提高，从而使全党的能力得到提高。另一方面，我们又必须看到，能力建设是长期的、没有尽头的，实践的发展会有越来越多的新问题需要我们去解决，需要我们不断地提高能力，要努力适应新情况是始终存在的问题，提高能力也是始终存在的问题，只有不断地提高能力，才能克服和消除能力不足的危险。

三是脱离群众的危险。脱离群众是执政党掌握权力以后容易产生的问题，它会使执政党把群众看做是自己领导的对象，而把自己看做是高高在上的领导者，这样的情况持续下去，就会使党脱离群众，最后失去群众而丧失执政地位。党没有执政的时候之所以能够存在和发展，根基在人民群众，党执政以后，根基仍然在人民群众，密切联系群众是中国共产党最大的政治优势，脱离人民群众也是党执政以后最大的危险。党执政前脱离群众就不能存在，党执政后脱离群众就要丧失政权。我们的一些党员领导干部，为人民服务的宗旨意识淡薄、官本位思想严重，还存在着脱离群众、脱离实际，不讲原则、不负责任，言行不一、弄虚作假，形式主义、官僚主义严重等问题。如果对这些问题不能有效地加以解决，脱离群众的危险就会发展为丧失执政地位的危险。

四是消极腐败的危险。消极腐败是执政党面临的最大的危险之一，消极腐败就是执政党的一些领导干部通过钱权交易、以权谋私，把人民给予的权力用来谋私利，这完全背离了党的宗旨和性质。消极腐败的后果是严重削弱了党的战斗力、凝聚力、创造力，严重影响了党在人民群众中的形象和威望，人们就不再把党看做自己利益的代表，而是看做自己利益的对立者。这样，人民群众就不再会拥护党的领导，不再会把党看成自己队伍中的先进分子，党就会失去人心。可以说，消极腐败是执政党必然会遇到的问题，无论是哪个国家的执政党，都有可能发生消极腐败的问题，因此，解决消极腐败问题又是非常不容易的，最终要靠党自身的先进性和理想信念。执政党必须把反对腐败作为始终要抓好的重大政治任务，一个解决不了自身消极腐败问题的党是没有前途的，是不可能使自己的执政地位得到巩固的。

五、发展马克思主义与实现科学发展

　　发展是硬道理，改革开放以来我国经济社会实现了高速发展，这是世界公认的事实。那么，为什么在这一事实下，我们还要把"实现怎么样的发展、怎样发展"的问题作为当代中国的一个基本问题来讨论。把实现怎样发展作为新的历史条件下的一个基本问题，这意味着我们对发展有了更深刻的认识。我们不能只是简单地把发展理解为就是量的增长，发展具有不同的内涵，有不同的发展，我们追求的是科学发展。只是量的发展不是真正的发展、高质量的发展、高效率的发展。科学发展观就是在反思以往发展的背景下提出来的，是我们对发展深化认识的理论成果。

　　科学发展观从理论上回答了实现什么样的发展的问题。科学发展观是在准确把握世界发展趋势、认真总结我国发展经验、深入分析我国发展阶段性特征的基础上提出的重大战略思想，是对经济社会发展一般规律认识的深化。当今世界多极化和经济全球化的发展是时代潮流。科技进步日新月异，科技创新和技术扩散日益加快，国际产业重组和生产要素转移加快，区域经济一体化蓬勃发展，在这一背景下，我们必须清醒看到，我国发展面临着许多重大挑战。世界经济发展不平衡加剧，围绕资源、市场、技术、人才的国际竞争日趋激烈，发达国家在经济上科技上占优势的压力将长期存在。我们面临的是一个总体上有利我国发展，但不利因素也可能增多的环境。抓住机遇、应对挑战、加快发展是我们必须思考的重大战略。我们要以新的发展理念来回答要实现什么样的发展。

　　党的十六大以来，我们党总结了我国经济社会发展的历史经验，根据新的形势和任务，明确提出了以人为本、全面协调可持续发展的科学发展观。科学发展观就是要始终坚持以经济发展为中心、紧紧抓住发展这个党执政兴国的第一要务，以提高人民的生活水平作为根本出发点和立脚点，让广大人民共享改革发展的成果。

（1）**科学发展观明确回答了发展仍然是第一要务。**

邓小平提出发展是硬道理的一个简单道路就是离开了发展我们的一切都不可能实现。科学发展观的内在要求也要通过发展来实现。发展是基础，发展是解决好一切问题的前提和基础，中国前进中的一切问题都必须通过发展来解决。把发展作为执政兴国的第一要务，就是我们的党和国家始终不能动摇发展这一中心。用科学发展观来指导经济社会发展，最重要的是要发展，要又好又快的发展，要科学的发展。科学发展观的丰富内涵不在于要不要发展，而在于要实现什么样的发展，是对发展的内涵赋予了更多的内容，要我们更深刻地去认识发展、理解发展、把握发展，而不是把发展仅仅理解为只是量的发展。科学发展观作为一种发展观念的基本内涵就是一要发展，二要科学发展。

（2）**科学发展观明确回答了发展的核心是以人为本。**

以人为本就是以最广大人民的根本利益为本。在当代中国，以工人、农民、知识分子等劳动者为主体，包括社会各阶层在内的最广大人民群众是社会的主体，也就是以人为本的主体。坚持以人为本，必须确立最广大人民在建设中国特色社会主义事业中的主体地位；必须把发展为了人民、发展依靠人民、发展成果由人民共享作为根本原则，不断实现好、维护好、发展好最广大人民的根本利益；必须关心每一个人的利益要求，体现社会主义的人道主义和人文关怀，尊重和保障人权，最终实现人的全面发展。以人为本作为科学发展观的核心，就是把人作为发展的根本目的，发展不是为了发展而发展，发展也不是为了某种政治需要而发展，发展更不是为了实现某些个人目的而发展。这是科学发展观与传统发展观最本质的不同。只有从这一意义上去理解和把握科学发展观，才是把握了科学发展观的核心内容。

（3）**科学发展观明确回答了发展的根本要求是全面协调可持续。**

全面协调可持续是要从更加宽广的视野来认识发展的问题。发展涉及经济社会的各个领域、各个方面、各个环节。发展是整体的发展，没有整体性的发展是畸形的发展，是不能实现社会全面进步的发展。全面协调可持续发展就是要在经济社会发展中，统筹城乡发展、统筹区域发展、统筹经济社会发展、统筹人与自然和谐发展、统筹国内发展和对外开放，是各方面的发展相适应，各个发展环节相协调，经济社会、自然资源、生态环境相互之间的发展可持续。把全面协调可持续作为科学发展观的基本要求，是对发展外延认识的进一步深化，发展不仅是经济发展，也不仅仅是经济社会发展，发展还包含了人与自然、生态之间的和谐发展，以及中国发展与外部世界之间的协调发展。发展要有全面的观点、宽阔的视野、世界眼光，要把发展放在社会、生态、世界的大环境中思考发展本身的问题。做到了这一点，才能使发展走上健康、良性发展的轨道。

（4）科学发展观明确回答了发展的根本方法是统筹兼顾。

统筹兼顾就是在发展过程中要考虑到各方面的因素，要正确认识发展中的各种问题和矛盾，正确把握和处理好各种关系。一是要正确认识和处理当前发展和长远发展的关系，把当前利益和长远利益结合起来。这一关系具体涉及要把遵循经济规律、自然规律、社会发展规律有机地结合起来；要把经济效益、社会效益、生态环境效益有机结合起来；要把经济当前的问题和矛盾与着眼于未来发展结合起来。二是要正确认识和处理局部利益和全局利益的关系。这一关系具体涉及中央和地方的关系，充分发挥中央和地方两个积极性，在制定方针政策时，既要维护中央的统一领导，维护国家的整体利益，也要照顾不同地区、部门的特点和利益。中国是一个大国，中央和地方的关系是客观存在的，只有处理好中央和地方的关系，才能把中国的事情办好。

科学发展观深化了对发展内涵的认识，创新发展观念、开拓发展思路、破解发展难题，在发展道路、发展模式、发展战略、发展动力、发展目的和发展要求等方面推迟了一系列新的思想观点，形成了马克思主义关于社会主义发展的系统理论。科学发展观坚持和丰富了党的基本理论、基本路线、基本纲领、基本经验，进一步深化了对共产党执政规律、社会主义建设规律和人类社会发展规律的认识，是加快社会主义现代化建设的基本指导思想。

加快转变经济发展方式从理论上进一步回答了怎样发展的问题。加快转变经济发展方式是落实科学发展观的主线，是推动科学发展的必由之路。在怎样发展的问题上，我们在认识上也有一个不断深化的过程。发展可以通过单纯的生产要素数量的增加来实现，也可以通过生产要素质量的提高来实现，可以是粗放型的发展，也可以是集约型的发展。粗放型的发展比较容易实现，集约型的发展要经过努力创造一系列的条件才能实现。改革开放以来，我国的经济获得了巨大的发展，但就其发展特征来看，基本上是属于粗放型的发展，这样的发展模式难以做到高质量的发展、高效益的发展，在根本上不符合科学发展的要求。科学发展的理念、核心、要求、方法明确以后，要解决的就是怎样发展的这一具体的问题。加快转变经济发展方式是通过不断提高经济发展的质量、效益为实现科学发展奠定基础。加快转变经济发展方式，关键在于实现"三个转变"：一是实现促进经济增长由主要依靠投资、出口拉动向消费、投资、出口协调拉动转变。实现这一转变，既关系到社会总需求结构的变化，又涉及到经济政策的调整。提高居民收入在国民收入分配中的比重，对于增加消费需求，提高消费需求在总需求中的比重具有直接的作用。二是实现促进经济增长由主要依靠第二产业带动向依靠第一、第二、第三产业协同带动转变。这是产业结构调整的基本方向，是针对农业基础薄弱、工业大而不强、服务业发展滞后以及产业之间比例不合理的问题提出来的。产业结构不合理，影响经济整体素质的效益的提高，不利于缓解就业压力，影响经济的稳定性。三是实现促进经济这种由主要依靠增加物质资源消耗向主要依靠科技进步、劳动者素质提高、管理创新转变。实现这一转变，关键是解决好提高自主创新能力、提高劳动者的素质、提高管理创新能力。要逐步形成以科技进步和创新为基础的竞争优势，提高劳动者的基本文化水平和劳动者的专业生产技能，提高管理创新能力，为转变经济发展方式提供强有力的体制机制保证。

  加快转变经济发展方式是我国经济社会领域的一场深刻变革，必须贯穿经济社会发展全过程和各个领域，提高发展的全面性、协调性、可持续性，实现经济社会又好又快发展。加快转变经济发展方式的基本要求：把经济结构战略性调整作为加快转变经济发展方式的主攻方向；把科技进步和创新作为加快转变经济发展方式的重要支撑；把保障和改善民生作为加快转变经济发展方式的根本立足点和落脚点；把建设资源节约型、环境友好型社会作为加快转变经济发展方式的重要着力点；把改革开放作为加快转变经济发展方式的强大动力。只有加快转变经济发展方式，才能解决不平衡、不协调、不可持续的问题，使发展走上科学发展的轨道。

  总之，改革开放以来马克思主义在中国的发展形成的当代中国马克思主义理论成果就是中国特色社会主义理论体系，这一理论体系以中国改革开放与社会主义现代化的实践为依据，系统地回答了中国特色社会主义建设的基本问题，深化了对马克思主义与社会主义的认识，同时也在发展中充分体现马克思主义与时俱进的理论品质。

改革开放与马克思主义在中国的发展

第一篇

我们党在20世纪70年代末作出实行改革开放的重大决策，主要有两方面的背景。一方面，从我国自身的情况看，"文化大革命"十年内乱，使党、国家和人民遭到严重挫折和损失。邓小平曾经说，"文化大革命"结束时，"就整个政治局面来说，是一个混乱状态；就整个经济情况来说，实际上是处于缓慢发展和停滞状态。"我们必须通过改革开放，增强我国社会主义的生机活力，解放和发展社会生产力，改善人民生活。另一方面，从外部环境看，20世纪70年代世界范围内蓬勃兴起的新科技革命推动世界经济以更快的速度向前发展，我国经济实力、科技实力与国际先进水平的差距明显拉大，面临着巨大的国际竞争压力。我们必须通过改革开放，带领人民追赶时代前进潮流。正如邓小平指出的："我们要赶上时代，这是改革要达到的目的"。这就把改革的目的说得很透彻、很深刻。党的十七大把改革开放的目的概括为三句话："就是要解放和发展社会生产力，实现国家现代化，让中国人民富裕起来，振兴伟大的中华民族；就是要推动我国社会主义制度自我完善和发展，赋予社会主义新的生机活力，建设和发展中国特色社会主义；就是要在引领当代中国发展进步中加强和改进党的建设，保持和发展党的先进性，确保党始终走在时代前列。"改革开放的实践充分表明，通过这场伟大革命的洗礼，中华民族大踏步赶上了时代前进潮流，社会主义中国巍然屹立在世界东方，我们党昂首阔步走在了时代前列。关于改革开放的性质，党的十七大也说得很清楚，这既是我们党领导的一场新的伟大革命，又是社会主义制度的自我完善和发展。

——胡锦涛：《继续把改革开放伟大事业推向前进》（2007年12月）

第一章

改革开放是决定中国命运的一招

马克思恩格斯认为,社会历史发展的动力在于社会基本矛盾的运动。列宁、毛泽东分别从不同角度对社会基本矛盾运动进行了阐发。在改革开放以来中国特色社会主义建设过程中,中国共产党几代领导集体运用马克思主义社会发展动力论,与时俱进,开拓创新,凝练成中国实现社会主义现代化的新动力。

一、经典作家论社会发展动力

马克思恩格斯用历史唯物主义的观点,从不同的角度阐释了社会发展动力问题,但是其主要的立足点还是社会基本矛盾运动动力论。马克思恩格斯以后,列宁、斯大林和毛泽东等都对社会发展动力问题进行了发挥和发展。

1. 马克思恩格斯的有关论述

社会发展的动力是什么呢?由于受到历史条件的限制,马克思之前的思想家们都没能科学地回答这一问题。在批判继承前人思想成果的基础上,马克思恩格斯发现了历史唯物主义,提出了社会基本矛盾运动推动社会历史发展的著名论断,从而科学地回答了社会发展的动力问题。

马克思恩格斯意识到了物质经济利益在现实生活中的重要作用，认为社会发展的动力只能从物质资料的社会生产活动中去寻找。

物质利益是促进社会发展的内在动因。因为人们"为了生活，首先就需要吃喝住穿以及其他一些东西。因此第一个历史活动就是生产满足这些需要的资料，即生产物质生活本身"。① 因此，"法的关系正像国家的形式一样，既不能从它们本身来理解，也不能从所谓人类精神的一般发展来理解，相反，它们根源于物质的生活关系"。② 追求物质利益导致人们进行生产劳动。马克思恩格斯在劳动发展史中找到了理解全部历史的钥匙。劳动"是一切人类生活的第一个基本条件，而且达到这样的程度，以致我们在某种意义上不得不说：劳动创造了人本身"。③ 在劳动中，"人们生产自己的生活资料，同时间接地生产着自己的物质生活本身"。④ 劳动不仅创造了人类的生存资料和生产资料，而且还形成了意识形态诸形式，"宗教、家庭、国家、法、道德、科学、艺术等，都不过是生产的一些特殊的方式，并且受生产的普遍规律的支配"。⑤ 劳动总是在一定的生产方式中进行的。物质生活的生产方式在人类社会生活中起决定作用，它"制约着整个社会生活、政治生活和精神生活的过程。"⑥ 社会发展的原动力，必须从物质资料的生产方式中去寻找。

马克思恩格斯从物质资料的生产出发，发现了社会发展的根本动力，即生产力和生产关系、经济基础和上层建筑的矛盾运动（毛泽东后来把这两大矛盾称作社会基本矛盾）。所谓社会发展的根本动力，是指在社会发展过程中能够推动历史前进的根本性力量。

马克思对社会基本矛盾运动作出了经典式的概括："人们在自己生活的社会生产中发生一定的、必然的、不以他们的意志为转移的关系，即同他们的物质生产力的一定发展阶段相适合的生产关系。这些生产关系的总和构成社会的经济结构，即有法律的和政治的上层建筑竖立其上并有一定的社会意识形态与之相适应的现实基础。物质生活的生产方式制约着整个社会生活、政治生活和精神生活的过程。不是人们的意识决定人们的存在，相反，是人们的社会存在决定人们的意识。社会的物质生产力发展到一定阶段，便同它们一直在其中活动的现存生产关系或财产关系（这只是生产关系的法律用语）发生矛盾。于是这些关系便由生产力的发展形式变成生产力的桎梏。那时社会革命的时代就到来了。随着经济基

---

① 《马克思恩格斯选集》第1卷，人民出版社1995年版，第79页。
②⑥ 《马克思恩格斯选集》第2卷，人民出版社1995年版，第32页。
③ 《马克思恩格斯选集》第4卷，人民出版社1995年版，第373~374页。
④ 同①，第67页。
⑤ 《马克思恩格斯全集》第42卷，人民出版社1979年版，第121页。

础的变更,全部庞大的上层建筑也或慢或快地发生变革。"① 这一表述,揭示了社会基本矛盾运动是如何推动社会历史发展的:生产力决定生产关系、经济基础决定上层建筑,同时生产关系对生产力、上层建筑对经济基础又都有反作用。随着生产力的发展,原有的生产关系必然被新的、更先进的生产关系所替代;旧有的上层建筑也不再适合经济基础发展的需要,全部庞大的上层建筑就要发生变革。于是社会就在这种社会基本矛盾运动中发展。社会基本矛盾运动是社会发展的内在原因,因而是社会发展的根本动力。只有把握了这一点,我们才能够真正理解和把握为什么马克思恩格斯一再强调经济因素的决定性作用。

马克思恩格斯还论述了由社会基本矛盾运动决定或派生的社会发展的其他动力。

关于"阶级斗争是阶级社会发展的直接动力"。社会基本矛盾在不同历史时期或同一历史时期不同区域的表现是不同的,解决这一矛盾的途径和方法也因条件的变化而变化。在阶级社会,社会基本矛盾集中表现为阶级矛盾,解决这一矛盾的主要方法是阶级斗争。因此,马克思恩格斯提出阶级斗争是历史的直接动力,因为通过阶级斗争,"被压迫阶级的解放必然意味着新社会的建立"。马克思强调:"在一切生产工具中,最强大的一种生产力是革命阶级本身。"② 暴力革命是阶级斗争的最高表现形式。马克思提出了"革命是历史的火车头"的著名论断,认为"暴力是每一个孕育着新社会的旧社会的助产婆。"③ 马克思恩格斯关于阶级斗争是阶级社会发展直接动力的观点,是社会基本矛盾运动动力论在阶级社会特别是在资本主义社会条件下具体运用时所形成的理论成果。在暴力革命中,一个阶级推翻另一个阶级的统治,旧的经济基础和国家机器被打碎,新的更高级的国家机器得以建立,从而建立更适合于生产力发展的经济基础和上层建筑。马克思说阶级斗争(特别是其最高表现形式的暴力革命)是阶级社会发展的直接动力,正是从这个意义上说的。阶级斗争推动社会发展的动力作用,只有通过社会基本矛盾运动才能得以发挥。

关于"人民群众是历史的创造者"。马克思恩格斯从当时的历史条件出发,着重强调了无产阶级及广大人民群众的革命行动是推动社会向前发展的主体力量。他们还同时强调,人民群众推动历史发展的实践活动,只有靠社会基本矛盾运动才能实现。恩格斯说:人民群众创造历史的结果,"归根到底仍然是经济的必然性"④,是社会基本矛盾运动的结果。人民群众创造历史并不是随心所欲的,

---

① 《马克思恩格斯选集》第 2 卷,人民出版社 1995 年版,第 32~33 页。
② 《马克思恩格斯选集》第 1 卷,人民出版社 1995 年版,第 194 页。
③ 同①,第 266 页。
④ 《马克思恩格斯选集》第 4 卷,人民出版社 1995 年版,第 733 页。

而是遵循社会基本矛盾运动的规律。"人民群众是历史的创造者"这一科学论断,并不否认社会基本矛盾运动的根本动力作用。人民群众对历史的推动作用,是通过社会基本矛盾运动来实现的。

关于社会发展的"合力"问题。恩格斯晚年时提出了历史发展的动力是无数力的合力的观点。恩格斯关于社会发展的"合力"思想包含着两层含义:一是狭义上的"合力",即"意志合力";二是包括意志合力在内的"总合力"。在"意志合力"问题上,恩格斯指出:"历史是这样创造的:最终的结果总是从许多单个的意志的相互冲突中产生出来的,而其中每一个意志,又是由于许多特殊的生活条件,才成为它所成为的那样。这样就有无数互相交错的力量,有无数个力的平行四边形,由此就产生出一个合力,即历史结果,而这个结果又可以看做一个作为整体的、不自觉地和不自主地起作用的力量的产物。"在"总合力"问题上,恩格斯强调,社会的发展是各种力包括意志力综合作用的结果。在各种力中,"经济状况是基础,但是对历史斗争的进程发生影响并且在许多情况下主要是决定着这一斗争的形式的,还有上层建筑的各种因素",这些因素的相互作用推动了历史的发展。但是各种力并不是平均使用力量的。恩格斯指出:"我们自己创造着我们的历史,但是第一,我们是在十分确定的前提和条件下创造的。其中经济的前提和条件归根到底是决定性的。"① 以此"第一"为前提,恩格斯才在"第二"中论述了意志合力的作用。在经济决定论的前提下,恩格斯阐述了包括意志合力在内的"总合力"对历史发展的推动作用。恩格斯对总合力的分析实际上是在社会基本矛盾框架内进行的。恩格斯关于社会发展合力问题的论述,实际上是对社会基本矛盾运动动力论的深化。

2. 社会发展动力论的列宁主义解读

列宁从俄国革命和建设事业的实际出发,以马克思主义社会发展动力论为指导,对俄国社会发展的动力作了可贵的探索,提出了一系列新的理论观点。

在革命时期,列宁认为暴力革命是推翻资本主义,建立社会主义,从而推动俄国社会发展的动力。第一,无产阶级革命的时代已经到来,落后国家可以首先取得革命的胜利。列宁创造性地发展了马克思恩格斯的暴力革命思想,提出了关于帝国主义时代无产阶级革命的新理论。他认为"经济和政治发展的不平衡是资本主义的绝对规律。由此就应得出结论:社会主义可能首先在少数甚至在单独一个资本主义国家内获得胜利。"后来他又进一步指出:"社会主义不能在所有

---

① 《马克思恩格斯选集》第4卷,人民出版社1995年版,第697、696、696页。

国家内同时获得胜利。它将首先在一个或者几个国家内获得胜利，而其余的国家在一段时间内将仍然是资产阶级的或资产阶级以前的国家。"① 基于这一理论判断，列宁认为，当时俄国的社会基本矛盾是对抗性的，只有通过阶级斗争的最高表现形式——暴力革命，才能得以解决。第二，俄国革命成功后，还要把俄国革命转变为世界无产阶级的革命。作为首先取得社会主义革命胜利的国家，俄国与资本主义世界的矛盾，不仅会必然引起摩擦，而且必然会引起其他各国资产阶级力图打垮社会主义国家中胜利的无产阶级的直接行动。为了解决这一不利局面，列宁认为俄国无产阶级单靠自己的力量是不能胜利地完成社会主义革命的。因此，俄国革命"最大的历史课题就是：必须解决国际任务，必须唤起国际革命，必须从我们仅仅一国的革命转变成世界革命。"② 第三，以无产阶级为主体的人民群众的革命斗争是推动社会变革的主力军，无产阶级政党是领导革命并取得胜利的保障。列宁继承了马克思恩格斯"人民群众是历史的创造者"的科学论断，提出社会主义革命必须靠广大人民群众的支持和参与。个人的作用只有同广大人民群众的实践活动结合在一起才能获得成功，才能保证使这种活动不致成为孤立的行动而沉没在相反行动的汪洋大海里。他认为俄国无产阶级是社会生产和社会革命的主力军，农民是无产阶级的可靠的同盟军，是最基本的阶级力量。列宁还论述了无产阶级政党的作用，提出"没有革命的理论，就不会有革命的运动"、"没有革命理论，就不会有坚强的社会党"③ 等论断，认为俄国共产党的领导是俄国革命事业取得胜利的领导力量和根本保证，任何脱离党和削弱党的领导的思想和行为都是有害的。

在社会主义建设时期，列宁对俄国社会主义社会的动力问题也发表了一些独到的见解。第一，矛盾是社会主义社会发展的动力。列宁提出了"在社会主义下，对抗将会消失，矛盾仍将存在"④ 的论断。社会主义社会基本矛盾的非对抗性，决定着它不能通过革命的方法，而是通过调整经济政策，改善苏维埃制度来解决。他指出："今后在发展生产力和文化方面，我们每前进一步和每提高一步都必定要同时改善和改造我们的苏维埃制度。"列宁还强调了滥用革命方式搞建设的危害性："对于一个真正的革命者来说，最大的危险，甚至也许是唯一的危险，就是夸大革命作用，忘记了恰当地和有效地运用革命方法的限度和条件。"第二，社会主义最根本的任务就是大力发展生产力。"无产阶级取得国家政权以

---

① 《列宁选集》第2卷，人民出版社1995年版，第554、722页。
② 《列宁全集》第34卷，人民出版社1985年版，第6页。
③ 《列宁选集》第1卷，人民出版社1995年版，第153、274页。
④ 《列宁全集》第60卷，人民出版社1990年版，第282页。

后,它的最主要最根本的需要就是增加产品数量,大大提高社会生产力。"① 为了发展生产力,应该吸收资本主义的文明成果。他说:"社会主义能否实现,就取决于我们把苏维埃政权和苏维埃管理组织同资本主义最新的进步的东西结合得好坏","只有那些懂得不向托拉斯的组织者学习就不能建立或实施社会主义的人,才配称为共产主义者"②。第三,发展商品经济是加强工农联盟,促进城乡流通,带动整个国民经济发展的杠杆和纽带。列宁从俄国当时的社会条件出发,论证了社会主义条件下商品生产和商品交换的必要性。他说:"应当把商品交换提到首要地位,把它作为新经济政策的主要杠杆。如果不在工业和农业之间实行系统的商品交换或产品交换,无产阶级和农民就不可能建立正常的关系,就不可能在从资本主义到社会主义的过渡时期建立十分巩固的经济联盟。同时,实行商品交换可以刺激农民扩大播种面积和改进农业。"③

列宁关于社会主义社会发展动力的原则设想,还没有来得及在实践中具体阐释。对社会主义社会发展动力问题进行探索的任务,自然而然地就落在了斯大林肩上。然而斯大林的探索情况比较复杂,甚至带有很强的唯意志论色彩。他对社会主义社会发展动力的认识带有理想化、政治伦理化和原则化的色彩。1936年,斯大林宣布苏联社会主义取得了完全的胜利。他认为人剥削人的现象已被铲除和消灭、所有的剥削阶级都被消灭了,只剩下了工人阶级、农民阶级和知识分子。于是,斯大林提出了"完全适合动力论"。这一理论主要包括两个要点:一是认为在社会主义条件下,生产关系同生产力发展状况完全适合。他说:"在社会主义制度下,在目前还只有在苏联实现的这种制度下,生产资料的公有制是生产关系的基础。这里已经没有剥削者,也没有被剥削者。……这里生产关系同生产力状况完全适合。"二是认为人民群众"精神上、政治上和道义上的一致"是社会主义社会发展的动力。斯大林说:"地主阶级已经因国内战争胜利结束而完全消灭了。其他剥削阶级也遭到了与地主阶级同样的命运,在工业方面已经没有了资本家阶级了。在农业方面已经没有富农阶级了,在商品流转方面已经没有商人和投机者了"④,"苏联劳动者之间的阶级界限正在消除,旧时的阶级特殊性正在消失。工人、农民、知识分子之间在经济上和政治上的矛盾正在缩小和消除。于是就造成了社会在道义上政治上一致的基础。"⑤

"完全适合动力理论"导致了苏联体制的僵化。直到1952年,斯大林逝世

---

① 《列宁选集》第4卷,人民出版社1995年版,第613、612、623页。
② 《列宁选集》第3卷,人民出版社1995年版,第492、536页。
③ 《列宁全集》第41卷,人民出版社1986年版,第327页。
④ 《斯大林选集》下卷,人民出版社1979年版,第449、394页。
⑤ 《苏联共产党(布)历史简明教程》,人民出版社1975年版,第379页。

前一年，他才勉强承认社会主义社会存在着生产关系和生产力之间的矛盾。但是他还这样理解："'完全适合'这种说法是不能在绝对的意义上来理解的。……生产力是生产中最活跃、最革命的力量。这种力量，就是在社会主义制度下也无可争辩地走在生产关系的前面"，"完全适合"是指"在社会主义制度下，通常不会弄到生产关系和生产力发生冲突，社会有可能及时使落后了的生产关系去适合生产力的性质。"① 毛泽东批评斯大林的这种解释，还是没有把社会主义制度下生产关系和生产力之间的矛盾，上层建筑和经济基础之间的矛盾，当做全面性的问题提出来，他还是没有认识到这些矛盾是推动社会主义社会向前发展的基本矛盾。

3. 毛泽东强调矛盾的社会发展动力论

毛泽东坚持社会基本矛盾运动动力论，创造性地发展了矛盾学说。

针对斯大林关于社会主义社会无矛盾的论断，毛泽东说："有些人说社会主义社会可以'找到'矛盾，我看这个提法不对。不是什么找到或者找不到矛盾，而是充满着矛盾。"② "即使社会主义和共产主义社会也是如此，不过矛盾的性质和阶级社会有所不同罢了。"③ 他认为，在普遍存在的矛盾中，事物发展的根本原因，不是在事物的外部而是在事物的内部。社会的变化，主要的是由于社会内部矛盾的发展，即生产力和生产关系的矛盾、阶级之间的矛盾、新旧之间的矛盾，由于这些矛盾的发展，推动了社会的前进，推动了新旧社会的代谢。

毛泽东指出："在社会主义社会中，基本的矛盾仍然是生产关系和生产力之间的矛盾，上层建筑和经济基础之间的矛盾。"正是这些矛盾推动着我们的社会向前发展。毛泽东分析了社会主义社会基本矛盾的特殊性。他说，社会主义社会的基本矛盾，"同旧社会的生产关系和生产力的矛盾、上层建筑和经济基础的矛盾，具有根本不同的性质和情况"。社会主义社会基本矛盾的特殊性主要表现在：一是从矛盾运动的形式来看，社会主义社会的生产关系和生产力、上层建筑和经济基础基本上是既相适应又相矛盾的。社会主义生产关系是"和生产力的发展相适应的；但是，它又还很不完善，这些不完善的方面和生产力的发展又是相矛盾的。除了生产关系和生产力发展的这种又相适应又相矛盾的情况以外，还有上层建筑和经济基础的又相适应又相矛盾的情况。"其中适应是主要的，不适

---

① 《斯大林选集》下卷，人民出版社1979年版，第577页。
② 《毛泽东文集》第7卷，人民出版社1999年版，第332页。
③ 《毛泽东书信选集》，人民出版社1984年版，第514页。

应是次要的。二是从矛盾的性质来看，社会主义社会的基本矛盾是非对抗性的。"社会主义社会的矛盾同旧社会的矛盾，例如同资本主义社会的矛盾，是根本不相同的。资本主义社会的矛盾表现为剧烈的对抗和冲突，表现为剧烈的阶级斗争。"而"社会主义社会的矛盾是另一回事，恰恰相反，它不是对抗性的矛盾"。三是从矛盾的解决方式来看，社会主义社会的基本矛盾可以用不断完善社会主义制度来解决。矛盾的解决方式因矛盾的性质不同而不相同，"敌我之间的矛盾是对抗性的矛盾。人民内部的矛盾，在劳动人民之间说来，是非对抗性的"。社会主义社会的基本矛盾，"可以经过社会主义制度本身，不断地得到解决"，即通过社会主义制度的不断完善和发展来解决。四是从矛盾表现在人与人之间的关系来看，社会主义社会大量存在的是人民内部矛盾。解决人民内部矛盾，"只能用民主的方法去解决，只能用讨论的方法、批评的方法、说服教育的方法去解决，而不能用强制的、压服的方法去解决。"毛泽东把解决人民内部矛盾问题的方针具体化为一个公式，即"团结——批评——团结"的方法，"就是从团结的愿望出发，经过批评或者斗争使矛盾得到解决，从而在新的基础上达到新的团结。"[①]

毛泽东还创造性地提出了主要矛盾的学说。"研究任何过程，如果是存在着两个以上矛盾的复杂过程的话，就要用全力找出它的主要矛盾。捉住了这个主要矛盾，一切问题就迎刃而解了。"矛盾的两个方面也是不平衡的，"矛盾着的两方面中，必有一方面是主要的，他方面是次要的。其主要的方面，即所谓矛盾起主导作用的方面。事物的性质，主要的是由取得支配地位的矛盾的主要方面所规定的。""生产力、实践、经济基础，一般的表现为主要的决定的作用，谁不承认这一点，谁就不是唯物论者。然而，生产关系、理论、上层建筑这些方面，在一定条件之下，又转过来表现其为主要的决定的作用，这也是必须承认的。"[②] 主要矛盾理论在毛泽东的矛盾学说中具有重要的地位，其现实意义也是巨大的。它给我们提供了一把正确认识社会发展动力的钥匙，对推动中国现代化的发展具有重要的意义。在革命和建设的实践中，当我们正确认识并抓住了社会的主要矛盾，就能够推动社会的进步，我们的事业就能发展；否则，我们的事业就会出现曲折。

二、推动中国走上现代化正轨的改革动力论

由于我党在相当长的时期内对社会"基本矛盾的具体表现和基本国情的判

---

① 《毛泽东著作选读》下册，人民出版社1986年版，第762~763页、767~768页。
② 《毛泽东选集》第1卷，人民出版社1991年版，第322、325页。

断出现失误等原因，曾经脱离生产力发展的实际一味追求提高生产资料公有化的程度和企图'以阶级斗争为纲'来推动生产力发展，结果遭到了严重挫折。十一届三中全会以后，邓小平领导我们党总结了历史经验，指出'要发展生产力，经济体制改革是必由之路'。他在强调坚持社会主义基本制度的同时，指出还要通过改革从根本上改变束缚生产力发展的经济体制，促进生产力的发展，从而解决了社会主义社会的发展动力问题。"或者说，"改革是社会主义社会发展的直接动力。"①

1. 不改革只能是死路一条

新中国成立以后，由于长期受到"左"的思想影响，囿于革命思维，我们在生产关系和上层建筑上不仅任意拔高，而且还添加了一些错误的东西，对生产力的发展造成了严重的阻碍，经济社会长期得不到发展，人民生活水平无法提高。于是邓小平提出，不改革，"只能是死路一条"②。

革命时期，中国共产党人坚持以马克思主义社会基本矛盾运动动力学说为指导，把暴力革命作为推动社会发展的直接动力。我们党分析了近代以来中国的社会性质，抓住了中国社会的主要矛盾。"自从一八四〇年的鸦片战争以后，中国一步一步地变成了一个半殖民地半封建的社会。自从一九三一年'九一八'事变日本帝国主义武装侵略中国以后，中国又变成了一个殖民地、半殖民地和半封建的社会。"因此，"帝国主义和中华民族的矛盾，封建主义和人民大众的矛盾，这些就是近代中国社会的主要的矛盾。……而帝国主义和中华民族的矛盾，乃是各种矛盾中的最主要的矛盾。"③ 我国社会的性质决定了革命成为解决社会主要矛盾的必然选择。毛泽东曾说："我看俄国式的革命，是无可奈何的山穷水尽诸路皆走不通了的一个变计，并不是有更好的方法弃而不采，单要采这个恐怖的方法。"④ "我们要破坏帝国主义，要破坏封建主义。……不去破坏这些坏东西，你就休想建设。只有把这些东西破坏了，中国才有救，中国才能着手建设，否则不过是讲梦话而已。"我们党从社会主要矛盾入手，解决了"革谁的命、怎样革命"等问题。那么靠谁来革命呢？民族资产阶级具有两面性、软弱性和动摇性，没有能力领导民主革命；无产阶级具有组织性、纪律性，是中国社会里比较最有觉悟的阶级，如果没有无产阶级的领导，中国革命就必然不能胜利；但是无产阶

---

① 《邓小平建设有中国特色社会主义理论学习纲要》，学习出版社1995年版，第42、41页。
② 《邓小平文选》第3卷，人民出版社1993年版，第370页。
③ 《毛泽东选集》第2卷，人民出版社1991年版，第626、631页。
④ 《毛泽东书信选集》，人民出版社1983年版，第5~6页。

级如果单凭自己一个阶级的力量,是不能胜利的,他们就必须在各种不同的情形下团结一切可能的革命的阶级和阶层,组织革命的统一战线,"在中国社会的各阶级中,农民是工人阶级的坚固的同盟军"①。因此必须解放农民,解决土地问题。中国必须建立工农武装割据政权,走农村包围城市的道路。我们党还认为,中国的革命要分两步走:第一步,取得新民主主义革命的胜利,夺取政权,建立新民主主义的国家。第二步,在掌握政权的基础上,进行社会主义革命,建立社会主义制度。

通过暴力的阶级斗争,我们打碎了旧的国家机器,建立了新的生产关系和上层建筑,解放了生产力,为现代化的发展扫除了障碍。一是政治上彻底推翻了帝国主义和封建主义的统治,建立了新型的现代民主政治制度。二是经济上通过对大银行、大工业和大商业的没收,初步建立了启动现代化的资金。三是思想文化上,通过马克思主义重塑民族灵魂,促进了中国人现代意识的觉醒。另外,中央政府实现工业化的社会资源动员能力大大增强。新民主主义革命的胜利、国民经济的恢复以及新生政权的巩固,为社会主义现代化建设做好了充分的准备。

暴力革命对社会发展的推动作用是有限度的。革命的意义在于夺取政权后,推动新的适合生产力发展的生产关系和上层建筑的建立。也正是在这个意义上,我们说革命是社会发展的动力。超过了这个限度,革命就不是推动社会发展而是阻碍社会发展的力量了。新政权建立后,革命就应告一段落,接下去就是建设,社会基本矛盾转而用发展生产力来解决。然而由于历史的惯性,新中国成立后我们还继续用革命的方法解决社会基本矛盾,试图通过不断革命、不断调整生产关系和上层建筑来促进生产力的发展。结果适得其反,用革命的方法搞现代化建设反而成为阻碍生产力发展的力量。

这种错误起因于毛泽东的矛盾动力理论存在着不足。主要表现为:一是对社会主义社会基本矛盾的认识很大程度上还停留在抽象思维上,没有准确把握其具体表现形式。虽然社会的发展都是社会基本矛盾运动推动的,但是革命和建设不同。二者目的不同:革命是为了夺取政权;而建设则是巩固新政权。二者的任务不同:革命是要破坏旧世界,而建设则是建立、巩固和完善一个新世界。由上述所决定的二者动力必然不同:革命要靠阶级斗争,特别是靠暴力解决阶级矛盾,从而推动社会发展;而建设则要靠不断改革阻碍生产力发展的生产关系和上层建筑,促进生产力的发展。毛泽东没有具体区分二者的不同动力。二是没有准确判断社会基本矛盾下的主要矛盾。革命时期的主要矛盾是阶级矛盾,而建设时期的主要矛盾则是人民日益增长的物质文化需要同落后的社会生产之间的矛盾。前者

---

① 《毛泽东选集》第2卷,人民出版社1991年版,第731~732、645页。

要靠阶级斗争，靠革命来推动；后者则要靠大力发展生产力来解决。由于对社会主义主要矛盾判断错误（中共八大曾作出正确判断，但没有坚持住），我党对国内阶级斗争的形式作了过于严重的估计，提出"抓革命，促生产"等不切合实际的口号，希望继续用阶级斗争来推动中国的现代化建设。结果造成阶级斗争扩大化，我党长时期把主要精力放在阶级斗争上，放在生产关系和上层建筑的"革命"上，党和国家的工作重心转不到经济建设上来。

理论上的缺陷必然造成实践上的失误：经济领域，在所有制问题上，一味地提高公有化的程度，不断搞所有制的革命；在分配问题上，实行平均主义的政策，避免因收入差距或因人们致富而导致资本主义的产生；在经济体制上，实行计划经济，避免因价值规律而产生贫富分化，消灭滋生资本主义的土壤。政治领域，强调要搞阶级斗争，要不断革命，以达到消灭资产阶级、避免资本主义复辟的目的。思想文化领域，要消灭资产阶级的思想观念和意识形态。通过斗"私"批"修"，否定文化的多样性，宣扬"革命样板"文化，使阶级斗争、革命等观念在人民群众中"入脑入心"。

邓小平看到了用革命方式搞现代化所带来的危害。他说："从一九五八年到一九七八年整整二十年里，农民和工人的收入增加很少，生活水平很低，生产力没有多大发展。一九七八年人均国民生产总值不到二百五十美元。"① 邓小平认识到了"矛盾动力论"的缺陷，他认为，虽然我们党对社会主义社会基本矛盾的判断是正确的，但是，"指出这些基本矛盾，并不就完全解决了问题，还需要就此作深入的具体的研究"。因此，邓小平说："如果现在再不实行改革，我们的现代化事业和社会主义事业就会被葬送。"② 以阶级斗争来推动社会主义的现代化，不仅没有带来社会的发展，而且压抑了人民的积极性、创造性。理论上不突破，实践上不改革，就只能是死路一条！

既然革命解决社会基本矛盾的功能是有限度的，那么必须纠正靠革命搞建设的理论和实践，拨乱反正，重新寻找现代化发展的新动力。在邓小平等人的推动下，1978年召开的中共十一届三中全会终于作出了改革开放的战略决策。中国进入改革开放的时代，中国共产党人找到了改革这一社会主义社会发展的直接动力。

改革开放首先就从否定阶级斗争入手。中共十一届三中全会果断地停止使用不再适合于社会主义的"以阶级斗争为纲"、"无产阶级专政下继续革命"等错误口号，实现了从社会主义改造后就应该实现的党的工作重心的转移，把党的主

---

① 《邓小平文选》第3卷，人民出版社1993年版，第115页。
② 《邓小平文选》第2卷，人民出版社1994年版，第182、150页。

要精力转移到现代化建设上来。党的第一项改革活动就是要实现拨乱反正。"拨乱反正,就是拨林彪、'四人帮'破坏之乱,批评毛泽东晚年的错误,回到毛泽东思想的正确轨道上来。"一是思想路线的拨乱反正。在长期的革命斗争实践中,我党形成了实事求是的思想路线。然而1957年后,我党逐渐背离了这一思想路线,形成了一条唯心主义和形而上学的错误思想路线。通过批判"两个凡是"、开展真理标准大讨论等,中共十一届三中全会恢复了实事求是的思想路线,完成了思想路线的拨乱反正。二是政治路线的拨乱反正。中共八大曾把党和国家的主要任务,确定为集中精力发展生产力,实现社会主义工业化。但是后来我们背离了中共八大精神。中共十一届三中全会把党和国家的工作重心转移到现代化建设上来,重新确立了正确的政治路线,到中共十三大形成了"一个中心,两个基本点"的基本路线。三是组织路线的拨乱反正。组织路线的拨乱反正是从平反冤假错案、整顿领导班子、制定和贯彻新的组织路线等方面展开的。通过纠正"四人帮"的错误组织路线,平反冤假错案,废除领导干部职务终身制,健全民主集中制,加强党的组织建设等,实现了党的组织路线的拨乱反正。到1981年中共十一届六中全会,拨乱反正基本完成。改革初试牛刀,取得了良好的效果。拨乱反正后,中国在改革中逐步摸索出一条现代化建设的新道路。

2. 改革是社会主义制度的自我完善

胡锦涛在纪念党的十一届三中全会召开30周年大会上郑重提出,"党领导人民进行改革开放,目的就是要解放和发展生产力,实现国家现代化,让中国人民富裕起来,振兴伟大的中华民族;就是要推动我国社会主义制度自我完善和发展,赋予社会主义新的生机活力,建设和发展中国特色社会主义;就是要在引领当代中国发展进步中加强和改进党的建设,保持和发展党的先进性,确保党始终走在时代前列。"① 总之一句话,就是中国社会主义制度的自我完善和发展。

完善社会主义的改革也是一场革命。1984年,邓小平在接见外宾时说:"改革,实际也是一场革命,是一场解放生产力的革命。我们在三十五年前搞了土地革命,那也是一场解放生产力的革命。这次改革实际上是那次革命的继续,也可以说是继续和发展。"② 1985年,邓小平明确指出:"改革是中国的第二次革命"。③ 改革和革命一样,都是解决社会基本矛盾从而解放生产力的手段。"说改

---

① 胡锦涛在纪念党的十一届三中全会召开30周年大会上的讲话,人民出版社2008年版。
② 《邓小平思想年谱》,中央文献出版社1998年版,第304页。
③ 《邓小平文选》第3卷,人民出版社1993年版,第113页。

革是我们党领导的第二次革命,是相对于第一次革命而言的。中国共产党领导的第一次革命,把一个半殖民地半封建的旧中国变成了一个社会主义新中国;中国共产党领导的第二次革命,将把一个经济文化比较落后的社会主义中国变成一个富强民主文明的现代化的社会主义中国。邓小平说:'改革的性质同过去的革命一样,也是为了扫除发展社会生产力的障碍,使中国摆脱贫穷落后的状态。从这个意义上说,改革也可以叫革命性的变革。'改革作为一次新的革命,不是也不允许否定和抛弃我们建立起来的社会主义基本制度,它是社会主义制度的自我完善和发展。改革不是一个阶级推翻另一个阶级那种原来意义上的革命,也不是原有经济体制的细枝末节的修补,而是对体制的根本性变革。它的实质和目标,是要从根本上改变束缚我国生产力发展的经济体制,建立充满生机和活力的社会主义新经济体制,同时相应的改革政治体制和其他方面的体制,以实现中国的社会主义现代化。从解放生产力、扫除发展生产力的障碍这个意义上来说,从政策的重新选择、体制的重新构建这个转变的深刻性和广泛性来说,从由此而引起的社会生活和人们观念变化的深刻性和广泛性来说,改革是一场新的革命。"①

  改革这场革命,是去除用革命搞现代化所造成的不良影响的过程,是革旧体制之"命"的过程,是扫除发展生产力障碍的过程。改革开放前的社会主义建设时期,我们忽视了生产力、经济基础的决定作用,较多地强调反作用。一方面强调意识形态对上层建筑的其他部分、对经济基础、生产力的反作用。另一方面强调生产关系对生产力的反作用。毛泽东说:"我注意的较多的是制度方面的问题,生产关系方面的问题。至于生产力方面,我的知识很少。"②当时我们以为只要不断地调整和变革生产关系,就能够促进中国社会的发展,就能够很快地建成社会主义。以革命为动力来推动现代化建设,不仅没有促进生产力的发展,反而通过拔高生产关系、上层建筑,制造了生产力发展的新障碍。

  改革新动力立足于社会基本矛盾运动,更加强调生产力标准,强调生产力的决定作用,着眼点还是生产关系和上层建筑。只不过不是继续拔高生产关系和上层建筑,而是把拔高的生产关系和上层建筑改过来,改到适合生产力发展的状态上来。我们党创造性地提出了以是否有利于发展社会主义社会的生产力作为判断一切工作成败得失的标准之一,并把这个标准贯穿到改革的全过程。一切阻碍生产力发展的体制都列为改革的对象。

  在实行改革的同时,我们还同样作出了对外开放的战略决策,我们通常把它们放在一起称为改革开放。新时期最鲜明的特点是改革开放。对外开放也是改

---

① 《邓小平建设有中国特色社会主义理论学习纲要》,学习出版社1995年版,第40~41页。
② 《毛泽东著作选读》下册,人民出版社1986年版,第829页。

革，是改变"关起门来搞建设"的对外体制。当今的世界是开放的世界，中国的发展离不开世界。"社会主义作为后起的崭新的社会制度，必须大胆借鉴、吸收人类社会包括资本主义社会创造出来的全部文明成果，结合新的实践进行新的创造，为我所用，才能加快发展，赢得同资本主义相比较的优势。"① 早在新中国成立前夕，毛泽东在《论人民民主专政》一文中就提出向外国学习的口号。新中国成立后，毛泽东在《论十大关系》一文中再次强调要向外国学习，甚至向资本主义国家学习。然而，由于受到帝国主义的包围、遏制和中苏关系的恶化，我们逐渐关起门来搞建设了。邓小平有一段话反映了这一过程。他说："我们建国以来长期处于同世界隔绝的状态。这在相当长一个时期不是我们自己的原因，国际上反对中国的势力，反对中国社会主义的势力，迫使我们处于隔绝、孤立状态。六十年代我们有了同国际上加强交往合作的条件，但是我们自己孤立自己。"② "中国长期处于停滞和落后状态的一个重要原因是闭关自守。经验证明，关起门来搞建设是不能成功的，中国的发展离不开世界。"③ 总结了这个历史教训，中共十一届三中全会作出了对外开放的战略决策。

对外开放是改革的一个组成部分，也是为了解放和发展生产力。要解放和发展生产力，除了提高劳动者的积极性以外，还需要资本、技术、科学的管理等。邓小平指出："现在世界的发展一日千里，每天都在变化，特别是科学技术，追都难追上。"因此，"一切有利于发展社会生产力的方法，包括利用外资和引进先进技术，我们都采用。"那么，对外开放就是要改革对外体制，把那些阻碍引进外资、阻碍学习外国先进技术和管理经验的制度、规定废除，建立新的有利于生产力发展的对外新体制。"对外开放具有重要意义，任何一个国家要发展，孤立起来，闭关自守是不可能的，不加强国际交往，不引进发达国家的先进经验、先进科学技术和资金，是不可能的。"既然开放也是改革，是改变对外的体制，那么开放也是为了发展生产力，巩固社会主义制度。"我们采取的所有开放、搞活、改革等方面的政策，目的都是为了发展社会主义经济"，"对外开放也是改革的内容之一，总的来说，都叫改革。"④

对外开放和改革密不可分。邓小平基本上把改革和开放相提并论，从不撇开开放谈改革，也从不撇开改革谈开放。一方面，开放包括对内开放和对外开放，而改革就是对内开放。他说："改革就是搞活，对内搞活也就是对内开放，实际上都叫开放政策"，"无论是农村改革还是城市改革，其基本内容和基本经验都

---

① 《邓小平建设有中国特色社会主义理论学习纲要》，学习出版社1995年版，第47页。
② 《邓小平文选》第2卷，人民出版社1994年版，第232页。
③ 《邓小平文选》第3卷，人民出版社1993年版，第78页。
④ 同③，第299、130、117、110、256页。

是开放,对内把经济搞活,对外更加开放","两个开放,即对外开放和对内开放,这个政策不会变,我们现在进行的改革是两个开放政策的继续和发展"①。另一方面,改革包括对内改革和对外改革,而开放就是对外改革。由于对外开放,我们的改革全面推进;由于全面对外开放,特别是加入世贸组织,"为我国赢得更好的国际环境,有利于促进经济体制改革和经济结构的战略性调整,增强我国经济发展活力和国际竞争力,总体上符合我国的根本利益和长远利益";由于实行了对外开放,我们"把利用外资与国内经济结构调整、国有企业改组改造结合起来,鼓励投资农业、制造业和高新技术产业。大力引进海外各类专业人才和智力"②,所以开放促进了我国经济和社会的发展。如果没有对外开放,我们改革的目标就不一定能够达到,那么没有开放就不可能有真正的改革。

3. 全面改革推动中国现代化走出新路

中国的改革是全面地社会变革。全面改革推动中国现代化走出一条新路——中国特色社会主义道路。

改革如何进行?有两种方法:一是局部的调整;二是全面的变革。中国的改革是后者。从横向上看,改革要在社会生活的各个领域进行。它包括经济、政治、教育、科技、文化在内的社会生活的各个领域。从纵向上看,改革要在体制的各个层面进行。它不仅要在各个体制的第一层面进行,而且还要在每一体制的第二、第三……层面进行。所以,"改革是全面的改革,包括经济体制改革,政治体制改革和相应的其他各个领域的改革"③,它"既包括经济基础又包括上层建筑,既包括经济体制又包括政治、文化等方面的体制,既包括体制层面又包括思想观念层面"。④ 中共十一届三中全会以来,"从农村到城市、从经济领域到其他各个领域,全面改革的进程势不可当地展开了;从沿海到沿江沿边,从东部到中西部,对外开放的大门毅然决然地打开了。"⑤

全面的改革从程度上来说,他不是一个阶级推翻另一个阶级那种原来意义上的革命,也不是原有经济体制的细枝末节的修补,而是对体制的根本性变革,是"根本改变我国经济和技术落后面貌,进一步巩固无产阶级专政的伟大革命。这

---

① 《邓小平文选》第3卷,人民出版社1993年版,第98、81~82、113页。
② 《"三个代表"重要思想学习纲要》,学习出版社2003年版,第44~46页。
③ 同①,第237页。
④ 同②,第36页。
⑤ 胡锦涛:《高举中国特色社会主义伟大旗帜　为夺取全面建设小康社会新胜利而奋斗》,人民出版社2007年版。

场革命既要大幅度地改变目前落后的生产力，就必然要多方面地改变生产关系，改变上层建筑，改变工农业企业的管理方式和国家对工农业企业的管理方式，使之适应于现代化大经济的需要。"①

但是，全面的改革也是有限度的，它不是什么都能改。改革不是改变社会主义基本制度。恰恰相反，它是坚持社会主义基本制度，是完善社会主义制度。1979年，邓小平在党的理论工作务虚会上指出，改革开放和现代化建设必须坚持四项基本原则，即坚持社会主义道路、坚持人民民主专政、坚持中国共产党的领导、坚持马列主义毛泽东思想。在经济上，我们坚持以公有制和按劳分配为主体的社会主义基本经济制度，绝不实行私有化和按资分配；在政治上，我们坚持中国共产党的领导，坚持中国基本政治制度，绝不搞两党制或多党制，绝不实行三权分立的政治制度；在思想文化领域，我们坚持马克思主义在意识形态中的领导，绝不搞意识形态多元化。在这个前提下，通过体制机制的改革，使我们的社会主义制度充满生机与活力。

通过全面改革，我们开辟了一条具有中国特色的社会主义新道路。20世纪80年代初，邓小平提出了走自己的路的思想。在中共十二大开幕词中，他提出要"把马克思主义的普遍真理同我国的具体实际结合起来，走自己的道路，建设有中国特色的社会主义"②。要走自己的路，我们必须一方面坚持社会主义；另一方面从中国的实际出发。

要坚持社会主义，必须搞清楚什么是社会主义。过去我们对什么是社会主义、怎样建设社会主义没有完全搞清楚，走了不少弯路。在改革探索中，邓小平对社会主义本质进行了新的概括，即解放生产力，发展生产力，消灭剥削，消除两极分化，最终达到共同富裕。社会主义本质理论把我们对社会主义的认识提高到了一个新的水平，对探索怎样建设社会主义具有重要的实践意义。以胡锦涛为总书记的党中央，作出"社会和谐是中国特色社会主义的本质属性"的重大判断，深化了对社会主义本质的认识。

要从中国的实际出发，必须处理好两个问题：一是如何对待资本主义；二是如何对待苏联模式。一方面，必须在坚持社会主义基本制度的基础上，积极吸收资本主义中一切合理的东西，抵制资本主义腐朽的东西。过去我们比较多地强调社会主义与资本主义的对立，没有看到两者作为人类社会的一部分，在生产力的发展方面有着共同的规律，没有看到社会主义应该是对资本主义的批判性继承；我们过于乐观地估计了帝国主义的腐朽性，没有看到资本主义有其存在的现实依

---

① 《邓小平文选》第2卷，人民出版社1994年版，第135~136页。
② 《邓小平文选》第3卷，人民出版社1993年版，第3页。

据，没有看到资本主义生产关系和上层建筑的调整和变化所带来的生产力的迅速发展。结果我们把阶级斗争理论运用到国际领域，把推翻资本主义作为我们的目标。在改革开放过程中我们逐渐认识到，"社会主义要赢得与资本主义相比较的优势，就必须大胆地吸收和借鉴人类社会创造的一切文明成果，吸收和借鉴当今世界各国包括资本主义发达国家的一切反映现代社会化生产规律的先进经营方式、管理方法。"① 在改革开放过程中，我们也抵制了"全盘西化"的错误主张。正确对待资本主义，学习了发达资本主义国家"合理"的东西，以人之长，补己之短，节约了发展时间，缩小了与发达资本主义国家的差距。我们不仅坚持了社会主义，而且使社会主义在学习中更加壮大，现代化建设步伐加快了。另一方面，必须认真检讨苏联的经验教训。新中国成立后，我国现代化建设没有任何经验。由于"一边倒"的外交政策，我们只能向苏联学习。结果完全照搬苏联模式。苏联模式对于我国迅速建成完整的工业体系和国民经济体系，提前完成"一五"计划，具有重要的作用。然而苏联模式也导致国民经济比例失调，效率低下，体制僵化，官僚主义等弊端。从20世纪50年代中期开始，中国共产党人就开始试图纠正苏联模式的弊端，从中国的实际出发进行现代化建设，但一直没有成功。通过改革开放，我们重新恢复了实事求是的思想路线，从中国的国情出发，"摸着石头过河"，不断总结实践经验，不断摒弃苏联的那一套做法，逐渐形成了中国特色的现代化建设道路。

中共十一届三中全会以来，包括开放在内的全面改革具有举足轻重的地位。"我国过去30多年的快速发展靠的是改革开放，我国未来发展也必须坚定不移依靠改革开放。新时期最鲜明的特点是改革开放。改革开放是党在新的历史条件下领导人民进行的新的伟大革命，是决定当代中国命运的关键抉择，是坚持和发展中国特色社会主义、实现中华民族伟大复兴的必由之路。只有改革开放才能发展中国、发展社会主义、发展马克思主义。"改革开放之所以如此重要，主要在于通过它我们党"开创、坚持、发展了中国特色社会主义"，即"开辟了中国特色社会主义道路，形成了中国特色社会主义理论体系，确立了中国特色社会主义制度"②。全面改革推动中国现代化走出的新路就是中国特色社会主义道路。中共十七大报告把这条道路概括为："在中国共产党领导下，立足基本国情，以经济建设为中心，坚持四项基本原则，坚持改革开放，解放和发展社会生产力，巩固和完善社会主义制度，建设社会主义市场经济、社会主义民主政治、社会主

---

① 《邓小平文选》第3卷，人民出版社1993年版，第373页。
② 胡锦涛在庆祝中国共产党成立90周年大会上的讲话，《人民日报》2011年7月2日。

先进文化、社会主义和谐社会,建设富强民主文明和谐的社会主义现代化国家。"①

这 30 多年,我们始终以改革开放为强大动力,推动了党和国家各项事业,取得了举世瞩目的新的伟大成就:不断锐意改革,"使我国成功实现了从高度集中的计划经济体制到充满活力的社会主义市场经济体制的伟大历史转折。我们建立和完善社会主义市场经济体制,建立以家庭承包经营为基础、统分结合的农村双层经营体制,形成公有制为主体、多种所有制经济共同发展的基本经济制度,形成按劳分配为主体、多种分配方式并存的分配制度,形成在国家宏观调控下市场对资源配置发挥基础性作用的经济管理制度。在不断深化经济体制改革的同时,不断深化政治体制、文化体制、社会体制以及其他各方面体制改革,不断形成和发展符合当代中国国情、充满生机活力的新的体制机制,为我国经济繁荣发展、社会和谐稳定提供了有力制度保障。"不断扩大对外开放,"使我国成功实现了从封闭半封闭到全方位开放的伟大历史转折。我们坚持对外开放的基本国策,打开国门搞建设,加快发展开放型经济。从建立经济特区到开放沿海、沿江、沿边、内陆地区再到加入世界贸易组织,从大规模'引进来'到大踏步'走出去',利用国际国内两个市场、两种资源水平显著提高,国际竞争力不断增强。……广泛深入的国际合作加快了我国经济发展,也为世界经济发展作出了重大贡献"。②

三、中国现代化迈向新征程的创新动力

随着改革的持续深入和对外开放的进一步扩大,虽然我国的社会主要矛盾没变,但是解决矛盾的方式方法需要发生变化。进入新世纪后,中国现代化面临着新情况、新问题,需要取得发展和突破。深化改革需要创新、扩大开放需要创新,现代化的发展和突破也需要创新。"创新是一个民族进步的灵魂,是国家兴旺发达的不竭动力。"③ 中国共产党人发现了创新这一动力,发展了中国现代化动力的理论。我们还提出了建设创新型国家的战略目标,要"把增强自主创新

---

① 胡锦涛:《高举中国特色社会主义伟大旗帜 为夺取全面建设小康社会新胜利而奋斗》,人民出版社 2007 年版。
② 胡锦涛在纪念党的十一届三中全会召开 30 周年大会上的讲话,人民出版社 2008 年版。
③ 《江泽民文选》第 2 卷,人民出版社 2006 年版,第 237 页。

能力作为国家战略,贯穿到现代化建设各个方面"①。

1. 深化改革、扩大开放与中国现代化的新动力

进入新世纪后,中国现代化面临着许多新的环境:社会经济成分、组织形式、就业方式、利益关系和分配方式日益多样化,改革进入了攻坚阶段;经济全球化的浪潮席卷世界各地,世界科学技术突飞猛进,而我国经济社会发展和科技实力还处于弱势地位等。现代化所面临的新环境、新问题,迫使我们深化改革、扩大开放。深化改革、扩大开放,促进了现代化动力论的新发展。

随着改革的逐步深化,创新对我国社会的推动作用日益明显。

改革初始条件的特殊性,决定了我们的改革是从纠正原来的体制"错误",恢复在"文革"中被破坏了的体制开始的。因为"从一九五七年下半年开始,我们就犯了'左'的错误。""旧的那一套经过几十年的实践证明是不成功的。"所以,"不开放不改革没有出路,国家现代化建设没有希望。"在这种特定情况下启动的改革,是对过去错误体制的反思和修正,它可以从我国社会主义建设经验中寻找体制变革的依据。邓小平认为改革首先就是"纠错"。他说:"近几年来,中国一直在克服'左'的错误,坚持从实际出发,实事求是,来制定各方面工作的政策。"② 进入新世纪以后,存在明显"错误"的旧体制已经在相当的程度上被纠正了,被破坏了的体制纷纷得以重建,改革已经不能从我国过去社会主义建设的经验中寻找体制变革的根据,失去了原来那种在危急情势下进行体制变通的意义,失去了"纠错"的性质。我国的改革是渐进式的改革,即在政治稳定的条件下,改革稳步推进、逐步展开。渐进式改革主要表现为先易后难。这样可以减少阻力,尽量降低并分散风险。然而,它也有副产品。一是较难啃的骨头都积累在了后面,改革"堆积"出了一道道"坎"。中央一再强调改革进入"攻坚"阶段,进入"深水区",实际上就是问题累积的结果。二是改革没有同步推进,产生一些结构性的问题,发展不平衡。从改革条件的变化和渐进式改革的结果可知,我国发展中的问题,"必须通过深化改革加以解决。"③

深化改革,只能靠体制创新。改革之初,我们提改革的"实质和目标,是要从根本上改变束缚我国生产力发展的经济体制,建立充满生机和活力的社会主义新经济体制,同时相应地改革政治体制和其他方面的体制,以实现中国的社会

---

① 胡锦涛:《坚持走中国特色自主创新道路 为建设创新型国家而努力奋斗》,人民出版社2006年版。
② 《邓小平文选》第3卷,人民出版社1993年版,第269、237、219、58页。
③ 胡锦涛在庆祝中国共产党成立90周年大会上的讲话,《人民日报》2011年7月2日。

主义现代化。"① 进入新世纪，我们说改革的"根本目的，就是要在各方面都形成与社会主义初级阶段基本国情相适应的比较成熟、比较定型的制度，使生产关系适应生产力的发展，使上层建筑适应经济基础的发展，使中国特色社会主义充满生机和活力。"由此可见，现在的改革同当初的改革至少有两点不同：一是当初的改革是因为生产力头上套有"紧箍咒"，这个"紧箍咒"看得见、摸得着，改革就是要把这些"紧箍咒"去除；现在的改革，是要为生产力选择、寻找合适的"帽子"，使之与生产力比较适合。前面的改革是"再也不能这样活"，现在的改革是"要更好地活"。二是当初的改革是因为中国现代化走了弯路，改革使它重新走上正常的发展轨道；现在的改革，是要使已经走上正轨的现代化迈向新的征程，并充满生机与活力。由此比较可以看出，设计、形成在各方面都与"社会主义初级阶段基本国情相适应的比较成熟、比较定型的制度"，没有东西可以借鉴；使中国特色的社会主义现代化充满生机与活力，也没有现成经验可供参考。所以深化改革只能靠创新，"改革的实质是体制创新。不进行体制创新，很多问题的解决就没有出路。"因此中央要求，"必须拿出一往无前的勇气，在体制创新方面取得重大进展，从根本上消除束缚经济社会发展的体制性障碍，解决体制转变中的深层次矛盾和问题，努力在经济体制、政治体制和文化体制等方面迈出改革的新步伐。"②

随着对外开放的不断扩大，创新对我国社会的推动作用日益迫切。

2001年加入世界贸易组织，标志着我国全面地对外开放、加入了全球化的浪潮。全面对外开放，中国可以吸引外资、引进先进技术、设备，学习先进的管理经验，发挥比较优势，开拓国际市场等，促进中国经济社会的发展。由于全面开放抓住了这次全球化的机遇，我们的产品行销世界各地，我国的外汇储备节节攀升，稳居世界首位，我国的国力迅速提高，我国在国际上的地位也日益重要。然而，全面开放既有机遇，也面临着挑战。参与全球化进程必然要面对两种不利因素：第一，全球化是发达资本主义国家主导的全球化。在主导全球化过程中，发达国家到处推销他们的发展道路、政治制度、民主模式和价值观念，甚至为了达到目的，不惜颠覆别国政权。加入世贸组织、全面对外开放以后，"西方敌对势力不愿意看到社会主义中国发展壮大，加紧对我国实施'西化'、'分化'的战略图谋不会改变，我们与西方敌对势力在渗透与反渗透、颠覆与反颠覆方面的斗争将是长期的、复杂的，有时甚至会是十分尖锐的。"第二，参与全球化必然面临着与发达资本主义国家的竞争。"西方发达国家力图主导经济全球化，发展

---

① 《邓小平建设有中国特色社会主义理论学习纲要》，学习出版社1995年版，第41页。
② 《"三个代表"重要思想学习纲要》，学习出版社2003年版，第35、37页。

中国家总体上处于弱势,……西方发达国家的科技实力明显占优势,发展中国家面临实现技术跨越的机遇,也面临着巨大的压力。"因此,"如果没有正确的对策就会落入更加不利的地位。"① 全球化的不利因素给中国的现代化带来了挑战与风险,对中国国内的经济、政治和社会的发展带来不确定性。特别是东欧剧变后,世界社会主义运动处于低潮,而我国社会主义却"一枝独秀",西方国家强化了对我国的和平演变和政治遏制。如果我们能够应对得当,就能够抓住机遇;如果应对不当,就会出现问题。

当初我们对外开放主要是为了纠偏和引进学习,所谓纠偏,是指我们长期闭关自守,处于隔绝、孤立状态,把中国搞得贫穷落后,要把这种状况纠正过来,逐步打开国门,加强国际交往。所谓引进学习,是指我们对外开放,主要依靠优惠政策迎客进门,引进发达国家的先进经验、先进科学技术和资金,吸收人类社会包括资本主义社会创造出来的全部文明成果,以使我们赶上当代世界的科技和经济发展。随着对外开放的扩大,特别是加入世界贸易组织后,我们已经实现全面对外开放,成为开放国际体系中正常的、重要的一员。开放已经不是原来的"纠偏"。我们不仅坚持"引进来",而且还要实施"走出去"战略,以"在更大范围、更广领域和更高层次上参与国际经济技术合作和竞争,充分利用国际国内两个市场、两种资源,以开放促改革促发展。""走出去"战略"是更好地利用国内外两个市场、两种资源的必然选择,是逐步形成我们自己的大型企业和跨国公司的重要途径。这个战略实施好了,对增强我国经济发展的动力和后劲,促进我国的长远发展,具有极为重大的意义。""只进不出或只出不进,都不是完全的开放。'引进来'和'走出去',是我们对外开放方针的两个紧密联系、相互促进的方面,缺一不可。"② 对外开放的全面扩大,必然要求提高对外开放的水平。只有依靠创新,才能提高对外开放水平,才能使我们在开放中站稳脚跟、积极进取、永不变色。

因应深化改革、扩大开放的新形势,中国现代化的动力理论有了新发展。"创新是一个民族进步的灵魂,是一个国家兴旺发达的不竭动力。"③ "推进各方面体制改革创新,……着力构建充满活力、富有效率、更加开放、有利于科学发展的体制机制,为发展中国特色社会主义提供强大动力和体制保障。"④ 作为中国现代化发展的新动力,创新是全方位的。它的动力作用是通过人们在生产力、

---

① 江泽民:《论"三个代表"》,中央文献出版社 2001 年版,第 28~29、28 页。
② 《"三个代表"重要思想学习纲要》,学习出版社 2003 年版,第 43、47 页。
③ 《江泽民文选》第 3 卷,人民出版社 2006 年版,第 537 页。
④ 胡锦涛:《高举中国特色社会主义伟大旗帜 为夺取全面建设小康社会新胜利而奋斗》,人民出版社 2007 年版。

生产关系和上层建筑全部领域中进行的创造性活动，来推动社会发展的。

创新的第一个层次是直接作用于社会基本矛盾的创新，包括理论创新、体制创新和科技创新等。在中国现代化建设的过程中，理论创新是先导。"实践基础上的理论创新是社会发展和变革的先导"，通过理论创新，可以"推动制度创新、科技创新、文化创新以及其他各方面的创新"①。要进行理论创新，必须"自觉地把思想认识从那些不合时宜的观念、做法和体制中解放出来，从对马克思主义的错误的和教条式的理解中解放出来，从主观主义和形而上学的桎梏中解放出来"。在中国现代化建设的过程中，体制创新是促进生产力发展的保障。要进行包括经济体制、政治体制、文化体制、科技体制、教育体制、卫生体制等在内的全方位的创新。通过体制创新，能够"放手让一切劳动、知识、技术、管理和资本的活力竞相迸发，让一切创造社会财富的源泉充分涌流，以造福于人民。"当前的体制创新，"就是要不断完善适应发展社会主义市场经济、全面建设有中国特色社会主义要求的各方面的体制"②。在中国现代化建设的过程中，科技创新是发展生产力的关键。科技创新是创新的主要形态，它"越来越成为当今社会生产力解放和发展的重要基础与标志，越来越决定着一个国家、一个民族的发展进程。"③"我们进行科技创新，就是要使科学技术成为我国跨世纪发展的强大推动力量。"④"提高自主创新能力，建设创新型国家"被认为"是国家发展战略的核心，是提高综合国力的关键"。⑤

创新的第二个层次是为上述创新活动提供条件和氛围的创新，包括知识创新、教育创新、文化创新等。知识创新在社会发展中的作用越来越明显，经济发展、社会进步与知识创新的关系越来越密切。胡锦涛要求"建设科学研究与高等教育有机结合的知识创新体系，以建立开放、流动、竞争、协作的运行机制为中心，高效利用科研机构和高等院校的科技资源，稳定支持从事基础研究、前沿高技术研究和社会公益研究的科研机构，集中力量形成若干优势学科领域、研究基地和人才队伍。"⑥教育创新的功能是培养创新型人才。"教育创新，与理论创新、制度创新和科技创新一样，是非常重要的，而且教育还要为各方面的创新工作提供知识和人才基础。"所以，要"坚持教育创新，深化教育改革，优化教育结构，合理配置教育资源，提高教育质量和管理水平，全面推进素质教育，造就

---

① 《江泽民文选》第3卷，人民出版社2006年版，第537页。
② 同①，第284、540、65页。
③ 《江泽民文选》第2卷，人民出版社2006年版，第392页。
④ 同①，第65页。
⑤ 胡锦涛：《高举中国特色社会主义伟大旗帜　为夺取全面建设小康社会新胜利而奋斗》，人民出版社2007年版。
⑥ 胡锦涛：《坚持走中国特色自主创新道路　为建设创新型国家而努力奋斗》，人民出版社2006年版。

数以亿计的高素质劳动者、数以千万计的专门人才和一大批拔尖创新人才"①。文化创新，就是要通过一定的体制机制的创新，在全社会形成一种有利于创新的文化，就是"要在全社会培育创新意识，倡导创新精神，完善创新机制，大力提倡敢为人先、敢冒风险的精神，大力倡导敢于创新、勇于竞争和宽容失败的精神，努力营造鼓励科技人员创新、支持科技人员实现创新的有利条件"②，以"形成与社会主义初级阶段基本经济制度相适应的思想观念和创业机制，营造鼓励人们干事业、支持人们干成事业的社会氛围，放手让一切劳动、知识、技术、管理和资本的活力竞相迸发，让一切创造社会财富的源泉充分涌流，以造福于人民。"③

动力的创新系统是一个有机整体。理论创新和体制创新必须以科技创新为基础，经济建设和社会发展中许多深层次矛盾和问题的解决，归根到底有赖于科技水平和创新能力的提高。科技创新又离不开理论创新的指导和体制创新的保障。而这三大创新又需要知识、教育、文化等方面的创新来支持。

2. 创新推动中国现代化迈向新的征程

在新世纪新阶段，我国现代化建设"还面临不少困难和问题，突出的是：经济增长的资源环境代价过大；城乡和区域、经济社会发展仍然不平衡；农业稳定发展和农民持续增收难度加大；劳动就业、社会保障、收入分配、教育卫生、居民住房、安全生产、司法和社会治安等方面关系群众切身利益的问题仍然较多，部分低收入群众生活比较困难；思想道德建设有待加强；党的执政能力同新形势新任务不完全适应，对改革发展稳定一些重大实际问题的调查研究不够深入；一些基层党组织软弱涣散；少数党员干部作风不正，形式主义、官僚主义问题比较突出，奢侈浪费、消极腐败现象仍然比较严重。"④。这些困难和问题只能通过深化改革加以解决。

创新就是为了深化改革。它要求我们的政策措施和思想观念、工作方法，必须适应改革的变化而不断发展和勇于创新。我们"要坚持解放思想、实事求是，一切从实际出发，主观和客观相统一，理论和实践相统一，及时提出适应实践发展要求的方针政策，及时改革生产关系中不适应生产力发展、上层建筑中不适应

---

① 《江泽民文选》第 3 卷，人民出版社 2006 年版，第 499、560 页。
② 胡锦涛：《坚持走中国特色自主创新道路　为建设创新型国家而努力奋斗》，人民出版社 2006 年版。
③ 同①，第 540 页。
④ 胡锦涛：《高举中国特色社会主义伟大旗帜　为夺取全面建设小康社会新胜利而奋斗》，人民出版社 2007 年版。

经济基础发展的环节……善于根据客观情况的变化，及时察觉和研究前进中的新情况新问题，不断从人民群众在实践中创造的新鲜经验中吸取营养，不断改进和完善我们的工作。在前进道路上，决不能墨守成规，裹足不前"①，要"推进各方面体制改革创新，加快重要领域和关键环节改革步伐，全面提高开放水平，着力构建充满活力、富有效率、更加开放、有利于科学发展的体制机制，为发展中国特色社会主义提供强大动力和体制保障"②。深化改革、进行体制创新，"一定要坚定不移坚持党的十一届三中全会以来的路线方针政策，坚定信心、砥砺勇气，坚持不懈把改革创新精神贯彻到治国理政各个环节，奋力把改革开放推向前进。要坚持社会主义市场经济的改革方向，提高改革决策的科学性，增强改革措施的协调性，找准深化改革开放的突破口，明确深化改革开放的重点，不失时机地推进重要领域和关键环节改革，继续推进经济体制、政治体制、文化体制、社会体制改革创新，继续解放和发展社会生产力，继续推动我国社会主义制度自我完善和发展，坚决破除一切妨碍科学发展的思想观念和体制机制弊端，为推进中国特色社会主义事业注入强大动力。"③

新世纪新阶段，我们已经全面对外开放。我们正面对着世界经济和科技前所未有的大发展，也面对着前所未有的激烈的国际竞争。这是一场全球范围的大竞争，任何国家、任何民族都回避不了。而且这种竞争将更加深入地与国内市场的竞争结合在一起，"发达国家在经济科技上占优势的压力长期存在，可以预见和难以预见的风险增多，统筹国内发展和对外开放要求更高。"④虽然存在着风险和挑战，但"综观全局，二十一世纪头二十年，对我国来说，是一个必须紧紧抓住并且可以大有作为的重要战略机遇期。"⑤在这个战略机遇期，"既有机遇，也有挑战，总的说机遇大于挑战。机遇和挑战，利和弊，都是相对的，在一定条件下可以相互转化。工作做得好，应对得当，弊可以化为利，挑战可以化为机遇。工作做得不好，即便有机遇也可能因抓不住而丧失掉。"⑥

经过 30 多年的改革开放，我国已经具备一些有利于抓住国际机遇的主客观条件。首先，我们的现代化事业有了一定的基础。我们的生产力水平、综合国力、人民生活水平都迈上了一个新台阶，总体上实现了小康。我们走出短缺经济时代，出现了经济发展、政治稳定、民族团结、社会进步的良好局面。其次，我

---

① 《江泽民文选》第 3 卷，人民出版社 2006 年版，第 37 页。
② 胡锦涛：《高举中国特色社会主义伟大旗帜 夺取全面建设小康社会新胜利而奋斗》，人民出版社 2007 年版。
③ 胡锦涛在庆祝中国共产党成立 90 周年大会上的讲话，《人民日报》2011 年 7 月 2 日。
④ 同②
⑤ 《江泽民文选》第 3 卷，人民出版社 2006 年版，第 542 页。
⑥ 《"三个代表"重要思想学习纲要》，学习出版社 2003 年版，第 45 页。

们确立了"走出去"和走新型工业化道路的发展战略。"走出去"的对外开放战略,将根本改变在中国延续几千年的封闭状况和封闭心态,从而为中国带来极为重要的发展机遇。走新型工业化道路,实现中国产业结构的战略性调整,也将对中国的发展发挥极大的正面作用。最后,我们形成了正确的理论、路线、方针、政策,积累了体制改革的成果。特别是以中国特色社会主义理论体系为指导,有构建社会主义和谐社会等目标,必将大大激发广大人民群众致力于发展的积极性、主动性和创造性,从而完成全面建设小康社会的历史任务。不断进行经济体制、政治体制和其他体制改革所取得的成果,将为我国抓住新的战略机遇提供必不可少的体制保障和外部环境。虽然存在着这些有利条件,但要真正做到抓住机遇而不丧失机遇,用好机遇而不浪费机遇,就必须提高对外开放的水平。创新就是为了提高对外开放的水平。

中国现代化未来的发展必须靠改革开放和不断创新来推动。"我们一定要坚持改革开放的正确方向,着力构建充满活力、富有效率、更加开放、有利于科学发展的体制机制。……我们既不能把书本上的个别论断当作束缚自己思想和手脚的教条,也不能把实践中已见成效的东西看成完美无缺的模式。我们要适应国内外形势新变化、顺应人民新期待,坚定信心,砥砺勇气,坚持不懈地把改革创新精神贯彻到治国理政各个环节,继续推进经济体制、政治体制、文化体制、社会体制改革创新,加快重要领域和关键环节改革步伐,坚决破除一切妨碍科学发展的思想观念和体制机制弊端,促进现代化建设各个环节、各个方面相协调,促进生产关系与生产力、上层建筑与经济基础相协调,不断完善适合我国国情的发展道路和发展模式。我们要坚持对外开放的基本国策,拓展对外开放广度和深度,提高开放质量,完善内外联动、互利共赢、安全高效的开放型经济体系,加强同世界各国的经济技术交流合作,继续以自己的和平发展促进世界各国共同发展。"①

深化改革也好,提高开放水平也好,都是使创新成为推动中国现代化迈向新征程的强大动力。

现代化迈向新征程必须靠科技创新。现代化最终要靠生产力的发展,发展生产力最重要的要靠科技创新,尤其是自主创新。当前世界经济的竞争主要是科学技术的竞争。"科学的本质是创新。对我国来说,在积极引进世界先进科学技术的同时,大力推进知识创新、科技创新,实现技术发展的跨越极为重要。没有自主创新,就没有我们在世界科技领域中的位置。"因此,"必须加强国家创新体系建设,抓住那些对我国经济、科技、国防和社会发展具有战略性、基础性、关

---

① 胡锦涛在纪念党的十一届三中全会召开30周年大会上的讲话,人民出版社2008年版。

键性作用的重大科技课题,抓紧攻关,自主创新,推动关键技术创新和系统集成,努力在关键领域和若干科技发展前沿掌握核心技术和拥有一批自主知识产权,持续增强科技创新力和竞争力。"而要"实现科技生产力的新解放和大发展,必须深化科技体制改革。要坚持经济建设依靠科学技术、科学技术面向经济建设的方针,加强科技同经济的结合,优化科技力量的布局和科技资源的配置,完善科技服务体系,加速科技成果向现实生产力转化,完善知识产权保护制度,发挥风险投资的作用,形成促进科技创新和创业的资本运作和人才汇集机制。"① 这些年来,我国科技水平和科技创新能力不断提高,具有自主知识产权的科技创新越来越多。科技对经济的贡献率不断增加。科技创新已经纳入建设创新型国家的战略目标。

现代化迈向新征程还必须靠体制创新。体制创新既是科技创新的制度保障,又是深化改革、提高开放水平的必然,是促进现代化新发展的强大动力和制度保障。"改革的实质是体制创新。不进行体制创新,很多问题的解决就没有出路。必须拿出一往无前的勇气,在体制创新方面取得重大进展,从根本上消除束缚经济社会发展的体制性障碍,解决体制转变中的深层次矛盾和问题,努力在经济体制、政治体制和文化体制等方面迈出改革的新步伐。一切妨碍发展的思想观念都要坚决冲破,一切束缚发展的做法和规定都要坚决改变,一切影响发展的体制弊端都要坚决革除。"② 要"完善社会主义市场经济体制,推进各方面体制改革创新,加快重要领域和关键环节改革步伐,全面提高开放水平,着力构建充满活力、富有效率、更加开放、有利于科学发展的体制机制,为发展中国特色社会主义提供强大动力和体制保障。"③

最重要的,现代化迈向新征程更要靠理论创新。"实践基础上的理论创新是社会发展和变革的先导",通过理论创新,可以"推动制度创新、科技创新、文化创新以及其他各方面的创新"。理论创新"就是要使我们党的基本理论在继承的基础上不断吸取新的实践经验、新的思想而向前发展。"因为,"社会实践是不断发展的,我们的思想认识也必须不断前进,不断根据实践的要求进行创新"。进行理论创新,"一定要以我国改革开放和现代化建设的实际问题、以我们正在做的事情为中心,着眼于马克思主义理论的运用,着眼于对实际问题的理论思考,着眼于新的实践和新的发展。"④ 在中国特色社会主义理论体系中,无

---

① 《"三个代表"重要思想学习纲要》,学习出版社2003年版,第32~33页。
② 同①,第36~37页。
③ 胡锦涛:《高举中国特色社会主义伟大旗帜 为夺取全面建设小康社会新胜利而奋斗》,人民出版社2007年版。
④ 《江泽民文选》第3卷,人民出版社2006年版,第537、66、68页。

论是邓小平理论、"三个代表"重要思想，还是科学发展观、构建社会主义和谐社会等重大战略思想的理论创新，都表现为我国改革开放和社会主义现代化建设不断迈上新台阶的理论先导。

构建社会主义和谐社会是我国现代化的重要目标。"加强和创新社会管理，是继续抓住和用好我国发展重要战略机遇期、推进党和国家事业的必然要求，是构建社会主义和谐社会的必然要求，是维护最广大人民根本利益的必然要求，是提高党的执政能力和巩固党的执政地位的必然要求，对实现全面建设小康社会宏伟目标、实现党和国家长治久安具有重大战略意义。"① 加强社会管理，促进社会的发展还是要靠创新。要加强和创新社会管理，必须"积极推进社会管理理念、体制、机制、制度、方法创新，完善党委领导、政府负责、社会协同、公众参与的社会管理格局，加强社会管理法律、能力建设，完善基层社会管理服务，建设中国特色社会主义社会管理体系。"② 加强和创新社会管理，也需要理论创新和体制创新的支撑。

现代化迈向新征程也体现了通过创新促进人的全面发展的必要性。现代化必然包括人的现代化，人的全面发展是现代化迈向新征程、进入更高阶段的必然要求和应有之义。人的全面发展特别是人的创新精神和创新能力的形成，有利于深化改革、有助于提高对外开放水平，最终有助于现代化向更高阶段迈进。中共十六大把促进人的全面发展作为全面建设小康社会的重要目标，中国的现代化上升到了一个更高的层次。

理论创新能深化对人的全面发展的认识。人的全面发展就是"每个人的自由发展是一切人的自由发展的条件。"③ 新中国成立后，我们曾离开生产力的发展实际来谈人的自由和发展，结果反而束缚了人的发展；改革开放后，我们坚持从生产力出发谈人的发展，提出实现共同富裕、培育"四有"新人等设想；进入新世纪后，我们正式提出人的全面发展这一课题，认为人的全面发展是社会主义的本质要求。科学发展观就把以人为本作为核心。我党还提出发展为了人民、发展依靠人民、发展的成果由人民共享，提出切实保障人民群众的经济利益、政治利益、文化利益等，为人的全面发展提供可能和保障。这些理论创新逐步深化了对人的全面发展的认识。创新可以培养人的创新思维能力、实践能力和创新精神等。创新还可以促进人的自由发展：一是创新能促进人与自然的自由关系。比如按照科学发展观的这一创新理论，人们必须处理和协调好人与自然的关系，不

---

① 胡锦涛：《扎扎实实提高社会管理科学化水平　建设中国特色社会主义社会管理体系》，《人民日报》2011年2月20日。
② 中共中央政治局召开会议研究加强和创新社会管理问题，《人民日报》2011年5月31日。
③ 《马克思恩格斯选集》第1卷，人民出版社1995年版，第294页。

能再把人作为自然的主宰，而是作为自然的一部分。二是创新能促进人与社会之间的自由关系。比如市场经济体制的创新，使得人在社会上的流动性、自主性增强，人们的交往范围逐渐扩大，人们的交往关系趋于复杂。再比如科技创新创造了多样化的交往手段，人们的社会交往活动更加自由和便捷。三是创新能促进人与自身的自由全面关系。创新能提高人对自身的认识，能提高自我调控的能力和自我满足的程度。人类经历了人的依赖关系，必将跨越物的依赖关系而走向自由的发展。要深化改革、提高开放水平，使现代化迈向新的征程，必须通过创新促进人的全面发展。

第二章

改革开放以来马克思主义在中国发展的时代背景

1978 年召开的具有重大历史意义的中共十一届三中全会,开启了改革开放的历史新时期。从那时以来,中国共产党人和中国人民以一往无前的进取精神和波澜壮阔的创新实践,谱写了中华民族自强不息、顽强奋进新的壮丽史诗,中国人民的面貌、社会主义的面貌、中国共产党的面貌发生了历史性变化。改革开放以来我们取得一切成就和进步的根本原因,归结起来就是:开辟了中国特色社会主义道路,形成了中国特色社会主义理论体系。中国特色社会主义理论体系,包括邓小平理论、"三个代表"重要思想以及科学发展观,它们是马克思主义中国化、时代化的最新成果。这一理论体系既坚持了科学社会主义的基本原则,又根据中国实际和时代特征赋予其鲜明的中国特色。

一、用"世界历史"眼光看世界

改革开放以来马克思主义在中国发展的一个显明特点,就是中国共产党的领导者坚持运用马克思主义的宽广眼界观察世界,表现了对世界历史进程的科学认识和自觉把握。

1. 马克思恩格斯的"世界历史"观

康德和黑格尔都曾经向世人指出，自从人类社会进入近代工业社会以后，历史就不可以只从狭小的民族圈子中来演绎，应当从世界历史的角度来加以考察。马克思和恩格斯合写于1845~1846年的《德意志意识形态》，是唯物主义历史观奠基性的著作。在这本著作中，他们就提出了世界历史环境的理论。两位科学社会主义理论的创造人，用一种"完全是物质的、可以通过经验确定的活动"的方式，科学地揭示出人类历史就是一个从地方的、部落的、民族的局限性向真正世界性的历史过渡的客观进程；与此相适应，社会个人也就是一个从地域性的个人向着世界历史性的、普遍的个人发展的客观进程。他们强调："各个相互影响的活动范围在这个发展进程中越是扩大，各民族的原始封闭状态由于日益完善的生产方式、交往以及因交往而自然形成的不同民族之间的分工消灭的越是彻底，历史也就越是成为世界的历史。"① 他们进一步指出："无产阶级只有在世界历史意义上才能存在，就像共产主义——它的事业——只有作为'世界历史性的'存在才有可能实现一样"，共产主义"是以生产力的普遍发展和与此有关的世界交往的普遍发展为前提的。"② 类似的观点他们在《共产党宣言》中又有论述："资产阶级，由于开拓了世界市场，使一切国家的生产和消费都成为世界性的了。"③

这就告诉人们，自从资本主义产生以后，历史已经超越地域的或民族的局限，越来越成为世界历史的一部分。在这种历史大趋势之下，只有从世界历史出发，运用开阔的世界历史眼光，才能正确认识和把握一个国家和民族在世界历史体系中所处的地位，从而作出正确的选择；各个民族和国家的历史转折都不再是单纯地域性的，它与世界历史发展的总体趋势有着相互依存的关系，在很大程度上取决于这个国家和民族的领导人对世界历史形势能否作出客观、正确的认识，从而把握着历史命运。

1881年年初，马克思对俄国农村村社发展前途的预测，就是他运用世界历史环境理论的成功尝试。他第一次提出俄国在一定的历史条件下，有可能"可以不通过资本主义制度的卡夫丁峡谷"，进入社会主义的设想。条件是从世界历史范围来看，俄国革命必须与西方无产阶级革命运动"双方互相补充"；同时要

---

① 《马克思恩格斯选集》第1卷，人民出版社1995年版，第88页。
② 同①，第87、86页。
③ 同①，第275~276页。

通过交往,"把资本主义制度的一切肯定的成就用到公社中来。"马克思的这一构想,向人们展现了微露晨曦的俄国社会主义的前景。但是马克思当时就又明确指出:"在将来某个特定的时刻应该做些什么,应该马上做些什么,这当然完全取决于人们将不得不在其中活动的那个既定的历史环境。"① 换言之,应当根据社会实践和历史条件的变化,及时地提出可行的行动纲领。

2. 列宁、毛泽东的伟大实践

列宁在帝国主义和无产阶级革命的时代,实践了马克思的天才构想。列宁之所以能够将科学社会主义从理论变为现实,世界历史眼光起了重要作用。他考察了资本主义由自由竞争向帝国主义的发展,分析了第一次世界大战具体的历史环境,从而明确提出:"经济和政治发展的不平衡是资本主义的绝对规律。由此就应得出结论:社会主义可能首先在少数甚至在单独一个资本主义国家内获得胜利。"② 列宁的这个新结论,是社会主义发展史上的新贡献,揭示了帝国主义时代无产阶级革命的历史辩证法。正是在这一理论的指导下,列宁领导俄国人民抓住历史机遇,不失时机地进行了十月革命,并取得了胜利。

革命胜利后,新生的苏维埃政权在世界范围内处于资本主义的包围之中。列宁分析了国际形势,适时提出了两种制度和平相处的政策。他一方面提出,对国际资本主义要有高度的警惕,另一方面他又明确指出,苏维埃共和国如果"不同世界发生联系是不能生存下去的,在目前情况下应当把自己的生存同资本主义的关系联系起来。"③ 那么,有没有可能与资本主义国家建立联系呢?列宁回答这个问题说:"有一力量胜过任何一个跟我们敌对的政府或阶级的愿望、意志和决定,这种力量就是世界共同的经济关系。正是这种关系迫使它们走上这条同我们往来的道路。"因为,"它们在经济上同我们分不开了。"④ 在这一原则的指导下,苏维埃政权在极其困难的情况下,争得了与资本主义国家打交道的主动权,为经济恢复和发展创造了有利的外部条件。

毛泽东领导中国革命,同样具有世界历史眼光。他十分重视对中国革命所处当下历史环境的认识。他强调指出:"自从帝国主义这个怪物出世之后,世界的事情就联成一气了,要想割开也不可能了。"⑤ 没有对国际形势和国际关系的正

---

① 《马克思恩格斯选集》第4卷,人民出版社1995年版,第643页。
② 《列宁选集》第2卷,人民出版社1995年版,第554页。
③ 《列宁全集》第41卷,人民出版社1986年版,第167页。
④ 《列宁全集》第42卷,人民出版社1987年版,第332、331页。
⑤ 《毛泽东选集》第1卷,人民出版社1991年版,第161页。

确认识，就不可能正确地观察和解决每个国家和民族的问题。毛泽东关于新民主主义革命的理论，既是建立在对中国国情的科学认识的基础上，也是建立在对中国革命所处世界形势的正确认识的基础上。他在《新民主主义论》等著作中，都把中国革命看成是世界革命的一部分，指出由于资本主义发展到帝国主义，又由于俄国十月革命的胜利，中国的民主革命就不再隶属于旧的世界资产阶级民主革命，而是成为世界新的无产阶级社会主义革命的组成部分。毛泽东正是从这样的世界历史眼光出发，方能正确回答诸如"中国红色政权为什么能够存在？""中国的抗日战争为什么必然是持久战？""中国的革命向何处去？"等一系列重大问题，从而领导中国革命走向胜利。

正如邓小平所总结的那样："我们是历史唯物主义者，研究和解决任何问题都离不开一定的历史条件"；"我们的革命导师马克思、列宁、毛泽东历来都重视具体的历史条件，重视从研究历史和现状中找出规律性的东西来指导革命。那种否定新的历史条件的观点，就是割断历史，脱离实际，搞形而上学，就是违反辩证法。"①

3. 中国的发展离不开世界

改革开放是新时期最鲜明的特点，新时期最突出的标志是与时俱进。这得益于党坚持马克思主义的解放思想、实事求是的思想路线，不断探索和回答什么是社会主义、怎样建设社会主义，建设什么样的党、怎样建设党，实现什么样的发展、怎样发展等重大理论和实际问题，从而不断推进马克思主义中国化，并取得新的成果。中国特色社会主义理论具有一个鲜明的特点，就是坚持用马克思主义的宽广眼界观察世界，对当今时代特征和总体国际形势，对世界上其他社会主义国家的成败、发展中国家谋求发展的得失、发达国家发展的态势和矛盾，进行了正确分析，作出了新的科学判断。它表现了中国共产党领导集体中的杰出代表对世界历史进程的科学认识和自觉把握。其基本精神就是将认识"国情"与认识"世情"辩证地、有机地结合起来，既不脱离"国情"抽象地谈"世情"，也不离开"世情"孤立地谈"国情"。认识"国情"是为了立足中国大地，认识"世情"是为了找到准确的全球国际定位。我们强调"建设有中国特色的社会主义"，这种"中国特色"决不是封闭和孤立于世界之外，而是建立在通晓历史发展规律、洞察全球形势变化基础上的"走自己的路"。

这里有三方面的基本要求：

---

① 《邓小平文选》第 2 卷，人民出版社 1994 年版，第 119、121 页。

第一,中国的发展离不开世界。这是邓小平首先提出的。他把对外开放视作实现社会主义现代化的一项基本国策,常常与"改革"并提,即主张改革开放。这是对中国长期停滞落后历史教训的总结。邓小平指出:"总结历史经验,中国长期处于停滞和落后状态的一个重要原因是闭关自守。经验证明,关起门来搞建设是不能成功的,中国的发展离不开世界。"① 因为"现在的世界是开放的世界"②,任何社会和国家都不可能在封闭的状态下求得生存和发展。人们必须尊重这一社会发展的规律。对外开放的实质是利用资本主义对我们有用的东西,包括发展对外贸易、利用外国资金、引进先进技术和管理经验、引进各种专门人才,以及借鉴资本主义国家所实行的某些反映客观规律的经济政策和经济立法等。这其中有人类共同创造的宝贵财富,特别是科学技术成果;有资本主义国家长期积累起来的发展市场经济的丰富经验;有适应社会化大生产需要所采取的各种有效措施。兴办经济特区就是实行对外开放的重大措施。

第二,与时俱进地发展马克思主义。新时期的开辟是从解放思想、实事求是开始的,明确地主张要用新的思想观点继承、丰富和发展马克思主义。邓小平指出:"世界形势日新月异,特别是现代科学技术发展很快。现在的一年抵得上过去古老社会几十年、上百年甚至更长的时间。不以新的思想、观点去继承、发展马克思主义,不是真正的马克思主义者";"马克思去世以后一百多年,究竟发生了什么变化,在变化的条件下,如何认识和发展马克思主义,没有搞清楚。绝不能要求马克思为解决他去世之后上百年、几百年所产生的问题提供现成答案。列宁同样也不能承担他去世以后五十年、一百年所产生的问题提供现成答案的任务。真正的马克思列宁主义者必须根据现在的情况,认识、继承和发展马克思列宁主义。"③ 江泽民和胡锦涛同样强调必须坚持马克思主义历史的、实践的、发展的观点,坚持以科学的态度对待马克思主义,一百多年来,人类生活发生了剧烈和深刻的变动,达到了前人难以想象的程度。因此,马克思主义必定要随着时代、实践和科学的发展而不断发展,不可能一成不变。

第三,掌握自己的发展命运。将中国的发展置于世界的大格局中加以谋划,目的就是探索一条具有时代特征、中国特色的现代化建设之路。因此,注意学习和借鉴外国经验,绝不是照抄照搬别国经验、别国模式;不断动态地跟踪分析世界形势的变化,为的是跟上这种形势发展,做到趋利避害,抓住机遇发展自己,决不能逃避困难、畏首畏尾、灰心丧气。正如江泽民所指出:"世界发展很快,我们要密切注视世界政治、经济、科技、文化、军事等方面的变化。否则,就难

---

① 《邓小平文选》第3卷,人民出版社1993年版,第78~79页。
② 同①,第64页。
③ 同①,第291~292页。

以制定正确的方针政策,也很难做好工作。全党同志一定要用马克思主义的宽广眼界观察世界。所谓宽广的眼界,一是要有历史的深远眼光,一是要有世界的全局眼光。这样来观察问题,我们就能更深刻更全面地认识当代中国和当今世界,更加清醒和主动地掌握自己发展的命运。"①

二、科学技术是第一生产力

马克思和恩格斯在创立马克思主义学说时就明确指出:"每一个时代的理论思维,从而我们时代的理论思维,都是一种历史的产物,它在不同的时代具有完全不同的形式,同时具有完全不同的内容。"② 我们力图按照历史和逻辑相统一、理论与实践相统一的原则,对新时期马克思主义在中国发展的重要时代背景一一作出论述。主要包括:科学技术是第一生产力,世界主题的变化和总体格局,苏东社会主义国家剧变的经验教训,对传统经济发展模式的理性反思等。

1. 科学技术的重大作用

高度重视科学技术的重大作用,是建设中国特色社会主义的一个重要问题。研读《邓小平文选》不难发现,他早在1975年复出主持中央日常工作时,就提出了"科学技术是生产力"的观点和主张,但随后就在"反击右倾翻案风"运动中被批判为"唯生产力论";粉碎"四人帮"之后,1977年他就提出"实现现代化,关键是科学技术要能上去",就是"要从科学和教育着手";1978年3月在全国科技大会上,他进一步提出了"科学技术正在成为越来越重要的生产力"这个观点。此后他更加关注当代科学技术发展的大趋势。到了1988年9月,邓小平明确指出:"马克思说过,科学技术是生产力,事实证明这话讲得很对。依我看,科学技术是第一生产力。"③ 这一新的观点不仅是邓小平理论的重要内容,也是"三个代表"重要思想和科学发展观的重要内容,是"科教兴国"决策的理论根据。

在马克思所创立的唯物史观中,生产力问题是联系历史观、科学观与技术观

---

① 江泽民:《论有中国特色社会主义(专题摘编)》,中央文献出版社2002年版,第700~701页。
② 《马克思恩格斯选集》第4卷,人民出版社1995年版,第284页。
③ 《邓小平文选》第3卷,人民出版社1993年版,第274页。

的纽带。他通过经济学与哲学相结合的研究,得出了"生产力中也包括科学"①的结论。这是在19世纪中叶对近代第一次科技革命的理论概括,表明科学技术已经从一般意义上的推动社会发展的力量转变为"直接生产力"。但是,当时科学技术显然还没有成为"第一生产力",它主要表现为科学知识物化为固定资本(机器),即劳动手段从简单工具向机器的转变,尚未完全渗透到生产的各个方面。马克思指出:"现在资本不要工人用手工工具去做工,而要工人用一个会自行操纵工具的机器去做工。因此,大工业把巨大的自然力和自然科学并入生产过程,必然大大提高劳动生产率,这一点是一目了然的。"②他强调说:"固定资本的发展表明,一般社会知识,已经在多大的程度上变成了直接的生产力,从而社会生活过程的条件本身在多大的程度上受到一般智力的控制并按照这种智力得到改造"③。马克思甚至认为:"资本力图无限制地发展生产力","因此,要把自然科学发展到它的顶点。"④

尽管邓小平提出的科学技术是第一生产力论来源于马克思的观点,但绝对不是纯粹的逻辑推动的产物。这是他以唯物史观的世界历史眼光考察当代科学技术发展的思考结果。邓小平深刻地指出:"现代科学技术正在经历着一场伟大的革命。近三十年来,现代科学技术不只是在个别的科学理论上、个别的生产技术上获得了发展,也不只是有了一般意义上的进步和改革,而是几乎各门科学技术领域都发生了深刻的变化,出现了新的飞跃,产生了并正在继续产生一系列新兴科学技术。"⑤ 按照邓小平的分析,这场新的科技革命具有以下一些显著特点:

一是高速性。邓小平经常用"日新月异"来形容现代科学技术的加速度发展,认为现在的一年抵得上过去古老社会几十年、上百年甚至更长的时间。有人统计,最近30年的科学技术发现比过去两千多年的总和还要多。邓小平指出:"现在世界的发展,特别是高科技领域的发展一日千里,中国不能安于落后,必须一开始就参与这个领域的发展。"⑥

二是直接性。用邓小平的话说,也就是"科学与生产的关系越来越密切了","科学技术正在成为越来越重要的生产力"。科学发明到生产中实际运用所间隔的时间大大缩短。历史上蒸汽机技术从发明到全面应用,差不多经历了一个世纪,而今天的新兴科学技术从发现到实际应用的时间,已经从19世纪末的50多年(例如电话)缩减到如今的3年或更短时间(例如集成电路);科学技术因

---

① 《马克思恩格斯全集》第46卷下册,人民出版社1979年版,第211页。
② 《马克思恩格斯全集》第23卷,人民出版社1972年版,第424页。
③ 同①,第219~220页。
④ 同①,第392页。
⑤ 《邓小平文选》第2卷,人民出版社1994年版,第87页。
⑥ 《邓小平文选》第3卷,人民出版社1993年版,第279页。

素在经济增长中的比重大大提高,据统计,发达国家国民经济生产总值的增长中,科技进步因素已从20世纪初的5%~20%,提高到80年代的60%~80%。这些都意味着,"当代的自然科学正以空前的规模和速度,应用于生产,使社会物质生产的各个领域面貌一新。特别是由于电子计算机、控制论和自动化技术的发展,正在迅速提高生产自动化的程度。同样数量的劳动力,在同样的劳动时间里,可以生产出比过去多几十倍几百倍的产品。社会生产力有这样巨大的发展,劳动生产率有这样大幅度的提高,靠的是什么?最主要是靠科学的力量、技术的力量。"①

三是超前性。这主要是指:"现代科学为生产技术的进步开辟道路,决定它的发展方向。许多新的生产工具、新的工艺,首先在科学实验室里被创造出来。一系列新兴的工业,如高分子合成工业、原子能工业、电子计算机工业、半导体工业、宇航工业、激光工业等,都是建立在新兴科学基础上的"②。20世纪以前,人类社会通常是按照"生产—技术—科学"的顺序发展的,20世纪以后,科学理论往往走在技术和生产的前面,所有新兴技术和产业部门都遵循着"科学—技术—生产"的发展途径,最新科技的发展往往走在经济发展的前面。

四是智力性。邓小平指出:"近一二十年来,世界科学技术发展得多快啊!高科技领域的一个突破,带动一批产业的发展。"③这些新涌现的高科技产业都具有技术或知识密集型的特点,它们不同于传统产业的地方就在于突出了科学知识在生产力中的作用和地位。历史上以往的科技革命,主要是作用于生产资料的变革,更多的是解放人的体力。新科技革命被称为智力、知识革命,主要是解放人的头脑,使创造性脑力劳动越来越成为人类劳动的主要方式。新科技革命这种智力性特点,后来演变为知识经济初见端倪。与人类历史上先后出现的农业经济和工业经济不同,在知识经济时代,占主导地位的资源将不再是土地、资本、自然资源、一般劳动力,而是知识、是创新。世界"经济合作与发展组织"(OECD)在1996年10月发布的《知识、技术和产业发展报告》中,将知识经济诠释为"以知识为基础的经济",即一种以不断创新的知识为主要基础,集知识密集型、智慧型和信息型的新经济形态。

五是开放性。科学技术在全球综合国力的竞争中作用越来越明显。邓小平说:"还要看到,世界新科技革命蓬勃发展,经济、科技在世界竞争中的地位日益突出,这种形势,无论美国、苏联、其他发达国家和发展中国家都不能不认真对待。"④为此,中国应当在新科技领域占有一席之地。邓小平又指出:"科学技

---

①② 《邓小平文选》第2卷,人民出版社1994年版,第87页。
③ 《邓小平文选》第3卷,人民出版社1993年版,第377页。
④ 同③,第127页。

术是人类共同创造的财富。任何一个民族、一个国家，都需要学习别的民族、别的国家的长处，学习人家的先进的科学技术。我们不仅因为今天科学技术落后，需要努力向外国学习，即使我们的科学技术赶上了世界先进水平，也还要学习人家的长处。"①

正是基于对全球新科技革命上述这些发展大趋势的认识，邓小平作出了"科学技术是第一生产力"的判断。这是新时期中国改革开放的重要时代背景。以江泽民为核心的第三代党中央和以胡锦涛为总书记的党中央，高举邓小平理论的伟大旗帜，都一如既往地高度关注当代新科技革命的走向，并以此为背景谋略中国的经济和社会发展。

2. 社会主义现代化的内在要求

中国共产党在新时期高度重视科学技术的作用，这是出于对如何实现中国的社会主义现代化这一主题的历史反思和理性沉思。早期"现代化"又称"近代化"，特指18世纪以后西方所开始的政治、经济、科技和社会的变革过程。以后，人们一般把现代化看成是一个全面的社会发展过程，泛指人类社会从农业社会到工业社会的转变，以及从现代以前的状态转移到现代状态的过程。历史上西方国家都是通过资本主义道路实现现代化的，以至美国学者布莱克认为，"现代化"就是"欧化"和"西化"，就是把西方社会的体系推广到整个世界。

"社会主义现代化"是中国共产党以振兴中华为己任，领导全国各族人民，努力追赶现代化潮流和社会进步而提出的宏伟目标。它是对资本主义现代化的扬弃，它肯定了"现代化"的目标，否定的是资本主义道路，主张通过社会主义道路实现现代化。因为实现现代化，是任何国家和民族都不可逾越的历史阶段，它体现的是人类社会进步的大趋势。中国只有实现现代化，才能重返世界历史发展的主流。鸦片战争以来的整个中国近现代历史，就是前仆后继的一批又一批志士仁人以忧患意识为精神内驱力，艰苦求索现代化道路的历史。从"三民主义"到"新民主主义"，再到"中国特色社会主义"，涵盖了中国社会面对的全部问题，表征了中国人民在现代化漫漫征途中的发展过程。"社会主义现代化"又体现了中国社会当下的现实矛盾：从国家和社会的性质来说，搞的是社会主义；但是从生产力和科学文化水平来说，是不发达的、落后的，这种社会主义因此是"不完全够格"的。这种情况，是由帝国主义时代的历史辩证法所决定的：西方国家的资本主义现代化，一个根本特征就是排他性，是通过掠夺世界上的许多落

---

① 《邓小平文选》第2卷，人民出版社1994年版，第91页。

后国家和民族而实现的,是以这些民族和国家失去机遇,不能实现现代化为代价的。中国共产党选择了革命的道路,先夺取政权,然后在社会主义制度下去实现现代化。这是人类历史上新开辟的一条崭新的现代化之路。可以这样说,建设中国特色社会主义理论,作为中国现代化理论的成熟形态,其目标就是实现中国的现代化。邓小平在改革开放之初就强调:"我们当前以及今后相当长一个历史时期的主要任务是什么?一句话,就是搞现代化建设";"社会主义现代化建设是我们当前最大的政治,因为它代表着人民的最大的利益、最根本的利益。"①

对"科学技术是第一生产力"这一命题,既不能作孤立的理解,也不能从纯粹科学主义的角度加以认识。必须联系社会主义现代化这一主题,必须联系中国社会主义建设经验教训的特定语境。为了使国家尽快地富强起来,从1956年开始,毛泽东就对中国社会主义建设道路进行了探索。后来形成了"鼓足干劲,力争上游,多快好省地建设社会主义"的总路线。提出要在十五年,或者更短的时期内,在主要的工业产品方面赶上和超过英国;钢产量要五年超过英国,十五年赶上美国。虽然这条总路线反映了广大人民群众迫切要求改变我国经济文化落后的普遍愿望,但其客观效果却是一场灾难,使我国的经济建设遭到了严重的挫折。为什么客观实际和主观愿望出现如此巨大的反差?教训非常深刻,最主要的一点就是经济建设没有建立在科学技术这个第一生产力的基础之上,决策没有跟上世界科学技术发展的潮流,严重地忽视了客观经济规律。毛泽东主观上也想发展生产力,但却把"以阶级斗争为纲"当作发展生产力的主要方法。20世纪60~70年代,当许多国家(包括一些发展中国家)抓住世界科学技术迅猛发展的时机,加快经济发展之时,我国却因发动"文化大革命"而丧失良机,与世界先进水平差距更加拉大。正是基于这些沉痛的教训,邓小平才反复强调:我国实现社会主义现代化,"关键是科学技术的现代化。没有现代科学技术,就不可能建设现代农业、现代工业、现代国防。没有科学技术的高速度发展,也就不可能有国民经济的高速度发展"②;"中国要发展,离开科学不行。"③

邓小平强调"科学技术是第一生产力",更高境界的世界历史眼光就是联系"两个搞清楚":要搞清楚"什么是社会主义、怎样建设社会主义"。这是建设中国特色社会主义道路和理论开辟和形成的关键,也是贯穿整个改革开放进程的中心。他反复强调,过去我们建设社会主义政治方向是对的,但是,对于什么叫社会主义,什么叫马克思主义?认识不完全清醒,我们经验教训中最重要的一条,就是要搞清楚这个问题。重视发展社会主义生产力就是解决这个问题的重要内容

---

① 《邓小平文选》第2卷,人民出版社1994年版,第162、163页。
② 同①,第86页。
③ 《邓小平文选》第3卷,人民出版社1993年版,第183页。

之一。邓小平强调,马克思主义最重视发展生产力,贫穷不是社会主义,社会主义的重要任务就是努力发展生产力,改善人民群众的生活。邓小平说:"我们的改革要达到一个什么目的呢?总的目的是要有利于巩固社会主义制度,有利于巩固中共领导,有利于在中共领导下和社会主义制度下发展生产力。"① 1992年年初在南方谈话中,他更是总结性地指出:"社会主义的本质,是解放生产力,发展生产力,消灭剥削,消除两极分化,最终达到共同富裕。"② 发展生产力就必须依靠科学技术。江泽民提出"三个代表"重要思想,其中之一就是中国共产党要始终代表中国先进生产力的发展要求,而要做到这一点就"必须把发挥我国社会主义制度的优越性同推进改革开放和发展先进科学技术结合起来,这是实现我国生产力快速发展和社会全面进步的必然要求。"③

3. 实施科教兴国和国家创新战略

新科技革命和知识经济时代的到来,引起各国的高度重视,纷纷制定出与之相适应的国家经济发展战略,主要是教育优先和科技创新。1993年,美国总统克林顿在官方文件中首先使用"知识经济"这个词,他说:"新经济就是知识经济。美国需要的经济战略,是迈向21世纪的知识经济,而实现教育领先将比以往任何时候都重要。掌握知识就是掌握一把开启未来大门的钥匙,不在乎他们拥有什么,而在乎他们知道什么和学会什么。"2000年1月他又在《2000年国情咨文》中,强调指出科学技术的创新是奇迹般地提高生活质量,取得经济进步和改善环境的关键。中国共产党从对科学技术是第一生产力的认识,积极转化为科教兴国和科技创新的国家发展战略。邓小平指出:"我们要实现现代化,关键是科学技术要能上去。发展科学技术,不抓教育不行。靠空讲不能实现现代化,必须有知识,有人才。没有知识,没有人才,怎么上得去?"④ 这就要实施科教兴国战略。

江泽民对世纪之交世界经济发展继续深入考察,指出"一个明显趋势,就是科学技术发展日新月异,科技在经济发展中的作用越来越大。"⑤ 这一趋势的主要特点表现为:一是以信息技术为主要标志的高新技术革命来势迅猛,高科技向现实生产力的转化越来越快,高新技术在整个经济中的比重不断增加;二是经

---

① 《邓小平文选》第3卷,人民出版社1993年版,第256页。
② 同①,第373页。
③ 江泽民:《论有中国特色社会主义(专题摘编)》,中央文献出版社2002年版,第237~238页。
④ 《邓小平文选》第2卷,人民出版社1994年版,第40页。
⑤ 同③,第233页。

济与科技的结合日益紧密,国际科技、经济的交流合作不断扩大,产业技术升级加快,国际经济结构加速重组,科技、经济越来越趋于全球化;三是科技革命创造了新的技术经济体系,产生了新的生产管理和组织形式,推动了世界经济的增长;四是各国更加重视科技人才,教育的基础作用愈益突出。面对这样的形势,各国特别是大国都在抓紧制定面向21世纪的发展战略,抢占科技和产业的制高点。对此,如果我们认识不清,甚至茫然无知,就把握不住时代的脉搏,难以有新的开拓。"历史告诉我们,在世界科学技术革命面前,只有紧跟时代潮流,奋发有为,才能走向繁荣昌盛,走向文明进步。"① 面临挑战,必须把握好机遇。

党中央决定实施科教兴国战略,是总结历史经验和根据我国现实情况作出的重大部署。在中国这样一个人口众多、资源相对不足、经济文化比较落后的国家,依靠什么来实现社会主义现代化建设的宏伟目标呢?具有决定性意义的一条,就是把经济建设转到依靠科技进步和提高劳动者素质的轨道上来,真正把教育摆在优先发展的战略地位,努力提高全民族的思想道德和科学文化水平。这是实现社会主义现代化的根本大计。"没有强大的科技实力,就没有社会主义的现代化。科教兴国,是指全面落实科学技术是第一生产力的思想,坚持教育为本,把科技和教育摆在经济、社会发展的重要位置,增强国家的科技实力及向现实生产力转化的能力,提高全民族的科技文化素质,把经济建设转移到依靠科技进步和提高劳动者素质的轨道上来,加速实现国家的繁荣昌盛。"② 实施科教兴国战略,必将大大提高我国经济发展的质量和水平,使生产力有一个新的解放和更大的发展。

新科技革命的实质是科技创新。"当代世界科技进步日新月异,技术更替不断加速。今天称得上先进的技术,不久就有可能变为落后。创新是一个民族进步的灵魂,是国家兴旺的不竭动力。如果自主创新能力不上去,一味地靠技术引进,就永远难以摆脱技术落后的局面";"我们必须在学习、引进国外先进技术的同时,坚持不懈地着力提高国家的自主研究开发能力。"③ 尤其是基础研究和高技术前沿的创新探索,是科技进步的先导与源泉;要研究在发展社会主义市场经济的条件下,怎样加强技术创新,怎样按照经济规律加速科技成果向现实生产力转化,怎样依靠科技创新实现生产力发展的跨越。这就需要积极推进国家知识创新体系建设,重视人才队伍建设。

---

① 江泽民:《论有中国特色社会主义(专题摘编)》,中央文献出版社2002年版,第233页。
② 同①,第232页。
③ 同①,第243~244页。

三、对当今时代主题和总体国际格局的科学分析

马克思主义中国化在当代的伟大成果,就是形成了中国特色社会主义理论体系。这里强调"当代",鲜明地突出了这面旗帜的时代性。回顾历史可以发现,无论是在马克思主义的发展,还是在中国共产党成长的历史上,每一面旗帜都代表着一个特定的时代坐标。它总是与一定时代的历史主题和总体国际格局紧密相连,由其而生、伴其发展,具有强烈的时代精神。本节将逐一对当今时代主题的变化、综合国力竞争的突出、经济全球化和政治多极化的形成等问题进行论述。

1. 和平与发展是当今时代的主题

人们对生活于其中的一个时代主题的认识和把握是否正确,直接决定着实践活动的成败。列宁通过对资本主义在19世纪末、20世纪初新发展的分析,把握住人类历史发展的辩证法,将那个时代确定为帝国主义和无产阶级革命的时代。他根据对帝国主义时代资本主义经济和政治发展不平衡规律的揭示,抓住第一次世界大战的历史机遇,成功地实现了社会主义革命在经济文化相对落后的俄国首先取得胜利。如果列宁拘泥于马克思恩格斯关于无产阶级革命必须在世界主要资本主义国家同时胜利的这一观点,那就不会有十月革命的胜利。正如邓小平所说的那样:"列宁之所以是一个真正的伟大的马克思主义者,就在于他不是从书本里,而是从实际、逻辑、哲学思想、共产主义理想上找到革命的道路,在一个落后的国家干成了十月社会主义革命。"① 在帝国主义时代,战争引起革命,革命制止战争,战争与革命就这样成为时代的主题,现实的社会主义国家大都是解决这一时代主题的产物。

然而在第二次世界大战结束以后,历史逐渐出现了变化:西方资本主义国家把握住新科技革命等机遇,对经济政治体制进行调整,一定程度上容纳了生产力发展的要求;虽然局部性的战争不断发生,由于制约和反对战争的和平力量的存在和发展,使得新的世界大战一直得以防止;取得政权的社会主义国家,为了改变经济文化的落后面貌,面临着许多前所未有的问题;全球经济和政治格局出现一系列新的矛盾。所有这些新情况和新问题,要求人们对"战争与革命"的时

---

① 《邓小平文选》第3卷,人民出版社1993年版,第292页。

代主题作出适时的判断。毛泽东虽然提出了"三个世界"的理论，在国际上产生广泛的影响，但是总体来说，中国共产党仍然受到传统的"战争与革命"主题的思维定式的制约，强调并重视的是战争的危险，主张深挖洞、广积粮，做好战争的准备，在相当程度上忽视了对经济建设的重视。在改革开放的历史新时期，邓小平特别重视对世界主题变化的跟踪分析，并作出新的认识和判断。

首先，邓小平认为战争的危险虽然存在着，但是随着和平力量的发展壮大，战争是可以避免的。1984年5月，他在会见巴西总统菲格雷多时表达了这一看法："总之，我们诚心诚意地希望不发生战争，争取长时间的和平，集中力量搞好国内的四化建设。"① 在1985年的另一次谈话中，邓小平则肯定地说："总起来说，世界和平的力量在发展，战争的危险还存在。核武器谈判，外层空间武器谈判，看不出有什么进展。所以，我们多年来一直强调战争的危险。后来我们的观点有点变化。我们感到，虽然战争的危险还存在，但是制约战争的力量有了可喜的发展。……等到中国发展起来了，制约战争的和平力量将会大大增强。"② 到了1987年5月，邓小平在会见荷兰首相吕贝尔斯时明确地认为："对于总的国际局势，我的看法是，争取比较长期的和平是可能的，战争是可以避免的。……如果下一个世纪五十年里，第三世界包括中国有一个可喜的发展，整个欧洲有一个可喜的发展，我看那个时候可以真正消除战争的危险。"③

其次，随着战争可以避免观点的提出，邓小平对外国朋友忠告不要空喊社会主义革命口号。早在1980年4月，邓小平在会见阿尔及利亚民族解放阵线代表团时，他就振聋发聩地指出："要研究一下，为什么好多非洲国家搞社会主义越搞越穷。不能因为有社会主义的名字就光荣，就好。"④ 1988年5月，他在接见莫桑比克总统希萨诺时就指出："有一个问题，你们根据自己的条件，可否考虑现在不要急于搞社会主义。确定走社会主义道路的方向是可以的，但首先要了解什么是社会主义，贫穷不是社会主义。要讲社会主义，也只能是讲符合莫桑比克实际情况的社会主义。"⑤ 1989年3月，邓小平在会见乌干达共和国总统穆塞韦尼时又说："经过多年奋斗，现在国际形势趋向缓和，世界大战可以避免，非洲国家要利用这一有利的和平环境来发展自己"；"我和许多非洲朋友谈到不要急于搞社会主义，也不要搞封闭政策，那样搞不会获得发展。"⑥

最后，邓小平从世界格局变化出发，高度地重视发展问题。1990年3月，

---

① 《邓小平文选》第3卷，人民出版社1993年版，第57页。
② 同①，第105页。
③ 同①，第233页。
④ 《邓小平文选》第2卷，人民出版社1994年版，第313页。
⑤ 同①，第261页。
⑥ 同①，第289～290页。

他在关于国际形势和经济问题的谈话中指出:"世界上一些国家发生问题,从根本上说,都是因为经济上不去,没有饭吃,没有衣穿,工资增长被通货膨胀抵消,生活水平下降,长期过紧日子。如果经济发展老是停留在低速度,生活水平就很难提高。"① 不仅仅经济落后国家有个发展问题,发达国家也有个发展问题。1985年3月,邓小平在会见日本商工会议所访华团时指出:"欧美国家和日本是发达国家,继续发展下去,面临的是什么问题?你们的资本要找出路,贸易要找出路,市场要找出路,不解决这个问题,你们的发展总是要受限制的。我过去跟许多日本朋友谈这个问题,跟欧洲朋友、美国朋友也谈这个问题,他们脑子里也是装了这个问题。现在世界上人口是四十几亿,第三世界的人口大约占世界人口的四分之三";"很难说这十一二亿人口的继续发展能够建筑在三十多亿人口的继续贫困的基础上";"第三世界的发展,发达国家的继续发展,都不容易。"② 他从战略的高度强调:"应当把发展问题提到全人类的高度来认识,要从这个高度去观察和解决问题","发展才是硬道理"。③

综合以上几方面的分析,邓小平对当今世界的全球主题作出新的概括指出:"和平和发展是当代世界的两大问题"。他指出:"现在世界上真正大的问题,带全球性的战略问题,一个是和平问题,一个是经济问题或者说发展问题。和平问题是东西问题,发展问题是南北问题。概括起来,就是东西南北四个字。南北问题是核心问题。"④ 正是由于中国共产党对当今时代主题重新进行了审视,并且正确地将和平与发展确定为时代的主题,从而为党制定"一个中心,两个基本点"的社会主义初级阶段基本路线提供了保证,为我国制定独立自主的和平外交政策提供了根据,始终不渝走和平发展道路,致力于建设和平的社会主义。尽管世界形势不断发生着深刻而复杂的变化,中国共产党一直坚持对和平与发展时代主题的认知,这是建设中国特色社会主义的时代坐标。

2. 综合国力竞争日趋激烈

随着当今世界时代主题从"战争与革命"转向"和平与发展",这并不意味着国际上斗争的终结,但却改变了形式,这就是综合国力的竞争越演越烈。虽然"国力"概念早在16、17世纪已经为西方民族国家所重视,但"综合国力"概念的明确提出,却是在20世纪末期的事情。它与冷战的结束、科学技术的飞速

---

① 《邓小平文选》第3卷,人民出版社1993年版,第354页。
② 同①,第105~106页。
③ 同①,第282、377页。
④ 同①,第105页。

发展和经济全球化的背景直接有关。

一般认为，综合国力所指的是一个国家的自然力（国土和资源）、人力（人口素质和数量）、经济、科学技术、军事国防、政治外交、文化教育、精神凝聚力等各方面的总体实力和国际竞争力。美国学者 L. S. 克莱因从量化的角度提出了一个方程式：综合国力 = $(C+E+M) \times (S+W)$。其中 C = 基本实体（人口和国土），E = 经济实力，M = 军事实力，这三项构成物质因素，即"实力素质"；后两项 S = 战略目的，W = 追求国家战略的意志（含义指一个国家能够动员它的人民支持政府所作决定的程度），它们都属于精神因素，即"战略素质"。

美国哈佛大学教授约瑟夫·奈在《美国定能独霸世界吗?》中进一步将综合国力区分为"硬权力"和"软权力"。所谓"硬权力"，指靠经济和军事实力支配的力量，这种"命令式的实力主要靠诱惑（胡萝卜）和威胁（大棒）"。"然而，除此而外，还有一种间接运用力量的方法"，"在国际政治中，一个国家取得它所选择的结果可能是因为别的国家会以其为榜样，或者接受一种会导致这种结果的制度。从这一意义上讲，在国际政治中，规定导向、建立环境与使具体的某国产生变革是同样重要的"。这种间接的实力是一种"同化式的实力"，其特点是"使人随我所欲"，"这与用主动命令的方式使他人随我的意志而行动的实力表现形成鲜明的对比"。他认为，这就是"软实力"，作为一种"同化行为的能力"、"即让人随我欲"的能力，主要"来源于文化和意识形态方面的吸引力，以及国际机构准则和制度。"[①] 其核心是国家的凝聚力和创新力。约瑟夫·奈在全球国际新形势下，将国家实力区分为"硬实力"和"软实力"，意在说明一个国家如果只抓硬实力是远远不够的，会丧失思想的力量，因此必须重视软实力建设，特别是在已经呈现出的知识经济条件下。

1993 年，美国哈佛大学另一位教授亨廷顿发表《文明的冲突》文章，并在后来的著作中加以系统地阐述。他把全球冷战结束后的世界称作文明冲突的时代。亨廷顿引用捷克总统哈维尔的话说，"今天，文化的冲突愈演愈烈，比历史上的任何时期都危险"；他还引用欧盟前主席德格尔的话说，"未来的冲突将由文化冲突而非经济或意识形态冲突而引爆"；"在后冷战时代的世界，文化同时拥有分裂和聚合的力量。因为意识形态而分道扬镳的人民，却因文化而凝聚在一起"；"因意识形态或历史环境而结合在一起的国家，也会分裂或内部关系紧张。"为此，他举出前南斯拉夫分裂和波黑地区的战乱、原苏联许多地区的民族和宗教纷争为例，得出结论说："文化认同是一个国家结盟或对抗的主要因素。尽管一个国家在冷战中可以避免结盟，但它现在不可能没有认同。'你站在哪一

---

① ［美］约瑟夫·奈：《美国定能独霸世界吗?》，军事译文出版社 1992 年版，第 25、160 页。

方？'的问题被更基本的'你是谁？'的问题所取代,每个国家都必须作出回答。文化认同的答案确定了该国在世界政治中的位置、它的朋友和它的敌人。"① 亨廷顿尽管重视软实力,但并不意味着他忽视经济和军事硬实力。相反,他认为,"软权力只有建立在硬权力的基础上才成其为权力。硬的经济和军事权力的增长会提高自信心、自负感,以及更加相信与其他民族相比,自己的文化或软权力更优越,并大大增强该文化和意识形态对其他民族的吸引力。经济和军事权力的下降会导致自我怀疑、认同危机,并导致努力在其他文化中寻求经济、军事和政治成功的要诀。"② 经过亨廷顿的分析论证,约瑟夫·奈在 2004 年出版《软实力——国际政治的制胜之道》一书,正式提出"文化软实力"概念,特指一个国家维护和实现国家利益的决策和行动的能力,其力量源泉是基于这个国家在国际社会的文化认同感而产生的亲和力、吸引力、影响力和凝聚力。与以"施压"为特征的经济和军事硬实力相区别,文化软实力是依靠"吸引"和"同化"而得到人民和别国的自愿认同,它的作用是历时性的、弥散性的和隐性的。

在当今时代,综合国力已经成为世界各国制定长期战略的着眼点。这同样引起中国共产党执政兴国的高度重视。邓小平 1992 年初在南方谈话中明确把"是否有利于增强社会主义国家的综合国力",作为判断姓"资"还是姓"社"的标准之一。③ 江泽民通过对如何提高社会主义中国在世界上的综合国力和竞争能力,提出了"三个代表"重要思想——代表中国先进生产力的发展要求,代表中国先进文化的前进方向,代表中国最广大人民的根本利益,并在中国共产党第十六次全国代表大会上的报告中作出了系统的论述。胡锦涛在中共十七大报告中,一方面指出:"提高自主创新能力,建设创新型国家","这是国家发展战略的核心,提高综合国力的关键";另一方面又强调:"当今时代,文化越来越成为民族凝聚力和创造力的重要源泉、越来越成为综合国力竞争的重要因素,丰富精神文化生活越来越成为我国人民的热切愿望。"④ 科学发展观的提出意味着执政党领导社会主义现代化的宏观思维,已经从"两维"(物质文明与精神文明"两手抓"),经过"三维"阶段(物质文明、精神文明、政治文明并重),发展到"五维"(经济建设、政治建设、文化建设、社会建设、生态建设)的整体化系统思维,特别重视建设中国特色社会主义进程中综合国力的提高。

---

① [美]亨廷顿:《文明冲突与世界秩序的重建》,新华出版社 1998 版,第 129 页。
② 同①,第 89 页。
③ 《邓小平文选》第 3 卷,人民出版社 1993 年版,第 372 页。
④ 胡锦涛:《高举中国特色社会主义伟大旗帜 为夺取全面建设小康社会新胜利而奋斗》,人民出版社 2007 年版。

3. 经济全球化势不可当

经济全球化指世界各国和不同地区经济活动日益相互渗透、相互依赖的发展趋势。主要是各类生产要素，即技术的、信息的、资源的、人才和人力的，以及市场的各种要素在全球的不断流动和重新配置。对于全球化的倾向是何时出现的，学术界有各种主张，有人认为它开始于 15 世纪的地理大发现，有人认为可以追溯到基督教在东西方的传播。但是大家趋向普遍认为，真正意义上的全球化发展在 20 世纪 80 年代。当时这一概念陆续出现在西方的报刊上，20 世纪 90 年代联合国秘书长加利宣布"世界进入了全球化时代"。以后这一趋势越来越加快，对各国的影响也越来越大，标志之一就是各国相继加入世界贸易组织 WTO。

正确认识经济全球化，要以唯物史观为指导。虽然"全球化"的概念出现比较晚，但是其源头却可以来自资本主义在欧洲战胜封建主义的时期。对此，马克思和恩格斯在《共产党宣言》中有过透彻的剖析，作出过惊人的预见。他们指出："资产阶级，由于开拓了世界市场，使一切国家的生产和消费都成为世界性的了。不管反动派怎样惋惜，资产阶级还是挖掉了工业脚下的民族基础。古老的民族工业被消灭了，并且每天还在被消灭。他们被新的工业排挤掉了，新的工业已经成为一切民族的生死攸关的问题；这些工业所加工的，已经不是本地的原料，而是来自遥远的地区的原料；他们的产品不仅供本国消费，而且同时供世界各地消费。早的、靠本国产品来满足的需要，被新的、靠极其遥远的国家的和地带的产品的需要所代替了。过去那种地方的和民族的自给自足和闭关自守状态，被各民族的各方面的互相依赖所代替了。物质的生产是如此，精神的生产也是如此。"① 事实上，在《德意志意识形态》等著作中，马克思恩格斯已经比较多地使用"全球的"、"全面的"、"普遍的"、"全球的这种全面生产"、"全面的依存关系"、"世界历史性的"、"世界历史意义"等概念，用来区别于"氏族的"、"民族的"、"地方性"的等概念，在他们看来，随着生产力的发展、交往的普遍开展、分工的发展，"各个相互影响的活动范围在这个发展进程中越是扩大，各民族的原始封闭状态由于日益完善的生产方式、交往以及因交往而自然形成的不同民族之间的分工消灭得越是彻底，历史也就越是成为世界历史。"②

当今的经济全球化，虽然从源头上分析与资产阶级开拓世界市场有关，但是却显示出一些新的特点。它同世界主题的转换、新科技革命、落后国家社会主义

---

① 《马克思恩格斯选集》第 1 卷，人民出版社 1995 年版，第 276 页。
② 同①，第 88 页。

建设的现实等相联系。对于究竟什么是经济全球化，国际货币基金组织曾经给出了这样的定义："跨国商品与服务贸易及国际资本流动规模和形式的增加，以及技术的广泛迅速传播使世界各国经济的相互依赖必然增加。"① 经济全球化表现为商品、服务、消费、生产要素与信息的跨国流动的规模与形式不断增加，通过国际分工，从而使各国之间的经济相互依赖程度日益加深。具体来说，经济全球化受到四大因素的影响：一是发达国家为了摆脱经济衰退和危机的困扰，主张放松国家之间的经济管制，打破各种保护主义壁垒；发展中国家为了加快本国经济发展，纷纷开放市场，实行外向型发展战略。二是20世纪70年代布雷顿森林体系解体以后，国际货币体系出现多元化发展的趋势，国际资本的流动性大大增强。三是跨国公司经济实力迅速扩张，其投资和贸易活动将世界各国的经济更紧密地联系在一起，国际分工和贸易网络扩展进一步把全球经济织成一个整体。四是20世纪90年代以来，以信息技术为中心的新技术革命，缩短了国与国、地区与地区之间的时空距离，刷新了经济联系的方式，加快了经济全球化的进程。WTO就是各国与国际经济体系与合作的重要桥梁。其主要职能：一是制订并监督执行国际经济贸易规则；二是组织各成员进行开放市场谈判；三是建立一种协调解决其成员之间经济贸易争端的机制。参加这个组织是参与经济全球化的重要途径。

对于经济全球化的认识和态度，一直有不同的观点。有的认为，经济全球化是全球范围内市场经济一体化的历史进程，是市场经济的全面推进和空前大发展。因此，经济全球化本质上是世界经济全球市场化。有的则认为，经济全球化的本质属性是生产的国际化，它使人类正从"国际贸易时代"进入"国际生产时代"。还有人不同意这些看法，他们强调经济全球化的实质是资本主义生产方式的全球化。尽管争论仍会继续，有一点应当清醒地看到，迄今为止的经济全球化主要是西方几个经济大国主导下的经济全球化。表现为：它们掌握着经济全球化借以发展的主要信息技术，发达国家的跨国公司掌握着全球经济网络，世界金融中心主要集中在这些国家，经济全球化的"游戏规则"主要由发达国家制定。因此，索罗斯愤然宣称："全球化经济应是全球化的资本主义"；当代美国学者莱斯特·瑟罗也提出："当美国在资本主义世界还占有主导地位的时候，至少在理论上说，它可以梦想通过迫使其他国家变得更像美国而让资本主义体制运作成功。"② 正是出自对这一点的担忧，世界上也出现了反全球化运动，其主要参与者是生态主义者、无政府主义者、基督教徒、前共产主义者、人权维护组织，以及支持减免贫穷国家债务的支持者等，其共同主张是反对新自由主义模式和要求

---

① 国际货币基金组织：《世界经济展望 1997 年》。
② ［美］莱斯特·瑟罗：《资本主义的未来》，中国社会科学出版社 1998 年版，第 201 页。

社会公正。

经济全球化确实是一把"双刃剑",它既推动了国际贸易和资本市场的大发展,也给一些国家的经济安全和金融体系带来不稳定因素。参与经济全球化是以经济实力增加为目的的,因此发达国家在全球化中占据着强势地位,发展中国家在全球化中获得资本和技术的同时,也增加了遭受外部冲击的巨大风险,国际上发生的数次金融危机就说明了这一点。对于经济全球化趋势及其正负两方面的影响,江泽民在1998年3月会见出席全国人大会议的香港特别行政区代表团时作了深刻的阐述。他说:"经济全球化是世界经济发展的客观趋势,谁也回避不了,都得参与进去,问题的关键是要辩证地看待这种经济全球化的趋势,既要看到它有利的一面,又要看到它不利的一面。这对于中国这样的发展中大国来说尤其重要;中国既要敢于又要善于参与这种经济全球化条件下的国际经济合作与竞争,并学会趋利避害。"中国共产党从全局考虑出发,确定了应对经济全球化的态度:参与进去有利有弊,但总体来看,利大于弊,两害相衡择其轻,两利相较取其重。"当今世界经济的发展,要求我们必须勇于和善于参与经济全球化的竞争,充分利用好国外和国内两种资源、两个市场。我们实行对外开放的基本国策,通过积极引进国外资金和先进的技术、管理经验来发展壮大自己,这是我国社会发展取得重大成就的一条成功经验,必须长期坚持。"[1]

中国是处在社会主义初级阶段的发展中国家,根本任务是解放和发展生产力,实现社会主义现代化。在当代的历史条件下,闭关锁国是不可能发展起来的,必须顺应历史潮流,积极、主动地参与到经济全球化进程中去,才能够在广泛的国际合作和竞争中力争发挥"后发优势",实现跨越式发展。当然这也会遇到一系列的挑战,对此要有足够的估计,例如,在一定时期内,某些行业和产品会受到冲击,还可能出现一些难以预料的困难和问题。我国搞一体化建设,必须到国际市场的大海中去游泳,不断提高自身搏击风浪的本领,学会处理好发展国际经济合作与维护国家利益和安全的关系。中国参与经济全球化,必然会影响到新世纪中国经济的整体走势和经济格局。这种影响大致有几个方面:(1)中国加快与世界经济接轨,加快社会主义市场经济体制的建设和完善,其中包括管理体制、经营体制、社会保障体系、经济贸易法律体系等;(2)中国开放的总格局将会出现新的变化,即从原来的局部性开放转变为全面性开放,从短线开放转变为短线开放与长线开放相统一,更加积极合理有效地利用外资,学习和吸取人类文明的一切优秀成果;(3)中国经济增长方式会发生根本性的改变,即由主要是粗放式、速度型增长方式向集约型、效益型增长方式转变,经济增长将受到

---

[1] 江泽民:《论有中国特色社会主义(专题摘编)》,中央文献出版社2002年版,第193页。

国内市场和国际市场的双重驱动和约束，经济结构调整和技术创新将逐渐成为经济发展的主要问题；（4）中国发展将更加形成经济体制改革与政治体制改革互动的格局，将在新的层面更加重视维护国家主权和安全，建立风险防范机制，落实科教兴国战略，提高国家整体的综合国力。

4. 世界多极化已经形成

随着当今世界主题发生变化的认识，世界逐渐呈现出多极化的趋势，并且不断加强。这里所说的"极"，指综合国力强、对国际事务影响大的国家或国家集团。虽然20世纪60年代就开始出现世界多样化的势头，直到80年代后期，主要表现在政治、经济和军事上，仍旧是美国和苏联对抗的两极格局，掩盖和限制了世界多样化的趋势。苏联的解体和东欧发生剧变，标志着两极格局的终结，促使世界多样化加速发展。邓小平1990年3月在同几位中央负责同志谈话时就指出："美苏垄断一切的情况正在变化。世界格局将来是三极也好，四极也好，五极也好，苏联总算还是多极中的一个，不管它怎么削弱，甚至有几个加盟共和国退出去。所谓多极，中国算一极。中国不要贬低自己，怎么样也算一极。"① 中国共产党领导人认为，世界多样化和经济全球化趋势的发展是相互促进的，总体来说有利于中国特色社会主义事业的发展。

世界多样化的过程充满着各种不确定因素，风险和事端有时也会变化莫测。面对这种复杂的情势，中国共产党处理的基本方针是：冷静观察，稳住阵脚，沉着应对。邓小平概括说："处理国际局势，概括起来就是三句话：第一句话，冷静观察；第二句话，稳住阵脚；第三句话，沉着应对。不要急，也急不得。要冷静、冷静、再冷静，埋头实干，做好一件事，我们自己的事。"② 后来他又说："对国际形势还要继续观察，有些问题不是一下子看得清楚，总之，不能看成一片漆黑，不能认为形势恶化到多么严重的地步，不能把我们说成是处于多么不利的地位。实际上情况并不尽然。世界上矛盾多得很，大得很，一些深刻的矛盾刚刚暴露出来。我们可利用的矛盾存在着，对我们有利的条件存在着，机遇存在着，问题是要善于把握。"③ 邓小平告诫说："中国自己要稳住阵脚，否则，人家就要打我们的主意。世界上希望我们好起来的人很多，想整我们的人也有的是。我们自己要保持警惕，放松不得。要维护我们独立自主、不信邪、不怕鬼的形

---

① 《邓小平文选》第3卷，人民出版社1993年版，第353页。
② 同①，第321页。
③ 同①，第354页。

象。我们绝不能示弱"；"首先中国自己不要乱，认真地真正地把改革开放搞下去"；"中国只要这样搞下去，旗帜不倒，就会有很大影响。当然，发达国家会对我们戒心更大。不管怎么样，我们还是友好往来。朋友还要交，但心中要有数。不随便批评别人、指责别人，过头的话不要讲，过头的事不要做"；"唯一的办法是我们自己不要乱。"①

世界多样化要求建立国际经济新秩序和国际政治新秩序。国际经济和政治新秩序是针对旧的国际经济秩序而言，后者是一种不公平、不合理的国际经济和政治秩序，它是殖民主义、帝国主义和强权政治的产物，也是广大发展中国家长期处于贫穷落后状态的根源。改变旧的国际经济和政治秩序，就是要建立与世界多样化相适应的、公平、合理、互利、合作的新秩序。1988年12月，邓小平在会见印度总理拉吉夫·甘地时明确指出："世界上现在有两件事情要同时做，一个是建立国际政治新秩序，一个是建立国际经济新秩序。"② 1990年7月，他在会见加拿大前总理特鲁多时又强调："国际关系新秩序的最主要的原则，应该是不干涉别国内政，不干涉别国的社会制度"，"所以现在确实需要以和平共处五项原则作为新的国际政治、经济秩序的准则。"③

总之，当今世界正处在大变动的历史时期。两极格局已经终结，各种力量重新进行分化组合，世界朝着多样化方向发展。这是当今国际形势的一个突出特点。极少数大国或大国集团垄断世界事务、支配其他国家命运的时代，已经一去不复返了。大国关系不断地调整，多个力量中心不断形成。广大发展中国家总体实力增强，地位上升，成为国际舞台上不容轻视的一支重要力量，显示出强大的生命力。尽管新格局的形成将是长期的、复杂的过程，但是要和平、求合作、促发展已经成为时代的主潮流。中国应当充分利用好这种趋势，并为世界新格局的形成作出贡献。

四、苏联兴亡的经验教训

苏联兴亡是20世纪人类历史上最重大的历史事件。1990年苏联国内发生政局变动，至1991年12月苏联正式宣告解体。苏联剧变的内容是广泛的、影响是深刻的：拥有93年历史和1 800万党员、在执政74年之后的苏联共产党，丧失

---

① 《邓小平文选》第3卷，人民出版社1993年版，第319～320页。
② 同①，第282页。
③ 同①，第359、360页。

了执政党地位；拥有69年之久的苏维埃社会主义共和国，原有的15个加盟共和国宣布独立；俄罗斯和宣布独立的各共和国，无一例外地都宣布同斯大林模式彻底决裂，朝着市场化、民主化转轨；大多数东欧社会主义国家也发生剧变，造成第二次世界大战后社会主义国家发展的大曲折。这一切构成改革开放以来马克思主义在中国发展的重要历史背景。

1. 历史发展总趋势不可逆转

苏联解体和东欧剧变这一历史性事件发生后，震撼了整个世界，也震撼了中国。西方某些思想家和政治家借机宣扬各种错误观点：一是鼓吹所谓"实践证明十月革命搞早了、搞糟了"，宣判十月革命的道路是一条死路；二是鼓吹"历史终结论"，宣称社会主义已经"彻底失败"，资本主义就是历史的"终结"。这些思潮对人们的社会主义信仰形成一股严重的冲击波，需要解疑释惑。

第一个问题：如何认识十月社会主义革命？

围绕这一问题的争论，从列宁领导十月革命之日起就已经存在，并且随着苏维埃新政权的诞生愈演愈烈。其代表性人物有第二国际的考茨基和俄国社会党人苏汉诺夫等。他们反对和责难十月革命的"理由"主要是：俄国不具备社会主义革命的"经济和文化条件"；十月革命"违反历史普遍规律"。列宁晚年强烈意识到必须回答和驳斥这种观点，1923年初他撰写了《论我国革命》。

十月革命的时代意义不仅是开辟了人类历史的新纪元，而且第一次开辟了非资本主义现代化的崭新道路。其实质就是通过革命夺取政权，"用与西欧其他一切国家不同的方法来创造发展文明的根本条件。"列宁辩证地指出："既然建立社会主义需要有一定的文化水平（虽然谁也说不出这个一定的'文化水平'究竟是什么样的，因为这在各个西欧国家都是不同的），我们为什么不能首先用革命的手段取得达到这个一定水平的前提，然后在工农政权和苏维埃制度的基础上赶上别国人民呢？"① 对于所谓十月革命"违反历史普遍规律"的指责，列宁指出："他们自称马克思主义者，但是对马克思主义的理解却迂腐到无以复加的程度。马克思主义中有决定意义的东西，即马克思主义的革命辩证法，他们一点也不理解。"因为"他们根本不相信任何这样的看法：世界历史发展的一般规律，不仅丝毫不排斥个别发展阶段在发展的形式或顺序上表现出特殊性，反而是以此为前提的。他们甚至没有想到，例如，俄国是个介于文明国家和初次被这场战争最终卷入文明之列的整个东方各国即欧洲以外各国之间的国家，所以俄国能够表

---

① 《列宁选集》第4卷，人民出版社1995年版，第777页。

现出而且势必表现出某些特殊性，这些特殊性当然符合世界发展的总的路线，但却使俄国革命有别于以前西欧各国的革命，而且这些特殊性到了东方国家又会产生某些局部的新东西。"因此，正确看待俄国革命决不能将西欧社会发展的模式当做"万古不变的金科玉律"，应当"丢掉那种认为这种教科书规定今后世界历史发展的一切形式的想法"。①

社会主义革命首先在经济文化相对落后的俄国取得胜利，这是列宁在帝国主义时代创造性运用和发展马克思主义的结果。马克思和恩格斯在研究自由资本主义时期比较先进的资本主义国家走向社会主义的道路时，曾经提出共产主义革命将不能单独在某个国家里发生，而将在一切文明国家里，即至少在英、美、法、德国同时发生。列宁立足于对资本主义发展到帝国主义时代的研究，提出了"一国胜利"思想。他指出："经济政治发展的不平衡是资本主义的绝对规律。由此就应得出结论：社会主义可能首先在少数或者甚至在单独一个资本主义国家内获得胜利"②；"社会主义不能在所有国家内同时获得胜利。它将首先在一个或几个国家中获得胜利，而其余的国家在一段时间内将仍然是资产阶级的或者资产阶级以前时期的国家。"③ 列宁紧紧抓住第一次世界大战提供的历史机遇，发挥主动性和灵活性，掌握帝国主义时代的历史辩证法，从而实现了社会主义从科学的学说到现实社会制度的转变。对于这一点，邓小平是高度肯定的。他评价说："列宁之所以是一个真正的伟大的马克思主义者，就在于他不是从书本里，而是从实际、逻辑、哲学思想、共产主义理想上找到革命道路，在一个落后的国家里干成了十月社会主义革命。"④

第二个问题：苏联解体是否意味着历史的"终结"？

西方抛出"历史终结"论是在苏联局势岌岌可危之时，在苏联解体之后得到发挥。1989 年弗郎西斯·福山就在美国新保守主义期刊《国家利益》上发表题为"历史的终结？"，认为自由民主制度也许是人类意识形态发展的终点和人类最后一种制度形式，由此构成"历史的终结"。另一位历史学家罗伯特·海尔布隆纳在《纽约客》上发表文章宣称："资本主义与社会主义两种体制的竞争，在其正式开始后不到 75 年的时间已经结束，资本主义获得了最终的胜利。"⑤ 同一时期，美国前国务卿布热津斯基发表《大失败——二十世纪共产主义的兴亡》一书，他断言共产主义将不可逆转地在历史上衰亡。苏联解体以后，福山出版了

---

① 《列宁选集》第 4 卷，人民出版社 1995 年版，第 775、776 页。
② 《列宁选集》第 2 卷，人民出版社 1995 年版，第 709 页。
③ 同②，第 873 页。
④ 《邓小平文选》第 3 卷，人民出版社 1993 年版，第 292 页。
⑤ Roborbt Heilboler Reflections: "The Triumph of Capitalism", *The New Yorker*, Jan. 23, 1989.

著作《历史的终结及其最后之人》，他认为共产主义世界的"大面积塌方"说明，"尽管共产主义政权在世界上还仍然支撑着，但它已经不再产生一种充满活力并且具有号召力的思想"，"他们过去对自由民主制度形成的意识形态威胁现在已经结束。"①"当今世界上，我们却难以想象出一个从根本上比我们这个世界更好的世界，或一种不以民主主主义和资本主义为基础的未来。"② 福山由此认为，自由民主制度作为一种政体，它"战胜其他与之竞争的各种意识形态，如世袭的君主制、法西斯主义及近代的共产主义"，所以"是'人类意识形态发展的终点'和'人类最后一种统治形式'，并因此构成'历史的终结'"。③

福山的"历史终结论"虽然受到西方主流意识形态的吹捧，但从一开始就遭到严肃思想家的质疑和批评。例如，德里达就对福山的观点表示强烈不满："在我看来，任何人也无法否认这样一个事实，即独断主义正在企图将其世界性的霸权置于充满悖论和可疑的根据之上。当今世界上有一种占统治地位的话语，抑或说是正在走向统治地位的过程之中的话语，它是关于马克思的著作与思想的话语，关于马克思主义（这多半与前者不是一回事）的话语，关于共产国际和世界革命的话语，关于由马克思主义所启发的革命模式或多或少地缓慢瓦解的话语，关于……的迅速、仓皇、不断地解体的话语，如此等等"，"配合着流畅的进行曲节奏，它宣称：马克思已经死亡，共产主义已经死亡，确确实实已经死亡了，所以它的希望、它的话语、它的理解以及它的实践，也随之一同灰飞烟灭。它高呼：资本主义万岁，市场经济万岁，经济自由幸甚，政治自由幸甚！"④ 德里达一一列举了资本主义的矛盾和祸害，指出资本主义根本不是福山所赞美的，而是"已经破败不堪"，已经"病得很厉害，一天不如一天了"，"这种衰败正在扩张，正在自行生长"。美国的戴维·S·梅森在书名《美国世纪的终结》中，直言"这是一个病入膏肓的政治体制，几乎没有人民的代表，在金钱世界随波逐流，丧失了解决社会弊端的行政功能"。⑤ 德里达的结论与"历史终结论"形成鲜明对照，他认为：人类"不能没有马克思，没有马克思，没有对马克思的记忆，没有马克思的遗产，也就没有将来"。⑥ 马克思主义在现时代并没有过时，对于人类的生存和发展来说，她始终在场，并且生机蓬勃。以马克思的名字命名的伟大科学理论，自诞生至今，就从来没有离开过世人的视野，已经变成人类整个历史运动的重要组成部分，渗透到社会生活的各个方面。英国在苏联解体之

---

① ［美］弗朗西斯·福山：《历史的终结及最后的人》，中国社会科学出版社 2003 年版，第 41 页。
② 同①，第 53 页。
③ 同①，序言。
④ ［法］德里达：《马克思的幽灵》，中国人民大学出版社 1999 年版，第 75～76 页。
⑤ ［美］戴维·S·梅森：《美国世纪的终结》，上海辞书出版社 2009 年版，"序"。
⑥ 同⑤，第 21 页。

后，从 1999～2005 年曾进行了四次有关"千年第一思想家"的民测，结果马克思都名列前茅，三次居榜首，只有一次居第二，理由就是他是"共产主义理论的奠基人"。事实证明，马克思主义仍然是我们时代的时代精神，人类社会发展的大趋势没有越出马克思主义所揭示的基本规律，社会主义在中国取得的伟大成就举世瞩目。

面对苏联解体和东欧剧变的历史事件，面对出现的复杂形势和人们认识的混乱，邓小平高瞻远瞩地指出："我坚信，世界上赞成马克思主义的人会多起来的，因为马克思主义是科学。它运用历史唯物主义揭示了人类社会发展的规律。封建社会代替奴隶社会，资本主义代替封建社会，社会主义经历一个漫长过程发展后必然代替资本主义。这是社会历史发展不可逆转的总趋势，但道路是曲折的。资本主义代替封建主义的几百年间，发生过多少次王朝复辟？所以，从一定意义上说，某种暂时复辟也是难以完全避免的规律性现象。一些国家出现严重曲折，社会主义好像被削弱了，但人民经受锻炼，从中吸取教训，将促使社会主义向着更加健康的方向发展。因此，不要惊慌失措，不要认为马克思主义就消失了，没用了，失败了。哪有这回事！"① 正是这种科学的认识，鼓舞着中国共产党领导中国人民在建设中国特色社会主义道路上阔步前进。

2. 列宁的思路比较好

20 世纪初，列宁依据帝国主义时代的历史辩证法，在俄国率先建立起社会主义国家。十月革命后，列宁花费了 7 年的心血，探索在相对落后的俄国走向社会主义、建设社会主义的道路。列宁在实践中深化了对社会主义的认识，集中体现在从"战时共产主义"政策到新经济政策的转变。对于苏联社会主义所走过的道路，邓小平总的评价是："社会主义究竟是个什么样子，苏联搞了很多年，也并没有完全搞清楚。可能列宁的思路比较好，搞了个新经济政策，但是后来苏联的模式僵化了。"②

新经济政策的提出，源于对"战时共产主义"政策的反思。"战时共产主义"政策是在 1919 年秋，14 个帝国主义国家和国内反革命势力联合向新生的苏维埃政权发动武装进攻的特定条件下采取的，是一种带有直接向共产主义过渡性质的经济政策。其主要内容是：在农村实行余粮食征集制，根据苏维埃国家的法令向农民征收除口粮外的所有粮食和其他农副产品；根据国家法令，加速实行对

---

① 《邓小平文选》第 3 卷，人民出版社 1993 年版，第 382～383 页。
② 同①，第 139 页。

大、中、小企业的国有化，并在这些企业中建立高度集中的管理体制；取消自由贸易，经济关系实物化，商品买卖、货币流通和市场活动，都被视为非法的资本主义活动而予以取缔；实行普遍的义务劳动制，搞平均主义分配。这种政策的基本特征，是最大限度地扩大国家所有制和国家政权的权力，采取军事共产主义的办法来解决经济问题。应当如何看待这一政策呢？列宁本人在1921年4月写的《论粮食税》中有过一分为二的评价。他一方面指出，这个政策对于取得战争的胜利，对于巩固新生的苏维埃政权，起了积极的作用。另一方面，他又强调要认识这一政策的"真正的限度"。他明确指出："'战时共产主义'是战争和经济破坏迫使我们实行的。它不是也不能是一项适应无产阶级经济任务的政策。它是一种临时的办法。"① 因此当战事基本结束后，列宁就适时地提出要以新经济政策代替"战时共产主义"政策。

　　转折是十分困难的。在对"战时共产主义"政策的得失进行分析后，为了实现向新经济政策的转变，列宁没有过多地强调实行这一政策的客观原因，而是把重点放在剖析主观原因上。他认为，这与人们观念中某种从书本中获得的社会主义认识有关，与对俄国经济文化相对落后的国情认识不清有关，与传统的"农业社会主义"思潮所造成的急于向共产主义过渡有关。列宁坦诚地说："我们计划（说我们计划欠周地设想也许较确切）用无产阶级国家直接下命令的办法在一个小农国家里按共产主义原则来调整国家的产品生产和分配。现实生活说明我们错了。"② 列宁没有文过饰非，没有推诿责任，表现了在实践中不断修正对社会主义的认识，不断探索如何建设社会主义道路的勇气。列宁说"现实生活说明我们错了"，主要表现在两个问题上：一是农民问题。俄国是一个小农占优势的国家。列宁在战争的特殊环境下对农民的看法有过偏颇，他一度把农民作为小私有者和小商品生产者，认为从小生产者中会每时每刻大量地产生出资本主义，进而把他们划归从属资本主义范畴予以防范和打击。采取余粮征集制，就是为了防止从小生产者中产生出资本主义。与此相关的另一个问题，就是商品与货币问题。马克思曾立足于对资本主义发达国家所产生的社会主义，预测在未来的社会主义公有制的社会中，商品和货币都将不再存在。列宁据此一度认为，社会主义要求消灭生产资料私有制，消灭商品和货币，消灭商品经济。这些想法到了"战时共产主义"政策时期，得到了充分实现。那时把商品和货币都视为资本主义的东西而加以废除和禁止，经济关系完全实物化。

　　列宁通过反思认识到，"战时共产主义"政策"不可能是一项适应无产阶级

---

① 《列宁选集》第4卷，人民出版社1995年版，第502页。
② 同①，第570页。

经济任务的政策"。1920年年底到1921年年春，他审时度势，毅然放弃这一政策，转而实施新经济政策。它的主要内容是：用粮食税代替余粮征集制，农民交税后的剩余粮食和农副产品可以进行自由买卖；发展商业，在一定程度内允许自由贸易和私商存在；在国有企业中实行经济核算制，推行用经济的办法管理生产；以租让、租赁、合作社等国家资本主义形式，把某些企业租给外国资本家或私人经营，把农民组织进合作社学会文明经商。新经济政策是一种崭新的政策。通过这一政策所表现出来的列宁的思路，其成果凝聚在他晚年病中口授的《日记摘录》、《论合作社》、《论我国革命》和《宁肯少些，但要好些》等文章中。列宁说："我们不得不承认我们对社会主义的整个看法根本改变了。"① 这石破天惊之语，集中体现了对经济文化落后国家如何实现和建设社会主义的全新认识，"根本改变"的内涵十分丰富，主要表现在：搞现实的社会主义不能从书本出发，不存在某种固定的模式，必须从俄国的实际国情出发；俄国实现社会主义不能"直接过渡"，要走"迂回的道路"，否则就有灭亡的危险；工作重心不能长期放在政治斗争，应当转到组织经济和文化建设，致力于改变经济文化落后的状况；农民不应当被视为打击的对象，应当看成是社会主义的积极建设者，必须千方百计地与农民结成联盟；商品和货币不应当看做资本主义的同义语，"应当把商品交换提到首要地位，把它作为新经济政策的主要杠杆。"②

列宁在探索落后的俄国过渡到社会主义和建设社会主义的实践中，推进了对社会主义的认识，他所实施的新经济政策对改革开放具有发生学上的意义。新经济政策没有动摇搞社会主义的信心和方向，却改变了具体的做法。但是列宁的实践时间不长，他没有超越从资本主义到社会主义的过渡时期；在他那里还有许多没有解决的难题；他的正确思想在党内也没有能达成共识。列宁既给我们留下宝贵的理论遗产，也留给后人许多落后国家建设和巩固社会主义需要进一步解决的重大课题。

3. 苏联解体的几个原因

十月革命开辟了历史新纪元，同时也提出了历史性的新课题：在经济文化相对落后的国家如何建设和巩固社会主义？列宁反复告诫说，俄国革命将是"开始容易，继续难"。他还进行了新经济政策的探索，取得了不错的效果。但是在列宁逝世之后，由于苏共最高领导层对这一政策没有达成共识，这一政策没有能

---

① 《列宁选集》第4卷，人民出版社1995年版，第773页。
② 《列宁全集》第41卷，人民出版社1986年版，第327页。

够继续，1929 年被斯大林中止，重新回到用"军事共产主义"的办法向社会主义"直接过渡"，进而转而建立和不断强化建设社会主义的苏联模式。应当承认这一模式的形成，当初有其国内和国外客观形势的合理性，当苏联正处于世界资本主义包围之中并且受到战争严重威胁的时候，这种模式曾经发挥过相当重要的历史积极作用。1927~1937 年，苏联工业总产值以年均 20% 的增长率向前发展；1953 年与 1913 年相比，苏联的国民收入大约增加了 12.67 倍。但是这种模式从一开始就存在着不少弊病，特别是当它被神圣化、公式化、凝固化之后，这种弊病与活生生的社会实践之间的矛盾就日益尖锐化，到了 20 世纪 60 年代逐渐失去活力，高速增长开始减退，进入 70 年代更是大幅度地下降，到了苏联第十一个五年计划（1981~1985 年）期间，苏联国民生产总值的年增长率分别为 5.1%、3.1%、2.2% 和 1.8%，经济发展实际上处于停滞状态，从 1988 年开始则出现了经济的负增长。对于苏联模式的弊病，毛泽东很早就进行过批评，要探索走出一条适合中国国情的社会主义建设道路。邓小平总结苏联和中国的历史经验，在变化了的新的历史条件下，更是明确地指出："看来这个模式在苏联也不是很成功的"；"我是主张改革的，不改革就没有出路，旧的那一套经过几十年的实践证明是不成功的。"①

苏联解体的原因，从根本上分析是"苏联模式不成功"和改革没有坚持社会主义方向两大因素"合力"的结果。苏联模式的不成功，主要表现在以下几个：

（1）社会主义建设的指导思想发生偏差和错误。

斯大林长期的教条主义造成思想严重僵化。首先，早在 1938 年 9 月，他在《辩证唯物主义和历史唯物主义》中，在将社会主义和资本主义进行比较时就提出："资本主义的生产关系已不再适合社会生产力状况，它同社会生产力发生了不可调和的矛盾"；"在社会主义制度下，目前还只有在苏联实现的这种制度下，……生产关系同生产力状况完全适合。"这种哲学理念，认为在苏联生产关系与生产力之间没有矛盾，使得斯大林不是把社会主义"看成是经常变化和改革的社会"（恩格斯语），找不到社会主义自我运动的源泉，陷入一种自安自慰的境地，失去或扼杀了历史上多次出现的改革机遇。其次，斯大林将列宁主义主要定义为：关于"无产阶级革命的理论和策略，特别是无产阶级专政的理论和策略"②，这是不完整、不准确的，导致对列宁关于经济文化相对落后国家社会

---

① 《邓小平文选》第 3 卷，人民出版社 1993 年版，第 178、237 页。
② 《斯大林选集》上卷，人民出版社 1979 年版，第 185 页。

主义建设思想的忽视，简单地运用"专政"的方法搞建设，并且进而认为在无产阶级专政条件下阶级斗争会越来越尖锐的观点，导致阶级斗争扩大化。

（2）**体制过时阻碍社会主义优越性的充分发挥**。

制度具有根本性、全局性、稳定性和长期性。就经济体制而言，20世纪30年代形成的适应"战争与革命"时代主题的高度集中的经济体制，到了80年代迟迟固守不改，这样一种僵化和封闭的体制，已经完全不能适应新时期"和平与发展"时代主题的需要，不能容纳科学技术成为第一生产力的需要。僵化的体制经受不起挑战，更不能把握住发展的机遇。就政治体制而言，党和国家政治生活中严重缺乏民主，个人崇拜和专权越来越成为党和国家政治制度中的组成部分，决策越来越缺少民主性和科学性保证。邓小平说："斯大林严重破坏社会主义法制，毛泽东同志就说过，这样的事件在英、法、美的西方国家不可能发生"，"这个教训是极其深刻的。"①

（3）**经济与社会发展不协调，经济结构和发展比例失调**。

在所有制上追求纯粹的社会主义生产关系，在经济运行方式上认为社会主义经济只能是高度统一的产品经济。斯大林明确说，资本主义不可能有计划，社会主义的计划是"指令性的计划，这种计划各领导机关必须执行，这种计划能决定我国经济在全国范围内将来的发展方向"。②在经济发展战略上，采取粗放型和数量赶超型路径：重速度、轻效益；重数量、轻质量；重重工业（特别是军事工业）、轻轻工业和第三产业；重生产和积累、轻消费和人民生活水平。这种发展模式在战争年代和解决生存问题时是有其积极作用的，但在和平和发展时期就会陷入结构性的危机之中，结果阻碍了生产力的发展，妨碍了人民群众和基层积极性的发挥，无法满足人民日益增长的物质文化需要，因而就很难得到人民群众的拥护和支持。

（4）**发展的价值取向没有坚持以人民为本**。

由于高度集中的体制，体制内又缺乏有效的制约机制，执政的苏联共产党逐渐脱离人民群众，形成队伍庞大的"特权阶层"，大搞腐败大量侵占国家和人民资财。"这股寄生势力就像繁殖很快的马铃薯甲虫一瞬间吃光马铃薯的嫩芽那

---

① 《邓小平文选》第2卷，人民出版社1983年版，第333页。
② 《斯大林文集》下卷，人民出版社1985年版，第445页。

样，很快就使改革的幼芽枯萎了。"① 苏联解体前夕，苏联社会科学院曾经进行过一次问卷调查，其结果是被调查者认为苏共仍然代表工人的只占 4%，认为代表全体人民的占 7%，认为代表全体党员的占 11%，而认为代表苏共官僚、代表干部的竟占 85%。绝大多数苏联人民不再认为共产党代表他们的利益，苏共的垮台和苏联的解体也就不奇怪了。

由于以上问题的存在，第二次世界大战结束以后，随着世界形势的发展，冲破斯大林模式的束缚，逐渐成为社会主义国家先后走向改革厚积薄发的原因。1956 年 2 月苏共召开"二十大"，赫鲁晓夫做"秘密报告"，暴露了苏联模式尖锐的内部矛盾，既揭了"盖子"，又捅了"漏子"，他在反对个人迷信的同时，大骂斯大林是"凶手"、"混蛋"、"白痴"，导致全面否定苏共 70 年的执政历史。从赫鲁晓夫到戈尔巴乔夫、叶利钦，他们在改革中都离开了马克思列宁主义的指导，放弃了社会主义道路政治方向。例如，戈尔巴乔夫执政七年，他提出的作为苏联改革的指导思想是所谓的"新思维"，以抽象的人道主义为哲学基础，提出"全人类生存高于一切的原则"，制定了"和平主义"加"政治民主化"的改革纲领；国际上主张非意识形态化，幻想西方大国用金钱支持苏联改革；国内大搞"公开化"，放弃和丑化党的领导；提出用所谓"人道的社会主义"，"根本改造整个社会主义大厦"；大搞"产权私有化 + 经济市场化 + 政治民主化"的改革措施。苏联共产党的蜕化变质直接导致苏联的解体。

4. 认真吸取苏联衰亡的深刻教训

苏联解体是一场历史悲剧，又是一面历史的明镜。像苏共这样一个有着长期执政历史的大党，不是一下子垮掉的，而是经历了一个由盛到衰、由兴到亡、人心由向到背，这样一个由量变到质变的过程。苏联解体和苏共垮掉的教训是深刻的，如果加以认真吸取，就能变坏事为好事，使其成为一种宝贵的财富。中国共产党就是这样做的。苏东剧变，一方面说明苏联的原有体制必须进行改革，不改革社会主义就没有出路；另一方面说明改革必须坚持社会主义的方向。邓小平指出："社会主义制度并不等于建设社会主义的具体做法。"② 因此，坚持社会主义，并不等于坚持某种社会主义模式；某种社会主义模式的不成功，也绝不等于社会主义的失败。这就为人们正确认识苏东剧变、总结经验教训指明了方向。

深刻教训之一是：一定要搞清楚"什么是社会主义，怎样建设社会主义"。

---

① ［俄］利加乔夫：《戈尔巴乔夫之谜》，江苏人民出版社 1992 年版。
② 《邓小平文选》第 2 卷，人民出版社 1994 年版，第 250 页。

邓小平从苏东剧变并结合我国的具体经验，总结出"两个搞清楚"的重要主题。他从1980年开始到1992年年初南方谈话，围绕"两个搞清楚"这个根本问题有不下20余次的论述。早在1980年1月，他就提出："社会主义制度不等于建设社会主义的具体做法。苏联搞社会主义，从一九一七年十月革命算起，已经六十三年了，但是怎么搞社会主义，它也吹不起牛皮。我们确实还缺乏经验，也许现在我们才认真地探索一条比较好的道路。"① 因此，不解放思想不行，甚至于包括什么叫社会主义这个问题也要解放思想。1985年4月，邓小平又讲："我们建立的社会主义制度是个好制度，必须坚持"；"现在我们搞经济改革，仍然要坚持社会主义道路"；"但问题是什么是社会主义，如何建设社会主义。我们的经验教训有许多条，最重要的一条，就是要搞清楚这个问题。"② 1988年5月，邓小平再次提醒说："过去我们满脑袋框框，现在就突破了。我们坚持马列主义、毛泽东思想，坚持社会主义道路，不过什么叫社会主义的问题，我们现在才解决。坦率地说，过去我们照搬苏联搞社会主义的模式，带来很多问题。我们很早就发现了，但没有解决好。我们现在要解决好这个问题，我们要建设的是具有中国自己特色的社会主义。"③ 1991年8月，邓小平强调指出："我们搞改革开放，把工作重心放在经济建设上，没有丢马克思，没有丢列宁，也没有丢毛泽东。老祖宗不能丢啊！问题是要把什么是社会主义搞清楚，把怎么样建设和发展社会主义搞清楚。"④

概括邓小平对什么是社会主义的一系列论述，他认为：贫穷不是社会主义，发展太慢也不是社会主义；平均主义不是社会主义，两极分化也不是社会主义；僵化封闭不能发展社会主义，照搬外国也不能发展社会主义；没有民主就没有社会主义，没有法制也没有社会主义；不重视物质文明搞不好社会主义，不重视精神文明也搞不好社会主义。在这些全面阐述的基础上，1992年1月，邓小平在南方谈话中总结性地提出："社会主义的本质，是解放生产力，发展生产力，消灭剥削，消灭两极分化，最终达到共同富裕。"⑤ 这一新概括是创造性运用唯物史观和科学社会主义学说，是根据社会主义的根本优越性、依据我国社会主义的特定历史方位及其任务提出来的，是针对"四人帮"鼓吹的"贫穷社会主义"、超越和扬弃传统苏联模式提出来的，是对科学社会主义的重大贡献。

深刻教训之二是：不改革不行，改革一定要坚持社会主义方向。

---

① 《邓小平文选》第2卷，人民出版社1994年版，第250～251页。
② 同①，第116页。
③ 《邓小平文选》第3卷，人民出版社1993年版，第261页。
④ 同③，第369页。
⑤ 同③，第373页。

苏东剧变的历史事件，一方面说明苏联的原有体制必须进行改革，不改革社会主义就没有出路；另一方面说明改革必须坚持社会主义的方向。改革涉及到如何认识社会主义前进运动的动力问题。他批评苏联模式的旧体制"阻碍了生产力的发展，在思想上导致僵化，妨碍人民和基层积极性的发挥"。因此，"不改革就没有出路，旧的那一套经过几十年的实践证明是不成功的"。① 邓小平把改革看成"实质上是一场革命"，主要是对旧体制的革命，更好地使社会主义制度的优越性发挥出来。他深刻地指出："革命是解放生产力，改革也是解放生产力。推翻帝国主义、封建主义、官僚资本主义的反动统治，使中国人民的生产力获得解放，这是革命，所以革命是解放生产力。社会主义基本制度确立以后，还要从根本上改变束缚生产力发展的经济体制，建立起充满生机和活力的社会主义经济体制，促进生产力的发展，这是改革，所以改革也是解放生产力。过去，只讲在社会主义条件下发展生产力，没有讲还要通过改革解放生产力，不完全。应该把解放生产力和发展生产力两个讲全了。"②

改革必须坚持社会主义正确方向。邓小平明确指出："改革是社会主义制度的自我完善，在一定范围内也发生了某种程度的革命性变ackage"；"我们的改革要达到一个什么目的呢？总的目的是要有利于巩固社会主义制度，有利于巩固党的领导，有利于在党的领导和社会主义制度下发展生产力。"③ 以上这些概括非常准确地把握了改革的性质和特点。邓小平反复地强调，要把坚持改革开放和坚持四项基本原则结合起来。这四项基本原则是：第一，必须坚持社会主义道路；第二，必须坚持无产阶级专政；第三，必须坚持共产党的领导；第四，必须坚持马列主义、毛泽东思想。如果动摇了这四项基本原则，就会犯资产阶级自由化的错误，改革开放就会迷失正确的政治方向。因此，绝不能把坚持四项基本原则和坚持改革开放相互割裂开来、对立起来，应当把以经济建设为中心同四项基本原则、改革开放这两个基本点，统一于建设中国特色社会主义的伟大实践之中。

深刻教训之三是：必须解决建设什么样的党、怎样建设党的问题。

苏联的解体是从执政的共产党的变质开始的。苏联共产党垮台的根本原因就是严重脱离了人民群众，放弃了马克思列宁主义指导，背离了社会主义道路。这是最深刻的教训。邓小平以一种忧患意识提醒说："中国的事情能不能办好，社会主义改革开放能不能坚持，经济能不能快一点发展起来，国家能不能长治久安，从一定意义上说，关键在人"；"中国要出问题，还是出在共产党内部。"④ 如何保持

---

① 《邓小平文选》第3卷，人民出版社1993年版，第237页。
② 同①，第370页。
③ 同①，第142、241页。
④ 同①，第380页。

党和人民群众的血肉联系,永远得到人民的衷心拥护,这是执政党的生命线。江泽民深刻总结历史教训指出:"九十年代以来,一些执政几十年的政党先后下台,有的已经衰亡。其中的根本原因是党的内部出了问题。认真分析这些政党的兴衰,加以借鉴,对我们加强中共建设很有意义。历史和现实都表明,一个政权也好,一个政党也好,其前途与命运最终取决于人心向背,不能赢得最广大群众的支持,就必然垮台。"① 由此,中国共产党高度重视实践"立党为公、执政为民"的宗旨,科学发展观的核心就是以人为本,强调发展要依靠人民,发展要为人民谋利益,发展成果要让人民群众共享。

在不断变化的历史条件下,建设和巩固社会主义,必须坚持、加强和改善党的领导。党的领导和党的建设是搞好经济社会建设和改革开放取得成功的根本保证。必须始终自觉地加强和改进党的建设,不断增强党的创造力、凝聚力和战斗力,永葆党的生机和活力。这就必须紧紧围绕在新的历史条件下建设一个什么样的党和怎样建设党这个基本问题,解决提高党的执政能力和领导水平、提高拒腐防变和抵御风险能力这两大历史性课题。为此,以江泽民为核心的中国共产党第三代领导提出,"三个代表"——代表中国先进生产力的发展要求、代表中国先进文化的前进方向、代表中国最广大人民的根本利益——是立党之本、执政之基、力量之源。贯彻"三个代表"要求,关键在坚持与时俱进,核心在保持党的先进性,本质在坚持执政为民。

五、对传统发展模式的反思与超越

中国是一个发展中国家,作为执政党的中国共产党必须科学地制定治国为民的发展目标。周恩来最早在 1954 年的一届全国人大一次会议的《政府工作报告》中提出"四个现代化"的目标。"文革"结束后,邓小平反复告诫:"我们当前以及今后相当长一个历史时期的主要任务是什么?一句话,就是搞现代化建设。"② 我国的现代化事业,性质是社会主义性质的,时间是后发展的,类型是"赶超"型的。这就要求在学习和借鉴资本主义现代化经验的时候,特别重视吸取其深刻教训,做到合规律性与合目的性的统一。这里的时代大背景就是对传统发展模式的反思和超越,它要求我们把中国的社会主义现代化事业,放在人类历

---

① 江泽民:《论有中国特色社会主义(专题摘编)》,中央文献出版社 2002 年版,第 642 页。
② 《邓小平文选》第 2 卷,人民出版社 1993 年版,第 162 页。

史发展的大趋势、大格局中加以认识，自觉地实践科学发展观。科学发展观的第一要义是发展，核心是以人为本，基本要求是全面协调可持续发展。科学发展观是在立足中国国情，准确把握世界发展趋势，对当代人类和社会主义经济社会发展规律认识深化的基础上提出来的。

1. 社会主义现代化的实现路径

实现现代化，是任何国家和民族都不可逾越的历史任务，它体现的是人类社会进步的大趋势。中国共产党实现社会主义现代化目标的确定，揭示了处于世界历史环境大背景下的中国社会发展的客观逻辑。马克思提出的社会形态学说认为：就社会技术形态而言，以劳动者与生产工具的结合为尺度，社会前进运动表现为由农业社会到工业社会，再到全面自动化社会；就社会交换形态而言，以劳动和劳动的交换方式为尺度，人类社会的前进表现为从自给自足的自然经济社会发展到商品经济社会，然后才有可能进到产品经济社会；就社会主体形态而言，以人的发展与社会发展的关系为尺度，整个人类社会的发展又表现为，从人对人的依赖关系的社会到人对物的依赖关系社会，最后才能实现自由人的联合体（人的全面发展）的社会。以上这三种社会划分标准的统一，揭示出现代化是人类社会前进不可逾越的历史任务。只有实现现代化，中国才能振兴、繁荣、昌盛，才能"赶上时代"，重返世界历史发展的主潮流。

社会主义现代化，包含着"社会主义"和"现代化"两个既差异又统一的方面。它深刻地反映了中国社会发展的历史辩证法。这一方面肯定了现代化的目标选择，另一方面又要求扬弃资本主义道路，坚持通过社会主义道路实现现代化。在现代化问题上，某些西方学者一直坚持"现代化"就是"全盘西化"。例如，美国学者布莱克宣称："'现代化'还不是描述这一过程的唯一术语，'欧化'和'西化'一般也在这个意义上使用"。① 这种观点认为，"一切人类社会都沿着单线发展"，实际上是"提供了一种使殖民者的政治和经济利益合法化的意识形态。"② 邓小平坚决反对这种观点，强调如果只讲现代化，不讲社会主义，"这就忘记了事物的本质，也就离开了中国的发展道路。"③ 我国改革必须走市场经济之路，这一点不能动摇。但是同样需要坚持完善市场经济的社会主义方向。江泽民为此也指出："我们搞的市场经济，是同社会主义基本制度紧密结合在一

---

① 布莱克：《现代化的动力：一个比较历史的研究》，浙江人民出版社1989年版，第6页。
② 罗伯逊：《社会学》（下册），商务印书馆1991年版，第810页。
③ 《邓小平文选》第2卷，人民出版社1994年版，第204页。

起的,如果离开了社会主义基本制度,就会走向资本主义。我们搞的是社会主义市场经济,'社会主义'这几个字是不能没有的,这并非多余,并非画蛇添足,而恰恰相反,这是画龙点睛。所谓'点睛',就是点明我们的市场经济的性质。我们的创造性和特色也就体现在这里。"①

为什么我国的现代化和市场经济要坚持社会主义方向?一个很根本的原因,就是因为资本主义现代化在创造物质财富和人类文明的同时,带来的是各种社会异化现象,造成各种社会痼疾积重难返。这主要表现在:(1)劳动者同他的劳动产品之间的异化,即劳动者在劳动中耗费的力量越多,归他所有的东西就越少,社会财富两极分化加剧。(2)劳动活动本身的异化,即劳动者在自己的劳动中,不是感到幸福,而是充满不幸,不是自由地发挥自己的体力和智力,而是使自己生命受折磨、精神遭摧残。(3)人同自己类本质相异化,即违背了人自由自觉活动的本性,被贬低为经济动物,少数人无节制地追求财富,更多的人只是维持动物式的生存。(4)人与人之间相互关系的异化,即形成社会上每个人同其他人的分离和格格不入,彼此作为异己者相互对立和斗争。(5)人与环境之间的异化,即经济的增长造成生态环境的不断恶化,科学技术的进步反而使人的生命化为愚钝的物质力量,使得人类不断地丧失"生态家园"和"精神家园"。

科学发展观的提出是社会主义现代化的本质要求。马克思和恩格斯通过对资本主义的批判,曾经高瞻远瞩指出:社会主义将实现"人类同自然的和解以及人类本身的和解",这将是一个"和人类本性相称的社会制度"。② 1894年1月正在筹办《新纪元》周刊的意大利社会主义者朱泽培·卡内帕写信给恩格斯,请求用最简短的文字概括出社会主义新纪元的本质。他很欣赏诗人但丁用"一些人统治,一些人受难"对旧社会本质的概括,希望恩格斯也作出类似的概括。恩格斯经过慎重考虑回信说:"除了《共产党宣言》中的下面这句话,我再也找不出合适的了:'代替那存在着阶级和阶级对立的资产阶级旧社会的,将是这样一个联合体,在那里,每个人的自由发展是一切人的自由发展的条件。'"③ 尤其是新世纪,这个主题显得更加重要,抓住这个主题,马克思主义就会有勃勃生机,社会主义事业就能复兴和发展。可见,实现科学的发展是科学社会主义学说在当代的内在要求。只有以科学发展观为指导,我国的社会主义现代化才能尽量减少现代化的弊病,实现健康而和谐的发展,使发展的成果为全体人民共同享受。

---

① 江泽民:《社会主义市场经济体制是同社会主义基本制度结合在一起的》,《人民日报》2006年4月28日。
② 《马克思恩格斯文集》第1卷,人民出版社2009年版,第63页。
③ 《马克思恩格斯选集》第4卷,人民出版社1995年版,第730~731页。

2. 深刻反思传统发展模式

发展是一个历史范畴。自从资本主义产生之后，随着发展过程中问题的不断出现，人们不断总结经验和教训，发展观在历史上也不断发生演变。从工业革命时候起，一直延续到20世纪50年代，人们对发展的理解主要是经济增长。这种观点受到亚当·斯密等人创立的古典经济学的强烈影响，认为发展就是实现工业化，将发展停留于经济学的层面，主要追求财富的不断增长，用一系列的经济指标来反映发展成果。其中最主要的是用GNP（国民生产总值）和GDP（国内生产总值）的增长率衡量发展的程度，认为经济增长会自动改善社会状况，改善人民的生活水平。这种把发展完全等同于经济增长的发展观，在相当长的历史时期，特别是在第二次世界大战以后的20多年间，曾经被当成公认的发展模式，并得到联合国的推举，将不发达国家的GNP年度增长率定为最低6%。应当承认这种发展观在历史上的作用，资本主义时代确实创造了前所未有的经济增长奇迹。

但是，由于单纯追求经济增长，主要依靠资源消耗和资金投入拉动经济增长，不重视社会发展和社会公平，忽视环境保护和能源、资源节约，导致一些国家出现了经济结构失衡，社会发展滞后，能源和资源日趋紧张，生态环境急剧恶化，以及高增长下的两极分化、失业增加、社会腐败、政治动荡等问题。事实说明，经济增长并没有自动带来社会的发展，并没有给广大人民带来更多的实惠，有时甚至会产生相反的结果。经过对经验的总结，特别是对教训的理性反思，要求突破单纯追求经济增长的传统发展观的呼声渐起并成为时代的强音。

对传统发展观的超越和突破，具有以下几方面的显著特点：

（1）发展与增长的关系。

传统发展观主要将发展等同于经济增长，在各种经济指标中主要是以产出的量的增加作为衡量的尺度和指标。这有其合理性的一面，没有经济的一定的量的增长，社会就难以存在和发展。但是这种合理性是十分有限度的，其主要缺陷存在两个方面：第一，是在一系列可量化的经济指标下，忽视甚至排斥了价值判断。出自可量化性和可比性要求，传统发展观往往把国民收入和人均收入作为衡量一个国家现代化的最佳指标，理由是这些指标是客观的和价值中立的。但是，正如西尔斯所指出："对于国民收入有一种辩辞，就是认为它是一个客观的、不含价值判断的指标。然而事实上它包含有很多价值内容。"[①] 最明显的事实就是，

[①] 转引自亨廷顿等：《现代化理论与历史经验的再探讨》，上海译文出版社1993年版，第55页。

经济增长并不能解决社会公平等问题,相反还有可能加剧。第二,经济增长强调产出的扩大和增加,回答的主要是"有多少"和"有多快"的问题。这样为了经济增长,甚至于不惜以牺牲社会环境和生态环境为代价,造成诸种不和谐状态的产生和激化。在这种传统发展观的支配下,必然会忽视"如何"获得经济增长、"为什么"实现经济增长等更加重要的问题,没有解决增长"有多好"这个"质"的问题。如果经济增长是以环境恶化为代价,物质增长以蔑视人的尊严为代价,市场经济以商品拜物教为代价,那么,就会如霍克海默在《现实的堕落》中所说:"技术的手段的进步由非人化的进程所伴随,进步可能会毁灭它实现的目标。"① 可以将这种现象概括为"有增长无发展",或"无发展的增长"。这样人们越来越认识到要从"质"与"量"的统一中看待增长与发展的关系。对发展来说,经济增长虽然是必需的前提,但是经济增长并不就自发地等同于发展。

(2) 人与物的关系。

传统发展观"以物为中心",重视的是物质财富的增长,很少关注物质财富与人的关系;即使是讲人,也只是亚当·斯密在《国富论》中提出的"经济人"。在这种情况下,人被组织进越来越合理的生产秩序,成为经济运动中的一个环节。马尔库塞把这种现象称为"人成为经济活动的物的奴隶","作为一种工具、一种物而存在,是奴役状态的纯粹形式。"② 由此产生了社会许多非人道的病症。这引起人们的批判式反思。胡塞尔指出,由于过分迷恋于现代化的经济效果,却"漫不经心地抹去了那些对于真正的人来说至关重要的问题",即人的价值和生存意义,结果使人成为物的牺牲品,"苦苦挣扎于虚幻的繁荣和苦涩的失望之中。"③ 法国的佩鲁则指出:"经济发展的外在指标以及这种发展对获取财富和积累资本所表现出来的可鄙的迷恋,同人们及其共同体制定的生活规划之间存在着紧张关系,根据经验,这种紧张关系可被视为各种已知社会中一切非人道东西的主要原因和主要动力。"为此他大声疾呼:"此路不通,因为不论社会还是人,都不是物"。④ 甚至就是连不少的经济学家也从事实中清醒过来。例如,著名经济学家刘易斯就认为:"经济增长的好处不是财富增加了幸福,而是财富增加了人类选择的范围。"⑤ 这就要求从"物本主义"的发展观转变为"人本主义"的发展观。

---

① 转引自王晓升:《现代化:发展与价值》,苏州大学出版社1998年版,第84页。
② [德] 马尔库塞:《单向度的人》,上海译文出版社1989年版,第32页。
③ [德] 胡塞尔:《欧洲科学危机和超验现象学》,上海译文出版社1988年版,第5页。
④ [法] 佩鲁:《新发展观》,华夏出版社1987年版,第38页。
⑤ 转引自 [美] 托达罗:《经济发展和第三世界》,中国经济出版社1992年版,第81页。

(3) **经济与社会的关系**。

按照马克思"社会有机体"学说,社会是由生产力、生产关系、上层建筑等诸种要素构成的,它们之间存在着相互依赖、相互制约的复杂关系;社会进步是由经济、政治、文化等多方面综合的发展结果。然而传统的发展观对于人类社会的这种复杂性和整体性很不重视,导致孤立地、单维度地从经济看待社会发展。从20世纪70年代开始,人们逐渐将发展视为经济增长和整个社会变革的统一,是追求经济、政治、文化、制度和人这些社会要素综合和谐发展的过程。托达罗强调指出:"我们必须把发展看成是涉及到社会结构、人的态度和国家制度以及加速经济增长、减少不平等和根除贫困等主要变化的多方面过程。发展从其实质上讲,必须代表全部范围的变化。""这些重要的价值标准是维持生存、自我尊重和自由。"① 1998年诺贝尔经济奖获得者阿马蒂亚·森《以自由看待发展》一书的主旨就是论证:"发展可以看做是扩展人们享有的真实自由的过程"。这种"聚焦于人类自由的发展观与更狭隘的发展观形成鲜明的对照"。②

(4) **人与自然的关系**。

传统发展观为了获得财富增长,造成人与自然关系的紧张。面对这种险情的陡增,20世纪70年代初美国麻省理工学院的梅多斯等人提出了经济增长极限论。他们认为,由于人口的快速增长、资源的大量消耗,这种趋势如果继续下去,我们这个星球上的经济增长在今后100年内的某个时期将会达到极限,世界经济增长已经临近自然生态的极限。这种看似悲观的观点对传统发展观的转变起到了警示作用:第一,发展要努力从开发自然资源为主转变到开发人的资源为主。自然资源是有限的,人的资源的开发则是一种比自然资源更加宝贵的资源。博特金等人指出,面临自然资源的逐步衰竭,人们应当看到"人类依然拥有没有束缚的想象力、创造力和道德能力等资源。这些资源可以被动员来帮助人类摆脱它的困境";同外部极限相反,人的"内部界限在我们自身中存在着并孕育着无可比拟的发展潜力"。③ 应当重视对人的潜力的开发。第二,实现可持续发展战略。1972年联合国在瑞典斯德哥尔摩召开世界环境大会。报告《只有一个地球》的前言中写道:"联合国对这次会议的要求,显然是要确定我们应当干些什么,才能保持地球不仅成为现在适合人类生活的场所,而且将来也适合子孙后代

---

① [美]托达罗:《经济发展与第三世界》,中国经济出版社1992年版,第79~80页。
② 参见[印]阿马蒂亚·森:《以自由看待发展》,中国人民大学出版社2002年版,导论。
③ [美]J·W·博特金等:《回答未来的挑战》,上海人民出版社1984年版,第5、8页。

居住。"1983 年联合国世界环发委员会（WCEP）成立。它于 1987 年向联合国提供一份题为《我们共同的未来》的报告，第一次明确提出"可持续发展"概念，将其定义为"既满足当代人的需要，又不损害后代人满足其需要的发展。"可持续发展关注的焦点是人口、资源、环境和社会发展的关系，寻求彼此之间协调和良性循环的发展。

以上几个方面对传统发展观的超越和突破，代表着人类期望的一种全新的发展理念。虽然具体实施起来还是困难重重、任务艰巨，但是已经越来越成为人类共同事业之追求。鉴于此，联合国 1986 年的《发展权利宣言》强调："发展是经济、社会、文化和政治的全面进程，其目的是在全体人民和所有个人积极、自由和有意义地参与发展及其带来的利益的公平分配的基础上，不断改善全体人民和所有个人的福利。"1992 年在巴西里约热内卢召开的世界环发大会，通过了《21 世纪议程》，一百多个与会国家的政府代表，同意把可持续发展当做行动纲领。1995 年哥本哈根社会发展世界首脑大会通过的《宣言》和《行动纲领》认定："社会发展的最终目标是改善和提高全体人民的生活质量"，并致力于"建立一个以人为中心的社会发展框架"。中国共产党提出科学发展观就是在汲取世界各国发展经验教训、借鉴国外发展理论有益成果、顺应 21 世纪人类发展要求的基础上提出来的。

3. 体现"以人为本"的财富观

超越传统的发展模式，要求构建"以人为本"的财富观。马克思指出："财富的本质就在于财富的主体存在。"① 这一经典性的观点揭示出，财富的本质不是物，财富是由社会人结合各种要素创造出来的，财富是主体的存在方式。资本主义现代化的政治经济学基础是古典政治经济学。这种学说所持财富观的最大问题，在于对劳动的看法上。它一方面认为劳动是一切财富的源泉，同时又认为私有财产是最自然的，主张劳动不能够也不应当获得它创造的财富物。深陷这种矛盾的原因何在？马克思恩格斯指出，这是因为资产阶级政治经济学完全立足于私有财产之上，却从不批判地说明私有财产本身，它把应当加以论证的东西当做了历史的先验前提永恒地加以肯定。国民经济学家们只研究劳动，不研究劳动者，他们把创造资本、商品和私有制的异化劳动，看做是"一般劳动"，把这种"颠倒形式"的劳动，当做是"本真的"劳动，从而制造了有关劳动的"幻相"，掩盖了利润的真正来源，否定了资本与劳动的矛盾。马克思批判这种财富观，把

---

① 《马克思恩格斯全集》第 3 卷，人民出版社 2002 年版，第 292 页。

"自由的自觉的活动"看做是人的本质。指出劳动作为感性的、对象性的活动，其特点就是人类特有的主体能动性，体现了人的"对象性本质"。马克思严格地将异化与对象化相区别：对象化劳动是劳动的肯定方面，是人类生存和发展的基础；异化劳动是劳动的否定方面，是私有制下的一种特有劳动形式；异化劳动虽然包含着对象化劳动，但异化劳动绝不等于对象化劳动。那种"以劳动为原则的国民经济学，在承认人的假象下，毋宁说不过是彻底实现对人的否定而已"。①

马克思将财富的本质归之于"主体存在"，不仅在财富源泉研究领域超越了古典政治经济学，更加重要的是把对财富本质的研究深入到财富背后所体现的人与人的关系。马克思的财富研究，不是单纯生产力一种视角，而是紧密联系于生产力和生产关系，联系于社会历史发展，联系于人的发展，联系于对社会的未来改造。古典政治经济学"他们的使命只是表明在资产阶级生产关系下如何获得财富，只是将这些关系表述为范畴和规律并证明这些规律和范畴比封建社会的规律和范畴更便于进行财富的生产"。② 马克思将财富联系于社会经济形态的更替和发展，指出在以对抗为基础的社会关系中，财富和这种对抗同时形成和发展。在一极是财富的积累，在另一极则是贫困、劳动折磨、受奴役和道德堕落的积累。"资本主义生产方式在生产力的发展中遇到一种同财富生产本身无关的限制；而这种特有的限制证明了资本主义生产方式的局限性和它的仅仅历史的、过渡的性质；证明了它不是财富生产的绝对的生产方式，反而在一定阶段上同财富的进一步发展发生冲突。"③ 马克思对财富所折射出的人的主体存在的研究，其内容主要包括：以"异化劳动"理论为核心的政治经济学批判；以"对象性活动"为核心的哲学批判；以"异化劳动的积极扬弃"为核心的共产主义学说。

从财富的本质在于财富的主体存在出发，马克思最重视财富与人的全面发展的关系。他指出："事实上，如果抛掉狭隘的资产阶级形式，那么，财富不就是在普遍交换中产生的个人的需要、才能、享用、生产力等等的普遍性吗？财富不就是人对自然力——既是通常所谓的'自然力'，又是人本身的自然力——的统治的充分发展吗？财富不就是人的创造天赋的绝对发挥吗？这种发挥，除了先前的历史发展之外没有任何其他前提，而先前的历史发展使这种全面的发展，即不以旧有的尺度来衡量的人类全部力量的全部发展成为目的的本身。在这里，人不是在某一种规定性上再生产自己，而是生产出他的全面性；不是力求停留在某种已经变成的东西上，而是处在变动的绝对运动之中。"④ 这里强调"抛掉狭隘的

---

① 《马克思恩格斯全集》第 42 卷，人民出版社 1979 年版，第 113 页。
② 《马克思恩格斯全集》第 4 卷，人民出版社 1958 年版，第 156 页。
③ 马克思：《资本论》第 3 卷，人民出版社 2004 年版，第 270 页。
④ 《马克思恩格斯全集》第 30 卷，人民出版社 1995 年版，第 479~480 页。

资产阶级形式",指的是把财富仅仅看做是神秘的"物"而加以盲目崇拜,认为财富不是手段而是目的,财富可以操纵人世间的一切,完全抹杀"异化劳动"与"人的劳动本质"的区别。与这种狭隘形式完全不同,马克思从人与物的关系看待财富,重视的是人的主体地位,重视财富生产的历史过程,关注这种进程中人的存在状态,强调蕴藏在财富背后人的价值追求,将人的自由、全面发展视为创造财富的终极目的。

马克思对财富与人的发展之间的关系,作出了三方面的思考:其一,财富在普遍交换中产生了个人的需要、才能、享用、生产力等的普遍性。这里的"普遍性"相对应的是片面性。需要作为人对物质和精神生活资料依赖关系的自觉反映,是追求对象的一种本质力量表现。人们创造财富既满足现实的需要,又不断激发出新的需要。财富不但确认了人的劳动和才能,而且提供了消费和享用,折射出生产力的发展。其二,财富是人对自然力统治的充分发展。马克思认为,整个所谓世界历史,不外是人通过人的劳动而诞生的过程,是自然界对人来说的生成过程。劳动对于财富的创造是十分重要的,但自然界同劳动一样也是使用价值(而物质财富就是由使用价值构成的!)的源泉,劳动本身不过是一种自然力,即人的劳动力的表现。财富在实践中的不断创造和增长,促进了人对自然界的改造和征服能力的发展。其三,财富是人的创造天赋的绝对发挥。这种创造天赋是基于社会实践的,表现为正确认识和和改造世界的自觉能动性。财富就是这种创造天赋(包括体力与智力、思维能力与实践能力、自然力与社会力、个体能力与集体能力、现实能力与潜在能力等)的产物。现实人的职责、使命、任务就是使这种创造天赋没有止境的发挥。通过上述界定,马克思得出结论:人不是在某一种规定性上再生产自己,而是生产出他的全面性。

反思和超越传统的发展模式,要求建构以人为本的财富观。这可以从财富的创造、财富的分配和财富的消费这三个主要环节着手。

(1)推进中国特色社会主义建设,应当特别重视人的全面发展对于财富创造的根本作用。

尊重劳动、尊重知识、尊重人才、尊重创造,要作为党和国家的一项重大方针在全社会认真贯彻。一切生产要素只有同人的劳动有效结合,才能够导致财富的产生和扩大。让创造财富的力量不断大量地涌现,说到底就是要尊重和保护一切有益于社会的劳动。不论是体力劳动还是脑力劳动,不论是简单劳动还是复杂劳动,都应当得到承认和尊重。要防止各种劳动异化现象的产生和加剧,绝不允许挟财富之威(有时更是与权力相勾结)对劳动和劳动者进行嘲笑和凌辱。唯物史观认为,劳动只有作为社会的劳动,只有在社会中和通过社会,才能成为财富和文化的源泉。尊重劳动和劳动者，这就不仅是生产力问题，还与生产关系与上层建筑有关。在我国尊重劳动要求坚持和完善公有制为主体、多种所有制经济共同发展的基本经济制度，并从政治和法律上保证和保护人民群众当家做主的地位，确保劳动者有尊严地劳动和生活。

财富创造体现以人为本，还有两方面需要重视：其一，以人为本要有"类意识"。恩格斯指出："政治经济学家说：劳动是一切财富的源泉。其实，劳动和自然界在一起才是一切财富的源泉，自然界为劳动提供材料，劳动把材料转变为财富。"① 马克思也有同样的论述。财富创造体现以人为本，不能狭隘地认为人可以无止境地掠夺自然界，结果必然加剧生态危机。财富的创造应当恪守可持续发展原则，"以人为本"中的"人"不是相互断绝的人，而是代内和代际平等的"类"存在意义上的人。其二，以人为本要迎接知识经济的挑战。今后知识将是经济社会的主要驱动力和财富的主要创造力。因此应当重视对人的潜力的开发，全面提高人的素质。在我国就是要重视人力和人才资源强国建设。

（2）财富分配是极其敏感的重要问题。

诚如罗尔斯所言：人们"对由他们协力产生的较大利益怎样分配并不是无动于衷（因为为了追求他们的目的，他们每个人都更喜欢较大的份额而非较小份额），这样就产生了一种利益的冲突。就需要一系列原则来指导在各种不同的决定利益分配的社会安排之间进行选择，达到一种有关恰当的分配份额的契约。这些所需要的原则就是社会正义的原则，它们提供了一种在社会的基本制度中分配权利和义务的办法，确定了社会合作的利益和负担的适当分配"。② 早期古典经济学家从"理性经济人"的设定出发，曾经认为通过市场这只"看不见的手"，收入分配是固定和不可改变的，运用政府干预分配是一种愚蠢的办法，它会导致国民经济整体下降。然而，这种主张越来越受到挑战。凯恩斯指出："我们生存其中的经济社会，其显著缺点，乃在不能提供充分就业，以及财富与所得之分配有欠公平合理"。③

在我国只有确立"以人为本"的发展观，才能真正做到分配的公平、正义的要求。其一，正确处理公平与效率的关系。两者结合的性质和方式反映了社会的进步和人的发展水平。效率从根本上说表述的是劳动生产率，实质是如何实现社会资源的有效配置。公平说到底是人与人之间利益关系是否合理，即如何规范

---

① 《马克思恩格斯选集》第 4 卷，人民出版社 1995 年版，第 373 页。
② 罗尔斯：《正义论》，中国社会科学出版社 1988 年版，第 2～3 页。
③ 凯恩斯：《就业利息和货币通论》，商务印书馆 1983 年版，第 321 页。

一定主体应当享有的经济利益、如何防止个人利益追求对他人和社会利益的侵害、如何确定一种政治制度和政府合理地配置权利与义务、如何达到公平财富获得"义"与"利"的统一。建立和完善社会主义市场经济应当有两位一体的任务：既提高经济效率，又保证社会公平，努力做到两者之间的良性互动。为了效率而牺牲公平是不可取的。其二，正确处理劳动、资本、技术、管理等生产要素参与分配的比例关系。古典政治经济学家虽然提出了劳动价值论，却得出价值是由工资、利润和土地三种收入构成的片面结论。萨伊更是用生产要素价值论取代劳动价值论，认为资本家的利润（或利息）、地主的地租和劳动者的工资，它们是由资本、土地和劳动分别生产出来的，是由供需的比例决定的。马克思对这一"三位一体"公式进行了批判。我国搞社会主义市场经济，在允许并倡导资本、土地、技术、管理等多种生产要素参与分配的时候，一定要防止萨伊主张的生产要素价值论的复活和盛行，主要表现就是否定按劳分配为主体，劳动在初次分配中的比重过低。其三，正确处理财富在国家与人民之间的分配关系。如果政府财政收入增速过快、比例过大，就会影响到民众的收入增加。政府应当本着"取之于民，用之于民"的精神，提高对教育、医疗、社保、住房等公共服务领域的开支，使其转化为人民的福利。其四，高度重视两极分化问题。邓小平晚年警示说："十二亿人口怎样实现富裕，富裕起来怎样分配，这都是大问题。题目已经出来了，解决这个问题比解决发展起来的问题还困难。分配的问题大得很。我们讲要防止两极分化，实际上两极分化自然出现。""少部分人获得那么多财富，大多数人没有，这样发展下去总有一天会出问题。分配不公，会导致两极分化，到一定时候问题就会出来。这个问题要解决"。[①] 温家宝总理在剑桥大学的演讲中，就曾引用斯密《道德情操论》中如下一段话："如果一个社会的经济发展成果不能真正分流到大众手中，那么它在道义上将是不得人心的，而且是有风险的，因为它注定要威胁社会稳定。"[②]

(3) 财富的生产和分配，归根到底要落实到财富的消费。

在经济全球化的背景下，研究财富消费与人的发展关系，国际上有哪些趋势值得注意呢？最重要的就是消费主义和对消费主义的批判。消费对人类经济社会的重要性在全球愈益彰显。人所共知，西方国家的经济和财富增长，第一是靠科技革命推动，第二就是靠实施高消费政策来拉动。"消费主义"和"消费社会"已经成为一些西方学者普遍使用的概念。法国思想家鲍德里亚认为："我们处在

---

① 《邓小平年谱》下卷，中央文献出版社 2004 年版，第 1364 页。
② 见温家宝：《用发展的眼光看中国——在剑桥大学的演讲》，《光明日报》2009 年 2 月 4 日。

'消费'控制着整个生活的境地"①。与传统意义上财富消费主要是商品的使用价值不同,当今社会更加重视消费体现出来的诸如声誉、地位、品位、时尚、欲望等的符号象征意义。消费主义的盛行带来另一股思潮,就是对消费主义的猛烈批判。丹尼尔·贝尔指出,在当代西方国家里"提倡享乐型的消费生活方式,诱导人们去满足骄奢淫逸的欲望","一切已为鼓励人们讲求物质享受与奢侈的享乐主义所取代"②。马尔库塞用"虚假的需求",批判从外部强加在人身上的"强迫性消费"。弗洛姆认为,消费异化"使人本身越来越成为一个贪婪的被动的消费者。物品不是用来为人服务,相反,人却成了物品的奴仆"③。有识之士纷纷呼吁践行"消费正义",倡导"绿色的可持续消费"。

我国正处在并将长期处在社会主义初级阶段,无论是消费主义还是对消费主义的批判,可以借鉴,但不能简单照搬。从我国的实际情况出发,既要解决"消费不够"的问题,又要防止和克服"消费不当"的问题。财富消费体现和实现的是人的需要。这种需要是不断呈现出丰富性的。从内容上看,包括自然需要、精神需要和社会需要;从层次递序上看,可划分为生存需要、享受需要和发展需要。生存需要是最基本的需要;享受需要是在满足生存需要基础上形成的旨在提高生活质量、优化生存条件的需要;发展需要则是为了提高和完善自我、实现自由全面发展的需要。

总之,科学发展观的核心是以人为本。"坚持以人为本,就是要以实现人的全面发展为目标,从人民群众的根本利益出发谋发展、促发展,不断满足人民群众日益增长的物质文化需要,切实保障人民群众的经济、政治和文化权益,让发展的成果惠及全体人民"④。以人为本抓住了马克思主义的时代主题,是对传统发展模式的根本超越,体现了中国共产党执政的价值观,是社会主义现代化事业的本质要求。

---

① [法]鲍德里亚:《消费社会》,南京大学出版社2001年版,第5页。
② [美]丹尼尔·贝尔:《资本主义文化矛盾》,三联出版社1989年版,第35、132页。
③ [德]弗洛姆:《在幻想锁链的彼岸》,湖南人民出版社1986年版,第174页。
④ 胡锦涛在中央人口资源环境工作座谈会上的讲话,《十六大以来重要文献选编》(上),中央文献出版社2005年版,第850页。

当代中国马克思主义的重大课题与发展战略

第二篇

"中国特色社会主义道路，就是在中国共产党领导下，立足基本国情，以经济建设为中心，坚持四项基本原则，坚持改革开放，解放和发展社会生产力，巩固和完善社会主义制度，建设社会主义市场经济、社会主义民主政治、社会主义先进文化、社会主义和谐社会，建设富强民主文明和谐的社会主义现代化国家。

在当代中国，坚持中国特色社会主义道路，就是真正坚持社会主义；坚持中国特色社会主义理论体系，就是真正坚持马克思主义。《共产党宣言》问世以来160年的实践证明，马克思主义是与时俱进的开放的理论体系。中国特色社会主义理论体系，既展现了当代中国马克思主义的勃勃生机，又为我们继续进行理论创新打开了广阔空间。

发展中国特色社会主义是一项长期的历史任务，必须坚持不懈地为之奋斗。发展中国特色社会主义理论体系也是一项长期的历史任务，必须随着中国特色社会主义实践的发展而发展。我们要坚持解放思想、实事求是、与时俱进，坚持以我国改革开放和现代化建设的实际问题、以我们正在做的事情为中心，着眼于马克思主义理论的运用，着眼于对实际问题的理论思考，着眼于新的实践和新的发展，深入研究和回答重大理论和现实问题，不断把党带领人民创造的成功经验上升为理论，不断赋予当代中国马克思主义鲜明的实践特色、民族特色、时代特色，不断推动当代中国马克思主义大众化，让当代中国马克思主义放射出更加灿烂的真理光芒。"

——胡锦涛在纪念党的十一届三中全会30周年大会上的讲话
（2008年12月18日）

第三章

新时期马克思主义中国化的重大课题

新时期,中国特色社会主义之所以具有蓬勃的生命力,就在于它是实行改革开放的社会主义;我国的改革开放之所以能够顺利推进,就在于它是有利于建设和发展中国特色社会主义的改革开放。"我们党紧紧依靠人民进行了改革开放新的伟大革命,开创、坚持、发展了中国特色社会主义。党的十一届三中全会以来,我们总结我国社会主义建设经验,同时借鉴国际经验,以巨大的政治勇气、理论勇气、实践勇气实行改革开放,经过艰辛探索,形成了党在社会主义初级阶段的基本理论、基本路线、基本纲领、基本经验,建立和完善社会主义市场经济体制,坚持全方位对外开放,推动社会主义现代化建设取得举世瞩目的伟大成就。"[①] 改革开放是发展中国特色社会主义的强大动力。因为改革开放,开创了中国特色社会主义伟大事业的新局面,使社会主义中国焕发出前所未有的生命力,使当代中国马克思主义焕发出前所未有的感召力;因为改革开放,极大地调动了亿万人民的积极性,使我国成功实现了从高度集中的计划经济体制到充满活力的社会主义市场经济体制、从封闭半封闭到全方位开放的历史性转折,极大地推动了社会生产力的发展和综合国力的提升;因为改革开放,劳动、知识、技术、管理和资本的活力竞相迸发,创造社会财富的源泉充分涌流,亿万人民群众以极大的热情投身并推动着波澜壮阔的社会变革,在创造伟大成就的同时也提高了自身素质,生活方式、精神面貌都发生了深刻变化;因为改革开放,我国经济

---

① 胡锦涛在庆祝中国共产党成立 90 周年大会上的讲话,《人民日报》2011 年 7 月 2 日。

以世界上少有的速度持续快速发展，人民生活从温饱不足发展到总体小康，政治建设、文化建设、社会建设也取得了举世瞩目的成就，社会主义中国在当今世界的深刻变动中牢牢站稳了脚跟，国际形象日益高大，并且为维护世界和平，促进共同发展作出了重大贡献。

一、旗帜、道路与理论体系

"中国特色社会主义"是中国改革开放以来最响亮的主旋律。"开辟了中国特色社会主义道路，形成了中国特色社会主义理论体系，确立了中国特色社会主义制度。"① 中国特色社会主义道路，是实现社会主义现代化的必由之路，是创造人民美好生活的必由之路。中国特色社会主义理论体系，是指导党和人民沿着中国特色社会主义道路实现中华民族伟大复兴的正确理论。中国特色社会主义制度，是当代中国发展进步的根本制度保障，集中体现了中国特色社会主义的特点和优势。

1982 年，邓小平在中共十二大开幕词中提出"走自己的道路，建设有中国特色的社会主义"，表明我们党自十一届三中全会以来，在指导思想上和实际工作中的拨乱反正，开辟了（有）中国特色社会主义理论与实践的探索。

1987 年，中共十三大报告《沿着有中国特色的社会主义道路前进》，明确提出建设有中国特色社会主义理论，阐述了社会主义初级阶段理论，提出党在这个阶段"一个中心、两个基本点"的基本路线，并依据这个理论和路线制定了全面改革的基本方针和行动纲领。

1992 年，中共十四大报告《加快改革开放和现代化建设步伐，夺取有中国特色社会主义事业的更大胜利》，对建设有中国特色社会主义理论的主要内容进行了新的概括，并确立了建立社会主义市场经济体制的改革目标。

1997 年，中共十五大报告《高举邓小平理论伟大旗帜，把建设有中国特色社会主义事业全面推向二十一世纪》，把邓小平理论确立为全党的指导思想，提出并论述了党在社会主义初级阶段的基本纲领，并对跨世纪的伟大事业作出了战略部署。

2002 年，中共十六大报告《全面建设小康社会，开创中国特色社会主义事业新局面》，阐述了"三个代表"重要思想，并确立了"三个代表"重要思想的

---

① 胡锦涛在庆祝中国共产党成立90周年大会上的讲话，《人民日报》2011 年 7 月 2 日。

指导地位，阐明了党在新世纪坚持举什么旗、走什么路、实现什么目标等重大问题，提出了全面建设小康社会的奋斗目标。

2007年，中共十七大报告《高举中国特色社会主义伟大旗帜，为夺取全面建设小康社会新胜利而奋斗》，明确提出中国特色社会主义是旗帜、道路和理论体系，全面阐释了科学发展观等重大战略思想，要求全党"倍加珍惜、长期坚持和不断发展党历经艰辛开创的中国特色社会主义道路和中国特色社会主义理论体系，坚持解放思想、实事求是、与时俱进、勇于变革、勇于创新、永不僵化、永不停滞，不为任何风险所惧，不被任何干扰所惑，使中国特色社会主义道路越走越宽广，让当代中国马克思主义放射出更加灿烂的真理光芒"。

……

中国特色社会主义理论体系，是包括邓小平理论、"三个代表"重要思想以及科学发展观等重大战略思想又不断发展的开放的理论体系，"既继承了前人，又创新了内容，开拓了马克思主义新境界，是深深扎根于中国大地、符合中国实际的当代中国马克思主义。"[1] 邓小平理论是在和平与发展成为时代主题的历史条件下，在我国改革开放和现代化建设的实践中，在总结我国社会主义建设和世界各国发展历史经验基础上，逐步形成和发展起来的。它第一次比较系统地初步回答了关于中国特色社会主义的一系列基本问题，形成了一系列相互联系的基本观点，是马克思主义在中国发展的新阶段。"三个代表"重要思想，紧密结合新的实践，总结了改革开放以来的新鲜经验，在建设中国特色社会主义许多重大问题上取得了丰硕成果，在改革发展稳定、内政外交国防、治党治国治军各个方面，深化了对中国特色社会主义的认识。科学发展观，是我们党立足社会主义初级阶段基本国情，总结我国发展实践，借鉴国外发展经验，适应新的发展要求提出来的；是科学分析新机遇新挑战，全面认识新形势新任务，深刻把握新课题新矛盾的又一理论创新；是发展中国特色社会主义必须坚持和贯彻的重大战略思想。中国特色社会主义理论体系既是马克思主义中国化的最新成果，党最可宝贵的政治和精神财富，也是全国各族人民团结奋斗的共同思想基础。中国特色社会主义理论体系集中体现了当代中国马克思主义的实践特色、民族特色、时代特色，是我们党励精图治、开拓进取、探索真理、把握规律的伟大成果，也是实现富强、民主、文明、和谐的社会主义现代化更加自觉的理论体现。随着改革开放和现代化建设的发展，这个理论体系不为任何风险所惧，不被任何干扰所惑，以更加开放的姿态吸收一切优秀的文明成果，必将获得进一步的丰富和发展。

高举中国特色社会主义旗帜，"既要在中国特色社会主义理论体系指导下坚

---

[1] 习近平：《关于中国特色社会主义理论体系的几点学习体会和认识》，载《求是》2008年第7期。

持中国特色社会主义道路的伟大实践,又要在伟大实践中不断丰富和发展中国特色社会主义理论体系。两者紧密结合,相互促进,就能保证中国特色社会主义伟大旗帜始终高高飘扬。党的十七大强调,'高举中国特色社会主义伟大旗帜,最根本的就是要坚持这条道路和这个理论体系',讲的就是这个道理。"① 在当代中国,只有中国特色社会主义伟大旗帜而不是什么别的旗帜能够最大限度地团结和凝聚全中国人民的力量,只有中国特色社会主义道路而不是什么别的道路能够指引中华民族实现伟大复兴,只有中国特色社会主义理论体系而不是什么别的理论能够引领我们全面建设小康社会,开创中国特色社会主义事业新局面。

当代中国马克思主义,伴随着改革开放的历程,既破除了对马克思主义的教条式理解,又抵制了抛弃社会主义基本制度的错误主张,具有鲜明的时代特征和中国特色。当代中国马克思主义,围绕中国特色社会主义这个主题,探索和回答什么是马克思主义、怎样对待马克思主义?什么是社会主义、怎样建设社会主义?建设什么样的党、怎样建设党?实现什么样的发展、怎样发展等重大理论和实际问题,不断深化了对共产党执政、社会主义建设和人类社会发展的规律性认识。

二、关于"什么是马克思主义,怎样对待马克思主义"

马克思以后,整个世界发生了剧烈和深刻的变化,为前人所难以想象,但马克思的名字和以他命名的思想影响激励了一代又一代人。马克思主义之所以能够产生如此巨大的影响,就因为它不仅揭示了人类社会历史的客观真理,并且随着社会实践的深化和科学的发展不断地丰富和发展自己,马克思主义并没有结束真理,而是具有与时俱进的理论品质,这就要求我们用发展着的马克思主义指导新的实践。

1. 老祖宗不能丢,但要讲新话

马克思主义创始人一再强调,他们的整个世界观不是教义,而是方法,是研究问题的指南。在今天的形势下,我们仍然要坚持和研究马克思主义的基本原理,并且随着社会实践和科学的发展,用新的经验、新的思想去丰富和发展它,

---

① 习近平:《关于中国特色社会主义理论体系的几点学习体会和认识》,载《求是》2008年第7期。

不能因为某些特殊情况特殊变化而否定其普遍指导意义。由于时空条件的限制，马克思主义创始人的有些想法会因形势和环境的变化而过时，但是，我们也不能因为个别结论的失效而否定马克思主义的基本原理。列宁早就指出，马克思主义的整个体系，要求人们对每一个原理都要历史地同其他原理联系起来，都要同具体的历史经验联系起来加以考察。毛泽东也强调要系统地而不是零碎地、准确地而不是随意地、实际地而不是空洞地学习马克思主义理论。只有搞清楚什么是马克思主义、怎样对待马克思主义，对马克思主义的坚持才能坚持得住，对马克思主义的发展才能发展得好。在这个问题上，历来有两种截然不同的态度。一种是教条主义的态度，把经典作家的个别词句和具体论断背得滚瓜烂熟，当做一成不变的教条，看起来很"坚持"，实际上却背离了马克思主义的精神实质；另一种态度是实事求是的态度，强调坚持马克思主义不能拘泥于具体词句，而是要坚持它的基本原理，并把它与具体实际结合起来，研究新情况，解决新问题，在实践中丰富和发展马克思主义。

经过"十年浩劫"，党内外越来越强烈地要求系统地纠正"文化大革命"的错误，但是，当时"两个凡是"（"凡是毛主席作出的决策，我们都坚决维护，凡是毛主席的指示，我们都始终不渝地遵循"）的方针，严重阻碍了这种错误的纠正。邓小平在一次谈话中就指出，"两个凡是"不符合马克思主义，并进一步明确提出要把马列主义、毛泽东思想的基本原理、科学体系，同它们的个别论断明确地区分开来。中共十一届三中全会批评了"两个凡是"，确定了解放思想、开动脑筋、实事求是、团结一致向前看的指导方针；把工作重点转移到社会主义现代化建设上来，开辟了改革开放新时期。邓小平在许多场合强调，"不以新的思想、观点去继承、发展马克思主义，不是真正的马克思主义者。"① 要讲老祖宗没有讲过的话，要讲新话。"一百多年来，世界发生了很大变化。一代又一代的马克思主义者，从时代的发展和本国的国情出发，以创造性的态度对待马克思主义，从而保持了它的巨大影响和旺盛的生命力。理论是什么？理论就是对实践的总结。一切科学的理论，总是从实践中来，又回到实践中去，接受检验，指导实践，同时在实践中丰富和发展自己。马克思列宁主义是这样，毛泽东思想是这样，邓小平理论也是这样。"②

2. 马克思主义站在最广大人民的立场

我们不可能要求革命导师为解决以后产生的问题提供什么现成答案，而必须

---

① 《邓小平文选》第 3 卷，人民出版社 1993 年版，第 292 页。
② 江泽民：《深入学习邓小平理论》，载《求是》1998 年第 4 期。

以我国的实际问题，聚焦于我们正在做的事情，着眼于对现实生活的深刻思考，展现理论创新的巨大勇气。重要的不是背诵经典作家的言论，而是学习和掌握马克思主义的立场、观点和方法。"主要的是要用马克思主义的立场、观点、方法来分析问题，解决问题。马克思主义的活的灵魂，就是具体地分析具体情况。马列主义、毛泽东思想如果不同实际情况相结合，就没有生命力了。"① 这是对待马克思主义的基本态度，也是不断推进马克思主义中国化的"法宝"。当代中国马克思主义既继承了毛泽东当年提出探索"一条适合中国的路线"的思想，又紧密结合我国改革开放和现代化建设的实际，紧密结合国际条件和时代主题的变化，赋予当代中国马克思主义新的鲜活力量。"把马克思主义的普遍真理同我国的具体实际结合起来，走自己的道路，建设有中国特色的社会主义，这就是我们总结长期历史经验得出的基本结论。"② 我们坚持马克思主义，坚持走社会主义道路。"但是，马克思主义必须是同中国实际相结合的马克思主义，社会主义必须是切合中国实际的有中国特色的社会主义。"③ 中国特色社会主义理论体系是马克思主义同中国实际相结合第二次历史性飞跃的理论成果，是我们党带领全国人民建设中国特色社会主义的行动指南。这个理论体系，又是伴随着我国改革开放的历程，披荆斩棘，不断丰富和发展的。思想上不断有新解放，实践上不断有新创造，理论上不断有新发展，马克思主义在中国大地上才能不断焕发出勃勃生机。中共十七大报告庄严宣布，"《共产党宣言》发表以来近一百六十年的实践证明，马克思主义只有与本国国情相结合、与时代发展同进步、与人民群众共命运，才能焕发出强大的生命力、创造力、感召力。在当代中国，坚持中国特色社会主义理论体系，就是真正坚持马克思主义。"④ 这也正印证了马克思当年所说的，理论在一个国家实现的程度，取决于理论满足这个国家需要的程度。⑤ 改革开放以来无数事例表明，"马克思主义的生命力，就是在于它在实践中能够不断创新；马克思主义理论的每一次重大突破，社会主义实践的每一次历史性飞跃，都是马克思主义基本原理与具体实践相结合进行理论创新的结果。"⑥ 一句话，就是既坚持基本原理，又谱写新的篇章。

马克思主义关注"现实的人"，追求人自由而全面的发展，马克思主义理论的彻底性就在于抓住了"人本身"这个根本，马克思主义同中国实际相结合，

---

① 《邓小平文选》第 2 卷，人民出版社 1994 年版，第 118 页。
② 《邓小平文选》第 3 卷，人民出版社 1993 年版，第 3 页。
③ 同②，第 63 页。
④ 胡锦涛：《高举中国特色社会主义伟大旗帜　为夺取全面建设小康社会新胜利而奋斗》，人民出版社 2007 年版。
⑤ 《马克思恩格斯选集》第 1 卷，人民出版社 1995 年版，第 11 页。
⑥ 《江泽民文选》第 3 卷，人民出版社 2006 年版，第 131、538 页。

说到底就是同中华民族、中国人民的实践相结合。邓小平根据人民群众的迫切愿望，捕捉和把握改革开放的契机，提出要把人民答应不答应、满意不满意、拥护不拥护作为衡量党的路线、方针、政策是否正确的根本标准。江泽民说，"任何时候我们都必须坚持尊重社会发展规律与尊重人民历史主体地位的一致性，坚持为崇高理想奋斗与为最广大人民谋利益的一致性，坚持完成党的各项工作与实现人民利益的一致性。"① 胡锦涛多次强调要真正做到权为民所用、情为民所系、利为民所谋。"要始终把实现好、维护好、发展好最广大人民的根本利益作为党和国家一切工作的出发点和落脚点"②。都非常重视马克思主义最根本的东西，把促进经济社会发展与人的全面发展统一起来，从人民群众最关心、最直接、最现实的根本利益出发，不断满足人民群众日益增长的物质文化需要。

3. 用发展着的马克思主义指导新的实践

在中国建设社会主义，必须从"中国处于社会主义初级阶段"这个最大的实际出发，而不能从主观愿望出发，从这样那样的"模式"出发，从对马克思主义的教条式理解和附加上去的某些错误观点出发。"否认马克思主义的科学性，丢掉老祖宗，是错误的、有害的；教条式地对待马克思主义，也是错误的、有害的。我们一定要适应实践的发展，以实践来检验一切，用发展着的马克思主义指导新的实践。"③ "运用马克思主义基本原理，必须随着历史条件的变化而转移，这也是马克思主义的一个基本道理。我们一定要看到《共产党宣言》发表一百五十多年来世界政治、经济、文化、科技发生的重大变化，一定要看到我国社会主义建设发生的重大变化，一定要看到广大党员、干部和人民群众工作生活条件和社会环境发生的重大变化。要充分估计这些变化带来的影响。离开了活生生的现实，还用几十年前甚至一百多年前的老观点来套现实社会的发展，是绝对行不通的。"④ 我们今天虽然取得了举世瞩目的成就，但仍处于社会主义初级阶段的基本国情没有变，仍然是我们推进改革、谋划发展的根本依据，我们想问题、做决策、办事情都不可脱离这个实际。"要坚持把马克思主义基本原理同中国具体实际相结合，不断作出符合我国社会发展进步要求和人民群众实践需要的新的理论概括，使当代中国的马克思主义具有更加鲜明的实践特色；要扎根于中国的土壤，把马克思主义真理的力量深深熔铸在民族的生命力、创造力、凝聚力

---

① 《江泽民文选》第 3 卷，人民出版社 2006 年版，第 279 页。
② 胡锦涛在中央党校发表的重要讲话，《人民日报》2007 年 6 月 26 日。
③ 《江泽民论有中国特色社会主义（专题摘编）》，中央文献出版社 2002 年版，第 21、635 页。
④ 同①，第 339 页。

之中，使当代中国的马克思主义具有更加鲜明的民族特色；要始终走在时代前列，敏锐把握时代特征，准确反映时代要求，使当代中国的马克思主义具有更加鲜明的时代特色，从而更好地为新的历史条件下党和人民事业的发展提供科学理论指导。"① 面对国际形势世界格局的新变化，面对人们思想观念多样多元多变的新情况，我们只有坚持用与时俱进的马克思主义武装全党、教育人民，才能始终保持坚定信念，始终保持生机活力，一往无前。

三、关于"什么是社会主义，怎样建设社会主义"

新中国成立后，进行了社会主义改造，完成了从新民主主义到社会主义的过渡，建立起社会主义制度，中国选择了社会主义道路，实现了中国历史上最深刻、最伟大的社会变革，为当代中国进步和发展奠定了根本的制度基础。我们在独立自主的社会主义建设实践中创造了许多成就，积累了丰富经验，但也经历了严重的失误和挫折。改革开放30多年，我们拨乱反正，励精图治，调动起亿万人民的积极性，一心一意搞建设，中国人民的面貌、社会主义中国的面貌、中国共产党的面貌因此发生了历史性的变化。

1. 社会主义的本质

对于什么是社会主义、怎样建设社会主义这个根本问题，长期以来，其实我们并没有搞清楚。改革开放以前所经历的失误和挫折，改革开放以来所遇到的犹疑和困惑，都与这个问题没有完全搞清楚有关。新时期的解放思想，最重要的就是在这个问题上的思想解放。"不解放思想不行，甚至于包括什么叫社会主义这个问题也要解放思想。经济长期处于停滞状态总不能叫社会主义。人民生活长期停止在很低的水平总不能叫社会主义。""社会主义是一个很好的名词，但是如果搞不好，不能正确理解，不能采取正确的政策，那就体现不出社会主义的本质。"② 邓小平指出，贫穷不是社会主义，发展太慢也不是社会主义；平均主义不是社会主义，两极分化也不是社会主义；僵化封闭不能发展社会主义，照搬外国也不能发展社会主义；没有民主就没有社会主义，没有法制也没有社会主义；

---

① 胡锦涛在纪念红军长征胜利70周年大会上的讲话，《人民日报》2006年10月23日。
② 《邓小平文选》第2卷，人民出版社1994年版，第312、313页。

不重视物质文明搞不好社会主义，不重视精神文明也搞不好社会主义。在纠正过去错误认识的基础上，邓小平创造性地提出，"我们中国又处在社会主义的初级阶段，就是不发达的阶段。一切都要从这个实际出发，根据这个实际来制订规划。"① 社会主义也可以搞市场经济，"市场经济不等于资本主义，社会主义也有市场。计划和市场都是经济手段。"② 因为"社会主义的本质，是解放生产力，发展生产力，消灭剥削，消除两极分化，最终达到共同富裕"。③ 前半部分讲做大蛋糕，后半部分讲分好蛋糕，这两部分构成了一个整体，不可或缺，缺了任何一个就不是社会主义，为我们正确认识社会主义的历史进程、社会主义初级阶段的特征表现以及这个阶段的历史任务奠定了基本框架。

2. 一切从社会主义初级阶段这个最大的实际出发

在确认社会主义初级阶段这个基本国情基础上，我们党制定了建设中国特色社会主义的基本路线。"一个中心、两个基本点"就是这个基本路线的简明概括，"我们讲一切从实际出发，最大的实际就是中国现在处于并将长时期处于社会主义初级阶段。我们讲要搞清楚'什么是社会主义、怎样建设社会主义'，就必须搞清楚什么是初级阶段的社会主义，在初级阶段怎样建设社会主义。"④ 进而提出了党在社会主义初级阶段的基本纲领。我们在这个阶段，自觉改革不适应生产力发展水平和现代化要求的生产关系和上层建筑的各个方面和环节，大胆吸收和借鉴各国包括资本主义发达国家的一切反映现代社会化生产规律的先进经营方式、管理方法和组织形式，都是为了促进社会生产力发展，更好地建设社会主义。"这样做，没有离开社会主义，而是在脚踏实地建设社会主义，使社会主义在中国真正活跃和兴旺起来，广大人民从切身感受中更加拥护社会主义。"⑤ 而任何忽视、偏离社会主义初级阶段实际的认识和做法，却只能给社会主义事业带来损害。

在怎样建设社会主义问题上，我们党不断探索，勇于改革和创新，取得了重大突破。改革开放的初期实践有力证明了中国社会蕴藏着巨大的创造能量，但更重要的是要改革旧体制，建立不断解放和发展生产力、不断激励人民群众积极性的新体制。改革开放也遇到一系列复杂问题，遇到了来自右的，但主要是"左"的干扰和某些失误。1989年的政治风波，把那些干扰、失误集中地暴露了出来，

---

① 《邓小平文选》第3卷，人民出版社1993年版，第252页。
②③ 同①，第373页。
④⑤ 《江泽民文选》第2卷，人民出版社2006年版，第13页。

中国向何处去的问题被再次提了出来。在这个关键时期，邓小平经过慎重思考，特别是1992年南方谈话，对中国改革开放和进一步发展产生了极大影响。根据南方谈话精神，中共十四大总结了改革开放的经验，明确提出经济体制改革的目标是社会主义市场经济体制，这是关系全局的一个重大问题。计划经济体制向社会主义市场经济体制转变，是冲破姓"社"姓"资"束缚的重大思想解放。1990年代中期，国有经济改革等问题引起了热烈争论，一时间，主张私有化的有之，传播"万言书"的也有之，改革开放又到了一个重要关头。1997年，江泽民指出，以公有制为主体、多种所有制经济共同发展，是我国社会主义初级阶段的一项基本经济制度。这项制度需要通过改革不断完善和发展，这是经济体制改革的一项重大任务，任何情况下也不能动摇。股份制是现代企业的一种资本组织形式，资本主义可以用，社会主义同样可以用。中共十五大提出社会主义初级阶段的基本纲领，明确了中国特色社会主义经济要坚持和完善社会主义基本经济制度、社会主义市场经济体制和以按劳分配为主体的多种分配方式，勇敢冲破了姓"公"姓"私"的思想束缚。

"三个代表"重要思想结合时代发展的新形势、我国广大人民的新要求、改革开放和现代化建设的新实践，继续就建设中国特色社会主义的重大问题上作出新回答，从坚持和完善社会主义公有制为主体、多种所有制经济共同发展的基本经济制度到坚持和完善按劳分配为主体、多种分配方式并存的分配制度；从建立社会主义市场经济体制到推进经济结构战略性调整和经济增长方式转变；从推进西部大开发、促进区域协调发展到实施"引进来"和"走出去"相结合的开放战略；从发展社会主义民主政治到建设社会主义法治国家；从发展社会主义先进文化到推动社会主义物质文明、政治文明、精神文明协调发展；从促进世界多极化和国际关系民主化到正确应对和驾驭经济全球化、促进共同发展，以及实现共同富裕和人民幸福是社会主义建设的根本目的，促进经济社会和人的全面发展是马克思主义的本质要求等。

为了解决人民群众日益增长的物质文化需要同落后的社会生产之间这个主要矛盾，就必须以经济建设为中心不断解放和发展社会生产力；为了解放和发展生产力，就必须坚持改革开放，建立社会主义市场经济体制；为了建立社会主义市场经济体制，就要确立公有制为主体、多种所有制经济共同发展的基本经济制度；为了发展建立在这种基本经济制度之上的社会主义市场经济，就要正确认识和对待改革开放过程中出现的新的社会阶层，兼顾各个阶层、各个方面群众的利益，整合党的执政基础，共同完成社会主义现代化和中华民族伟大复兴的历史任务。但与此同时，也会出现因为这些转变带来的新问题。"当前我国发展的阶段性特征，是社会主义初级阶段基本国情在新世纪新阶段的具体表现。强调认清社会主义初级阶段基本国情,不是要妄自菲薄、自甘落后,也不是要脱离实际、急于求成,而是要坚持把它作为推进改革、谋划发展的根本依据。"① 这个论断非常准确、非常中肯,也非常有针对性。

3. 社会主义更应促进社会公平正义

科学发展观等重大战略思想准确把握新世纪的世界大势和我国的发展变化,顺应人民过上更好生活的新期待,又提出坚持以人为本、实现全面协调可持续的发展,构建社会主义和谐社会、建设社会主义新农村、建设创新型国家、树立社会主义荣辱观、建设社会主义核心价值体系、推动建设和谐世界等思想,这些新思想、新观点、新论断,无不深化和丰富了对社会主义建设规律的认识。中国特色的社会主义,不能是只有物质追求的社会主义,我们推进各项改革,"根本目的就是要促进生产力的发展,实现社会的公平正义。同时,能使每个人也有自由和全面发展的机遇。中国的现代化绝不仅仅指经济的发达,它还应该包括社会的公平、正义和道德的力量。""我们所做的一切都是要让人民生活得更加幸福、更有尊严,让社会更加公正、更加和谐。"②

坚持社会主义方向,走中国特色社会主义道路,是中国共产党和中国人民在长期奋斗中得出的历史结论。我们应该倍加珍惜。坚定不移地走中国特色社会主义道路,必须充分认识我国社会主义初级阶段的基本国情,深刻认识社会主义事业的长期性、艰巨性和复杂性。邓小平指出,社会主义事业需要我们几代人、十几代人,甚至几十代人坚持不懈地努力奋斗。胡锦涛在庆祝中国共产党成立 70 周年大会上指出,中国特色社会主义制度,是当代中国发展进步的根本制度保障,这个制度有利于保持党和国家活力、调动广大人民群众和社会各方面的积极性、主动性、创造性;有利于解放和发展社会生产力、推动经济社会全面发展;有利于维护和促进社会公平正义、实现全体人民共同富裕;有利于集中力量办大事、有效应对前进道路上的各种风险挑战;有利于维护民族团结、社会稳定、国家统一。并再次提醒全党全国人民,"我们已经取得了举世瞩目的伟大成就,但我国仍处于并将长期处于社会主义初级阶段的基本国情没有变,人民日益增长的物质文化需要同落后的社会生产之间的矛盾这一社会主要矛盾没有变,我国是世

---

① 胡锦涛:《高举中国特色社会主义伟大旗帜 为夺取全面建设小康社会新胜利而奋斗》,人民出版社 2007 年版。
② 温家宝总理答中外记者问,《人民日报》2010 年 3 月 15 日;温家宝总理在十一届全国人大三次会议上的政府工作报告,《人民日报》2010 年 3 月 16 日。

界上最大的发展中国家的国际地位没有变。"① 我们仍将肩负一系列世所罕见的艰巨任务,面临一系列世所罕见的矛盾和问题,面对一系列世所罕见的困难和风险。我们必须勇于变革、勇于创新,永不僵化、永不停滞,不动摇、不懈怠、不折腾,不为任何风险所惧,不被任何干扰所惑,不断推进中国特色社会主义经济建设、政治建设、文化建设、社会建设以及生态文明建设和党的建设,不断推进中国特色社会主义的新发展。

四、关于"建设什么样的党,怎样建设党"

毛泽东曾经把党的建设和武装斗争、统一战线共同列为新民主主义革命时期中国共产党克敌制胜的"三大法宝"。新中国成立前夕,共产党执政被他比作"进京赶考",并提出"两个务必"(务必保持谦虚谨慎、不骄不躁的作风,务必保持艰苦奋斗的作风);新中国成立后,中国共产党人对执政党建设问题也做了大量探索,取得了不少宝贵经验,但没有形成系统的论述。如何认识、把握和运用共产党执政规律,对于共产党能否成为领导中国人民不断开创事业发展新局面的核心力量,长期执政、稳定执政,对于社会主义中国能否实现现代化,中国人民能否幸福安康,至关重要!

1. 办好中国的事情,关键在党

鉴于"文化大革命"中党的建设遭到严重破坏,中共十一届六中全会《关于建国以来党的若干历史问题的决议》提出,必须把我们党建设成具有健全的民主集中制的党,实行集体领导,禁止任何形式的个人崇拜;在维护党的领袖们的威信同时,保证他们的活动处于党和人民的监督之下;党的领导是政治领导,党的各级组织同其他社会组织一样,都必须在宪法和法律的范围内活动等。把执政党建设作为一个重大问题提出来的是邓小平。改革开放之初,邓小平就注意到我们党有一个由夺取政权到领导国家政权模式的转换,并提出"执政党应该是一个什么样的党,执政党的党员应该怎样才合格,党怎样才叫善于领导"② 的问题,办好中国的事情关键在党,要把党建设成为有战斗力的马克思主义政党,

---

① 胡锦涛在庆祝中国共产党成立90周年大会上的讲话,《人民日报》2011年7月2日。
② 《邓小平文选》第2卷,人民出版社1994年版,第276页。

成为领导人民进行社会主义建设的坚强核心。

我们这样一个发展中大国，思想要统一，力量要凝聚，就必须有执政党的坚强领导；否则，什么事也干不了。"历史和现实都表明，执政党的建设和管理，比没有执政的政党要艰难得多"。① "党的执政地位不是与生俱来的，也不是一劳永逸的。我们必须居安思危，增强忧患意识，深刻汲取世界上一些执政党兴衰成败的经验教训，更加自觉地加强执政能力建设，始终为人民执好政、掌好权。"② 进入新世纪，面对世情、国情、党情深刻变化的新形势，我们党又遭遇许多前所未有的新情况、新问题、新挑战，执政考验、改革开放考验、市场经济考验、外部环境考验是长期的、复杂的、严峻的，精神懈怠的危险、能力不足的危险、脱离群众的危险、消极腐败的危险，更加尖锐地摆在全党面前，如何始终保持党开拓前进的精神动力，始终保持党同人民群众的血肉联系，始终保持党的蓬勃活力，始终保持党的肌体健康，成为迈向新的征程马克思主义执政党的根本要求，提高党的建设科学化水平已经时不我待。

2. "三个代表" 重要思想的提出

进入新世纪，世界多极化和经济全球化的趋势在曲折中发展，以经济为基础、科技为先导的综合国力竞争愈加激烈，我国也进入了全面建设小康社会、加快推进社会主义现代化的新阶段。随着改革开放和社会主义市场经济的发展，社会经济成分、组织形式、就业方式、利益关系和分配方式日益多样化。党和国家事业的发展，也使党的队伍发生重大变化。新党员的数量大幅度增加，干部队伍新老交替不断进行，大批年轻干部走上领导岗位。这给党的发展带来了新的活力，也提出了新的挑战。党的阶级基础在增强，群众基础在扩大。进一步提高党的领导水平和执政水平、提高拒腐防变和抵御风险的能力，成为我们党必须解决好的两大历史性课题。"我们党要继续站在时代前列，带领人民胜利前进，归结起来，就是必须始终代表中国先进生产力的发展要求，代表中国先进文化的前进方向，代表中国最广大人民的根本利益。"③ 这是对"三个代表"重要思想的集中概括。"三个代表"重要思想集中了全党智慧，是在科学判断党的历史方位，对当今国际局势的科学判断，对当代中国发展变化的科学认识以及对党的现状的科学分析基础上形成的，在改革发展稳定、内政外交国防、治党治国治军各个方

---

① 《江泽民文选》第 3 卷，人民出版社 2006 年版，第 181 页。
② 《中共中央关于加强党的执政能力建设的决定》，人民出版社 2004 年版。
③ 同①，第 272 页。

面,提出了一系列新思想、新观点、新论断,构成了一个系统的科学理论。

随着改革开放的深入,我们党如何把执政与兴国这两个方面更好地结合起来越来越引人关注。也就是不仅要搞清楚"什么是社会主义、怎样建设社会主义"这个根本问题,而且还要搞清楚在长期执政和社会主义市场经济条件下"建设什么样的党、怎样建设党"这个根本问题。2000年年初,江泽民提出中国共产党要"三个代表",并认为始终做到"三个代表"是我们党的立党之本、执政之基、力量之源。这个提法也遭到了来自"左"的右的观点的怀疑和干扰,对此,江泽民强调与时俱进是马克思主义的理论品质,进而全面系统地论述了"三个代表"重要思想的科学内涵;以鲜明的态度肯定改革开放中出现的新的社会阶层是中国特色社会主义事业建设者,要认真考虑和兼顾不同阶层、不同方面群众的利益,全面贯彻党的根本宗旨,不断增强党的阶级基础和扩大党的群众基础等。

我们党已经从领导人民为夺取全国政权而奋斗的党,成为领导人民掌握全国政权并长期执政的党;已经从受到外部封锁和实行计划经济条件下领导国家建设的党,成为对外开放和发展社会主义市场经济条件下领导国家建设的党。"时代在发展,形势在变化,我们党要不断巩固自己的执政地位,紧跟世界发展进步的潮流,就要始终坚持党的先进性。党的先进性是具体的、历史的,必须放到推动当代中国先进生产力和先进文化的发展中去考察,放到维护和实现最广大人民根本利益的奋斗中去考察,归根到底要看党在推动历史前进中的作用。"① 共产党的先进性,终归体现在党领导社会主义事业的实际业绩,体现在党是不是始终走在时代的前列。

我们党不仅是中国工人阶级的先锋队,也是中国人民和中华民族的先锋队,不仅是要为工人阶级谋利益,又要为中国人民和中华民族谋利益。正是坚持了这一点,我们党团结和凝聚了全民族的力量,赢得了民族独立和人民解放,取得了建设和改革的胜利;要增强凝聚力和影响力,就要在坚持和巩固党的阶级基础同时扩大党的群众基础;要树立共产主义的远大理想,但更要脚踏实地地为实现党在现阶段的基本纲领而不懈努力,把最低纲领和最高纲领统一于建设中国特色社会主义的实践。"忘记远大理想而只顾眼前,就会失去前进方向;离开现实工作而空谈远大理想,就会脱离实际。"②

3. 提高党的建设科学化水平

从新的实际出发,以改革的精神加强和改进党的建设,使党在世界形势深刻

---

① 《"三个代表"重要思想学习纲要》,学习出版社2003年版,第102～103页。
② 《江泽民文选》第3卷,人民出版社2006年版,第293页。

变化的历史进程中始终走在时代前列，在应对国内外各种风险考验的历史进程中始终成为全国人民的主心骨，在建设中国特色社会主义的历史进程中始终成为坚强的领导核心。中共十六届四中全会《关于加强党的执政能力建设的决定》（2004），要求从关系社会主义事业兴衰成败、关系中华民族前途命运、关系党的生死存亡和国家长治久安的高度，充分认识加强执政能力建设的重要性和紧迫性，不断提高加强执政能力建设的自觉性和坚定性。"使党始终成为立党为公、执政为民的执政党，成为科学执政、民主执政、依法执政的执政党，成为求真务实、开拓创新、勤政高效、清正廉洁的执政党，归根到底成为始终做到'三个代表'、永远保持先进性、经得住各种风浪考验的马克思主义执政党，带领全国各族人民实现国家富强、民族振兴、社会和谐、人民幸福。"① 并提出了加强党的执政能力建设的主要任务，就是按照推动社会主义物质文明、政治文明、精神文明协调发展的要求，不断提高驾驭社会主义市场经济的能力、发展社会主义民主政治的能力、建设社会主义先进文化的能力、构建社会主义和谐社会的能力、应对国际局势和处理国际事务的能力。中共十七届四中全会《关于加强和改进新形势下党的建设若干重大问题的决定》（2009）提醒全党，"党的先进性和党的执政地位都不是一劳永逸、一成不变的，过去先进不等于现在先进，现在先进不等于永远先进；过去拥有不等于现在拥有，现在拥有不等于永远拥有。世情、国情、党情的深刻变化对党的建设提出了新的要求，党面临的执政考验、改革开放考验、市场经济考验、外部环境考验是长期的、复杂的、严峻的，落实党要管党、从严治党的任务比过去任何时候都更为繁重和紧迫。"② 全会总结了党执政以来加强自身建设的宝贵经验，进一步研究部署以改革创新精神推进党的建设新的伟大工程，明确了建设马克思主义学习型政党，积极发展党内民主，深化干部人事制度改革，做好抓基层打基础工作，保持党同人民群众的血肉联系，加快推进惩治和预防腐败体系建设等重要任务，以及完成这些任务的重要措施。

从改善党的领导到按照"三个代表"的要求加强和改进党的建设，再到以改革创新精神全面推进党的建设新的伟大工程，包括党的思想建设、组织建设、作风建设、制度建设和反腐倡廉建设，"提高党的建设科学化水平，说到底是要不断把握和自觉运用马克思主义执政党建设规律。执政党建设是长期任务，探索马克思主义执政党建设规律是永恒课题。我们要坚持解放思想、实事求是、与时俱进，及时研究新情况、解决新问题、总结新经验，努力在以科学理论指导党的建设、以科学制度保障党的建设、以科学方法推进党的建设上见到实效。"③ 确

---

① 《中共中央关于加强党的执政能力建设的决定》，人民出版社 2004 年版。
② 《中共中央关于加强和改进新形势下党的建设若干重大问题的决定》，人民出版社 2009 年版。
③ 胡锦涛：《努力开创新形势下党的建设新局面》，载《求是》2010 年第 1 期。

保中国共产党始终是中国工人阶级的先锋队、同时是中国人民和中华民族的先锋队。

五、关于"实现什么样的发展，怎样发展"

我国是一个发展中的大国，能不能解决好发展问题，直接关系人心向背、事业兴衰和共产党的威信。离开发展，坚持党的先进性、发挥社会主义制度优越性和实现民富国强等都无从谈起。

1. 用发展的办法解决前进中的问题

当今世界，经济实力和综合国力的竞争空前激烈，任何国家、民族都无可回避。历史也在不断表明，如果抓住了机遇加快发展，落后的国家和民族就可能实现发展的新跨越；而如果丧失了发展机遇，即便原来强盛的国家和民族也可能成为时代的落伍者。在我们党的历史上，有抓住重要历史机遇而获得发展的经验，也有过丧失某些机遇而遭受挫折的教训。是否能够抓住新机遇、解决新问题、实现新发展，是对中国特色社会主义的优越性、共产党执政能力的重大考验，也是对我们民族凝聚力和创造力的重大考验。

面对十年"文革"留下的严重落后局面，邓小平在改革开放初期就提出我们要实现"中国式"的现代化，以及分"三步走"的发展战略设想。也就是第一步，从 1981～1990 年国民生产总值翻一番，实现温饱；第二步，从 1991～20 世纪末再翻一番；第三步，到 21 世纪中叶再翻两番，达到中等发达国家水平，人民生活比较富裕，基本实现现代化。为此邓小平指出社会主义的根本任务是解放和发展生产力，"中国解决所有问题的关键是靠自己的发展"①，抓住机遇加快发展，既要有一定速度又要讲质量讲效益，物质文明和精神文明"两手抓、两手都要硬"等一系列重要思想；特别是提出了"发展才是硬道理"②的论断。在第一步战略目标早已顺利实现，第二步战略目标也将如期实现前夕，中共十五大进一步对实现第三步战略目标制定了具体规划：第一个十年，即到 2010 年，国民生产总值比 2000 年翻一番，使人民的小康生活更加宽裕，形成比较完善的社

---

① 《邓小平文选》第 3 卷，人民出版社 1993 年版，第 118 页。
② 同①，第 377 页。

会主义市场经济体制；再经过十年的努力，到建党一百年时，使国民经济更加发展，各项制度更加完善；到下世纪中叶新中国成立一百年时，基本实现现代化，建成富强民主文明的社会主义国家。

江泽民强调："发展是硬道理，这是我们必须始终坚持的一个战略思想。"① 特别是我国这样一个发展中大国，能不能解决好发展问题，直接关系人心向背、事业兴衰。离开发展，坚持党的先进性、发挥社会主义制度的优越性和实现民富国强都无从谈起。只有加快发展，增强经济实力，提高综合国力，才能在风云变幻的国际局势中处于主动地位，立于不败之地。二十多年来，我们党的路线方针政策得到全体人民的拥护，我们能够战胜各种困难和风险，都与紧紧扭住发展这个主题密切相关。紧紧抓住发展这个执政兴国的第一要务，党才能实现新世纪的历史使命。实现全面建设小康社会的宏伟目标，进一步提高人民的物质文化生活水平，要靠发展；增强我国的综合国力，实现中华民族的伟大复兴，要靠发展；实现祖国的完全统一，要靠发展；促进世界和平与发展的崇高事业，要靠发展；解决人们的思想认识问题，说服那些不相信社会主义的人，坚定对社会主义和祖国未来前途的信念和信心，最终也要靠发展。"发展是硬道理，硬就硬在这里。"② 这就必须坚持以发展为主题，用发展的眼光、发展的思路、发展的办法解决前进中的问题。

2. 以科学发展为主题

新世纪头二十年，对我国来说，是一个必须紧紧抓住并且可以大有作为的重要战略机遇期。我们一定要有主动精神和忧患意识，抓住机遇而不可丧失机遇，开拓进取而不可因循守旧，集中全党全国人民的智慧和力量，聚精会神搞建设，一心一意谋发展。胡锦涛指出："发展是解决中国一切问题的'总钥匙'，发展是解决中国一切问题的'总钥匙'。推动经济又好又快发展对全面建设小康社会、加快推进社会主义现代化，对开创中国特色社会主义事业新局面、实现中华民族伟大复兴，具有决定性意义。"③ 重要的是，我国进入了发展的关键期、改革的攻坚期、矛盾的凸显期，经济社会发展呈现出一系列新的阶段性特征，主要表现为在各方面取得巨大成就的同时，生产力水平总体上还不高，自主创新能力还不强，长期形成的结构性矛盾和粗放型增长方式尚未根本改变；影响发展的体

---

① 《江泽民文选》第 3 卷，人民出版社 2006 年版，第 123 页。
② 《江泽民文选》第 1 卷，人民出版社 2006 年版，第 307 页。
③ 胡锦涛在 2010 年全国劳模和先进工作者表彰大会上的讲话，《人民日报》2010 年 4 月 28 日。

制机制障碍依然存在,改革攻坚面临深层次矛盾和问题;收入分配差距拉大趋势还未根本扭转,城乡贫困人口和低收入人口还有相当数量,统筹兼顾各方面利益难度加大;农业基础薄弱、农村发展滞后的局面尚未改变,缩小城乡、区域发展差距和促进经济社会协调发展任务艰巨;民主法制建设与扩大人民民主和经济社会发展的要求还不完全适应,政治体制改革需要继续深化;人民精神文化需求日趋旺盛,人们思想活动的独立性、选择性、多变性、差异性明显增强,对发展社会主义先进文化提出了更高要求;社会结构、社会组织形式、社会利益格局发生深刻变化,社会建设和管理面临诸多新课题;面临的国际竞争日趋激烈,发达国家在经济科技上占优势的压力长期存在,可以预见和难以预见的风险增多,统筹国内发展和对外开放要求更高。这些特征反映了我国经济社会发展面临的新形势、新矛盾和新问题,如果不深刻把握这些阶段性特征、抓紧采取措施解决前进中的突出矛盾和问题,必将对我国经济社会长远发展产生重大影响。在世界范围内,有的国家走先发展、再治理的路子,为解决环境恶化问题付出了高昂的代价;有的国家没有处理好财富与分配、经济增长与社会公平的关系,导致贫富悬殊、失业增加、社会矛盾激化;有的国家盲目照搬西方模式,搞多党制、私有化,结果政党争斗不断、政局长期动荡,经济社会发展严重倒退。我国也同样面临着加快经济增长、促进社会发展和保护资源环境等多重压力,必须走出一条具有中国特色的发展道路。

  为了破解我国经济社会发展的种种难题,妥善应对关键时期可能遭遇的风险和挑战,就必须"坚持以人为本,树立全面、协调、可持续的发展观,促进经济社会与人的全面发展"。① 党中央顺应国内外形势发展变化,发扬求真务实、开拓进取精神,不断总结实践经验,不断扩展理论视野,不断作出理论概括,提出坚持以人为本,实现科学发展;提出坚持统筹兼顾,正确认识和妥善处理中国特色社会主义事业中的重大关系;提出构建社会主义和谐社会,按照四位一体总体布局全面推进社会主义现代化;提出建设社会主义核心价值体系,牢固树立社会主义荣辱观;提出建设社会主义新农村,建设创新型国家,建设资源节约型、环境友好型社会,建设生态文明;提出始终不渝走和平发展道路,坚持互利共赢的开放战略,推动建设和谐世界;提出全面加强党的执政能力建设和先进性建设等重大战略思想和战略任务,形成了科学发展观。中共十七大报告对科学发展观进行了科学概括和深刻阐述,丰富和发展了中国特色社会主义理论体系。

---

① 《中共中央关于完善社会主义市场经济体制若干问题的决定》,人民出版社 2003 年版。

3. 以加快转变经济发展方式为主线

科学发展观的提出,乃是立足于我国基本国情、深入分析我国发展的阶段性特征、认真总结我国发展实践、适应新的发展要求,深刻分析国际形势、顺应世界发展趋势、借鉴国外发展经验的中国特色社会主义理论体系的最新成果。"我们必须始终保持清醒头脑,立足社会主义初级阶段这个最大的实际,科学分析我国全面参与经济全球化的新机遇新挑战,全面认识工业化、信息化、城镇化、市场化、国际化深入发展的新形势新任务,深刻把握我国发展面临的新课题新矛盾,更加自觉地走科学发展道路,奋力开拓中国特色社会主义更为广阔的发展前景。"① 深入贯彻落实科学发展观,要求我们坚持党的基本路线,任何时候都不能动摇;要求我们积极构建社会主义和谐社会,没有科学发展就没有社会和谐,没有社会和谐也难以实现科学发展,实现社会公平正义是发展中国特色社会主义的重大任务;要求我们继续深化改革开放,把改革创新精神贯彻到治国理政各个环节,全面提高开放水平,着力构建充满活力、富有效率、更加开放、有利于科学发展的体制机制;要求我们切实加强和改进党的建设,为科学发展提供可靠的政治和组织保障。中共十七届五中全会《关于制定国民经济和社会发展第十二个五年规划的建议》提出,"我们要增强机遇意识和忧患意识,科学把握发展规律,主动适应环境变化,有效化解各种矛盾,更加奋发有为地推进我国改革开放和现代化建设","以科学发展为主题,以加快转变经济发展方式为主线,深化改革开放,保障和改善民生,巩固和扩大应对国际金融危机冲击成果,促进经济长期平稳较快发展和社会和谐稳定,为全面建成小康社会打下具有决定性意义的基础。"② 以科学发展为主题,是时代的要求,关系改革开放和现代化建设全局。在当代中国,坚持发展是硬道理的本质要求,就是坚持科学发展。以加快转变经济发展方式为主线,是推动科学发展的必由之路,符合我国基本国情和发展阶段性特征。加快转变经济发展方式是我国经济社会领域的一场深刻变革,必须贯穿经济社会发展全过程和各领域。为全面建成小康社会打下具有决定性意义的基础,就必须坚持把经济结构战略性调整作为主攻方向,坚持把科技进步和创新作为重要支撑,坚持把保障和改善民生作为根本出发点和落脚点,坚持把建设资源节约型、环境友好型社会作为重要着力点,坚持把改革开放作为强大动力。切实

---

① 胡锦涛:《高举中国特色社会主义伟大旗帜 为夺取全面建设小康社会新胜利而奋斗》,人民出版社 2007 年版。
② 《中共中央关于制定国民经济和社会发展第十二个五年规划的建议》,人民出版社 2010 年版。

做到在发展中促转变、在转变中谋发展，实现经济社会又好又快发展。

科学发展观，最重要的就是解决发展为了谁、发展依靠谁、发展成果由谁享有的问题，科学发展、和谐发展、和平发展的愿景，既标志着我们对人类社会发展规律的认识达到新的高度，更表明了当代中国马克思主义发展观的价值追求。

六、站在新的历史起点上

中国特色社会主义理论体系，包括邓小平理论、"三个代表"重要思想以及科学发展观等重大战略思想一脉相承又与时俱进：所谓一脉相承，即都坚持了马克思主义的指导，坚持了建设和发展中国特色社会主义的主题，坚持了解放思想、实事求是、与时俱进的理论品质；所谓与时俱进，即都坚持了从实际出发，继往开来，不断总结改革开放和现代化建设不同时期不同阶段的新经验，探索回答不同时期不同阶段的新情况新问题，为当代中国马克思主义的理论创新作出了重要贡献，相互贯通，不断推进。

1. 不断发展的开放的理论体系

中国特色社会主义理论体系以改革开放和现代化建设的实际问题、以我们正在做的事情为中心，创造性地提出了一系列新思想、新观点、新论断。当然，对于事关中国发展方向和道路等重大问题的讨论，总会出现这样那样的不同声音甚至反对意见，中国特色社会主义理论体系也就是在与它们的"交锋"中成长、丰满起来的。

改革开放，极大提高了社会生产力，极大增强了我国的综合国力，迅速提高了人民的生活水平。但是，无论是改革开放，还是发展壮大，都不可能毕其功于一役。"中国仍然是世界上最大的发展中国家，中国在发展进程中遇到的矛盾和问题，无论是规模还是复杂性，都是世界上所罕见的。我们要全面建成惠及十几亿人口的更高水平的小康社会，进而实现国家现代化，实现全体人民共同富裕，还有很长的路要走。"① 中国特色社会主义发展今天已经站在一个新的历史起点上。一方面，经济社会正处于发展的黄金期；另一方面，经济体制深刻变革，社会结构深刻变动，利益格局深刻调整，思想观念深刻变化，必然带来这样那样的

---

① 胡锦涛主席接受外国媒体联合采访，《人民日报》2008年8月2日。

矛盾和问题，如长期形成的结构性矛盾和传统增长方式尚未根本改变，诸多社会矛盾、社会难点和社会问题凸显，影响发展的体制、机制性障碍依然存在。我们面临的既有许多有利条件，也有不少不利因素。

我们党在充分肯定我国改革开放以来的巨大成就时，也清醒地意识到，随着我国经济总量不断扩大和国际竞争不断深化，资源环境约束强化，投资和消费关系失衡，收入分配差距较大，科技创新能力不强，产业结构不合理，城乡区域发展不协调，利益主体多元现象日益显现，社会矛盾明显增多，各种可以预见和难以预见的风险都在增加。就加快转变经济发展方式而言，经济结构的战略性调整既作为主攻方向，但坚持把科技进步和创新作为重要支撑，把保障和改善民生作为根本出发点和落脚点，把建设资源节约型、环境友好型社会作为重要着力点，把改革开放作为强大动力，努力使这个转变要求贯穿经济社会发展全过程和各领域，切实做到在发展中促转变、在转变中谋发展，还会遇到各种明里暗里的阻力，还有许多硬骨头要啃。围绕"十二五"时期经济社会发展的目标任务和工作要求，如何加强改革顶层设计和总体规划，坚持社会主义市场经济的改革方向，抓住制约科学发展的体制障碍和深层次矛盾，全面协调推进经济、政治、文化、社会等体制改革创新，切实在一些重要领域和关键环节改革取得新突破，不断推进社会主义制度自我完善和发展，加快形成有利于科学发展的体制机制，也决非轻而易举之事。"中国特色社会主义是不断发展的事业，我们在前进中还会遇到这样那样的新情况新课题，还要应对各种可以预料和难以预料的风险和挑战，因此还要继续进行新的实践和新的探索。"①

中国特色社会主义理论体系是不断发展和开放的，随着改革开放和现代化建设的发展，必将以更新的面貌彰显于世。当前我们特别要"着力转变不适应不符合科学发展观的思想观念，着力解决影响和制约科学发展的突出问题，把全社会的发展积极性引导到科学发展上来，把科学发展观贯彻落实到经济社会发展各个方面。"② 这就必须及时准确把握客观形势的新变化，从理论和实践的结合上不断研究新情况、解决新问题，有所发现、有所创造、有所前进；必须善于总结改革开放的历史经验，善于总结人民群众在实践中创造的新鲜经验，包括问政于民、问需于民、问计于民；善于总结我们党治国理政和推进理论创新的宝贵经验，不为任何风险所惧，不被任何干扰所惑，不断丰富和发展中国特色社会主义理论体系。

---

① 胡锦涛在"三个代表"重要思想理论研讨会上的讲话，《人民日报》2003年7月2日。
② 胡锦涛：《高举中国特色社会主义伟大旗帜　为夺取全面建设小康社会新胜利而奋斗》，人民出版社2007年版。

2. 继续解放思想

实践没有止境，创新也没有止境。在新的历史起点上，丰富和发展中国特色社会主义理论体系，必须坚定不移地继续解放思想，排除各种干扰，解决新课题、实现新突破、开拓新境界；必须进一步推进改革开放，特别是加快重要领域和关键环节的改革步伐，全面提高开放水平。

中共十七大召开前夕，胡锦涛提出要坚定不移地坚持解放思想，坚定不移地推进改革开放，坚定不移地落实科学发展、社会和谐，坚定不移地为全面建设小康社会而奋斗。这四个坚定不移中，解放思想是前提，没有这个坚定不移，就没有其他的坚定不移。"解放思想是党的思想路线的本质要求，是应对前进道路上各种新情况新问题、不断开创事业新局面的一大法宝"；① 中共十七大报告再次强调，解放思想是发展中国特色社会主义的一大法宝。解放思想，就是把我们的思想认识从那些不合时宜的观念、做法和体制的束缚中解放出来，从对马克思主义的错误的和教条式的理解中解放出来，从主观主义和形而上学的桎梏中解放出来；解放思想是贯穿邓小平理论、"三个代表"重要思想以及科学发展观等重大战略思想的灵魂，正是因为解放思想，中国特色社会主义理论体系才能在继承"老祖宗"的同时又不断创新，在排除"左"的和右的错误干扰的同时又与时俱进。

我们每前进一步，都离不开解放思想的推动，思想解放到什么程度，理论和实践创新就到什么程度。"创新是一个民族进步的灵魂，是一个国家兴旺发达的不竭动力，也是一个政党永葆生机的源泉。"② 我们曾经长期把市场经济等同于资本主义，是解放思想，使我们重新认识了市场经济，并把社会主义市场经济体制确立为经济体制改革的目标；我们曾经长期把人权、物权当做资本主义的"专利"加以排斥，是解放思想，使我们认识到人权、物权是公民的权利，我国保障公民人权、物权的法律制度建设也因此而取得了进展……今天我们所面临的形势更为复杂，担负的任务更加繁重，解放思想更要注重实效，要落实到进一步改革开放、落实到推动科学发展、促进社会和谐，落实到以改革创新精神推进党的建设新的伟大工程，落实到治国理政各个方面。什么时候什么地方思想僵化了，那个时候那个地方就要落伍了；以前有解放思想的问题，现在有解放思想的问题，将来还会有解放思想的问题。继续解放思想，就是要让思想跟上发展的实

---

① 胡锦涛在中央党校的讲话，《人民日报》2007年6月26日。
② 《江泽民文选》第3卷，人民出版社2006年版，第537页。

践和变化了的条件，防止出现新的思想僵化。解放思想，在经济问题、枝节问题、个别问题上比较容易，在政治问题、关键问题、系统问题上就比较困难；我国的改革越深入，发展带来的变化越深刻，涉及的问题、关系也会越敏感、越复杂，继续解放思想就愈发重要了。

在改革和发展的关键阶段，机遇前所未有，挑战也前所未有，机遇大于挑战。抓住机遇、应对挑战，解决前进道路上的突出矛盾和问题，就必须大力营造有利于解放思想、开拓创新的氛围，鼓励大家开动脑筋想问题，放开手脚地干实事。只有这样，中国特色社会主义道路才能越走越宽广，中国特色社会主义理论体系才能越来越丰富，中国特色社会主义制度才能越来越牢固，中国特色社会主义事业才能越来越兴旺。

3. 进一步改革开放

"中国特色社会主义"这个题目，是在改革开放的实践中提出来的；中国特色社会主义道路，是在改革开放的实践中开辟、拓展，越走越宽广的；中国特色社会主义理论体系，是在改革开放的实践中形成、丰富和发展起来的；中国特色社会主义伟大旗帜，也是在改革开放的实践中越举越高，越来越有号召力的。中国特色社会主义与改革开放紧紧地联系在一起，只有改革开放才能发展中国、发展社会主义、发展马克思主义。

改革开放是当代中国的主旋律，也是中国特色社会主义理论体系的主要内容。"改革开放，是解放和发展社会生产力、不断创新充满活力的体制机制的必然要求，是发展中国特色社会主义的强大动力，必须坚定不移地加以推进。"① 中国特色社会主义必然要经历一个从不完善、不成熟到相对完善和逐步成熟的过程，只有通过进一步改革开放，才能提供源源不断的动力，不断吸收人类文明的优秀成果，才能使我们更加坚信中国特色社会主义，实现国家繁荣富强、人民幸福安康。

改革开放的过程也是思想解放的过程，思想的大解放，带来改革开放的大发展。我们现在面对复杂多变的国际形势和非常艰巨的改革攻坚，继续思想解放，进一步改革开放必须集中破解"实现什么样的发展、怎样发展"这一时代课题，改革一切不符合科学发展的认识、观念和做法，不断创新发展思路、发展模式、发展方法。"必须通过深化改革，努力形成一套有利于实现科学发展的体制机

---

① 胡锦涛在中央党校的讲话，《人民日报》2007年6月26日。

制。"① 我国改革开放的宝贵经验，是我们党在改革开放实践中如何坚持和发展马克思主义、如何坚持和发展社会主义、如何全面推进中国特色社会主义伟大事业、如何统筹国内国际两个大局、如何加强和改善党的领导。我们贯彻落实科学发展观，继续推进社会主义现代化建设，说到底还是要靠深化改革、扩大开放，使这些宝贵经验在新的实践中发扬光大。②

无论是贯彻落实科学发展观，还是完善社会主义市场经济体制，无论是推进和谐社会建设，还是加强反腐倡廉建设，都必须用改革开放的办法解决阻碍经济社会发展的体制性、机制性问题，努力形成与社会主义初级阶段基本国情相适应的比较成熟、比较定型的制度，为发展中国特色社会主义提供强有力的体制保障。"改革开放是党在新的历史条件下领导人民进行的新的伟大革命，是决定当代中国命运的关键抉择，是坚持和发展中国特色社会主义、实现中华民族伟大复兴的必由之路。只有改革开放才能发展中国、发展社会主义、发展马克思主义。当前，世情、国情、党情继续发生深刻变化，我国发展中不平衡、不协调、不可持续问题突出，制约科学发展的体制机制障碍躲不开、绕不过，必须通过深化改革加以解决。我们一定要坚定不移坚持党的十一届三中全会以来的路线方针政策，坚定信心、砥砺勇气，坚持不懈把改革创新精神贯彻到治国理政各个环节，奋力把改革开放推向前进。要坚持社会主义市场经济的改革方向，提高改革决策的科学性，增强改革措施的协调性，找准深化改革开放的突破口，明确深化改革开放的重点，不失时机地推进重要领域和关键环节改革，继续推进经济体制、政治体制、文化体制、社会体制改革创新，继续解放和发展社会生产力，继续推动我国社会主义制度自我完善和发展，坚决破除一切妨碍科学发展的思想观念和体制机制弊端，为推进中国特色社会主义事业注入强大动力。"③ 逆水行舟，不进则退。在这个大是大非问题上不能有犹豫，否则，不仅不能取得新的成就，而且已经取得的成就也难以保持。

邓小平曾经一针见血地指出，"改革开放迈不开步子，不敢闯，说来说去就是怕资本主义的东西多了，走了资本主义道路。要害是姓'资'还是姓'社'

---

① 胡锦涛：《全面贯彻落实科学发展观，推动经济社会又快又好发展》，载《求是》2006 年第 1 期。
② 中共"十七大"报告总结了改革开放以来的宝贵经验，即把坚持马克思主义基本原理同推进马克思主义中国化结合起来，把坚持四项基本原则同坚持改革开放结合起来，把尊重人民首创精神同加强和改善党的领导结合起来，把坚持社会主义基本制度同发展市场经济结合起来，把推动经济基础变革同推动上层建筑改革结合起来，把发展社会生产力同提高全民族文明素质结合起来，把提高效率同促进社会公平结合起来，把坚持独立自主同参与经济全球化结合起来，把促进改革发展同保持社会稳定结合起来，把推进中国特色社会主义伟大事业同推进党的建设新的伟大工程结合起来。
③ 胡锦涛在庆祝中国共产党成立 90 周年大会上的讲话，《人民日报》2011 年 7 月 2 日。

的问题。"① 这个教诲至今具有警示意义，进一步改革开放的最大障碍仍然是姓"社"姓"资"问题。我们决不能以所谓"改革"为名，否定党的领导和社会主义原则，但也要警惕有人以所谓"反思"改革为名，否定改革开放这个关键抉择。进一步改革开放，更加要求提高改革决策的科学性，增强改革措施的协调性，处理好改革发展稳定的关系，加快重要领域和关键环节的改革步伐，在扩大开放的同时全面提高开放水平，这也是丰富和发展中国特色社会主义理论体系的活力源泉。"世界在变化，形势在发展，中国特色社会主义实践在深入，不断学习、善于学习，努力掌握和运用一切科学的新思想、新知识、新经验，是党始终走在时代前列引领中国发展进步的决定性因素。"② 因此，我们还必须按照科学理论武装、具有世界眼光、善于把握规律、富有创新精神的要求，把建设马克思主义学习型政党这个重大而紧迫的战略任务抓紧抓好，扎扎实实地提高全党的马克思主义水平。

---

① 《邓小平文选》第 3 卷，人民出版社 1993 年版，第 372 页。
② 《中共中央关于加强和改进新形势下党的建设若干重大问题的决定》，人民出版社 2009 年版。

第四章

新时期马克思主义中国化的经验与启示

30多年,在人类发展的长河中只是短暂的一瞬间。中国通过进行改革开放和社会主义现代化建设,开创了中国特色社会主义道路,大幅度提高了我国的综合国力、人民生活水平和国际地位。这30多年,中国人民的面貌、社会主义中国的面貌、中国共产党的面貌发生了历史性的变化;这30多年,社会主义和马克思主义在中国大地上焕发出勃勃生机,中华民族大踏步赶上时代潮流、迎来伟大复兴的光明前景;这30多年,我们取得的成就,在中国历史的纵向过程中,没有哪个时代可以比拟;在世界发展的横向坐标上,也是这段时期所有国家都感到惊叹的。

一、总结经验,继往开来

我们党在改革开放过程中不断地调整节奏总结经验。

中共十二大(1982)报告总结了"文革"结束以来的历史性胜利,为进一步肃清十年内乱所遗留的消极后果,全面开创社会主义现代化建设的新局面,确定了继续前进的正确道路、战略步骤和方针政策。"我们已经在指导思想上完成了拨乱反正的艰巨任务,在各条战线的实际工作中取得了拨乱反正的重大胜利,实现了历史性的伟大转变。"胜利来之不易,是党中央领导全党和全国各族人民克服了种种巨大困难以后才取得的。我们党所以能取得许多方面的胜利,"归根到底，是由于坚持了马克思主义的理论和实际相结合的科学原理，坚持了马克思主义的人民创造历史的科学原理。"①

随着各项改革和对外开放紧锣密鼓地进行，人们越来越发现正确认识我国的国情和所处的历史阶段是建设有中国特色的社会主义的首要问题，是制定和执行正确路线和政策的根本依据。中共十三大（1987）报告系统地阐明了社会主义初级阶段的理论，提出了党在这个阶段的基本路线，并依据这个理论和路线制定了全面改革的基本方针和行动纲领。认为我国建设所取得的一切成就，都是同在拨乱反正基础上坚决推进全面改革和对外开放分不开的。改革开放的实践，"证明了十一届三中全会以来的路线是一条马克思主义的正确路线。这条路线是党和人民智慧的结晶，是党中央集体智慧的结晶。在这条路线的形成和发展中，在一系列关键问题的决策中，在建设、改革、开放新局面的开拓中，邓小平同志以马克思主义的理论勇气、求实精神、丰富经验和远见卓识，作出了重大的贡献。"②

20世纪90年代初，经过国内严重政治风波和苏联解体东欧剧变的严峻考验，我们党扎扎实实地稳住了阵脚。中共十四大（1992）报告通篇体现了邓小平南方谈话的精神，对党的十一届三中全会以来的基本实践和基本经验作了系统的总结，并确定了加快改革开放，推动经济发展和社会全面进步的主要任务，提出建立社会主义市场经济体制，提出加强党的建设和改善党的领导等全新主张。"我们从事的事业，就是坚持党的基本路线，通过改革开放，解放和发展生产力，建设有中国特色的社会主义。就其引起社会变革的广度和深度来说，是开始了一场新的革命。它的实质和目标，是要从根本上改变束缚我国生产力发展的经济体制，建立充满生机和活力的社会主义新经济体制，同时相应地改革政治体制和其他方面的体制，以实现中国的社会主义现代化。"改革开放带来的最深刻变化，"就是摆脱了许多思想上和体制上的禁锢，调动起广大人民群众的积极性，拥有十一亿人口的中国正在创造着充满活力的社会主义。"

中共十五大（1997）报告的主题是"高举邓小平理论伟大旗帜，把建设有中国特色社会主义事业全面推向二十一世纪"。报告集中全党意志，把邓小平理论确立为党的指导思想，认为这个理论是"指导中国人民在改革开放中胜利实现社会主义现代化的正确理论"。"在当代中国，只有把马克思主义同当代中国实践和时代特征结合起来的邓小平理论，而没有别的理论能够解决社会主义的前

---

① 胡耀邦：《全面开创社会主义现代化建设的新局面》，人民出版社1982年版。
② 赵紫阳：《沿着有中国特色的社会主义道路前进》，人民出版社1987年版。

途和命运问题。邓小平理论是当代中国的马克思主义,是马克思主义在中国发展的新阶段。"邓小平理论之所以能够成为马克思主义在中国发展的新阶段,一是坚持解放思想、实事求是,在新的实践基础上继承前人又突破陈规,开拓了马克思主义的新境界;二是坚持科学社会主义理论和实践的基本成果,抓住"什么是社会主义、怎样建设社会主义"这个根本问题,深刻地揭示社会主义的本质,把对社会主义的认识提高到新的科学水平;三是坚持用马克思主义的宽广眼界观察世界,对当今时代特征和总体国际形势,对世界上其他社会主义国家的成败,发展中国家谋求发展的得失,发达国家发展的态势和矛盾,进行正确分析,作出了新的科学判断;四是形成了新的建设有中国特色社会主义理论的科学体系。"它是在和平与发展成为时代主题的历史条件下,在我国改革开放和现代化建设的实践中,在总结我国社会主义胜利和挫折的历史经验并借鉴其他社会主义国家兴衰成败历史经验的基础上,逐步形成和发展起来的。"①

  进入新世纪,中共十六大(2002)报告的主题是"高举邓小平理论伟大旗帜,全面贯彻'三个代表'重要思想,继往开来,与时俱进,全面建设小康社会,加快推进社会主义现代化,为开创中国特色社会主义事业新局面而奋斗"。报告阐明了贯彻"三个代表"重要思想的根本要求,以及我们党坚持举什么旗、走什么路、实现什么目标等重大问题,"三个代表"重要思想被确认为我们党的指导思想。报告还对党的十三届四中全会(1989)以来的实践经验作了这样的概括:一、坚持以邓小平理论为指导,不断推进理论创新;二、坚持以经济建设为中心,用发展的办法解决前进中的问题;三、坚持改革开放,不断完善社会主义市场经济体制;四、坚持四项基本原则,发展社会主义民主政治;五、坚持物质文明和精神文明两手抓,实行依法治国和以德治国相结合;六、坚持稳定压倒一切的方针,正确处理改革发展稳定的关系;七、坚持党对军队的绝对领导,走中国特色的精兵之路;八、坚持团结一切可以团结的力量,不断增强中华民族的凝聚力;九、坚持独立自主的和平外交政策,维护世界和平与促进共同发展;十是坚持加强和改善党的领导,全面推进党的建设新的伟大工程;并认为,"以上十条,是党领导人民建设中国特色社会主义必须坚持的基本经验。这些经验,联系党成立以来的历史经验,归结起来就是,我们党必须始终代表中国先进生产力的发展要求,代表中国先进文化的前进方向,代表中国最广大人民的根本利益。这是坚持和发展社会主义的必然要求,是我们党艰辛探索和伟大实践的必然结论。"②

---

  ① 江泽民:《高举邓小平理论伟大旗帜 把建设有中国特色社会主义事业全面推向二十一世纪》,人民出版社1997年版。

  ② 江泽民:《全面建设小康社会 开创中国特色社会主义事业新局面》,人民出版社2002年版。

改革开放 30 年,我们取得了这样一个十几亿人口的发展中大国摆脱贫困、加快实现现代化、巩固和发展社会主义的宝贵经验。中共十七大(2007)报告的主题是"高举中国特色社会主义伟大旗帜,以邓小平理论和'三个代表'重要思想为指导,深入贯彻落实科学发展观,继续解放思想,坚持改革开放,推动科学发展,促进社会和谐,为夺取全面建设小康社会新胜利而奋斗"。根据报告的概括,我们把坚持马克思主义基本原理同推进马克思主义中国化结合起来,既没丢老祖宗,又发展老祖宗,既坚持马克思主义基本原理,又根据当代中国实践和时代发展不断推进马克思主义中国化,使马克思主义更好发挥对发展中国特色社会主义实践的指导作用,赋予当代中国马克思主义勃勃生机;我们把坚持四项基本原则同坚持改革开放结合起来,既以四项基本原则保证改革开放的正确方向,又通过改革开放赋予四项基本原则新的时代内涵,教育和引导全党全国各族人民深刻认识坚持四项基本原则、坚持改革开放的辩证关系和重大意义,坚持把以经济建设为中心同四项基本原则、改革开放这两个基本点统一于发展中国特色社会主义的伟大实践,使中国特色社会主义在当今世界的深刻变动和当代中国的深刻变革中牢牢站住了、站稳了,并成为充满生机活力的社会主义;我们把尊重人民首创精神同加强和改善党的领导结合起来,坚持了人民创造历史这一马克思主义的科学原理,真诚代表中国最广大人民的根本利益,紧紧依靠人民,最广泛地调动人民群众的积极性、主动性、创造性,从人民中凝聚力量、汲取智慧,不断加强和改善党的领导,使党得到人民的充分信赖和拥护,始终发挥领导核心作用;我们把坚持社会主义基本制度同发展市场经济结合起来,在深刻而广泛的变革中始终坚持社会主义基本制度,同时又在社会主义条件下发展市场经济,使经济活动遵循价值规律的要求,不断解放和发展社会生产力,增强综合国力,提高人民生活水平,更好地实现经济建设这个中心任务;我们把推动经济基础变革同推动上层建筑改革结合起来,既积极推进经济体制改革,又积极推进政治体制改革。发展社会主义民主政治,建设社会主义法治国家,保证人民当家做主,不断推动我国社会主义上层建筑与经济基础相适应,为改革开放提供制度保证和法制保障;我们把发展社会生产力同提高全民族文明素质结合起来,既重视物的发展即社会生产力的发展,又重视人的发展即全民族文明素质的提高。大力发展社会主义文化,建设社会主义精神文明,着力培育有理想、有道德、有文化、有纪律的公民,为经济社会发展提供强大的精神动力和智力支持;我们把提高效率同促进社会公平结合起来,既高度重视通过提高效率来促进发展,又高度重视在经济发展的基础上通过实现社会公平来促进社会和谐,坚持以人为本,以解决人民最关心、最直接、最现实的利益问题为重点,着力发展社会事业,着力完善收入分配制度,保障和改善民生,走共同富裕道路,努力形成全体人民各尽其能、各得其所而又和谐相处的局面;我们把坚持独立自主同参与经济全球化结合起来,既高度珍惜并坚定不移地维护中国人民经过长期奋斗得来的独立自主权利,又坚持对外开放的基本国策,始终站在国际大局与国内大局相互联系的高度审视中国和世界的发展问题,思考和制定中国的发展战略。坚持独立自主的和平外交政策,坚持和平发展道路,坚持互利共赢的开放战略,推动建设持久和平、共同繁荣的和谐世界;我们把促进改革发展同保持社会稳定结合起来,既大力推进改革发展,又正确处理改革发展与稳定的关系。坚持改革是动力、发展是目的、稳定是前提,坚持把改革的力度、发展的速度和社会可承受的程度统一起来,把不断改善人民生活作为处理改革发展与稳定关系的重要结合点,在社会稳定中推进改革发展,通过改革发展促进社会稳定;我们把推进中国特色社会主义伟大事业同推进党的建设新的伟大工程结合起来,既紧紧围绕推进中国特色社会主义事业来推进党的建设,又通过加强和改进党的建设来推进中国特色社会主义事业,不断提高党的执政能力、保持和发展党的先进性,不断增强党的阶级基础和扩大党的群众基础,不断提高拒腐防变和抵御风险能力,使党始终成为中国特色社会主义事业的坚强领导核心。

改革开放的伟大实践,既是坚定走中国特色社会主义道路的具体体现,也是形成有中国特色社会主义理论体系的深厚土壤。这条道路的开辟,解决了在中国国情和时代条件下怎样真正坚持社会主义的问题;这个理论体系的形成,解决了在当代中国怎样真正坚持马克思主义的问题;两者相辅相成,始终伴随着改革开放的深化而发展,为实现中华民族的伟大复兴开辟了广阔的道路,为建设中国社会主义现代化国家奠定了牢固的思想基础。"改革开放以来我们取得一切成绩和进步的根本原因,归结起来就是:开辟了中国特色社会主义道路,形成了中国特色社会主义理论体系。"中国特色社会主义道路,"就是在中国共产党领导下,立足基本国情,以经济建设为中心,坚持四项基本原则,坚持改革开放,解放和发展社会生产力,巩固和完善社会主义制度,建设社会主义市场经济、社会主义民主政治、社会主义先进文化、社会主义和谐社会,建设富强民主文明和谐的社会主义现代化国家。中国特色社会主义道路之所以完全正确、之所以能够引领中国发展进步,关键在于我们既坚持了科学社会主义的基本原则,又根据我国实际和时代特征赋予其鲜明的中国特色。"中国特色社会主义理论体系,"就是包括邓小平理论、'三个代表'重要思想以及科学发展观等重大战略思想在内的科学理论体系。这个理论体系,坚持和发展了马克思列宁主义、毛泽东思想,凝结了几代中国共产党人带领人民不懈探索实践的智慧和心血,是马克思主义中国化最新成果,是党最可宝贵的政治和精神财富,是全国各族人民团结奋斗的共同思想基础。中国特色社会主义理论体系是不断发展的开放的理论体系。"①

中国特色社会主义是旗帜、道路和理论体系,中共十七大报告要求全党倍加珍惜、长期坚持和不断发展党历经艰辛开创的中国特色社会主义道路和中国特色社会主义理论体系。这关系到我们党和国家的前途命运,关系到我们事业的兴衰成败。"中国特色社会主义作为新时期以来我们党继续推进马克思主义中国化的伟大历史性创造,体现在实践上,就是开辟了中国特色社会主义道路;体现在理论上,就是形成了中国特色社会主义理论体系;体现在政治上,就是要高举中国特色社会主义伟大旗帜。……高举这面旗帜,既要在中国特色社会主义理论体系指导下坚持中国特色社会主义道路的伟大实践,又要在伟大实践中不断丰富和发展中国特色社会主义理论体系。两者紧密结合,相互促进,就能保证中国特色社会主义伟大旗帜始终高高飘扬。党的十七大强调,'高举中国特色社会主义伟大旗帜,最根本的就是要坚持这条道路和这个理论体系',讲的就是这个道理。"② 因为在当代中国,只有这面旗帜而不是什么别的旗帜能够最大限度地团结和凝聚全中国人民的力量,只有这条道路而不是什么别的道路能够指引中华民族实现伟大复兴,只有这个理论体系而不是什么别的理论能够引领我们全面建设小康社会,开创中国发展进步的新局面。

邓小平理论、"三个代表"重要思想以及科学发展观等重大战略思想,虽然形成于改革开放以来的不同阶段,解决不同时期的重大问题,但都贯穿了马克思主义的红线,一脉相承又与时俱进,相互贯通,层层递进,形成了非常宝贵的启示。

二、理论联系实际的典范

早在 1950 年代中期,毛泽东就提出,现在是社会主义革命和建设时期,我们要进行马克思主义与中国实际的第二次结合,找到在中国进行社会主义革命和建设的正确道路。他在《论十大关系》(1956)中提出"以苏为鉴"问题;后来又希望"找到自己的一条适合中国的路线。"③ 邓小平理论、"三个代表"重要思想以及科学发展观等重大战略思想,既继承了探索"一条适合中国的路线"

---

① 胡锦涛:《高举中国特色社会主义伟大旗帜 为夺取全面建设小康社会新胜利而奋斗》,人民出版社 2007 年版。
② 习近平:《关于中国特色社会主义理论体系的几点学习体会和认识》,载《求是》2008 年第 7 期。
③ 见《建国以来重要文献选编》第 13 册,中央文献出版社 1996 年版,第 418 页。

的思想，又紧密结合我国改革开放和现代化建设的实际，紧密结合国际条件和时代主题的变化，赋予当代中国马克思主义的鲜活力量。

1. 马克思主义必须是同中国实际相结合的马克思主义

在中国这样的东方大国建设社会主义是马克思主义发展史上的全新课题，照搬书本肯定不行，照搬外国经验也肯定不行，必须从我们自己的国情出发，把马克思主义基本原理同中国具体实际结合起来，走中国自己的建设道路。在这个问题上，我们党曾经做过艰难的探索，取得了重要成就，也付出了沉重代价。早在改革开放的启动时期，邓小平就非常中肯地指出，"我们的现代化建设，必须从中国的实际出发。无论是革命还是建设，都要注意学习和借鉴外国经验。但是，照抄照搬别国经验、别国模式，从来不能得到成功。这方面我们有过不少教训。把马克思主义的普遍真理同我国的具体实际结合起来，走自己的道路，建设有中国特色的社会主义，这就是我们总结长期历史经验得出的基本结论。"① 我们坚持马克思主义，坚持走社会主义道路。"但是，马克思主义必须是同中国实际相结合的马克思主义，社会主义必须是切合中国实际的有中国特色的社会主义。"②

伟大的实践需要伟大的理论，伟大的理论指导伟大的实践。建设有中国特色社会主义的伟大事业，前人没有做过，本本上也没有说过，只能在马克思主义基本原理的指导下，坚持从中国的国情出发，实事求是，探索前进。我们党经历了国内外重大事件的洗礼，在邓小平南方谈话精神鼓舞下，提出进一步解放思想，把握有利时机，加快改革开放和现代化建设步伐，夺取有中国特色社会主义事业的更大胜利。我们所以能够做到这一点，根本原因就是，"坚持把马克思主义基本原理同中国具体实际相结合，逐步形成和发展了建设有中国特色社会主义的理论。……社会主义在中国的新局面和新成就，更使我们从历史的比较和国际的观察中认识到，我们党建设有中国特色社会主义的理论是正确的，是符合最广大人民的利益和要求的。这个理论，第一次比较系统地初步回答了中国这样的经济文化比较落后的国家如何建设社会主义、如何巩固和发展社会主义的一系列基本问题，用新的思想、观点，继承和发展了马克思主义。"③ 江泽民指出，马克思主义老祖宗的东西一定不能丢，丢了就丧失根本。"同时一定要以我国改革开放和现代化建设的实际问题、以我们正在做的事情为中心，着眼于马克思主义理论的

---

① 《邓小平文选》第 3 卷，人民出版社 1993 年版，第 3 页。
② 同①，第 63 页。
③ 江泽民：《加快改革开放和现代化建设步伐　夺取有中国特色社会主义事业的更大胜利》，人民出版社 1992 年版。

运用，着眼于对实际问题的理论思考，着眼于新的实践和新的发展。离开本国实际和时代发展来谈马克思主义，没有意义。静止地孤立地研究马克思主义，把马克思主义同它在现实生活中的生动发展割裂开来、对立起来，没有出路。"① 如果说，邓小平开创了改革开放伟大事业，提出建设有中国特色社会主义理论，指导我们党制定新时期的路线、方针和政策；那么，江泽民要求用"三个代表"重要思想武装全党，创建社会主义市场经济新体制，开创全面开放新局面，推进党的建设新的伟大工程，引领改革开放乘风破浪勇往直前。中共十六大以来的党中央顺应国内外形势发展变化，抓住重要战略机遇期，提出科学发展观、构建社会主义和谐社会等重大战略思想，把改革开放和现代化建设推向一个新阶段，就是继续坚持当代中国的马克思主义，坚持中国特色社会主义的伟大理论与实践。

2. 当代中国最大的实际就是长期处于社会主义初级阶段

有中国特色的社会主义必须切合中国的实际，而当代中国最大的实际就是中国处于并将长期处于社会主义初级阶段，人民日益增长的物质文化需要同落后的社会生产之间的矛盾是社会的主要矛盾。一切都要从这个实际出发，根据这个实际去制定规划。毛泽东说过："认清中国的国情，乃是认清一切革命问题的基本的依据。"② 事实上，中国革命、建设和改革事业的成功就是因为正确认识和把握了中国国情，反之，一切失误和挫折的最重要原因就是脱离了中国国情。在中国建设社会主义，必须从我国的实际出发，而不能从主观愿望出发，从这样那样的外国模式出发，从对马克思主义著作中个别论断的教条式理解和附加到马克思主义名义下的某些错误观点出发。"我们搞社会主义才几十年，还处在初级阶段。巩固和发展社会主义制度，还需要一个很长的历史阶段，需要我们几代人、十几代人，甚至几十代人坚持不懈地努力奋斗，决不能掉以轻心。"③ 中共十三大报告根据邓小平的意见，深刻阐述了社会主义初级阶段理论。中共十四大、十五大、十六大都重申了这个问题。我们虽然取得了举世瞩目的成就，但仍处于社会主义初级阶段的基本国情没有变，社会主要矛盾没有变。中共十七大报告再次强调这一点，要求我们继续把社会主义初级阶段基本国情作为推进改革、谋划发展的根本依据，认清全面建设小康社会、基本实现现代化的长期性、艰巨性，想问题、做决策、办事情都不可脱离这个实际。

---

① 江泽民：《高举邓小平理论伟大旗帜　把建设有中国特色社会主义事业全面推向二十一世纪》，人民出版社1997年版。
② 《毛泽东选集》第2卷，人民出版社1990年版，第633页。
③ 《邓小平文选》第3卷，人民出版社1993年版，第379～380页。

正确认识社会主义的历史进程、社会主义初级阶段的特征表现以及社会主义初级阶段的历史任务,"这就要求我们必须把马克思主义的基本原理同社会主义现代化建设和改革开放的实际紧密结合起来,同时代和世界形势的新发展紧密结合起来,在坚持马克思主义的实践中丰富和发展马克思主义。""否认马克思主义的科学性,丢掉老祖宗,是错误的、有害的;教条式地对待马克思主义,也是错误的、有害的。我们一定要适应实践的发展,以实践来检验一切,用发展着的马克思主义指导新的实践。"① 胡锦涛在许多场合强调,正确认识国情,按照国情制定路线方针政策和开展工作,是坚持求真务实的根本依据。大力弘扬求真务实精神、大兴求真务实之风,首先就要不断地求我国社会主义初级阶段基本国情之真,务坚持长期艰苦奋斗之实。"要坚持把马克思主义基本原理同中国具体实际相结合,不断作出符合我国社会发展进步要求和人民群众实践需要的新的理论概括,使当代中国的马克思主义具有更加鲜明的实践特色;要扎根于中国的土壤,把马克思主义真理的力量深深熔铸在民族的生命力、创造力、凝聚力之中,使当代中国的马克思主义具有更加鲜明的民族特色;要始终走在时代前列,敏锐把握时代特征,准确反映时代要求,使当代中国的马克思主义具有更加鲜明的时代特色,从而更好地为新的历史条件下党和人民事业的发展提供科学理论指导。"② 胡锦涛在庆祝中国共产党成立90周年大会上指出,中国共产党人坚信马克思主义必须随着实践发展而不断丰富和发展,而不是把马克思主义看成是空洞、僵硬、刻板的教条。"马克思主义,理论源泉是实践,发展依据是实践,检验标准也是实践。任何固守本本、漠视实践、超越或落后于实际生活的做法都不会得到成功。在历史上的一些时期,我们曾经犯过错误甚至遇到严重挫折,根本原因就在于当时的指导思想脱离了中国实际。我们党能够依靠自己和人民的力量纠正错误,在挫折中奋起,继续胜利前进,根本原因就在于重新恢复和坚持贯彻了实事求是。"③

3. 必须以我们正在做的事情为中心

改革开放以来,无论是邓小平理论,还是"三个代表"重要思想、科学发展观等重大战略思想,都是把马克思主义基本原理同中国具体实际相结合,不断追求真理、大胆探索的结果。"这个结合,是坚持马克思主义和发展马克思主义

---

① 《江泽民论有中国特色社会主义(专题摘编)》,中央文献出版社2002年版,第21、635页。
② 胡锦涛在纪念红军长征胜利70周年大会上的讲话,《人民日报》2006年10月23日。
③ 胡锦涛在庆祝中国共产党成立90周年大会上的讲话,《人民日报》2011年7月2日。

的统一。能不能实现这个结合，结合得好不好，关键在于能不能真正掌握马克思主义，能不能深刻认识中国国情，并把两者正确地统一于革命、建设、改革的实践之中。认识中国国情，最重要的是认识对中国革命、建设、改革有重大影响的一切有利的和不利的条件和因素，特别是要认识中国社会的性质和发展阶段，认识社会主要矛盾、主要任务和它们的变化。掌握马克思主义，最重要的是掌握它的精神实质，运用它的立场、观点、方法和基本原理分析解决实际问题。马克思主义基本原理，体现马克思主义的根本性质和整体特征，体现马克思主义世界观和方法论的科学性、革命性的高度统一。相对于在特定的历史环境中所作的个别理论判断和具体结论而言，基本原理是对事物本质和发展规律的概括，具有普遍和根本的指导意义。我们说老祖宗不能丢，很重要的就是马克思主义基本原理不能丢。推进理论创新，必须坚持马克思主义基本原理不动摇。这是发展马克思主义的基础和出发点，否则就会迷失方向走上歧途。同时，必须随着实践发展不断丰富发展马克思主义，不断赋予马克思主义新的生命活力，以更好地把马克思主义坚持下去。"① 现在，我国正处于全面建设小康社会的关键时期和深化改革，扩大开放、加快转变经济发展方式的攻坚期，新情况、新矛盾、新问题还会不断涌现，我们要更加自觉坚持以改革开放和社会主义现代化建设的实际问题、以我们正在做的事情为中心，密切关注经济社会发展的客观要求，根据人民群众创造的新鲜实践经验，不断推进理论创新，进而使我们事业的发展不断"更上一层楼"。

三、既是中国的，又是世界的

世界社会主义运动史表明，社会主义发展并没有什么普遍的模式和统一的途径，社会主义的生命力就在于把马克思主义基本原理同本国具体实际相结合，走符合本国国情和民族特点的社会主义道路。"马克思主义必须和我国的具体特点相结合并通过一定的民族形式才能实现"，体现一种"新鲜活泼的为中国老百姓所喜闻乐见的中国作风和中国气派"②。马克思主义只有通过民族的形式来实现，为人民群众所接受，才能扎下根来并发挥指导作用。邓小平强调社会主义要"有中国特色"，也是这个意思。我们既坚持了社会主义的原则，又根据我国实际和时代特征赋予其中国特色，因此而为中国人民所认同。"我们搞的现代化，

---

① 习近平：《中国共产党 90 年来指导思想和基本理论的与时俱进及历史启示》，《学习时报》2011 年 6 月 27 日。
② 《毛泽东选集》第 3 卷，人民出版社 1990 年版，第 534 页。

是中国式的现代化。我们建设的社会主义，是有中国特色的社会主义。"① 经过30多年的改革开放，我们党明确宣布，"改革开放以来我们取得一切成绩和进步的根本原因，归结起来就是：开辟了中国特色社会主义道路，形成了中国特色社会主义理论体系。高举中国特色社会主义伟大旗帜，最根本的就是要坚持这条道路和这个理论体系。"②

1. 中国的发展离不开世界

对当代中国的认识，必须纳入整个世界的发展潮流，与时代特征和国际形势的变动联系起来去考察；只有面向现代化、面向世界、面向未来，准确把握时代脉搏，科学分析世界大势，才能真正发展马克思主义和社会主义。邓小平关于当今世界的主要问题和时代特征的英明判断，为开创中国特色社会主义提供了国际条件。"中国的发展离不开世界"③，世界的发展也离不开中国。"邓小平理论坚持用马克思主义的宽广眼界观察世界，对当今时代特征和总体国际形势，对世界上其他社会主义国家的成败，发展中国家谋求发展的得失，发达国家发展的态势和矛盾，进行正确分析，作出了新的科学判断。世界变化很大很快，特别是日新月异的科学技术进步深刻地改变了并将继续改变当代经济社会生活和世界面貌，任何国家的马克思主义者都不能不认真对待。邓小平理论正是根据这种形势，确定我们党的路线和国际战略，要求我们用新的观点来认识、继承和发展马克思主义，强调只有这样才是真正的马克思主义，墨守成规只能导致落后甚至失败。这是邓小平理论鲜明的时代精神。"④ 冷战结束后，国际局势发生深刻变化。世界多极化和经济全球化的趋势在曲折中发展，尽管和平与发展仍是时代的主题，但霸权主义和强权政治又有新的表现，恐怖主义危害上升，地区冲突和争端时起时伏，世界还很不安宁。科技进步日新月异，以信息技术为核心的高新技术发展极大地改变了人们的生产生活方式和国际经济政治关系，以经济为基础、科技为先导的综合国力竞争更为激烈。这也是"三个代表"重要思想形成的时代背景。

当今世界正处在大变革大调整之中，我国发展既面临着前所未有的机遇，也面临着前所未有的挑战。和平与发展仍然是时代主题，国际力量对比朝着有利于

---

① 《邓小平文选》第3卷，人民出版社1993年版，第29页。
② 胡锦涛：《高举中国特色社会主义伟大旗帜　为夺取全面建设小康社会新胜利而奋斗》，人民出版社2007年版。
③ 同①，第78页。
④ 江泽民：《高举邓小平理论伟大旗帜　把建设有中国特色社会主义事业全面推向二十一世纪》，人民出版社1997年版。

维护世界和平的方向发展；但国际环境中不稳定不确定因素增多，我国发展的外部条件复杂多变。这就必须深刻把握国际形势和世界发展趋势的新变化，顺应时代发展的新要求。当代中国发展对世界发展的作用和影响不断提高，国际环境发展变化对我国发展的作用和影响也不断增大。我们面临的仍将是一个总体上有利于我国发展，但不利因素也可能增多的环境。必须把中国的发展放到世界的大局中来思考，不断提高统筹国内国际两个大局的能力，不断提高把握机遇、应对风险挑战的能力，始终掌握发展的主动权。更重要的是，世界各国的发展实践表明，发展绝不仅仅是经济增长，而应该是经济、政治、文化、社会全面协调发展，是社会公平随着社会财富增加得到更好实现的发展，是统筹国内国际两个大局的发展，是人与自然相和谐的可持续发展。作为发展中的社会主义大国，我国要完成工业化和信息化的双重任务，担负着增加社会财富和使人民共享发展成果、实现社会公平的双重使命，面临着促进经济发展和节约资源、保护环境的双重压力，这就决定了我们不能重复其他国家走过的老路，必须走出一条有中国特色的发展道路。科学发展观就是在借鉴世界各国发展经验、汲取国外发展理论有益成果的基础上提出来的——既通过维护世界和平发展自己，又通过自身发展维护世界和平。

2. 用马克思主义的宽广眼界观察世界

邓小平审时度势，认为社会主义要赢得优势，"就必须大胆吸收和借鉴人类社会创造的一切文明成果，吸收和借鉴当今世界各国包括资本主义发达国家的一切反映现代社会化生产规律的先进经营方式、管理方法"；"世界各国共产党根据自己的特点去继承和发展马克思主义，离开自己国家的实际谈马克思主义，没有意义。"[①] 已经成为世界社会主义运动的基本经验。"科学社会主义从学说到实践，从一国建设社会主义的实践到多国建设社会主义的实践，到当前世界社会主义国家改革的实践，都是对社会主义再认识的扩展和深化，都是科学社会主义理论同各国实践和时代发展的结合。在这个过程中，必然要抛弃前人囿于历史条件仍然带有空想因素的个别论断，必然要破除对马克思主义的教条式理解和附加到马克思主义名义下的错误观点，必然要根据新的实践使科学社会主义理论得到新的发展。"[②] 进入新世纪，"我们党历经革命、建设和改革，已经从领导人民为夺取全国政权而奋斗的党，成为领导人民掌握全国政权并长期执政的党；已经从受

---

① 《邓小平文选》第 3 卷，人民出版社 1993 年版，第 373、191 页。
② 赵紫阳：《沿着有中国特色的社会主义道路前进》，人民出版社 1987 年版。

到外部封锁和实行计划经济条件下领导国家建设的党，成为对外开放和发展社会主义市场经济条件下领导国家建设的党。我们必须从中国和世界的历史、现状和未来着眼，准确把握时代特点和党的任务，科学制定并正确执行党的路线方针政策，认真研究和解决推动中国社会进步和加强党的建设的问题，做到既不割断历史、又不迷失方向，既不落后于时代、又不超越阶段，使我们的事业不断从胜利走向胜利。"① 中国特色社会主义理论与实践，既体现了改革开放与现代化建设的中国"特色"，又必然对世界社会主义运动和人类进步事业产生深远的影响。中国的发展在给中国人民带来了更多福祉，社会主义在中国大地上焕发勃勃生机，中华民族迎来伟大复兴的光明前景的同时，也雄辩地印证中国要是基本实现了社会主义现代化，"这不但是给占世界总人口四分之三的第三世界走出了一条路，更重要的是向人类表明，社会主义是必由之路，社会主义优于资本主义。"②

改革开放使中国与世界的关系发生了历史性变化。"世界发展很快，我们要密切注视世界政治、经济、科技、文化、军事等方面的变化。否则，就难以制定正确的方针政策，也很难做好工作。全党同志一定要用马克思主义的宽广眼界观察世界。所谓宽广的眼界，一是要有历史的深远眼光，一是要有世界的全局眼光。这样来观察问题，我们就能更深刻、更全面地认识当代中国和当今世界，更加清醒、主动地掌握我们自己发展的命运。"③ 如何认识社会主义发展的历史进程，如何认识资本主义发展的历史进程，如何认识我国社会主义改革实践过程对人们思想的影响，如何认识当今国际环境和国际政治斗争带来的影响，因此而构成了当代中国马克思主义世界视野的重要内容。中国特色的社会主义，是扎根中国大地、具有中国特色、中国风格和中国气派的马克思主义，也是具有世界眼光和宽广胸怀的马克思主义。"今天，中国的前途命运更加紧密地同世界的前途命运联系在一起。面对大发展大变革大调整的世界局势，我们要善于分析和把握国内外形势的发展变化，深刻认识世界多极化、经济全球化、科技革命加速推进等发展趋势及其对我国发展的重大影响，从战略高度深入研究我国发展面临的机遇和挑战，科学回答当今世界经济、政治、文化、社会等领域的重大问题，为紧紧抓住和用好我国发展的重要战略机遇期、推动经济社会又好又快发展提供理论指导和思想保证。"④

世界各种文明和社会制度长期共存，在竞争比较中取长补短，在求同存异中

---

① 江泽民：《全面建设小康社会 开创中国特色社会主义事业新局面》，人民出版社2002年版。
② 《邓小平文选》第3卷，人民出版社1993年版，第225页。
③ 《江泽民文选》第3卷，人民出版社2006年版，第126页。
④ 习近平：《中国共产党90年来指导思想和基本理论的与时俱进及历史启示》，《学习时报》2011年6月27日。

共同发展。社会主义中国将同各国人民一道，为建设一个持久和平与普遍繁荣的世界而努力。这种把社会主义的前途和命运，同人类文明、时代潮流和世界未来联系起来的新境界，为社会主义实行更加开放的政策，大胆吸收和借鉴人类社会一切先进文明成果，积极应对经济全球化和世界多极化挑战提供了最有力的依据。今天，国际环境复杂多变，综合国力竞争日趋激烈，影响和平与发展的不稳定、不确定因素也在增多，我们仍将长期面对发达国家在许多方面占优势的压力，我们在发展中遇到的矛盾和问题，无论是规模还是复杂性都是世所罕见的。中国推动科学发展，促进社会和谐，同时庄严承诺将始终不渝走和平发展道路。"这个战略抉择，立足中国国情，顺应时代潮流，体现了中国对内政策与对外政策的统一、中国人民根本利益与各国人民共同利益的统一，是实现中华民族伟大复兴的必由之路。中国坚定不移地奉行独立自主的和平外交政策，坚定不移地奉行互利共赢的开放战略，致力于推进国际关系民主化，推动经济全球化朝着均衡、普惠、共赢方向发展，促进人类文明交流互鉴，呵护人类赖以生存的地球家园，同世界各国一起分享发展机遇、共同应对风险挑战，推动建设持久和平、共同繁荣的和谐世界。"① 用马克思主义的宽广眼界观察世界，用世界眼光看待中国，我们就可以具有更加开阔的视野、更加雄浑的气魄，更加切实的愿景。

四、与时俱进的实现途径

马克思主义自诞生以来，整个世界发生了剧烈和深刻的变化，为前人所难以想象；马克思主义并没有结束真理，而是在实践中不断开辟认识真理的道路，具有与时俱进、开拓创新的理论品质。马克思主义也只有与本国国情相结合、与时代发展相同步，才能焕发出强大的生命力、创造力、感召力。马克思主义又是发展的科学，它始终以客观事实为根据，而实际生活总是在不停地变动中。这种变动的剧烈和深刻是前人难以想象的。马克思主义必定随着时代、实践和科学的发展而不断发展。否认马克思主义的科学性，丢掉老祖宗，是错误的、有害的；教条式地对待马克思主义，也是错误的、有害的。我们运用马克思主义，不可能要求革命导师为解决以后产生的问题提供现成答案，必须以我国的实际问题，以我们正在做的事情为中心，着眼于对实际问题的深刻思考，展现理论创新的巨大勇气。

---

① 胡锦涛在日本早稻田大学的演讲，《人民日报》2008年5月9日。

1. 与时俱进是马克思主义最重要的理论品质

改革开放以来，我们党的领导人多次强调，"不以新的思想、观点去继承、发展马克思主义，不是真正的马克思主义者。"① 要讲老祖宗没有讲过的话，要讲新话。"马克思主义的生命力，就是在于它在实践中能够不断创新；马克思主义理论的每一次重大突破，社会主义实践的每一次历史性飞跃，都是马克思主义基本原理与具体实践相结合进行理论创新的结果。"② "实践没有止境，创新也没有止境。我们要突破前人，后人也必然会突破我们。这是社会前进的规律。我们一定要适应实践的发展，以实践来检验一切，自觉地把思想认识从那些不合时宜的观念、做法和体制的束缚中解放出来，从对马克思主义的错误的和教条式的理解中解放出来，从主观主义和形而上学的桎梏中解放出来。"③ 既坚持马克思主义基本原理，又谱写新的理论篇章，要求我们把高举旗帜同与时俱进，解放思想同实事求是，立足当前同放眼长远统一起来，勇于探索，勇于创新。

以邓小平为核心的第二代党中央领导集体解放思想、实事求是，果断摈弃"以阶级斗争为纲"的错误理论和实践，开辟了改革开放的伟大历程，提出了"建设有中国特色的社会主义"的重大命题，并在实践中形成了邓小平理论。邓小平还创造性地提出关于社会主义本质的思想；关于社会主义的根本任务是发展生产力的思想；关于坚持"一个中心，两个基本点"的思想；关于以"三个有利于"作为判断各方面工作的根本标准的思想；关于社会主义也可以搞市场经济的思想；关于科学技术是第一生产力的思想；关于改革也是一场革命的思想；关于没有民主就没有社会主义的思想；关于以"四有"为目标，建设社会主义精神文明的思想；关于和平与发展是当代世界两大主题的思想；关于吸收和利用世界各国包括资本主义发达国家所创造的一切先进文明成果来发展社会主义的思想；关于分"三步走"基本实现现代化的设想；关于党必须适应改革开放和现代化建设的需要不断改善和加强对各方面工作的领导，改善和加强自身建设的思想；关于"一个国家、两种制度"的构想等。

20世纪最后十年，第三代党中央领导集体深刻总结世界社会主义的严重挫折及其历史教训，从容应对一系列关系我国主权和安全的国际突发事件，战胜在政治、经济领域的困难和自然灾害，经受住一次又一次考验，排除各种干扰，保

---

① 《邓小平文选》第3卷，人民出版社1993年版，第292页。
② 《江泽民文选》第3卷，人民出版社2006年版，第131页。
③ 江泽民：《全面建设小康社会 开创中国特色社会主义事业新局面》，人民出版社2002年版。

证了改革开放和社会主义现代化建设的顺利前进，在新的实践中形成了"三个代表"重要思想，创造性地提出我们党必须始终代表中国先进生产力的发展要求，代表中国先进文化的前进方向，代表中国最广大人民的根本利益。"三个代表"重要思想还在建设中国特色社会主义的思想路线、发展道路、发展阶段和发展战略、根本任务、发展动力、依靠力量、国际战略、领导力量和根本目的等重大问题上，提出了关于建立社会主义市场经济体制的思想；关于公有制为主体、多种所有制经济共同发展是我国社会主义初级阶段的基本经济制度的思想；关于按劳分配为主体、多种分配方式并存的思想；关于实行全方位对外开放战略的思想；关于社会主义物质文明、政治文明和精神文明协调发展的思想；关于正确处理改革发展稳定的思想；关于建设社会主义法治国家的思想；关于依法治国和以德治国相结合的思想；关于走中国特色的精兵之路的思想；关于巩固党的阶级基础和扩大党的群众基础的思想等。

中共十六大以后，党中央又顺应国内外形势发展变化，发扬求真务实、开拓进取精神继续在理论和实践创新上迈出新步伐。特别是进入新世纪、新阶段，我国经济体制深刻变革，社会结构深刻变动，利益格局深刻调整，思想观念深刻变化，空前的社会变革在给我国经济社会发展进步带来巨大活力的同时，也带来一系列新情况新问题，我们党和国家事业发展处在一个新的历史起点上。党中央立足我国基本国情，在深入分析我国发展的阶段性特征、总结我国发展实践、准确把握世界发展趋势、借鉴国外发展经验的基础上，提出了科学发展观等一系列重大战略思想，创造性地提出关于转变发展方式、实现又好又快发展的思想；关于实现科学发展、和谐发展、和平发展的思想；关于始终把实现好、维护好、发展好最广大人民的根本利益作为党和国家一切工作的出发点和落脚点的思想；关于尊重人民主体地位、发挥人民首创精神、保障人民各项权益的思想；关于发展为了人民、发展依靠人民、发展成果由人民共享的思想；关于全面推进经济建设、政治建设、文化建设、社会建设的思想；关于促进现代化建设各个环节、各个方面相协调，促进生产关系与生产力、上层建筑与经济基础相协调的思想；关于建设资源节约型、环境友好型社会、实现可持续发展的思想；关于统筹兼顾，正确认识和妥善处理中国特色社会主义事业中的重大关系的思想；关于统筹中央和地方的关系，统筹个人利益和集体利益、局部利益和整体利益、当前利益和长远利益，充分调动各方面积极性的思想；关于统筹国内国际两个大局的思想等。

2. 实践没有止境，创新也没有止境

在中共十七大报告中，仅涉及社会主义民主政治和党的建设部分，就包括明

确宣告"人民民主是社会主义的生命",提出政治体制改革"必须随着经济社会的发展而不断深化,与人民政治参与积极性不断提高相适应";在我国基本政治制度中增加了"基层群众自治制度",要求"从各个层次、各个领域扩大公民有序政治参与";提出形成"决策权、执行权、监督权既相互制约又相互协调的权力结构和运行机制";提出必须把对干部实行民主监督,作为发展社会主义民主政治的基础性工程加以重点推进,"必须让权力在阳光下运行";提出要"保障人民的知情权、参与权、表达权、监督权","保障人民享有更多更切实的民主权利","依法保证全体社会成员平等参与、平等发展的权利";提出要"以扩大党内民主带动人民民主,以增进党内和谐促进社会和谐","推行地方党委讨论决定重大问题和任用重要干部票决制"等新的内容。

马克思主义最重要的理论品质就是与时俱进。创新就要不断解放思想、实事求是、与时俱进。改革开放初期,邓小平就掷地有声地告诉全党:"一个党、一个国家、一个民族,如果一切从本本出发,思想僵化,迷信盛行,那它就不能前进,它的生机就停止了,就要亡党亡国。"[①] 这不但是思想路线问题,也是重大政治问题,是关系到党和国家前途和命运的问题,因此必须实事求是,解放思想,开动脑筋想问题、办事情。江泽民提出,"创新是一个民族进步的灵魂,是一个国家兴旺发达的不竭动力,也是一个政党永葆生机的源泉。世界在变化,我国改革开放和现代化建设在前进,人民群众的伟大实践在发展,迫切要求我们党以马克思主义的理论勇气,总结实践的新经验,借鉴当代人类文明的有益成果,在理论上不断扩展新视野,作出新概括。只有这样,党的思想理论才能引导和鼓舞全党和全国人民把中国特色社会主义事业不断推向前进。实践基础上的理论创新是社会发展和变革的先导。通过理论创新推动制度创新、科技创新、文化创新以及其他各方面的创新,不断在实践中探索前进,永不自满,永不懈怠,这是我们要长期坚持的治党治国之道。"也就是一定要"用发展着的马克思主义指导新的实践"。[②] 创新,最关键的是理论创新,制度创新、科技创新、文化创新以及其他各方面的创新都是在理论创新的指导和推动下进行的。如果因循守旧,左顾右盼,我们就会失去宝贵机遇,我们党就有丧失先进性和领导资格的危险。胡锦涛在纪念中国共产党成立90周年大会上指出,"实践发展永无止境,认识真理永无止境,理论创新永无止境。党和人民的实践是不断前进的,指导这种实践的理论也要不断前进。中国特色社会主义道路必将在党和人民的创造性实践中不断拓展,中国特色社会主义制度必将在深化改革、扩大开放中不断完善。这一过程

---

① 《邓小平文选》第2卷,人民出版社1994年版,第143页。
② 江泽民:《全面建设小康社会 开创中国特色社会主义事业新局面》,人民出版社2002年版。

必将为理论创新开辟广阔前景。在新的历史条件下坚持马克思主义,关键是要及时回答实践提出的新课题,为实践提供科学指导。我们要准确把握世界发展大势,准确把握社会主义初级阶段基本国情,深入研究我国发展的阶段性特征,及时总结党领导人民创造的新鲜经验,重点抓住经济社会发展重大问题,作出新的理论概括,永葆科学理论的旺盛生命力。"① 中国特色社会主义的伟大实践还在进行中,尽管前进的道路不可能一马平川,但清醒认识当今世界和当代中国发展的大势,全面把握我国发展的新要求和人民群众的新期待,认真总结我们党治国理政的实践经验,科学制定适应时代要求和人民愿望的行动纲领和大政方针,始终是我们不断丰富和发展中国特色社会主义理论体系的基本途径。

五、造福人民的根本宗旨

代表最大多数群众的利益,全心全意为人民服务,既是共产党人的奋斗宗旨,也是马克思主义的政治本色。中国化的马克思主义,无论是推翻"三座大山",争取民族独立和解放,实现人民当家做主;还是励精图治,摆脱贫困落后面貌,实现中华民族的伟大复兴,都是中国人民根本利益的集中体现。

1. 立党为公、执政为民

坚持马克思主义基本原理同中国实际相结合,说到底就是同中华民族、中国人民的实践相结合;坚持马克思主义与时俱进的理论品质,说到底也就是以人民群众的实践来衡量这个理论的效果。离开了人民群众及其实践活动,马克思主义的真理性和指导意义就无从谈起,中国特色社会主义道路就失去了奔头,中国特色社会主义理论体系也就成了"无源之水,无本之木"。一切为了群众,一切依靠群众,从群众中来,到群众中去,是马克思主义中国化的价值目标,也是不断推进中国特色社会主义事业的群众路线和根本保证。

早在改革开放初期,我们党就提出,"党坚决相信人民,依靠人民,顺应了人民的要求和历史发展的潮流。……人民要求拨乱反正,要求安定团结,要求集中力量进行社会主义现代化建设,要求社会主义物质文明和精神文明的提高。党正是集中了人民的意志,制定了正确的路线、方针和政策,才把祖国的社会主义

---

① 胡锦涛在庆祝中国共产党成立90周年大会上的讲话,《人民日报》2011年7月2日。

事业重新引上康庄大道。人民对党的信任和支持，是我们的事业能够不断取得胜利的关键所在。"① 邓小平语重心长地指出，"我们要想一想，我们给人民究竟做了多少事情呢？我们一定要根据现在的有利条件加速发展生产力，使人民的物质生活好一些，使人民的文化生活、精神面貌好一些。""社会主义现代化建设的极其艰巨复杂的任务摆在我们的面前。很多旧问题需要继续解决，新问题更是层出不穷。党只有紧紧地依靠群众，密切地联系群众，随时听取群众的呼声，了解群众的情绪，代表群众的利益，才能形成强大的力量，顺利地完成自己的各项任务。"② 他高度重视人民群众的首创精神，善于概括人民群众的新鲜经验，并将之上升到理论来指导建设中国特色社会主义的实践；他根据人民群众的迫切愿望，捕捉和把握改革开放的契机，依靠人民群众的力量促进生产力的解放和发展，走向共同富裕的目标；他提出要把人民答应不答应、满意不满意、拥护不拥护作为衡量党的路线、方针、政策是否正确的根本标准。江泽民也提醒全党，"人心向背，是决定一个政党、一个政权兴亡的根本性因素。"③ 不能赢得最广大群众的支持，就必然垮台。执政党高度关注人心向背问题，从根本上说，就是对人民群众的态度问题、同人民群众的关系问题。"三个代表"重要思想的本质是立党为公、执政为民，也就是党的一切工作，必须以最广大人民的根本利益为最高标准。"任何时候我们都必须坚持尊重社会发展规律与尊重人民历史主体地位的一致性，坚持为崇高理想奋斗与为最广大人民谋利益的一致性，坚持完成党的各项工作与实现人民利益的一致性。"④ "始终做到'三个代表'，是我们党的立党之本、执政之基、力量之源。这里的'本'、'基'、'源'，说到底就是人民群众的支持和拥护。"⑤

2. 权为民所用、情为民所系、利为民所谋

中共十六大以来，新一代领导人反复强调，要真正做到权为民所用、情为民所系、利为民所谋。"我们党的根本宗旨是全心全意为人民服务，党的一切奋斗和工作都是为了造福人民，要始终把实现好、维护好、发展好最广大人民的根本利益作为党和国家一切工作的出发点和落脚点，做到发展为了人民、发展依靠人

---

① 胡耀邦：《全面开创社会主义现代化建设的新局面》，人民出版社1982年版。
② 《邓小平文选》第2卷，人民出版社1994年版，第128、342页。
③ 《江泽民文选》第3卷，人民出版社2006年版，第185页。
④ 同③，第279页。
⑤ 胡锦涛在"三个代表"重要思想理论研讨会上的讲话，《人民日报》2003年7月2日。

民、发展成果由人民共享。"① 并提出从最广大人民群众的根本利益出发谋发展、促发展,把促进经济社会发展与人的全面发展统一起来,从人民群众最关心、最直接、最现实的根本利益出发,不断满足人民群众日益增长的物质文化需要。胡锦涛在庆祝中国共产党成立90周年大会上再次强调,"来自人民、植根人民、服务人民,是我们党永远立于不败之地的根本。以人为本、执政为民是我们党的性质和全心全意为人民服务根本宗旨的集中体现,是指引、评价、检验我们党一切执政活动的最高标准。""密切联系群众是我们党的最大政治优势,脱离群众是我们党执政后的最大危险。我们必须始终把人民利益放在第一位,把实现好、维护好、发展好最广大人民根本利益作为一切工作的出发点和落脚点,做到权为民所用、情为民所系、利为民所谋,使我们的工作获得最广泛最可靠最牢固的群众基础和力量源泉。""要把人民放在心中最高位置,尊重人民主体地位,尊重人民首创精神,拜人民为师,把政治智慧的增长、执政本领的增强深深扎根于人民的创造性实践之中。要高度重视并切实做好新形势下群众工作,坚持问政于民、问需于民、问计于民,真诚倾听群众呼声,真实反映群众愿望,真情关心群众疾苦,依法保障人民群众经济、政治、文化、社会等各项权益。只有我们把群众放在心上,群众才会把我们放在心上;只有我们把群众当亲人,群众才会把我们当亲人。"②

3. 以人为本就是以最广大人民的根本利益为本

"以人为本"作为科学发展观的核心,"就是要坚持发展为了人民、发展依靠人民、发展成果由人民共享,尊重人民主体地位,发挥人民首创精神,始终把人民呼声作为第一信号,把人民利益放在第一位置,不断提高人民物质文化生活水平,促进人的全面发展。"③ 发展为了人民,就是我们所做的一切都是为了实现好、维护好、发展好最广大人民的根本利益,把发展的目的真正落实到满足人民需要、实现人民权益、提高人民生活水平上;发展依靠人民,就是尊重人民主体地位,最充分地调动人民群众的积极性、主动性和创造性,最大限度地集中全社会全民族的智慧和力量,最广泛地动员和组织亿万群众投身中国特色社会主义伟大事业;发展成果由人民共享,就是深入了解民情,充分反映民意,广泛集中民智,切实珍惜民力,不断实现民利,切实保障人民的经济、政治、文化、社会

---

① 胡锦涛在中央党校发表的重要讲话,《人民日报》2007年6月26日。
② 胡锦涛在庆祝中国共产党成立90周年大会上的讲话,《人民日报》2011年7月2日。
③ 胡锦涛在日本早稻田大学的演讲,《人民日报》2008年5月9日。

等权益，让改革开放和发展的成果惠及全体人民。

"以人为本"，体现了马克思主义的价值关怀，体现了我们党的根本宗旨和我们推动经济社会发展的根本目的。以人为本的"本"，就是根本，就是出发点、落脚点。第一，以人为本就是以最广大人民的根本利益为本。坚持以人为本，就要尊重人民的主体地位，发挥人民的积极性、主动性、创造性；就要从人民的根本利益出发谋发展、促发展，不断满足人民日益增长的物质文化需要；就要在全体人民根本利益一致的基础上，正确反映和兼顾来自不同群体的群众利益，妥善协调各方面的利益关系；就要切实保障人民依法享有的各项权益，维护社会公平正义，满足人们的发展愿望和多样性需求，促进人的全面发展。第二，以人为本也是立党为公、执政为民的本质要求。一切为了人民，一切依靠人民，是马克思主义政党最鲜明的政治立场。中国特色社会主义是全国各族人民创造美好生活的共同事业，是亿万人民广泛参与的创造性事业，同时也体现了尊重社会发展规律与尊重人民历史主体地位的一致性，为崇高理想奋斗与为最广大人民谋利益的一致性，完成党的各项工作与实现人民利益的一致性，保障人民权益与促进人的全面发展的一致性。党的一切奋斗和工作都是为了造福人民，必须始终坚持人民的利益高于一切，始终做到权为民所用、情为民所系、利为民所谋，始终把实现好、维护好、发展好最广大人民的根本利益作为我们一切工作的最高标准。第三，以人为本要求治国理政充分体现和代表人民的利益。发展为了人民、发展依靠人民、发展成果由人民共享，就是不断使人民群众在改革和发展中得到更多的实惠，使全体人民朝着共同富裕的方向稳步前进。更加关注发展成果的普惠性，花更大的力气处理好效率与公平的关系，统筹兼顾全体社会成员的利益，促进创造财富和公平分配更好地协调起来。要把保障和改善民生放在更重要的位置，认真解决好群众反映强烈的突出问题，努力使全体人民共享经济社会发展的成果。第四，以人为本将促进经济社会发展与促进人的全面发展统一起来。改革开放和现代化建设的根本目的，是通过发展社会生产力，不断提高人民的物质文化生活水平，促进人的全面发展。人越是全面发展，社会的物质文化财富就会创造得越多，人民的生活就越能得到改善；而物质文化条件越充分，也就越能促进人的全面发展。坚持以人为本，既要在经济社会不断发展的基础上，不断提高人的素质和能力，又要通过不断提高人的素质和能力，不断推进经济社会的发展。

当然，我们现在所面临的棘手问题还很多，人民群众还有一些不高兴、不满意的地方。虽然我国人民群众的生活总体上达到小康水平，但不同地区和部门、不同群体和个人在享受经济社会发展成果的多少方面差别还相当大，部分群众因为各种原因生活困难，劳动就业、收入分配、社会保障、住房、医疗、教育等民生问题越来越成为社会关注的热点。但无论是改革，还是发展，都是一个不断完善的过程，我们既不能回避过程中出现的问题，更不能一遇到问题就想走回头路，所有这些问题都必须通过进一步的改革与发展来解决。中国特色社会主义的各项事业，既要满足人民群众现实的物质文化生活需求，又应放眼于促进人民素质的整体提高。我们党在全面建设小康社会目标的基础上又提出了新的更高要求，包括：增强发展协调性，努力实现经济又好又快发展；扩大社会主义民主，更好保障人民权益和社会公平正义；加强文化建设，明显提高全民族文明素质；加快发展社会事业，全面改善人民生活；建设生态文明，基本形成节约能源资源和保护生态环境的产业结构、增长方式、消费模式。都是为了满足人民群众不断增长的多方面需要，同时又充分考虑现阶段发展的实际情况，把以人为本贯穿到经济社会发展各个方面，使贯彻落实科学发展观的过程成为不断为民造福的过程，成为不断提高人民生活水平的过程，成为不断提高人民思想道德素质、科学文化素质的过程，成为不断保障人民经济、政治、文化、社会权益的过程。只要广大人民群众自觉认识到改革开放与现代化建设既是伟大祖国的富强之道，也是促进我们每个人的全面发展之道，我们的事业就一定能无往而不胜。

第五章

中国现代化的发展战略与实践路径

中国的现代化道路,在改革开放过程中逐渐形成一整套发展战略。这一社会发展战略以一种开放的眼光和世界的胸怀,充分利用、吸收、借鉴人类文明的一切优秀成果,以建设性的态度对待发展和发展中面临的问题。其要义是,努力实现以人为本、全面协调可持续的科学发展,实现各方面事业有机统一、社会成员团结和睦的和谐发展,实现既通过维护世界和平发展自己、又通过自身发展维护世界和平的和平发展。

一、马克思主义发展理论

1. 马克思有关发展的论述

对社会发展的认识,历史上众多的思想家、哲学家等都提出过不少有价值的合理见解,但都未能科学地揭示出隐藏在纷繁复杂的社会现象背后的社会发展的本质、规律和动力。马克思主义发展理论即唯物史观,彻底地揭示了历史现象的本质和社会发展的客观规律,正确地回答了社会发展的动力。"这种历史观就在于:从直接生活的物质生产出发来阐述现实的生产过程,把同这种生产方式相联系的、它所产生的交往形式即各个不同阶段上的市民社会理解为整个历史的基础，从市民社会作为国家的活动描述市民社会，同时从市民社会出发阐明意识的所有各种不同理论的产物和形式，如宗教、哲学、道德等，而且追溯它们产生的过程。"① 唯物史观是从物质实践出发来解释观念的东西，而不是从观念出发来解释实践，对社会发展作出了彻底的唯物主义解释。

(1) 社会发展是自然历史过程。

唯物史观认为，社会同自然界一样也有其客观规律，社会的发展是具有客观必然性的历史进程。人类活动受自然与社会条件的双重制约，人只有不断地认识客观世界的本性，遵循客观世界的发展规律才能得以生存和发展。但是，社会的发展与自然界的发展相比，又有其特殊性，其最大的不同就在于：自然界的发展可以在人和人的意志之外，完全是盲目的、不自觉的，根本无需人的参加；而社会的发展，则是通过人的有目的、有意识的自觉活动的结果。"在社会历史领域内进行活动的，是具有有意识的、经过思虑或凭激情行动的、追求某种目的的人；任何事情的发生都不是没有自觉的意图，没有预期的目的的。"② 发展是人的需求与愿望的满足过程和价值目标不断实现的过程，人们总是按照自己设定的目标从事活动，人类社会历史是人自觉创造活动的结果。忽视社会的这一特点，把它等同于自然界，是错误的。可是，如果因为社会生活中存在着人的理性和意志的作用，从而否认社会客观规律，就会导致历史唯心主义。在社会生活中，人们预期的目的是彼此冲突、互相矛盾的，而无数个别愿望和个别行动发生冲突的结果，就"在历史领域内造成了一种同没有意识的自然界中占统治地位的状况完全相似的状况"③，人的活动受不以人的意志为转移的客观规律的支配。总之，社会历史进程既具有客观规律性，又包含人的主观能动性，是社会的客观规律同人的自觉活动的统一。这就是社会发展的本质所在。

(2) 生产力是社会发展的最终决定力量。

社会形态的发展呈现出一种自然历史过程，从根本上是由生产力的发展所决定的。"社会的物质生产力发展到一定阶段，便同它们一直在其中运动的现存生产关系或财产关系（这只是生产关系的法律用语）发生矛盾。于是这些关系便由生产力的发展形式变成生产力的桎梏。那时社会革命的时代就到来了。随着经济基础的变更，全部庞大的上层建筑也或慢或快地发生变革。……无论哪一个社会形态，在它所能容纳的全部生产力发挥出来以前，是决不会灭亡的；而新的更

---

① 《马克思恩格斯选集》第 1 卷，人民出版社 1995 年版，第 92 页。
②③ 《马克思恩格斯选集》第 4 卷，人民出版社 1995 年版，第 247 页。

高的生产关系，在它的物质存在条件在旧社会的胎胞里成熟以前，是决不会出现的。……在资产阶级社会的胎胞里发展的生产力，同时又创造着解决这种对抗的物质条件。因此，人类社会的史前时期就以这种社会形态而告终。"① 马克思的这一论述深刻地揭示了社会形态更替的客观性、必然性、决定性。在马克思恩格斯看来，社会的发展及其形态的更替是一种自然历史过程，是按照一定的客观规律发展变化的，其中生产力和生产关系、经济基础和上层建筑之间的辩证运动是社会发展的基本矛盾，也是人类社会发展和形态更替所遵循的最基本的规律。而生产力是人类社会发展的最终决定力量，它既是社会发展的动力，也是社会发展的表现。

(3) *人是推动社会发展的历史主体*。

社会发展理论存在并实现于人类劳动或生产实践活动中，历史不过是追求着自己目的的人的活动。没有人的存在及其活动，也就没有人类社会的产生和发展。构成社会结构的生产力、生产关系（经济基础）和上层建筑等要素本身就是人类实践活动的产物。人类社会的发展就是人自觉地逐渐认识、遵循并运用社会发展规律的实践过程，其中人的需要和利益是其发展的内驱力，社会革命和改革是其发展的直接动力。首先，人是社会活动的主体，需要和利益是其活动的直接驱动力。"人们为了能够'创造历史'，必须能够生活。但是为了生活，首先就需要吃喝住穿以及其他一些东西。因此第一个历史活动就是生产满足这些需要的资料，即生产物质生活本身"②，"人们奋斗所争取的一切，都同他们的利益有关"③。其次，正如任何事物的发展都表现为量变和质变两个阶段一样，社会的发展也体现为改革和革命两种形式。社会革命是阶级社会中社会发展的普遍规律，是历史的火车头。但是，社会发展也不是永远都需要经由社会革命来实现。"只有在没有阶级和阶级对抗的情况下，社会进化将不再是政治革命。"④ 但无论是社会革命，还是社会改革，都是由人来推动的。

(4) *社会进步和人的发展的辩证统一*。

人的发展离不开社会的进步，而社会的进步的最终目的又归结为人的发展。社会进步和人的发展是同一历史过程，二者是统一不可分的。马克思从历史发展

---

① 《马克思恩格斯选集》第 2 卷，人民出版社 1995 年版，第 32～33 页。
② 《马克思恩格斯选集》第 1 卷，人民出版社 1995 年版，第 79 页。
③ 同②，第 82 页。
④ 同②，第 195 页。

的总体上揭示了人的发展和社会发展之间的辩证进程。他曾把全部人类史划分为三大社会形态，并考察了在三大社会形态下的人发展经历的三个不同阶段及其特征。"人的依赖关系（起初完全是自然发生的），是最初的社会形态，在这种形态下，人的生产能力只是在狭窄的范围内和孤立的地点上发展着。以物的依赖性为基础的独立性，是第二大形态，在这种形态下，才形成普遍的物质交换，全面的关系，多方面的需求以及全面的能力的体系。建立在个人全面发展和他们共同的社会生产能力成为他们的物质财富这一基础上的自由个性，是第三阶段。第二个阶段为第三个阶段创造条件。"① 马克思不仅给我们展望了人的发展的美好图景，而且论证了如何实现人的自由全面发展的途径。人的发展一定要以生产劳动为基础、以生产力发展为条件。市场的扩大和交往的普遍性为人的发展、为满足人的物质和精神的全面需要提供了可能性。"交往的普遍性，从而世界市场成了基础。这种基础是个人全面发展的可能性。"② 随着大工业的发展，必要劳动时间不断缩减和人们自由支配的时间将日益增多，从而为所有的人在艺术、科学等方面发展腾出了大量时间和创造了优越条件。人的自由全面发展必须建立在推翻私有制，消灭旧式分工，建立自由人的联合体基础上。

（5）实现人的自由全面发展是未来社会的本质规定。

马克思主义认为，历史进步是社会发展和人的发展相统一的过程，社会发展的终极目的是为了实现人的全面而自由的发展。未来社会发展生产的目的是满足社会需要即"社会地发展了的人的需要"，从而实现人的自由而全面发展。马克思恩格斯在《共产党宣言》中明确指出："代替那存在着阶级和阶级对立的资产阶级社会的，将是这样一个联合体，在那里，每个人的自由发展是一切人的自由发展的条件。"③ 1867年，马克思在《资本论》中对人的自由全面发展是共产主义社会的一个重要特征，同样作了科学的论述，指出共产主义社会的本质规定是"一个更高级的、以每个人的全面而自由的发展为基本原则的社会形式"④。马克思恩格斯"在批判旧世界中发现新世界"，他们论述未来社会带有明显的与资本主义社会相比照的特点，资本主义最根本的弊端是造成了人与社会的畸形发展。在他们看来，实现人的自由和全面发展，是人类社会发展的根本目的，是未来社会即共产主义社会的重要特征和本质规定。

---

① 《马克思恩格斯全集》第46卷（上），人民出版社1979年版，第104页。
② 《马克思恩格斯全集》第46卷（下），人民出版社1979年版，第36页。
③ 《马克思恩格斯选集》第1卷，人民出版社1995年版，第294页。
④ 马克思：《资本论》第1卷，人民出版社2004年版，第649页。

2. 发展应致力于消除物对人的奴役

马克思根据人的自由、人的独立个性的发展把社会形态分为三个阶段：即人的依赖关系、物的依赖关系、个人的全面发展。在前工业社会的第一阶段，人与人相互依赖，严重限制着人的个性发展；在工业社会的第二阶段，正是资本主义社会生产力的提高，使人摆脱了人的奴役，使人的全面发展成为可能。但由于资本的固有贪婪逻辑，资本主义生产方式对社会经济生活的全面、无限地主宰，从而导致了"普遍的物化"。

社会的物化，首先体现为物奴役人。在资本主义社会中，"物"上升为社会的主体，资本家不是作为这种或那种个人来统治工人，而是在"资本"的范围内统治工人。生产资料、生活资料不是从属于工人，相反，是工人从属于它们。不是工人使用它们，而是它们使用工人，"资本家对工人的统治，就是物对人的统治，死劳动对活劳动的统治，产品对生产者的统治"①。在这里，物的权力不归物的生产者所有，而是凌驾于物的生产者之上的绝对权力，将物的生产者置于同自己相对立的地位。资本主义生产颠倒了目的和手段的关系，在资本的逻辑下，人成为手段，物是目的。同时，劳动者自己也被物化，成为商品，被物所奴役。"工人不断地像进入生产过程时那样又走出那个过程：它是财富的人身源泉，但被剥夺了为自己实现这种财富的一切手段。因为在他进入过程以前，他自己的劳动就同他相异化而为资本家所占有，并入资本中了。所以在过程中这种劳动不断对象化在为他人所有的产品中。因为生产过程同时就是资本家消费劳动力的过程，所以工人的产品不仅不断地转化为商品，而且也转化为资本，转化为吮吸创造价值的力的价值，转化为购买人身的生活资料，转化为使用生产者的生产资料。"② 在一种不是物质财富为工人的发展需要而存在，相反是工人为现有价值的增殖而存在的生产方式下，事情也不可能是别的样子。

资本主义在人类历史上起了重大的推动社会经济发展的作用，这主要表现在资本主义生产自追逐剩余价值的活动中大大发展了社会生产力，并为更高的社会经济形式（共产主义社会）奠定了坚实的物质基础。正是在这个意义上，马克思肯定了资本主义生产方式的历史进步性和积极作用。另一方面，马克思对资本主义社会经济形式持一种科学的批判的态度。认为资本主义生产方式代表了一种冷酷的、无情的和非人性的生产方式，正是资本主义的生产方式造成了人的异

---

① 《马克思恩格斯全集》第49卷，人民出版社1982年版，第48~49页。
② 马克思：《资本论》第1卷，人民出版社2004年版，第658页。

化。它把雇佣工人变成了仅仅为资本家生产剩余价值的雇佣奴隶,把包括自然资源和劳动力等生产要素都纳入资本的范畴,变成资本的生产力。因此,在资本主义条件下面所谈论的自由,只是资本的自由,是作为资本人格化的资本家残酷剥削工人的自由。至于作为雇佣劳动者的工人,如果说有自由的话,也不过是自由得一无所有的劳动力的自由出卖者。马克思深刻揭示了资本主义的自由、平等、公正的虚伪性,以及异化现象同资本主义生产方式之间的内在联系,只要存在资本主义生产方式,便必然存在这些异化现象。

马克思主张诉诸行动,把理论和实践结合起来,以基于社会物质生产方式的社会现实的历史发展取代了黑格尔的"绝对精神"自我扬弃的发展。他认为,作为社会现象的异化是无法通过单纯的观念来扬弃的,只有诉诸现实的实践活动,特别是社会革命,推翻异化得以产生的资本主义私有制和社会关系,才能从根本上消除异化现象。要消灭异化现象,就必须消灭资本主义生产方式。"而无产者,为了实现自己的个性,就应该消灭他们迄今面临的生存条件,消灭这个同时也是整个迄今为止的社会的生存条件,即消灭劳动。因此,他们也就同社会的各个人迄今借以表现为一个整体的那种形式即同国家处于直接的对立中,他们应当推翻国家,使自己的个性得以实现。"① 马克思分析资本主义生产的剥削本质,揭露资本家剩余价值的来源,以期唤起被剥削、被压迫的广大工人大众的觉醒,使无产阶级从"自在阶级"变成"自为阶级",自觉地起来进行推翻资本主义制度的革命,完成其作为资本主义掘墓人和共产主义创造者的历史使命。

在当代,发达资本主义的生产使人被物进一步异化,甚至达到奴役人类自身、危害人类基本健康的地步。在物化的资本主义条件下只能加剧这样一种倾向,即现代科技越来越难以估计其广泛应用所产生的社会后果以及社会效益的好坏了。这种经济状态迫使人类从关注生产转移到关注人自身的完善,人需要利用可控的手段直接为人服务而不再是生产与利润。经济与平等是两个相反的方向,经济利润最大化诉求与环境保护是一种悖论。为此,发达资本主义不得不为了环境而修改生产或遏制生产。而社会主义的一个重要使命就是消除异化,实现生产与分配的公正,以消除物对人的奴役,聚焦于人自身发展的全面、尊严与平等。

3. 发展的目的是人自由而全面的发展

马克思在发现社会发展规律的同时,也揭示了人本身发展的规律。人的发展

---

① 《马克思恩格斯选集》第 1 卷,人民出版社 1995 年版,第 121 页。

是一个不断地从各种自然和社会关系的束缚中解放出来，从而走向自由全面发展的过程。实现人的自由全面发展是未来社会的本质规定。马克思把未来社会称为"自由人联合体"，是"以每个人的全面而自由的发展为基本原则的社会形式"。这里说的每个人的"自由发展"即人的个性、能力和创造性的"不受阻碍的发展"，是人的本质力量的最大限度的展示；"全面发展"是指人的综合素质的全面提高，从物质到精神的全面发展和各种权利的充分实现，是人对人的本质的全面占有。人的自由全面发展就是"社会的每个成员都能完全自由地发展和发挥他的全部才能和力量，并且不会因此而危及这个社会的基本条件"[1]，"他们的体力和智力获得充分的自由的发展和运用"[2]，最终成为全面的人——具有社会的人的一切属性的人、具有尽可能广泛需要的人，最终成为自由的人——自然的主人、社会的主人、自身的主人。

相对于全面发展而言，人的自由发展更具根本性意义。马克思把自由与人类解放联系起来，不仅将其作为个人发展的尺度，而且将其作为共产主义社会的最高价值目标。实现人的个性解放，实现每个人的自由发展，是马克思自由观的最基本内涵。马克思自由观的特点主要表现在：一是他强调"每个人的自由"，如"每个人的全面而自由的发展"，"每个人的自由发展是一切人的自由发展的条件"；二是认为"人们每次都不是在关于理想所决定和所容许的范围之内，而是在现有的生产力所规定和所容许的范围之内取得自由"[3]。这一方面说明了自由受一定的物质条件的限制，同时也表明"在现有的生产力所规定和所容许的范围内"争取实现最大限度的自由的可能性和必要性。特别重要的是，他指出"生产者只有在占有生产资料之后才能获得自由"[4]。这样，他就把争取自由、争取解放的斗争，同争取生产资料所有权的努力结合起来了；三是马克思把自由的价值升华为对未来社会的崇高理念。未来的社会制度将是"自由平等的生产者联合的制度"，这个社会的基本原则是"每个人的全面而自由的发展"，构成这个社会的细胞是"自由人联合体"，"在那里，每个人的自由发展是一切人的自由发展的条件"。自由是马克思主义的核心观点，人的自由和解放是马克思主义的最高价值诉求。

马克思主义自由观在当代中国具有特别重要的意义。人有了自由，社会才能发展；而社会有了发展，人才能更充分地享受自由。在过去很长一段时间里，我们曾经把"自由"视为洪水猛兽，从马克思主义的核心位置上移到资产阶级身

---

[1] 《马克思恩格斯全集》第42卷，人民出版社1979年版，第373页。
[2] 《马克思恩格斯选集》第3卷，人民出版社1995年版，第633页。
[3] 《马克思恩格斯全集》第3卷，人民出版社1960年版，第507页。
[4] 《马克思恩格斯全集》第19卷，人民出版社1963年版，第264页。

上。自由是人类的特性，也是社会主义的最高价值追求。社会主义的自由是"消极自由"和"积极自由"的统一，既要求摆脱人格的依附，摆脱贫困和恐惧，也要求发展个人能力与共同承担社会和政治责任的机会。

"以人为本"的科学发展观，克服了对马克思主义机械的、教条式的理解，又将马克思主义经典理论与世界普遍价值理念有机地结合起来，并根植于中国民族文化的土壤之中。"以人为本"推进人的自由全面发展作为构建社会主义和谐社会的逻辑起点，必须深刻地理解两个最基本概念。其一，人的自由与解放。"人"包括：类存在意义上的一切人，社会群体意义上的人及具有独立人格的个人。"人"在哲学上有三个对应物，一个是神，一个是物，一个是国家社会。无论是物、神，还是国家与社会都是因有了独立人格的个人，才具有存在价值，可见，具有独立人格的个人具有本原性的决定意义。然而，在人类漫长的历史长河中，无论是作为哪一种类的人都没有因其具有独立人格，从根本上摆脱对于物、神和国家与社会的依附。其二，"本"的哲学价值与社会意义。"本"在哲学上可以有两种理解：一种是世界的"本原"，世界的"本"是物质，人的世界的"本"就只能是人；一种是事物的"根本"。"本"就是始原、发源，是其他一切的根据和标准，是规定性的力量。从哲学上讲"人本"回答了人是国家与社会的本源和载体，从社会意义上看"人本"回答了在我们生活的这个世界上，什么是最重要、最根本、最值得人类关注的问题。"以人为本"就是把人视为本原和目的，人独立和自主的地位是永恒的、天赋的、不可剥夺的。人如果不能独立，就不能彻底摆脱工具地位，就不能真正把人作为目的。

马克思认为，人总是按照人的尺度来评判历史进步的，社会历史是从人的依赖走向物的依赖再走向人的自由全面发展的历史，这样的社会历史就是不断解放人的历史，也不断表现着对人的终极关怀。每个人的自由和全面发展是一切人的自由全面发展的前提，揭示了独立个体与国家社会的相辅相成、相互依存的关系，肯定了独立个体对国家社会的决定性作用。"以人为本"既是指人民群众在国家和社会中的主体地位，又指独立个体特有权利本原。人作为本原和终极目的既应当不屈从于国家和社会，又应自觉依法摆正个体与国家社会的关系。人的自由和自主既应成为构建社会主义和谐社会价值取向的本原和依据，又应成为促进社会和谐的动力源泉。以人为本推进人的自由全面发展是建立在群众史观基础上的、以保障人民的主人地位为前提的、以维护人民权利为根本的价值观，它不仅把"人本"作为一切社会发展的逻辑起点，而且把"人的自由全面发展"作为社会发展终极目标；不仅从法律角度确立了人民的国家主权地位，而且成为支配全社会成员思想和行为的道德力量，成为我们制度安排和决定政策的基本根据。

二、"中国式现代化"的定位和目标

1. 中国现代化的曲折探索

现代化是一个世界历史范畴。广义的现代化是指 18 世纪后期工业革命以来现代生产力引发的社会生产方式与人类生活方式大变革,是以现代工业、科学和技术革命为动力,从传统农业社会向现代工业社会的大转变,是使工业主义渗透到经济、政治、文化、思想各个领域并引起社会组织与社会行为深刻变革的过程。狭义的则是指第三世界经济落后国家和地区采取高效率途径,通过广泛的经济技术改造与社会改革,迅速赶上先进工业国和适应世界新环境发展的过程。现代化的核心内容是工业革命或工业化,但现代化不等同于工业化。现代化包括了经济上的工业化、政治上的民主化、思想领域的开明化及社会生活上的城市化等。现代化是世界文明发展的主旋律、大趋势,也是中国近代以来的悲壮主题,凝聚着几代人的鲜血、光荣与梦想。一个独立、自由、民主和统一的中国,是实现中国现代化的先决条件和前提。

中国共产党的领导给中国现代化带来希望。毛泽东认为,经济落后、工业不发达,是中国自鸦片战争以来饱受帝国主义蹂躏和剥削的根本原因。工业是最有发展前途、最富于生命力、是决定社会一切变化的力量,要使中国的民族独立有巩固的保障,就需要工业化。民主革命的中心目的就是从侵略者、地主、买办手下解放农民,建立近代工业社会。中国工人阶级的任务,不但要为建立新民主主义的国家而斗争,而且要为中国的工业化和农业近代化而斗争。1953 年,党中央提出的过渡时期总路线,把工业化和生产资料的社会主义改造作为同时并进的两大任务。次年,毛泽东在第一届全国人大上,提出要把中国建设成为一个工业化的具有高度现代文明程度的伟大的国家。

1954 年 9 月,周恩来在全国人大一届一次会议上所作的《政府工作报告》中,第一次提出了"四个现代化"的远景目标,即建设现代化工业、现代化农业、现代化的交通运输业和现代化的国防。"我国的经济原来是很落后的。如果我们不建设起强大的现代化的工业、现代化农业、现代化交通运输业和现代化的国防,我们就不能摆脱落后和贫困,我们的革命就不能达到目的。"[①] 1956 年召

---

① 《周恩来选集》下卷,人民出版社 1984 年版,第 132 页。

开的中共八大通过的党章总纲中也列入了上述四个现代化的任务。1964年，在全国人大三届一次会议上，根据毛泽东的建议，周恩来在《政府工作报告》中提出了分"两步走"，在20世纪末实现四个现代化的设想。第一步，用15年时间，即1980年以前，建成一个独立的比较完整的工业体系和国民经济体系；第二步，在20世纪内，全面实现农业、工业、国防和科学技术的现代化，使我国经济走在世界前列。

在一个刚刚从半殖民地半封建社会解放出来，经济文化还很落后的国家进行现代化建设，是一个崭新而艰巨的任务。探索的道路并不平坦，可谓一波三折。

——第一个"五年计划"时期（1953～1957年）。我国集中力量完成了一批为国家工业化所必需而过去又非常薄弱的重点工程，基础工业建立了起来。经济效果比较好，重要经济部门之间的比例比较协调。市场繁荣，物价稳定，人民生活显著改善。

——大跃进时期（1958～1960年）。由于社会主义建设经验不足，对经济发展规律和中国基本国情认识不足，更由于在胜利面前骄傲自满，急于求成，轻率地发动了"大跃进"和人民公社化运动，使得以高指标、瞎指挥、浮夸风和共产风为主要标志的"左"倾错误泛滥开来，国家和人民遭到重大损失。

——经济战略调整时期（1961～1965年）。强调从实际出发，量力而行，并把恢复农业生产、解决市场问题，即保证人民生活作为重点；在战略方针上改变了高指标、高积累的做法，调整为"以农业为基础，以工业为主导"，按农、轻、重次序安排经济发展的总方针。经过调整，有效地纠正了"大跃进"的错误，国民经济得以恢复和发展，人民生活有所改善。

——十年动乱期间（1966～1976年）。这个时期坚持了以阶级斗争为纲，以备战为中心，以"三线"建设为重点，高指标、高积累、低消费、低效益的那一套又卷土重来，国民经济巨大滑坡，人民生活水平的提高严重受阻。

但是，20多年中国社会主义建设仍然取得了显著的成绩。兴建了一批新的工业基地；国防工业从无到有逐步建设了起来；资源勘探工作成绩很大；铁路、公路、水运、空运和邮电事业都有很大发展；农业的机械化、水利化、电力化推动农业生产条件发生了显著变化。我们基本上依靠自己的力量保证了人民的吃饭穿衣，人民生活比新中国成立前还是有了改善。教育、文化、卫生、体育事业也有了很大发展。科学技术取得了震惊世界的成就，而且跻身于拥有"两弹一星"的大国行列。

中国人民独立自主、自力更生，顶住各种压力，艰苦奋斗，在"一穷二白"的基础上建立起独立的比较完整的工业体系和国民经济体系，为日后大规模的现代化建设打下了物质技术基础，培养了大批骨干力量，积累了丰富的经验。但是，在中国这样一个经济文化相当落后的东方大国，怎样实现现代化，这是一个关系到中华民族兴衰和中国社会主义制度成败的重大问题，也是毛泽东一代人留给后人的未竟之业。

2. 中国式现代化和小康社会

在邓小平看来，能否实现现代化，决定了国家的命运、民族的命运。中共十一届三中全会作出了把全党工作的着重点和全国人民的注意力转移到社会主义现代化建设上来的战略决策。邓小平要求全党，从80年代的第一年开始，就一天也不能耽误，专心致志地、聚精会神地搞四个现代化建设。以十一届三中全会为起点，为实现民族振兴，中国共产党领导中国人民又开始了新的伟大革命，中国现代化运动重新获得了生机。

在中国这样一个人口基数大、人均资源占有量少和人均收入水平低的国家实现社会主义现代化，是一件伟大而又极其艰巨的历史任务。1978年9到10月，邓小平出访日本、泰国、新加坡等国。中国与世界现代化进程的巨大差距，历史上急于求成的惨痛教训所造成的被动局面，促使刚刚复出的邓小平对中国的现代化目标进行了慎重反思和重新定位。他认为原先确定的在20世纪末实现四个现代化、赶上中等发达国家水平，是"开了大口"，必须考虑中国底子薄、人口多、耕地少、经济建设被耽误多年这个实际。1979年12月，邓小平在与日本首相大平正芳的会见中提出一个重要设想："我们要实现的四个现代化，是中国式的现代化。我们的四个现代化的概念，不是像你们那样的现代化的概念，而是'小康之家'。到本世纪末，中国的四个现代化即使达到了某种目标，我们的国民生产总值人均水平也还是很低的。要达到第三世界的比较富裕一点的国家水平，比如国民生产总值人均1 000美元，也还得付出很大的努力。就算达到那样的水平，同西方来比，也还是落后的。所以，我只能说，中国那时也还是一个小康状态。"① 1982年9月，党的十二大把实现人均国民生产总值800~1 000美元的小康状态、小康之家确定为全党全国人民共同奋斗的目标。

邓小平认为，四个现代化只是实现现代化的主要方面，并不是说现代化事业只是以这四个方面为限。"翻两番、小康社会、中国式的现代化，这些都是我们的新概念"，"翻两番，国民生产总值人均达到八百美元，就是在本世纪末在中国建立小康社会。这个小康社会叫做中国式的现代化"②。从此，"致富、奔小

---

① 《邓小平文选》第2卷，人民出版社1994年版，第237页。
② 《邓小平文选》第3卷，人民出版社1993年版，第54页。

康"成为激励全党全国人民为之奋斗的现代化的阶段性目标。邓小平不仅描绘了小康社会的发展蓝图，而且构想了建设小康社会的跨世纪发展战略：到20世纪80年代末国民生产总值实现翻一番，基本解决温饱，到20世纪末再翻一番进入小康，到21世纪中叶再翻两番建成中等发达国家。后来，党的第三代领导集体提出了建设更加富裕的小康社会的目标，中共"十六大"进一步确定了集中力量全面建设小康社会，以及新的"三步走"战略部署，丰富和发展了邓小平建设中国特色社会主义现代化的理论。

3. "三步走"战略

1987年4月，邓小平又提出了经济建设大体分三步走的战略设想："第一步在八十年代翻一番。以一九八○年为基数，当时国民生产总值人均只有二百五十美元，翻一番，达到五百美元。第二步是到本世纪末，再翻一番，人均达到一千美元。实现这个目标意味着我们进入小康社会，把贫困的中国变成小康的中国。……我们制定的目标更重要的还是第三步，在下世纪用三十年到五十年再翻两番，大体上达到人均四千美元。做到这一步，中国就达到中等发达的水平。这是我们的雄心壮志。目标不高，但做起来可不容易。"① 中共十三大根据这个战略构想指出，我国经济建设的战略部署大体分三步走，第一步实现国民生产总值比1980年翻一番，解决人民的温饱问题；第二步到20世纪末，使国民生产总值再增长一倍，人民生活达到小康水平；第三步到21世纪中叶，人均国民生产总值达到中等发达国家水平，人民生活比较富裕，基本实现现代化。为了实现"三步走"的发展战略，邓小平还提出了一系列发展战略思想和战略决策，主要包括以下几个方面：

——战略重点。我国的现代化建设有三个战略重点，一是农业，这是根本；二是交通、能源、通讯等基础产业；三是教育、科技。农业是国民经济健康发展和社会安定的基础。农业是根本，不能忘掉。没有农业的现代化这个基础，就没有中国的现代化。能源是机械化大生产的动力，交通是现代化生产的先行部门。它们属于基础工业和基础设施，在我国经济社会发展中有着重要的地位，亟待加强建设。教育和科技是发展的关键。四个现代化，关键是科学技术的现代化，科学技术是第一生产力。而科学技术人才的培养，基础在教育，所以要优先发展教育。

——台阶式发展的战略方针。从国际经验来看，各国的经济并不是直线上升

---

① 《邓小平文选》第3卷，人民出版社1993年版，第226页。

的，而是波浪式前进，都曾有过高速发展时期，隔几年上一个台阶。这就要求我们抓住机遇，加快发展，争取若干发展速度比较快、效益比较好的阶段，力争隔几年使国民经济上一个新的台阶。

——战略途径。一部分人一部地区可以先富起来，逐步达到共同富裕。早在1978年，邓小平就提出先发展部分地区后带动其他地区，让部分人先富后带动大家共富的经济"大政策"思想。1988年，邓小平又提出先发展沿海地区以"带动内地"再"帮助内地发展"的两个"大局"的设想。

"三步走"战略是一个由低到高，一步一个台阶，步步向前迈进的发展战略，是一个循序渐进、相互衔接的发展战略。"三步走"战略深刻总结了国内外现代化的发展经验，是我国社会主义现代化建设的行动纲领。这个发展战略具有以下特点：

目标明确，具有可比较性。邓小平在制定"三步走"战略时，采用以美元计算的人均国民生产总值这一综合性指标作为衡量现代化水平的尺度，这符合国际通行的标准，较之以某几种主要产品的产量来衡量更加科学和可行，有利于进行纵向的历史对比和横向的国际比较。

二是战略步骤既具有雄心壮志，又坚持实事求是。"分三步走"的每一步，都坚持量力而行的原则，是经过努力可以实现的，我们现在已经提前实现头两步的目标，表明这不是一个过急的目标，有力地证明了邓小平战略步骤的可行性。这个战略又表明中国人民有决心用较短时间实现现代化目标，体现了中国人民的雄心壮志。

三是准确定位出发点和归宿点。我国原有的一些发展战略强调高速度，往往没有处理好积累和消费之间的关系，导致人民生活水平长期不能随着生产的发展而得到相应的提高和改善。"三步走"的战略目标把提高人民生活水平作为目的，每一步都有相应的人民生活水平的标准，即"温饱型"、"小康型"的"比较富裕型"。

四是注重经济社会全面协调发展，充分展现现代化的整体性。邓小平说，我们立的章程是全方位的，包括政治、经济、科技、教育、文化、军事、外交等各个方面，是一整套相互关联的方针政策，我们不能顾此失彼。中共十三大确定了"富强、民主、文明"为社会主义初级阶段中国现代化的奋斗目标，经济、政治、文化协调发展，才能建成社会主义现代化强国，才是中国特色的社会主义。

4. "全面建设小康社会"

20世纪末，中国胜利实现了"三步走"发展战略的前两步目标，提前5年，即 1995 年的国内生产总值比 1980 年翻了两番。2000 年，人均国内生产总值超过了 800 美元，人民生活总体上达到小康水平。这是中华民族发展史上一个里程碑。

但是，我国现在达到的小康还是低水平的、不全面的、发展很不平衡的小康，我国正处于并将长期处于社会主义初级阶段，人民日益增长的物质文化需要同落后的社会生产之间的矛盾仍然是我国社会的主要矛盾。我国生产力和科技、教育还比较落后，实现工业化和现代化还有很长的路要走；城乡二元经济结构还没有改变，地区差距扩大的趋势尚未扭转，贫困人口还为数不少；人口总量继续增加，老龄人口比重上升，就业和社会保障压力增大；生态环境、自然资源和经济社会发展的矛盾日益突出；我们仍然面临发达国家在经济科技等方面占优势的压力；经济体制和其他方面的管理体制还不完善；民主法制建设和思想道德建设等方面还存在一些不容忽视的问题。

中共十六大报告提出，建设一个惠及十几亿人口的更高水平的、更全面地、发展更均衡的小康社会。更高水平，就是要用 20 年左右的时间，使国内生产总值比 2000 年翻两番，人均超过 3 000 美元，达到当时中等收入国家的平均水平；更全面，就是政治、经济、文化、社会全面发展的小康，具体表现为：经济更加发展，民主更加健全，科教更加进步，文化更加繁荣，社会更加和谐，人民生活更加殷实；发展更均衡，就是要达到工农差别、城乡差别和地区差别扩大的趋势逐步扭转，社会保障体系比较健全，社会就业比较充分，可持续发展能力不断增强，推动整个社会走上生产发展、生活富裕、生态良好的文明发展道路。全面建设小康社会是我国现代化建设进程中的一个重要阶段，全面建设小康社会战略目标和部署的确定也是我们党对中国特色社会主义和中国现代化建设规律认识深化的重要标志。

时代在发展，社会在进步，现代化标准本身也应当是反映时代变化的动态标准。现代化既是目标，又是过程。目标和过程并非都是同一的，目标的合理性不等于目标的现实性；只有目标的合理性与过程的合理性有机地统一，才能把合理性转化为现实性。邓小平指出：发展中国家现代化建设中应当坚持这样一条原则，即我们的前途可能与先进的工业化国家更为相似，但是要实现这一个目标，我们应当走自己的路。中共十六大把"三步走"战略目标第二步目标的实现作为我国现代化建设的第一阶段，把全面建设小康社会作为我国现代化的第二阶段。与此前提出的建设更加宽裕的小康生活的目标相比，全面建设小康社会是中国特色社会主义经济、政治、文化全面发展的目标，是经济更加发展，民主更加健全，科教更加进步，文化更加繁荣，社会更加和谐，人民生活更加殷实的全面的小康社会。

从"四个现代化"到"'中国式'的现代化",从"两步走"到"三步走"建设现代化,从小康社会到全面建设小康社会的变化,反映了我们党对社会主义建设规律的认识不断深化、成熟。全面建设小康社会是新世纪新阶段中国人民最迫切的要求、最根本的利益之所在,这是基于落后的社会生产与人民不断增长的物质文化生活的需要仍然是我国社会的主要矛盾。

全面建设小康社会必须毫不动摇地坚持以经济建设为中心。大力发展生产力,缩小与世界上中等发达国家之间的差距;全面建设小康社会的首要的目标是我国的国内生产总值要比2000年翻两番,为我国现代化如期实现奠定最重要的物质基础。坚持经济建设为中心,顺应先进生产力发展的要求,不断解放和发展社会生产力,是解决以上问题和矛盾的唯一途径。

全面建设小康社会的着眼点是人民的最根本利益。我们要建设的是惠及全国十几亿人口的小康社会。全面建设小康社会要解决我们已经达到的小康的不平衡问题。要扭转工农差别和城乡差别扩大的趋势;在保护发达地区、优势产业和通过辛勤劳动与合法经营先富起来的人们的发展活力,鼓励他们积极创造社会财富的同时,高度重视和关心欠发达地区以及比较困难行业和群众,使他们共享发展的成果。

全面建设小康社会的重点在"全面"。就是要在经济发展的基础上,实现经济政治文化社会等方面的全面进步,促进物质文明、精神文明、政治文明、生态文明的协调发展;不仅有物质生活的改善,也包括了精神生活的充实;不仅有居民个人消费水平的提高,也包括了社会福利和劳动环境的改善。这标志着经济增长不再被等同于发展,而代之以经济增长和社会进步的新发展。

三、从"硬道理"到"第一要务"

1."发展才是硬道理"

发展是当今世界的主旋律。中国作为一个发展中国家,面临着极为重要而又紧迫的发展任务。邓小平站在国家前途和民族命运的高度,紧紧把握和平与发展的时代主题,明确指出,中国解决一切问题的关键是要靠自己的发展,"发展才是硬道理"①。

---

① 《邓小平文选》第3卷,人民出版社1993年版,第377页。

巩固和发展社会主义，充分体现社会主义制度的优越性离不开发展。邓小平认为："在无产阶级专政的条件下，不搞现代化，科学技术水平不提高，社会生产力不发达，国家的实力得不到加强，人民的物质文化生活得不到改善，那么，我们的社会主义政治制度和经济制度就不能巩固，我们国家的安全就没有可靠的保障。"① 只有坚持以经济建设为中心，把发展生产力放在首位，加快经济发展，才能巩固社会主义制度，使社会主义的优越性充分显示出来。"我们是社会主义国家，社会主义制度优越性的根本表现，就是能够允许社会生产力以旧社会所没有的速度发展，使人民不断增长的物质文化生活需要能够逐步得到满足。"②

解决我国现阶段面临的社会主要矛盾离不开发展。现阶段我国社会的主要矛盾是人民日益增长的物质文化需要同落后的社会生产之间的矛盾。"我们的生产力发展水平很低，远远不能满足人民和国家的需要，这就是我们目前时期的主要矛盾，解决这个主要矛盾就是我们的中心任务。"③ 解决这个矛盾，最根本的就是要发展社会生产力，使生产力的发展速度跟上人民的物质文化需要的增长速度。"有一点是肯定的，那就是中国一定要发展，改革开放一定要继续，生产力要以适当的速度持续增长，人民生活要在生产发展基础上一步步改善。"④

振兴中华，实现中华民族的伟大复兴离不开发展。邓小平在深刻反思历史和过去经验教训的基础上提出："我们当前以及今后相当长一个历史时期的主要任务是什么一句话，就是搞现代化建设。能否实现四个现代化，决定着我们国家的命运、民族的命运。"⑤ 他还指出，党的十一届三中全会以后，我们集中力量搞四个现代化，着眼于振兴中华。没有四个现代化，中国在世界上就没有应有的地位。要实现中华民族的伟大复兴，就必须加快发展。

坚持"一国两制"方针，和平统一祖国离不开发展。虽然香港和澳门已经顺利地回归祖国，但是前面的道路上还存在许多艰难险阻。要排除这些困难，实现祖国和平统一，归根到底要靠我们的发展，要靠强大的综合国力。"四个现代化搞好了，经济发展了，我们实现统一的力量就不同了。所以，在国际事务中反对霸权主义，台湾回归祖国、实现祖国统一，归根到底，都要求我们的经济建设搞好。当然，其他许多事情都要搞好，但是主要是必须把经济建设搞好。"⑥

维护世界和平，反对霸权主义离不开发展。我国的社会主义现代化建设事业需要一个和平的国际环境，争取、维护和保持世界的和平与稳定，符合中国人民

---

①② 《邓小平文选》第 2 卷，人民出版社 1994 年版，第 86 页。
③ 同①，第 182 页。
④ 《邓小平文选》第 3 卷，人民出版社 1993 年版，第 327 页。
⑤ 同④，第 162 页。
⑥ 同①，第 240～241 页。

的根本利益，也符合世界各国人民的利益。维护世界和平与稳定，反对霸权主义和强权政治，离不开强大的经济实力和军事实力。"中国能不能顶住霸权主义、强权政治的压力，坚持我们的社会主义制度，关键就看能不能争得较快的增长速度，实现我们的发展战略。"①

邓小平"发展才是硬道理"的论断为中国现代化的发展战略提供了基本依据。

善于把握机遇，适时加快发展。能否抓住历史机遇，是事关我国发展大局的战略问题。东欧剧变和苏联解体并没有改变和平与发展这个时代主题，"对我们有利的条件存在着，机遇存在着，问题是要善于把握"②。"现在我们国内条件具备，国际环境有利，再加上发挥社会主义制度能够集中力量办大事的优势，在今后的现代化建设过程中，出现若干个发展速度比较快、效益比较好的阶段，是必要的，也是能够办到的。我们就是要有这个雄心壮志！"③

坚持改革开放才能促进发展。要发展生产力，就要实行改革和开放的政策。不改革不行，不开放不行，坚持改革开放是决定中国命运的一招。"对外开放具有重大意义，任何一个国家要发展，孤立起来，闭关自守是不可能的，不加强国际交往，不引进发达国家的先进经验、先进科学技术和资金，是不可能的。"④所以，中国要谋求发展，摆脱贫穷和落后，就必须开放。只有实行对外开放政策，吸收世界的先进科学技术和经验，包括资金，才能加速中国的建设。

必须依靠科技和教育推动发展。邓小平非常重视科技和教育的在我国实现社会主义现代化中的关键作用。"我们要实现现代化，关键是科学技术要能上去。发展科学技术，不抓教育不行。靠空讲不能实现现代化，必须有知识，有人才。""抓科技必须同时抓教育。"⑤ "四个现代化，关键是科学技术的现代化。没有现代科学技术，就不可能建设现代农业、现代工业、现代国防。没有科学技术的高速度发展，也就不可能有国民经济的高速度发展。"⑥ 经济发展得快一点，必须依靠科技和教育。

搞市场经济实现更有力的发展。邓小平指出："社会主义和市场经济之间不存在根本矛盾。问题是用什么方法才能更有力地发展社会生产力。……把计划经济和市场经济结合起来，就更能解放生产力，加速经济发展。"⑦ 针对市场经济

---

① 《邓小平文选》第3卷，人民出版社1993年版，第356页。
② 同①，第354页。
③ 同①，第377页。
④ 同①，第117页。
⑤ 《邓小平文选》第2卷，人民出版社1994年版，第40页。
⑥ 同⑤，第86页。
⑦ 同①，第148~149页。

"姓资"的认识,他说:"不要以为,一说计划经济就是社会主义,一说市场经济就是资本主义,不是那么回事,两者都是手段,市场也可以为社会主义服务。"① 实践证明,在社会主义初级阶段,把市场和计划结合起来更能促进我国生产力的发展。

2. 用发展的办法解决前进中的问题

2000年10月,江泽民在党的十五届五中全会召集人会议上提出"必须坚持用发展的办法解决前进中的问题"。改革开放以来,我们能够经受住各种困难和风险的考验,不断取得国民经济和社会发展的新成就,一个重要的原因是缘于我们始终坚持以经济建设为中心,用发展的办法解决前进中的问题。

用发展的办法解决前进中的问题,就要正确认识前进中出现的问题。进入新世纪以来,国际、国内形势的发展,特别是全球化的加速度推进,给我们的社会主义现代化建设带来了难得的机遇和挑战。我国在积极应对各种挑战和风险的过程中,加快了各种改革的步伐,我们的各项事业正在向纵深发展。但与此同时,我们在前进的征途中也出现了一些涉及现代化建设发展全局的深层次的矛盾和问题。面对发展中出现的问题,我们既不能回避它,又不能夸大它。从目前情况看,改革中出现的突出问题大致有三种情况:② 一种是多年积累的问题。如二元结构和城乡差距问题、地区差距问题等,这些都是过去长期存在的,由深层次的经济和社会原因所引起。这些问题受各方面客观条件的限制难以在短时间内完全解决。另一种是改革攻坚阶段所必须面对的问题。建立和完善社会主义市场经济体制,必然带来经济社会结构和利益格局的重新调整,从而会使一些社会矛盾和问题显性化、复杂化,如政府职能转变滞后、贫富差距扩大、道德价值缺失等问题越来越成为经济社会发展的"瓶颈"。还有一种是改革缺乏统筹协调所引起的问题。向社会主义市场经济的转型是一个长期的复杂过程,如果缺乏统筹协调,改革措施不配套、不到位,就可能引发观念、价值取向乃至行为上的混乱和冲突。诸如住房、医疗、教育、农民工等社会问题,大多与改革的整体配套措施没有及时跟上有关。总之,我们在今天所遇到的各种问题的性质是复杂和多样的。在这些问题中,不仅有经济体制和经济政策方面的,也有社会事业发展滞后和社会管理体制改革滞后带来的,有些甚至和思想文化传统有关。还应该看到,有些问题是人类社会发展进程中共有的,有些问题则与中国特殊的国情有关。各

---

① 《邓小平文选》第3卷,人民出版社1993年版,第367页。
② 虞云耀:《用发展和改革的办法解决前进中的问题》,载《求是》2006年第14期。

种矛盾相互交织，要求我们必须运用辩证的思维对待复杂性问题。问题的解决不是一朝一夕就能完成的，要坚持历史地看问题的观点，把发展看做是一个不断地为解决问题创造条件的过程。

用发展的办法解决前进中的问题，就要坚持扭住经济建设这个中心不放。现实社会存在的各种矛盾和问题，归根到底都是利益关系上的矛盾和问题，而利益矛盾的解决除了不断解放和发展生产力、提高经济发展水平之外别无他法。所以，用发展的办法解决前进中的问题最根本的就是要把解放和发展生产力放在首位，千方百计增加经济总量、增强综合国力和提高人民生活水平。既然我们面对的是"前进中的问题"，而且又是围绕着发展这一主题来展开的，那么前进中的问题只能在发展中解决，只能靠加快发展和科学发展来解决。以经济建设为中心在任何时候都不能动摇。只有坚持以经济建设为中心，不断增强综合国力，才能为经济、社会和人的协调发展打下坚实的物质基础；才能为解决前进道路上的矛盾和问题提供必要的前提，顺利实现全面建设小康社会和社会主义现代化建设的宏伟目标。当然，经济较快的发展是确保经济效益不断提高为前提的，真正的发展速度是建立在优化结构、提高质量和效益的基础上的。在当前，坚持以经济建设为中心，需要拓展发展内涵，进一步体现经济发展的目的性。实际上，经济的中心地位恰恰是在发展的多维空间和多种发展领域的相互作用的张力中才得以体现的，社会结构和功能的失调必将对经济的发展产生负面影响。

用发展的办法解决前进中的问题，必须坚持和深化改革，不断为事业的发展注入新的活力、开辟新的道路。任何发展总是伴随着各种阻力和障碍，要发展，就离不开改革。只有不断坚持和深化改革，才能不断推进新的发展。改革是一场深刻的革命，是决定中国命运的一招。总结我国社会主义建设的实践经验，最根本的一条就是改革开放不能丢。改革开放是强国之路，没有改革开放，就没有我国社会生产力的巨大发展，就没有综合国力的显著提高，也就没有人民生活的不断改善。中国的改革是一项全新的事业，改革的道路上没有任何现成的经验可供借鉴，改革作为一场深刻的社会革命，其目的是从根本上破除那些不适应生产力发展要求的生产关系和上层建筑，为经济发展和社会进步扫除障碍。当前我国的改革进入了关键时期，我们所面临的都是一些涉及面宽、关联性强、触及利益层次深、风险比较大的改革。某一个领域的改革往往与其他领域的改革密切相关，深化改革的任务越来越成为一项系统工程，并要求在经济、政治、文化、社会等领域全面展开。站在新的发展起点上，加速发展面临的形势更为复杂，难度也比过去加大，只有坚持改革，以改革的新突破、开放的新局面才能不断推动各项事业的新发展。用改革的办法解决前进中的问题，就应选择创新作为改革的突破口，大力提倡理论创新、推进体制创新、科技创新。要通过理论创新推进体制创新,并为科技创新提供科学的理论指导和制度保障。要在全社会大力培育创新意识,完善各种创新机制,大力倡导敢于创新、勇于竞争和宽容失败的精神,努力营造鼓励创新、支持创新的有利环境,通过自主创新,推动改革迈出的新步伐,不断为发展提供强大动力,推动各项工作不断向前发展。

3. 发展是执政兴国第一要务

中共十六大报告中提出:"贯彻'三个代表'重要思想,必须把发展作为执政兴国的第一要务,不断开创现代化建设的新局面。"①"发展是执政兴国第一要务"的论断,进一步把发展与执政问题联系了起来,突出了发展在党的一切工作中的核心地位,对我们党在把握执政任务、提高执政水平、巩固执政地位上具有重大的指导意义。

"发展是执政兴国第一要务"是深刻总结国内外执政党兴衰成败经验教训的必然结论。从国际共运多年的历史和中国社会主义建设的经验来看,能否解放和发展生产力,推动社会的经济、政治、文化等方面的全面发展,实现全体人民的共同富裕,是关系到一个执政党能否站在历史潮流前沿的最重要的因素,也是一个国家兴衰存亡的关键所在。东欧剧变,世界社会主义事业遇到前所未有的严重挫折。以江泽民为核心的第三代中央领导集体受命于危难之际,高举邓小平理论伟大旗帜,坚持党的基本路线和基本纲领,解放思想、实事求是、与时俱进,把发展作为执政兴国的第一要务,在推进现代化建设、完成祖国统一、维护世界和平与促进共同发展的伟大事业中,取得了辉煌成就,把一个更加稳定、更加繁荣、更加民主、更加充满生机的中国带入了新世纪。

"发展是执政兴国第一要务"是保持我们党先进性的必然要求。始终代表先进社会生产力的发展要求,始终代表先进文化的前进方向,始终代表最广大人民的根本利益,这是马克思主义政党先进性的根本体现,也是社会主义优越性的根本体现。在新的历史条件下,我们党要承担继续推动中国现代化建设的历史使命,就必须保持大力发展先进生产力和先进文化,维护和实现好最广大人民群众的根本利益。而要实现这一切,就必须把发展放在首位。我们党要承担起推动中国社会进步的历史责任,必须始终紧紧抓住发展这个执政兴国的第一要务,把坚持党的先进性和发挥社会主义制度的优越性,落实到发展先进生产力和先进文化、实现最广大人民的根本利益上来。要用发展的思路和办法解决前进中的问题。一切妨碍发展的思想都要坚决冲破,一切束缚发展的做法和规定都要坚决改

---

① 《江泽民文选》第3卷,人民出版社2006年版,第538页。

变,一切影响发展的体制弊端都要坚决革除。

"发展是执政兴国第一要务"体现了人民群众的愿望,把握了现代化建设的本质,也把握了执政党建设的规律。新世纪新阶段,发展的问题与党和国家的前途命运更紧密地联系在一起。"我们党在中国这样经济文化落后的发展中大国领导人民进行现代化建设,能不能解决好发展问题,直接关系人心向背、事业兴衰。""离开发展,坚持党的先进性、发挥社会主义制度的优越性和实现国富民强都无法谈起。"① 在综合国力竞争空前激烈的今天,只有加快发展,不断增强经济实力、综合国力,才能在风云变幻的国际局势中处于主动的地位,屹立于世界民族之林;只有加快发展,才能更快更早完成祖国统一大业,实现中华民族的伟大复兴。社会主义要强大,体现它的优越性,要靠发展;实现全面建设小康社会的宏伟目标,进一步提高人民物质文化生活水平,要靠发展;应对困难和风险,迎接国内国外的各种挑战,要靠发展;解决人们的思想认识问题,坚定共产主义的理想信念,最终也要靠发展。提高党的执政能力,首先要提高党领导发展的能力。在党面临的各种繁重任务中,发展始终是第一位的任务、根本的任务、中心的任务、压倒一切的任务。

4. 办好中国的事情关键在党

胡锦涛在庆祝中国共产党成立90周年大会上指出:"回顾90年中国的发展进步,可以得出一个基本结论:办好中国的事情,关键在党。"这个重要论断,对于坚持党的领导,提高加强和改进新形势下党的建设的自觉性,具有十分贴切的现实意义。

"办好中国的事情,关键在党。"这是被中国近代以来的历史反复证明了的真理。中国共产党的执政地位是历史和人民的选择。鸦片战争之后,中国人民面临着两大任务,一个是民族独立和解放,一个是摆脱积贫积弱,实现强国富民,历史性地落在了中国共产党身上。中国共产党成立以来,始终以实现中华民族伟大复兴为己任,以崇高的理想、神圣的事业和对真理的执著追求吸引着中华民族大批先进分子,为了民族独立和人民解放、国家富强和人民幸福进行艰苦卓绝、前赴后继的不懈奋斗。中国共产党坚持把马克思主义基本原理与中国具体实际相结合,探索救国图强真理、开辟民族复兴道路,迎来了实现中华民族伟大复兴的光明前景。在中国,从来没有任何一个政治组织像中国共产党这样集中了那么多先进分子,为国家和人民作出了那么多牺牲,得到那么广泛的支持和拥护。

---

① 《江泽民文选》第3卷,人民出版社2006年版,第538页。

中国共产党是中国工人阶级的先锋队，也是中华民族和中国人民的先锋队，具有巨大的政治优势、思想优势和组织优势。我们党坚持马克思主义群众路线和群众观点，一切从群众中来、到群众中去，始终保持党同人民群众的血肉联系。这是我们党取得革命、建设、改革和发展胜利的根本保证，也是我们党最大的政治优势。我们党高度重视思想理论建设，大力推进实践基础上的理论创新，在实践中检验真理、发展真理。我们党坚持民主集中制，按照总揽全局、协调各方的原则发挥党的领导核心作用，实现党对国家政权以及人民团体的领导。有了这样的政治优势、思想优势和组织优势，党就能深深地扎根于人民群众之中，把全社会的力量和智慧凝聚起来，充分调动各方面积极性、主动性、创造性，为党和人民的事业不懈奋斗。我们党经过几十年的执政，已经积累了丰富的治国经验。这是其他任何政治力量都无法比拟的。

中国共产党是坚持真理、修正错误并高度重视自身建设的党。我们党善于总结经验，能够依靠自身的力量和人民的支持坚持真理、修正错误，并且通过反思和总结使党的领导水平得到新的提高，使党和人民的事业得到新的发展。同时，我们党总是根据党所处的历史方位和中心任务，针对党内存在的突出问题，提出党的自身建设的工作目标和重点，扎实推进党的各方面建设，始终保持和发展党的先进性，始终保持党奋发向上、与时俱进的勃勃生机，始终富有强大的创造力、凝聚力、战斗力。

历史还将继续证明，办好中国的事情，关键还是在中国共产党；中国共产党的正确领导，仍然是办好中国所有事情的关键所在。当然，"我们必须清醒地看到，在世情、国情、党情发生深刻变化的新形势下，提高党的领导水平和执政水平、提高拒腐防变和抵御风险能力，加强党的执政能力建设和先进性建设，面临许多前所未有的新情况新问题新挑战，执政考验、改革开放考验、市场经济考验、外部环境考验是长期的、复杂的、严峻的。精神懈怠的危险，能力不足的危险，脱离群众的危险，消极腐败的危险，更加尖锐地摆在我们党面前，落实党要管党、从严治党的任务比以往任何时候都更为繁重、更为紧迫"①。执政党自身建设的好坏直接关系到改革开放和社会主义现代化建设的好坏。我们必须从新的实际出发，坚持以科学理论指导党的建设，以改革创新精神研究和解决党的建设面临的重大理论和实际问题，着眼于全面建设小康社会、加快推进社会主义现代化，全面认识和自觉运用马克思主义执政党建设规律，全面推进党的建设新的伟大工程，不断提高党的建设科学化水平。在新的历史条件下提高党的建设科学化水平，必须坚持解放思想、实事求是、与时俱进，大力推进马克思主义中国化、

---

① 胡锦涛在庆祝中国共产党成立90周年大会上的讲话，《人民日报》2011年7月2日。

时代化、大众化，提高全党思想政治水平；必须坚持五湖四海、任人唯贤，坚持德才兼备、以德为先用人标准，把各方面优秀人才集聚到党和国家事业中来；必须坚持以人为本、执政为民理念，牢固树立马克思主义群众观点、自觉贯彻党的群众路线，始终保持党同人民群众的血肉联系；必须坚持标本兼治、综合治理、惩防并举、注重预防的方针，深入开展党风廉政建设和反腐败斗争，始终保持马克思主义政党的先进性和纯洁性；必须坚持用制度管权管事管人，健全民主集中制，不断推进党的建设制度化、规范化、程序化。

四、科学发展、和谐发展、和平发展

1."以人为本"的科学发展观

2003年7月，胡锦涛在全国防治"非典"工作会议上提出"全面发展、协调发展、可持续发展的发展观"这个新表述。是年10月，中共十六届三中全会《关于完善社会主义市场经济体制若干问题的决定》提出，"坚持以人为本，树立全面、协调、可持续的发展观，促进经济社会和人的全面发展。"这是科学发展观的首次完整提出。2007年10月，中共十七大报告全面系统地阐述了科学发展观的科学内涵、精神实质、重大意义、根本依据和根本要求，指出科学发展观的第一要义是发展，核心是以人为本，基本要求是全面协调可持续，根本方法是统筹兼顾。科学发展观是研究和解决当代中国社会发展问题的理论体系，是中国共产党对社会发展总的看法和根本观点。它进一步回答了什么是发展、为什么发展和怎样发展等一系列基础性和根本性问题，进一步明确了我国经济社会的发展目标、发展思路和发展战略，是对社会主义现代化建设指导思想的重大发展，是中国共产党指导发展的世界观和方法论的集中体现。

科学发展观的形成具有坚实的实践基础或现实依据，科学发展观之所以是科学的，是因为它是在与现实各种发展模式的互动中形成的，是对新中国成立以来经济社会发展模式进行科学理论性思考的产物，是对新中国成立以来我国决策层几代发展观进行历史的和辩证的扬弃的结果。对科学发展观的"科学"含义，首先应当从历史的视角、从理论与实践的关系和从建立在现实基础之上的意义上加以宏观地把握和深刻地体会，而不能把它简单地看成一个是关于发展的绝对正确的理论体系。

科学发展观以马克思主义为理论依据，彰显了深厚的理论基础。唯物史观关于社会历史主体的理论，关于社会有机体和社会结构的理论，关于人、社会对于自然界的依赖性和社会历史的连续性的理论，为科学发展观的"以人为本"、"全面协调发展"、"可持续发展"等思想提供了理论依据。[①] 人的全面发展乃是衡量经济社会发展的根本尺度，是人类社会进步的根本标志；坚持以人为本是社会主义社会的根本原则，是衡量我们各项工作的根本标准。科学发展观正是把人置于发展的中心，把人看做是发展的最高目标，把以人为本贯穿于社会发展的一切方面，以人民的利益、愿望、需求作为出发点和落脚点。

　　科学发展观也是对唯物辩证法的自觉应用和发展。科学发展观把我国城乡之间、区域之间、经济与社会之间、人与自然之间、国内发展与对外开放之间以及经济发展与人口、资源、环境之间的关系作为一个整体，用"五个统筹"加以表述，构成了落实科学发展观的根本要求。坚持全面、协调、可持续的发展观，就是坚持用唯物辩证法联系的、全面的、系统的观点来分析和处理社会主义现代化建设中的各种问题。科学发展观体现了社会主义物质文明、政治文明、精神文明和生态文明的统一，体现了经济社会发展与人口、资源、环境的统一，体现了过去发展、现在发展和未来发展的统一。

　　坚持以人为本，是科学发展观的基本理念，也是科学发展观的实质和核心。科学理解"以人为本"中"人"和"本"的基本内涵，是完整准确地把握以"以人为本"为核心的科学发展观的前提。在当代中国，"以人为本"，就是要坚持人民在中国特色社会主义事业中的主体地位，就是以工人、农民、知识分子等劳动者为主体，包括其他中国特色社会主义建设者在内的最广大人民群众为本。[②] 以人为本主要是以人民为本，但又不能把以人为本仅仅理解为就是以人民为本，"人"比"人民"的外延更宽泛，内涵更丰富，更具包容性。"本"字，一般是指人在社会中的主体地位和主导作用，人是目的，不是手段。[③] 要真正理解以人为本，就有必要澄清：以人为本的"人"有三种存在维度：类、群体和个体，但要防止无视其他物类的人类中心主义；防止用集体压制个人的集体专制主义，防止个人至上的极端个人主义。以人为本不是以个别人、少数人、个别阶级、阶层、政党或特权集团的利益为本，而是以"最广大人民的根本利益"为本。以人为本的"本"不是指"本体"，而是指"根本"。以人为本不是本体论的概念，而是一个价值论的概念。[④]

[①] 吴元梁：《唯物史观：科学发展观的理论基础》，载《哲学研究》2005 年第 7 期。
[②] 李慎明：《以人为本的科学内涵和精神实质》，载《中国社会科学》2007 年第 6 期。
[③] 徐春：《科学发展观与人的全面发展》，载《北京行政学院学报》2008 年第 1 期。
[④] 陈曙光：《关于"以人为本"的形上之思》，载《哲学研究》2009 年第 3 期。

"以人为本",在历史观层面,就是尊重人民的历史主体地位,集中体现了马克思主义关于人民群众是推动历史前进动力的基本原理;在价值观层面,就是维护人民的价值主体地位,它集中体现了我们党全心全意为人民服务的根本宗旨和价值观;在实践观层面,就是坚持人民的实践主体地位,一切依靠人民,发挥人民首创精神,从人民中获得取之不尽的力量源泉。① 贯彻以人为本的科学发展观就必须做到:把人的全面发展作为社会发展的着眼点和落脚点;把人的发展提到中国特色社会主义现代化建设的战略高度;在发展中充分发挥人的主体地位,不断提高人的素质;深入贯彻马克思主义的群众观和群众路线;把以人为本与执政为民结合起来。

　　科学发展观在中国化的马克思主义发展史上具有重要的历史地位、理论贡献和时代价值。科学发展观重大战略思想的提出,其意义表现为四个方面:开拓了马克思主义中国化的新境界;是对党的三代中央领导集体关于发展的重要思想的继承和发展;客观地反映了中国社会主要矛盾在现阶段的新特点、新要求;为我们在 2020 年全面建成小康社会提供了重要指针。② 科学发展观发展了中国特色社会主义和马克思主义理论,一是对我们党关于社会主义发展理论的重大发展;二是对马克思主义关于人的发展理论的重大发展;三是对马克思主义执政党建设理论的重大发展。③ 科学发展观重大意义在于"推进了人类发展理论的创新发展":科学发展观反映了我们党和人民对发展问题的新认识;同时又坚持科学发展观的第一要义是发展,坚持以经济建设为中心,坚持把发展作为解决中国一切问题的总钥匙,这就凸显了科学发展观在发展问题上的"新"。它针对着新世纪、新阶段我国经济社会发展中所凸现出来的种种矛盾和问题,着眼于丰富发展内涵,创新发展理念,开拓发展思路,破解发展难题,在发展的道路、模式、战略、动力、目的、要求等方面,提出一系列新的思想观点,初步形成了马克思主义关于社会主义发展的系统理论。它继承和发展了马克思主义关于发展的理论,借鉴和超越了当代西方新的发展观,特别是提出了构建社会主义和谐社会的理论和建设社会主义生态文明的理论,从而有力地推进了人类发展理论的创新发展。

2. 努力构建社会主义和谐社会

　　构建社会主义和谐社会是全面建设小康社会的重要内容,也是落实科学发展

---

　　① 田心铭:《试论以人为本的科学内涵和精神实质》,载《高校理论战线》2008 年第 9 期。
　　② 李君如:《中共十七大的重要理论贡献之一:深入贯彻落实科学发展观》,载《中共党史研究》2008 年第 1 期。
　　③ 石仲泉:《论十七大对科学发展观的最新定位》,载《理论前沿》2008 年第 2 期。

观的重要体现。我们党提出的科学发展观与社会主义和谐社会理论，相得益彰。科学发展观是构建社会主义和谐社会的行动指南和理论指导，而构建社会主义和谐社会则是落实科学发展观的具体实践和生动体现。其内在统一性表现在：发展是中国共产党执政兴国的第一要务，是落实科学发展观的前提，也是构建社会主义和谐社会的前提；人既是经济社会发展的核心动力，又是经济社会发展的终极目的，以人为本是科学发展观的价值取向，也是构建社会主义和谐社会的价值取向；统筹兼顾是科学发展观的方法论，也是构建社会主义和谐社会的方法论；全面、协调、可持续是科学发展观的基本要求，也是构建社会主义和谐社会的基本要求。科学发展观与构建和谐社会的辩证关系可以概括为以下几个方面。①

科学发展观与构建和谐社会是辩证统一的关系。构建和谐社会要以科学发展观为指导，贯彻落实科学发展观要以和谐社会为环境、条件和保障。只有树立科学发展观，坚持以人为本，全面、协调、可持续发展，才能真正构建和谐社会；只有以构建和谐社会为目标，才能保证科学发展观的真正落实。二者既可以说是前提和保证的关系，也可以说是途径与目标的关系。科学发展观是从发展的角度求和谐，构建和谐社会则是从和谐的角度促发展，二者统一于中国特色社会主义建设之中。

科学发展观与构建和谐社会具有本质上的一致性。以人为本是科学发展观与构建和谐社会的共同价值诉求。科学发展观的基本内核——"发展"是构建和谐社会的根本之道；它的本质要求——"以人为本"是构建和谐社会的根本方针；而"全面、协调、可持续发展"也是构建和谐社会的基本要求。以人为本是贯穿和谐社会的红线；全面、协调、可持续发展是构建和谐社会的基本要求；统筹兼顾是构建和谐社会的主要途径。二者围绕着同一主题——"发展"；贯穿着同一主线——"以人为本"；体现同一种思想方法——"社会发展的辩证法"。

构建和谐社会是科学发展观的必然延伸。从科学发展观到构建和谐社会，这是逻辑的必然，坚持科学发展观的目的就在于建立和谐社会。科学发展观追求的是科学发展、和谐发展、和平发展，其发展的目的、道路及手段的选择都要追求和谐的境界，所以和谐社会是科学发展观提出之后的必然结果。只要以科学发展观统领经济社会全面发展，我们就一定能够形成全体人民各尽其能，各得其所而又和谐相处的社会。构建和谐社会这一理念在实践中就是要坚持"五个统筹"，协调好改革进程中各种利益关系，促进社会公平，促进经济社会可持续发展。

科学发展与和谐发展相辅相成。科学发展观是从发展理念、发展思路、发展模式等方面促进社会发展和社会治理，是从发展的角度求和谐；而构建社会主义

---

① 李英娇：《科学发展观与构建和谐社会研究综述》，载《前沿》2007年第5期。

和谐社会则是从社会关系、社会状态等方面反映和检验落实科学发展观的成效，是从和谐的角度促发展。提出科学发展观和构建社会主义和谐社会，就是为了把发展与和谐更好地统一起来，实现两者的良性互动：在发展中实现和谐，在和谐中促进发展；以发展保证和谐，以和谐推进发展。

以科学发展观为指导，在经济发展的基础上，促进社会主义物质文明、政治文明、精神文明、生态文明协调发展，通过发展实现社会公正、不断促进社会和谐，推动社会全面进步和人的全面发展。具体包括以下几个方面。

大力发展生产力，促进经济持续协调发展，为构建和谐社会提供强大的物质保障。"必须坚持用发展的办法解决前进中的问题，大力发展社会生产力，不断为社会和谐创造雄厚的物质基础。"[①] 社会生产力的发展状况对维系社会的和谐发展起着至关重要的作用。只有把经济搞上去，把蛋糕做大，解决各种矛盾才能得心应手。没有生产力的高度发展，也不可能实现社会的发展；没有生产力的高度发展，也不可能会有人的自由、全面、充分、和谐的发展。

坚定不移地深化改革、完善并创新体制机制，为构建和谐社会提供有利的政治土壤。转变发展理念，转换发展模式，都必须加快体制机制的改革。从企业方面看，不仅需要继续深化国有企业改革，民营企业也要自觉推进体制创新；从市场载体看，必须充分发挥市场配置资源的基础性作用；从政府层面看，必须着力转变政府职能，加强和改善宏观调控，更加注重社会公平。还必须在建立健全城乡一体化进程中的社会管理和公共服务体制等方面有所创新。

建设先进文化，搞好意识形态工作，为构建和谐社会提供有效的精神动力。构建和谐社会需要加强文化建设，尤其是社会主义核心价值观的建设，形成共同的价值取向。确立马克思主义意识形态的主流地位，树立积极进取、健康向上的价值取向。切实加强爱国主义教育，大力弘扬爱国主义精神。爱国主义是实现社会和谐的共同旗帜，它赋予我们民族以强大的生命力和凝聚力，是必须大力弘扬和培育的伟大民族精神。

调动一切积极因素，整合不同的利益主体，为构建和谐社会提供良好的社会环境。最大限度地整合不同的利益主体，有效地化解矛盾和冲突，建立以利益调节为核心的社会整合机制，建立规范的对话和协商机制，注重对各基层群众的利益整合，促进公平和正义。引导人民正确对待自身利益，摆正个人利益与集体利益、局部利益与整体利益、当前利益与长远利益之间的关系，最大限度地维护人民的合法权益；党的方针政策应该代表最广大人民的根本利益，正确反映和兼顾不同方面的群众的利益。

---

① 《中共中央关于构建社会主义和谐社会若干重大问题的决定》，人民出版社2006年版。

树立生态文明理念，推进生态文明建设，为构建和谐社会提供优美的生活环境。生态文明是科学发展和社会和谐的应有之义。科学发展观不是一般的要求我们要保护自然环境、维护生态安全、实现可持续发展，而是要把这些要求本身视为发展的基本要素，目标是通过发展实现人与自然的和谐以及社会环境与生态环境的平衡，走向人类文明的高级形态。社会主义生态文明建设是贯彻落实科学发展观、构建和谐社会的具体体现。

加强和改善党的执政能力建设，转变政府职能，为构建和谐社会提供完善的领导机制。坚持立党为公、执政为民，以党的执政能力建设和先进性建设推动社会主义和谐社会建设，为构建社会主义和谐社会提供坚强有力的政治保证。提高党的预测、洞察、决策、依法办事、统筹兼顾的能力。加强党的执政能力建设必然要求转变政府职能，推进政府自身的改革与建设，把更多的力量放在发展社会事业和解决人民生活问题上，通过科学地制定政策和法规，依法规范管理社会事务，维护社会秩序稳定和社会公正。

3. 始终不渝地走和平发展的道路

2010 年，中国 GDP 总量超越日本，成为世界的第二大经济体。世界对中国的关注集中在，中国选择了一条什么样的发展道路，中国的发展对世界意味着什么？中共十七大报告明确宣示："中国将始终不渝走和平发展道路"，"中国将实现既通过维护世界和平发展自己、又通过自身发展维护世界和平的和平发展。"[①]中国愿同各国一道，共同致力于建设一个持久和平、共同繁荣的和谐世界。和平发展是中国实现现代化和富民强国、为世界文明进步作出更大贡献的战略抉择。中国将坚定不移沿着和平发展道路走下去。

中国始终不渝地走和平发展的道路，是总结长期治国理政经验的理性选择。新中国成立以来，中国共产党历代领导集体在探索中国和平发展道路上，进行了创造性的思考和开拓性的实践。毛泽东、周恩来首倡和平共处五项原则，提出"中国不称霸，也反对一切形式的霸权主义和强权政治"；邓小平作出了和平与发展是时代主题的科学论断；江泽民提出互信、互利、平等、协作的新安全观和与邻为善、以邻为伴的周边外交方针。中国始终不渝地走和平发展的道路，是总结我们党长期治国理政经验得出的基本结论，是对我们党三代中央领导集体关于和平发展重要战略思想的继承发扬和与时俱进。

[①] 胡锦涛：《高举中国特色社会主义伟大旗帜　为夺取全面建设小康社会新胜利而奋斗》，人民出版社 2007 年版。

中国始终不渝地走和平发展的道路，是基于中国自身国情和发展需要的必然选择。近代以来，中华民族饱受侵略压迫。追求发展富强，实现民族复兴，是中国人民的共同心愿。当前，中国正处在历史上发展最为快速、变革最为深刻的新时期。但人口众多、资源有限、发展很不平衡，仍是基本国情。中国作为世界上最大的发展中国家，面临的发展任务还很艰巨，实现人民富裕、社会和谐仍是长期任务。中国要发展，需要国内外环境的和平互动，需要中国率先做和平发展的典范。

    中国始终不渝走和平发展道路，是顺应时代发展潮流的正确选择。和平与发展是当今时代的主题，各国人民对和平、发展、合作的追求，已汇成为不可阻挡的时代潮流。作为国际社会的重要一员，要实现自己的发展，就必须顺应天下大势，与各国共同承担维护世界和平的责任，与国际社会其他成员携手努力，为实现各国和谐相处、全球经济和谐发展、不同文明和谐进步的美好前景发挥积极作用。这是世界各国人民的共同愿望，也是中国走和平发展道路的崇高目标。

    中国始终不渝走和平发展道路，是秉承悠久历史和深厚文化传统的自觉选择。中华文明本质上是一种"和"的文明，包括"和平"、"和谐"、"包容"、"开明"、"和为贵"等丰富内涵。"和而不同"、"仁者爱人"、"亲仁善邻"等思想深入人心，"己所不欲，勿施于人"、"利而不害，为而不争"反映出中华民族的优秀品格。我国奉行独立自主的和平外交政策，从来都是维护世界和平、促进共同发展的坚定力量。"各美其美，美人之美，美美与共，天下大同"是中国人民真诚而美好的心愿。

    中国的和平发展道路正是以科学发展观为基础和核心，是科学发展观在我国外交战略上的鲜明体现。从科学发展观的视角审视和平发展道路的内涵和特征：一是和平发展道路强调和平与发展的辩证统一；二是和平发展道路着眼于经济全球化的潮流；三是和平发展道路强调中国发展和其他国家的互利共赢；四是和平发展道路突出中国和平发展与构建和谐世界的辩证统一。"从更宽广的世界历史视野看，和平发展道路归结起来就是：既通过维护世界和平发展自己，又通过自身发展维护世界和平；在强调依靠自身力量和改革创新实现发展的同时，坚持对外开放，学习借鉴别国长处；顺应经济全球化发展潮流，寻求与各国互利共赢和共同发展；同国际社会一道努力，推动建设持久和平、共同繁荣的和谐世界。这条道路最鲜明的特征是科学发展、自主发展、开放发展、和平发展、合作发展、共同发展。"[①] 中国的和平发展道路是中国现代化建设的必由之路，是中国政府和中国人民的郑重选择和庄严承诺。

---

① 国务院新闻办公室：《中国的和平发展》白皮书，2011年9月6日。

走和平发展道路，就是坚持把中国人民的利益同各国人民的共同利益结合起来，尊重各国人民自主选择发展道路的权利，致力于和平解决国际争端，奉行防御性国防政策，永远不称霸，永远不扩张；就是以自己的发展促进地区和世界共同发展，扩大同各方利益的汇合点，绝不做损人利己、以邻为壑的事情；就是坚持在和平共处五项原则基础上同所有国家发展友好合作，推动国际秩序朝着更加公正合理的方向发展。中国高举和平、发展、合作的旗帜，奉行独立自主的和平外交政策，坚定维护国家主权、安全和发展利益，始终不渝坚持和平发展，始终不渝奉行互利共赢，主张各国携手努力，推动建设持久和平、共同繁荣的和谐世界。这些思想集中体现的就是和平、合作、共赢。[①]

胡锦涛在联合国成立 60 周年首脑会议上发表题为《努力建设持久和平、共同繁荣的和谐世界》的讲话指出："文明多样性是人类社会的基本特征，也是人类文明进步的重要动力。……我们应该尊重各国自主选择社会制度和发展道路的权利，相互借鉴而不是刻意排斥，取长补短而不是定于一尊，推动各国根据本国国情实现振兴和发展；应该加强不同文明的对话和交流，在竞争比较中取长补短，在求同存异中共同发展，努力消除相互的疑虑和隔阂，使人类更加和睦，让世界更加丰富多彩；应该以平等开放的精神，维护文明的多样性，促进国际关系民主化，协力构建各种文明兼容并蓄的和谐世界。"[②] "和谐世界"的理念，体现了我们党站在时代发展和人类进步事业的高度来对待当今世界一系列重大问题，进一步诠释了中国特色社会主义的和平性质。

"和谐世界"的内涵为持久和平、共同繁荣、人与自然和谐相处，要求通过争取持久和平来促进世界各国共同繁荣并解决好全球性问题，同时在促进世界各国共同繁荣并解决好全球性问题的过程中实现持久和平。中共十七大报告对"和谐世界"理念的基本主张作了这样的概括："政治上相互尊重、平等协商，共同推进国际关系民主化的世界；经济上相互合作、优势互补，共同推动经济全球化朝着均衡、普惠、共赢方向发展的世界；文化上相互借鉴、求同存异，尊重世界多样性，共同促进人类文明繁荣进步的世界；安全上相互信任、加强合作，坚持用和平方式而不是战争手段解决国际争端，共同维护世界和平稳定的世界；环保上相互帮助、协力推进，共同呵护人类赖以生存的地球家园的世界。"[③] 建设一个持久和平、共同繁荣的和谐世界，是中国走和平发展道路的崇高目标，也是世界各国人民的共同愿望。

[①]　王毅：《始终不渝走和平发展道路》，载《求是》2007 年第 23 期。
[②]　胡锦涛在联合国成立 60 周年首脑会议上的讲话，《人民日报》2005 年 9 月 17 日。
[③]　胡锦涛：《高举中国特色社会主义伟大旗帜　为夺取全面建设小康社会新胜利而奋斗》，人民出版社 2007 年版。

中国的现代化发展建立在内部和谐（和谐社会）和外部和谐（和谐世界）两个目标基础之上。和谐从内容上说是一种秩序，这种秩序可以体现为多种形式，因此它不是一种既定的构成模式。从国际关系的角度来说，它是各国共处的一种方式和由这种方式所产生的结果或现状。从方式上来说，和谐就是以协商、合作的方式，而不是以武断、对抗的方式来处理相互关系和具有相关利益的事务，从而形成协调、和平与合作的共处秩序。建设和谐世界的一个重要基础是寻求、创建各国共同繁荣的"共享利益"。中国倡导建设和平、发展、合作的和谐世界，主张在国际关系中弘扬民主、和睦、协作，在政治上相互尊重、平等协商；在经济上均衡、普惠、共赢；在文化上尊重多样性，相互借鉴。和谐世界的目标为中国的对外战略指明了方向，减少了不确定性，增加了可预期性。和谐世界把中国对外战略的理想主义与现实主义相结合上升到一个新的阶段，使中国的和平发展道路、保持时代先进性和占领文明制高点构成一个有机的整体。

中国特色社会主义理论建设

第三篇

"中国特色社会主义作为新时期以来我们党继续推进马克思主义中国化的伟大历史性创造,体现在实践上,就是开辟了中国特色社会主义道路;体现在理论上,就是形成了中国特色社会主义理论体系;体现在政治上,就是要高举中国特色社会主义伟大旗帜。'道路',用党的十七大报告的概括说,就是在中国共产党领导下,立足基本国情,以经济建设为中心,坚持四项基本原则,坚持改革开放,解放和发展社会生产力,巩固和完善社会主义制度,建设社会主义市场经济、社会主义民主政治、社会主义先进文化、社会主义和谐社会,建设富强民主文明和谐的社会主义现代化国家。'理论体系',反映了中国特色社会主义基本实践和基本经验的理论成果。'旗帜',则体现了'道路'和'理论体系'的有机统一。中国特色社会主义伟大旗帜,是当代中国发展进步的旗帜,是全党全国各族人民团结奋斗的旗帜。高举这面旗帜,既要在中国特色社会主义理论体系指导下坚持中国特色社会主义道路的伟大实践,又要在伟大实践中不断丰富和发展中国特色社会主义理论体系。两者紧密结合,相互促进,就能保证中国特色社会主义伟大旗帜始终高高飘扬。党的十七大强调,'高举中国特色社会主义伟大旗帜,最根本的就是要坚持这条道路和这个理论体系',讲的就是这个道理。"

——习近平:《关于中国特色社会主义理论体系的几点学习体会和认识》

(2008年4月)

中国技术社会史

文理交融

第六章

社会主义初级阶段理论

中国的革命、建设和改革开放是否能够取得成功,根本就在于是否能够立足中国的国情,符合中国的实际,这也是被实践反复验证的一条真理。当代中国的基本国情就是我国处于并将长期处于社会主义初级阶段。经过三十多年改革开放,这个基本国情没有变,人民日益增长的物质文化需要同落后的社会生产之间的矛盾这一社会主要矛盾没有变,我国是世界上最大的发展中国家的国际地位也没有变;发展中国特色社会主义以及由此展开的市场经济、民主政治、先进文化与和谐社会建设,最根本的就是一切都要从社会主义初级阶段这个最大的实际出发。

一、社会主义初级阶段理论的形成和主要内容

1. 基本国情就是中国处于社会主义初级阶段

中国共产党领导中国革命之所以能够取得胜利,关键在于不是从主观意愿或者从理论出发,而是从中国社会的国情出发,制定符合中国实际的路线、方针和政策。从这一意义上说,正确地认识国情,切实从中国实际出发,就成为中国革命能够取得胜利的关键性要素。从中国的国情和实际出发,首先要正确认识中国

的国情和实际,但这并不是一件轻而易举、人人都能做到的事情。在中国新民主主义革命过程中,凡是革命遇到重大挫折和失败,一个重要的原因就是没有正确认识中国国情和实际,由此制定的路线、方针和政策也必然脱离中国的实际,最终导致革命不能取得成功。要扭转这样的状况,必须切实回到中国的国情和实际,制定符合中国实际的路线、方针和政策。在新民主主义时期,毛泽东对中国国情和实际的认识最深刻。所以,他是正确路线、方针和政策的代表。毛泽东能够领导中国新民主主义革命取得胜利,把握国情和中国实际是一条宝贵的经验,也是一条客观真理。

毛泽东对新民主主义革命时期中国国情和实际的认识,集中体现在:深刻把握了中国半殖民地半封建的社会性质,以及在这一社会性质下对各阶级之间关系和力量的深刻认识,明确了中国革命必须要把握的基本问题;深刻把握了中国经济文化落后的状况和基本的社会结构,中国社会的主体是农村,中国经济的基础是农业,中国人口的基本成分是农民,明确了中国革命该走怎样的道路,中国革命的主力该依靠谁;深刻把握了中国国内的特殊关系,明确了靠什么来夺取政权,靠什么来团结一切可以团结的力量,最终使中国共产党能够夺取政权。这就是毛泽东对中国国情的深刻把握,并把马克思主义基本原理与中国实际相结合,从而使毛泽东思想能够成为中国化马克思主义理论成果。

新中国成立以后,在进行社会主义建设的过程中,关于是否能够深刻地认识和把握国情和中国实际这一问题,我们同样有着正反两方面的经验和教训。这一经验和教训在毛泽东本人身上就有充分的体现。能够切实把握国情,从中国的实际出发,社会主义建设的发展就比较顺利,反之则相反。改革开放前的历史发展,更多的是从教训的角度让我们认识到把握国情和从中国实际出发的重要性。所以,进入改革开放新时期,我们首先要解决的是对基本国情和中国实际的重新认识。

改革开放就其实质来说,是要开辟一条建设中国特色社会主义的新路,这条新路就是抛弃原来不符合中国国情和实际的传统体制和模式,实行新的路线、建立新的体制、开辟新的道路、实施新的政策。所有这些"新"都必须以对国情和中国实际新的认识为前提,这些新的认识在理论上的概括,就是中国社会主义初级阶段理论。

社会主义初级阶段理论的提出,是要在深刻总结历史经验教训的基础上,解决好建设中国特色社会主义的基本立足点和出发点的问题。这是改革开放进行经济体制改革、制定路线、方针、政策的前提。初级阶段是当代中国最大国情和具体实际,离开了这一国情,把马克思主义基本原理与中国的实际相结合就成为一句空话。在党的十三大召开前夕,邓小平就指出:"党的十三大要阐述中国社会主义是处在一个什么阶段，就是处在初级阶段，是初级阶段的社会主义。社会主义本身是共产主义的初级阶段，而我们中国又处在社会主义的初级阶段，就是不发达的阶段。一切都要从这个实际出发，根据这个实际来制订规划。"① 这一论述指出了提出社会主义初级阶段理论的意义就在于要明确中国的实际是什么，中国的建设必须要从这一实际出发，要解决的是立足点和出发点的问题。

2. 社会主义初级阶段的内涵

把握社会主义初级阶段的科学内涵，关键是准确把握两层含义：一是我国社会主义已经是社会主义社会，必须坚持而不能离开社会主义；二是我国的社会主义社会还处在初级阶段，必须从这个实际出发，而不能超越这个阶段。第一层含义是要我们必须坚持社会主义的社会性质，第二层含义是要我们必须从初级阶段的社会发展程度来思考和认识问题。社会主义初级阶段的内涵就是这两层含义的统一，中国特色社会主义建设从国情和实际出发，其实质是要把社会主义性质与它的发展程度有机统一起来。

科学把握社会主义性质并不是一句空话，而是要落实到中国特色社会主义建设实践的各个方面。在经济建设方面，最重要的是坚持公有制的主体地位和国有经济的主导作用，这是坚持社会主义性质的基础。经济体制改革不能动摇社会主义经济制度，经济体制改革必须以马克思主义经济理论为指导，不能把西方新自由主义的思潮作为指导思想。在改革过程中，我们要大力发展多种所有制经济，但不能搞私有化，不能把改革与私有化等同起来，不能把反对私有化与反对改革画等号。是否坚持公有制的主体地位，实质关系到是否坚持社会主义性质的问题。在政治建设方面，最重要的是坚持中国共产党的领导，坚持社会主义根本政治制度和基本政治制度。不能把西方的"三权分立"作为我国政治体制改革的目标。是否坚持这一条，既关系到中国政治制度的社会主义性质，也涉及到是否从中国国情和实际出发进行民主政治建设的问题。在文化建设方面，最重要的是坚持马克思主义在思想领域的指导地位，坚持社会主义核心价值体系的引领。不能在指导思想上搞多元化，不能把西方的"普世价值"取代马克思主义的指导地位。意识形态是整个社会性质不可缺少的一个组成部分，坚持马克思主义在意识形态领域的指导地位与坚持社会主义性质是一致的。

科学把握社会主义的发展进程，体现中国社会主义建设的特色。这一特色区别于传统理论的模式，它既坚持了社会主义的性质，但又增添了传统理论中没有

---

① 《邓小平文选》第 3 卷，人民出版社 1993 年版，第 252 页。

的新内容,是在坚持社会主义性质条件下对社会主义发展模式的创新。在经济建设方面体现在"两个结合"上:一是社会主义与市场经济的结合而形成的具有中国特色的社会主义市场经济体制;二是公有制与多种所有制的结合而形成的具有中国特色的社会主义初级阶段基本经济制度。这"两个结合"就是社会主义性质与发展程度结合在经济上的中国特色。在政治建设方面体现在人民代表大会这一根本政治制度,中国共产党领导的多党合作和政治协商制度、民主区域自治制度以及基层群众自治制度等构成的基本政治制度,中国特色社会主义法律体系;以及建立在根本政治制度、基本政治制度、基本经济制度基础上的经济体制、政治体制、文化体制、社会体制等各项具体制度。这些制度符合中国国情,彰显中国特色,实现了坚持社会主义性质与初级阶段实际的有机结合。

社会主义初级阶段理论的确立,为中国特色社会主义的发展作出了基础性的定位,使中国特色社会主义的发展在实践中始终沿着社会主义的基本方向,又不脱离中国国情和实际。可以说,改革开放以来中国的现代化建设之所以没有出现重大的失误和折腾,是因为我们党既始终把握住发展的社会主义性质,又把握住发展的中国实际和发展的阶段性特征,这与社会主义初级阶段的理论指导是分不开的。在改革开放过程中我们所取得的中国化马克思主义理论发展,都是以科学把握社会主义初级阶段的内涵为前提的,这些理论发展的一个共同特点就是坚持社会主义的基本原则,又从中国国情和实际出发,赋予了理论发展的中国特色和时代特征。

社会主义初级阶段理论对中国特色社会主义建设发挥着长期的指导性作用,邓小平在1992年南方谈话中指出:"我们搞社会主义才几十年,还处在初级阶段。巩固和发展社会主义制度,还需要一个很长的历史阶段,需要几代人、十几代人,甚至几十代人坚持不懈地努力奋斗,决不能掉以轻心。"[1] 我们不仅要在整个社会主义初级阶段坚定不移地把握社会主义初级阶段理论,而且在整个社会主义发展过程中,都必须科学把握社会主义初级阶段理论的内涵和实质,这就是把坚持社会主义性质与从中国国情和实际出发有机地统一于中国特色社会主义建设的全过程。

3. 社会主义初级阶段的特征

社会主义初级阶段的特征是对初级阶段认识的具体化,也是对初级阶段认识的深化。对初级阶段特征认识得越具体,也就对中国国情和实际把握得越清晰。

---

[1] 《邓小平文选》第3卷,人民出版社1993年版,第379~380页。

党的十五大在十三大提出初级阶段理论的基础上，进一步概括了初级阶段的特征：一是逐步摆脱不发达状态，基本实现社会主义现代化的历史阶段；二是由农业人口占很大比重、主要依靠手工劳动的农业国，逐步转变为非农业人口占多数、包含现代农业和现代服务业的工业化国家的历史阶段；三是自然经济半自然经济占很大比重，逐步转变为经济市场化程度较高的历史阶段；四是由文盲半文盲人口占很大比重、科技教育文化落后，逐步转变为科技教育文化比较发达的历史阶段；五是由贫困人口占很大比重、人民生活水平比较低，逐步转变为全体人民比较富裕的历史阶段；六是由地区经济文化很不平衡，通过有先有后的发展，逐步缩小差距的历史阶段；七是通过改革和探索，建立和完善比较成熟的充满活力的社会主义市场经济体制、社会主义民主政治体制和其他方面体制的历史阶段；八是广大人民牢固树立建设有中国特色社会主义共同理想，自强不息，锐意进取，艰苦奋斗，勤俭建国，在建设物质文明的同时努力建设精神文明的历史阶段；九是逐步缩小同世界先进水平的差距，在社会主义基础上实现中华民族伟大复兴的历史阶段。这样的历史进程，至少需要一百年时间。至于巩固和发展社会主义制度，那还需要更长的时间，需要几代人、十几代人，甚至几十代人坚持不懈地努力奋斗。

又经过十年，党的十七大也对社会主义初级阶段这一历史过程在不同发展阶段所显现出不同的阶段性特征做出了新概括：第一，经济实力显著增强，同时生产力水平总体上还不高，自主创新能力还不强，长期形成的结构性矛盾和粗放型增长方式尚未根本改变；第二，社会主义市场经济体制初步建立，同时影响发展的体制机制障碍依然存在，改革攻坚面临深层次矛盾和问题；第三，人民生活总体上达到小康水平，同时收入分配差距拉大趋势还未根本扭转，城乡贫困人口和低收入人口还有相当数量，统筹兼顾各方面利益难度加大；第四，协调发展取得显著成绩，同时农业基础薄弱、农村发展滞后的局面尚未改变，缩小城乡、区域发展差距和促进经济社会协调发展任务艰巨；第五，社会主义民主不断发展、依法治国基本方略扎实贯彻，同时民主法制建设与扩大人民民主和经济社会发展的要求还不完全适应，政治体制改革需要继续深化；第六，社会主义文化更加繁荣，同时人民精神文化需求日趋旺盛，人们思想活动的独立性、选择性、多变性、差异性明显增强，对发展社会主义先进文化提出了更高要求；第七，社会活力显著增强，同时社会结构、社会组织形式、社会利益格局发生深刻变化，社会建设和管理面临诸多新课题；第八，对外开放日益扩大，同时面临的世界竞争日趋激烈，发达国家在经济科技上占优势的压力长期存在，可以预见和难以预见的风险增多，统筹国内发展和对外开放要求更高。

社会主义初级阶段是相当长的历史过程，在这至少上百年的发展过程中，不同发展阶段的特征是不同的，对不同的阶段性特征的认识，反映了我们对社会主义初级阶段认识的深化。20世纪50年代，我们刚进入社会主义时期所具有的特征，与现在具有的阶段性特征是很不相同的，尽管都同属于社会主义初级阶段，但所表现出阶段性特征有着巨大的差别。我们不能只是抽象地说初级阶段的特征，对阶段性特征的认识越具体，说明我们的认识越深刻。经过几十年的努力，我们在各个方面都取得了巨大的成就，但是，面对新的形势和发展要求，还存在着诸多的问题，还有许多问题没有解决好，不完善、不成熟的方面还大量存在，还有许多事情等着我们去做，这就是我们今天的实际。初级阶段的国情也是不断变化的，我们对国情的认识也应该是随着实际的变化而变化，当再经过不断努力全面实现建设小康目标的时候，初级阶段的阶段性特征还会发生变化，我们的认识还需要进一步深化。对社会主义初级阶段发展过程中阶段性特征的认识，其中包含的一个重要思想，就是对初级阶段的认识必须要具体化，这种具体化能够使我们的立足点和出发点始终符合初级阶段的实际，始终使我们的认识与实践的发展相同步。

二、关于社会主义本质的新论断

1. 邓小平对社会主义本质的论断

我国社会主义改造基本完成以后，如何认识社会主义本质就摆在全党全国面前。在理论上，我们对社会主义本质的认识基本上是根据马克思主义经典理论来界定社会主义本质，把凡是与资本主义相联系的东西都排斥在社会主义本质之外，或者说，主要是从生产关系的层次上来界定社会主义本质。在这样的认识框架下，从生产关系层面上看，对社会主义本质的界定就是公有制、按劳分配、计划经济。在实践上，由于社会主义的实践还刚刚开始，社会主义该如何发展的问题并不清晰，实践中主要是以消灭资本主义的因素为依据来体现社会主义本质。所以，在实践中关注的是怎样去消灭资本主义的因素，使社会主义实践中表现为社会主义因素越来越纯洁。

对社会主义本质的上述认识，在很长一段时间里支配着社会主义实践的发展。虽然这段时间，我们在探索适合中国国情的社会主义建设道路上，也取得了不少积极的成果，如我们党提出过要立足国情，允许多种经济成分并存，不能只是搞生产关系变革,如果生产关系跑到生产力的前头就会破坏生产力等。但就总的倾向看,在社会主义发展过程中,对社会主义本质的认识越来越集中于生产关系层面,生产力发展的问题越来越被淡化,这种状况在"文化大革命"期间达到了顶点。

党的十一届三中全会以后,我们党总结了多年来离开生产力抽象地谈论社会主义的历史教训,认识到由于对社会主义本质的认识不清晰,把不具有社会主义本质属性的东西当做社会主义的原则加以固守,而把许多不是资本主义性质的东西,当做资本主义的因素排斥于社会主义之外。邓小平先是从多层面探讨和揭示什么不是社会主义。

照搬照抄不是社会主义。"我们当然不会由科学的社会主义退回到空想的社会主义,也不会让马克思主义停留在几十年或一百多年前的个别论断的水平上。"①

停滞僵化不是社会主义。"社会主义究竟是个什么样子,苏联搞了很多年,也并没有完全搞清楚,可能列宁的思路比较好,搞了个新经济政策,但是后来苏联的模式僵化了。"②

贫穷落后不是社会主义。"国家这么大,这么穷,不努力发展生产,日子怎么过?我们人民的生活如此困难,怎么体现出社会主义的优越性?'四人帮'叫嚷要搞'穷社会主义'、'穷共产主义',胡说共产主义主要是精神方面的,简直是荒谬之极!"③

发展不快不是社会主义。"如果在一个很长的历史时期内,社会主义国家生产力发展的速度比资本主义国家慢,还谈什么优越性?我们要想一想,我们给人民究竟做了多少事情呢?"④

空话大话不是社会主义。中苏两党曾经就社会主义问题展开过旷日持久的论战。"经过二十多年的实践,回过头来看,双方都讲了许多空话。马克思去世以后一百多年,究竟发生了什么变化,在变化的条件下,如何认识和发展马克思主义,没有搞清楚。"⑤

超越阶段不是社会主义。"要研究一下,为什么好多非洲国家搞社会主义越搞越穷。不能因为有社会主义的名字就光荣,就好。"⑥ 维持现状不是社会主义。"现在虽说我们也在搞社会主义,但事实上不够格。只有到了下世纪中叶,达到

---

① 《邓小平文选》第2卷,人民出版社1994年版,第179页。
② 《邓小平文选》第3卷,人民出版社1993年版,第139页。
③ 同②,第10页。
④ 同①,第128页。
⑤ 同②,第291页。
⑥ 同①,第313页。

了中等发达国家的水平，才能说真的搞了社会主义，才能理直气壮地说社会主义优于资本主义。"①

1992年，邓小平经过深入地思考，在南方讲话时对社会主义的本质进行了全新的概括："社会主义的本质，是解放生产力，发展生产力，消灭剥削，消除两极分化，最终达到共同富裕。"② 这一关于社会主义本质的新论断，对于如何认识现实社会主义提供了基本答案。

总结以往关于对社会主义本质认识，最大的失误是把有利于社会主义发展的东西排除在社会主义的本质之外，而把不符合现实社会主义发展要求的东西作为社会主义的本质加以坚持。解决这一问题，在理论上必须明确，今天我们坚持社会主义，最根本的应该坚持什么。解决了这一问题，对社会主义的认识也就更加符合今天中国的实际。

在今天的中国，认识社会主义最重要的有两条：一是中国的发展；二是坚持社会主义的方向。把握住这两条，也就把握住了社会主义的本质。邓小平关于社会主义本质的论断以这两条为主体内容，要我们认识现实社会主义的本质。凡是有利于解放和发展生产力的，也符合社会主义的本质要求，凡是反映社会主义基本制度的，也符合社会主义的本质。这是从宏观上的把握，是在整个社会范围内的体现。但是，这一问题不能要求在具体的微观领域中对每一件事情都要弄清楚，它是社会主义的还是资本主义的。以避免在一些具体问题上没完没了的纠缠，影响实践的发展。实际上在实践的发展中，情况是非常复杂的，有许多事情是以前没有做过的，在做之前，就一定要问清楚是社会主义的还是资本主义的，这并没有什么实际意义，而且在没有做这件事之前，并不能说清楚这是社会主义还是资本主义。例如，我们引进外资，发展外资经济，这是资本主义的还是社会主义的，就不是用简单一句话能够回答清楚的。所以，我们必须从宏观上把握住社会主义的本质，既符合中国发展的要求，又不偏离社会主义的方向。邓小平提出的"不争论"原则，就是要在把握社会主义本质的前提下，不对具体问题进行无谓的争论，不因为进行争论而丧失大好的发展机遇。把解放和发展生产力放在第一位，把它提高到社会主义本质的高度来认识，有些资本主义的因素，但只要是有利于社会主义生产力的发展，我们也可以用。这就解决了在社会主义发展实践中的一系列现实问题，把精力集中到解放和发展生产力上，而不是去争论在具体做法上什么是社会主义，什么是资本主义。对现实社会主义的本质认识清楚了，对现实社会主义的认识也就比较清楚了。

---

① 《邓小平文选》第3卷，人民出版社1993年版，第225页。
② 同①，第373页。

2. 社会主义本质论断是对马克思主义的新发展

邓小平提出的社会主义本质的论断,是马克思主义关于社会主义理论的重大发展,之所以说是发展,是因为这一论断既坚持了马克思主义关于社会主义最根本的东西,又说了传统马克思主义没有说的话,赋予了马克思主义新的内容。社会主义本质论断对马克思主义的新发展表现在以下几方面。

第一,对社会主义本质的认识不再局限于从生产关系层次上来界定,而是从生产力、生产关系、最终目标这三方面的结合来界定,突破了原来对社会主义本质认识的框框。特别是把解放生产力,发展生产力提高到社会主义本质的高度来认识,使社会主义本质具有新的内涵。解放和发展生产力是一切社会的根本,它是决定社会发展的最终动力。社会主义是比资本主义更具有优越性的社会制度,应该具有比资本主义更高的生产力水平。但是,由于现实中的社会主义都是在资本主义发展比较落后的国家首先建立起来的,有的国家是在资本主义还没有得到发展的条件建立社会主义的。因此,社会主义总体的生产力发展水平都低于发达资本主义国家。在这样历史条件下,要充分体现社会主义制度的优越性,解放和发展生产力对于现实社会主义来说,就具有特别重要的意义。社会主义只有赢得比资本主义更高的生产力发展水平,才能最终取得胜利,才能更好地体现社会主义本质。所以,把解放和发展生产力作为社会主义的本质,就特别突出了解放和发展生产力对社会主义的极端重要性。或者说,在今天,不利于解放和发展生产力的东西,也都不符合社会主义本质。

第二,从生产关系最终结果的层次上来界定社会主义的本质,而不是直接从生产关系的形式上来界定。消灭剥削、消除两极分化是从生产关系层次上对社会主义本质的界定。公有制是社会主义的本质特征,当然属于社会主义本质的范畴。但邓小平并没有直接用公有制来概括社会主义本质,而是从实行公有制必然产生的结果这一角度来概括社会主义本质。消灭剥削、消除两极分化的前提是实行公有制,所以公有制暗含在消灭剥削、消除两极分化之中。消灭剥削、消除两极分化是公有制的本质,也是社会主义的本质,公有制的本质与社会主义的本质完全一致。把消灭剥削、消除两极分化作为社会主义本质与把公有制作为社会主义本质在根本上没有差别。公有制是从生产关系的特征上来认识社会主义本质,消灭剥削、消除两极分化是从人与人之间的关系上来认识社会主义本质。对一个社会本质的认识,是不能离开生产关系的,因为离开了生产关系,就根本无法对一个社会的性质进行界定,当然也就无法对一个社会的本质进行界定。所以,邓小平关于社会主义本质的论断坚持了马克思主义的基本理论,并在这基础上进一步深化了对社会主义本质的认识。

　　第三，把社会主义最终要达到的目标也纳入社会主义本质之中。共同富裕是社会主义最终要实现的目标，也是社会主义区别于资本主义的根本差别。把共同富裕作为社会主义本质，从最终目标上体现了社会主义的特征。实现共同富裕这一目标又是与生产力的高度发展和生产关系方面消灭剥削，消除两极分化联系在一起的。解放和发展生产力是实现共同富裕的物质基础，离开了生产力的高度发展，结果只能是共同贫穷。但在生产力高度发达的基础上，实现共同富裕还需要有生产关系的保证，就是必须实行公有制的生产关系，只有在公有制生产关系下才能消灭剥削，消除两极分化，最终实现共同富裕。因此，社会主义本质具有的三个方面的内涵是一个不可分开的整体，共同体现了社会主义的本质特征。所以，邓小平一再强调，一个公有制占主体，一个共同富裕，这是我们必须坚持的社会主义的根本原则；社会主义有两个非常重要的方面，一是以公有制为主体，二是不搞两极分化。

　　关于社会主义本质的论断是邓小平经过长期思考得出的结论，这一思想在改革开放的实践中不断得到完善和深化，发展了马克思主义关于社会主义的理论，把对社会主义的认识提高到了一个新的水平，并指导着中国特色社会主义建设的伟大实践。

3. 社会主义本质论断与中国特色社会主义建设

　　社会主义本质新判断解决了如何认识现实社会主义的问题，这对于建设中国特色社会主义具有重要的现实意义。这使我们进一步明确了，在今天坚持社会主义本质，应该坚持什么。社会主义本质新判断作为邓小平理论的重要内容，清晰地回答了什么是社会主义、怎样建设社会主义的重大时代课题。

　　首先，社会主义本质理论回答了坚持社会主义在实践中必须把解放和发展生产力放在最重要的位置。邓小平提出"发展是硬道理"的思想已经深入人心，在实践中人们深刻地认识到，离开了发展，社会主义就失去了生命力，一切都会落空，坚持社会主义也就成为一句空话。根本原因就在于解放和发展生产力是社会主义的本质。坚持社会主义就必须把解放和发展生产力放在第一位。抓住了解放和发展生产力，就是抓住了社会主义本质。在建设中国特色社会主义的实践中，中国共产党始终把社会主义本质理论作为实践的指导思想，我们在不同发展阶段提出的"发展是党执政兴国的第一要务"、"科学发展观的第一要义是发展"等，都是社会主义本质判断的具体化和在实践中的体现。改革开放以来，正因为我们在实践中始终抓住了解放和发展生产力这一根本，才使中国特色社会主义的生命力不断增强，社会主义制度的优越性不断体现。可以说，我们所取得的发展成果，都与不断深化对社会主义本质的认识有直接关系。

其次，社会主义本质新判断回答了坚持社会主义在实践中必须把消除两极分化作为始终要做的重大任务，始终不忘坚持共同富裕的目标。在社会主义初级阶段，在市场经济的条件下，由于各种原因在收入分配上出现差距甚至在某些领域出现两极分化的迹象，都有一定的合理性，但这不符合社会主义本质要求。我们在发展中把消除两极分化作为坚持社会主义必须要做到的，通过采取各种政策和措施，避免出现两极分化。邓小平强调指出："我们的政策是不使社会导致两极分化，就说是，不会导致富的越富，贫的越贫。"① 如果富的越来越富，贫的越来越贫，真的出现了两极分化，那就走上邪路了。社会分配是关系社会主义方向的问题，也是体现社会主义本质的问题，分配上的平均主义不是社会主义，不能体现社会主义本质；但出现两极分化也不是社会主义，同样不符合社会主义本质要求。我们在社会主义发展实践中，针对收入分配出现差距拉大的现象提出的要把效率与公平结合起来，更加关注社会公平等一系列政策和措施，提出构建社会主义和谐社会的思想，都是坚持社会主义本质的具体体现，为实现共同富裕的目标创造物质的、制度的、政策的条件。正是由于对社会主义本质的深刻把握，在我们的制度和政策导向上始终把消除两极分化、实现共同富裕作为坚定不移的努力目标。

理论的发展来源于实践，实践的发展又需要理论的指导。社会主义本质新论断是在改革开放的实践中形成和发展的，同时也对实践的发展发挥了巨大的指导作用。回顾改革开放以来我们党在关于社会主义本质的理论与实践发展过程中，就是牢牢把握社会主义本质的内涵，坚持解放和发展生产力；坚持消灭剥削，消除两极分化，最终达到共同富裕的社会主义原则，不断进行实践，在实践的基础上，不断进行理论总结与创新，使对社会主义本质的认识不断深化，并推动着实践始终沿着社会主义的方向发展。

三、社会主义初级阶段的基本路线、基本纲领

1. "一个中心、两个基本点"的基本路线

1956年9月，中共八大提出，社会主义制度在我国已经建立，国内主要矛

---

① 《邓小平文选》第3卷，人民出版社1993年版，第172页。

盾已不是工人阶级和资产阶级的矛盾，而是人民对于经济文化迅速发展的需要同当前经济文化不能满足人民需要之间的矛盾；全国人民的主要任务是集中力量发展生产力，实现国家工业化。但此后不久党的指导思想发生了转变，"左"的错误倾向日益严重，上述路线没有得到贯彻执行，反而以阶级斗争为纲，制定了"阶级斗争年年讲、月月讲、天天讲"的基本路线，直至发生"文革"这样对中国社会主义造成极大危害的浩劫。新中国成立以来的失误和挫折，特别是"文革"十年动乱，引起了人们的反思。

"以阶级斗争为纲"的方针不符合社会主义时期的阶级状况，同社会主义时期党和国家的中心任务即经济建设是矛盾的、不相容的。因此，能不能真正把党的工作中心转移到经济建设上来，就必须抛弃"以阶级斗争为纲"的方针。党的十一届三中全会之前，明确指出"以阶级斗争为纲"的错误还不具备条件，邓小平利用各种时机，在各种场合反复强调解放思想，实事求是，不厌其烦地阐明经济建设的重要性。1978年12月，邓小平《解放思想，实事求是，团结一致向前看》的讲话为党的十一届三中全会指明了方向。十一届三中全会作出决定，全党工作的中心转移到社会主义现代化建设上来，迎来了我国社会主义建设的新时期。党的工作中心转移到现代化建设上来就是以经济建设为中心。这个伟大的战略决策，从根本上体现了党的政治路线的拨乱反正，为确立我国社会主义初级阶段党的基本路线奠定了基础。

党的工作中心转移是一个历史过程，又是一个系统工程。党的工作中心确立后，还有如何实现党的工作中心转移的问题；如何坚持经济建设这个中心不动摇的问题。只有不断把党的工作中心转移的决策全面展开和向更高阶段推进，才能把中国建设成为社会主义现代化国家，实现党的工作重心转移的战略目的。1982年9月，邓小平在中共十二大上宣布："把马克思主义的普遍真理同我国的具体实际结合起来，走自己的道路，建设有中国特色的社会主义，这就是我们总结长期历史经验得出的基本结论。"① 这是中国共产党人立足国情，顺应时代，继承历史，开拓创新，确保中国社会主义继续取得胜利的重大历史抉择。建设中国特色社会主义意味着社会主义没有一个固定的模式，世界上的问题也不可能用一个模式来解决，中国的社会主义现代化必须走中国自己的道路。"搞社会主义现代化建设是基本路线。要搞现代化建设使中国兴旺发达起来，第一，必须实行改革、开放政策；第二，必须坚持四项基本原则，主要是坚持党的领导，坚持社会主义道路，反对资产阶级自由化，反对走资本主义道路。这两个基本点是相互依存的。搞现代化建设，搞改革、开放，存在'左'和右的干扰问题。'左'的干

---

① 《邓小平文选》第3卷，人民出版社1993年版，第3页。

扰更多的是来自习惯势力。旧的一套搞惯了，要改不容易。右的干扰就是搞资产阶级自由化，全盘西化，包括照搬西方民主。'左'的和右的干扰，最主要的是'左'的干扰。……比较实际地说，我是实事求是派，坚持改革、开放政策，坚持党的领导和社会主义道路。"①

2. 坚持党的基本路线不动摇

建设中国特色社会主义标志着中国社会主义建设的新实践。新实践催生新理论，新理论又指导和进一步推进新实践。围绕着"什么是社会主义，怎样建设社会主义"这一最基本也是最重要的问题，邓小平理论确定了基本思路和基本原则。为了加快生产力发展，更好地实现以经济建设为中心的发展蓝图，邓小平提出必须坚持四项基本原则，必须坚持改革开放。1987年中共十三大正式确立了党在社会主义初级阶段的基本路线："领导和团结全国各族人民，以经济建设为中心，坚持四项基本原则，坚持改革开放，自力更生，艰苦创业，为把我国建设成为富强、民主、文明的社会主义现代化国家而奋斗。"② 四项基本原则是立国之本，改革开放是强国之路，两者相互贯通，相互依存，服务于经济建设这个中心，统一于建设中国特色社会主义的实践。而中国之所以能够取得今天这样的成就，就是遵循了邓小平反复强调的，"要坚持党的十一届三中全会以来的路线、方针、政策，关键是坚持'一个中心、两个基本点'。不坚持社会主义，不改革开放，不发展经济，不改善人民生活，只能是死路一条。基本路线要管一百年，动摇不得。"③

江泽民在纪念党的十一届三中全会召开20周年大会上的讲话指出，"实践表明，坚持党的基本路线，最重要的是要全面理解和正确处理'一个中心、两个基本点'的关系。经济建设与四项基本原则、改革开放，是相互贯通、相互依存、不可分割的统一整体。我们的经济建设，是以四项基本原则为政治保证、以改革开放为强大动力的；我们的改革开放，是以进一步解放和发展生产力、巩固和发展社会主义制度为目的的；我们的四项基本原则，是保证改革开放和经济建设沿着正确的方向前进，同时又从新的实践中不断吸取新的经验来丰富和发展的。离开经济建设这个中心任务，社会主义社会的一切发展和进步就会失去物质基础；离开四项基本原则和改革开放，经济建设就会迷失方向和丧失动力。这就

---

① 《邓小平文选》第3卷，人民出版社1993年版，第248~249页。
② 《中国共产党第十三次全国代表大会文件汇编》，人民出版社1987年版，第13页。
③ 同①，第370~371页。

是'一个中心、两个基本点'的辩证统一关系。坚持基本路线一百年不动摇，包括坚持一个中心和两个基本点都不能动摇。全面把握党的基本路线的全部内容，把经济建设这个中心同四项基本原则、改革开放这两个基本点，统一于建设有中国特色社会主义的伟大实践，贯穿于现代化建设的整个过程，我们就会不断地从胜利走向胜利。"① 胡锦涛在纪念党的十一届三中全会召开三十周年大会上的讲话再次重申党在社会主义初级阶段的基本路线就是："领导和团结全国各族人民，以经济建设为中心，坚持四项基本原则，坚持改革开放，自力更生，艰苦创业，为把我国建设成为富强民主文明和谐的社会主义现代化国家而奋斗。以经济建设为中心是兴国之要，是我们党、我们国家兴旺发达和长治久安的根本要求。四项基本原则是立国之本，是我们党、我们国家生存发展的政治基石；改革开放是强国之路，是我们党、我们国家发展进步的活力源泉。一个中心、两个基本点，是相互贯通、相互依存、不可分割的统一整体，须臾不可偏离、丝毫不可偏废，必须全面坚持、一以贯之。离开经济建设这个中心，社会主义社会的一切发展和进步就会失去物质基础；离开四项基本原则和改革开放，经济建设就会迷失方向和丧失动力。……我们既毫不动摇地坚持发展是硬道理的战略思想，牢牢扭住经济建设这个中心，不断解放和发展社会生产力，不断夯实我国社会主义制度的物质基础，又毫不动摇地坚持四项基本原则、坚持改革开放。党的基本路线是兴国、立国、强国的重大法宝，是实现科学发展的政治保证，是党和国家的生命线、人民群众的幸福线。我们要始终坚持党的基本路线不动摇，做到思想上坚信不疑、行动上坚定不移，决不走封闭僵化的老路，也决不走改旗易帜的邪路，而是坚定不移地走中国特色社会主义道路。"② 中国人民的面貌、社会主义中国的面貌、中国共产党的面貌之所以能够发生历史性变化，最根本的就是我们毫不动摇地坚持党的基本路线，既以四项基本原则保证改革开放的正确方向，又通过改革开放赋予四项基本原则新的时代内涵，坚持把以经济建设为中心同四项基本原则、改革开放这两个基本点统一于发展中国特色社会主义的伟大实践。

3. 社会主义初级阶段的基本纲领

民主革命时期，毛泽东系统论述了新民主主义的政治、经济和文化，并把它确定为党的一般纲领或基本纲领。"实行这个纲领，可以把中国从现在的国家状况和社会状况向前推进一步，也就是说，从半殖民地和半封建的国家和社会状

---

① 《十五大以来重要文献选编》（上），人民出版社 2000 年版，第 681～682 页。
② 胡锦涛在纪念党的十一届三中全会 30 周年大会上的讲话，人民出版社 2008 年版。

况,推进到新民主主义的国家和社会。"① 中国人民正是在这个纲领指引下取得了新民主主义革命的胜利,并走上了社会主义道路。

党的十一届三中全会以来,邓小平对于建设有中国特色社会主义的经济、政治和文化,做过许多精辟的、深刻的阐述。他创立的建设有中国特色社会主义理论,就是以经济建设为中心的经济、政治、文化等全面发展的理论。"为了建设现代化的社会主义强国,任务很多,需要做的事情很多,各种任务之间又有相互依存的关系,如像经济与教育、科学,经济与政治、法律等,都有相互依存的关系,不能顾此失彼。"② 他提出了一系列"两手抓":一手抓改革开放,一手抓打击犯罪;一手抓经济建设,一手抓民主法制;一手抓物质文明,一手抓精神文明。同时,针对实际工作中出现的一手比较硬、一手比较软的问题,强调必须坚持两手抓,两手都要硬。江泽民在纪念建党七十周年讲话中,对建设有中国特色社会主义的经济、政治、文化进行了论述,指出加强这三方面的建设,根本目的是为了充分调动广大人民群众的积极性、推动社会生产力的发展和社会的全面进步。党的十四大以后,我们党采取一系列重大举措,在加强经济建设和经济体制改革的同时,推进民主法制建设和党的建设;在把物质文明建设搞得更好的同时,切实把精神文明建设提到更加突出的地位。

党在社会主义初级阶段的基本路线确立以后,以江泽民为核心的中央领导集体把基本路线在经济、政治、文化方面进一步展开,提出了社会主义初级阶段的基本纲领。"建设有中国特色社会主义的经济、政治、文化的基本目标和基本政策,有机统一,不可分割,构成党在社会主义初级阶段的基本纲领,这个基本纲领,是邓小平理论的主要内容,是党的基本路线在经济、政治、文化等方面的展开,是这些年来最主要经验的总结。"③ 这个基本纲领标志着党对社会主义初级阶段基本国情和建设社会主义规律的认识达到一个新高度。社会主义初级阶段的基本纲领,回答了什么是建设中国特色社会主义的经济、政治和文化,怎样建设中国特色社会主义的经济、政治和文化等重要的问题;回答了什么是初级阶段的社会主义以及怎样建设初级阶段的社会主义的问题,是建设社会主义现代化国家的行动指南。

坚持党的基本路线与坚持党的思想路线,解放思想、实事求是、与时俱进是一致的。与时俱进,就是党的全部理论和工作要体现时代性,把握规律性,富于创造性。创新是一个民族进步的灵魂,是一个国家兴旺发达的不竭动力,也是一个政党永葆生机的源泉。实践基础上的理论创新是社会发展和变革的先导。通过

---

① 《毛泽东选集》第3卷,人民出版社1995年版,第1058页。
② 《邓小平文选》第2卷,人民出版社1994年版,第249~250页。
③ 《十五大以来重要文献选编》(上),人民出版社2000年版,第681~682页。

理论创新推动其他各方面的创新，不断在实践中探索前进，是我们要长期坚持的治党治国之道。在党的十五大明确提出党在社会主义初级阶段基本纲领的基础上，党的十六大、十七大又进一步丰富了基本纲领的内容。

建设有中国特色社会主义的经济，就是在社会主义条件下发展市场经济，不断解放和发展生产力。坚持和完善社会主义公有制为主体、多种所有制经济共同发展的基本经济制度；坚持和完善社会主义市场经济体制，使市场在国家宏观调控下对资源配置起基础性作用；坚持和完善按劳分配为主体的多种分配方式，允许一部分地区一部分人先富起来，带动和帮助后富，逐步走向共同富裕；坚持和完善对外开放，积极参与国际经济合作和竞争。实现国民经济又好又快，保证人民共享改革和发展成果。

建设有中国特色社会主义的政治，就是在中国共产党领导下，在人民当家做主的基础上，依法治国，发展社会主义民主政治。坚持和完善工人阶级领导的以工农联盟为基础的人民民主专政；坚持和完善人民代表大会制度和共产党领导的多党合作政治协商制度以及民族区域自治制度；发展民主，健全法制，建设社会主义法制国家。实现社会安定，政府廉洁高效，全国各族人民团结和睦生动活泼的政治局面。

建设有中国特色社会主义的文化，就是以马克思主义为指导，以培育有理想、有道德、有文化、有纪律的公民为目标，发展面向现代化、面向世界、面向未来的，民族的、科学的、大众的社会主义文化。建设立足中国现实、继承历史文化优秀传统、汲取外国文化有益成果的社会主义精神文明，建设社会主义核心价值体系，推动社会主义文化大发展大繁荣。

根据科学发展观的要求，我们党又提出构建社会主义和谐社会，就是按照民主法治、公平正义、诚信友爱、充满活力、安定有序、人与自然和谐相处的总要求和共同建设、共同享有的原则，以改善民生为重点，解决好人民最关心、最直接、最现实的利益问题，努力形成全体人民各尽其能、各得其所而又和谐相处的局面。

为了适应国内外形势的新变化，顺应各族人民过上更好生活的新期待，把握经济社会发展趋势和规律，就必须坚持中国特色社会主义经济建设、政治建设、文化建设、社会建设的基本目标和基本政策构成的基本纲领。"咬定青山不放松，立根原在破岩中，千磨万击还坚劲，任尔东西南北风"。这正是中国共产党领导全国人民建设中国特色社会主义一往无前的写照。

第七章

中国特色社会主义经济建设

中国特色社会主义经济建设理论是中国特色社会主义理论体系的重要内容，也是改革开放以来马克思主义在中国发展的主要理论成果，其中最重要的内容是社会主义市场经济理论，以及在这一主题下社会主义初级阶段基本经济制度理论、社会主义初级阶段分配制度理论三大部分。

一、关于"社会主义市场经济"

1. 新中国对社会主义经济理论的探索

中国的社会主义制度是建立在半殖民地半封建社会基础上的，资本主义在中国没有得到充分的发展，因而生产力水平低下、经济文化发展落后是中国最基本的国情，也是社会主义发展的现实条件。在这样的条件下进行社会主义经济建设，中国选择的是建立高度集中的计划经济体制。这在对国民经济恢复和发展起到积极作用的同时，也在实践中暴露出了明显的弊端：一是计划决定一切，在经济活动中基本排斥了市场的作用，用行政的方法去规范经济活动，致使经济活动难以按照经济规律的要求来进行。二是缺乏利益协调机制，排斥了经济规律对利益关系的调整，无法建立起经济活动本身所具有的协调机制，其结果是各方面的经济利益关系处理不当，导致整个经济活动缺乏活力。

(1) 社会主义制度下商品生产问题。

在建立社会主义制度以后，是否要实行商品生产和商品交换，需要从理论上进行探讨和研究。对于斯大林在《苏联社会主义经济问题》中就商品生产问题提出的许多观点，毛泽东是相当赞成的。针对有人提出，我们的人民公社究竟是扩大自然经济，还是扩大商品经济，或者两者都要扩大。他指出，人民公社应该按照民主社会需要的原则，有计划地从两方面发展生产，既要大大发展直接满足本公社需要的自给性生产，又要尽可能广泛地发展为国家、为其他公社所需要的商品生产。通过商品交换，既可以满足社会日益增长的需要，又可以换回等价物资，满足公社生产上和社员生活上日益增长的需要。如果公社只搞自给性生产，不搞商品生产，不进行商品交换，农民不把粮食等农产品和工人生产的工业品交换，那么工人怎么能有饭吃，农民怎么能够有衣穿，怎么能够得到拖拉机等农业生产资料？①

毛泽东还指出，我国现在的情况是，已经把生产资料的资本主义所有制变成了全民所有制，已经把资本家从商品生产和商品流通中排挤出去，现在在商品生产和商品流通领域中占统治地位的是国家和人民公社，这同资本主义的商品生产和商品流通是有本质差别的。关于对斯大林提出的商品生产消亡的理论，毛泽东特别强调，除了单一全民所有制这一条件外，还有生产力高度发达、产品极大丰富这一条件。毛泽东指出，商品生产的命运，最终和社会生产力的水平有密切关系。因此，即使是过渡到了单一的社会主义全民所有制，如果产品还不很丰富，某些范围内的商品生产和商品交换仍然有可能存在。集体所有制如何过渡到单一的全民所有制问题，斯大林自己也没有解决。毛泽东认为，斯大林说苏联"特种的商品生产的活动范围只限于个人消费品"很不妥当。但在我们这里，很大一部分生产资料不是商品，这就是在全民所有制范围内调拨的产品。也有一部分生产资料是商品，我们不仅把拖拉机等农业生产资料卖给公社，而且为了公社办工业，把一部分工业生产资料卖给公社。这些产品，都是商品。国家卖给人民公社以后，它的所有权转让了，而且在公社与公社之间，还可以转让这些产品的所有权。

(2) 社会主义制度下价值规律问题。

社会主义实行商品生产和商品交换，那么，在社会主义制度下，我们该怎样

---

① 本节所引毛泽东的话，均摘自中华人民共和国国史学会编：《毛泽东读社会主义政治经济学批注和谈话》。

对待价值规律，价值规律的作用范围有多大，对社会主义经济发挥着怎样的作用，人们对这些问题的认识并不是很清楚。毛泽东指出，所有的经济单位（包括国有企业和集体企业），都要利用价值规律，作为经济核算的工具，以便不断地改善经营管理工作，合理地进行生产和扩大再生产，以利于逐步过渡到共产主义。价值规律是一个伟大的学校，只有利用它，才有可能教会我们几千万干部和几万万人民，才有可能建设我们的社会主义和共产主义。否则一切都不可能。

关于价值规律的作用是否受到限制，是否对国民经济起调节作用。毛泽东指出，斯大林说价值规律在苏联不会起生产调节者的作用，在这方面起作用的是根据国民经济有计划按比例发展规律的要求而制定的国民经济计划。这说得很对。价值规律对生产不起调节作用，是说不起决定作用，起决定作用的是计划。在我国，还存在着商品生产，价值规律还起作用。价值规律作为计划工作的工具，这是好的，但是，不能把价值规律作为计划工作的主要根据。

可以发现，一方面毛泽东非常强调价值规律的客观性，强调要尊重价值规律，要学会利用价值，并把价值规律看做是一个伟大的学校，它表明毛泽东对经济规律客观性的深刻认识。另一方面，毛泽东还是认为价值规律只起从属作用，它与社会主义基本经济规律、有计划按比例规律相比，不是处在同一层次上的规律，它对生产不起调节作用，国家的经济活动并不是根据价值规律的要求。这实际上是认为，经济活动不按照价值规律的要求来进行，同样可以取得巨大的成就。

理论上的不彻底性，导致了在实践中既可以强调要尊重经济规律，又可以以各种理由来否定经济规律，中国在改革开放以前20多年的经济建设过程中，就是走了这样一条曲折的发展道路。

2. 改革开放以来第一次经济理论创新

1978年，以中共十一届三中全会的召开为标志，中国走上了改革开放的道路。改革首先是在经济领域对高度集中的经济体制进行改革，开放也首先是经济领域的对外开放。无论是改革还是开放，必然要涉及的一个基本理论问题还是关于社会主义与商品经济的关系问题。

改革开放初期，我国理论界的主要任务是拨乱反正，重新恢复在"文化大革命"中被搞乱和颠倒的理论问题的正确内涵。当时主要集中在从理论上论证经济规律的客观性，强调要按照客观经济规律办事，要发挥价值规律对经济活动的调节作用等。

进入80年代初以后，随着农村改革的巨大成功，城市改革也开始起步。城市改革的重点是国有企业，即必须把企业当做独立的商品生产和经营者，必须按照商品经济的原则来处理国家和国有企业之间的关系。商品经济关系也就成为整个社会的基本经济关系。理论发展的焦点是商品经济是否能够与社会主义相统一,商品经济是否是社会主义经济发展不可逾越的一个阶段,社会主义实行商品经济是出于不得已,还是商品经济内在于现阶段社会主义经济条件之中,等等。这些问题必须要从理论上给予回答,以使社会主义的经济改革有明确的方向,使改革的实践能沿着正确的轨道发展。

中国共产党坚持把马克思主义的基本原理同中国的实际相结合,探索一条有中国特色的社会主义发展道路,在经济理论上首先解决的一个基本问题就是如何认识社会主义与商品经济的关系。1984年10月,中共十二届三中全会通过的《中共中央关于经济体制改革的决定》,在这一问题上实现了第一次理论创新,即确立了社会主义有计划商品经济的理论。这一理论对马克思主义经济学的重大发展主要体现在以下两个方面:

一是论证了商品经济是社会主义经济发展不可逾越的阶段。马恩认为,社会主义经济是建立在资本主义商品经济充分发展的基础之上的,因而社会主义经济的发展可以跳过商品经济的发展阶段而直接进入产品经济阶段。但是,现实的社会主义经济并不是建立在这一基础之上的,如果我们忽视了客观条件的限制,教条式地理解马恩的思想,这势必导致在社会主义的实践中总是千方百计地限制商品经济的发展。

二是论证了社会主义与商品经济是内在统一的。在以往的社会主义实践中,虽然商品生产和商品交换从来没有退出经济活动领域,但是,从马克思到斯大林,从苏联的模式到中国的体制,在理论上都是把商品经济看做是与社会主义经济相对立的,社会主义是在不得已的情况下才保留商品生产和商品交换的。社会主义商品经济理论的确立,从理论上论证了在现实社会主义条件下,商品经济这一形式是内在于社会主义经济之中的。商品经济作为一种经济形态,它本身是中性的,可以与不同的社会经济制度相结合,实行商品经济决不会影响到社会主义的经济性质,社会主义与商品经济是内在统一的。

中国共产党对社会主义经济理论实现的这一伟大创新,解决了始终困扰社会主义经济发展的一大理论难题,从根本上扭转了长期以来对社会主义和商品经济的错误看法,为经济体制改革和社会主义经济发展开辟了广阔的道路,实现了对社会主义商品经济从实践层次的认可到理论创新的巨大跨越。

3. 改革开放以来第二次经济理论创新

在相当长的一段时间里,人们都把计划经济与社会主义等同起来,把市场经济与资本主义等同起来,人们流行于把社会主义国家称为计划经济国家,把资本主义国家称为市场经济国家,因而在确立了社会主义商品经济理论以后,社会主义不能搞市场经济的禁区仍然没有突破。

但是,随着改革的深化,市场在资源配置和经济活动中应居于什么地位、起什么作用已成为一个不可回避的问题,必须要从理论上加以解决。改革实践的发展,要求在社会主义与市场经济关系的问题上实现理论上的突破。以邓小平为核心的中国共产党第二代领导集体,遵循解放思想,实事求是的思想路线,确立了社会主义市场经济理论。邓小平认为:"计划多一点还是市场多一点,不是社会主义与资本主义的本质区别。计划经济不等于社会主义,资本主义也有计划;市场经济不等于资本主义,社会主义也有市场。计划和市场都是经济手段。"① 这就从根本上解除了把计划经济和市场经济看做属于社会基本制度范畴的思想束缚,使我们党在计划与市场关系问题上的认识有了新的重大突破。

首先,社会主义与市场经济的结合不会改变社会主义的经济性质。这一命题的确立是建立在对计划经济与市场经济基本认识的理论创新基础之上的。"说市场经济只存在于资本主义社会,只有资本主义的市场经济,这肯定是不正确的。社会主义为什么不可以搞市场经济,这个不能说是资本主义。我们是计划经济为主,也结合市场经济,但这是社会主义的市场经济。"② 社会主义与市场经济的结合,其实质是使市场在资源配置中起基础性作用,以更有利于社会生产力的发展,它不涉及社会经济性质的改变。这就明确了计划经济与市场经济都是资源配置的方式,从根本上打破了把计划经济与社会主义等同起来,把市场经济与资本主义等同起来的传统观念,为确立社会主义市场经济理论奠定了基本的前提。

其次,市场经济在总体上比计划经济更有利于发展生产力。计划与市场作为调节经济的两种手段,它们对经济活动的调节各有自己的优势和长处,但也有自身的不足和缺陷。在社会化大生产和存在着复杂经济关系的条件下,市场经济这一方式对促进经济发展具有更强的适应性和更显著的优势。从总体上说,把市场作为资源配置的基础性手段比把计划作为资源配置的主要手段具有更高的效率。按照"三个有利于"的标准,必须抛弃传统的计划经济模式,走社会主义市场经济的发展道路。

最后,社会主义市场经济体制是同社会主义基本制度结合在一起的。市场经济作为资源配置的一种方式是不具有制度属性的,但是,它与社会主义相结合而形成的经济体制则必须体现社会主义基本制度的特征。把发展市场经济与坚持社

---

① 《邓小平文选》第 3 卷,人民出版社 1993 年版,第 373 页。
② 《邓小平文选》第 2 卷,人民出版社 1994 年版,第 236 页。

会主义的基本制度有机结合起来，是建设有中国特色社会主义经济的主要内容。社会主义市场经济就其内涵来说，是坚持社会主义基本制度与走市场经济发展道路的统一。

以邓小平为核心的中国共产党第二代领导集体创立的社会主义市场经济理论，第一次从理论上实现了社会主义经济与市场经济的统一，实现了马克思主义经济学的又一次理论创新。这一理论发展使人们以一种全新的观点来看待社会主义经济，把对社会主义的认识提高到了一个新的水平。

4. 改革开放以来第三次经济理论创新

社会主义与市场经济的结合，其实质是公有制与市场经济的结合。随着社会主义市场经济实践的发展，如何建立一个合理的所有制结构，越来越成为社会主义市场经济发展过程中必须解决好的一个重要问题。所有制是中国经济改革的核心和深层问题，改革发展的每一步都绕不开所有制问题。对所有制的改革是围绕着这样两个方面来展开的：一是在整个社会范围内对所有制结构的改革，这主要表现为多种所有制经济的共同发展；二是对公有制经济自身的改革，这主要表现为公有制经济采取的经营方式、实现形式等方面的发展。

在基本经济制度方面，非公有制经济从社会主义基本经济制度外进入制度内，社会主义初级阶段的基本经济制度具有新的含义。所有制是经济制度的核心和基础，所有制性质决定着经济制度的性质。但是，我们又必须以社会主义初级阶段生产力水平的实际为出发点来研究所有制结构问题。不能在认识上简单化地把非公有制经济与社会主义对立起来。从社会主义性质和初级阶段的国情出发，我们党在十五大上把以公有制为主体、多种所有制经济共同发展作为我国社会主义初级阶段的一项基本经济制度，这是在市场经济条件下，从制度层次上对社会主义经济做出的新概括。

在公有制实现形式方面，公有制可以通过多样化的形式来实现。公有制的性质与公有制的实现形式是两个不同的问题。坚持公有制的性质，根本在于坚持国家和集体对生产资料的所有权。而公有制在现实中又要通过具体的形式来实现，即采取怎样的经营方式和组织形式的问题。坚持公有制的性质，并不排斥在实践中努力寻找能够促进生产力发展的公有制各种实现形式。一切反映社会化生产规律的经营方式和组织形式都可以大胆利用。

中国共产党在改革的实践中，对市场经济条件下社会主义初级阶段基本经济制度的新界定，以及对公有制经济的实现形式和主体地位的新认识，为社会主义公有制经济与市场经济的有机结合奠定了坚实的理论基础，实现了马克思主义经济学的第三次理论创新。这一理论创新使社会主义市场经济的顺利运行具有更好的制度基础，使马克思主义经济学在中国共产党的实践和探索中，进入了一个新的发展阶段。

社会主义市场经济理论的确立，在理论上的最大贡献，在于既证明了市场经济可以与社会主义（公有制）结合，在公有制基础上运行；同时也证明了公有制也符合市场经济的发展要求，以市场经济为载体实现自身的发展。社会主义与市场经济的双向结合论，为坚持社会主义基本经济制度和社会主义市场经济发展道路奠定了坚实的理论基础。社会主义与市场经济的双向结合，具体体现为两个方面。

第一，按市场经济要求发展公有制企业。社会主义市场经济理论是当代中国马克思主义的最新理论发展，用这一理论指导中国市场经济建设，首先是把公有制企业建设成为符合市场经济发展要求的微观主体，使之成为一个真正的市场主体和法人实体。

把公有制企业建设成为符合市场经济发展要求的微观主体，实际上就是按照《中华人民共和国公司法》（以下简称《公司法》）的要求来建设公有制企业（主要是国有企业）。《公司法》规范的对象是公司，而不是所有制。无论是公有制经济还是私有制经济，或者是混合所有制经济，只要是公司企业，都是《公司法》规范的对象。公有制的公司企业，或者是公有资本控股的公司企业，必须按照《公司法》的规范来建设，其基本内容包括：

按现代企业制度要求建设公有制企业。现代企业制度的核心问题是解决好企业的产权问题，对于国有企业来说，理顺企业产权关系、做到产权清晰的根本是建立企业法人财产权。按照《公司法》的规范，国家是国有公司企业中国有财产的终极所有者，企业法人拥有自己独立的法人财产，享有法人财产权。在这一制度下，国有企业法人就成为一个拥有自己独立财产的经济主体。完全能够与其他所有制企业一样参与市场活动，国有企业也完全能够符合市场经济发展的要求。这是按市场经济要求建设公有制企业的核心问题。现代市场经济的发展只是要求所有的企业都必须建立现代企业制度，市场经济的发展本身并不涉及所有制问题，社会主义的发展才必须要坚持公有制的主体地位。在这里必须要明确这样的关系，不是市场经济不允许公有制经济的发展，而是公有制经济建设必须符合市场经济发展要求，才能实现市场经济的顺利发展和公有制经济的自身发展。

公有制公司企业或公有资本控股的公司企业不受政府的直接干预，以一个独立的企业法人参与市场活动。能否做到公有制企业摆脱政府的直接干预，根本在于政府能否转变职能的问题。现代市场经济的发展离不开政府的干预和调控，但这样的干预和调控是从政府管理社会经济发展的职能出发，而不是从国有经济资本所有者的角度来干预和调控经济。政府对经济发展的调控是一种间接调控，间接调控的对象是所有企业，而不只是公有制企业。只有这样，公有制企业才能像其他所有制企业一样，真正以一个市场主体和法人实体的身份融入市场经济的发展。

第二，按公有制经济要求建设现代市场经济。社会主义与市场经济结合的理论内含既包含社会主义公有制经济要符合市场经济运行的要求，充分发挥市场经济具有的优势；又包含市场经济的发展要符合公有制经济的要求，以克服市场经济运行本身的缺陷。按公有制经济要求建设现代市场经济，就是通过发挥公有制经济具有的优势，解决好市场经济发展过程中不符合公有制经济要求的问题。

一是解决好劳动报酬在初次分配中比重过低的问题。收入分配方式以及分配结构在根本上是由所有制决定的，在多种所有制经济共同发展的条件下，必然会有多种分配方式存在。按照市场经济的规则，劳动报酬在初次分配中比重过低问题的出现也有其客观性。但是，构建和谐劳动关系，处理好经济发展过程中的利益关系是社会主义公有制经济的本质要求。社会主义与市场经济的结合，在分配领域的重要体现就是在初次分配和再分配中都要处理好效率与公平的关系。这是社会主义公有制经济的性质对市场经济发展的要求，使市场经济的建设更好地体现社会主义的性质。

二是解决好分配过程中的效率与公平的关系。效率主要是由市场经济活动来解决的问题，市场经济规律以及市场机制的作用具有自发提高效率的功能。而公平问题是市场经济本身不能解决的问题，主要靠政府来解决。社会主义与市场经济的结合，一方面通过走市场经济发展道路，能够有效地解决效率问题，同时又能够通过社会主义的优势，较好地解决市场经济发展过程中出现的收入差距扩大、贫富悬殊的问题，尽可能消除市场经济发展过程中的负面影响。没有效率，不可能有真正的公平，没有效率也无法实现社会主义的本质。但是，光注重效率，不注重公平，或者只有效率，没有公平，这也不能体现社会主义市场经济发展的特征。市场经济与社会主义结合，既能够充分提高效率，同时也能够为实现公平提供制度基础。

5. 社会主义市场经济理论的发展

以社会主义市场经济理论的建立为标志，确立了对社会主义经济的全新认识。这一理论是中国共产党的三代领导集体在领导中国社会主义经济建设的实践中，总结正反两方面的经验和教训，经过艰苦的探索，以解放思想，实事求是，与时俱进这一马克思主义的精髓为指导，对马克思主义关于社会主义经济理论的重大发展和创新。回顾这一发展和创新，显示了一条清晰的路径。

马克思主义创始人认为，社会主义与商品经济是不相融的，在生产力高度发达基础上建立的社会主义，应该是消灭商品货币关系，实行产品经济。中国共产党在实践中的第一次理论创新：社会主义经济是商品经济，社会主义的客观经济条件决定了社会主义与商品经济是内在统一的，商品经济是社会主义发展不可逾越的阶段，社会主义只有采取商品经济的形式才能实现自身的发展。中国共产党在实践中的第二次理论创新：计划经济不等于社会主义，市场经济不等于资本主义，市场经济作为资源配置的一种方式本身不具有制度属性，社会主义可以和市场经济相结合，走市场经济发展道路是社会主义生产力发展的内在要求。中国共产党在实践中的第三次理论创新：社会主义与市场经济的结合，实质是公有制与市场经济的结合，要使社会主义市场经济能够顺利地运行，必须构建以公有制为主体、多种所有制经济共同发展的基本经济制度，必须对公有制经济的实现形式和公有制经济的主体地位有一个新的认识。

从19世纪中叶马克思主义诞生到今天，在这150多年的发展历程中，世界发生了巨大的变化，马克思主义理论本身也不断地向前发展。这种发展就其内容来说，既包含着在新的情况下新的理论内容的提出，也包含着对自身原有理论的否定。无论是新内容的充实，还是旧内容的否定，都是以实践为基础的，并在实践中得到了检验，因而是符合客观实际的。由马克思最早提出的科学社会主义理论和马克思深入研究的市场经济理论，在这漫长的历史中走完了由对立到统一的历程，由中国共产党人创立的社会主义市场经济理论，充分证明了与时俱进是马克思主义的理论品质。

二、关于"社会主义初级阶段基本经济制度"

1. 新中国在所有制问题上的经验教训

为实现新民主主义社会向社会主义社会的过渡，我国实行了对个体农业、个体手工业和资本主义工商业的社会主义改造，把个体农业和个体手工业改造成为社会主义集体所有制经济，把资本主义工商业改造成为全民所有制经济。到1956年，生产资料的社会主义改造基本完成以后，在全国范围确立了社会主义经济制度，整个社会始终保持着三种所有制形式，即全民所有制经济、集体所有制经济和小私有制经济,全民所有制经济在国民经济中占据着绝对控制地位。这样的所有制结构,是与当时我们党对社会主义建设的指导思想分不开的。而这一指导思想的形成,又与当时所遵循的理论直接相关。这些理论和指导思想在党和国家领导人的论述中得到了清晰的体现。

毛泽东认为:"总路线就是逐步改变生产关系。斯大林说生产关系的基础就是所有制。这一点同志们都很清楚。现在,私有制和社会主义公有制都是合法的,但是,私有制要逐步变为不合法。"① 毛泽东在《关于正确处理人民内部矛盾的问题》中指出:"我们必须经常注意从生产问题和分配问题上处理上述矛盾。在生产问题上,一方面,合作社经济要服从国家统一经济计划的领导,同时在不违背国家的统一计划和政策法令下保持自己一定的灵活性和独立性,另一方面,参加合作社的各个家庭,除了自留地和其他一部分个体经营的经济可以由自己作出适当的计划以外,都要服从合作社或者生产队的总计划。在分配问题上,我们必须兼顾国家利益、集体利益和个人利益。对于国家的税收、合作社的积累、农民的个人收入这三方面的关系,必须处理适当,经常注意调节其中的矛盾。国家要积累,合作社也要积累,但是都不能过多。我们要尽可能使农民能够在正常年景下,从增加生产中逐年增加个人收入。"② 刘少奇认为,"社会主义的两种所有制,即全民所有制和集体所有制,是不能混淆的。集体所有制转变为全民所有制,是建设社会主义整个历史时期的逐步发展的过程,不可能在一个短时间内完成,而需要很长的时间,例如说,几十年的时间。如果混淆了这两种所有制的界限,不顾生产力发展水平,违反了客观可能的条件和农民的自愿,要过早过急地把集体所有制改变为全民所有制,就会犯剥夺农民的错误,就会损害以至破坏工农联盟。……社会主义的全民所有制,在我国现有的各种所有制中居于领导地位。全民所有制就是财产属于全民,属于整个社会,产品归国家支配。马克思列宁主义理论反对所谓地方所有制和城市所有制,不能够把全民所有制分割为部门所有制、地方所有制、市所有制、企业所有制、小团体所有制。"③

可以看到,当时所遵循的社会主义所有制的基本理论,具有以下特征:一是社会主义的所有制结构必须是由公有制经济构成,私有制经济在社会主义社会中是不合法的,与社会主义性质是对立的。所以,尽管在当时还需要存在私有制经济,但从发展的目标来看,要逐步消灭私有制经济成分。二是社会主义公有制经济包括全民所有制经济和集体所有制经济两种经济成分,这是符合中国实际的。不能混淆这两种公有制经济之间的区别。但从发展的趋势看,集体所有制是要转

---

① 《毛泽东文集》第6卷,人民出版社1999年版,第305页。
② 《毛泽东文集》第7卷,人民出版社1999年版,第221页。
③ 《刘少奇选集》(下),人民出版社1981年版,第362页。

变为全民所有制的，不过这是一个长期的过程。三是不管是全民所有制经济还是集体所有制，其生产和分配都要纳入国家的统一计划之中。但在生产方面，可以保持自己一定的灵活性和独立性。在分配方面，必须要兼顾国家利益、集体利益和个人利益。

我国关于所有制问题的理论认识和实践过程始终处于这样两个矛盾之中：一是理论上认为在所有制问题上应该"求纯、求大"，如要消灭私有制经济成分、要使集体所有制经济向全民所有制经济过渡等，但在实践中却难以做到，由此形成了理论与实践的矛盾。二是在理论上认为应该从实际出发，不能高度集中，如要使企业具有一定的灵活性和独立性，要兼顾国家利益、集体利益和个人利益等，但在实践中也难以做到，由此形成了又一个理论与实践的矛盾。可以说，从20世纪50年代后期到70年代后期这段时间里，我国的所有制结构就是在这样的理论与实践的矛盾中发展的。这一所有制结构存在的主要问题是：所有制结构单一、国有企业缺乏生机和活力、集体经济组织长期处于低水平发展。这些问题的实质是所有制结构不合理，以及尚未充分认识社会主义初级阶段公有制经济本身的特征和具体实现形式。

2. 社会主义初级阶段基本经济制度的确立

改革开放以来，我国的所有制结构发生了巨大的变化，这一变化显示了我们对社会主义初级阶段的所有制结构有了新的认识，同时也意味着对马克思主义关于社会主义所有制理论的巨大发展。其主要体现在于建立了社会主义初级阶段基本经济制度。

在社会主义所有制改革方面，通过发展多种所有制经济，使原有的所有制结构发生变化的同时，还通过对公有制经济实现形式的改革，使国有经济和集体经济的经营方式发生了变化。这两方面的变化和发展，最终确立了社会主义基本经济制度，体现出中国特色社会主义所有制结构的基本特征。

在所有制结构上，以公有制为主体、国有经济为主导、多种所有制经济共同发展。这一所有制结构体现了"主体、主导和共同"的特征，离开了这一特征，就不能体现中国的特色。也就是说，"我国经济体制改革的目标是建立社会主义市场经济体制，而不是搞资本主义市场经济，重要的是要使得国有经济和整个公有制经济在市场竞争中不断发展壮大。"[①]

在国有经济方面，国有企业的所有权与经营权是分离的，企业是一个市场主

---

① 《十四大以来重要文献选编》（中），人民出版社1997年版，第1366页。

体和法人实体，是独立的利益主体和商品生产经营者，政企是分开的。国有企业的性质与实现形式是两个不同层次的问题。国有企业可以采取多样化的实现形式，实现形式的多样化不会影响到国有企业的性质。国有企业应该与其他所有制经济的企业在市场中平等竞争、共同发展。对此，"建立现代企业制度是国有企业改革的方向。要按照'产权清晰、权责明确、政企分开、管理科学'的要求对国有大中型企业实行规范的公司制改革。"①

在集体经济方面，集体经济不存在统一的经营模式，可以有多样化的经营方式，集体经济组织是一个完全的、具有独立利益的商品生产经营者。集体经济的性质在于主要生产资料归集体所有，这是坚持集体经济性质最重要的内容。经营方式的多样化不会影响到集体经济的性质。集体经济的实现形式同样也是多样化的，符合社会化大生产要求和市场经济发展规律的各种形式，都可以采用。

在非公有制经济方面，各种所有制经济的发展和利益都受到法律的保护，"非公有制经济是我国社会主义市场经济的重要组成部分。对个体、私营等非公有制经济要继续鼓励、引导，是指健康发展。"②非公有制经济与公有制经济在市场经济发展中平等竞争，同等待遇，它们是共同发展的关系，不是此消彼长的对立关系。

上述基本特征是构成社会主义基本经济制度的实质内容，完整把握基本经济制度，必须完整把握以上特征。这一社会主义基本经济制度充分体现了中国特色。

首先，社会主义基本经济制度不同于马克思恩格斯设想的社会主义所有制结构，也不同于传统的社会主义所有制模式。其不同点在于：在社会主义社会中必须要发展非社会主义性质的经济成分。从这一点来说，在社会主义中，经济成分是不纯的，非公有制经济的发展不再和社会主义相对立，社会主义的发展需要通过包括非公有制经济在内的多种所有制经济共同发展来实现。而且公有制经济必须通过市场经济的形式来得到发展，公有制经济可以与市场经济相结合，二者不是对立和矛盾的。从这一点来说，公有制经济必须走市场化的道路来实现自身的发展，而不能走产品经济的道路。这两个不同点，具体体现了中国特色。

其次，社会主义基本经济制度坚持了马克思主义关于社会主义的基本原理，不同于资本主义国家的所有制模式。一是在多种所有制经济共同发展的格局下，坚持了公有制经济的主体地位和国有经济的主导作用。二是多种所有制经济共同发展是结合了中国的国情，是从中国实际出发的。把这两点结合起来，体现了社会主义基本经济制度的社会主义性质和中国特色。

①② 《十五大以来重要文献选编》（上），人民出版社2002年版，第22页。

社会主义初级阶段基本经济制度作为中国特色社会主义经济的主要内容之一，是中国特色社会主义理论体系的重要构成部分，是中国化马克思主义的理论成果。确立社会主义基本经济制度，是根据马克思主义关于社会主义的基本原理，结合中国的国情和社会主义初级阶段的实际，以社会主义市场经济为现实条件，对社会主义经济特征取得的新认识。上述三个方面，就是社会主义基本经济制度建立的理论依据。只要符合马克思主义基本原理，符合中国的国情和实际，符合社会主义市场经济发展的要求，这一基本经济制度就是马克思主义的，社会主义的。

其理论依据之一：马克思主义基本原理。社会主义经济的本质特征是公有制，离开了公有制就谈不上社会主义，这是马克思主义最基本的原理。在对社会经济性质的认识中，坚持马克思主义最基本的就是坚持这一条。我们坚持走社会主义道路，必须始终坚持公有制的主体地位。在坚持公有制主体地位的前提下，我们还发展多种所有制经济。从人类社会的发展过程来看，至今为止出现的各个社会形态，其性质都是由占主体地位的经济成分决定的。但同时，任何一个社会形态中的所有制成分都不可能是单一的、纯而又纯的，除了占主体地位的所有制经济以外，都存在着其他的所有制经济，但这并不影响由占主体地位的所有制经济决定的社会经济性质。社会主义基本经济制度的确立符合马克思主义基本原理。

其理论依据之二：中国的国情和社会主义初级阶段的实际。中国社会主义处在初级阶段，最重要的特点就是生产力发展水平总体上比较落后且发展很不平衡。为适应不同层次的生产力发展要求，就应该实行不同的多种所有制形式，建立多种所有制经济共同发展的所有制结构，符合生产力发展的客观要求。从生产力发展水平的实际出发，不能只把公有制看做是先进的，把非公有制都看做是不先进的。建立公有制为主体、多种所有制经济共同发展的基本经济制度，就是依据社会主义初级阶段的实际。

其理论依据之三：社会主义市场经济理论。社会主义基本经济制度的建立，规定了我们实行的市场经济是与社会主义基本制度结合在一起的。但同时，社会主义市场经济的运行又要求公有制经济与市场经济相结合，适应市场经济发展的要求。市场经济的发展，要求企业都成为市场主体和法人实体，成为一个独立的商品生产者和经营者，这一点对于公有制企业和非公有制企业都是一样的，公有制企业也必须具有这样的特征，才能适应市场经济的发展要求，这实际上对公有制企业实现形式的创新提出了新要求。公有制企业与非公有制企业都能够成为市场运行的主体，所有制性质的不同并不会成为按照市场经济规律来运行的障碍。公有制企业可以根据社会化大生产和市场经济的要求采取多样化的实现形式，实现形式的多样化不会改变企业的所有制性质。

建立社会主义基本经济制度,既遵循了马克思主义基本原理,同时,又丰富和发展了马克思主义。与其他方面的理论成果一起,构成了中国特色社会主义理论体系,成为当代中国马克思主义。

3. 对马克思主义经济学的发展

在中国特色社会主义建设实践中形成和发展的中国化马克思主义的所有制理论,把马克思主义所有制问题的基本原理与中国的具体实际相结合,实现了坚持马克思主义基本原理和发展马克思主义的统一。这一理论成果的取得,标志着马克思主义关于所有制理论的基本原理,发展到了中国化马克思主义的阶段。

马克思主义诞生一百多年来,社会主义已经由理想变为现实的制度,社会主义所有制理论也随着实践的发展而不断地丰富和发展。特别在中国社会主义实践中,中国共产党坚持把马克思主义基本原理同中国的具体实际相结合,形成了中国化马克思主义理论成果。从马克思恩格斯提出的关于社会主义所有制问题的基本原理,到中国化马克思主义关于所有制问题的基本原理,其理论发展集中体现以下三方面。

(1) 非公有制经济成为社会主义基本经济制度的重要构成。

在所有制结构上,非公有制经济从社会主义基本经济制度外进入制度内,非社会主义性质的经济成分可以成为社会主义基本经济制度的构成内容,社会主义基本经济制度具有了新的含义,那就是"发展充满活力的社会主义市场经济,既要努力增强公有制经济的实力,又要充分发挥非公有制的积极作用"。[①] 所有制是经济制度的核心和基础,所有制性质决定经济制度的性质,马克思主义这一基本理论观点必须坚持。但是,从社会主义性质和初级阶段的国情出发,在市场经济条件下,对社会主义初级阶段基本经济制度的认识,必须以下三点作为依据:其一,我国是社会主义国家,社会主义的性质决定了必须坚持公有制的主体地位,否则就改变了经济制度的性质。其二,我国处在社会主义初级阶段,需要发展多种所有制经济,多种所有制经济的共同发展,是社会主义初级阶段的内在要求。其三,一切符合"三个有利于"标准的所有制形式都可以而且应该用来为社会主义服务。

---

① 《江泽民论有中国特色社会主义》(专题摘编),中央文献出版社2002年版,第51页。

根据马克思主义经济学原理，所有制是生产关系的基础，社会经济制度的性质是由所有制决定的。坚持社会主义经济制度的性质，必须坚持生产资料的公有制。中国化马克思主义基本原理告诉我们，社会主义初级阶段的基本经济制度是以公有制为主体、多种所有制经济共同发展。在这两个基本原理中，共同点是：社会主义所有制结构必须是以公有制经济为主体。不同点是：社会主义社会中的所有制不是单一的公有制，而是多种不同的所有制经济混合发展。这是中国化马克思主义的发展。这一发展使马克思主义基本原理更符合现实社会主义的实际，更符合生产力发展水平的实际，并且成为在中国社会主义实践中形成，经过实践检验的基本原理。

(2) 公有制经济可以通过多样化形式来实现。

在对公制经济的认识上，把公有制的性质与实现形式作为两个不同的问题，公有制经济可以通过多样化的形式来实现。公有制的性质与公有制的实现形式是两个不同层次的问题。坚持公有制的性质，并不排斥在实践中努力寻找能够促进生产力发展的各种公有制经济实现形式。"公有制经济实现形式可以而且应当多样化，一切反映社会化大生产规律的经营方式和组织形式都可以大胆利用。"[①]股份制、股份合作制等都可以作为公有制经济的实现形式，只要控制权掌握在国家和集体手中，就能够有效地实现公有制经济的性质。公有制实现形式多样化理论的提出，为更好地实现公有制经济与市场经济的结合，为公有制经济，特别是国有经济发展创造了良好的条件，提供了新的思路。

公有制经济的实现形式从单一到多样化的发展是实践中产生的新问题，在马克思恩格斯所处的时代，由于实践的局限性，在他们的理论中并没有涉及这一问题。传统社会主义的基本理论认为，公有制的实现形式就是公有资产构成的企业，不存在其他的实现形式，从而形成了公有制经济的单一实现形式。中国化马克思主义基本原理认为，一切反映社会化大生产规律的经营方式和组织形式都可以成为公有制经济的实现形式，实现形式的多样化不影响公有制的性质。在这两个基本原理中，共同点是：公有制经济必须通过一定的组织形式才能实现自己的正常的运行。不同点是：公有制的实现形式不是单一的，而是多样化的，实现形式是中性的，本身不具有制度的属性。这一发展使公有制经济的发展更符合市场经济的发展要求，更能够适应现代经济的发展特征，更有利于公有制经济获得良好的发展条件。

---

① 《十五大以来重要文献选编》（上），人民出版社2002年版，第21页。

（3）公有制主体地位主要体现在对经济的主导作用和控制力。

公有制的主体地位和国有经济的主导作用是在与非公有制经济混合发展过程中体现和实现的。"只要坚持公有制为主体，国家控制国民经济命脉，国有经济的控制力和竞争力得到增强，在这前提下，国有经济比重减少一些，不会影响我国的社会主义性质。"① 公有制主体地位不再以纯公有制经济的形式和数量来体现。巩固和发展公有制经济，主要不再表现为发展纯公有制经济，而是表现为公有制经济与其他所有制经济的混合发展。国有经济的主导作用也不再以纯国有的形式来实现，而是通过控股、参股的形式来实现。股份制这一现代企业的财产组织形式，将成为社会主义市场经济中企业的主要形式。坚持公有制经济在国民经济中占主体地位不能只看其在数量上的优势，更重要的是要看国有经济是否对经济发展起主导作用，是否对国民经济具有控制力。国有经济的主导作用主要体现在控制力上，即对于关系国民经济命脉的重要行业和关键领域，国有经济必须占支配地位。只要国有经济的控制力和竞争力能够得到有效的增强，国家能够控制国民经济命脉，在这一前提下，国有经济比重减少一些，不会影响我国社会主义的性质。

公有制主体地位不仅体现在数量优势上，更重要的是体现为国有经济的主导作用和控制力。不能只是把其他非公有制经济放在补充地位上。在这两个基本原理中，共同点是：公有制经济在社会总资产中必须有量的优势。不同点是：公有制经济只有量的优势是不够的，最主要的是对经济发展起主导作用，对国民经济发展具有控制力。这一发展对公有制经济主体地位的认识更加清晰，更加具有可操作性，也为公有制经济的发展开辟了广阔的空间。

马克思主义作为一个科学的理论体系，具有的理论品质就是，这一理论在实践中不断与时俱进地发展。马克思主义理论的发展，不仅是个别论点、个别结论随着实践的发展而发展，而且马克思主义的基本原理也随着实践的发展而发展。社会主义所有制的基本原理发展，就是在马克思主义中国化的过程中，形成了中国化马克思主义基本原理。这一基本原理的主要内容如下：

社会主义经济制度的性质由占主体地位的公有制经济决定，在整个社会中，多种所有制经济可以共同发展。非公有制经济是社会主义基本经济制度的构成内容之一，是社会主义市场经济的重要组成部分。公有制主体地位既要有量的优势，又要体现国有经济对经济发展的主导作用和控制力。公有制经济实现形式多样化不影响公有制的性质，一切反映社会化大生产规律的经营方式和组织形式都

---

① 《十五大以来重要文献选编》（上），人民出版社2002年版，第21页。

可以成为公有制经济的实现形式。这一中国化马克思主义所有制的基本原理，对处于经济文化发展比较落后的社会主义国家的实践发展，具有普遍的指导意义。

三、关于"社会主义初级阶段分配制度"

1. 计划经济分配制度的经验教训

生产资料的社会主义改造完成以后，随着公有制经济主体地位的确立和计划经济特征的形成，在收入分配方面，我国逐步形成了高度集中的收入分配制度。这一分配制度的基本特征是：在国有企业实行的是国家工资制度形式的按劳分配；在农村集体经济实行的是以工分形式的按劳分配制度。实行这样的收入分配制度是与当时的指导思想分不开的。

毛泽东在1958年读斯大林《苏联社会主义经济问题》和《政治经济学教科书》时，针对国有企业的纯收入用于扩大生产，奖励企业工作者，提高他们的物质和文化生活水平等方面的意义越来越大，指出："这种办法会造成苦乐不均，企业在收入分配方面的权限不能太大。""强调个人物质利益原则，反映了他们相当多的经济工作人员和领导人员的精神状态，也反映了他们不重视思想政治工作。""把对个人物质利益的关心绝对化起来，一定要出毛病。"① 从当时情况看，在个人收入分配方面，总体上更多的是强调国家、整体的利益，强调收入分配的统一性，强调思想政治工作，反对强调个人物质利益原则。由此建立的个人收入分配制度，在实践中主要产生了以下几方面的问题。

首先，个人收入分配的权限高度集中在国家手里，企业没有自主权。企业只是作为一个生产单位，而不是一个分配单位，企业也没有自己独立的经济利益。不管企业的生产状况如何，都与职工的收入没有关系。这种情况实际上使国家成为了对职工进行按劳分配的主体，而企业只是作为国家的代表对职工进行分配，但不是作为一个经济主体独立地行使按劳分配的职能。

其次，个人收入分配表现出严重的平均主义和"大锅饭"。从劳动者个人来说，按照统一的工资标准进行分配，其中的差距非常小，对于不同的劳动者也无法进行准确的考核，实际上就造成了干多干少一个样的状况，平均主义的问题难

---

① 参见中华人民共和国国史学会编：《毛泽东读社会主义政治经济学批注和谈话》。

以克服。对于企业来说，企业生产效率的高低不能从企业自身利益上体现出来，也不对自己的盈亏承担任何经济责任，这就势必造成企业吃国家的"大锅饭"。

最后，这样的收入分配制度不能发挥劳动者和企业的积极性，主要是依靠思想政治工作来调动积极性。这样的做法脱离了客观经济条件的实际，也超越了个人的思想实际，必然导致生产活动的低效率。由于不注重从个人经济利益上调动生产积极性，市场机制在劳动者个人和企业的活动中基本上不能发挥作用，整个经济活动完全不按照经济规律运行。

这样的收入分配制度是与当时高度集中的计划经济体制相联系的，也是构成这一体制的重要内容之一。从根本上说，这样的收入分配制度一方面是与对国有企业的性质和特征的认识相关联；另一方面，是与高度集中的计划经济体制相联系。所以，在不改变对国有企业的认识和定位，以及对高度集中的计划经济体制根本看法的条件下，这样的收入分配制度也是难以改变的。收入分配制度在根本上是由所有制的形式决定的，同时也直接受制于宏观体制对收入分配的控制程度。

2. 改革开放以来个人收入分配制度的变化

改革开放以来，随着社会主义市场经济理论的确立和市场经济体制的建立，以及多种所有制经济的共同发展，客观上要求建立与社会主义市场经济和基本经济制度相适应的、合理的个人收入分配制度。这里所说分配制度包含着这样三层含义：一是必须与社会主义基本经济制度相适应，反映基本经济制度的要求；二是必须符合市场经济的原则，反映市场运行的基本规则；三是必须能够充分地调动一切积极因素，为经济活动高效率地进行提供制度保证。在收入分配方面，我们建立的是以按劳分配为主体、多种分配方式并存的收入分配制度。坚持把按劳分配和按生产要素分配结合起来，坚持兼顾效率和公平的原则。这"一个制度，两个原则"，是社会主义初级阶段条件下，发展市场经济过程中正确处理人们利益分配关系的基本规范，也是促进经济发展，保持社会稳定的基本保证。在改革开放中，我国的个人收入分配制度已经发生了巨大的变化，这种变化主要体现在分配主体与分配方式的转变。

分配的主体由单一向多元转变。在高度集中的计划经济体制下，对个人收入分配的主体在国有经济中只是国家，这种分配主体的单一性，必然导致在分配过程中存在着严重的平均主义。经过多年的改革，在国有企业中国家不再成为对个人收入进行分配的主体，即分配的主体由国家转向了企业。从整个社会来看，分配的主体不再是单一的，而是多元的，每一个企业都是分配的主体。这种多元分配主体的存在，当然会对个人收入分配的各个方面都产生巨大的影响。

分配的方式由单一向多元转变。在传统理论的指导下，认为在社会主义社会中只能唯一地实行按劳分配，这种单一的分配方式不能有效地调动各种积极因素，不能充分发挥各种资源的作用。经过改革，除了按劳分配这一方式以外，其他的多种分配方式也成为个人收入分配的构成内容。在社会范围内分配方式由单一向多元转变，必然使个人收入分配的各个方面都出现重大的变化。

正是由于上述两个方面的转变，我们逐步建立起了社会主义初级阶段的个人收入分配制度。这就是以按劳分配为主体、多种分配方式并存的收入分配制度。建立这一收入分配制度的依据有以下两点。

依据之一：公有制为主体、多种所有制经济共同发展，决定了我们必须实行按劳分配为主体的多种分配方式。[①] 这是因为，分配方式是由所有制性质决定的，一种所有制形式的存在，必然有与之相适应的收入分配制度。在社会主义经济中，公有制经济是主体，在分配领域中也是以按劳分配为主体。又由于多种所有制经济的存在，在分配领域中也一定存在着多种分配方式。这是不以人的主观意志为转移的。所以，基本经济制度中的一个主体和多种所有制经济的并存，决定在收入分配中也是一个主体和多种分配方式并存。只有实行这样的收入分配制度，才能更好地体现基本经济制度的要求，才能保证基本经济制度得以贯彻和运行。

依据之二：社会主义市场经济。在市场经济中，一切生产要素都具有商品性质，具有商品性质的生产要素投入经济活动中，都是以取得收入最大化为前提的，如果没有收入和回报，生产要素的所有者是不会把其所有的生产要素投入经济活动中去的。因此，在市场经济条件下，按生产要素分配这一分配方式的存在也具有必然性。还有，在市场经济中存在着多种经营方式，不同的经营方式也有与之相联系的收入分配方式，这又决定了在市场经济中的收入分配方式不会是单一的。而且，这多种分配方式会存在于不同的所有制经济中，与不同所有制经济中不同分配方式交织在一起，呈现出非常复杂的现象，使收入分配方式更加多样化。

在社会主义初级阶段建立以按劳分配为主体、多种分配方式并存的收入分配制度有其客观必然性。对这一收入分配制度的认识，关键要把握好社会主义基本经济制度和市场经济发展要求这两个基本点。只要这一收入分配制度符合社会主义性质，符合市场经济发展要求，就是合理的收入分配制度，就必须坚持这一制度。坚持这一分配制度的实质是要解决好两方面的问题：即如何在市场经济条件

---

① 《十五大以来重要文献选编》（上），人民出版社2002年版，第685页。

下更好地贯彻按劳分配；如何在社会主义条件下切实实行多种收入分配方式。

在市场经济条件下贯彻按劳分配，首先必须充分认识市场经济条件下按劳分配具有的特点。市场经济条件下的按劳分配具有以下特点：一是按劳分配的"劳"还不是直接的社会劳动，而只是以企业为单位的局部劳动的一部分。二是按劳分配还不能在全社会范围内实行，而只能在局部的范围内实行。三是按劳分配还不能按照劳动者实际提供的劳动量来计量，而只能按照被社会承认的劳动量来计量。四是按劳分配还必须通过商品货币的形式来实现。我们只有很好地把握住这些特点，才能更好地贯彻按劳分配。从按劳分配本身的含义来看，应该是等量劳动取得等量报酬，但是，在市场经济条件下按劳分配本身所要求的这一点并不是在任何条件下、任何时候都能够得到贯彻的，它要受到各种条件的限制。只有深刻地认识到这一点，才能够在实践中更好地贯彻按劳分配。

在社会主义市场经济条件下实行多种分配方式，就是根据市场经济发展要求，按照市场经济原则，使收入分配能够更好地发挥各种资源的潜力，更好地促进经济发展。多种收入分配方式大致可以归为这样几类：按劳分配以外的劳动收入，这是指由提供劳动所得到的收入，即与劳动直接联系在一起的收入；非劳动收入，这是指不与劳动联系在一起的收入，即取得这部分收入不是以自己提供劳动为前提的。这种收入比较典型的是资产收入。应该指出的是，这里的非劳动收入并不一个就是剥削收入。必须把非劳动收入与剥削收入区别开来；剥削收入，这是指在以雇佣劳动为基础的生产关系下取得的收入，其典型形式是私营企业业主取得的收入。由于现阶段私营经济的存在有其客观性，因而这种剥削收入的存在也是客观的。在现阶段，这种剥削性质的收入具有合法性，受到国家的法律保护。既然剥削收入是客观存在的，就应该实事求是地对待它，既不要贬低这种收入形式，也不要人为地否定这种收入形式。社会主义初级阶段多种所有制经济的共同发展，必然存在着各种不同性质的收入分配形式，也正是由于多种收入分配形式的并存，才使多种经济成分并存的所有制结构能够正常地运行。

3. 按劳分配与按要素分配相结合的分配制度改革

社会主义初级阶段的个人收入分配是实行以按劳分配为主体、多种分配方式并存的制度。依法保护合法收入，允许和鼓励一部分人通过诚实劳动和合法经营先富起来，允许和鼓励资本、技术等生产要素参与收益分配。[①] 这是现阶段个人收入分配制度的一大特点，同时也是发展社会主义市场经济过程中的一个新问

---

① 《十五大以来重要文献选编》（上），人民出版社 2002 年版，第 24 页。

题。这也是改革开放以来在收入分配理论上的重大发展和创新。

按照马克思主义创始人的观点，按劳分配与按要素分配属于两种不同的分配方式，按劳分配与社会主义公有制经济联系在一起的。而按要素分配是与社会主义经济性质不一致的，因而在社会主义条件下不允许这一方式存在。当然，这也就谈不上把按劳分配与按要素分配结合起来的问题。

但是，社会主义与市场经济的结合就是现实社会主义经济的最大特点。这一结合使社会经济活动的各个方面都表现出在传统理论设想中所没有的特征。按劳分配与按要素分配相结合，就是社会主义市场经济发展过程中出现的问题，产生这一问题的原因主要有以下两点：一是社会主义初级阶段的基本经济制度决定了这两种不同的分配方式必须结合起来。以公有制为主体，多种所有制经济共同发展是社会主义初级阶段的基本经济制度。这一基本经济制度所体现的所有制结构客观上要求有与之相联系的分配方式。分配方式是由所有制性质决定的，同时分配方式又是所有制的实现。与社会主义公有制相联系的分配方式是按劳分配，公有制在社会经济中的主体地位决定了分配领域中也是以按劳分配为主体。在公有制占主体地位的条件下，又存在着多种所有制形式，这也就必然存在着与之相联系的多种分配方式。二是社会主义市场经济的发展决定了这两种不同的分配方式必须结合起来。社会主义市场经济的运行要求各个方面都必须遵循市场经济规律，在个人收入分配领域中也不例外。在市场经济中，一切生产要素都具有商品性质，具有商品性质的生产要素投入到经济活动中，都以取得收入最大化为前提。为保证生产要素的所有者能够把生产要素投入经济活动中去，必须对投入的生产要素在利益上给予一定的回报。这样，按生产要素分配这一分配方式的存在也就是必然的，收入分配方式一定是多样化的。

在社会主义初级阶段的个人收入分配过程中，坚持把按劳分配与按要素分配结合起来既是社会主义初级阶段基本经济制度的客观要求，也是社会主义市场经济得以正常运行的基本保证。按劳分配与按要素分配的结合，具体是通过社会和个人这两个层面的结合得到贯彻的，这两个层面的结合既体现了按劳分配与按要素分配作为两种不同的分配方式都是个人收入分配制度的内容，又反映了现阶段个人收入分配是这两种分配方式共同作用的结果。

从社会层面的结合来看，就是社会财富是通过这两种分配方式来分配给个人的。这两种分配方式在社会层面的结合，实现了个人收入分配的一次重大变革。在传统的经济体制下，就个人收入分配领域来看，社会财富只是唯一地通过按劳分配的形式来分配给个人的，这只是突出了劳动者在生产过程中的地位和作用，而没有充分重视其他生产要素对经济发展的作用，没有从分配的角度来充分发挥各种生产要素的潜力。要解决这一问题，重要的一个环节就是要从收入分配上来保证各种生产要素的投入都能够得到回报。因此，按要素分配不仅是分配制度的变革，而且也直接影响到资源配置效率的问题。当按要素分配这一分配方式确立以后，从整个社会范围来看，就与按劳分配结合在一起，共同成为个人收入分配制度的构成内容。按劳分配与按要素分配在社会层面的结合，是指这两种分配方式共同构成个人收入分配制度。按劳分配作为公有制经济的客观要求和具体实现，是现阶段对劳动者进行个人收入分配的基本方式。按要素分配作为市场经济的客观要求和要素所有权的具体实现，是对要素所有者进行收入分配的基本方式。

从个人层面的结合来看，就是个人收入不再单一地来源于按劳分配，按要素分配的收入将成为个人收入的重要来源。个人收入通过什么分配方式来实现，这不仅是一个收入分配的问题，也是一个对个人在社会经济中地位和作用的确认问题。在个人收入唯一地来源于按劳分配这一分配方式时，实际上也就是把个人只是作为一个劳动者来看待。对个人收入实行按要素分配的原则，其实质是不再把个人只是作为一个劳动者来看待，同时也作为一个要素所有者来看待。按劳分配与按要素分配在个人层面上的结合，产生的直接结果是使个人收入由单一结构向多样化结构转变。个人不仅要关心自己所提供的劳动，而且也要关心自己是否能够提供其他的生产要素，从而使个人逐渐成为各种生产要素的重要提供者。

按劳分配与按要素分配在社会层面和个人层面的结合，必然给个人收入分配带来深刻的变化，这种变化不仅体现在个人收入水平的提高上，而且体现在个人收入分配结构和收入分配的社会差距上。也就是说，这两种分配方式的结合，在有效地促进社会经济发展的同时，也会产生一些新的问题。因此，在坚持按劳分配与按要素分配相结合的同时，必须要采取相应的政策措施，注重解决好由此带来的新问题：一是在注重效率的同时，更应该突出公平。按劳分配与按要素分配的结合，从分配制度上保证了把提高效率放在优先地位，同时也必然会拉大收入分配的差距。这就要求政府在按劳分配与按要素分配结合的基础上采取政策措施，把社会公平放在重要的位置上加以考虑。二是在发展经济的同时，要加快社会保障体系的建设。实行多种分配方式，从根本上说是为了更好地发展经济，而发展经济的目的最终是为了提高全体人民的生活水平，实现社会的全面进步。必须加快社会保障体系的建设。社会保障对于经济发展来说，它是一张安全网，它能够为不具有市场竞争力的弱者提供安全保障。对于社会发展来说，它也是一个稳定器，能够为维护社会安定提供可靠的保证。

4. 必须坚持效率与公平的统一

在收入分配中，必须坚持以按劳分配为主体、多种分配方式并存的原则，把国家、企业、个人三者的利益结合起来。处理效率与公平的关系问题，首先要正确理解效率与公平的含义。事实上，人们在不同场合、不同情况下，对效率与公平含义的认识并不完全一致。对于效率，理论界通常认为主要是指经济活动的效率。对于公平的看法，理解的角度则比较多，既可以从经济学意义上来理解，也可以从伦理学意义上来理解。但无论如何，讲到公平，总应该包括这样两方面的含义：从微观层次上来理解，是指收入分配的公平或平等，但这里的公平或平等不能理解为是平均，它更多的是指贡献与收入相对称；从社会层次上来理解，则是指在社会范围内收入的差距不能过分地悬殊，即不能出现两极分化的现象。

重要的是，没有效率，社会就不能发展；没有公平，社会就不能实现全面进步。特别是对于现代社会来说，这两个方面更不能偏废。从长远看，一个没有公平的社会不可能实现真正的高效；同样，一个没有效率的社会也无法实现高层次的公平。因此，我们不是在二者之间选择一个，而是这二者都是社会要追求和实现的目标。但是，另一方面，效率与公平这二者确实存在着矛盾，强调公平不可避免地会缩小人们之间的收入差距，这必然会影响到效率的提高。同样，在强调效率的时候，也必须要拉大收入分配的差距，这时公平就放到了次要的位置上。所以，从现象上看，效率与公平这二者很难同时兼得。

我国在几十年的经济和社会发展过程中，就如何处理好效率与公平的关系，针对要解决的不同问题，大致有四种不同的选择。它反映了我国在处理效率与公平关系问题上的一个基本演变过程。第一种选择是把公平放在优先位置，把效率放在次要的地位。改革开放以前，我国就是在这一思路指导下来处理效率与公平关系的。第二种选择是把效率与公平放在同等重要的位置，把兼顾作为处理二者关系的指导思想。这是改革开放以后到80年代后期这一时期作出的选择。第三种选择是把效率放在优先的位置，把公平放在兼顾的地位。这是在确立了社会主义市场经济理论之后作出的选择。第四种选择是把公平放在更加注重的位置，这是在确立了科学发展观之后作出的选择。

效率与公平的关系问题，既是一个实际问题，也是一个理论问题。作为实际问题，对这一关系的处理会随着社会实际的变化而作出调整。这主要表现为由于各种因素的影响，在实际中公平与效率问题哪一个成为社会的主要问题是会发生变化的，因而处理这一关系的政策重点也应该有所变化。作为理论问题，随着人们对理论认识的不断深化，以及对这一问题在观念上的改变，也会对这一关系的看法有所变化，因而处理这一关系的政策重点也应当有所调整。

随着中国走上社会主义市场经济的发展道路，以及市场化程度的不断提高，现实中的效率与公平的关系问题也发生着新的变化，并且，这一问题逐步越出了经济领域的局限，成为社会各个方面都加以关注的问题。在社会主义市场经济条件下，效率与公平的关系问题，除了具有一切社会都具有的共性以外，还有其特殊性，因而对这一问题的研究以及如何做出抉择，也应该有新的视角和思路。

从市场经济的特性来看，在一个比较完善和成熟的市场经济体制中，一般来说，是能够较好地解决效率问题的。这是因为，效率的提高是市场经济机制客观作用的结果，是在市场经济的运行中自发地实现的。但是，公平问题从其自身的性质来说是与市场经济有矛盾的。这实际上就是效率与公平问题在市场经济中的具体反映。要效率就必须走市场经济的道路，而走市场经济的道路又会产生公平问题。如果说走市场经济的发展道路是一个正确的选择，那么，如何解决好公平的问题就是政府的一个重要职能。效率问题主要由市场来解决，公平问题主要由政府来解决，这应该是对处理好效率与公平关系问题的正确定位。

效率优先的机制是内含在市场经济体制中的，因而效率问题是市场经济发展过程中本身能够较好解决的问题。但是，市场经济在有效解决效率问题的同时，提高了基尼系数，扩大了收入分配和财产占有的差距。市场经济运行本身因缺乏实现公平的机制而不能解决公平的问题。因此，按照客观经济规律的作用，公平问题会随着市场经济的发展而不断地突现出来。如何在市场经济发展的过程中来构建实现公平的机制，准确地找到实现公平的途径，就成为在发展市场经济的同时政府的一项重要职能。

另一个不能忽视的问题是，造成现阶段收入分配差距扩大的原因并不仅仅只是市场经济机制的作用。市场机制不完善也是造成收入分配差距扩大的重要因素。并且，由此导致的收入分配差距扩大，不仅不能带来相应的经济效率，反而会影响经济效率的提高。由于市场机制不完善产生的收入分配差距扩大，主要表现为：一是由于市场机制在不同的所有制经济之间还不能同样地发挥作用，而宏观政策也不能很好地协调，从而导致不同所有制之间的收入分配差距；二是由于市场机制不完善而导致不同性质企业之间的收入分配差距；三是由于财税及工商行政管理制度不完善而导致的不同法人、个人之间的收入分配差距。由这些因素引起的收入分配差距扩大，既不符合效率原则，也不符合公平要求。因此，无论是从市场经济运行的要求来看，还是从社会主义的公平目标来看，都应该注重采取切实措施消除由这类因素造成的收入分配差距。

要正确处理好效率与公平的关系，政府的重点是解决好公平问题，应着力在以下三个方面采取有效的措施：一是加大改革力度，健全和完善社会主义市场经济体制与经济运行机制，从体制和机制上消除产生社会不公平的因素。虽然健全和完善市场经济机制并不能从根本上消除收入分配不公平的现象，但它可以实现经济活动的高效率，从而为实现更高层次的公平创造必要的物质条件。二是构建实现社会公平的制度和机制，从制度上保证收入分配差距不随经济的发展而扩大。这主要是通过政府制定经济政策来实现的。要把实现公平目标的重点放在再分配环节上，税收政策和转移支付政策是政府再分配的最主要手段，也是实现社会公平最主要的途径。三是建立完善的社会保障制度，从基本保障方面为实现社会公平目标提供保证。社会保障制度本身不能缩小收入分配的差距。但由于社会保障制度能够在社会范围内解决每一个社会成员最基本的生活需要，所以，建立了完善的社会保障制度，就是实现了社会最基本层次的公平目标。而且，社会保障制度既能够有效地实现社会公平，又能够为市场经济的发展创造良好的社会条件。从这一点来说，社会保障制度本身就内含着效率与公平的统一。

第八章

中国特色社会主义政治建设

改革开放以来,中国共产党在深刻反思新中国成立以来我国政治体制存在的弊端,尤其是"文革"十年浩劫的教训基础上,面对民主化浪潮的冲击,主动回应经济建设和社会发展对民主政治和政治体制提出的变革要求,提出一系列新观点:"没有民主就没有社会主义,就没有社会主义现代化";"人民民主是社会主义的生命";"以党内民主带动人民民主";"没有法制建设不成社会主义";"还是法制靠得住";"依法治国,建设社会主义法治国家";"中国的事情关键在党";"提高党的执政能力,科学执政、民主执政、依法执政"。中国特色社会主义政治建设主要表现为:一是公民有序的政治参与,民主的制度化、法律化;二是通过党内民主来带动人民民主;三是中国共产党在宪法和法律的范围内活动,坚持依法治国、依宪治国。这意味着我们已走上一条坚持中国共产党的领导、人民当家做主和依法治国有机统一的社会主义政治发展道路。

一、改革开放以来的政治建设

1. 拨乱反正,重整旗鼓

"文化大革命"十年动乱严重破坏了新中国建立起来的政治体系和党与国家

政治生活中的领导制度与民主集中制原则,中国的政治形态从常态走向变态,政权扭曲、制度失效和政治生活失序。当务之急是,拨乱反正,纠正畸形的国家政治体系,恢复"文革"前民主建设过程中一些行之有效的规范和措施。

恢复党的正确领导机制。重建党的职能工作部门,健全党内集体领导制度,重设中央纪律检查委员会和地方各级纪律检查组织,加强党内监督制约。1980年2月,中共十一届五中全会对党的民主集中制作出比较完善的规定,重设中央书记处,形成书记处、政治局、政治局常委三个层次的党中央日常工作领导体制。恢复国家的权力机关与行政机构。1978年2月,五届人大一次会议通过第三部《中华人民共和国宪法》,恢复人大常委会的日常工作和人民代表大会作为国家最高权力机关的职能。1979年8月到次年6月,各省、自治区、直辖市先后召开人民代表大会,重建政府机构及其职能。恢复国家的司法机关、检察机关。重新明确最高人民法院为国家最高审判机关,人民法院独立进行审判,只服从法律;重新明确最高人民检察院为国家法律监督机关,重建最高人民检察院,在县以上设立地方各级人民检察院;恢复司法部,建立各级司法行政机构,重建律师制度等。执政党和国家的组织机构逐步恢复,民主党派、群众团体、宗教组织恢复了活动,中国的政治生活从体制上、秩序上恢复到正常状态。

2. 明确社会主义初级阶段的基本路线

然而,"正常化"并不能有效地解决新形势下的新问题,痛定思痛,中国共产党人认识到"没有民主就没有社会主义,就没有社会主义现代化",没有法制也建设不成社会主义,民主必须法制化、制度化,必须改革高度集权的政治体制。

党的十一届六中全会将"高度民主"确立为党在新时期的奋斗目标;中共十二大把建设高度民主作为我国社会主义现代化建设的根本任务之一,并要求把民主扩展到政治生活、经济生活、文化生活和社会生活各个方面,发展各个企业、事业单位的民主管理,发展基层社会生活的群众自治。中共十二届七中全会通过了《政治体制改革总体设想》。中共十三大把"民主"作为总目标之一纳入党在社会主义初级阶段建设有中国特色社会主义的基本路线。邓小平明确指出:"基本路线要管一百年,动摇不得"[①],社会主义民主建设获得了坚强保障。党的十三大启动政治体制改革,主题是"党和国家领导制度的改革",核心是改革权力集中的问题,纵向的是解决地方和基层缺乏自主权和积极性,横向的是以党代

---

① 《邓小平文选》第3卷,人民出版社1993年版,第370~371页。

政、党政不分的问题,目标是建立能够克服权力过于集中、充满活力、调动各方面积极性的领导体制。中共领导层和中国政府开始进行大规模的政治性分权,包括中央向地方分权,政府向企业分权,国家向社会的分权。

3. "执政兴国"新要求

1992年,中共十四大提出建立社会主义市场经济体制的宏伟蓝图。经济基础的根本性变革给上层建筑提出新要求。中国政治建设的主攻方向由此发生了根本性转变:由改变权力过于集中的党和国家的领导制度问题,变成了权力如何服务于经济发展的有效执政问题;由以权力改革权力,分权改造集权变成了以权力服务权利,政治权力服务于经济建设。适应社会主义市场经济的要求,我们党提出"依法治国,建设社会主义法治国家"的任务。

中共十四大报告中指出:高度重视法制建设。加强立法工作,这是建立社会主义市场经济体制的迫切要求。十四届三中全会提出,在20世纪末初步建立适应社会主义市场经济的法律体系目标。党的十五大明确地提出了"依法治国,建设社会主义法治国家"的概念,依法治国作为基本治国方略写入我国社会主义初级阶段的政治纲领,并在九届人大二次会议通过的宪法修正案中得到确认,这是社会主义发展史上治国方略的伟大历史性转变,其根本意义在于实现了从传统的计划经济体制下的人治型法律秩序向现代市场经济体制下的法治型法律秩序的历史性变革与转型,[①] 标志着我国权力运行方式的创新和向现代政治文明的迈进。2002年5月,江泽民提出发展社会主义民主政治,建设社会主义政治文明,是社会主义现代化建设的重要目标。"建设有中国特色社会主义,应是我国经济、政治、文化全面发展的进程,是我国物质文明、政治文明、精神文明全面建设的进程。"[②] 党的十六大正式将社会主义政治文明建设与社会主义物质文明建设和精神文明建设并列为我国社会主义现代化建设的战略任务,并从社会主义政治文明的高度来要求社会主义民主政治的进展。

4. 科学发展的政治保障

进入21世纪,一方面中国社会主义市场经济体系已经基本建成,经济发展取得了一定成效;另一方面经济发展和资源、能源、环境的矛盾,城乡、区域差

---

① 郭成伟:《新中国法制建设50年》,江苏人民出版社1999年版,雷洁琼序言。
② 《江泽民文选》第3卷,人民出版社2006年版,第490~491页。

别和收入差距扩大、社会事业发展缓慢、就业形势严峻、腐败问题、公共卫生事件的爆发以及群众上访活动持续攀升。从以经济发展为主过渡到经济社会与人的发展并重，这是中国发展的必然逻辑。中国的政治发展既要随着经济社会发展不断推进和深化，又要与人民政治参与积极性不断提高相适应，不断调整改革的内容和力度，为中国的发展转型提供稳固的体制保障。

中共十六大以来，以权利平等、规则公平、机会均等、社会保障为内容的社会正义凸显为中国政治发展的新取向。中国政治体制越来越朝着尊重民意、保障民权、注重民生的改革方向发展。2004 年，十届全国人大二次会议通过《中华人民共和国宪法修正案》将"国家尊重和保障人权"写入宪法。这是中国民主宪政和政治文明建设的一件大事，是中国人权发展的一个重要里程碑。国务院印发《全面推进依法行政实施纲要》，提出经过十年左右坚持不懈的努力，基本实现建设法治政府的目标。中共十六届四中全会审议通过《中共中央关于加强党的执政能力建设的决定》，提出要把我们党建设成为科学执政、民主执政、依法执政的执政党。党的十七大创造性地提出了一系列民主政治建设的新思想和新措施，丰富和发展了中国特色社会主义政治发展道路。主要包括：人民民主是社会主义的生命的新论断；扩大人民民主、更好保障人民权益和社会公平正义是全面建设小康社会的新目标；基层群众自治制度是社会主义基本政治制度的新命题；以扩大党内民主带动人民民主、以增进党内和谐促进社会和谐等发展人民民主的新部署。这一系列新的思想标志着中共对民主发展规律、社会主义政治发展规律、社会主义建设规律认识的不断深化，标志着中国特色社会主义政治发展道路和中国特色社会主义政治理论的不断丰富发展。

二、关于民主与法制

1. 认真汲取"文革"教训

（1）制度问题更带有根本性、全局性、稳定性和长期性。

如何从根本上总结"文化大革命"的历史教训，防止悲剧重演。与一部分人把"文革"的发生归因于毛泽东个人的思想、作风不同，邓小平认为单单讲毛泽东同志本人的错误不能解决问题，最重要的是一个制度问题。"我们过去发生的各种错误,固然与某些领导人的思想、作风有关,但是组织制度、工作制度方面的问题更重要。这些方面的制度好可以使坏人无法任意横行,制度不好可以使好人无法充分做好事,甚至会走向反面。即使像毛泽东同志这样伟大的人物,也受到一些不好的制度的严重影响,以至对党对国家对他个人都造成了很大的不幸。……斯大林严重破坏社会主义法制,毛泽东同志就说过,这样的事件在英、法、美这样的西方国家不可能发生。他虽然认识到这一点,但是由于没有在实际上解决领导制度问题以及其他一些原因,仍然导致了'文化大革命'的十年浩劫。这个教训是极其深刻的。不是说个人没有责任,而是说领导制度、组织制度问题更带有根本性、全局性、稳定性和长期性。这种制度问题,关系到党和国家是否改变颜色,必须引起全党的高度重视"①。

(2) 建立社会主义的民主制度和社会主义法制,才能解决问题。

1980年8月,邓小平在会见意大利记者奥琳埃娜·法拉奇时分析了"文革"爆发的原因:"民主集中制被破坏了,集体领导被破坏了,否则,就不能理解为什么会爆发'文化大革命'。"② 对于怎样才能避免或防止再发生诸如"文化大革命"这样可怕的事情,邓小平认为要从制度方面解决问题。"我们过去的一些制度,实际上受了封建主义的影响,包括个人迷信、家长制或家长作风,甚至包括干部职务终身制。我们现在正在研究避免重复这种现象,准备从改革体制着手。我们这个国家有几千年封建社会的历史,缺乏社会主义的民主和社会主义的法制。现在我们要认真建立社会主义的民主制度和社会主义法制。只有这样,才能解决问题。"③

(3) 改革党和国家领导制度。

1980年8月邓小平发表《党和国家领导制度的改革》讲话,这一讲话经中央政治局讨论通过成为我国进行政治体制改革的纲领性文件。邓小平透彻地分析了党和国家在领导制度和干部制度方面的主要弊端,并指出只有对这些弊端进行有计划、有步骤而又坚决彻底的改革,我们的事业才有无限的希望。

第一,官僚主义现象。这是我们党和国家政治生活中广泛存在的一个大问题。无论在我们的内部事务中,或是在国际交往中,都已达到了"令人无法容忍的地步"。其主要表现和危害是:高高在上,滥用权力,脱离实际,脱离群众,好摆门面,好说空话,思想僵化,墨守成规,机构臃肿,人浮于事,办事拖

---

① 《邓小平文选》第2卷,人民出版社1994年版,第333页。
②③ 同①,第348页。

拉，不讲效率，不负责任，不守信用，公文旅行，互相推诿，以至官气十足，动辄训人，打击报复，压制民主，欺上瞒下，专横跋扈，徇私行贿，贪赃枉法，等等。邓小平认为，中央高度集权的体制是官僚主义的一个"总病根"，"我们的各级领导机关，都管了很多不该管、管不好、管不了的事"，必然高高在上，滥用权力，脱离群众，脱离实际。除此以外，官僚主义的病根还包括党政机构以及各种企业、事业领导机构中，长期缺少严格的从上而下的行政法规和个人负责制，缺少对于每个机关乃至每个人的职责权限的严格明确的规定。官僚主义的病根还在于干部人事制度不健全，"缺少正常的录用、奖惩、退休、退职、淘汰办法，反正工作好坏都是铁饭碗，能进不能出，能上不能下。这些情况，必然造成机构臃肿，层次多，副职多，闲职多，而机构臃肿又必然促成官僚主义的发展。"①

第二，权力过分集中的现象。长期以来，我们政治体制中权力过分集中的现象表现在多个方面。从中央与地方的关系看，权力过分地集中于中央，致使地方积极性受到挫折；从政府与社会的关系看，权力过分地集中于政府，致使社会缺乏自主权；从党与政权的关系看，权力过分集中于党组织；从主要领导人与领导集体的关系看，权力又往往过分集中于主要领导人。邓小平认为，不适当地，不加分析地把一切权力集中于党委，党委的权力又往往集中于几个书记，特别是集中于第一书记，什么事都要第一书记挂帅、拍板。这种现象是在加强党的一元化领导的口号下形成的。"党的一元化领导，往往因此而变成了个人领导"。这就会带来不良后果："党成为全国的执政党，特别是生产资料所有制的社会主义改造基本完成以后，党的中心任务已经不同于过去，社会主义建设的任务极为繁重，权力过分集中，越来越不能适应社会主义事业的发展。""权力过分集中于个人或少数人手里，多数办事的人无权决定，少数有权的人负担过重，必然造成官僚主义，必然要犯各种错误，必然要损害各级党和政府的民主生活、集体领导、民主集中制、个人分工负责制等等。"邓小平剖析了权力过分集中的根源，一是，它"同我国历史上封建专制主义的影响有关"；二是，也"同共产国际时期实行的各国党的工作中领导者个人高度集权的传统有关"；三是，同我们党的经历有关，"我们历史上多次过分强调党的集中统一，过分强调反对分散主义、闹独立性，很少强调必要的分权和自主权，很少反对个人过分集权。过去在中央和地方之间，分过几次权，但每次都没有涉及党同政府、经济组织、群众团体等等之间如何划分职权范围的问题"②。

---

① 《邓小平文选》第 2 卷，人民出版社 1994 年版，第 327~328 页。
② 同①，第 329 页。

第三，家长制现象。邓小平指出，从遵义会议到社会主义改造时期，党中央和毛泽东同志一直比较注意实行集体领导，实行民主集中制，党内民主生活比较正常。可惜，这些好的传统没有坚持下来，民主集中制也没有形成严格的完善的制度。从而导致1958年批评反冒进、1959年"反右倾"后，党和国家的民主生活逐渐不正常，一言堂，个人决定重大问题，个人崇拜，个人凌驾于组织之上一类家长制现象就不断滋长。"不少地方和单位，都有家长式的人物，他们的权力不受限制，别人都要唯命是从，甚至形成对他们的人身依附"，把上下级之间的关系搞成猫鼠关系，搞成旧社会那种君臣父子关系或帮派关系。上级对下级颐指气使，甚至让下级办违反党章国法的事情，下级对上级阿谀奉承，无原则地服从，"尽忠"。"不彻底消灭这种家长制作风，就根本谈不上什么党内民主，什么社会主义民主。"①

第四，关于干部领导职务终身制现象。邓小平认为这种现象的形成，同封建主义的影响有一定关系，同我们党一直没有妥善的退休辞职办法也有关系。革命战争时期大家年纪都还轻，50年代正值年富力强，不存在退休问题，"但是后来没有及时解决，是一个失策。"②

第五，特权现象。邓小平指出特权是"政治上经济上在法律和制度之外的权利"。新中国成立以后，我们没有自觉地、系统地建立保障人民民主权利的各项制度，法制很不完备，也很不受重视，特权现象有时受到限制、批评和打击，有时又重新滋长。他说，在我们国家里，公民在法律和制度面前人人平等，党员在党章和党纪面前人人平等。人人有依法规定的平等权利和义务。可是，"当前，也还有一些干部，不把自己看做是人民的公仆，而把自己看做是人民的主人，搞特权，特殊化，引起群众的强烈不满，损害党的威信，如不坚决改正，势必使我们的干部队伍发生腐化"③。

以"文化大革命"为鉴，邓小平就当代中国民主政治的发展做出深刻的思考：必须改革和完善党和国家的领导制度，健全民主集中制和集体领导原则，反对任何形式的个人崇拜和个人专断；必须发展社会主义民主，加强社会主义法制，而不能实行"大民主"和"造反有理"；必须制定正确的党的建设的方针和政策，不断加强执政党的建设，而不能把阶级斗争作为加强党的建设的主要内容和主要方法。

2. 没有民主就没有社会主义

没有民主就没有社会主义，就没有社会主义的现代化。历经风风雨雨，邓小

---

①② 《邓小平文选》第2卷，人民出版社1994年版，第331页。
③ 《邓小平文选》第2卷，人民出版社1994年版，第332页。

平重新思考"什么是社会主义，怎样建设社会主义"这一首要的基本问题。"我们为社会主义奋斗，不但是因为社会主义有条件比资本主义更快地发展生产力，而且因为只有社会主义才能消除资本主义和其他剥削制度所必然产生的种种贪婪、腐败和不公正现象。"① 社会主义制度的优越性，主要是两点："（一）经济上，迅速发展社会生产力，逐步改善人民的物质文化生活；（二）政治上，充分发扬人民民主，保证全体人民真正享有通过各种有效形式管理国家、特别是管理基层地方政权和各项企事业的权力，享有各项公民权利……"② 1985年4月，邓小平会见外宾时说："党的十一届三中全会提出一系列新的政策。就国内政策而言，最重大的有两条，一条是政治上发展民主，一条是经济上进行改革。"③ 他还明确提出社会主义现代化建设的三项要求之一就是"在政治上创造比资本主义国家的民主更高更切实际的民主"。④ 而"没有民主就没有社会主义，就没有社会主义的现代化"⑤ 的著名论断则精要地概括出邓小平对民主和社会主义的理解。这表明：一是民主与社会主义是不可分离的，没有民主就没有社会主义事业。二是民主与现代化是不可分离的，高度的民主是社会主义现代化的一个重要特征。

中国人民今天所需要的民主，只能是社会主义民主或称人民民主。什么是中国人民今天所需要的民主呢？邓小平明确否定了所谓"无产阶级的大民主"。"像'文化大革命'那样的'大民主'不能再搞了，那实际上是无政府主义"⑥。他认为，如果离开四项基本原则，抽象地空谈民主，必然会造成极端民主化和无政府主义的严重泛滥，造成安定团结政治局面的彻底破坏，造成四个现代化的彻底失败。"中国人民今天所需要的民主，只能是社会主义民主或称人民民主，而不是资产阶级的个人主义的民主。人民的民主同对敌人的专政分不开，同民主基础上的集中也分不开"⑦。"我们在宣传民主的时候，一定要把社会主义民主同资产阶级民主、个人主义民主严格地区别开来，一定要把对人民的民主和对敌人的专政结合起来，把民主和集中、民主和法制、民主和纪律、民主和党的领导结合起来。……特别要着重宣传个人利益服从集体利益、局部利益服从整体利益、暂时利益服从长远利益的道理"⑧。我国的人民民主，就是民主与专政、集中、法制、纪律、党的领导相结合的民主。

---

① 《邓小平文选》第3卷，人民出版社1993年版，第143页。
②④ 《邓小平文选》第2卷，人民出版社1994年版，第322页。
③ 同①，第116页。
⑤ 同②，第168页。
⑥ 同①，第242~243页。
⑦ 同②，第175页。
⑧ 同②，第176页。

社会主义愈发展，民主也愈发展。邓小平说："民主和现代化一样，也要一步步地前进，社会主义愈发展，民主也愈发展。"① 这表明民主发展与社会主义发展的同步性。民主的发展能够充分保证并促进社会主义的发展，使社会主义更加充满生机活力，而社会主义的发展又是民主存在和发展的基础。建设社会主义是一个长期的历史过程，决定了发展社会主义的民主也是一个长期的历史过程。民主的发展必须与其存在的客观条件相适应，不能一蹴而就，不可操之过急。比如像"普选，现在我们在基层，就是在乡、县两级和城市区一级、不设区的市一级搞直接选举，省、自治区、设区的市和中央是间接选举。像我们这样一个大国，人口这么多。地区之间又不平衡，还有这么多民族，高层搞直接选举现在条件还不成熟。首先是文化素质不行"②。1986年年底邓小平又指出："民主只能逐步地发展，不能搬用西方的那一套，要搬那一套，非乱不可。我们的社会主义建设，必须在安定团结的条件下有领导、有秩序地进行……"③

3. 还是法制靠得住

（1）国家长治久安法制靠得住些。

邓小平从国家安危的高度多次批评人治。"我有一个观点，如果一个党、一个国家把希望寄托在一两个人的威望上，并不很健康。那样，只要这个人一有变动，就会出现不稳定"④。"我多年来就意识到这个问题。一个国家的命运建立在一两个人的声望上面，是很不健康的，是很危险的。不出事没问题，一出事就不可收拾。"⑤ "我历来不主张夸大一个人的作用，这样是危险的，难以为继的。把一个国家、一个党的稳定建立在一两个人的威望上，是靠不住的，很容易出问题。"⑥ 邓小平认为避免"文化大革命"悲剧的重演，实现国家长治久安，"这要从制度方面解决问题。要认真建立社会主义民主制度和社会主义法制。只有这样，才能解决问题"。1992年，邓小平视察南方时再次强调："还是要靠法制，搞法制靠得住些。"⑦

---

① 《邓小平文选》第2卷，人民出版社1994年版，第168页。
② 《邓小平文选》第3卷，人民出版社1993年版，第221页。
③ 同②，第196~197页。
④ 同②，第272页。
⑤ 同②，第311页。
⑥ 同②，第325页。
⑦ 同②，第379页。

(2) 为了保障人民民主，必须加强法制。

现代民主政治必须建立在法治的基础上。"文化大革命"结束以后，政治体制变革亦从法制重建开始。在1978年中央工作会议上，邓小平提出，"为了保障人民民主，必须加强法制，必须使民主制度化、法律化，使这种制度和法律不因领导人的改变而改变，不因领导人的看法和注意力的改变而改变。"① 党的十一届三中全会后，他又进一步指出："民主和法制，这两个方面都应该加强，过去我们都不足。要加强民主就要加强法制。没有广泛的民主是不行的，没有健全的法制也是不行的。我们吃够了动乱的苦头。……民主要坚持下去，法制要坚持下去。这好像两只手，任何一只手削弱都不行。"② 法制建设对发扬社会主义民主具有重要作用。一方面，社会主义的法律制度有利于民主的实现，法律制度能够保障人民的民主权利与民主活动稳定发展。另一方面，法律制度能够规范、制约民主活动。"中国的问题，压倒一切的是稳定，没有稳定的环境，什么都搞不成，已经取得的成果也会失掉"。而要保持稳定、维护安定团结的社会环境，就需要将民主活动纳入法制的轨道。离开了法律的约束，社会成员的民主决策权力与公共参与权力会被滥用，造成极大的社会混乱。"若是民主变成了无政府主义，还有什么社会秩序、社会安全和社会团结。所以，没有法制不行。"③

(3) 党在宪法和法律范围内活动。

改革开放伊始，邓小平就提出要通过政治体制改革，"处理好法治和人治的关系，处理好党和政府的关系"④。"党要管党内纪律的问题，法律范围的问题应该由国家和政府管。"⑤ 他强调要维护法律的稳定性和权威性，坚持司法独立原则，"必须使民主制度化、法律化，使这种制度和法律不因领导人的改变而改变，不因领导人的看法和注意力的改变而改变"⑥。邓小平把健全法制的基本要求概括为："有法可依，有法必依，执法必严，违法必究"⑦。"公民在法律和制度面前人人平等"，"不管谁犯了法，都要由公安机关依法侦查，司法机关依法处理，任何人都不许干扰法律的实施，任何犯了法的人都不能逍遥法外。"⑧ "越

---

① ⑥ 《邓小平文选》第2卷，人民出版社1994年版，第146页。
② 同①，第189页。
③ 《邓小平思想年谱（1975~1997）》，中央文献出版社1998年版，第201页。
④ 《邓小平文选》第3卷，人民出版社1993年版，第177页。
⑤ 同④，第163页。
⑦ 同①，第147页。
⑧ 同④，第332页。

是高级干部子弟,越是高级干部,越是名人,他们的违法事件越要抓紧查处"①。中共十二大将"党必须在宪法和法律的范围内活动"的原则写入党章。同年新宪法规定:"各政党都必须以宪法作为活动的基本原则,任何组织或个人都不得有超越宪法和法律的特权"。这一原则的确立,第一次解决了社会主义国家执政党同国家法律的关系问题,预示了中国共产党执政方式的根本转变和我国政治体制改革的基本走向。

三、关于政治文明与政治发展

1. "政治文明"的提出

政治文明是指人类进入文明社会以来,改造社会、实现自身完善和提高过程中创造和积累的所有积极的政治成果和与社会生产力发展需要相适应的政治进步状态。政治文明是人类文明的重要组成部分和主要标志。

"政治文明"概念见之于马克思1844年《关于现代国家的著作的计划草稿》②。但在中国共产党历史文献中,以往并没有将政治文明作为一种文明类型加以阐发。2001年1月,江泽民与出席全国宣传部长会议的同志座谈时首次使用"政治文明"这个概念,"法制属于政治建设,属于政治文明,德治属于思想建设,属于精神文明。"③ 在2002年5月31日的讲话中,江泽民提出,"发展社会主义民主政治,建设社会主义政治文明,是社会主义现代化建设的重要目标。"④ 7月,江泽民在考察社会科学院时再次指出:"建设有中国特色社会主义,应是我国经济、政治、文化全面的进程,是我国物质文明、政治文明、精神文明全面建设的进程"⑤。中共十六大报告把建设社会主义政治文明列为全面建设小康社会的一个重要目标,并提出要"不断促进社会主义物质文明、政治文明和精神文明的协调发展"。

把"社会主义政治文明"作为一个科学概念和社会主义现代化建设的主要

---

① 《邓小平文选》第3卷,人民出版社1993年版,第152页。
② 《马克思恩格斯全集》第42卷,人民出版社1979年版,第238页。
③ 《江泽民文选》第3卷,人民出版社2006年版,第200页。
④ 江泽民在中央党校省部级干部进修班毕业典礼上的讲话,《人民日报》2002年6月1日。
⑤ 同③,第490~491页。

内容和重要目标提出来，是重要的理论创新，意义深远。

其一，"政治文明"的概念，将民主、法治、人权的宪政制度的建设内容，从"精神文明"的概念和范畴中独立出来，成为与物质文明、精神文明并列的一种文明形态，摆脱了民主、法律工具主义的旧思维和民主、法律制度与法律思想混为一谈的错误观念，提升了民主政治建设的战略地位。

其二，我们党在领导人民进行改革开放的社会主义现代化建设中越来越认识到，现代化，不仅包括物质文明、精神文明，也包括制度文明；不仅包括经济的制度文明，也包括政治的制度文明；不仅包括"四个现代化"目标，也包括执政党的思想意识形态的与时俱进的现代化追求和社会主义民主政治的现代化追求。

其三，揭示社会主义政治文明的本质特征。坚持党的领导、人民当家做主和依法治国三者有机统一。党的领导是人民当家做主和依法治国的根本保证，人民当家做主是社会主义民主政治的本质要求，依法治国是党领导人民治理国家的基本方略，共产党执政就是领导和支持人民当家做主，最广泛地动员和组织人民群众依法管理国家和社会事务，管理经济和文化事业，维护和实现人民群众的根本利益。三者相互作用、有机结合，统一于社会主义政治文明建设的实践，统一于社会主义现代化建设的实践。这就回答了在中国怎样发展社会主义民主政治的历史课题，确立了推进政治文明建设必须遵循的基本方针，并标志着我们党对社会主义政治文明建设规律的新认识。

其四，倡导"和而不同"的现代政治文明观。2002年10月，江泽民在美国乔治·布什图书馆的演讲中提出，和而不同，是社会事物和社会关系发展的一条重要规律，是人类各种文明协调发展的真谛。世界各种文明、社会制度和发展模式应该相互交流和相互借鉴，在和平竞争中取长补短，在求同存异中共同发展。[1]"和而不同"思想是中国人古老的政治智慧，包含理性而务实的处事态度。在世界文明冲突不断的今天，"和而不同"为实现新的政治理想提供了切实可行的实践策略。

2. 建设社会主义法治国家

无产阶级执政党用什么样的方式来治理国家、管理社会长期没有得到很好地解决，法治的原则和方法往往因为被排斥而导致了重大失误。提出"依法治国，建设社会主义法治国家"的战略目标，是以江泽民为核心的领导集体作出的重

---

[1] 《江泽民文选》第3卷，人民出版社2006年版，第522~523页。

大决策，是我国民主与法制建设进程新的里程碑。

1996年2月，江泽民在中南海主持第三次法制讲座时指出，依法治国是社会进步、社会文明的一个重要标志，是我们建设社会主义现代化国家的必然要求。坚持依法治国，就是使国家各项工作逐步走上法制化和规范化。3月，"依法治国，建设社会主义法制国家"的提法被载入《国民经济和社会发展"九五"计划和2010年远景目标纲要》，成为我国社会主义现代化建设的一条重要的指导方针。

1997年9月，党的十五大报告中把依法治国提到治国方略的高度，明确提出了建设社会主义法治国家的目标。"进一步扩大社会主义民主，健全社会主义法制，依法治国，建设社会主义法治国家"，将此前"社会主义法制国家"改为"社会主义法治国家"，看似一字之差，实则是伟大的观念变革，表明中国不仅要加强法律制度建设，而且要从治国方式上根本抛弃"人治"的传统，是中国共产党执政方式和社会主义国家治理方式的重大发展。1999年3月，九届全国人大二次会议通过宪法修正案，把"依法治国，建设社会主义法治国家"写进宪法，翻开了我国民主法制建设史上的新的一页。2001年3月，九届人大四次会议通过的《中国国民经济和社会发展第十个五年计划纲要》进一步提出："依法治国，建设社会主义法治国家，是社会主义现代化的重要目标"。

关于建设社会主义法治国家主要包含以下内容：

建设社会主义法治国家的历史必然性，是"发展社会主义市场经济的客观需要，是社会文明进步的重要标志，是国家长治久安的重要保障"[①]。

依法治国作为党领导人民治理国家基本方略的科学内涵：第一，人民是依法治国的主体，而不是客体，依法治国不是依法治民。第二，依法治国的客体，是人民依照宪法和法律管理国家事务，管理经济和文化事业，管理社会事务。第三，依法治国的依据，是我国法律体系中的宪法、法律、法规、规章、自治条例和单行条例，以及依据宪法和法律制定的程序和内容合法的其他规范性文件。第四，依法治国的方式，是党领导人民，依法通过各种途径和形式管理国家，治国理政。第五，依法治国的目的是保证国家各项活动都依法进行，即立法机关依法立法和监督，行政机关依法行政，司法机关依法独立公正地行使审判权和检察权，各行各业和全体公民都遵纪守法、依法办事，逐步实现社会主义民主的法治化。

社会主义法治国家的基本目标是实现国家政治生活、经济生活、文化生活的

---

① 《江泽民文选》第2卷，人民出版社2006年版，第29页。

法制化、规范化。政治生活的法制化就是要求我们完善党内党外的各种民主政治制度，通过健全党规党法，充分保证党员享有的民主权利得以实现，民主集中制的原则得以贯彻执行；通过健全人民代表大会制度、民族区域自治制度、政治协商制度、基层各项民主制度等，充分保证人们享有的各种民主权利得以实现；经济生活的法制化就是要以社会主义基本经济制度作基础，完善经济生活各个领域的法律制度，形成良好经济秩序与经济环境；社会生活的法制化就是要通过立法、执法、守法，形成良好的社会秩序，保证人们生活的安宁与稳定，促进社会的进步与繁荣。

依法治国的基本条件。一是要加强立法工作，提高立法质量，使法律真正反映社会的真实和规律，反映绝大多数人的利益与要求，促进社会的文明与进步。二是要维护法律的权威，保证法律的贯彻与遵守。三是要提高全民法律素质，把依法治国与以德治国结合起来。

努力提高依法执政的能力。建设社会主义法治国家是在党的领导下进行的，党的依法执政能力的高低，直接影响着建设社会主义法治国家的进程与成败。江泽民提出党要"善于把坚持党的领导、人民当家做主和依法治国统一起来，不断提高依法执政的能力"①。依法执政将是在新的历史条件下党执政的基本方式，全党同志特别是党的各级领导干部要懂得依法执政，学会依法执政，在实践中不断提高依法执政的能力与水平。

3. 办好中国的事情关键在党

没有党的领导，就没有现代中国的一切。当代中国社会的超大规模性和中国现代化的"后发型"特点，决定中国现代化必然是人类史上一场空前伟大的变革、一场气势恢宏而又充满了艰难困苦的长征，也决定了必须需要一个权威政治力量来凝聚人心、整合矛盾和从事政策供给，发挥中流砥柱的作用。在当代中国，这个权威政治力量就是具有正确执政宗旨、强大执政能力、丰富执政经验和有效执政方式的中国共产党。

邓小平早就指出，"过去的革命问题解决得好不好，关键在于党的领导，现在的建设问题解决得好不好，关键也在于党的领导"②。后来又反复强调"没有党的领导，就没有一条正确的政治路线；没有党的领导，就没有安定团结的政治局面；没有党的领导，艰苦创业的精神就提倡不起来；没有党的领导，真正又红

---

① 《江泽民文选》第 3 卷，人民出版社 2006 年版，第 570 页。
② 《邓小平文选》第 1 卷，人民出版社 1994 年版，第 264 页。

又专，特别是有专业知识和专业能力的队伍也建立不起来。这样，社会主义四个现代化建设、祖国的统一、反霸权主义的斗争，也就没有一个力量能够领导进行。这是谁也无法否认的客观事实。"① 针对党内和社会上出现的那种企图削弱、摆脱、取消、反对党的领导的倾向，邓小平特别强调，"事实上，离开了中国共产党的领导，谁来组织社会主义的经济、政治、军事和文化？谁来组织中国的现代化？"②

江泽民也在多个场合强调："办好中国的事情，关键在我们党。"③ 因为，"在中国，要团结凝聚十一亿多人民，通过改革进一步解放和发展社会生产力，集中力量把经济搞上去，实现社会主义现代化建设的宏伟目标，关键在党；在深化改革，成功地创建人类历史上没有先例的社会主义主义市场经济体制，关键在党；要坚持'两手抓'，搞好两个文明建设，关键在党；要保持社会政治稳定，实现国家长治久安，关键也在党"。④ 胡锦涛在庆祝中国共产党成立90周年大会上的讲话中指出，90年来，我们党完成和推进了三件大事：第一件大事，我们党紧紧依靠人民完成了新民主主义革命，实现了民族独立、人民解放；第二件大事，我们党紧紧依靠人民完成了社会主义革命，确立了社会主义基本制度；第三件大事，我们党紧紧依靠人民进行了改革开放新的伟大革命，开创、坚持、发展了中国特色社会主义。"90年来，中国社会发生的变革，中国人民命运发生的变化，其广度和深度，其政治影响和社会意义，在人类发展史上都是十分罕见的。回顾90年中国的发展进步，可以得出一个基本结论：办好中国的事情，关键在党。"⑤

党要善于领导。吸取"文化大革命"的惨痛教训，邓小平作为党的第二代中央领导集体的核心，提出并思考的一个大问题是："执政党应该是一个什么样的党，执政党的党员应该怎样才合格，党怎样才叫善于领导"。⑥ "党委如何领导？应该只管大事，不能管小事"。一是"党的领导要体现在制订和实现党的路线、方针、政策上"⑦。二是"党的工作的核心是支持和领导人民当家做主。"⑧ 三是"党委领导的作用第一条就是应该保证法律生效、有效。没有立法以前，

---

① 《邓小平文选》第2卷，人民出版社1994年版，第266页。
② 同①，第170页。
③ 江泽民：《论党的建设》，中央文献出版社2001年版，第496页。
④ 《十四大以来重要文献选编》（上），人民出版社1996年版，第327页。
⑤ 胡锦涛在庆祝中国共产党成立90周年大会上的讲话，人民出版社2011年版。
⑥ 同①，第276页。
⑦⑧ 《邓小平思想年谱（1975～1997）》，中央文献出版社1998年版，第173页。

只能按政策办事;法立了以后,就要坚决按法律办事。"① 四是"党委主要管党"②。包括管好党的思想建设、组织建设、作风建设、制度建设等。"党要管党,一管党员,二管干部";"党要管党内纪律的问题,法律范围的问题应该由国家和政府管。"③ 邓小平提出的党要管的大事很明确:一管路线方针政策;二支持和领导人民当家做主;三领导人民制定法律、实施法律;四党要管党。这就科学地解决了执政党在国家社会中如何定位的问题。

改革开放以来,我们党在领导改革开放和社会主义现代化建设的实践中,不断完善党的领导方式和领导方法。建立社会主义市场经济体制,使市场在资源配置中发挥基础性的作用,强调按照经济发展的客观规律开展经济建设,强调遵循国际通行的经济规则开展对外经济技术合作和交流,强调党委要发挥总揽全局、协调各方的作用,推进决策的科学化、民主,实施依法治国方略,要求把依法治国和以德治国结合起来,等等,其中都包含着改进和完善党的领导方式、领导方法的意义。④

中共十七大报告明确指出,要按照科学执政、民主执政、依法执政的要求,改善党的领导方式和执政方式。这是我们党适应信息化社会开放透明多样化的现实需要、亿万人民群众建设共同富裕社会的远景和依法治理的要求而作出的自身执政方式的变革和创新。科学执政、民主执政、依法执政蕴含着党执政治国的一些新理念、方略机制和路径选择,实质是实现党的执政方式现代化。

4. 加强党的执政能力建设

进入 21 世纪,中国面临的内外形势十分复杂,改革与发展的难度加大。执政考验、改革开放考验、市场经济考验、外部环境考验是长期的、复杂的、严峻的。精神懈怠的危险,能力不足的危险,脱离群众的危险,消极腐败的危险,更加尖锐地摆在全党面前。⑤ 为了应对新考验、新挑战,胡锦涛特别强调执政能力建设在党的建设新的伟大工程中的核心与主线的重要地位,并对加强党的执政能力建设的紧迫性、具体要求、原则、路径和方法作了具体论述。"党的执政能力建设关系党的建设和中国特色社会主义事业的全局,必须把提高领导水平和执政能力作为各级领导班子建设的核心内容抓紧抓好。要按照科学执政、民主执政、

---

① 《邓小平思想年谱(1975~1997)》,中央文献出版社 1998 年版,第 122 页。
② 同①,第 167 页。
③ 《邓小平文选》第 3 卷,人民出版社 1993 年版,第 163 页。
④ 江泽民:《论党的建设》,中央文献出版社 2001 年版,第 485 页。
⑤ 胡锦涛在庆祝中国共产党成立 90 周年大会上的讲话,人民出版社 2011 年版。

依法执政的要求,改进领导班子思想作风,提高领导干部执政本领,改善领导方式和执政方式,健全领导体制,完善地方党委领导班子配备改革后的工作机制,把各级领导班子建设成为坚定贯彻党的理论和路线方针政策、善于领导科学发展的坚强领导集体。以加强领导班子执政能力建设影响和带动全党,使党的全部工作始终符合时代要求和人民期待"[①]。2004年党的十六届四中全会作出《中共中央关于加强党的执政能力建设的决定》,全面阐释了加强党的执政能力建设的若干重大问题,为我们党加强执政能力建设指明了方向和道路。

加强党的执政能力建设的总体目标是:通过全党共同努力,使党始终成为立党为公、执政为民的执政党,成为科学执政、民主执政、依法执政的执政党,成为求真务实、开拓创新、勤政高效、清正廉洁的执政党,归根到底成为始终做到"三个代表"、永远保持先进性、经得住各种风浪考验的马克思主义执政党,带领全国各族人民实现国家富强、民族振兴、社会和谐、人民幸福。

当前和今后一个时期,加强党的执政能力建设的主要任务是:按照推动社会主义物质文明、政治文明、精神文明协调发展的要求,不断提高驾驭社会主义市场经济的能力、发展社会主义民主政治的能力、建设社会主义先进文化的能力、构建社会主义和谐社会的能力、应对国际局势和处理国际事务的能力。全党要紧紧围绕上述任务,立足现实、着眼长远、抓住重点、整体推进,不断研究新情况、解决新问题、创建新机制、增长新本领,全面加强和改进党的建设,使党的执政方略更加完善、执政体制更加健全、执政方式更加科学、执政基础更加巩固。

世界多极化和经济全球化进程迅猛发展,人类面临的共同挑战空前严峻,需要我们党以海纳百川的胸怀对待一切人类文明成果,借鉴各类政党治国理政的经验。2004年6月,胡锦涛在主持中央政治局第十四次集体学习时指出,对世界上其他政党在治国理政方面的有益做法,要研究和借鉴,以开阔眼界,打开思路。据中联部统计,我们党已同世界上160多个国家和地区的400多个各种类型的政党和政治组织建立并保持着不同形式的联系、交往与合作。人权、法治、治理、善治、善政、宪政、合法性、全球治理、政府创新、增量民主、透明政府、责任政府、服务政府、效益政府等观念是从西方引入的,近年来普遍推行的"一站式服务"、"行政问责制"、"服务承诺制"、"政策听证制度"等也是从他国借鉴来的。

[①] 胡锦涛:《高举中国特色社会主义伟大旗帜 为夺取全面建设小康社会新胜利而奋斗》,人民出版社2007年版。

四、关于政治体制改革

1. 政治体制改革要同经济体制改革相配合

（1）**政治体制改革服务于经济建设**。

改革开放以来，中国政治体制改革和民主政治建设实际坚持一条不可动摇的原则，即中国的政治体制改革和民主政治建设要围绕中国经济建设这个中心工作展开，服务于这个中心而不能干扰和脱离这个中心。"就我们国内来说，什么是中国最大的政治？四个现代化就是中国最大的政治"[1]，"四个现代化，集中起来讲就是经济建设"[2]，"经济工作是当前最大的政治，经济问题是压倒一切的政治问题"[3]。这就决定了中国政治体制改革和民主政治建设，始终是为了解放和发展社会生产力、调动一切积极因素为社会主义现代化服务。只要我国社会的主要矛盾仍然是"人民日益增长的物质文化需要同落后的社会生产之间的矛盾"，我们进行政治体制改革和民主政治建设必须坚持以经济建设为中心，服务于这个中心而不能干扰和妨害这个中心。

（2）**政治体制改革同经济体制改革应该互相依赖、互相配合**。

我国的改革首先是从改革高度集中的计划经济体制开始的，随着经济体制改革的不断深化，逐渐暴露出一些矛盾和问题。特别是当经济体制改革的重点从农村转移到城市后，传统的政治体制对经济发展的阻碍作用日渐明显。针对这种情况，邓小平及时提醒全党要适时进行政治体制改革。"政治体制改革同经济体制改革应该互相依赖、互相配合。只搞经济体制改革，不搞政治体制改革，经济体制改革也搞不通，因为首先遇到人的障碍。事情要人来做，你提倡放权，他在那里收权，你有什么办法？从这个角度来讲，我们所有的改革最终能不能成功，还

---

[1] 《邓小平文选》第 2 卷，人民出版社 1994 年版，第 234 页。
[2] 同[1]，第 240 页。
[3] 同[1]，第 194 页。

是决定于政治体制的改革"①。"不改革政治体制,就不能保障经济体制改革的成果,不能使经济体制改革继续前进,就会阻碍生产力的发展,阻碍四个现代化的实现"②。党的十三大提出政治体制改革的近期目标为"建立有利于提高效率、增强活力和调动各方面积极性的领导体制"。党的十四大把我国经济体制改革的目标确定为建立社会主义市场经济体制,政治体制改革的主攻方向也随之有所调整,"依法治国,建设社会主义法治国家"成为中国的政治体制改革主题。

(3) 中国的政治体制基本适应中国经济发展的要求。

在有些人看来,中国的经济体制改革取得了非凡的成就,但政治体制改革"停滞不前"。2006年4月,胡锦涛在访美期间在美国耶鲁大学发表重要演讲,在回答师生提问时说:"我认为,上层建筑的发展要适应经济基础发展的要求。我也认为,没有民主就没有现代化。如果把28年来中国经济社会发展所取得的成就,仅仅归因于中国进行了经济体制改革,这显然是不全面的,也是完全不符合实际的。事实是,从1978年以来,中国进行了包括经济体制改革、政治体制改革、文化体制改革等在内的全面改革。凡是对中国有比较深入了解的人就会得出这样的结论。无论是在经济体制改革方面还是在政治体制改革方面,中国都取得了重要成果。20多年来中国经济持续快速发展的事实也表明,中国的政治体制是基本适应中国经济发展的要求的。"③

2. 坚持走中国特色政治发展道路

(1) 不能丢掉自己的优势,照搬西方那一套。

邓小平区分了我国的基本(根本)政治制度与具体政治制度(政治体制),认为我们的基本(根本)政治制度是好的,而且正是我们自己的优势。同时,针对有人主张仿效西方三权分立、多党轮流执政等体制的情况,多次强调不可不顾国情,照搬西方那一套。在1987年10月的一次谈话中,邓小平说:"我们既不能照搬西方资本主义国家的做法,也不能照搬其他社会主义国家的做法,更不能丢掉我们制度的优越性。比如共产党的领导就是我们的优越性。……再如民主集中制也是我们的优越性。这种制度更利于团结人民,比西方的民主好得多。我

---

① 《邓小平文选》第3卷,人民出版社1993年版,第164页。
② 同①,第176页。
③ 胡锦涛主席在耶鲁大学答问记,《人民日报》2006年4月24日。

们做某一项决定,可以立即实施。又如解决民族问题,中国采取的不是民族共和国联邦的制度,而是民族区域自治的制度。我们认为这个制度比较好,适合中国的情况。我们有很多优越的东西,这是我们社会制度的优势,不能放弃。"① 不能照搬西方那一套,第一,西方那一套并不好。例如多党轮流执政,"那种多党制是资产阶级互相倾轧的竞争状态所决定的,它们谁也不代表广大劳动人民的利益。……这种状况是它们的弱点而不是强点"②。三权分立这一套,"实际上有三个政府","对内自己也打架,造成了麻烦"③。美国的"总统竞选时一个说法,刚上任一个说法,中期选举一个说法,临近下一届大选时又是一个说法"④,势必造成政策不稳定。第二,西方那一套搬来,中国肯定乱。中国如果照搬多党竞选、三权鼎立那一套,"非乱不可"⑤。搞多党竞选、轮流执政,丢掉共产党领导,"一丢就是动乱局面,或者是不稳定状态。"⑥ 第三,人民代表大会制度最符合我们自己的实际。"我们实行的是全国人民代表大会制度,这最符合中国实际。"⑦ 因此,"在政治体制改革方面有一点可以肯定,就是我们要坚持实行人民代表大会制度,而不是美国式的三权鼎立制度"。⑧ 中国共产党领导的多党合作制度,也同样最适合中国国情。邓小平主张,在坚持自己那套基本政治制度的前提下兴利除弊即可,不必也不能搬用西方的那一套。当然,对于西方制度中某些于我们有用的因素可以借鉴过来。

(2) **政治体制改革的目标是建设中国特色的社会主义民主政治**。

在民主政治建设问题上,必须澄清的认识是:世界上从来没有什么抽象的超阶级的民主,也没有什么绝对的民主。民主的发展总是同一定的阶级利益、经济基础和社会历史条件相联系的。每个国家都有自己的历史传统和经济、社会发展的实际情况,民主必须适合自己的国情。⑨ 世界是丰富多彩的,没有也不可能有一种放之四海而皆准的政治制度模式。政治体制改革和民主建设的目标是建设有中国特色的社会主义民主政治。我国是工人阶级领导的、以工农联盟为基础的人民民主专政的社会主义国家。人民代表大会制度和共产党领导的多党

---

① 《邓小平文选》第3卷,人民出版社1993年版,第256~257页。
② 《邓小平文选》第2卷,人民出版社1994年版,第267页。
③ 同②,第195页。
④ 同②,第31页。
⑤ 同②,第196页。
⑥ 同②,第252页。
⑦ 同②,第220页。
⑧ 同②,第307页。
⑨ 江泽民:《论党的建设》,中央文献出版社2001年版,第215页。

合作、政治协商制度以及民族区域自治制度,适合中国国情,鲜明地体现了有中国特色社会主义民主政治的本质和特点,具有自己的优势和强大生命力。任何时候都决不能动摇、削弱和丢掉这些制度,决不能照搬西方的政治制度模式。

江泽民论述了我国政治制度特征和优势。"人民代表大会制度,体现了我们国家的性质,符合我国国情,既能保障全体人民群众当家做主的积极性和主动性,又有利于国家政权机关分工合作,协调一致地组织社会主义建设。人民代表大会制度体现了社会主义制度的优越性,体现了社会主义民主的广泛性。"① 它是我国的根本政治制度。中国共产党领导的多党合作和政治协商制度,其显著特征在于:共产党领导、多党派合作,共产党执政、多党派参政;共产党和各民主党派在国家重大问题上进行民主协商、科学决策,集中力量办大事;共产党各民主党派互相监督,促进共产党领导的改善和参政党建设的加强。这既避免了多党竞争、相互倾轧造成的政治动荡,又避免了一党专政、缺少监督导致的种种弊端。② 能够保证集中领导与广泛民主、充满活力与富有效率的有机统一。它适合我国国情,有利于国家政局的稳定、增进人民的团结,有利于经济和社会的发展,是我国政治制度的一大优势。③ 我们必须坚持和完善人民代表大会制度,不能搞西方那种议会制度;必须坚持和完善中国共产党领导的多党合作和政治协商制度,不能削弱和否定共产党的领导,不能搞西方那种多党制。我们应该牢牢把握有中国特色社会主义政治的这些基本要求。④

改革开放以来,我国政治建设取得了一系列成就,理论上的概括就是中国特色社会主义政治发展道路。"道路"既是历史经验的总结,也是要在实践中进一步回答的命题。2002年5月,江泽民在中央党校省部级干部进修班毕业典礼上发表讲话提出,"推进政治体制改革,要从我国国情出发,坚定不移地走自己的政治发展道路,坚持社会主义政治制度的自我完善和发展。我们要发展的是有中国特色社会主义民主政治,决不照搬西方政治制度模式。要着重加强社会主义民主政治制度建设,实现社会主义民主政治的制度化、规范化、程序化"⑤。2003年2月,胡锦涛在中共十六届二中全会上指出:"推进政治文明建设,要坚持走中国特色政治发展道路","这条政治发展道路,是一条符合中国特色社会主义事业发展要求的政治发展道路,也是一条充分体现全国各族人民根本意愿和根本

---

① 《十三大以来重要文献选编》(中),人民出版社1991年版,第941页。
② 《十五大以来重要文献选编》(中),人民出版社2001年版,第1494~1495页。
③ 《江泽民论有中国特色社会主义》(专题摘编),中央文献出版社2002年版,第310页。
④ 《十五大以来重要文献选编》(上),人民出版社2000年版,第687页。
⑤ 同③,第304页。

利益的政治发展道路"①。中共十七大明确提出了中国特色社会主义政治发展道路的基本内涵,即坚持党的领导、人民当家做主、依法治国有机统一,坚持和完善人民代表大会制度、中国共产党领导的多党合作和政治协商制度、民族区域自治制度以及基层群众自治制度,不断推进社会主义政治制度自我完善和发展。

中国特色社会主义政治发展道路,揭示和描述了在中国特有的历史传统和现实基础上,通过一条完全不同的政治发展路径形成的政治文明模式。与西方政治发展中的"三权分立与制衡"机制不同,中国政治发展的核心机制是中国共产党由革命党向执政党的转换,特别是这一转换必然包含的执政党同现代民主法治的结合,即党的领导、人民当家做主和依法治国的有机统一。就其内在逻辑而言,人民当家做主是政治发展的价值目标,决定着发展的性质;依法治国是政治发展的基本途径和方略,决定着发展的形式;而党的领导则构成了政治发展的现实保障,是影响发展最为主动和有效的力量。党的领导、人民当家做主、依法治国之间的关系在现实性上就是党权、民权、政权、法权之间的相互关系。党的领导是这一核心机制的进一步发展与展现的关键因素:党权与民权的有机统一对实现人民当家做主具有根本性的影响,其取决于执政党"民主政党"的建设;党权与法权的有机统一对推进依法治国具有决定性影响,其取决于执政党"法治政党"的建设;党权与政权的有机统一对中国特色政治发展具有全方位的影响,其取决于执政党"责任政党"的建设。不仅改革开放以来中国政治所取得的进步是以这一核心机制为基础的,而且未来政治发展也取决于这一机制的充分实现。这是社会主义政治文明区别于资本主义政治文明的本质特征,也是推进中国特色社会主义政治文明建设必须遵循的基本方针。

实践证明,走中国特色社会主义政治发展道路,"有利于保持党和国家活力、调动广大人民群众和社会各方面的积极性、主动性、创造性,有利于解放和发展社会生产力、推动经济社会全面发展,有利于维护和促进社会公平正义、实现全体人民共同富裕,有利于集中力量办大事、有效应对前进道路上的各种风险挑战,有利于维护民族团结、社会稳定、国家统一"②。近年来一些发展中国家复制西方民主,遭遇挫折。这至少表明,西方的民主模式并不是普世的;民主,还是要靠各国人民自己探索,还是要走自己的路。

---

① 《十六大以来重要文献选编》(上),中央文献出版社 2005 年版,第 147 页。
② 胡锦涛在庆祝中国共产党成立 90 周年大会上的讲话,人民出版社 2011 年版。

3. 改革攻坚任重道远

(1) 没有政治体制改革,"文革"或重现。

我国的民主政治建设不断发展和完善,取得了巨大成就,"保证了人民以国家和社会主人的身份充分发挥建设国家、管理国家的积极性、主动性和创造性,不断推动了中国的经济发展和社会全面进步"[①]。但也不必讳言,中国民主政治建设仍有许多需要克服和解决的问题。特别是随着经济的发展,又产生了分配不公、诚信缺失、贪污腐败等问题。解决这些问题,不仅要进行经济体制改革,而且要进行政治体制改革,特别是党和国家领导制度的改革。现在改革到了攻坚阶段,没有政治体制改革的成功,经济体制改革不可能进行到底,已经取得的成果还有可能得而复失,社会上新产生的问题,也不能从根本上得到解决,"文化大革命"这样的历史悲剧还有可能重新发生。[②]

(2) 政治体制改革的重点和难点。

2011年9月,在世界经济论坛 2011年新领军者年会上,温家宝在回答论坛主席提问今后一个时期应该做哪些工作时,认为政治体制改革的重点和难点是:第一,坚持依法治国。中国要建立一个民主和法治的国家,所谓法治最重要的就是当一个政党执政以后,应该按照宪法和法律办事,党的意志和主张也要通过法定的程序来变为宪法和法律的条文,这是现代文明和现代政治所必需的。这就需要改变以党代政,把权力绝对化和权力过分集中的现象。为此,必须改革党和国家的领导制度。这个任务是小平先生在30年以前就提出来的,在今天尤为紧迫。第二,要推进社会公平正义。这就需要通过改革发展经济,并且改变收入分配不公和差距过大的现象,让人民群众都过上有尊严的生活,都能够享受改革和建设的成果。社会公平直接关系我们的政权是否真正为人民服务,也关系到经济的可持续发展和社会的和谐稳定。第三,维护司法公正。保证检察机关和司法机关应有的独立性,不受任何社会团体、社会组织和个人的干涉。司法公正体现社会的公平正义,我们必须始终坚持这个方向。这一点也是早在30年前十一届三中全会就提出来的,我们要认真加以贯彻。第四,保障人民的民主权利。政治体制改

[①] 国务院新闻办公室:《中国的民主政治建设》(白皮书),http://news.xinhuanet.com/politics/2005-10/19/content_3645697.htm。

[②] 在十一届全国人大五次会议记者会上温家宝总理答中外记者问,《人民日报》2012年3月15日。

革最重要的就是要保证宪法和法律赋予人民的各项自由和权利,就是要调动人民群众的积极性和创造精神,就是要有一个宽松的政治环境,使人们能够更好地发挥独立精神和创造性思维,就是要使人能得到自由和全面发展,这应该是民主和自由的主要内涵。第五,坚决反对腐败。反腐倡廉是各级政府面临的一项重大任务。要坚决惩治腐败,按照法律对于各种腐败现象和腐败分子要严厉予以惩处,毫不手软。①

政治体制改革,最为重要的就是有序地扩大民主,毫不动摇地推进社会公平正义,坚决反腐败。改革任重道远,但只能前进,不能停滞,更不能倒退,停滞和倒退都没有出路。中国共产党人正以高度的责任感妥善解决群众反映强烈的矛盾问题,以高度的危机感积极稳妥推进深层次政治改革。人们有理由相信,在以实现和发展人民民主为己任的中共的坚强有力领导下,有亿万人民的觉醒和支持,尊重国情、循序渐进,中国社会主义民主政治巨大的优越性和强大的生命力必将更充分地展现出来。

---

① 温家宝:《从制度上改变权力过分集中》,《南方都市报》2011年9月15日。

第九章

中国特色社会主义文化建设

　　中国特色社会主义文化建设理论是中国特色社会主义理论体系的重要内容，也是改革开放以来马克思主义在中国发展的主要理论成果之一，其中最重要的内容是中国特色的社会主义先进文化建设，以及与这一主题密切相关的关于真理标准问题大讨论、80年代的"文化热"、两个文明一起抓、代表先进文化的前进方向以及促进文化大繁荣大发展等内容。

一、改革开放以来的文化建设

1. 真理标准问题大讨论与解放思想

　　1976年10月，党中央一举粉碎了"四人帮"，结束了"文化大革命"，使中国获得了有利的发展契机。但是，十年浩劫留下的后果十分严重，要在短时期内消除这场内乱造成的政治上、理论上和思想上的混乱是很不容易的。特别是"两个凡是"理论在当时禁锢了人们的思想，打击了生产积极性，从而使我国刚刚开始的社会主义现代化建设处于徘徊不前的局面。①

20世纪70年代末,中国的思想解放运动开始。1978年3月26日,《人民日报》发表署名"张成"所写的《真理只有一个》的一篇思想评论,提出了"只有实践才是检验真理的标准"。② 5月10日中央党校刊物《理论动态》刊登了一篇由南大哲学系教授胡福明起草、经多位理论工作者修改后的《实践是检验真理的唯一标准》的特约评论员文章。③ 关于真理标准问题的讨论由此开始,一直到中共十一届六中全会通过的《关于建国以来党的若干历史问题的决议》为这场大讨论作了重要总结,然后再到同年11月《人民日报》发表关于真理标准补课的最后一篇报道性文章,意味着这场历时四年多的历史性的讨论基本结束。

通过讨论,认为"马克思主义不同于以往的一切哲学,它把社会实践引进了认识论,认为认识依赖于实践,实践是认识的基础。通过社会实践而发现真理,又通过社会实践而证实真理和发展真理。因此,只有社会实践才是检验真理的标准。"④ 即"真理的标准,只有一个,没有第二个,除了社会实践,不可能再有其他检验真理的标准。"⑤

思想解放总是和人类进步联系在一起的,每一次伟大的思想解放都极大地推进了历史进步,关于真理标准问题的大讨论也是如此。

从理论看,真理标准问题的大讨论引发的思想解放,为十一届三中全会后的理论创新开辟了空间。邓小平指出:只有解放思想,坚持实事求是,一切从实际出发,理论联系实际,我们的社会主义现代化建设才能顺利进行,我们党的马列主义、毛泽东思想的理论也才能顺利发展。经过十一届三中全会充分肯定真理标准大讨论,实现了从"两个凡是"向实事求是的转变,确立起马克思主义的思想路线,实现了马克思主义基本原理与当代中国实际和时代特征相结合的第二次历史性飞跃,创立了一个又一个马克思主义中国化的新成果——邓小平理论,随

---

① 粉碎"四人帮"以后,华国锋多次强调:凡是毛主席讲过的,点过头的,都不要批评;要坚持以阶级斗争为纲,坚持无产阶级专政下的继续革命,要保卫和发展"文化大革命"的胜利成果等。在1977年1月,他又进一步提出"凡是毛主席做出的决策,我们必须维护,不能违反,凡是损害毛主席的言行,都必须坚决制止,不能容忍",这段话后来被概括为"凡是毛主席的决策,我们坚决拥护;凡是毛主席作的指示,我们都始终不渝地遵循"。

② "张成"真名张德成,当时任《人民日报》理论部编辑,受理论部主任何匡、副主任汪子嵩委托写就了这样一篇评论,汪子嵩对张德成的文章作了许多修改,何匡也作了些修改。《标准只有一个》最后署名"张成",发表在1978年3月26日的《人民日报》上。这是真理标准大讨论("实践是检验真理的唯一标准")中最早的一篇文章,但并未在理论界引起大讨论。

③ 其实1978年3月26日发表张成《标准只有一个》文章的《人民日报》第三版右下角"报刊论文摘版"栏目里,还发表有胡福明的文章摘要,即《批判唯生产力论就是反对历史唯物论》,文末注明摘自《南京大学学报》哲学社会科学版1978年第1期。

④ 张成:《标准只有一个》,《人民日报》1978年3月26日。

⑤ 特约评论员:《实践是检验真理的唯一标准》,《人民日报》1978年5月11日。

后又创立了"三个代表"重要思想和科学发展观等马克思主义中国化的最新成果。中共十七大报告指出,十一届三中全会以来的理论创新,都属于"中国特色社会主义理论体系"。从这个逻辑过程看,"真理标准大讨论也可视为中国特色社会主义理论体系的逻辑起点。这个理论体系是个不断发展的开放体系。因而,真理标准大讨论引发的思想解放还会对今后的理论创新发生深刻影响。"[1]

从实践看,经过拨乱反正,批判"左"的错误之后,党的政治路线实现了从"以阶级斗争为纲"到以经济建设为中心、从僵化半僵化和封闭半封闭到全面改革开放、从计划经济到市场经济的历史转折。实践证明,这是在中国建设社会主义的唯一正确道路,也是发展中国、富强中国的唯一正确道路。

2. 80 年代"文化热"

伴随着真理标准问题讨论和思想解放而来的是从 20 世纪 80 年代中后期在中国大地上掀起一场"文化"热潮。

"文化热"是一个长期自我封闭的社会转向全面开放后必然出现的反弹性热潮。从 1981~1984 年,为"文化热"的酝酿阶段;从 1984 年年底至 1989 年上半年,为"文化热"的高潮阶段。主要表现为以下几个方面:一是应如何对待传统文化;包括如何评价儒学在传统文化中的地位,如何看待儒学同其他学术思想之间的关系,以及如何看待新儒学等等;二是如何对待外来文化,尤其是西方文化的讨论;三是如何从国情出发建设社会主义新文化的讨论,这也是在社会主义制度确立以后,文化模式、文化性质转变过程中出现的一个新课题。

这次"文化热"有如下特点:

第一,现实性。它立足于中国现实,对 10 年浩劫和 1957 年以来的"左"倾错误进行深刻地反思,并对改革中遇到的各种问题,都从文化的角度加以探索研究,破除了旧框框,打开了新思路。

第二,广泛性。它已超出了传统的文、史、哲研究的学科范围和领域,也超出了文化学者的书斋研究和课堂教学的有限天地,而成为一门全民关注、参与的综合性学问。

第三,世界性。在改革开放总形势下,中国当代文化已把自己置身于世界文化的背景之中,把民族意识和全球意识结合起来,把民族精神和时代精神统一起来。

80 年代"文化热"自身也存在严重的弱点与不足,主要表现为重破轻立的

---

[1] 石仲泉:《伟大的思想解放——纪念真理标准大讨论30周年》,《文汇报》2008 年 5 月 15 日。

倾向，非理性化倾向以及重用轻体的倾向，只强调文化服务于某种特定的功利目的，而忽视文化的本体建设，也是一种非科学的态度。

3. 全球化背景下的文化激荡

80年代的文化热潮由于资产阶级自由化思潮的泛滥而开始走向不同的方向，尤其是"八九"风波之后，"姓资姓社"的争论开始形成对中国改革开放的质疑，在这种历史背景下，1992年年初邓小平南方谈话重申了深化改革、加速发展的必要性和重要性。从此，中国融入世界的步伐加快，中国经济更加融入世界经济网络，世界全球化趋势也日趋明显，全球化浪潮正在加速地从现代化的中心地带向边缘地带迅速扩大，从经济领域向政治、文化领域渗透。发展中国家的文化安全受到威胁成为一个不可回避的现实问题。

西方各种政治、经济、文化思想的涌入，使我国的文化发展更加多样和复杂，从而使中国文化的发展舞台呈现出五彩缤纷的景象，"科学主义与人文主义、封建主义与资本主义、社会主义与无政府主义、现实主义与浪漫主义、现代主义与后现代主义，各种不同性质、色调的主义、理论、学说、思想和主张，都在顽强地表现自己，争夺和占领阵地，尽力扩大自己的影响。"① 这些文化间的冲突主要表现为以下的几个方面。

第一，主流文化与非主流文化。改革开放之前我国的主流文化是革命文化，政治文化处于社会的主要地位，其他一切文化都要听从并为其服务。这一时期，我国的主流文化牢牢地控制了人们的思想、生活，其主流文化的地位是其他文化不能撼动的。改革开放后，我国把工作的重心由"政治斗争为中心"转到了以"经济建设为中心"上来，这促进了我国主流文化由"革命"到"建设"的发展。作为像精英文化、大众文化、传统文化、新左派、新自由主义等非主流文化对主流文化发展提供了更广阔的土壤，同时也使我国以马克思为主导的主流意识形态作用受到了削弱。

第二，传统文化与现代文化。传统文化是我国在历史发展过程中沿袭下来的生活习惯、道德、思想、艺术等与物质和精神相关的文化现象的总和。它是民族文明的集合体，是反映民族特质和民族风貌的文化。现代文化是指由传统社会向政治、经济、文化、科技都高度发达的社会演变过程中形成的文化。这种文化强调人的主体性，要求人们发挥自主性和创造性，强调人的尊严、权利和价值。这就导致了

---

① 李衍柱：《主导多元综合创新：中国文化发展的基本态势》，载《淮北煤炭师范学院学报》（哲学社会科学版）2005年第5期。

现代文化与传统文化之间，首先在价值取舍上的侧重个人价值与集体价值的矛盾。

第三，精英文化与大众文化。精英文化是人文知识分子创造、传播和分享的一种文化，精英文化的传播主要是对社会大众进行教化、伦理道德的规范、价值观念和行为的引导，始终承担着分析现实、探索未来的使命，因此，"它潜在地包含着反思意识、批判意识、探索意识、教化意识等，它关注社会现实中的不满足、不合理现象，把它们揭示、展示、暴露出来，并发掘这些事件产生的历史根源，使社会主体在思考、震颤中达到精神的升华，并试图建构新的生活方式，实现人类理想精神家园的追求。"① 大众文化则是更关注现实生活和消费享受，精英文化与大众文化冲突的表面结果是，大众文化如火如荼而精英文化有衰退趋势。

4. 全球化时代的意识形态创新和核心价值引领

改革开放 30 年来，我国社会主义意识形态创新继承过去优良传统，反映新时期社会转型及时代变化的客观要求，深入研究新时期社会主义意识形态工作的新特点、新途径和新方法，积累了许多宝贵经验。同时加强党对意识形态工作的领导，唱好主旋律，弘扬社会主义核心价值观，打好主动仗，自觉维护社会主义意识形态安全。按照马克思的观点，一个阶级是社会上占统治地位的物质力量，同时也是占统治地位的精神力量，即掌握着意识形态"霸权"。但是，"霸权并不是一个'给定'的永恒的存在状态，而必须积极去赢取和维护。"② 随着我们党从革命党转变为执政党，从革命战争年代转变为长期和平建设时期，特别是我国进入社会转型期，党的主流意识形态由于国际、国内条件的变化而面临新的挑战和考验。在这种复杂局面下，"必须大力加强党对思想战线的领导"，"整个思想战线的工作都需要加强"，"党管宣传、党管意识形态，是我们党在长期实践中形成的重要原则和制度，是坚持党的领导的一个重要方面，必须始终牢牢坚持，任何时候都不能动摇。"③

第一，既不丢老祖宗，又解放思想、实事求是、与时俱进，坚定不移地走马克思主义中国化道路。改革开放以来，党的几代领导集体不断告诫全党，中国改革开放和现代化建设必须坚持马克思主义指导地位，老祖宗不能丢，"坚持马克思主义的立场、观点、方法，坚持马克思主义的基本原理。这一点，要坚定不移，不能含糊。"④ 但"马克思主义者必须考虑生动的实际生活，必须考虑现实

---

① 熊斌、刘海涛：《转型中的困惑：精英文化与大众文化之辩》，载《争鸣与探索》2006 年第 6 期。
② [美] 詹姆斯·罗尔：《媒介·传播·文化——一个全球性的途径》，商务印书馆 2005 年版。
③ 胡锦涛在全国宣传思想工作会议上的讲话，《人民日报》2003 年 12 月 8 日。
④ 《江泽民文选》第 3 卷，人民出版社 2006 年版，第 83 页。

的确切事实,而不应当抱住昨天的理论不放。"① "我们历来主张世界各国共产党根据自己的特点去继承和发展马克思主义,离开自己的国家的实际空谈马克思主义,没有意义。"② 进而极大地丰富了社会主义意识形态理论宝库。

第二,强调意识形态领域的说理性和科学性,而非简单的灌输方式。对于意识形态的实施方式,强调意识形态教育的非灌输方式,要晓之以理,动之以情,强调意识形态的说理性和科学性。很多人对社会主义国家吸收资本主义的东西感到非常不理解,这需要意识形态创新,社会主义国家限于吸收资本主义的有用东西作为发展生产力的方法,不仅不等于实行资本主义制度,不会被纳入到资本主义发展道路上去,即不会在社会制度、社会发展道路和方向上与资本主义制度趋同,而且还恰恰是社会主义与资本主义相比较的优势,也是建设社会主义的必由之路。

第三,坚持以社会主义核心价值体系引领社会思潮。在改革开放的新时期里,我们之所以要大力倡导和坚持社会主义核心价值观,是因为这是当代中国全体人民奋发向上的精神力量和团结和睦的精神纽带,是在发展社会主义市场经济和对外开放条件下建设社会主义精神文明、构建和谐社会的极其重要的环节。党的十六届六中全会《决定》第一次鲜明地提出"坚持以社会主义核心价值体系引领社会思潮",社会主义核心价值体系,是我国各族人民团结奋斗的共同思想基础,是占支配地位的国家主流意识形态,是迄今为止最科学、最进步的价值体系,具有引领社会思潮的先进性特质,它完全具备引领社会思潮的统摄和导向功能。以社会主义核心价值体系引领社会思潮的目标取向,能最大限度地形成社会思想共识。党中央把尊重差异、包容多样寓于以社会主义核心价值体系引领社会思潮的原则之中,表明了我们党在思想文化建设上认识更加自觉,胸怀更加博大,境界更加高远。

二、"两个文明一起抓"

1. "精神文明"的提出

精神文明是人们在改造客观世界的过程中,在主观世界方面所取得的进步,

---

① 《列宁选集》第3卷,人民出版社1996年版,第26页。
② 《邓小平文选》第3卷,人民出版社1993年版,第191页。

主要表现在教育、科学、文化知识的发达和人们思想、政治、道德水平的提高。社会主义精神文明以马克思主义为指导，它的发展需要物质文明提供物质条件和实践经验，它的发展又为物质文明的发展提供精神动力、智力支持和思想保证。

在1979年9月25日至28日召开的中共十一届四中全会上，讨论叶剑英准备在庆祝中华人民共和国成立30周年大会上的讲话。叶剑英在这个讲话中说，我们要在建设高度物质文明的同时，提高全民的教育科学文化水平和健康水平，树立崇高的革命理想和革命道德风尚，发展高尚的丰富多彩的文化生活，建设高度社会主义精神文明。这些都是我们社会主义现代化的重要目标，也是实现四个现代化的必要条件。

1980年12月20日召开的中央工作会议，把精神文明建设列为重要议题进行了研究、讨论。邓小平在题为《贯彻调整方针，保证安定团结》的讲话中指出："我们要建设的社会主义国家，不但要有高度的物质文明，而且要有高度的精神文明。"[①] "没有这种精神文明，没有共产主义思想，没有共产主义道德，怎么能建设社会主义？"[②] "所谓精神文明，不但是指教育、科学、文化（这是完全必要的），而且是指共产主义的思想、理想、信念、道德、纪律、革命的立场和原则，人与人的同志式关系，等等。"[③]

1981年6月，中共十一届六中全会审议通过的《关于建国以来党的若干历史问题的决议》，又把社会主义精神文明建设归纳为社会主义现代化建设道路的十个要点之一，并第一次把党在新的历史时期的奋斗目标概括为建设"现代化的、高度民主的、高度文明的社会主义强国"。

1982年4月，邓小平在中央政治局讨论《中共中央、国务院关于打击经济领域中严重犯罪活动的决定》的会议上，第一次提出建设社会主义精神文明是坚持社会主义道路的"四项必要保证"之一。同年7月，邓小平在军委座谈会上的讲话中，又阐明了社会主义精神文明建设的根本任务：使我们的各族人民成为有理想、有道德、有文化、有纪律的公民。同年9月，胡耀邦在中共十二大上报告中，对社会主义精神文明作了全面的论述，指出社会主义精神文明是社会主义的重要特征，是社会主义制度优越性的重要表现，要把建设高度的社会主义精神文明作为我们党的奋斗目标的一个方面，把在建设物质文明的同时建设高度的精神文明，作为党的一个战略方针。并指出，是否坚持这样的方针，将关系到社会主义的兴衰和成败。报告把社会主义精神文明的内容概括为思想建设和文化建设两大方面，指出建设社会主义精神文明，是全党的任务，也是各条战线的共同任务；共产党的思想建设，是社会主义精神文明建设的支柱。

---

①②③ 《邓小平文选》第2卷，人民出版社1993年版，第367页。

1984年10月，党的十二届三中全会通过的《中共中央关于经济体制改革的决定》，又把在全社会形成的文明的、健康的、科学的生活方式，振奋起积极的、向上的、进取的精神状态，作为社会主义精神文明建设的重要内容。

1986年9月，中共十二届六中全会通过了《中共中央关于社会主义精神文明建设指导方针的决议》。决议根据马克思主义基本原理同中国实际相结合的原则，进一步阐明了社会主义精神文明建设的战略地位、根本任务和基本指导方针，指出，以马克思主义为指导的社会主义精神文明，是社会主义社会的重要特征，是具有中国特色的社会主义社会不可缺少的一个重要方面。建设社会主义精神文明，是解决社会主义社会主要矛盾、实现社会主义根本目的的要求。

1996年1月，中央确定把精神文明建设主要是思想道德文化建设作为十四届六中全会的主要议题。同年10月，中共十四届六中全会审议并通过了《中共中央关于加强社会主义精神文明建设若干重要问题的决议》。《决议》指出，社会主义精神文明建设的指导思想是：以马克思主义、列宁主义、毛泽东思想和邓小平建设有中国特色社会主义理论为指导，坚持党的基本路线和基本方针，加强思想道德建设，发展教育科学文化，以科学的理论武装人，以正确的舆论引导人，以高尚的精神塑造人，以优秀的作品鼓舞人，培育有理想、有道德、有文化、有纪律的社会主义公民，提高全民族的思想道德素质和科学文化素质，团结和动员各族人民把我国建设成为富强、民主、文明的社会主义现代化国家。

《决议》提出精神文明建设的主要目标是：在全民族牢固树立建设有中国特色社会主义的共同理想，牢固树立坚持党的基本路线不动摇的坚定信念；实现以思想道德修养、科学教育水平、民主法制观念为主要内容的公民素质的显著提高，以积极健康、丰富多彩、服务人民为主要要求的文化生活质量的显著提高，以社会风气、公共秩序、生活环境为主要标志的城乡文明程度的显著提高；在全国范围形成物质文明建设和精神文明建设协调发展的良好局面。

2. 精神文明建设的根本任务

中共十二届六中全会提出："社会主义精神文明建设的根本任务，是适应社会主义现代化建设的需要，培育有理想、有道德、有文化、有纪律的社会主义公民，提高整个中华民族的思想道德素质和科学文化素质。"[①] "四有"是一个完整概念，包括了人的素质的两个方面：思想道德和科学文化。

社会主义思想道德建设是精神文明建设的灵魂，决定着精神文明建设的性质

---

① 《中共中央关于社会主义精神文明建设指导方针的决议》，人民出版社1986年版。

和方向，对社会的政治经济发展有巨大的能动作用。

社会主义思想道德建设的基本任务是：坚持爱国主义、集体主义、社会主义教育，加强社会公德、职业道德、家庭美德建设，引导人们树立建设有中国特色社会主义的共同理想和正确的世界观、人生观、价值观。思想道德建设的基本内容可以归纳为理想建设、道德建设和纪律建设三个方面。其中，理想建设是思想道德建设的核心；道德建设是思想道德建设的主体内容；纪律建设是思想道德建设的保证。

进入新世纪，精神文明被赋予了新的内容，也就是要以"科学发展观"统领全局，树立以"八荣八耻"为主要内容的社会主义荣辱观，即要求国民以热爱祖国为荣，以危害祖国为耻；以服务人民为荣，以背离人民为耻；以崇尚科学为荣，以愚昧无知为耻；以辛勤劳动为荣，以好逸恶劳为耻；以团结互助为荣，以损人利己为耻；以诚实守信为荣，以见利忘义为耻；以遵纪守法为荣，以违法乱纪为耻；以艰苦奋斗为荣，以骄奢淫逸为耻。[①]"八荣八耻"的重要论述，涵盖爱国主义、集体主义、社会主义思想，体现了中华民族传统美德和时代要求，反映了社会主义世界观、人生观、价值观，明确了当代中国最基本的价值取向和行为准则，是马克思主义道德观的精辟概括，是新时期社会主义道德的系统总结，是以人为本、全面协调可持续发展的科学发展观的重要组成部分，是新形势下社会主义思想道德建设的重要指导方针。是构建社会主义和谐社会一个带有根本性的问题，体现了在科学发展观的指导下，将依法治国与以德治国有机结合起来，将经济建设、政治建设、文化建设、社会建设融为一体的我国社会主义现代化建设总体布局。

3. 社会主义精神文明重在建设

我们对精神文明建设在思想观念上却存在许多模糊认识，有人想当然的认为物质文明建设搞好了，精神文明建设会自然跟上来。有人认为，目前是经济建设为中心，应集中进行物质文明建设，等经济建设发展后，再去抓精神文明建设；有些人甚至把发展市场经济和加强道德建设对立起来，认为讲道德建设会束缚人们的欲望，阻碍经济的发展；还有人片面强调精神文明建设的工具价值，把精神文明建设仅仅视为经济增长的工具，因而，只注重知识和技能，把文化置于为经济唱戏搭台开路的位置，忽视精神文明核心的思想道德建设。思想认识上的局

[①] 社会主义荣辱观是胡锦涛在2006年3月4日第十届中国人民政治协商会议第四次会议的民盟、民进联组会上的讲话中提出的。

限，导致实际工作中物质文明和精神文明建设一手硬一手软，精神文明建设相对滞后的问题相当突出。如今，就物质文明来说，虽然已进步到电子时代、信息时代，但是封建主义思想仍然阴魂不散，残存于思想道德领域，并没有因物质文明进步而退出历史舞台，相反，因我们不同程度地忽视精神文明建设，放松思想政治工作，致使商品经济的负面效应随着经济的发展有所扩大，受资产阶级腐朽思想侵蚀，随着对外开放扩大而有所增加。

把精神文明建设提到更加突出的地位，既是时代发展的客观要求，也是国内外形势发展的迫切需要。因而，在搞好物质文明建设的同时，大力加强精神文明建设，并把它提到更加突出的地位，可以说是困难和希望同在，挑战与机遇并存。我们必须充分认识党中央提出的坚持两个文明一起抓，两手都要硬方针的重要性，自觉地把这一方针落实到思想上、贯彻到具体行动中去。

以当代中国马克思主义为指导，坚持不懈地用科学理论教育干部和人民，树立正确的世界观、人生观、价值观在全社会形成共同理想和精神支柱。马克思主义的生命力在于发展和创新，它并没有结束真理，而是在实践中不断地开辟认识真理的道路。坚持不懈地加强爱国主义、集体主义、社会主义思想教育和艰苦奋斗的优良传统教育。道德教育的目的在于使社会全体成员养成爱祖国、爱人民、爱劳动、爱科学、爱社会主义的基本社会道德。引导人们正确处理国家、集体、个人三者利益关系，形成平等、团结、友爱、互助的新型人际关系，建立和推广尊老爱幼、敬师爱生等良好的礼仪制度。树立良好的社会公德、职业道德和家庭伦理道德。同时，艰苦奋斗是党的优良传统，是中华民族的传统美德，搞革命需要艰苦奋斗，搞建设同样需要艰苦奋斗。要大力提倡解放思想，实事求是，积极探索，勇于创新，艰苦奋斗，知难而进，学习外国，自强不息，谦虚谨慎，不骄不躁，同心同德，顾全大局，勤俭节约，清正廉洁，励精图治，无私奉献的创业精神。

共产党员尤其是党的领导干部要以身作则，以端正党风来带动和促进社会风气的根本好转，这是加强精神文明建设的关键。中国共产党是工人阶级的先锋队，是领导全国人民进行社会主义建设和改革开放的核心力量，党员的一举一动都关系到人民的利益和国家的命运。如果作风端正，以身作则，勤政廉洁，言行一致，全心全意为人民服务，就会赢得人民的信任和支持，人民就会跟你学，从而形成良好的社会风气。所提倡的精神文明建设就会得到人民的信任和拥护，在社会逐步建立和发展起来。相反，人民群众就不会相信你，你就不可能带领群众搞好精神文明建设。所以，加强社会主义精神文明建设，党员尤其是领导干部的以身作则非常重要，只要我们的党员，尤其是领导干部，真正能够以身作则，使党风端正了，人民就会信任我们，社会主义精神文明建设就一定会迈上一个新台阶。

　　提高全体劳动者的科学文化素质，是实现社会主义精神文明建设任务的客观要求。社会主义的根本任务是解放和发展生产力，而生产力中最活跃的因素是人，人的素质的现代化既是我国实现社会主义现代化必不可少的条件，也是解放生产力、发展生产力的客观要求。社会主义现代化建设既需要有严格的纪律和较高的科学文化水平，又需要有高度的思想觉悟和道德水准。只有人们的科学文化水平不断提高，思想道德素养不断完善，才能更加激发人们开拓进取的主动性、积极性、创造性，从而推动生产工具革新和劳动生产率提高。

　　以改革的精神加强精神文明建设。随着改革开放和社会主义市场经济的发展，人们的思想观念、道德意识、价值取向也随之发生了深刻的变化，这给精神文明建设提出了许多新课题和更高的要求。过去的优良传统和行之有效的方法我们应当继承和发扬，同时也需从新情况出发，用改革的精神和方法加强精神文明建设。首先，要探索新时期精神文明的新思路、新方法，逐步形成有利于社会主义现代化建设的舆论力量、价值观念、道德规范和文化条件；其次，要不断改进工作方式方法，充分依靠广大人民群众，广泛吸引人民群众参与，精心组织群众性的精神文明活动，使广大群众在参与中接受文明习惯，养成良好的行为，使精神文明建设成为广大群众的自觉行动；再次，要善于运用新的文化和新闻、环境载体，加大精神文明建设的宣传力度，加强舆论监督，在大力宣传先进典型的同时，对各种不文明不道德的现象进行有力的批评，弘扬正气，扶正祛邪，使全社会形成有利于精神文明建设的舆论氛围；最后，切实加强领导，社会各方面齐抓共管、密切配合，这是搞好精神文明建设的重要保证。

　　"两个文明一起抓"，实现现代化目标既要物质充裕也要精神丰富。物质文明是精神文明建设的基础。物质生产是人类社会最基本的实践活动，是人类社会赖以存在和发展的基础，因而也是精神文明形成和发展的基础。物质文明的发展为精神文明提供必要的物质条件和物质保障。物质文明的发展，还在一定程度上规定着精神文明的发展水平。

　　精神文明对物质文明有重大的推动作用。建设物质文明，需要有精神动力。邓小平同志曾经明确指出："对马克思主义的信仰是中国革命胜利的一种精神动力。"[①] 我们今天以经济建设为中心，建设物质文明，同样需要精神动力。有理想、有纪律，才能有效地把全国各族人民的积极性、创造性凝聚到建设物质文明上来，凝聚到实现社会主义现代化的事业上来。建设物质文明，需要有智力支

---

① 《邓小平文选》第 3 卷，人民出版社 1993 年版，第 63 页。

持。这种智力支持，只有通过社会主义精神文明的教育科学文化建设才能 获得。

可见，仅仅抓物质文明，忽视精神文明建设，不仅精神文明建设上不去，最终物质文明也上不去。精神文明建设搞得如何，关系到中华民族的兴衰，关系到社会主义现代化事业的成败。因此，我们不能把精神文明和物质文明割裂开来，在任何时候都不能以牺牲精神文明为代价换取经济一时的发展。所以，中共十四届六中全会公告指出："社会主义现代化事业是物质文明和精神文明协调发展的事业。我们进行的精神文明建设，是以经济建设为中心、坚持四项基本原则和坚持改革开放的精神文明建设，是继承发扬优良传统而又充分体现时代精神、立足本国而又面向世界的精神文明建设。"① 物质贫穷不是社会主义，精神贫穷也不是社会主义；我们必须以经济建设为中心，在努力搞好物质文明建设的同时，真正把社会主义精神文明建设提到更加突出的地位，使物质文明与精神文明建设共同进步，协调发展。

三、代表先进文化的前进方向

1. 中国特色社会主义文化

文化作为一个历史范畴，虽然有其超越时代的共同性，但作为一定文化的总体而言，总是一定社会条件下的产物，不同社会具有不同性质的文化。中国正处于社会主义初级阶段，中国特色社会主义的文化必然带有这个时代的特点，它必须同社会主义基本经济制度、政治制度结合在一起，围绕建设富强民主、文明和谐的社会主义现代化国家的根本任务，以经济建设为中心，坚持改革开放，坚持四项基本原则，为人民服务，为社会主义服务。

中共十五大报告对中国特色社会主义文化作了十分明确而简洁的概括："建设有中国特色社会主义的文化，就是以马克思主义为指导，以培育有理想、有道德、有文化、有纪律的公民为目标，发展面向现代化、面向世界、面向未来的，民族的科学的大众的社会主义文化。"② 以马克思主义为指导，就是要牢固树立马克思主义在意识形态领域的指导地位和社会主义文化因素在文化体系中的主导

---

① 《中国共产党第十四届中央委员会第六次全体会议公告》，《人民日报》1996 年 10 月 11 日。
② 江泽民：《全面建设小康社会　开创中国特色社会主义事业新局面》，人民出版社 2002 年版。

地位，不断强化文化建设为社会主义基本经济政治制度服务，为社会主义建设服务的重要作用。只有坚持马克思主义的指导地位，才能将中国先进文化由广大群众所掌握，进而推动社会发展和进步，并始终保持生机与活力。"三个面向"是文化定向。面向现代化、面向世界、面向未来是社会主义先进文化的发展定向，这是顺应时代潮流，确保文化建设始终保持先进性的必然。"民族的科学的大众的"是从文化的风格、内容和功能上对当前文化建设的基本定位。建设"民族的文化"，要求文化建设既要继承和发扬民族优秀文化传统和革命文化传统，又要植根于中国特色社会主义建设的实践，既要汲取和借鉴外国一切优秀文化成果，又要显示鲜明的中国风格、中国气派。建设"科学的文化"，要求文化建设不能脱离现代科学的发展进程，遵循文化建设自身的发展规律，努力改造不科学的落后文化，坚决批判反科学的文化倾向。建设"大众的文化"，要求文化建设必须反映和代表最广大人民的根本利益，满足广大人民群众日益增长的不同层次的精神文化需求。

中共十七大报告指出："当今时代，文化越来越成为民族凝聚力和创造力的重要源泉、越来越成为综合国力竞争的重要因素，丰富精神文化生活越来越成为我国人民的热切愿望。要坚持社会主义先进文化前进方向，兴起社会主义文化建设新高潮，激发全民族文化创造活力，提高国家文化软实力，使人民基本文化权益得到更好保障，使社会文化生活更加丰富多彩，使人民精神风貌更加昂扬向上。"[1] 报告以"推动社会主义文化大发展大繁荣"作为文化建设的标题，突出一个"大"字，既体现速度、力度，又体现广度、深度。"大发展大繁荣"提示我们未来若干年，加快文化创新、发展的重要意义将更加突显，国家推动文化建设的速度和力度将逐步加大，中国将在全面建设小康社会的同时迎来一场社会主义文化发展的新高潮。

中国特色社会主义的文化，为现代化建设提供精神动力。文化对现代化建设的巨大作用，表现在它能够提高劳动者的思想道德素质，激发劳动者的生产热情，为物质文明建设提供精神动力。"在我们的社会里，广大劳动者有高度的政治觉悟，他们自觉地刻苦钻研，提高科学文化水平，从而必将在生产中创造出比资本主义更高的劳动生产率。"[2] 加强有中国特色社会主义的文化建设，特别是加强思想道德建设，提高人民群众的思想觉悟，可以激发他们建设社会主义的劳动热情和创造精神，形成推动物质文明建设的强大精神力量。

---

[1] 胡锦涛：《高举中国特色社会主义伟大旗帜　为夺取全面建设小康社会新胜利而奋斗》，人民出版社 2007 年版。

[2] 邓小平在全国科学大会开幕式上的讲话，《人民日报》1978 年 3 月 22 日。

2. 体现"三个代表"的重要内容

(1) "先进文化"的特质。

所谓先进文化，就是能够顺应历史潮流，反映时代精神，代表国家和民族的发展方向，体现人民群众的根本利益，为人类社会文明进步提供强有力的思想保证、精神动力和智力支持的文化。

中国特色社会主义文化是当代中国的先进文化，其先进性，主要表现为它科学的思想理论，群众基础广泛，资源配置合理，产品富有凝聚力、感召力和创造力，并且富有与时俱进的开放精神，能够不断实现自我发展、自我完善、自我超越。

在当代中国，发展先进文化，就是建设社会主义精神文明。尤其是在改革开放和社会主义市场经济建设过程中，一些人没有正确认识社会主义和资本主义的发展规律，对社会主义前途和马克思主义学说产生了怀疑和动摇。同时，市场经济容易诱发自由主义、分散主义和拜金主义、享乐主义、利己主义；同时，当今的国际环境和国际政治斗争经验带来的影响，各种思潮相互交错、相互激荡。西方敌对势力对我国实施"西化"、"分化"的政治图谋不会改变，西方资产阶级的政治主张、价值观念和生活方式也乘虚而入。这必然会对我国的思想领域、对我们的干部和群众的思想意识产生影响。面对这种社会境况，强调中国特色社会主义文化的先进性特质显得尤为重要。

(2) 中国共产党代表中国先进文化前进方向。

中国共产党是工人阶级的先锋队，它代表着先进的社会生产力，代表着社会发展的趋势与方向。江泽民在论述中国共产党怎样始终代表中国先进文化前进方向时特别强调：我们党是代表先进文化的前进方向的，所以全党同志必须始终坚持以马克思主义为指导，努力继承和发扬中华民族的一切优秀文化传统，努力学习和吸收外国的一切优秀文化成果，从而不断创造和推进有中国特色的社会主义文化，使社会主义物质文明和精神文明协调发展，使社会全面进步。

具体来说，坚持中国共产党始终代表先进文化的前进方向，就必须：

坚持以马克思主义为指导。马克思主义是中国共产党立党立国的根本指导思想，是全国各族人民团结奋斗的共同理论基础。马克思主义的基本原理任何时候都要坚持，否则党的事业就会因为没有正确的理论基础和思想灵魂而迷失方向，就会归于失败。这就是中国共产党和中国人民为什么必须始终坚持马克思主义基本原理的道理所在。坚持马克思主义，首先在指导思想上绝不能搞多元化。在意识形态领域，马克思主义、无产阶级的思想不去占领，各种非马克思主义、非无产阶级思想甚至反马克思主义的思想就会去占领。中共十七届六中全会指出："推动文化大发展大繁荣，必须坚持以马克思主义为指导，坚持社会主义先进文化前进方向"。① 坚持社会主义先进文化前进方向，必须正视思想观念、价值取向空前多样化的现实，努力协调好各种基本价值取向的关系，有效应对主流意识形态面临的挑战，不断增强主流意识形态的主导力。

坚持解放思想、实事求是的思想路线。马克思主义具有与时俱进的理论品质，如果不顾历史条件和现实情况的变化，拘泥于马克思主义经典作家在特定历史条件下、针对具体情况作出的某些个别论断和具体行动纲领，我们就会因为思想脱离实际而不能顺利前进，甚至发生失误。这就是我们为什么必须始终反对以教条主义的态度对待马克思主义理论的道理所在。中国共产党在历史上的一些时期曾经犯过错误，甚至遇到严重挫折，根本原因就在于当时的指导思想脱离了中国的实际。党能够依靠自己和人民的力量纠正错误，战胜挫折，继续胜利前进，根本原因就在于重新恢复和坚持贯彻了解放思想、实事求是的思想路线。

理论联系实际，坚持实践是检验真理的唯一标准。中国共产党成立以来的实践启示我们，必须始终坚持马克思主义基本原理同中国具体实际相结合，坚持科学理论的指导，坚定不移地走自己的路，继承和发扬中华民族的一切优秀文化传统，努力学习和吸收外国的一切优秀文化成果，从而不断创造和推进有中国特色的社会主义文化。中华民族在自己发展的历史长河中，形成了优良的文化传统。这些传统随着时代变迁和社会进步获得扬弃和发展，对今天中国人的价值观念、生活方式和中国的发展道路具有深刻的影响。继承和发扬中华民族的优秀文化传统就是要坚持团结统一、独立自主、爱好和平和自强不息的传统。

3. 文化建设的原则和任务

中共十七大报告指出："要坚持为人民服务、为社会主义服务的方向和百花齐放、百家争鸣的方针……创作更多反映人民主体地位和现实生活、群众喜闻乐见的优秀精神文化产品。"② 开展社会主义文化建设，必须坚持"二为"、"双

---

① 《中共中央关于深化文化体制改革、推动社会主义文化大发展大繁荣若干重大问题的决定》，《人民日报》2011年10月26日。

② 胡锦涛：《高举中国特色社会主义伟大旗帜　为夺取全面建设小康社会新胜利而奋斗》，人民出版社2007年版。

百"原则，为满足人民文化需要，维护社会主义意识形态的主导地位，进一步推动社会主义文化的发展繁荣。

第一，为人民服务、为社会主义服务的方向。必须让人民更多更好地享受到文化发展的成果，结合人民群众的根本利益发展先进文化，突出人民的主体地位进行文化资源分配，着眼人民的现实需要构建公共文化服务体系。同时，要确保文化建设的社会主义方向，坚决摒弃那些观念落后、格调低俗、观点错误的文化产品，坚决反对那些宣扬腐朽思想作风、传播道德败坏风气的文化活动，坚持以马克思主义为指导，积极营造道德纯洁、健康向上的文化氛围，加强推进宣传科学真理、塑造美好心灵、弘扬社会正气、倡导科学精神的文化创造，形成积极进取、充满生机活力的文化建设环境。

第二，百花齐放、百家争鸣的方针。开展文化建设，要坚持"双百"方针不动摇，努力适应人民群众文化需要的新特点和审美情趣的新变化，不断推进文化内容形式的创新；积极运用现代科技手段开发利用民族文化资源，改造传统文化产业，催生新的文化业态；鼓励国有文化企业与非公有制文化企业同台竞争，为不同地域、不同层次、不同群体、不同年龄人们提供多样化的文化产品和服务。

文化建设还应从以下几个方面入手：

始终"以人为本"，体察民情，发动民力，惠及民众，提高国民的整体素质。关注民生、改善民生，这充分体现了我们党"以人为本"的执政理念，不仅是我国经济社会发展的核心，也是文化建设的核心。文化生活作为同人民群众密切相关的重要内容，更应该始终坚持贯彻我党"全心全意为人民服务"的根本宗旨，将"以人为本"落到实处。中共十七大报告在整个文化建设的章节中，强调指出文化建设要"贴近实际、贴近生活、贴近群众"，要"创作更多反映人民主体地位和现实生活、群众喜闻乐见的优秀精神文化产品"，"让人民共享文化发展成果"。这些论述表明，只有在文化领域也密切关注民生，从广大民众的切实需求出发，保障人民基本文化权益，发挥文化的社会效益和影响，我国的文化建设才能真正找准方向，才能为全面建设小康社会构筑坚实的文化基础。国民素质可以概括为三个主要方面，一是思想道德修养，二是科学教育水平，三是民主法制观念。从整体上讲，这三个方面是现代化素质中最具本质特征的，对国家和社会影响也最为深远。人的思想道德修养水平的高低，关系到民族的政治走向和精神风貌；教育教学水平的高低，决定着综合国力的大小；民主法制观念的强弱，对依法治国、建设社会主义法治国家、维护社会的长治久安具有重要的作用，所以，文化建设可以提高国民基本素质，为中国现代化的真正实现起到积极作用。

推动文化创新将成为我国文化建设发展的重要目标。推动文化创新是保证文化具有持久发展潜力，保持鲜活生命力的重要手段。中华文化是开放包容的文化，在历史发展的长河中，中华文化正是依靠着不断革故鼎新，绵延数千年而不衰。在当今文化建设的过程中，要更好地复兴中华文化，兼顾现代文明，创立新的文化体系，更离不开文化创新。要积极寻找适合中国发展状况和百姓需求的文化，研究探索推动文化创新发展的新思路、新方法，真正推动我国社会主义文化的大发展、大繁荣。

　　提高广大文化工作者素质，培养他们高度的责任感、使命感和爱岗敬业的精神，多生产高质量的精神文化产品，提供优质周到的文化服务，充分发挥文化工作者在基层文化建设中的作用。由于文化建设有赖于全社会的关心和支持，因此也需要调动广大人民群众的积极性，使之参与到我国的文化建设中来，集思广益，为国家文化发展提供源源不竭的动力和鲜活的生命力，营造出精神文化领域的整体和谐氛围。

　　在全面建设小康社会的新时期，我国的文化建设将在构建社会主义和谐社会的整体氛围下，以建设和谐文化为战略目标，立足社会生活实际，以广大人民群众的根本利益为出发点，积极调动广大文化工作者的创造热情，尽快实现文化大发展、大繁荣的和谐局面，为小康社会建设奠定坚实的文化基础。

四、促进文化大发展大繁荣

1. 新世纪的文化挑战与要求

　　当今时代，文化在综合国力竞争中的地位日益重要，随着改革开放的深入，中外文化交流空前活跃，大量外来文化快速涌入我国。在中外文化大交流、大碰撞过程中，外来文化既滋补了我们文化的阵地，给我们未来的文化发展带来生机，同时也给我们的文化带来挑战。人类文明进步史表明，没有文化的积极引领，没有人民精神世界的极大丰富，没有全民族创造精神的充分发挥，一个国家、一个民族不可能屹立于世界先进民族之林。要实现我国社会主义现代化建设和中华民族复兴的宏伟目标，必须大力加强文化建设，坚持用社会主义先进文化引领全国各族人民奋勇前进。

　　发展社会主义文化，必须把社会主义核心价值体系建设融入国民教育、精神文明建设和党的建设全过程。在全体人民中大力弘扬以爱国主义为核心的民族精神和以改革创新为核心的时代精神，增强民族自尊心、自信心、自豪感，激励全党全国各族人民为实现中华民族伟大复兴而团结奋斗。坚持用社会主义荣辱观引领社会风尚，深入推进社会公德、职业道德、家庭美德、个人品德建设，加强对青少年的德育培养，在全社会形成积极向上的精神追求和健康文明的生活方式。

加快文化体制改革，加快构建公共文化服务体系，加快发展文化事业和文化产业。着眼于推动中华文化走向世界，形成与我国国际地位相对称的文化软实力，提高中华文化国际影响力。中华文化是中华民族生生不息、团结奋进的不竭动力。要全面认识祖国传统文化，取其精华，去其糟粕，使之与当代社会相适应、与现代文明相协调，保持民族性，体现时代性。中华民族伟大复兴必然伴随着中华文化繁荣兴盛。

充分发挥人民在文化建设中的主体作用，调动广大文化工作者的积极性，更加自觉、更加主动地推动文化大发展大繁荣，在中国特色社会主义的伟大实践中进行文化创造，让人民共享文化发展成果。牢牢掌握宣传思想工作的领导权和主动权，按照高举旗帜、围绕大局、服务人民、改革创新的总要求，贴近实际、贴近生活、贴近群众，以更深刻的认识、更开阔的思路、更有效的政策、更得力的措施，着力建设社会主义核心价值体系，着力巩固壮大主流思想舆论，大力推动社会主义文化大发展大繁荣，提高国家文化软实力，为全面建设小康社会提供强大思想文化保证。

2. 社会主义核心价值体系

社会主义核心价值体系从本质上说，是社会主义意识形态的体现，其基本内容主要由四个方面构成：一是马克思主义指导思想；二是中国特色社会主义共同理想；三是以爱国主义为核心的民族精神和以改革创新为核心的时代精神；四是社会主义荣辱观。这四个部分围绕中国特色社会主义这个主题展开，相互联系、相互贯通，共同构成了一个严密、完整、丰富、深刻的价值观念体系。社会主义核心价值体系的文化内涵，具体包括政治文化、思想文化、精神文化和道德文化四个层面，即坚持以人为本，追求和谐为核心价值理念，同时主张和而不同，尊重差异、包容的社会主义文化。

社会主义核心价值体系的文化建构，是社会主义文化价值形态建设的实践过程，是建设社会主义和谐文化的根本。社会主义核心价值也是当下中国主流意识形态系统的核心要素，弘扬社会主义核心价值就是夯实我国主流意识形态统摄地位和掌控力度的坚实基础。

中共十六届六中全会通过的《中共中央关于构建社会主义和谐社会若干重大问题的决定》，第一次明确提出建设社会主义核心价值体系的重大命题，这对建设和谐文化，巩固社会和谐的思想道德基础具有重大的指导作用。2007 年 6 月，胡锦涛总书记在中央党校的重要讲话中提出："要大力建设社会主义核心价值体系，巩固全党全国各族人民团结奋斗的共同思想基础。"同年 10 月，胡锦涛总书记在党的十七大报告中，再次强调要"建设社会主义核心价值体系，增强社会主义意识形态的吸引力和凝聚力"。① 全党全国各族人民要齐心协力，加强社会主义核心价值体系建设，推进中国特色社会主义伟大事业向前发展。

　　加强社会主义核心价值体系建设，就要从以下几个方面入手：

　　坚持和巩固马克思主义的指导地位，打牢建设和谐社会的共同思想基础。共产党员特别是党的各级领导干部要身体力行学习和运用马克思主义，带头用马克思主义武装头脑、指导工作。马克思主义理论的巨大生命力，在于能够给实践提供科学指导，使人们在认识规律、把握规律、运用规律的基础上更好地改造客观世界和主观世界。要继续坚定不移地加强用邓小平理论和"三个代表"重要思想武装全党、教育人民的工作，全面贯彻落实科学发展观，坚持马克思主义在意识形态领域的指导地位，加强马克思主义理论研究和建设，使马克思主义中国化的重大理论成果成为引领中国社会不断发展进步的强大思想武器。

　　坚持用中国特色社会主义共同理想统一思想、凝聚力量。中国特色社会主义充分反映了我国最广大人民的共同愿望、利益和要求，得到了最广泛的认同和拥护，是全国各族人民不懈追求的共同理想。在构建社会主义和谐社会的实践中，建设中国特色社会主义的共同理想始终是我们团结奋斗的共同目标和精神支柱。中共十五大报告指出："在全社会形成共同理想和精神支柱是具有中国特色社会主义文化建设的根本。"② 在全体人民中树立中国特色社会主义的共同理想，是一项长期艰巨的战略任务，离不开扎实深入的宣传教育。邓小平说："现在中国提出有理想、有道德、有文化、有纪律，其中我们最强调的是有理想。"③ 所以，必须以理想信念为核心，弘扬爱国主义、集体主义、社会主义思想，引导人们树立正确的世界观、人生观、价值观，正确认识国家、民族的前途命运，自觉地把个人追求融入全体人民的共同追求之中，把个人奋斗融入实现中华民族伟大复兴的奋斗之中。

---

　　① 胡锦涛：《高举中国特色社会主义伟大旗帜　为全面建设小康社会新胜利而奋斗》，人民出版社 2007 年版。

　　② 江泽民：《高举邓小平理论伟大旗帜，把建设有中国特色社会主义事业全面推向二十一世纪》，人民出版社 1997 年版。

　　③ 《邓小平文选》第 3 卷，人民出版社 1993 年版，第 190 页。

大力弘扬以爱国主义为核心的民族精神和以改革创新为核心的时代精神。民族精神是中华民族生生不息、薪火相传的精神血脉，是维护国家团结统一、鼓舞人民奋发进取的精神旗帜。我们要始终高举爱国主义旗帜，把弘扬民族精神贯彻到构建社会主义和谐社会的全过程，不断增强公民对国家的认同感、归属感，增强全国人民的爱国意识、团结意识和发展意识，增强全民族的自尊心、自信心和自豪感。以改革创新为核心的时代精神是当代中国人民精神风貌的集中写照，是激发社会创造活力的推进器。构建社会主义和谐社会是一项前无古人的事业，只有大力弘扬时代精神，才能使全体人民始终保持昂扬向上的精神状态，战胜和经受前进道路上的各种风险和考验。

坚持把社会主义核心价值体系融入精神文明建设全过程。社会主义核心价值体系是精神文明内涵中思想道德部分最主要的内容。社会主义核心价值体系建设与社会主义精神文明建设两者紧密联系，互相包含、互相促进、互为目的。要通过精神文明建设所开展的各项工作和活动，扎实推进社会主义核心价值体系建设，提高社会成员的思想道德素质，形成良好的社会风尚，打牢共同奋斗的思想基础。社会主义核心价值体系是社会主义意识形态的本质体现。切实把社会主义核心价值体系融入国民教育和精神文明建设全过程，转化为人民的自觉追求，积极探索用社会主义核心价值体系引领社会思潮的有效途径，增强社会主义意识形态的吸引力和凝聚力。只有建设社会主义核心价值体系，分清是非荣辱，明辨善恶美丑，才能形成正确的价值判断和良好的道德风尚。使核心价值体系成为全民族奋发向上的精神力量和团结和睦的精神纽带。

坚持把社会主义核心价值体系融入党员、干部队伍建设全过程。中共十七大报告提出，要使广大党员、干部成为实践社会主义核心价值体系的模范，做共产主义远大理想和中国特色社会主义共同理想的坚定信仰者、科学发展观的忠实执行者、社会主义荣辱观的自觉实践者、社会和谐的积极促进者。① 为此，必须以改革创新精神加强党员、干部队伍建设。在加强党员队伍建设中，要把党的执政能力建设和先进性建设作为主线，全面加强党的思想建设、组织建设、作风建设、制度建设和反腐倡廉建设。这些建设都要体现社会主义核心价值体系的基本要求，使党员坚定理想信念，增强宗旨意识、先进性意识，分清是非荣辱、辨别善恶美丑，坚持正确的价值取向，从而提高素质，成为名副其实的合格党员。在干部队伍建设中，要用社会主义核心价值体系规范干部的言行，使其树立正确的世界观、人生观、价值观、权力观、地位观、利益观，勤政廉政，忠于职守，尽心尽力为人民群众排忧解难，办好事、办实事，成为德才兼备的好干部，这是党

---

① 《使广大党员、干部成为实践社会主义核心价值体系的模范》，《人民日报》2008年1月27日。

的干部队伍建设的重要任务。

3. 文化大发展大繁荣的愿景

为建设社会主义文化强国,我们党又提出"深化文化体制改革,推动社会主义文化大发展大繁荣"的战略决策,充分显示了卓越的执政智慧和执政能力,反映了党对肩负历史使命的责任担当、对国内外形势的科学判断、对中国特色社会主义文化发展规律的深刻把握。

文化大发展大繁荣,将更好地满足中华民族优秀文化传承和发展的需要、建设中华民族共有精神家园。文化的力量,深深熔铸在民族的生命力、创造力和凝聚力之中。弘扬中华文化,涵养民族精神,向来为我们党和国家所重视。弘扬中华文化,培育和弘扬民族精神,更好地用民族优秀文化滋养民族生命力、激发民族创造力、铸造民族凝聚力,建设好中华民族的共有精神家园,把亿万人民紧紧团结在中国特色社会主义伟大旗帜下,使各民族团结一致,自强不息,为实现中华民族伟大复兴而不懈奋斗。

文化大发展大繁荣,将更好地满足增强国家文化软实力的迫切要求、扩大国际影响力。推动中国特色社会主义文化大发展大繁荣,就是要高扬自己的文化理想,高举自己的文化旗帜,大力发展先进文化,在世界文化交流和竞争中占据文化发展的制高点,尽快形成与我国经济社会发展和国际地位相适应的文化优势,增强我国文化的整体实力和竞争力,有效抵御外来不良文化冲击,切实维护国家利益和文化安全,真正把中国建设成为社会主义文化强国。

文化大发展大繁荣,将更好地体现中国共产党的先进性、巩固党的执政地位。推动中国特色社会主义文化大发展大繁荣,就是要永葆党自身的先进性,更加自觉地立于文化的潮头、担当文化的先锋,用先进文化构筑民众的精神文化高地,促进和推动社会发展进步,巩固党执政的思想文化基础。

推动社会主义文化大发展大繁荣,掀起社会主义文化建设新高潮,必须加快推进文化体制改革,为文化繁荣发展提供强大动力。深入推进经营性文化事业单位转企改制,培育合格市场主体,推进公益性文化单位人事、收入分配、社会保障制度改革,加快建立统一、开放、竞争、有序的现代文化市场体系,推进文化宏观管理体制改革,健全文化市场综合执法机构,建立协调有序的综合执法运行机制,健全文化法律法规和政策体系,不断提高文化建设法制化、规范化、制度化水平,开展对外及对港澳台文化交流,在传播中华文化、增强理解与合作上下工夫。

推动中国特色社会主义文化大发展大繁荣,就是要高举中国特色社会主义伟大旗帜，坚持社会主义先进文化前进方向，发展面向现代化、面向世界、面向未来，民族的科学的大众的社会主义文化，培养高度的文化自觉和文化自信，提高全民族文明素质，增强国家文化软实力，弘扬中华文化，努力建设社会主义文化强国。

4. 实现文化大发展大繁荣的重要途径

文化大发展大繁荣的重要途径是文化发展走市场化的道路，使文化产业成为国民经济的支柱性产业。

社会主义文化发展也必须走市场化道路。社会主义制度与市场经济结合形成的社会主义市场经济发展道路，是中国特色社会主义经济最重要的内容。党的十七届六中全会《关于深化文化体制改革推动社会主义文化大发展大繁荣若干重大问题的决定》指出："发展文化产业是社会主义市场经济条件下满足人民多样化精神文化需求的重要途径。"[①] 这告诉我们，市场化发展道路是实现文化大发展大繁荣的重要途径，文化发展与市场化道路是统一的。我们对经济发展必须走市场化道路已经取得了共识，通过市场这一"看不见的手"的调节，能够有效地促进供给的增加，同时又能使需求顺利地得到满足，这一功能是其他任何组织或机构都无法取代的。文化发展是否也要走市场化道路，对这一问题的认识有一个逐步深化的过程。文化产品与物质产品一样，都是为了满足人民生存和发展的需要，并且随着人们生活水平和质量的提高，文化产品的地位和作用呈现出日益提高的趋势。要进一步提升我国的综合国力和竞争力，必须在进一步推动经济发展的同时，着力实现文化大发展大繁荣。《决定》提出加快发展文化产业，推动文化产业成为国民经济支柱性产业的基本思想，为实现文化大发展大繁荣指明了方向。

文化发展走产业化道路，要把文化产业推向市场，按照市场规律的要求来实现文化大发展大繁荣。文化产业与文化事业之间的区别在于，文化产业主要通过市场运作来发展，文化事业主要通过政府投入来运行。这两种不同的运行模式，分别与不同的经济体制模式相联系。文化发展事业化道路与计划经济体制相联系，产业化道路与市场经济体制相联系。在整个经济体制已经实现转轨的条件下，文化发展道路也必须实行转轨。与物质产品相比较，文化产品既有教育人民、引导社会的意识形态属性，也有通过市场交换获取经济利益的商品属性。文化产品具有意识形态的特殊性，具体体现在文化产品中承载着一定的思想和精神内涵，它能够作用于人们的思想和意识，影响人们的思想观念和行为准则。并且

[①] 《中共中央关于深化文化体制改革推动社会主义文化大发展大繁荣若干重大问题的决定》，人民出版社 2011 年版。

这种影响是长期的，它能够影响几代人甚至是几十代人。从文化产品具有的意识形态属性出发，不能把它完全等同于物质产品，文化发展中有些方面仍然需要按照文化事业的模式来运行。但文化产品并不都具有意识形态属性，大多数文化产品是超越意识形态的，是人类社会发展过程中共同的精神财富。这部分文化产品与物质产品一样也要进入市场，经过市场交换才能成为人们的消费对象。文化产品具有的商品属性，要求文化发展的主体按照产业化的模式来运行。

这就要求把扩大人民群众的文化需求作为重要的着力点，把研究文化需求作为扩大文化需求的重要支撑。确立文化发展的需求导向，是文化发展体制转轨的具体体现，我们一方面要培育文化需求。文化需求的扩大是人民生活水平和质量提高的必然现象，但文化需求又需要培育和引导。要使人们从观念和认识上把扩大文化需求作为实现自身全面发展不可缺少的因素，逐步把人们的物质需求更多地引导到文化需求。另一方面要研究文化需求。根据经济社会发展和人们生活水平提高推动的需求结构变化规律，对文化需求的发展和结构变化做出预测，从而对需求发展能够做到整体把握，并为文化供给提供更多的信息和决策依据。

大力推进文化管理体制改革，构建有利于文化产业化发展的体制机制。一是构建政府宏观文化管理体制。首先要改变政企不分、政事不分、管办不分的混乱局面，建立与社会主义市场经济体制相适应的文化宏观管理体制。基本特征是：政企分开、政事公开，政府、企业、事业单位各自回归本位，各自承担自己任务，各自履行自己职责。政府的宏观管理体制的基本框架包括党委领导、政府管理、行业自律、社会监督、企事业单位依法运营几个方面。二是形成富有活力的文化产品生产经营微观主体。我国目前文化产品生产实体有两类：一类是经营性文化生产实体，另一类是事业性文化生产实体。对于经营性文化生产实体，要按照建立现代企业制度的目标，加快推进企业化、公司制、股份制改造，使之成为合格的市场主体。在企业内部通过改革创新，不断完善法人治理结构，形成富有效率、充满活力的生产、经营、服务机制。对于事业性文化实体，主要是突出公益属性，强化服务功能，增强发展活力，提高面向市场、面向群众提供服务的能力。三是建立文化产业化发展的市场体制和机制，加快构建统一开放、竞争有序的现代文化市场体系。建立的文化市场是统一的大市场，充分发挥其固有的聚集和扩散文化资源和文化产品的功能，打破地区、部门之间的封闭和分割。文化市场发展必须走开放的道路（包括国内和国外的开放），文化的特征就是在传承、包容、吸收、借鉴中来实现自身发展的，开放才会有新鲜的内容、有交流和启发。文化市场必须是竞争的市场，有竞争才有活力、有动力，要把文化发展放在竞争的大环境中来加以规划，在竞争中提高文化发展的能力。

第十章

中国特色社会主义社会建设

改革开放以来，我们党在领导人民推进社会主义现代化进程中积累了社会建设的经验，逐步形成了中国特色社会主义社会建设理论，不断丰富和发展了马克思主义社会建设的思想，集中体现为建设小康社会思想、构建社会主义和谐社会思想和创新社会管理思想。中国特色社会主义建设事业也拓展为包括社会建设在内的"四位一体"总体布局。我们党提出了全面建设小康社会的奋斗目标，在小康社会的基础上更加重视社会建设，尤其以保障和改善民生为主要内容；提出了构建社会主义和谐社会的总体部署，以达到人与人、人与社会、人与自然和谐的目标；提出了加强和创新社会管理的新任务，将社会管理工作提到了新的高度，逐步健全和完善社会管理体系。

一、改革开放以来的社会建设

1. 新时期社会建设思想的发展

社会建设有广义和狭义之分，广义的社会建设包括经济、政治、文化和社会建设，狭义的社会建设主要是指社会学层面上的社会建设，具有相对独立性。改革开放以后，由于饱受"文革"的摧残，面对走到崩溃边缘的国民经济，经济建设成为第一位的中心任务,相对而言对社会建设的重视程度明显滞后。在党的文献中,"社会建设"一词最早出现在 2004 年党的十六届四中全会的报告中,在全会审议通过的《中共中央关于加强党的执政能力建设的决定》中,在提出构建社会主义和谐社会的战略任务时,强调要"加强社会建设和管理,推进社会管理体制创新"。① 虽然这一概念正式进入党的文件是在 2004 年,相对于经济发展、精神文明和政治文明的提出要晚很多,但社会建设一经提出就得到了高度重视。党的十六届六中全会通过的《中共中央关于构建社会主义和谐社会若干重大问题的决定》和党的十七大报告中,进一步明确了包括社会建设在内的社会主义建设"四位一体"的总体布局。虽然概念的提出较晚,但是社会建设的思想和实践的过程是伴随着改革开放的不断深入而发展的。

邓小平等第二代领导人在深刻总结新中国成立以来正反两方面的经验基础上,把党和国家的工作重点转移到社会主义现代化建设上来,作出了改革开放的伟大决策,开辟了建设中国特色社会主义的崭新道路。在经济发展的同时,邓小平也十分重视社会建设,他始终把人民利益放在首位,提出了包含"有利于人民生活水平提高"的"三个有利于标准";提出了包含"最终达到共同富裕"的社会主义本质论;强调物质文明和精神文明"两手抓,两手都要硬";重视处理好改革、发展、稳定三者之间的关系。这些思想,为推进我国社会建设提供了丰富的理论资源。

以江泽民为核心的第三代领导集体对社会建设理论进行了丰富和发展。在庆祝建党 80 周年大会的讲话中,江泽民系统阐述了"三个代表"重要思想,同时还强调社会主义社会是全面发展的社会,提出了要促进人与自然社会的和谐发展,要促进社会主义物质文明、政治文明、精神文明协调发展和促进人的全面发展。② 江泽民的社会建设思想以全面发展为基石,以实现人的全面发展为最终目标,丰富和发展了党的社会建设理论。

党的十六大以来,以胡锦涛为总书记的党中央领导集体,对社会主义社会建设的理论进行了创新,在党的历史上第一次明确将社会建设作为一个独立概念加以阐释,形成了与经济建设、政治建设、文化建设相并列的社会建设理论。2004 年 9 月党的十六届四中全会提出"构建社会主义和谐社会"的新命题,强调要"把和谐社会建设摆在重要位置,注重激发社会活力,促进社会公平和正义,增强全社会的法律意识和诚信意识,维护社会安定团结。"③ 2005 年 2 月胡锦涛在省部级主要领导干部提高构建社会主义和谐社会能力专题研讨班上的讲话中指

---

① 《十六大以来重要文献选编》(中),中央文献出版社 2006 年版,第 287 页。
② 《江泽民文选》第 3 卷,人民出版社 2006 年版,第 264~299 页。
③ 同①,第 286 页。

出:"随着我国经济社会的不断发展,中国特色社会主义事业的总体布局更加明确地由社会主义经济建设、政治建设、文化建设三位一体发展为社会主义经济建设、政治建设、文化建设、社会建设四位一体。"① 这是第一次将社会建设单独论述,构建起了四位一体协调发展的总体布局。2005 年 5 月党的十六届五中全会上胡锦涛进一步明确论述道:"十一五期间要开创社会主义经济建设、政治建设、文化建设、社会建设的新局面,为后十年顺利发展打下坚实基础。"② 这进一步强调了社会建设在社会主义事业总体布局中的重要地位。

中共十七大报告对社会建设进行了全面部署:"社会建设与人民幸福安康息息相关。必须在经济发展的基础上,更加注重社会建设,着力保障和改善民生,推进社会体制改革,扩大公共服务,完善社会管理,促进社会公平正义,努力使全体人民学有所教、劳有所得、病有所医、老有所养、住有所居,推动建设和谐社会"。③ 2011 年 2 月胡锦涛在省部级主要领导干部社会管理及其创新专题研讨班开班式上发表重要讲话强调,要扎扎实实提高社会管理科学化水平,建设中国特色社会主义社会管理体系。党的十七大以来,以胡锦涛为总书记的党中央在四位一体的战略布局基础上不断创新思想、强化实践,促进了我国社会建设的大发展。

2. 新时期社会建设实践的探索

理论与实践的创新相辅相成,从最初的强调经济发展,到社会建设成为四位一体战略布局中的关键一极,社会建设的各项举措都在开展,实践不断走向深入。从最初的经济建设推动社会建设,到优先发展经济但更要重视社会建设,再到以人为本全面推进社会建设,改革开放以来我国社会建设的实践经历了这三个阶段。

(1) 以经济建设推动社会建设。

改革开放初期,党将工作中心转移到经济建设上来,扭转了"文革"中错误的基本路线,这一时期的主要任务是恢复和发展国民经济,因此经济建设成为头等大事,在集中精力进行经济建设的过程中,社会关系也随之发生了巨大变化。在这样的背景下出现了很多新现象、新问题、新情况,就需要在社会

---

① 《十六大以来重要文献选编》(中),中央文献出版社 2006 年版,第 696 页。
② 《中国共产党第十六届中央委员会第五次全体会议文件汇编》,人民出版社 2005 年版,第 4 页。
③ 《十七大以来重要文献选编》(上),中央文献出版社 2009 年版,第 29 页。

领域进行积极改革，整合社会关系，从而更好地推进经济发展。1982年通过的《国民经济与社会发展第六个五年计划》首次将社会发展纳入五年计划的主题中。

　　这一阶段的社会建设实践从各个领域分别开展。在科教领域，1977年恢复高考，从此我国重新迎来了尊重知识、尊重人才的热潮。知识分子的地位得到了重新确认，知识分子的作用得到了充分肯定，知识分子的积极性得到空前提高，这就促进了科学、教育、文化、卫生事业的长足发展，特别是对教育的重视对我国社会主义现代化建设起到了积极而深远的影响。改革开放初期我国社会建设的另一项重要实践就是社会保障制度改革。新中国成立初期，我国曾经建立起与计划经济相符合的社会保障体系，也基本符合当时的社会实际，但是改革开放以来原有的体系已经不能适应新的社会发展了，需要进行改革和调整。我国从1984年开始建立以新的社会统筹体系为主要内容的劳动保险体制改革，主要是退休养老金和医疗费的统筹，这一时期的社会保障制度从传统的单位化向社会化演进，虽然有了进展但是还没有形成完善的社会保障体系。

　　改革开放初期，党和国家的中心任务是经济建设，社会建设也是以经济建设为中心的，社会建设只是在经济发展的过程中发现问题了再进行相应的调整或修改，从程度上说属于小修小补，社会建设在当时的主要思路是"兼顾"。当时在处理社会建设相关问题的时候基本采取的是经济方法，比如邓小平就曾经对社会建设领域的就业问题表达过这样的观点："就业问题，上山下乡知识青年回城问题，这些都是社会、政治问题，主要还是从经济角度来解决。经济不发达，这些问题永远不能解决。所谓政策，也主要是经济方面的政策。总之要用经济办法解决政治问题、社会问题。"① 在这一时期，邓小平提出了社会主义的本质是"解放生产力、发展生产力、消灭剥削、消除两极分化、最终达到共同富裕"，由于社会长期的不安定，经济建设迫在眉睫，因此社会主义本质中对于"解放和发展生产力"的部分强调得很多，对于"共同富裕"，也就是社会的公平正义有时会有所忽视。在经济十分落后的情况下，这样的方式还是很奏效的，能够迅速恢复和发展国民经济，在这个过程中广大人民群众的生活水平得到了提高，但是在这个过程中，如果不重视社会的公平正义，就会使得分配不公影响到人民的生活，影响到社会的安定。因此，过分强调发展经济来解决各种社会建设的问题，短期内是有效的，从长远来看是不够的。虽然主要是从经济方面解决社会建设中的一些问题，并没有触及社会建设的根本，但是在这个过程中，党不断认识到社会建设的重要性，我国也从此揭开了社会建设的序幕。

---

① 《邓小平文选》第2卷，人民出版社1994年版，第195~196页。

(2) 优先发展经济但要重视社会建设。

随着经济的发展,我国社会建设事业的相对滞后越来越凸显,甚至出现了"一条腿长,一条腿短"的情况,为了应对这样的变化,我国社会建设进入到优先发展经济但更要重视社会建设的阶段。这一阶段,社会建设思想中以人为本的宗旨、公平正义的价值取向、利益协调的基本思路、改善民生的重点内容等基本思路逐步清晰,社会建设总体框架基本形成。

改革开放以来重视经济发展,重视经济效率的思想深入人心,但是效率优先的原则并不能处理好人民利益的问题,不能处理好公平正义的问题,因此党提出了更加注重公平,让人们能够享受到改革和发展的成果。在新的阶段,关于社会建设的具体思路更加全面。与前一阶段保持一致的经济建设仍然是中心任务,要用发展的观点看问题,用发展的方法解决社会建设中的问题,同时党也提出了发展要有新思路。这一时期,党提出并实施了科教兴国和可持续发展两大战略,都是与社会建设息息相关的。党对教育的重视一定程度上可以反映党对于社会建设事业的重视,1995 年党中央提出"科教兴国"的发展战略,指出要"把经济建设转到依靠科技进步和提高劳动者素质的轨道上来"。[①] 这一战略产生了深远的影响,至今仍然是我国长足发展的动力保障。可持续发展战略是处理人与自然的关系、经济与社会发展的基本准则,这是社会建设的重要举措,体现了党和国家对社会建设的高度重视。

在收入分配,这个直接关系到人民群众切身利益的领域,我国建立起了按劳分配为主体,多种分配方式并存的收入分配制度;引入了竞争机制,合理拉开差距;在鼓励一部分人、一部分地区先富起来的同时,走共同富裕的道路。但是由于"兼顾公平"还只是"兼顾",所以这一时期对社会公平的重视还不够,带来了收入分配差距的扩大等社会问题,在一定程度上影响了社会建设的成效。

此外,国家还加大扶贫的力度,注重提高贫困人口的生产自救能力并向其提供最低生活保障救济;建立起包括社会保险、社会救济、社会福利、优抚安置、社会互助和个人储蓄保障的多层次社会保障制度,为城乡居民提供与我国国情相适应的社会保障;开展医疗卫生体制的改革,力求满足广大人民群众对于医疗服务的需求等。

随着社会主义市场经济体制的逐步建立,党对社会建设有了初步的思考,社会建设开始逐步由被动走向主动,由权宜走向系统。这一阶段,虽然社会建设取

---

① 《江泽民文选》第 1 卷,人民出版社 2006 年版,第 428 页。

得了一定成效，但是社会建设的概念以及系统化的社会建设构架还没有提出，社会建设还没有能够成为一个独立的建设领域。

（3）全面推进社会建设。

经过改革开放二十多年的努力，新世纪以来，人民生活水平得到了很大的改善，我国步入实施第三步走战略部署，进入了全面建设小康社会的新阶段。这一阶段产生了两大重要理论成果，即科学发展观和构建社会主义和谐社会，这两大理论是全面建设小康社会的指导思想，也是社会建设走向具体化、系统化的标志。这一时期，党明确提出了社会建设的概念，社会建设的理论体系正式形成。这一时期社会建设进入了以人为本的新阶段，以公平正义为价值取向，以改善民生为建设重点，社会建设全面推进。

2004年党的十六届四中全会上首次提出"社会主义和谐社会"的概念，在构建和谐社会的任务中，明确提出要建立健全社会利益协调机制，妥善协调各方面的利益关系，正确处理人民内部矛盾；加强社会建设和管理，推进社会管理体制创新；促进工作机制，维护社会稳定；注重激发社会活力，促进社会公平和正义的要求。这说明党在和谐社会的构建过程中已经将社会建设作为一个重要组成部分予以重视。

这一阶段社会建设最大的特点就是经济发展的同时更加注重改善民生。在促进教育公平方面，国家制定和实施了一系列方针、政策。2006年修订的《义务教育法》明确规定：义务教育是国家统一实施的所有适龄儿童、少年必须接受的教育，是国家予以保障的公益性事业。2007年胡锦涛在全国优秀教师代表座谈会上指出要把促进教育公平作为国家基本教育政策。在就业领域，国家注重发挥宏观调控的作用，千方百计扩大就业，不断改善人民生活。党的十六届六中全会将"社会就业比较充分"作为2020年构建社会主义和谐社会的目标和主要任务之一，党的十七大中更是明确指出"就业是民生之本"。

温家宝总理在与新华网网友交流时指出：社会财富的这块"蛋糕"要做大，就必须坚持以经济建设为中心，集中力量发展生产力。而且在当前，特别要注重转变发展方式，使我们经济的发展，真正转移到依靠科技进步和劳动者的素质提高上来。社会财富这个"蛋糕"是否分好，关系到社会的公平正义。我觉得这个问题实际上涉及国民收入分配，现在在国民收入分配当中，居民收入的比重比较低。因此，我们要注重提高居民收入在国民收入中的比重，提高个人工资收入在初次分配中的比重。在二次分配当中，我们应该更加注重公平，也就是说，通过财政和税收，更加照顾困难群体。十一届人大五次会议上，温家宝总理在政府工作报告中指出:"千方百计扩大就业","加快完善社会保障体系"。① 在医疗卫生领域,国家重点聚焦农村地区,实行了新型农村合作医疗制度,将农民也纳入到国家医疗保障的体系之中,彰显了以人为本和社会公平的理念。

新世纪以来,以科学发展观为指导,在和谐社会目标指引下,我们党进一步厘清了社会建设的思路,提升了社会建设的地位,完善了社会建设的内涵并将社会建设从各个层面付诸实施,纠正了改革开放以来经济增长和社会建设中的偏差和问题,形成了更加完备的各项社会建设制度,取得了显著的成效。

我们党领导的社会建设已经走出了一条不断探索、不断完善、不断满足社会发展和人民需求的道路。党的社会建设理论从最初的经济建设中出现问题的修补,到在经济建设的过程中重视,再到单独成为与经济、政治、文化相并列的独立理论体系;党的社会建设实践从最初的经济手段解决社会问题,到在经济发展过程中采取一系列措施维护人民利益,再到科学发展观的贯彻落实和社会主义和谐社会的构建。无论是理论还是实践,改革开放以来党领导的社会建设不断走向成熟。

二、全面建设小康社会

1. 从"小康"目标到"全面建设小康社会"

中华民族追求富强的脚步从未停止,"大同"、"小康"等社会发展的构想一直没有能够真正实现,直到中国共产党的诞生才使得这一理想有可能成为现实,直到改革开放这一决定中国前途和命运的关键一招才使得这一理想的实现落到实处。

毛泽东等第一代领导人虽然没有谈到"小康社会"这个词语,也没有明确提出建设小康社会的计划或任务,但是在阐释社会建设理论时,提到了一些小康社会建设的思想,可以认为是党领导小康建设的理论源头。第一届全国人民代表大会的政府工作报告中,提出了实现"四个现代化"的战略目标,并强调科学技术的重要作用。第三届全国人大的政府工作报告中,周恩来正式提出"四个

---

① 温家宝:《政府工作报告——2012年3月5日在第十一届全国人民代表大会第五次会议上》,人民出版社2012年版。

现代化"的号召。毛泽东也在很多场合提到了带有小康社会建设思想的观点。如在《论人民民主专政》一文中，毛泽东指出："经过人民共和国到达社会主义和共产主义，到达阶级的消灭和世界的大同……唯一的路是经过工人阶级领导的人民共和国。"① 这里的"大同"实质上就是后来讲的小康社会。在《关于正确处理人民内部矛盾的问题》中，毛泽东讲到专政的目的是为了保卫全体人民进行和平劳动，将我国建设成为一个具有现代工业、现代农业、现代科学文化的社会主义国家。由此我们可以看出党的第一代领导集体关于社会建设的思想主要集中在"四个现代化"的相关论述中，但是这样的正确思想在社会主义建设中没有得到很好地落实，尤其是在"文革"中遭到了歪曲，直到改革开放新时期才得以扭转。

  邓小平等第二代领导人从我国实际出发，用我国传统文化中的"小康社会"作为我们建设的目标。邓小平提出的小康有小康生活和小康社会两个方面，即小康社会不仅是人们生活水平的提高，更有社会建设总体水平的提升。邓小平会见日本首相大平正芳时第一次使用了"小康"这个词语，他说："我们的四个现代化的概念，不是像你们那样的现代化概念，而是'小康之家'。到本世纪末，中国的四个现代化即使达到了某种目标，我们的国民生产总值人均水平还是很低的。"② 1982年党的十二大确定的我国从1981年到20世纪末的20年奋斗目标是：在不断提高经济效益的前提下，力争使全国工农业总产值翻两番。实现这个目标，城乡人民的收入将成倍增长，人民物质生活可以达到"小康水平"。到1987年党的十三大，明确了我国发展的"三步走"战略，将现代化建设的过程划分为温饱——小康——现代化三个阶段性目标，其中小康社会成为国家发展战略中的第二步。虽然邓小平的小康社会理论在表述上都是经济指标，但是从完整准确的邓小平思想出发，我们就会发现，小康社会不仅是经济方面的，而是包含物质文明和精神文明"两手抓、两手都要硬"的综合概念。1983年邓小平考察江浙沪三地后，从温饱、住房、就业、农村、教育、精神面貌等六个方面描绘了小康社会的蓝图③，从中我们也可以看到邓小平的小康社会思想远远不限于经济领域的发展指标。

  十三届四中全会以来，以江泽民为核心的第三代领导集体继承和发扬了建设小康社会的思想，在世纪之交的历史时刻提出了全面建设小康社会的目标。1995年公布的"九五"计划，对邓小平的三步走战略中的第二步，也就是小康社会建设进行了细化：到2000年实现人均国民生产总值比1980年翻两番，基本消除

---

① 《毛泽东选集》第4卷，人民出版社1994年版，第1471页。
② 《邓小平文选》第2卷，人民出版社1994年版，第237页。
③ 《邓小平文选》第3卷，人民出版社1993年版，第24~25页。

贫困，人民生活达到小康水平；到 2010 年实现国民生产总值比 2000 年翻一番，人民的小康生活更加富裕。这就将小康社会分成了小康水平和更加富裕的小康生活两个阶段。1997 年，党的十五大将邓小平提出的三步走战略中的第三步进行了具体化，即 21 世纪第一个 10 年实现国民生产总值比 2000 年翻一番，使人民的小康更加富裕；再经过 10 年的努力，使国民经济更快发展，各项制度更加完善；到 21 世纪中叶基本实现现代化，建成富强民主文明的社会主义国家。在党的十六大报告中，江泽民指出我们的小康社会只是总体水平上的小康，现在达到的小康还是低水平、不全面、发展很不平衡的小康。[1] 并提出了 2020 年国内生产总值比 2000 年翻两番的计划。党的十六大还首次提出了社会主义政治文明的概念，将之与物质文明、精神文明并列为全面建设小康社会的目标。从新世纪起，我国将进入全面建设小康社会，加快推进现代化的新的发展阶段。

在全面建设小康社会不断推进的过程中，暴露了很多在发展过程中的问题，为了应对一系列的问题，必须在发展观念上有一次革命性的变革，科学发展观应运而生了。科学发展观成为全面建设小康社会的指导思想和重要保障。党的十六大以来，我们党根据党情、国情、世情，提出了构建社会主义和谐社会的重大任务，从而使建设中国特色社会主义从政治、经济、文化"三位一体"，拓展为包括社会建设在内的"四位一体"，这也就赋予了全面建设小康社会以新的内涵。党的十七大提出了实现全面建设小康社会奋斗目标的新要求，具体包括增强发展协调性，扩大社会主义民主，加强文化建设，加快社会事业发展，建设生态文明五个方面。[2] 结合科学发展观的精神，党对于全面建设小康社会提出了更高的要求，这是党对于社会建设的重视，是党对于全面建设小康社会内涵的丰富，更是党的执政理念和发展观念的重大转变。

2. 全面建设小康社会的主要措施

（1）实现经济又好又快发展。

从"又快又好"到"又好又快"的发展理念的转换，体现了全面建设小康社会的价值取向，体现了对经济发展质量的重视，体现了对科学发展观的贯彻落实。经济又好又快发展既是对经济发展的要求，也是对经济社会协调发展的要求，更是对经济发展促进人民生活质量提高和社会环境改善的要求。

---

[1] 《十六大以来重要文献选编》（上），中央文献出版社 2005 年版，第 14 页。
[2] 《十七大以来重要文献选编》（上），中央文献出版社 2009 年版，第 15～16 页。

党的十七大报告中对实现经济又好又快发展提出了以下要求：提高自主创新能力建设创新型国家、转变经济发展方式推动产业结构升级、加快统筹城乡发展推进社会主义新农村建设、加强能源资源节约和生态环境保护增强可持续发展能力、推动区域协调发展优化国土开发格局、完善基本经济制度健全现代市场体系、深化财税金融等体制改革完善宏观调控体系、扩展对外开放广度和深度提高开放型经济水平。① 从这些目标中，我们可以看到又好又快的发展已经大大超越了经济发展本身的内涵，而是包含了更多社会发展的要素在内的综合发展指标。

(2) 维护社会公平正义。

社会公平正义与广大人民群众的切身利益息息相关，也是民主政治建设的内在要求，更是党加强和改善领导的重要保障。从政治建设的角度看，这属于民主政治的范畴，但从全面建设小康社会的要求看，在很大程度上这是解决还不够公平正义的社会问题的举措。

统筹城乡发展。党的十六大报告提出："统筹城乡经济社会发展，建设现代农业，发展农村经济，增加农民收入，是全面建设小康社会的重大任务。"② 党的十七大报告指出："统筹城乡发展，推进社会主义新农村建设。解决好农业、农村、农民问题，事关全面建设小康社会大局，必须始终作为全党工作的重中之重。"③ 城乡发展不平衡有复杂的历史、地理因素，但是这种不平衡从根本上说就是发展权利、发展机遇的不公平，小康社会就是要使得社会更加公平正义，因此统筹城乡发展是全面建设小康社会的重点内容。

协调区域发展。党的十七大报告对区域协调发展做出了明确部署："推动区域协调发展，优化国土开发格局。缩小区域发展差距，必须注重实现基本公共服务均等化，引导生产要素跨区域合理流动。要继续实施区域发展总体战略，深入推进西部大开发，全面振兴东北地区等老工业基地，大力促进中部地区崛起，积极支持东部地区率先发展。"④ 区域协调发展是科学发展观的要求，是全面建设小康社会的要求，也是社会建设的要求。

优化社会结构。社会结构的优化是社会建设的重点之一。一个社会要保持稳定和谐，就必须有一个稳定的中间阶层，也就是常说的"橄榄型社会"最利于社会的发展，全面建设小康社会就将这一视角纳入到目标体系中。在壮大中间阶层的过程中，需要以发展为主题，以富裕社会各阶层为归属；建立和完善科学合

---

① 《十七大以来重要文献选编》（上），中央文献出版社 2009 年版，第 17~21 页。
② 《十六大以来重要文献选编》（上），中央文献出版社 2005 年版，第 17 页。
③ 同①，第 18 页。
④ 同①，第 19 页。

理的资源配置和收入分配机制；在就业、教育、医疗、社会保障等方面实行公平方针；正确处理新时期人民内部矛盾等。

(3) 提高全民族文明素质。

党的十六大将"全民族的思想道德素质、科学文化素质和健康素质明显提高，形成比较完善的现代国民教育体系、科学和文化创新体系、全民健身和医疗卫生体系"[1]确定为全面建设小康社会的目标之一。全面建设小康社会的"全面"二字，不仅包括经济、政治、文化上的发展，而且还体现在全民族文明素质的提高上，从而凸显了促进人的自由全面发展，以人为本的理念。

提高全民族的文明素质需要做到以下几点：首先，坚定不移继续大力推进科教兴国、人才强国战略，加大对科学、教育事业的投入；其次，以优秀的理论武装人、以正确的舆论引导人、以高尚的精神塑造人、以优秀的作品鼓舞人，大力发展先进文化，十七届六中全会专门对文化大发展大繁荣的相关重大问题作出了决议；最后，坚持和巩固马克思主义的指导地位，加强社会主义荣辱观教育，加强社会主义核心价值体系的教育，帮助人们树立起正确的人生观、世界观、价值观。

(4) 全面改善人民生活。

小康社会的设想和人民生活水平的提高息息相关，随着实践的深入，全面建设小康社会的概念不断丰富和发展，但是其最本源的、最重要的目标就是要提高人民的生活水平。改善人民生活水平不仅是全面建设小康社的题中之意，也是深入贯彻落实科学发展观的内在要求，还是国家性质、党的宗旨原则的体现。

党的十七大报告在提出全面建设小康社会新的更高的要求时，从广大人民最关心、最直接、最现实的利益问题入手，针对我国社会发展滞后于经济发展的情况，对全面改善人民生活水平提出了五个方面的新要求：第一，强化教育，把优先发展教育放在加快发展社会事业的首位；第二，促进社会充分就业，扩大和健全社会保障体系，基本建成覆盖城乡居民的社会保障体系；第三，形成收入分配的合理有效机制，要基本形成合理有序的收入分配格局，中等收入者占多数，绝对贫困现象基本消除；第四，强化公共卫生服务，使得人人享有基本医疗卫生服务；第五，加强社会管理，要使社会管理体系更加健全，我国单一的社会结构正向多元化和立体化的社会结构变化，要适应新形势，加强社会管理，提升社会服务水平，规范社会组织，为人民生活提供优质的服务和稳定的环境。[2]

---

[1] 《十六大以来重要文献选编》（上），中央文献出版社 2005 年版，第 15 页。
[2] 《十七大以来重要文献选编》（上），中央文献出版社 2009 年版，第 16 页。

（5）生态文明建设。

党的十七大报告全面总结了中国特色社会主义事业取得的伟大成就，对中国特色社会主义建设做出了新的战略部署，首次将物质文明、政治文明、精神文明的"三个文明"建设目标，扩展为包含生态文明在内的"四个文明"建设。生态文明属于社会建设的领域，是全面建设小康社会对于社会建设提出的新的目标。

随着物质、政治、精神三个文明建设的深入，暴露出我国在生态环境保护、资源开发利用等问题上存在着制约可持续发展的问题。生态文明建设与其他三个文明建设是一个有机联系的统一整体，生态文明是前提和基础。党的十七大报告对生态文明建设提出了三项基本要求：一是要加强生态建设，维护生态安全，实现生态良好；二是要在全社会基本形成节约能源资源和保护生态环境的产业结构、增长方式、消费模式；三是要在全社会牢固树立起生态文明理念，形成"人与自然和谐相处"的新观念。①

3. 全面建设小康社会与社会建设

党的十六大提出全面建设小康社会的战略目标，这是有别于纯粹的经济指标，有别于传统的发展理念，有别于以前的发展思路的，其中蕴含了深刻的社会建设思想，可以说全面建设小康社会就是在经济、政治、文化等各方面有了长足的发展之后，更加注重社会建设而提出来的。全面建设小康社会的目标体现了经济发展、民主健全、科技进步、文化繁荣、社会和谐、人民生活殷实的价值取向。

全面建设小康社会定位于综合国力的提升。党的十七大在描绘全面小康社会时指出：到 2020 年全面建设小康社会目标实现之时，我们这个历史悠久的文明古国和发展中的社会主义大国，将成为工业化基本实现、综合国力显著增强、国内市场总体规模居世界前列的国家，成为人民富裕程度普遍提高、生活质量明显改善、生态环境良好的国家，成为各方面制度更加完善、社会更加充满活力而又安定团结的国家，成为对外更加开放、更加具有亲和力、为人类文明作出重大贡献的国家。②从这一定位就可以看出，全面小康社会的建设过程是包含社会建设在内的综合国力提升过程。

全面建设小康社会立足于社会全面进步。我国现在达到的小康还是低水平

---

①② 《十七大以来重要文献选编》（上），中央文献出版社 2009 年版，第 16 页。

的、不全面的、发展不平衡的小康，人民日益增长的物质文化需要同落后的社会生产之间的矛盾仍然是我国社会的主要矛盾。全面建设小康社会就是针对目前已经达到的总体小康而言，要建设全面、协调、可持续的更高水平的小康社会。我国目前的小康还是偏重于经济方面的，在政治、文化、社会领域还是不够的，尤其是在社会建设领域的相对滞后是全面小康社会建设需要解决的基本问题。全面小康社会已经超越了经济发展，而是经济社会全面发展、人与自然和谐相处的社会。

全面建设小康社会以人民生活更加幸福美满为归宿。全面建设小康社会落脚于"人民生活更加殷实"，把提高和改善人民生活水平作为最后的归宿，体现了以人为本、关注民生的价值取向。保障和改善民生大致包括就业、收入分配、教育、医疗卫生、住房保障、养老和社会救济七大方面。据测算，到 2015 年，政府基本保障支出占国内生产总值的比重可由 2008 年的 5.4% 提高到 9.3%，平均每年可拉动居民消费增加 1.1 万亿元，居民消费率可由 35.3% 提高到 41.1%，[①]这无疑为人民生活水平的提高提供了坚实的保障。

全面建设小康社会的战略目标是一个全面协调可持续发展的规划目标，是更加重视民生、更加重视社会发展和社会建设的纲领性目标，因此也可以说全面建设小康社会的提出为社会建设提供了理论基础和实践动力。

三、构建社会主义和谐社会

1."社会主义和谐社会"的概念

"和谐"思想在中国传统文化中就有，但是作为社会发展的目标，是党不断总结社会建设经验基础之上形成并不断完善的。

毛泽东等第一代领导人对社会建设道路进行了有益的探索。1956 年毛泽东在发表的《论十大关系》著作中，提出要调动一切积极因素建设主义的基本方针。在 1957 年发表的《正确处理人民内部矛盾》中创立了两类不同性质矛盾的学说。这些思想中包含了全面发展、协调发展、以人为本的一些思想萌芽，与现

[①] 《党的十七届五中全会〈建议〉学习辅导百问》，党建读物出版社、学习出版社 2010 年版，第 18 页。

在构建社会主义和谐社会的战略有共通之处。虽然这些关于社会建设的正确思想在实践中没有得到很好地贯彻落实,但这些思想对于我们构建社会主义和谐社会仍然具有重要的指导意义。

党的十一届三中全会以来,邓小平等第二代领导人带领中国人民走进了改革开放的新时期。邓小平提出了社会主义本质论,指出社会主义就是解放生产力,发展生产力,消灭剥削,消除两极分化,最终达到共同富裕。共同富裕的理念就包含了不同地区、不同阶层共同发展,共享成果的和谐思想。改革开放以来,在经济发展的同时,社会公正的实现变得尤为重要,"效率优先,兼顾公平"的口号便应运而生了;在经济得到了发展的同时,人们的精神生活并没有随之发展,因此邓小平又提出了物质文明和精神文明"两手抓,两手都要硬"的口号。这些思想都内涵了全面、协调的发展理念,和谐社会的思想与之是一脉相承的。

党的十三届四中全会以来,以江泽民为核心的第三代领导集体强调发展是执政兴国的第一要务,强调要促进社会主义物质文明、政治文明和精神文明协调发展。这种全面、协调发展的思路正是后来提出的科学发展观的要求,与和谐社会的思想也是一致的。"三个代表"重要思想要求党要始终代表广大人民群众的根本利益,保持与人民群众的血肉联系,维护好、实现好、发展好最广大人民群众的根本利益。这些要求体现了以人为本的出发点和落脚点,也是和谐社会的题中应有之意。

党的十六大以来,以胡锦涛为总书记的党中央把提高构建社会主义和谐社会的能力作为加强党的执政能力建设的重要内容。党的十六大报告把社会更加和谐作为我们党为之奋斗的一个重要目标提出来,在党的历史上是首次。"我们要在本世纪头二十年,集中力量,全面建设惠及十几亿人口的更高水平的小康社会,使经济更加发展、民主更加健全、科教更加进步、文化更加繁荣、社会更加和谐、人民生活更加殷实。"[①] 党的十六届四中全会正式提出了"建设和谐社会"的历史目标,指出那将是一个"全体人民各尽其能、各得其所而又和谐相处的社会"。[②] 胡锦涛在省部级主要领导干部提高构建社会主义和谐社会能力专题研讨班上的讲话中强调:"构建社会主义和谐社会,关系到最广大人民群众的根本利益,关系到巩固党的执政的社会基础、实现党执政的历史任务,关系到全面建设小康社会的全局,关系到党的事业兴旺发达和国家的长治久安。"[③] 胡锦涛还指出:"构建社会主义和谐社会,同建设社会主义物质文明、政治文明、精神文

---

① 《十六大以来重要文献选编》(上),中央文献出版社 2005 年版,第 14 页。
② 《十六大以来重要文献选编》(中),中央文献出版社 2006 年版,第 286 页。
③ 同②,第 699~700 页。

明是有机统一的。"① 在党的十六届六中全会第二次全体会议上,胡锦涛再次强调:"我们要构建的社会主义和谐社会,是经济建设、政治建设、文化建设和社会建设协调发展的社会,是人与人、人与社会、人与自然整体和谐的社会,要贯穿于建设中国特色社会主义的整个历史过程。"② 党的十七大明确提出"把我国建设成为富强民主文明和谐的社会主义现代化国家"的奋斗目标,强调要按照中国特色社会主义事业总体布局,全面推进经济建设、政治建设、文化建设、社会建设,即"建设社会主义市场经济、社会主义民主政治、社会主义先进文化、社会主义和谐社会,建设富强民主文明和谐的社会主义现代化国家"。③

和谐社会理论的从无到有,从分散到完整,伴随着中国特色社会主义的建设事业而不断发展。与社会主义和谐社会的理论脉络相一致的就是党对于社会建设从无到有、从兼顾到重视的过程。不妨说,构建社会主义和谐社会就是社会建设的总体部署。

2. 构建社会主义和谐社会的着力点

社会建设的内涵十分广泛,构建社会主义和谐社会是社会建设的整体部署,我们可以从社会主义和谐社会的特征中分析出社会建设的着力点。

(1) 民主法治。

民主法治就是社会主义民主得到充分发扬,依法治国基本方略得到切实落实,各方面积极因素得到广泛调动。胡锦涛指出:"要通过发展社会主义生产力来不断加强和谐社会建设的物质基础,通过发展社会主义民主政治来不断加强和谐社会建设的政治保障,通过发展社会主义先进文化来不断巩固和谐社会的精神支撑,同时又通过和谐社会建设来为社会主义物质文明、政治文明、精神文明建设创造有利的社会条件。"④ 民主法治建设是和谐社会建设的政治保障。社会主义民主是社会主义的本质属性和内在要求,邓小平早就讲过没有民主就没有社会主义,就没有社会主义现代化,我们也可以讲没有民主就没有社会主义和谐社会。

和谐社会是社会建设的最终目标,民主法治是和谐社会的目标,社会建设就

---

① 《十六大以来重要文献选编》(中),中央文献出版社 2006 年版,第 707 页。
② 《十六大以来重要文献选编》(下),中央文献出版社 2008 年版,第 675 页。
③ 《十七大以来重要文献选编》(上),中央文献出版社 2009 年版,第 9 页。
④ 《十六大以来重要文献选编》(中),中央文献出版社 2006 年版,第 707 页。

是要实现民主法治的目标。要实现民主法治首先要切实发展社会主义民主。发展社会主义民主,建设社会主义政治文明,最根本的要求就是要把坚持党的领导、人民当家做主和依法治国有机统一起来。要切实加强党的执政能力建设,要加强党对人大工作的领导,保持党与人民群众的血肉联系等。要实现民主法治还需要努力建设社会主义法治国家。法制是确保社会和谐的制度屏障,要坚持依法治国。依法治国就是广大人民群众在党的领导下,依照宪法和法律规定,通过各种途径和形式管理国家事务、管理经济文化事业、管理社会事务,保证国家各项工作都依法进行,逐步实现社会主义民主的制度化、法律化。依法治国实质是党领导人民用法律的手段管理各种社会事务,是社会建设的重要组成部分。民主法治建设从四位一体的部署中看属于政治建设,但是这与社会建设是密不可分的,也是社会建设得以顺利进行的保障。

(2) 公平正义。

公平正义就是社会各方面的利益关系得到妥善协调,人民内部矛盾和其他社会矛盾得到正确处理,社会公平和正义得到切实维护和实现。改革开放以来,我国经济建设取得了举世瞩目的成效,但是随之而来的社会不公平、不公正现象却愈发令人忧心,因此和谐社会作为社会建设的总部署,必然将公平正义作为社会建设的一个重要目标。

和谐社会是追求公平正义的社会,但我国社会生活的一些领域,还存在着不同程度的不公现象,贫富差距、城乡差距、地区差距、经济社会发展不协调等,正是这些社会不公现象影响社会的和谐。因此我们在社会建设中首先要正确处理好效率与公平的关系。改革开放以前,我们一度认为公平就是绝对平均,完全放弃了效率;改革之初,由于长时间的落后,过分强调效率使得公平在一定程度上被忽视了,"效率优先,兼顾公平"就是为了正确处理好二者关系而提出的;新世纪以来,党提出了和谐社会的理论,将公平正义的和谐社会与经济发展的中心任务二者结合起来,最终从理论上解决了公平与效率的关系。此外,还需要构建公平正义的社会体系,通过各项制度规范使得公平正义落到实处,既要有结果的公正,更要注重过程的公正;既要有程序的公正,更要有实质的公正;既要有处理不公正的措施,又要有保障公正的制度等。公正是社会建设的重点内容,公平正义能否得到保证是社会建设成效的考核标准。

(3) 诚信友爱。

诚信友爱就是全社会互帮互助、诚实守信,全体人民平等友爱、融洽相处。诚信友爱不仅是中华民族的传统美德,而且也是人类文明的共同财富和价值追求。和谐社会的建设仅仅依靠法律和规范是远远不够的,还必须借助于道德的力量,其中诚信友爱是市场经济条件下最重要的道德标准之一。诚信友爱可以减少社会生活中的各种摩擦和内耗,减少社会生活的风险和代价,大大降低社会运行成本;诚信友爱可以使得人与人之间的关系变得更加融洽,互助协作的精神深入人心,促进社会各方面的发展;诚信友爱还是一种重要的精神力量,能够加强社会的凝聚力和向心力。

围绕着和谐社会诚信友爱的特征,我们需要加强社会诚信体系建设,并且弘扬友爱互助的价值追求。社会诚信体系的建设需要全面推进政府诚信建设,政府是社会建设的组织和领导者,是诚信行为的示范者。在建设诚信政府时要以建设"责任政府"、"服务政府"、"阳光政府"为重点,要以信息公开为抓手,尤其是以"三公"经费的公开为重中之重。政府要依法行政,增加工作透明度,规范政府行为,以行动取信于民。各级领导干部尤其要成为诚信建设的表率,自觉承担起应有的社会责任。随着市场经济的发展,作为市场主体的企业的诚信日益影响到整个社会的诚信,因此企业的诚信建设尤为重要。要引导企业在生产、管理、销售等各个环节自觉遵守诚实守信,使之成为企业的精神理念。要严惩企业的失信行为,尤其是关系到人民生活和身体健康的企业要建立诚信档案,加强监督管理。对于个人的诚信教育,需要通过公民道德建设实施纲要和社会主义荣辱观的教育来加强,尤其是通过学校教育加强学生的诚信品质。

(4) 充满活力。

充满活力就是能够使一切有利于社会进步的创造愿望得到尊重,创造活力得到支持,创造才能得到发挥,创造成果得到肯定。社会活力是一个社会发展的动力和源泉。尽管我们已经进入全面建设小康社会的新阶段,社会主义市场经济体制已经日趋完善,但是影响我国社会创造活力的因素还在相当范围内存在并影响社会的发展,比如封建残余思想、等级观念、官本位思想、平均主义的思想等。社会的活力就是开放流动、和而不同、有序竞争,这样的社会氛围才能促进社会各项事业的发展。

要使得社会充满活力就必须建立完善激励制度,鼓励创新,创立有利于吸引人才和调动人才积极性的制度,创立劳动、资本、知识、土地、技术等要素按贡献参与分配的机制。要充分肯定各个阶层在社会主义现代化建设中的作用,保护不同阶层的利益,尊重利益的多元化。另外还需要完善人大和政协制度,形成社会各界参政议政、建言献策、知无不言、言无不尽的社会氛围。要使得社会充满活力,关键是要全面贯彻尊重劳动、尊重知识、尊重人才、尊重创造的方针。充满活力是和谐社会的重要特征，也是我们进行社会建设的目标，只有充满活力的社会才可能是欣欣向荣的社会。

（5）**安定有序**。

安定有序就是社会组织健全，社会管理完善，社会秩序良好，人民群众安居乐业，社会保持安定团结。安定有序是人类解决了温饱之后对社会提出的更高要求。近代以来饱受外敌入侵和内乱侵蚀的中国人民对于来之不易的安定局面尤其珍视。改革、发展、稳定三者之间的关系历来是党和国家最重视的关系，能否处理好三者之间的关系也是衡量社会发展的重要指针。

构建安定有序的社会主义和谐社会就是要最大限度地减少破坏社会稳定的因素，现实中很多社会不稳定因素有一个共同特征——侵害了人民群众的切身利益，因此按照"三个代表"重要思想的要求，按照科学发展观以人为本的要求，做到科学执政、民主执政、依法执政，真正践行党的宗旨，充分体现我国人民民主专政的国家性质。当社会矛盾凸显，群体性事件发生或者其他危害社会稳定的事件出现时，要及时、果断、准确处理，避免事态的扩大，采取党委领导、政府负责、联系群众三结合的方式处理好突发事件，积极公开信息、通报情况、处理善后，迅速使社会恢复稳定。事件处理后要积极反思、完善制度，避免再次发生同类事件。除了预防和处理之外，还需要建立完整的社会管理预警体系，加强与群众的联系，深入基层了解群众的现实诉求，收集并分析各种信息，在重点领域和重点地区加强引导，积极化解危害安定有序的社会问题。

（6）**人与自然和谐相处**。

人与自然和谐相处就是生产发展、生活富裕、生态良好，这是和谐社会的更高境界，不仅需要人与人、人与社会、社会各组成部分之间保持和谐的关系，还需要人类与自然环境和谐相处，这也是社会建设的更高目标和要求，需要我们举全党全国之力为之。人与自然和谐相处是人类可持续发展的需要，只有在人类自身发展的同时，处理好人与自然的关系，才能使得人类作为一个物种得以保存和发展。

社会建设除了人类社会自身的建设之外，还需要处理好人与自然的关系。这就需要我们正确认识自然，合理改造自然，充分利用自然，有效保护自然；这就需要我们在经济发展、社会进步的同时按照科学发展观的要求，真正做到可持续发展；这就需要我们大力建设"资源节约型、环境友好型"社会，大力发展循环经济、绿色经济、生态经济；这还需要我们在全社会形成"保护环境、人人有责"的环保理念。

社会主义和谐社会是社会建设的总体部署和目标要求，从社会主义和谐社会的六大特征中我们可以找到现阶段社会建设中存在的不足和问题，找准着力点加强社会建设，从而使得社会更加民主法治、公平正义、诚信友爱、充满活力、安定有序以及人与自然和谐，也就是使得社会更加和谐。

四、加强和创新社会管理的新要求

1. "社会管理"的提出

在我国，"社会管理"是一个新名词，是随着社会发展而产生的。改革开放之前，我国确立了中央集权的计划经济体制，将社会管理纳入经济管理范畴，通过计划手段、行政手段处理社会问题。这样的管理方式在特定的历史时期内既是必需的，也是合理的，但是随着实践的发展，这样统一的、单一的、控制性的社会管理方式不能适应社会发展的新要求了，需要重新审视社会管理，并提出专门的社会管理理论。随着改革开放的不断深入，尤其是社会主义市场经济体制的不断完善，使得社会加速转型，社会结构分化，社会矛盾与冲突增多，在这样的背景下，政府的社会管理职能越来越受到重视。

随着社会发展，社会管理越来越受到学者的关注，但大家并没有形成比较统一的观点。直到党的十六届三中全会，党中央把政府职能定位为"经济调节、市场监管、社会管理和公共服务"① 四个方面，将社会管理从政治职能和经济职能中分化出来，明确定义为政府的主要职能之一。十六届四中全会从加强党的执政能力建设、构建社会主义和谐社会的战略高度，提出了"加强社会建设和管理，推进社会管理体制创新"的要求，并明确提出要"建立健全党委领导、政府负责、社会协同、公众参与的社会管理格局"② 的任务。这就首先提出了社会管理的格局，是党领导下的政府在社会各界和人民群众的参与下展开的一项活动。2005年3月温家宝总理在十届人大三次会议上所作的政府工作报告中进一步提出了："进一步推进政企分开、政资分开、政事分开。坚决把政府不该管的事交给企业、社会组织和中介机构。政府应该管的事情一定要管好。在继续抓好

---

① 《十六大以来重要文献选编》（上），中央文献出版社2005年版，第479页。
② 《十六大以来重要文献选编》（中），中央文献出版社2006年版，第287页。

经济调节、市场监管的同时，更加注重社会管理和公共服务，把财力物力等公共资源更多地向社会管理和公共服务倾斜，把领导精力更多地放在促进社会事业发展和建设和谐社会上。"① 这就明确了社会管理的具体内容，使得党中央提出的社会管理格局得到了具体落实。

在社会管理格局和基本内容确定之后，党继续强调社会管理的必要性。党的十六届六中全会强调："必须创新社会管理体制，整合社会管理资源，提高社会管理水平，健全党委领导、政府负责、社会协同、公众参与的社会管理格局。"② 党的十七大报告在论述社会建设时把社会组织管理、人口服务与管理、社会治安防控等基层工作概括为社会管理。十七届五中全会研究部署"十二五规划"讲到加强社会建设，建立健全基本公共服务体系时再次强调："加强社会管理能力建设，创新社会管理机制，切实维护社会和谐稳定。"③

社会管理在改革之前从属于经济管理或政治管理，改革之后逐步引起重视，并独立成为党执政能力建设的组成部分和政府职能的重要体现，这是一个理论联系实际的过程，是在改革开放过程中不断研究新情况、发现新问题、提出新理论的重要体现。从对社会管理的重视，到对社会管理基本格局的确定，再到社会管理内容和创新的提出，加强和创新社会管理的理论体系在不断丰富。

2. 社会管理面临的问题与挑战

(1) 社会管理体制落后，政策不健全。

新中国成立以来，沿用苏联模式，采取的是"强政府、弱社会"的静态社会管理体制，直到改革开放以来才打破了这样的体制。总体上我国社会管理体制还明显滞后，自上而下单向推行政令的政府管理模式仍居于主导地位，没有形成政府与社会之间的双向互动。这种社会管理体制，政府拥有绝对权威，政府与社会公众之间的地位不对等，忽视了社会公众参与社会管理的重要性，同时也忽视了社会对政府管理活动的约束和监督。现行的社会管理体制最大的问题是过分强调政府的单项行为，忽视了其他社会成员、社会公众的参与，并且对政府的社会管理活动缺乏必要的规范和约束，容易导致社会管理的无序性和低效性，甚至会导致人们的抵制。

---

① 《十六大以来重要文献选编》（中），中央文献出版社2006年版，第789页。
② 《十六大以来重要文献选编》（下），中央文献出版社2008年版，第662页。
③ 《中国共产党第十七届中央委员会第五次全体会议文件汇编》，人民出版社2010年版。

如果说经济政策追求的是效率的话，那么社会政策就应该以实现社会公平为目标，具体而言就是全体社会成员享有平等的权利，在社会生活的各个方面享有均等的机会。由于中国特殊的国情，自新中国成立以来城乡社会政策的不同便出现了，改革开放以来，虽然很多政策出现了松动，但在并没有从根本上消除农民没有"国民待遇"的尴尬境地。除此之外，城市中不同的社会群体，企业单位职工与事业单位或政府部门工作人员的福利待遇，进城务工人员及其子女的入学、医疗、教育等问题上都存着不公平的现象。社会政策是为了维护社会绝大多数人的利益的，但在社会政策的制定过程中，广大人民群众往往没有办法表达自己的利益诉求，无法参与意愿的表达等问题也一定程度上影响了社会政策的科学性。

（2）*政府职能与社会管理手段不协调*。

从政治经济高度统一、中央高度集权的政府向服务性政府转化，是我国政府职能转变的方向，但这是一次重大的改变，过程中有许多需要注意的问题。当前，我国政府在社会管理领域上出现的主要问题是管理过多，服务不够。社会管理虽然冠之以管理二字，但在更大程度上应该表现为政府服务，所以我国也提出了建设服务型政府的目标。一方面，政府的社会管理部分往往权力很大，机构膨胀，有些是可以由市场进行调节的领域政府插手过多、控制过严、管理过死，既给政府带来了沉重的负担，也使得社会管理的目的没有实现。另一方面，诸如环保、住房保障体系、促进就业等一系列涉及民生的社会服务领域，政府的不作为或少作为，使得政府职能出现了"缺位"，从而影响了人民群众的切身利益。政府在不需要涉足的领域乱作为，在需要加强管理与服务的领域不作为，这就是政府在社会管理职能方面的不明确。

社会管理虽然是政府的一项职能，但是社会管理的手段远远不止行政手段一种。改革开放之前长期计划经济的统治，使得很多领域的政府职能都是而且只是通过政府的行政命令来实现的。在社会管理领域，行政手段虽然具有成效显著的特点，但往往也会是治标不治本的权宜之计。社会发展的趋势是多元化，但是单一化的行政手段却是社会管理的主要手段，这二者之间是矛盾的，因此现实社会管理中以罚代管、方式简单、行为粗暴、缺乏人文的行政手段越发难以奏效。在社会管理中需要以经济手段、法律手段为主，在必要的时候辅以适当的行政手段。

（3）*社会管理主体单一*。

传统社会中政府是唯一的管理者，但是现代社会除了政府之外，还应有发达的社会组织来进行社会管理。我国虽然有工会、妇联、共青团以及其他各种人民团体，但这些组织都有着浓厚的官方色彩，缺乏严格的独立性。社会组织弱小，是我国社会管理主体单一的重要原因。我国社会组织发展不成熟，社会组织的数量虽然有所增加，但是在社会管理中发挥的作用并没有得到实质性的提升。我国社会组织发展还呈现出明显的地域差别和城乡差别，这些都影响了社会管理的成效。

与社会管理主体的单一性相对的是社会管理对象的多样性。一方面国有单位就业人数下降，私营企业等就业人数上升，使得我国传统的社会阶层结构发生了重大分化；另一方面国有企业改制、农村人民公社的瓦解，非公有制为代表的新生社会组织迅速成长；我国还出现了性别比例失调和人口老龄化的趋势。这些变化都使得社会管理的对象发生了很大变化，日趋多样性。管理对象的多样化就需要管理主体充分了解对象的特点，采取对应的措施和方法进行科学管理，同时也需要政府借助于更多的社会组织、行业协会等对社会进行管理。

(4) *社会管理范围和难度增大*。

随着改革开放的深入，我国对外合作与交流不断深化，但是与之相应的是出现了很多社会思潮，如何对这些社会思潮进行科学分析、合理引导，使得人们树立起正确的人生观、世界观、价值观，不被各种不良思想侵蚀，成为社会管理的一项重要内容。社会管理突破了传统的领域，对人们的思想领域也需要加强管理和引导。此外，随着社会的发展，社会分工进一步细化，出现了很多新的行业，与此对应的是出现了很多新的社会阶层，如何对社会新阶层进行管理也成为一个重点关注的话题。

社会的发展导致人口流动的增速，人口流动量大，范围广，速度快，这些也给社会管理增大了难度。大量的流动人口和社会闲散人员，使得城市中的自由人、农村进城务工人员、待业待工人员数量猛增，过去通过基层的工会、村委会、居委会进行管理的传统方式不能很好地发挥作用了。面临新的情况，社会流动增强，人流、物流、资金流、信息流加大，犯罪活动诱因增多，犯罪反侦察能力、组织化和智能化提高，如何预防和打击各种违法犯罪活动也成为一个社会管理的难题。社会管理中难度最大的部分还是如何妥善处理和化解各种社会矛盾。伴随着改革的深化和社会阶层结构的复杂化，社会群体之间产生了明显的利益分化和冲突。各种社会问题层出不穷，群体性事件以及社会各阶层民众的利益诉求的分化表现出新的特点，这些无疑给社会管理提出了更高的要求。

3. 加强和完善社会管理体系

2011年2月，胡锦涛在省部级主要领导干部社会管理及其创新专题研讨班开班式上的讲话中对当前我国社会管理工作,从社会管理的格局到社会管理的内容,从政府职能到公众参与,从社会服务到社会组织,从网络管理到道德建设等多方面对加强和创新我国社会管理体系提出了要求。

(1) 加强和完善社会管理格局。

加强党的领导。党是社会主义事业的领导核心,是社会管理的领导核心。促进社会主义和谐社会建设是一项系统工程,也是一项长期性工程,需要多方协调,只有党才能从长远、从大局出发领导好这项工作。党通过正确的路线、方针、政策,通过强有力的思想政治工作,通过各级党组织的战斗堡垒作用和广大党员的先锋模范作用,能够把全国各族人民团结在党的旗帜下,共同推进社会主义建设的伟大事业。正是因为党的这些优势,社会管理事业也必须坚持党的领导,党中央和各级党组织都必须高度重视、正确领导、统一协调,才能形成社会管理事业的新局面。

强化政府的社会管理职能。社会管理是政府的一项职能,要把以人为本、执政为民转化为一种稳定的社会制度,把政府职能真正转变到经济调节、市场监管、社会管理和公共服务上来。政府在社会管理上应有所为有所不为,适应"小政府、大社会"的要求,充分发挥公民、法人、社会组织的作用。[①] 政府还必须完善社会管理和服务的相关立法工作,更多地用法律手段进行社会管理,改变单一行政手段的局限性。

充分发挥社会组织的协同管理,积极引导公众参与。社会管理涉及科学、教育、文化、卫生、社会保障等众多领域,涉及不同阶层、不同人群的复杂问题,因此仅仅依靠政府是远远不够的。社会组织具有专业性、民间性、非营利性、公益性等特点,在处理某些领域的问题时显得更加专业,政府应该鼓励社会组织充分发挥作用,在政府和社会之间架起一座沟通的桥梁,形成优势互补。另外,政府还要鼓励公众直接参与到社会管理中来,着力培养社会公众自我管理、自我服务、自我监督的能力,充分发挥基层群众自治组织的作用,调动广大人民群众的积极性和创造性。

(2) 加强和完善基层社会管理和服务体系。

促进城市基层自治组织建设。近些年来,政府自上而下推动城市基层组织建设取得了很大成效,但是也存在一些亟待解决的问题,重点就是政府和居委会必

---

① 傅思明主编:《加强和创新社会管理——建设中国特色社会主义社会管理体系学习读本》,人民出版社 2011 年版,第 139 页。

须权责明确。凡是属于行政部门和单位承担的工作，各级行政部门应独立完成，不得增加居委会的负担，不能以行政方式干涉居委会自治范围内的事务；需要依托居委会协助的行政工作，需要由行政机关和居委会共同完成，行政机关必须提供足够的支持和帮助；对于居委会涉及群众自治方面的事务，行政机关不得随意插手，严防居委会行政化。此外，还要创新社区管理体制，从体制上保障居委会自治功能的有效发挥，加强民主建设，增加社区工作透明度和公开性，维护好居民的权益。

农村地区由于地域广阔、人口众多且分散、人员流动性强等特点，村民自治组织建设还需要长足的发展，需要健全农村地区基层自治机制，调动自治热情，加强自治组织建设，扩大自治范围，保障农民享有更多更切实的民主权利。首先要完善法律法规，建立健全村民委员会选举、村民议事、村务公开等制度；其次要给予村民自治委员会更多的权利，处理好与乡（镇）政府的关系；再次要扩大村级基层民主，坚持"民主选举、民主决策、民主管理、民主监督"，发挥农民参与的积极性、主动性和创造性；最后要充分发挥村民自治组织在处理本村事务和调解纠纷、维护治安、协助沟通、公益事业等方面的作用。

（3）*加强和完善群众利益维护机制*。

完善利益协调机制。科学发展观要求实现好、维护好、发展好最广大人民的根本利益，社会管理也要以科学发展观为指导，坚持群众利益至上的原则。在社会管理中首先要保证社会成员的机会平等、待遇平等，实现同工同酬，实现初次分配的基本合理；要充分发挥政府在再分配方面的调节作用，进一步促进社会公平，实现再分配的公平；政府还要积极探索第三次分配制度建设，完善社会公平体系。

完善诉求表达机制。政府要能够及时准确地了解社会各利益主体的利益需求和现实满足情况。公众为了自身利益的实现，也必须通过一定的诉求表达机制，呼吁社会资源的合理分配和社会利益的公正分配。现阶段需要完善信访制度，在公众规范信访的同时政府也要重视并有效处理信访中暴露出的问题；需要完善人大、政协制度，使之成为公众利益诉求的主渠道；需要充分发挥工会、妇联、基层群众自治组织以及其他社会组织的作用；还需要特别关注弱势群众的利益诉求，不能使得少数人的诉求得不到回应。

此外，加强和完善社会管理还需要加强对特定对象的管理与服务，完善包括食品安全、生产安全、治安安全在内的公共安全体系构建，加强和完善对社会组织尤其是非公有制经济组织的管理，加强和完善信息网络管理，加强和完善思想道德建设等。

第四篇

中国发展与当代中国马克思主义进行时

"当前和今后一个时期,世情、国情继续发生深刻变化,我国经济社会发展呈现新的阶段性特征。综合判断国际国内形势,我国发展仍处于可以大有作为的重要战略机遇期,既面临难得的历史机遇,也面对诸多可以预见和难以预见的风险挑战。我们要增强机遇意识和忧患意识,科学把握发展规律,主动适应环境变化,有效化解各种矛盾,更加奋发有为地推进我国改革开放和社会主义现代化建设。

……

以科学发展为主题,是时代的要求,关系改革开放和现代化建设全局。我国是拥有十三亿人口的发展中大国,仍处于并将长期处于社会主义初级阶段,发展仍是解决我国所有问题的关键。在当代中国,坚持发展是硬道理的本质要求,就是坚持科学发展,更加注重以人为本,更加注重全面协调可持续发展,更加注重统筹兼顾,更加注重保障和改善民生,促进社会公平正义。

以加快转变经济发展方式为主线,是推动科学发展的必由之路,符合我国基本国情和发展阶段性新特征。加快转变经济发展方式是我国经济社会领域的一场深刻变革,必须贯穿经济社会发展全过程和各领域,提高发展的全面性、协调性、可持续性,坚持在发展中促转变、在转变中谋发展,实现经济社会又好又快发展。"

——《中共中央关于制定国民经济和社会发展第十二个五年规划的建议》　（2010年10月）

第十一章

进一步发展中国、顺应时代、普惠大众

进入新世纪，推进马克思主义中国化、时代化、大众化，在实践上就体现为坚定不移地走中国特色社会主义道路，进一步发展中国，解决中国所有问题的关键和基础要靠发展，而且必须是以人为本的科学发展，当前特别要关注民生和促进可持续发展，有效化解国内外压力；进一步顺应时代，准确把握时代节奏，应对后危机时代的机遇和挑战，既要有勇气又要有策略改革不合时宜的体制，推动发展方式转变；进一步普惠大众，追求公平正义是中国特色社会主义的应有之意，我们所做的一切都应使发展成果由人民共享，让人民生活得更加幸福、更有尊严，让社会更加公正、更加和谐。

一、发展是解决中国所有问题的关键和基础

在马克思主义看来，人类本质上是生产者而非消费者。人们也只有在创造性工作中而不是在产品消费中，才能真正找到欢乐和愉快，实现自己的潜能。"马克思主义创始人之所以谴责资本主义，首先是因为资本主义体制的病态，它在贪婪地追逐最大利润和资本积累的过程中贬低劳动使劳动者非人化，而不是因为资本主义的经济矛盾和局限性。马克思谴责资本主义制度并不是因为资本主义没有'解放生产力'，而是因为资本主义没有解放生产者，因为资本主义确实用新的更加不人道的制度奴役生产者。""不能将建立社会主义物质基础的经济手段与

建设社会主义本身这一目的相混淆；尤其不能以前者代替后者"。① 这就促使我们更关注"发展"的真谛，更关注发展对人和社会的影响，也更自觉地关注社会主义的手段和目的关系问题。

1. 解决中国所有问题的关键是发展

改革开放初期，邓小平就提出我们要实现"中国式"的现代化，并设想分"三步走"的发展战略。党的十三大根据这个构想作出了部署，目标是到 21 世纪中叶，人均国民生产总值达到中等发达国家水平，人民生活比较富裕，基本实现现代化。邓小平还提出社会主义的根本任务是解放和发展生产力，"中国解决所有问题的关键是靠自己的发展"②；抓住机遇加快发展，既要有一定速度又要讲质量讲效益；物质文明和精神文明"两手抓、两手都要硬"等思想；特别是提出了"发展是硬道理"的著名论断。21 世纪初，基于国际大的格局深刻变化和国内改革发展的新任务，发展被确认为我们党执政兴国的第一要务，并提出坚持用发展的办法解决前进中的问题，不断推进社会主义物质文明、政治文明和精神文明建设，促进社会全面进步和人的全面发展；实现区域经济合理布局和协调发展；正确处理改革发展稳定的关系；把握好发展中的速度和效益、数量和质量等关系；更新发展思路，实现经济增长方式的转变，以及推动走上生产发展、生活富裕、生态良好的文明发展道路等等要求。为此，还推出了"科教兴国"、"可持续发展"、"西部大开发"等重大战略的实施。全面建设小康社会的目标，是中国特色社会主义经济、政治、文化（后来还增加了社会）全面发展的目标，是与加快推进现代化相统一的目标；为了实现这个奋斗目标，发展要有新思路，改革要有新突破，开放要有新局面，各项工作都要有新举措。我们要全面建设小康社会，进一步提高人民的物质文化生活水平；增强我国的综合国力，实现中华民族的伟大复兴；实现祖国统一，促进世界和平与发展。"解决中国的所有问题，关键在发展，解决人们的思想认识问题，说服那些不相信社会主义的人，坚定人们对社会主义和祖国未来前途的信念与信心，最终也要靠发展。"③

然而，我国在经济快速发展的同时，也积累了不少矛盾和问题。我国人口占世界总数 1/5，经济规模占全球 GDP 总量约 7%；人均 GDP 大体在世界平均水平 1/3 的位置上；外贸出口依存度（占 GDP 比重）达到 1/3，外汇储备世界第一；

---

① ［美］莫里斯·迈斯纳：《重新思考马克思主义对资本主义的批判》，载《战略与管理》1994 年第 5 期。
② 《邓小平文选》第 3 卷，人民出版社 1993 年版，第 265 页。
③ 江泽民：《论"三个代表"》，中央文献出版社 2001 年版，第 123 页。

消费占 GDP 比重不到 40%（世界平均约 60%），而投资比重超过 40%（近年因应对危机甚或达到 45%）；城镇居民收入比较富裕的 20% 人群是比较贫穷的 20% 人群的 8～10 倍，这还没有考虑城乡收入差距的情况；行政费用占财政开支比例高达 25% 以上（世界平均 10% 以下）；环境损失约占 GDP 的 8% 以上，碳排放达到世界总量 1/4……这些数字既表明我国发展还有很大空间很强动力，也反映了在经济、社会、政治和环境方面存在的问题。

大致说来，现在中国发展的特点：一是快，二是"重"。关于快，改革开放以来保持了近 10% 的年经济增长率，举世瞩目。关于"重"，主要是指增长方式粗放、产业能级与文化含量都比较低；又快又"重"积累起来就不是什么好事情，我国资本结构因此发生了比较严重的扭曲，除了物质资本的强劲扩张，人力资本方面，劳动力数量庞大，质量却来不及提高，劳动收入过低，导致内需不足；自然资本方面，自然资源消耗过猛，环境压力越来越大，发展的可持续性面临巨大挑战；社会资本方面，与市场经济相适应的信用体系、游戏规则与交往方式都还不健全，影响社会不和谐的因素在增加。我们仅仅用了 30 年时间完成了别国可能要一百多年才能达到的经济业绩，但与此同时，别国一百多年纷纷出现的社会问题、文化问题和环境问题在我们这里也"压缩"集中出现了。这些问题如果不能很好解决，就会成为改革开放和现代化建设的阻碍。这在世界上也是有前车之鉴的：有的国家经济结构失衡、社会发展滞后，导致发展质量不高、后劲不足；有的国家出现了贫富悬殊、失业剧增、社会腐败，甚至政治动荡；还有的国家为解决能源资源消耗过大和生态环境严重恶化问题付出了高昂代价。各国发展经验表明，发展不仅仅是经济增长，而应该包括政治、文化、社会全面协调的发展，是人与自然和谐相处的可持续发展。我们不能重复别国走过的老路弯路，必须走出一条适合我国国情顺应时代特点、普惠人民大众的发展道路。

为了破解我国发展的种种难题，妥善应对关键时期可能遭遇的各种风险，我们党立足社会主义初级阶段基本国情，总结我国发展实践，借鉴国外发展经验，适应新的发展要求提出了以人为本的科学发展观，赋予马克思主义发展理论以新的时代内涵和实践要求。深入贯彻落实科学发展观，首先要求我们确立"以人为本"的发展理念，"就是要以实现人的全面发展为目标，从人民群众的根本利益出发谋发展、促发展，不断满足人民群众日益增长的物质文化需要，切实保障人民群众的经济、政治和文化权益，让发展的成果惠及全体人民"[①]；要求我们更加关注民生，积极构建社会主义和谐社会，没有科学发展就没有社会和谐，没

---

① 胡锦涛在中央人口资源环境工作座谈会上的讲话，《人民日报》2004 年 3 月 11 日。

有社会和谐也难以实现科学发展；要求我们把改革创新精神贯彻到治国理政各个环节，着力形成充满活力、富有效率、更加开放、有利于科学发展的体制机制；要求我们切实加强和改进党的建设，提高科学执政、民主执政、依法执政水平，为科学发展提供坚强可靠的政治和组织保障。

2. 发展必须是又好又快的发展

"二战"以后，许多国家尽管基本国情和文化传统不同，但人们都把注意力集中在发展和如何发展上。有关"发展"的基本思路就是实现从"传统"向"现代"的转变，而转变的主要标志就是以工业化为特征的经济增长，一切经济活动均旨在增进国民财富，因此"发展"往往与"增长"混为一谈。

但是，一些发展中国家在模仿西方现代化（工业化）的发展过程中，出现了所谓"无发展的增长"现象，主要表现为经济畸形发展与整个社会系统的失调，盲目追求经济规模的扩张和增长，这些国家原有的贫困、失业等问题还没有解决，新的问题特别是贫富两极分化、价值体系失范以及生态环境恶化等又接踵而至。发展中国家与发达国家的差距非但没有缩小，反而还在继续扩大。

为此，国际社会逐渐形成了经济社会必须协调发展的共识。较之于经济增长，发展还应包含社会状况的改善和政治体制的进步，不仅仅有规模的扩张，还更应重视质量的提高。对于社会发展的关注主要集中在反贫困、失业和不平等分配等问题上。联合国开发计划署（UNDP）引进了"人类发展"（human development）概念及其指标体系（人类发展指数，HDI），以弥补用单纯经济指标衡量发展水平的不足。并在"人类发展"概念上取得一致意见：（1）发展必须把人置于所关心的一切问题的中心地位；（2）发展的目的是扩大人类的选择范围，而不仅仅是增加收入，它所关注的是整个社会，而不仅仅是经济；（3）人类发展既与扩大人的能力（通过对人的投资）有关，也与保证充分利用这些能力（通过能使其转变为现实的结构）有关；（4）人类发展建立在生产力、公正、持续性和享有权利之上。在承认经济增长是人类发展的基础同时，重视经济增长的质量和分配，强调世代的可持续性选择；而且必须通过适当的管理，充分利用经济增长为增进福利所提供的机会，促进人类的发展。

伴随着全球性资源耗竭和环境退化现象的加剧，1972年，联合国人类环境大会指出，地球上各种自然资源，都应通过精心规划及最适当的管理，为了当代人及子孙后代的利益而加以保护。寻找新的发展出路、选择新的发展模式被提上了议事日程。一个新的概念"可持续发展"（sustainable development）逐渐浮出水面。世界环境与发展委员会（WCED）报告《我们共同的未来》（1987）[①]，将可持续发展规定为"既满足当代人的需要，而又不对后代人满足其需要的能力构成危害的发展"。突出了满足人类的基本需要，必须坚持发展的主题；但又必须对发展有所限制，即不能以破坏环境的方式来谋求发展。联合国44/228号决议（1989）指出，全球环境不断恶化的主要原因是不可持续的生产方式和消费方式，特别是发达国家的生产方式和消费方式。

1992年，联合国环境与发展大会郑重其事地把保护环境与可持续发展联系在一起，宣布"人类处在备受关注的可持续发展问题的中心，他们应享有与自然相和谐的方式过健康而富有生产成果的生活的权利"。大会通过的未来行动纲领《21世纪议程》被认为是"促进可持续发展的新的全球伙伴关系"的积极探索，是可持续发展原则从理论走向实践的一个重要标志。2002年，联合国秘书长在《21世纪议程》执行情况报告中指出，促进可持续发展的努力总体上成效不大，原因是缺少政治意愿；环保资源太少；缺乏协调行动；生产和消费方式严重浪费。报告提出了保护环境、维持可持续发展的十点建议：（1）全球化为可持续发展服务；（2）消除贫困，改善城乡居民的生活；（3）改变目前不可持续的生产和消费方式；（4）改善居民健康状况；（5）改进能源消耗，适用更多可再生的能源；（6）加强生态环境和物种多样化的管理；（7）改进淡水资源管理；（8）增加官方发展援助和私人投资；（9）加强对非洲可持续发展的支持；（10）加强国际合作和协调。[②]

无论是作为发展观念扩展的"人类发展"，还是发展观念延伸的"可持续发展"，都体现了"以人为中心、伸张人权"的新发展观。无论如何，解决中国的所有问题，归根结底还是要靠发展。"强调第一要义是发展，是基于我国社会主义初级阶段基本国情，基于人民过上美好生活的深切愿望，基于巩固和发展社会主义制度，基于巩固党的执政基础、履行党的执政使命作出的重要结论。发展是马克思主义最基本的范畴之一。……邓小平同志在总结国内外建设社会主义经验教训的基础上强调指出，社会主义的根本任务是发展生产力，发展才是硬道理；在社会主义国家，一个真正的马克思主义政党在执政以后，一定要致力于发展生产力，并在这个基础上逐步提高人民的生活水平。我们必须始终牢记，发展是解决中国所有问题的关键，发展对于全面建设小康社会、加快推进社会主义现代化，对于开创中国特色社会主义事业新局面、实现中华民族伟大复兴具有决定性

[①] 此前，联合国有关机构针对反核战、反贫困等全球性问题，组织编写了《我们共同的安全》（裁军与安全问题委员会，1982）、《我们共同的危机》（国际发展委员会，1983）的报告；《我们共同的未来》是这些问题讨论的继续，主要针对全球性环境问题。

[②] "安南发表《21世纪议程》执行报告：世界环境状况堪忧"，《人民日报》2002年1月30日。

意义。只有紧紧抓住和搞好发展,才能从根本上把握人民的愿望,把握社会主义现代化建设的本质,把握我们党执政兴国的关键。同时,我们也必须牢记,发展应该是又好又快的发展,也就是党的十七大强调的,要努力实现以人为本、全面协调可持续的科学发展,实现各方面事业有机统一、社会成员团结和睦的和谐发展,实现既通过维护世界和平发展自己,又通过自身发展维护世界和平的和平发展。"① 发展是进一步解放和发展生产力的必然要求,也是进一步改善和提高人民生活水平的必然要求。我国生产力总体水平还不高,与世界先进水平相比还有很大差距;我国正处于并将长期处于社会主义初级阶段,想问题、作决策、办事情,一定要从基本国情这个最大的实际出发;我国虽然总体进入小康社会,但还不是全面小康社会并且小康水平也不高,发展仍然是解决中国所有问题的关键与基础,但这个发展必须是以人为本的,全面协调可持续的发展。

坚持以人为本,就要始终坚持人民的主体地位,尊重人民首创精神,发挥人民的积极性、主动性、创造性;坚持从人民的根本利益出发谋发展、促发展,不断满足人民日益增长的物质文化需要,不断实现好、维护好、发展好最广大人民的根本利益;坚持在全体人民根本利益一致的基础上,正确反映和兼顾不同地区、不同部门、不同方面群众的利益,妥善协调各方面的利益关系,走共同富裕道路;就要切实保障人民依法享有各项权益,维护社会公平正义,满足人们的发展愿望和多样性需求,关心人的价值、权益和自由,关注人们的生活质量、发展潜能和幸福指数,体现社会主义的人道主义和人文关怀,促进人的全面发展。

全面协调可持续是科学发展观的基本要求,反映了现阶段我国经济社会发展的客观要求:一方面,经过长期发展,我们积累了较为雄厚的物质技术基础,可以在推进全面协调可持续发展上有更大作为;另一方面,城乡区域发展不平衡、经济社会发展不协调、经济发展与人口资源环境不适应等问题更加突出地摆在了我们面前。这个基本要求提出了解决城乡、区域、经济社会、人与自然发展不平衡、不协调问题的新思路,指明了我国经济社会发展的正确方向。只有更加自觉地推进全面协调可持续发展,才能更好化解对我国发展的各种制约因素,确保我国发展战略目标的实现。统筹兼顾是正确处理发展许多重大关系的方针原则。在我国深化改革扩大开放推进发展的关键阶段,"我们要推动科学发展、促进社会和谐,必须更加自觉地运用统筹兼顾的根本方法,正确反映和兼顾不同方面的利益"②。只有坚持统筹兼顾,我们才能真正处理好我国这样一个十几亿人口的发

---

① 《科学发展观重要论述摘编》,中央文献出版社、党建读物出版社2009年版,第23~24页。
② 同①,第57页。

展中大国的改革发展稳定问题，真正处理好全体人民的根本利益和各方面的具体利益问题，把各方面的积极性充分发挥出来，更好地推进我们事业的健康发展。根据中共中央的建议，我国"十二五"规划明确规定未来一段时期必须以科学发展为主题，这是时代的要求，关系改革开放和现代化建设全局。"我国是拥有十三亿人口的发展中大国，仍处于并将长期处于社会主义初级阶段，发展仍是解决我国所有问题的关键。在当代中国，坚持发展是硬道理的本质要求，就是坚持科学发展，更加注重以人为本，更加注重全面协调可持续发展，更加注重统筹兼顾，更加注重保障和改善民生，促进社会公平正义。"①

3. 中国仍然是最大的发展中国家

早在 1986 年，第 41 届联合国大会以压倒性多数通过了《发展权利宣言》，《宣言》指出，"发展是经济、社会、文化和政治的全面进程，其目的是在全体人民和所有个人积极、自由和有意义地参与发展及其带来的利益的公平分配的基础上，不断改善全体人民和所有个人的福利。""每个人和所有各国人民均有权参与、促进并享受经济、社会、文化和政治发展，在这种发展中，所有人权和基本自由都能获得充分实现。"这清楚地表明，发展不仅仅指经济增长，更重要的是实现人的尊严与自由，不断增进人的福利的过程。

通过联合国连续实施的四个发展十年战略，也可以发现发展逐渐聚焦人权（以人为中心）的演变。在"第一个发展十年"（1961~1970），联合国明确提出促进发展中国家国民经济总量增长的目标，而为了实现增长，就必须有足够的投资，当时特别关注对发展中国家的外援。在"第二个发展十年"（1971~1980）期间，由于广大发展中国家的强劲推动，1974 年，联大通过《关于建立新国际经济秩序的宣言》和《建立新国际经济秩序的行动纲领》，10 月通过《各国经济权利与义务宪章》；次年，又通过《发展和国际经济合作》决议。这四个文件都强调实现发展的公正前提，必须建立新的国际经济秩序。到了"第三个发展十年"（1981~1990），联大先后通过了援助最不发达国家的行动纲领，前者包括促进体制改革以克服它们的极端经济困难，为穷人提供适当的最低生活标准，确定并支持主要的投资机会和优先项目等；后者要求债务国与债权国共同努力，制定国际债务战略，以利于最不发达国家的经济增长和发展。1986 年，《发展权利宣言》正式确认发展权利是一项不可剥夺的人权，发展机会均等是国家和组成国家的个人的特有权利。"第四个发展十年"（1991~2000）提出了一套长远

---

① 《中共中央关于制定国民经济和社会发展第十二个五年规划的建议》，人民出版社 2010 年版。

的"基本的政治指导方针",目标是:发展中国家经济的蓬勃发展;为一个减少贫困、促进提高和利用人力资源并且是对环境无害以及能够持续的发展进程打下基础;改进国际货币、金融和贸易体制使世界经济更加稳定;加强国际发展合作;对最不发达国家问题的特别关注。期间联合国就发展问题召开了多次大会,如环境与发展会议(1992)、人权与发展会议(1993)、人口与发展会议(1994)、社会发展问题世界首脑会议、妇女参与发展会议(1995)和世界粮食首脑会议、世界科学大会(1996)等。

对于广大发展中国家来说,发展不充分才是实现和享有人权的主要障碍。"国际社会应促进有效的国际合作,实现发展权利,消除发展障碍。为了在执行发展权利方面取得持久的进展,需要国家一级实行有效的发展政策,以及在国际一级创造公平的经济关系和一个有利的经济环境"(《维也纳宣言和行动纲领》)。2000年联合国千年首脑会议通过了《千年宣言》,各国领导人承诺将不遗余力地帮助10多亿人摆脱极端贫困状态,决心在国家及全球范围创造一种有助于发展和消除贫困的环境。而实现这些目标的路线图——"千年发展目标",第一项就是消除极端贫困和饥饿,即以1990年为基数,到2015年使每天不到1美元维持生存的人口比例减半,使遭受饥饿的人口比例减半。"千年发展目标"提供了一个新的努力目标和提高责任的行动框架,但支撑实现这些目标的政治意愿、政策理念要发挥作用,还必须转化为各国的发展战略,并遵循合适的经济理论以及透明、负责的治理原则。

2010年也是落实联合国千年发展目标的第10个年头。我国十分重视联合国千年发展目标的落实工作,也取得积极进展,提前实现了"将贫困与饥饿人口减半"、"普及初级教育"及"降低儿童死亡率"三项目标及"安全饮用水"等子目标,其他目标亦有望如期实现。我国在实现自身发展但还不富裕的同时,不断加大援助贫穷发展中国家的力度,为发展中国家提供力所能及的帮助。截至2009年年底,中国累计向120多个发展中国家提供了经济技术援助,向30多个国际和区域组织提供了捐款。在危机最严重的2008年,中国对世界经济增长的贡献率超过20%,对全球贸易增长的贡献率超过9%,为推动世界经济复苏作出了重要贡献。但是,中国的发展中国家属性并没有改变。我国人均GDP还不到4 000美元,远低于世界平均水平,在社会保障、公共医疗、公共教育等方面的覆盖面和水平都低于发达国家一大截;我国是世界第一大出口国,但出口以加工为主,自主创新成分比重很小,缺少世界品牌,我国技术和劳动生产率明显落后于发达国家;我国在国际金融体系和贸易体系中的决策地位还不高,在参与制订有关国际政策方面的影响力还不强,在国际市场的定价权很有限,人民币也还不是世界硬通货。迄今为止,没有一个国际组织或国际公约改变了对中国发展中国家地位的定义。① 而且，我国在全面实现千年发展目标方面也面临很大挑战，特别是在实现可持续发展领域，包括城乡区域发展不平衡、环境压力较大、人口逐渐老龄化等，这就必须深入贯彻落实科学发展观，坚定不移地深化改革扩大开放，加快调整经济结构和转变增长方式，更加注重保障和改善民生，促进经济社会又好又快发展，为全面实现千年发展目标做出不懈努力。

胡锦涛在2008年奥运会前夕接受各国媒体联合采访时指出："中国仍然是世界上最大的发展中国家，中国在发展进程中遇到的矛盾和问题，无论是规模还是复杂性，都是世界上所罕见的。我们要全面建成惠及十几亿人口的更高水平的小康社会，进而实现国家现代化，实现全体人民共同富裕，还有很长的路要走。"② 当今世界，经济全球化趋势愈演愈烈，既给我们带来了前所未有的发展机遇，同时也带来了各种风险甚至严峻挑战。我们必须清醒认识国际局势错综复杂，国际环境变幻莫测，影响和平与发展的不稳定因素在增多。围绕着资金、技术、人才、市场和资源的竞争将越来越激烈，国际贸易摩擦还会进一步加剧，各种形式的保护主义、各个领域的矛盾和争端都将继续存在。逆水行舟，不进则退，国际竞争说到底是国家发展实力的竞争。我国现在是名副其实的"世界工厂"，总体上"大"而"不强"。科学发展观内在地要求统筹好国内国际两个大局，通过两个大局的相互补充相互促进实现更好更快地发展。无论是应对国内各种问题的压力，还是来自国际竞争的压力，只有依靠科学发展，高度关注社会公平和可持续发展，才能游刃有余，立于不败之地。

重要的是，"我国仍处于并将长期处于社会主义初级阶段的基本国情没有变，人民日益增长的物质文化需要同落后的社会生产之间的矛盾这一社会主要矛盾没有变，我国是世界上最大的发展中国家的国际地位没有变。发展仍然是解决我国所有问题的关键。牢牢抓住和用好我国发展的重要战略机遇期，是我们赢得主动、赢得优势、赢得未来的关键所在，是对我们党执政能力的重大考验，也是对我们民族自强能力的重大考验。我们必须继续聚精会神搞建设、一心一意谋发展，不断夯实坚持和发展中国特色社会主义的物质基础。"③ 面对当今世界、当代中国正在发生的广泛而深刻的变化，以及实现人民群众新要求新期待的繁重任务，我们不但要巩固和发展改革开放已经取得的理论成果和实践成果，还要更好地把握发展规律、创新发展理念、转变发展方式、破解发展难题、推动科学发展。也就是在这个意义上，科学发展观作为"我国经济社会发展的重要指导方

---

① 《中国的发展中国家属性没有改变》，《新华每日电讯》2010年9月20日。
② 胡锦涛主席接受外国媒体联合采访，《人民日报》2008年8月2日。
③ 胡锦涛在庆祝中国共产党成立90周年大会上的讲话，《人民日报》2011年7月2日。

针,是发展中国特色社会主义必须坚持和贯彻的重大战略思想"。①

二、勇敢应对后危机时代的机遇与挑战

改革开放以来,我们抓住了难得的历史机遇,集中精力发展自己,取得了举世瞩目的成就。我国经济总量和外贸总额跃居世界前列,并将于不久迈上中等收入国家行列。但随着时间推移,支撑中国快速发展的因素也在发生变化,各种结构性矛盾日益尖锐,外部环境新变化产生了新的压力。如果我们的发展方式不能进行与时俱进的调整,就会对今后发展造成阻滞,淤积为一系列困境,改革开放事业和现代化进程可能出现反复、停顿甚至倒退。

1. 后危机时代的机遇与挑战并存

现代社会的风险具有不同于传统风险的特征,最突出的就是其"内禀"性,是"人为"制造或被(社会)"建构"出来的风险;它甚至没有明确的责任主体,因此被称为是"有组织地不负责任"(organised irresponsibility)的产物。②在这个意义上,类似的全球化风险就不仅仅是技术性风险,也是制度性风险,进而成为一个政治问题。全球化使整个世界都被卷入同一个进程中,各国在这些风险面前无可逃遁。人们为此采取了一些决策与行动,但这些决策和行动又可能产生新的风险,因此又成为一种充满悖论的结构性风险。美国次贷危机引发的全球金融危机尽管有资本失控、监管不力等原因,但也是全球化条件下局部风险迅速传播并急剧扩大的一个写照。金融危机的酝酿与发作,在很大程度上正好印证了这种风险的"人为不确定性"(manufactured uncertainty)。

一段时间以来,人们对全球化的正面评价比较多,但对它挟裹的风险,及其借助现代技术手段放大的恐慌与不信任估计不足。套用马克思的话说,在全球化条件下,一方面是财富的巨大增长,另一方面则是风险的积累和扩展,而财富增长并不能遏制风险的威胁。由金融危机蔓延开来的经济社会危机再次敲响了警

---

① 胡锦涛:《高举中国特色社会主义伟大旗帜 为夺取全面建设小康社会新胜利而奋斗》,人民出版社2007年版。
② 所谓"有组织地不负责任",反映了现行风险治理模式的困境。典型的,就是我们无法确认导致环境破坏的责任主体,各方都可以为自己的行为找到一大堆辩护理由。人们"制造"了风险,然后再建立一套话语来推卸责任等。

钟！包括中国在内的发展中国家参与全球化进程，"优势在于可以以西方发展道路为借鉴，吸取其发展经验和教训。而劣势则在于，西方国家由于率先实现了现代化，对于现代化问题的反思和治理有其充分的有利条件，而我们由于现代化发展还不够充分，对于已经出现的问题的解决尚缺乏充分的条件，尤其是充分的物质技术条件，更何况我们还面临着发达国家利用经济技术优势转嫁风险和危机的状况。"①

然而，就像危机既是"危（险）"但也意味着"机（遇）"一样，风险社会同时也产生推动改革（变革）的力量和机遇。传统的"事后"应对往往捉襟见肘，这就要强烈呼唤防患于未然、把握未来的方法论，从国家到个人都需要确立着眼于长远的风险意识和标本兼治的切实部署。我们必须根据国际国内新形势的要求，着力解决各种深层次的矛盾和问题，切实转变发展方式，使我国较长时期地保持健康、平稳和较快的发展。"综合对国内外发展环境的分析，新时期转变发展方式，实现经济社会又好又快地发展，必须着力解决好以下四个方面的突出问题。一是着力改善一系列经济结构，充分释放中国巨大的需求和增长潜力，保证经济增长良好势头延续更长时期。二是着力解决技术创新动力不足的问题，在要素成本上升、传统竞争优势减弱的背景之下，巩固传统的竞争优势，培育新的竞争优势，提高综合竞争力。三是着力解决经济发展和环境保护不协调的问题，绿化环境和应对气候变化带来的压力，为培育新经济增长点的契机，大力发展绿色经济，提高碳排放生产率，实现减排与发展的双赢。四是着力解决经济发展与社会发展不协调的问题，加快社会建设，促进社会和谐稳定。"②

与我国开放程度成正比，全球化带来的收益和风险也越来越大，近年来，"风险"似乎来得越来越频繁，日常生活领域的不安全感也越来越与"风险社会"这个概念联系了起来，并被激活为公众关注和议论的热门话题。风险社会作为全球化的"境遇"（context），我们不可能游离于这个过程之外，无论愿意不愿意，都必须面对由此产生的各种后果。我国现在正处在一个高风险时期。我们遭遇的既有各国共同面对的全球化风险，还叠加了由于我国的历史、国情和发展阶段所表现出来的特殊因素，这些因素包括：人口规模大、密度高，风险杀伤力大；大量人口文化水平低、工作素质差，抗风险能力比较弱；社会转型和流动性增加促使各种风险交织在一起产生连锁效应；个人、阶层和社会共同体之间的信任程度比较低，合作意愿也不强；政府权力过于集中，公民社会的作用还不明显，风险责任分担体制也远没有建立起来。"中国所面对的风险环境带有明显的

---

① 庄友刚：《资本关系在中国现代化进程中的历史定位——从当代风险社会谈起》，载《马克思主义与现实》2008年第5期。
② 国务院发展中心课题组：《迈向新的发展方式》，载《中国发展观察》2010年第4期。

复合特征，这体现在三个方面：一是尽管随着现代化的快速推进，现代意义的风险大量出现，但是由于农业生产方式在许多地方依然占主导地位，所以传统风险依然存在；二是尽管技术风险、制度风险成为风险结构中的主要类型，但是由于中国在进行着现代化的同时，也进行着制度改革和制度转轨，所以制度风险中既有过程风险也有结构性风险；三是作为一个快速加入全球化进程的大国，中国国内的多样性以及与国际社会的全面接触直接导致了风险来源的复杂化——风险既可以产生于国内，也可以引发自国外，更可以是二者的互动结果。"① 特别是地方、部门通过"政绩GDP"表现出来的开发冲动还很强，它们掌握着大量资源配置的权力，具有明显的短期偏好，而长期形成的"路径依赖"使大量扩张性的物资投入，很容易陷入传统发展模式的窠臼，一边克服危机，一边又在制造新的风险。结果经济数字上去了，社会利益却越来越分化，社会矛盾越来越复杂，突发的群体性事件不断增多，使我们不得不面对多重风险叠加在一起的复杂局面。另外，我国财富正加速向少数人集中，他们拥有的巨额财富和背后的利益集团都具有很大的风险能量。②

2. 加快有利于科学发展的体制机制

为了应对金融危机，保增长，保就业，我国采取了以加大公共投资力度为主要内容的措施，并提出了振兴若干产业的对策。大量物资性投入或可救一时之急，但不能从根本上解决问题，至于中央政府一再强调优化投资结构，投资必须用在应对危机最关键的地方，用在经济社会发展的薄弱环节的要求，很可能被地方、部门利益所扭曲变了形。由于政府部门掌握着大量资源配置的权力，具有明显的短期偏好，建立"好的"市场经济体系的深层次体制性障碍仍然顽固地存在，这些驾轻就熟的"路径依赖"使扩张性的物资投入，很容易再次陷入传统发展模式的困境，一边在克服危机，一边又在制造新的风险。而且，巨大数额的经济刺激计划，在公共治理有效性阙如的情况下，没有确保资金安全的制度体系和信息公开，如何防止寻租和腐败行为，业已受到越来越密集的质疑。刷新发展观念，转变发展战略，最重要的是转变经济发展方式，对现有产业进行大规模改

---

① 《全球风险世界：现在与未来——德国著名社会学家、风险社会理论创始人乌尔里希·贝克教授访谈录》，载《马克思主义与现实》2005年第1期。

② 根据国际知名调查公司麦肯锡（Mckinsey）对中国内地16个城市的调查，2008年中国富裕家庭（年收入超过3.65万美元或25万元人民币）的数量有160万户，他们的平均年收入约为8万美元，具有的消费能力与年收入10万美元的美国家庭相当，代表了中国城市中1%的最高收入人群。见http://www.mckinsey.com/locations/chinasimplified/mckonchina/reports/china_wealthy_household.aspx。

造，包括严格限制高投入、高能耗、高污染行业；提升现有的产业结构，促使制造业向附加价值高的服务性业务延伸，发展知识含量高的现代服务业等。这一切，都对我国人力资源储备和劳动者素质提出了更新更高的要求。增强人力资本，防范全球化风险，建立适合国情的风险治理体系，也越来越成为推动科学发展、促进社会和谐的重要事项。

后危机时代，导致危机的许多不确定因素仍然存在而且可能潜伏待发，这些因素对我国的影响十分复杂。我们以往发展的一些有利条件和优势正在消失，有的甚至变成不利条件和劣势，我国廉价劳动力的长期优势已经不在；外贸巨额顺差招致了大量争端；经济进一步发展将遭遇越来越大的资源环境压力；社会结构和利益格局变化日益深刻，人们的就业方式、消费方式、思维方式、行为方式发生了很大变化；意识形态领域渗透反渗透斗争也不断有新的表现等。可以预料，后危机时代，一方面，国际产业会有较大规模的结构调整，美国等发达国家的透支消费情况有所收敛，各国贸易保护主义将愈演愈烈；另一方面，国内经济还没有根本实现又好又快的转变，传统发展模式的惯性仍然在起作用，产能过剩，土地收益耗竭，再加上内需不足与通胀压力并存，民生福利供应缺失等，使主要依靠低劳动工资、低社会保障、低环境门槛的发展难以为继。所以，不管世人对中国发展状况抱有多大期许和赞扬，我们自己一定要心中有数，未来一段时间，中国还将面临人口老龄化、分配不公引起的社会动荡、利益冲突和群体性事件高发、腐败泛滥及其政治风险、生态环境持续退化的挑战，以及两岸关系变数、"三股势力"滋事、国际交往中总有一些人爱找中国的碴儿等外部干扰，使我们不得不在一系列两难问题面前作出艰难选择。

中国仅仅用了差不多一代人时间完成了别国可能要几代人上百年才能达到的经济业绩，但与此同时，别国几代人上百年纷纷出现的各种社会问题，包括各种风险在我们这一代也以"压缩"形式集中出现了。当代中国的巨大社会变迁，"公民对政府降低风险的期望与政府降低风险的能力之间形成巨大的'真空'地带"，尽管政府与公众都力图降低不确定性，但结果却"促使外在风险转化为内在风险，从而增加了作为整体的社会健康运行的风险"。[1] 在中国，没有一个强势政府，许多事情就办不成；但是，如果没有社会力量和广大利益相关者的积极参与，就不可能形成"深入了解民情，充分反映民意，广泛集中民智，切实珍惜民力，不断实现民利"的决策机制和治理效果。

我们不能故步自封，满足于已经取得的成绩，更不能以发展方式转变的艰巨性、复杂性为借口维持现状；我们能否实现以人为本、全面协调可持续的发展，

---

[1] 杨雪冬：《风险社会理论反思：以中国为参考背景》，载《绿叶》2009年第8期。

很大程度上就取决于能否成功实现经济发展方式的转型。我们经济增长模式投资过重、消费不足,现在外部需求疲软,国内产能过剩,由投资和出口驱动这条增长道路走不通了。重要的是,增长本身不是目的,而只是造福人民的手段,但多年强调 GDP 的惯性思维和行为,手段变成了目的,一方面经济在增长,另一方面居民消费比重却在下降,民众在经济增长蛋糕中获得的消费能力相对变小了。发展方式转变及相应的结构调整和改革深化,是我国正在经历的一次深刻转型。我们贯彻落实科学发展还存在着某些阻碍,主要是资本强势以各种形式影响决策;政府还没有完成转型,在许多方面受到利益集团的牵制;宏观政策到了基层往往会发生变形、打折或稀释;行政成本居高不下挤压民生投入;社会力量和公共治理体系还不成气候等,归结起来,就是还有一些体制性的障碍必须破除,这又凸显了体制改革的重要性和紧迫性。没有体制上的重大突破,就难以实现发展方式的根本转变,体制改革和创新是发展方式转变的决定性因素。"提升消费,抑制投资,需要制度改革,因为投资过重同样存在着深刻的制度根源,如 GDP 挂帅的干部考核指标体系。除此之外,还有人为压低土地价格、资金价格和能源价格,鼓励大家上项目,降低资本、要素成本,鼓励投资。以增值税为主的税收体系使得各级地方政府对投资乐此不疲,多多益善。企业赚不赚钱没关系,但政府收税,税收马上有了。过度投资在传统增长模式下已经变成了一种制度病,单靠政府发文限制和严格审批是治标不治本,真正能够抑制这种过度投资的是综合性的制度改革。"[①]

所有这些改革都是攻坚战,每项改革涉及方方面面的利益,障碍重重。大力排除各种体制障碍,改革不合时宜的旧体制,既要有勇气又要有策略。"要把改革创新精神贯彻到治国理政各个环节,毫不动摇地坚持改革方向,提高改革决策的科学性,增强改革措施的协调性。要完善社会主义市场经济体制,推进各方面体制改革创新,加快重要领域和关键环节改革步伐,全面提高开放水平,着力构建充满活力、富有效率、更加开放、有利于科学发展的体制机制,为发展中国特色社会主义提供强大动力和体制保障。要坚持把改善人民生活作为正确处理改革发展稳定关系的结合点,使改革始终得到人民拥护和支持。"[②] 转变经济发展方式,深入贯彻落实科学发展观,必须进一步解放思想,敢为天下先,更要善于把握时机,把握推进各项改革的策略;坚定推进各项比较成熟的改革举措,妥善处理改革引起的利益关系调整,合理补偿相关方面的利益损失。"要为科学发展提

[①] 许小年:《转变发展方式需制度变革》,见 http://www.caijing.com.cn/2010-03-04/110389144.html。

[②] 胡锦涛:《高举中国特色社会主义伟大旗帜 为夺取全面建设小康社会新胜利而奋斗》,人民出版社 2007 年版。

供强大的制度保障，就需要坚定不移深化改革，提高改革决策的科学性，增强改革措施的协调性，全面推进经济体制、政治体制、文化体制、社会体制改革，努力在重要领域和关键环节改革上取得突破。不断攻克制约科学发展的体制症结，从制度上更好发挥市场在资源配置中的基础性作用；不断推进社会主义政治制度自我完善和发展，以行政管理体制改革带动服务型政府的建设；全面提升开放型经济水平，形成经济全球化条件下参与国际经济合作和竞争新优势。"①

3. 必须进一步深化改革扩大开放

毫无疑问，共同应对后危机，必须增强执政党与政府为公民提供良好服务的信心，也就是对执政党和政府产生"好"的预期，当然，这种期望不是盲目的，它取决于执政者的所作所为，以及由此产生的信任。党和政府要取信于民，就必须提供扩大民主、健全法制的公共良品，"保证我们党的路线方针政策和全部工作更好地体现人民群众的利益，让人民群众享受到改革发展的成果，不断维护和发展人民群众的经济、政治、文化权益。"② 政府办事必须"负责"（responsibility），做得好是应该的；做得不好要追究，也就是必须有"问责"（accountability）。

改革开放是推动我国经济社会发展的根本动力，也是实现科学发展的重要保证。虽然我国社会主义市场经济体制初步建立了起来，但这个体制还远远说不上完善，在新的发展阶段上表现出来的种种矛盾，根本原因还是体制上的问题，特别是在某些重要领域和关键环节的改革还缺乏共识，没有明显进展；而且，就在改革开放亟待深化的关键时期，由于各种复杂的原因，改革开放还受到来自多方面的干扰阻碍，不同程度地出现了迟滞甚至反复。邓小平当年的告诫掷地有声："现在我们的经济体制改革进行得基本顺利。但是随着改革的发展，不可避免地会遇到障碍。对于改革，在党内，国家内有一部分人反对，但是真正反对的并不多。重要的是政治体制不适应经济体制改革的要求。我们提出改革时，就包括政治体制改革。现在经济体制改革每前进一步，都深深感到政治体制改革的必要性。不改革政治体制，就不能保障经济体制改革的成果，不能使经济体制改革继续前进，就会阻碍生产力的发展，阻碍四个现代化的实现。政治体制改革的内容现在还在讨论。这个问题太困难，每项改革涉及的人和事都很广泛，很深刻，触及许多人的利益，会遇到很多的障碍，需要审慎从事。我们首先要确定政治体制

---

① 胡锦涛在深圳经济特区建立30周年庆祝大会上的讲话，《人民日报》2010年9月7日。
② 胡锦涛在纪念毛泽东诞辰110周年座谈会上的讲话，《人民日报》2003年12月27日。

改革的范围,弄清从哪里着手。要先从一两件事上着手,不能一下子大干,那样就乱了。"① 我们不能患得患失而放弃决心,也不能有勇无谋而贻误大局,必须保持这样的警觉,"在新的发展阶段,在本世纪头 20 年这个中国发展的重大战略机遇期已经过去一半的时候,一定要清醒地看到,对中国未来 10 年的发展来说,实际地存在着一个最大的战略风险,这就是改革开放因种种干扰和阻碍而停滞、摇摆、后退,完善社会主义市场经济体制的目标迟迟不能实现,以至经济体制最终变形为另一种弊害丛生的体制,例如由权力控制市场的体制。如不能防止或扭转这种局面,就一定不能有效解决目前的任何一个突出矛盾和问题,就一定会丧失继续发展的一切机遇。"②

深化改革扩大开放,重要的是要坚决遵循社会主义市场经济的逻辑办事,努力实现改革开放伊始就确立的富民目标,这两方面是相辅相成的。"市场经济是民众的自主经济,即民众自主创造财富、自主挣得财产的经济活动,因此市场的主体是民众,而不是政府。市场关系是作为市场主体的民众之间平等的契约关系,而不是权力主导下的控制与被控制的关系。所谓完善的市场经济体制,在最具实质性的意义上,就是以完备的制度和法律充分保障民众自主获得并支配财产的权利、条件和机会,充分保障市场主体间平等的契约关系的体制。市场机制的良好作用,市场配置资源的高效率,只能由此而来,富民目标也只有在这样的体制基础上才能不断实现。由此来看,目前的市场体制是很不完善的,市场化改革的任务还远未完成,突出的表现是行政权力仍然在很大程度上支配着要素市场,主导着资源配置。这样一种市场体制不仅不可能支撑长期、整体的经济发展,阻碍经济增长方式的转变和经济结构的调整,而且一定带来滋生腐败、分配不公等诸多弊端。它只有利于少数依靠权力和垄断的特殊利益群体,而一定会经常地损害广大民众的利益。近年来,这些问题在社会上引起了比较广泛的不满,但这种不满往往错误地把问题归咎于市场经济,而不明白问题的根源恰恰是旧体制的因素及其控制方式还显著存在,市场经济作为资源配置方式还没有充分发挥作用。"③ 所以,我们还要澄清包括对市场经济效应的各种误解,取得最广泛的共识,"只有坚持深化改革、扩大开放,才能解决发展中的深层次矛盾和问题,才能为推动经济社会又好又快发展提供有力的体制保障和不竭的动力源泉。"④

胡锦涛在庆祝中国共产党成立 90 周年大会上指出,"当前,世情、国情、党情继续发生深刻变化,我国发展中不平衡、不协调、不可持续问题突出,制约

---

① 《邓小平文选》第 3 卷,人民出版社 1993 年版,第 176~177 页。
②③ 周为民:《特区的奇迹是怎样发生的》,《学习时报》2010 年 9 月 6 日。
④ 《科学发展观重要论述摘编》,中央文献出版社、党建读物出版社 2009 年版,第 23~24 页。

科学发展的体制机制障碍躲不开、绕不过，必须通过深化改革加以解决。"① 只有深入了解民情，充分反映民意，广泛集中民智，切实珍惜民力，不断实现民利，才能顺应各族人民过上更好生活的新期待。相反，如果以旧体制来执行发展转型，无论是技术升级、新兴产业还是民生供给，都会由于某种力量上下其手导致事与愿违。这就是为什么十七届五中全会强调"改革是加快转变经济发展方式的强大动力，必须以更大决心和勇气全面推进各领域改革"。但是，进一步深化改革扩大开放不能只是零敲碎打疲于应付。"加强改革顶层设计和总体规划，坚持社会主义市场经济的改革方向，抓住制约科学发展的体制障碍和深层次矛盾，全面协调推进经济、政治、文化、社会等体制改革创新，切实在一些重要领域和关键环节改革取得新突破，不断推进社会主义制度自我完善和发展，加快形成有利于科学发展的体制机制。"② 这就必须明确改革优先顺序和重点任务，进一步调动各方面改革积极性，大力推进经济体制改革，积极稳妥推进政治体制改革，加快推进文化体制、社会体制改革，不断完善社会主义市场经济体制，使上层建筑更加适应经济基础发展变化，为科学发展提供有力保障。改革取得新突破、开放迈上新台阶，才能把广大群众积聚的能量化为推动科学发展，促进社会和谐的巨大力量。

三、促进社会公平正义，发展成果由人民共享

我国国力的增强以及在应对世界金融危机中的出色表现，赢得了广泛赞誉，但也与国内一些深层次矛盾和问题形成了强烈反差。人们注意到，财富累积并没有带来同样程度的幸福感受，国家富强也未必与公众幸福自动重合，有关"幸福"的讨论因此而热闹起来。马克思主义认为，幸福来源于社会生活，作为一种生活体验，人们所处的社会地位不同，对幸福的理解也就不同；人们通过劳动实现自己的理想，进而产生精神上的满足感，而个人幸福又总是与社会的整体幸福联系在一起。

1. 公平正义是社会主义的应有之意

为人民谋幸福反映了社会主义的价值追求和本质所在，社会主义的目的本来

---

① 胡锦涛在庆祝中国共产党成立 90 周年大会上的讲话，《人民日报》2011 年 7 月 2 日。
② 胡锦涛在中共中央政治局第二十五次集体学习时强调：抓住主题把握主线统筹兼顾改革创新，把党的十七届五中全会精神贯彻落实好，《人民日报》2010 年 12 月 30 日。

就是实现共同富裕，人民共享发展成果的普遍幸福。这就必须通过解放和发展生产力，不断增加社会财富的总量，为实现共同富裕创造必要的物质基础；通过巩固和完善社会主义各项制度，铲除导致社会不公的根源，为实现共同富裕提供可靠的制度条件。"把提高效率同促进社会公平结合起来，强调我们既高度重视通过提高效率来促进发展，又高度重视在经济发展的基础上通过实现社会公平来促进社会和谐，坚持以人为本，以解决人民最关心、最直接、最现实的利益问题为重点，着力发展社会事业，着力完善收入分配制度，保障和改善民生，走共同富裕道路，努力形成全体人民各尽其能、各得其所而又和谐相处的局面。"① 既要做大蛋糕，又要分好蛋糕，是中国特色社会主义的应有之意。

　　我们党的马克思主义性质和宗旨，决定了必须把追求公平正义作为最基本的政治主张和奋斗目标。新民主主义革命的胜利，实现民族独立和人民解放，是为社会公平正义提供执政前提；进行社会主义革命、建设和改革，不断增强综合国力，提高人民生活水平，也是为了促进社会公平正义。如果我们不搞改革开放，不坚持以经济建设为中心，不坚持发展这个党执政兴国的第一要务，社会主义就不可能焕发生机活力，党的执政地位就不可能巩固。所以，发展是硬道理。但是，邓小平关于社会主义本质的经典概括，"解放生产力，发展生产力，消灭剥削，消除两极分化，最终达到共同富裕。"② 前后两部分缺一不可，缺了就不能体现社会主义的本质。他晚年特别关心公正问题，"十二亿人口怎样实现富裕，富裕起来以后财富怎样分配，这都是大问题。题目已经出来了，解决这个问题比解决发展起来的问题还困难。分配的问题大得很……要利用各种手段、各种方法、各种方案来解决这些问题……少部分人获得那么多财富，大多数人没有，这样发展下去总有一天要出问题。"③ 江泽民在中国特色社会主义事业取得重大成就又面临重大挑战的历史条件下，强调"必须把发展作为党执政兴国的第一要务"，"三个代表"也不能作分别孤立的理解，"要始终代表中国最广大人民的根本利益"，本质上就是坚持执政为民，实现社会公正。他还提出要把社会公平问题作为涉及全社会的重要战略问题加以解决。进入新世纪，党中央从新的实际出发，着眼于创新发展理念、把握发展规律、丰富发展内涵、开拓发展思路、破解发展难题，提出科学发展观等重大战略思想。在科学发展观指导下，我们党提出了构建社会主义和谐社会的重大战略思想，明确把实现社会公平正义作为社会主义和谐社会的基本特征和重要目标，着力探索中国特色社会主义公平正义的基本

---

　　① 胡锦涛：《继续把改革开放伟大事业推向前进》，载《求是》2008 年第 1 期。
　　② 《邓小平文选》第 3 卷，人民出版社 1993 年版，第 373 页。
　　③ 中共中央文献研究室编：《邓小平年谱（一九七五——一九九七）》，中央文献出版社 2004 年版，第 1364 页。

理念和体制机制。"要通过发展增加社会物质财富、不断改善人民生活，又要通过发展保障社会公平正义、不断促进社会和谐。实现社会公平正义是中国共产党人的一贯主张，是发展中国特色社会主义的重大任务。"① 和谐社会的总要求是民主法治、公平正义、诚信友爱、充满活力、安定有序、人与自然和谐相处，通过共同建设、共同享有，努力形成全体人民各尽其能、各得其所而又和谐相处的局面，为发展提供良好社会环境。

  以人为本的科学发展，体现了中国特色社会主义"发展为了人民，发展依靠人民，发展成果由人民共享"的价值目标。发展为了人民，就要顺应各族人民过上更好生活的新期待，着力解决人民群众最关心、最直接、最现实的利益问题，把发展的目的真正落实到满足人民需要、提高人民生活水平上。深怀爱民之心，恪守为民之责，善谋富民之策，把群众呼声作为第一信号，把群众需要作为第一选择，把群众满意作为第一标准，急群众之所急，想群众之所想，办群众之所需，为群众诚心诚意办实事，尽心竭力解难事，坚持不懈做好事。发展依靠人民，就要尊重人民的主体地位，发挥人民的主体作用，谋划发展思路向人民群众问计，查找发展中的问题听人民群众意见，改进发展措施向人民群众请教，落实发展任务靠人民群众努力，衡量发展成效由人民群众评判，最大限度地集中全社会全民族的智慧和力量，使我们的事业获得最广泛最可靠的群众基础和最深厚的力量源泉，使我们的各项决策和全部工作更好地体现人民群众的利益。发展成果由人民共享，就要把改革发展取得的各方面成果，体现在不断提高人民的生活质量和健康水平上，体现在不断提高人民的思想道德素质和科学文化素质上，体现在充分保障人民享有的经济、政治、文化、社会权益上。这就一定要在经济发展的基础上，着力提高人民物质文化生活水平，切实保障人民各项权益，更加注重发展成果的普惠性，正确处理效率与公平的关系，统筹兼顾全体社会成员的利益，促进创造财富和公平分配的协调，努力使全体人民共享经济社会发展的成果。

  从最广大人民的根本利益出发谋发展、促发展，以人民根本利益的实现和发展、创造力的发挥、素质的提高和人民幸福满足感作为发展是否普惠大众的标准，就是检验马克思主义是否真正中国化、时代化、大众化的实践标准。改革开放以来，我们强调以经济建设为中心，人民改善经济生活的要求也最迫切，但是发展又不能仅仅限于经济增长，在不断满足人民日益增长的物质文化需要的同时，还要大力推进以民生为重点的和谐社会建设，让改革发展的成果惠及全体人

---

① 胡锦涛：《高举中国特色社会主义伟大旗帜　为夺取全面建设小康社会新胜利而奋斗》，人民出版社2007年版。

民，造福全体人民；当前重点是提高低收入群众生活水平和质量，逐步完善广大群众共享经济发展成果的体制机制；提高公共服务均等化程度，逐步完善广大群众共享社会发展成果的体制机制；维护和保障公民合法权利，逐步完善广大群众共享民主法制建设成果的体制机制。

2. 实现好、维护好、发展好最广大人民根本利益

我国现在已经成为世界上第二大经济体，但按人均算，仍然排在百名左右。我们既不能妄自菲薄，但也不能妄自尊大，必须清醒地看到，我国发展的任务还很重，还存在许多不确定因素以及不平衡、不协调、不可持续的因素。在新的历史阶段我们必须科学判断和准确把握发展趋势，全力破解各种影响科学发展的制约因素。

现在，我国人民的生活从总体上达到小康，进入全面建设小康社会的新时期，但与此同时，各种社会矛盾也凸显加剧，威胁着社会稳定、民族团结乃至国家安全。与推动发展比起来，促进社会公正正义的任务一点也不轻松，甚至更加艰巨。改革开放30多年来，我国人民的生活水平有了明显提高，特别是随着社会建设加快步伐，保障和改善民生也取得了新的成就。但是，我国的社会公正问题仍然相当严峻，主要是贫富差距拉大，城乡之间、不同行业、不同地域间收入差别比较突出；某些公职人员和国企管理人员的严重腐败现象引起人民群众严重不满；社会问题和社会纠纷诸如因土地征用、房屋强行拆迁、执法不公、环境污染而引发的群体性突发事件时有发生；上学难、就业难、就医难、房价高、食品药品缺乏安全等问题日益引起社会的关注和议论。这些问题已经成为当今中国各种社会矛盾的焦点和广大人民群众的强烈诉求。"一是公正问题正在成为全局性问题。随着我国经济社会发展，人口流动规模越来越大，全社会信息化水平快速提高，人与人之间的利益相关性超出以往任何社会历史时期，人们对于公正的判断标准也发生了很大变化。如果我们不能加快解决社会生活中的不公正现象，人民群众的不公平感就会增强，社会矛盾就容易激化，久而久之，就容易使苗头性问题演变成趋势性问题，局部性问题演变为全局性问题。二是公正问题严重影响发展。当前公正问题突出反映在收入分配领域，收入分配差距过大，会导致多数社会成员的收入水平无法与经济发展同步提高，从而导致社会消费能力无法同步提高，严重影响内需的扩大，阻碍经济发展方式的转变。三是公正问题影响改革进程与党的形象。在我国改革之初，各阶层人民普遍受改革之惠，普遍积极支持改革。由于体制转轨尚未完成，不公正现象在一些领域出现，使得一些人对改革产生了怀疑和动摇。长此以往，改革就可能失去一部分群众基础，改革的进程就

会受到影响，甚至影响到党的形象和执政地位。"①

邓小平在1993年的一次谈话中指出，"过去我们讲先发展起来。现在看，发展起来以后的问题不比不发展时少。"② 早些时候，他还指出，"如果搞两极分化，情况就不同了，民族矛盾、区域间矛盾、阶级矛盾都会发展，相应地中央和地方的矛盾也会发展，就可能出乱子。"③ 我们要实现全面建设小康社会的奋斗目标，无论是增强发展协调性，努力实现经济又好又快发展；还是扩大社会主义民主，更好保障人民权益和社会公平正义；加强文化建设，明显提高全民族文明素质；加快发展社会事业，全面改善人民生活；以及建设生态文明，基本形成节约能源资源和保护生态环境的产业结构、增长方式、消费模式等等无不体现了追求社会公平正义的基本原则。只有坚持"以人为本"，坚持全面协调可持续的基本要求，坚持统筹兼顾各方面的利益，特别是把保障和改善民生放在更加重要的位置，下大气力解决好群众反映强烈的突出问题，才能不断解决我们面临的各种问题，不断促进社会公平正义的实现。

近年来，我国形成了经济建设、政治建设、文化建设、社会建设"四位一体"的总体布局，强调用发展的办法解决前进中的问题，把改善民生作为社会建设的重中之重。中共十七大报告提出，"在经济发展的基础上，更加注重社会建设，着力保障和改善民生，推进社会体制改革，扩大公共服务，完善社会管理，促进社会公平正义，努力使全体人民学有所教、劳有所得、病有所医、老有所养、住有所居，推动建设和谐社会。"④ 十七届五中全会提出了着力保障和改善民生的具体任务，"必须逐步完善符合国情、比较完整、覆盖城乡、可持续的基本公共服务体系，提高政府保障能力，推进基本公共服务均等化。要加强社会建设、建立健全基本公共服务体系，促进就业和构建和谐劳动关系，合理调整收入分配关系，努力提高居民收入在国民收入分配中的比重、劳动报酬在初次分配中的比重，健全覆盖城乡居民的社会保障体系，加快医疗卫生事业改革发展，全面做好人口工作，加强和创新社会管理，正确处理人民内部矛盾，切实维护社会和谐稳定。"⑤ 我们已经明确了"深化收入分配制度改革"方向，并要求"逐步提高居民收入在国民收入分配中的比重，提高劳动报酬在初次分配中的比重"。这是以劳动为财富和价值本位的马克思主义经济理论中国化的最新表述。众所周

---

① 李景田：《中国特色社会主义的旗帜上鲜明地写着发展与公正》，《学习时报》2011年7月11日。
② 中共中央文献研究室编：《邓小平年谱（一九七五——一九九七）》，中央文献出版社2004年版，第1364页。
③ 《邓小平文选》第3卷，人民出版社1993年版，第364页。
④ 胡锦涛：《高举中国特色社会主义伟大旗帜 为夺取全面建设小康社会新胜利而奋斗》，人民出版社2007年版。
⑤ 《中国共产党第十七届中央委员会第五次全体会议公报》，《人民日报》2010年10月19日。

知,广大人民群众辛勤劳作,创造了大量财富,所得却很不成比例。这种状况,不仅与社会主义分配原则格格不入,也是危害社会和谐的致命隐患,必须有明显的改变。"在前进道路上,我们要继续大力保障和改善民生,坚定不移推进社会主义和谐社会建设。保障和改善民生,促进社会和谐,是实现全面建设小康社会宏伟目标的必然要求。我们必须从维护最广大人民根本利益和实现国家长治久安的战略高度抓好社会建设,推动社会建设与经济建设、政治建设、文化建设协调发展。推进社会建设,要以保障和改善民生为重点,着力解决好人民最关心最直接最现实的利益问题。要坚持发展为了人民、发展依靠人民、发展成果由人民共享,完善保障和改善民生的制度安排,把促进就业放在经济社会发展优先位置,加快发展教育、社会保障、医药卫生、保障性住房等各项社会事业,推进基本公共服务均等化,加大收入分配调节力度,坚定不移走共同富裕道路,努力使全体人民学有所教、劳有所得、病有所医、老有所养、住有所居。"①

胡锦涛指出,"来自人民、植根人民、服务人民,是我们党永远立于不败之地的根本。以人为本、执政为民是我们党的性质和全心全意为人民服务根本宗旨的集中体现,是指引、评价、检验我们党一切执政活动的最高标准。全党同志必须牢记,密切联系群众是我们党的最大政治优势,脱离群众是我们党执政后的最大危险。我们必须始终把人民利益放在第一位,把实现好、维护好、发展好最广大人民根本利益作为一切工作的出发点和落脚点,做到权为民所用、情为民所系、利为民所谋,使我们的工作获得最广泛最可靠最牢固的群众基础和力量源泉。"必须把人民放在心中最高位置,"尊重人民主体地位,尊重人民首创精神,拜人民为师,把政治智慧的增长、执政本领的增强深深扎根于人民的创造性实践之中。要高度重视并切实做好新形势下群众工作,坚持问政于民、问需于民、问计于民,真诚倾听群众呼声,真实反映群众愿望,真情关心群众疾苦,依法保障人民群众经济、政治、文化、社会等各项权益。只有我们把群众放在心上,群众才会把我们放在心上;只有我们把群众当亲人,群众才会把我们当亲人。"②我们党要实现长期执政,稳定执政,最重要的就是始终保持共产党的先进性,始终保持与人民群众的血肉联系;最根本的就是始终保持来自人民、植根人民、服务人民的品质,始终代表中国最广大人民的利益,不辜负人民的期待和希望。

3. 让全体人民共享发展成果

随着我国工业化、城镇化和经济结构调整的加速,以及社会组织形式、就业

---

①② 胡锦涛在庆祝中国共产党成立90周年大会上的讲话,《人民日报》2011年7月2日。

结构、社会结构变革的加快，一些突出的社会矛盾和问题亟待解决。在社会主义市场经济成长过程中，出现了各种利益群体，产生了多样化的利益需求，社会关系更为复杂，人民内部利益矛盾出现了许多新情况，尤其是城乡发展不平衡、地区发展不平衡、经济社会发展不平衡的矛盾相当突出，缩小发展差距和促进经济社会协调发展任务艰巨，教育、就业、医疗、社会保障等成为全社会关注的热点焦点问题。我国领导人最近多次强调，"我国正处于并将长期处于社会主义初级阶段，由于经济体制深刻变革、社会结构深刻变动、利益格局深刻调整、思想观念深刻变化，由于发展不平衡、不协调、不可持续问题短期内难以根本解决，人民内部各种具体利益矛盾难以避免地会经常地大量地表现出来。""要按照推动经济社会协调发展的要求，加快以改善民生为重点的社会建设，调整国民收入分配结构，增加城乡居民收入，加强和改善公共服务，加快构建覆盖全体居民的终身教育体系、就业服务体系、社会保障体系、医疗保障体系、住房保障体系，努力满足人民群众在教育、劳动就业、社会保障、医药卫生、住房等方面的基本需求，促进社会公平正义。""始终坚持把发展社会事业和改善民生作为贯彻落实科学发展观的重要任务，作为全面建设小康社会的迫切要求，作为转变经济发展方式、扩大国内需求的重要途径。"① 更加突出实现社会公平正义的要求，是大势所趋、民心所向。

促进社会公平正义，首先还是要靠发展。发展是促进和实现社会公平正义的前提，只有坚持以经济建设为中心，大力发展生产力，用发展的办法解决前进中的问题，才能为实现社会公平正义创造雄厚的物质基础。我们既要通过解放和发展生产力，不断增加社会物质财富、不断改善人民生活；又要通过逐步实现社会公平正义，不断激发全社会的创造活力、不断促进社会和谐。这两大任务相互联系、相互促进，贯穿于发展中国特色社会主义整个进程。我国社会发展机遇期和矛盾凸显期并存，既有促进社会公平正义的有利条件，也存在制约性的不利因素，实现社会公平正义需要长期努力奋斗，因此必须从社会主义初级阶段这个基本国情出发，尽力而为，量力而行。

促进社会公平正义，当务之急，就是进一步深化收入分配制度改革。合理的收入分配制度是社会公平的重要体现。初次分配和再分配都要处理好效率和公平的关系，再分配更加注重公平。逐步提高居民收入在国民收入分配中的比重，提高劳动报酬在初次分配中的比重。这既有利于提高经济效率，不断增加社会财富，又有利于促进社会公平正义，充分发挥各方面的积极性。促进社会公平正

---

① 见胡锦涛强调扎实做好正确处理人民内部矛盾工作，为经济社会发展创造良好社会环境，《人民日报》2010年9月30日；胡锦涛在深圳经济特区建立30周年庆祝大会上讲话，《人民日报》2010年9月7日；温家宝：《关于发展社会事业和改善民生的几个问题》，《求是》2010年第7期。

义，还必须加快推进以改善民生为重点的社会建设，让全体人民共享发展成果。努力使全体人民学有所教、劳有所得、病有所医、老有所养、住有所居，使社会各方面的利益关系得到有效协调，人民内部矛盾和其他社会矛盾得到妥善处理，社会公平和正义得到切实维护和实现。

促进社会公平正义，发展成果由人民共享，广大劳动群众才能赢得体面与尊严。在2010年全国劳动模范和先进工作者表彰大会上，胡锦涛引人注目地提出要让广大劳动群众实现体面劳动。鼓励全体人民热爱劳动、勤奋劳动，全社会尊重劳动、保护劳动，通过诚实劳动创造美好生活。实现体面劳动，是以人为本的要求，是时代精神的体现，也是尊重和保障人权的重要内容。"要继续强化社会主义和谐劳动关系，认真倾听职工群众呼声，及时反映职工群众愿望，扎扎实实为职工群众做好事、办实事、解难事，特别是要为困难职工排忧解难，完善劳动关系协调机制，促进实现体面劳动，促进劳动关系和谐，促进社会和谐稳定。"①

劳动群众是社会主义国家的主人，是推动经济社会发展、维护社会安定团结的根本力量。"保障工人阶级和广大劳动群众经济、政治、文化、社会权益是我国社会主义制度的根本要求，是党和国家的神圣职责，也是发挥我国工人阶级和广大劳动群众积极性、主动性、创造性最重要最基础的工作。我们一定要适应改革开放和发展社会主义市场经济的新形势，从政治、经济、社会、法律、行政等各方面采取有力措施，保障广大劳动群众权益，促进社会公平正义。"② 这就要求广大劳动群众的知情权、参与权、表达权、监督权得到更充分更有效的保障；切实实施积极的就业政策，创造更多就业岗位，不断增加劳动者特别是一线劳动者劳动报酬；切实完善社会保障体系，健全就业帮扶、生活救助、医疗互助、法律援助等帮扶制度，使广大劳动群众不断享受到改革发展成果；切实发展和谐劳动关系，建立健全劳动关系协调机制，完善劳动保护机制，让广大劳动群众实现体面劳动；切实健全党和政府主导的维权机制，统筹协调各方面利益关系，想问题、作决策、定政策要充分考虑广大劳动群众利益和承受能力，认真解决广大劳动群众反映的热点难点问题。

人民的幸福和尊严，是共产党领导进行革命、建设和改革事业的奋斗宗旨。中国特色的社会主义不能只有物质追求，我们推进各项改革，"根本目的就是要促进生产力的发展，实现社会的公平正义。同时，能使每个人也有自由和全面发

---

① 见胡锦涛在2010年全国劳模和先进工作者表彰大会上的讲话，《人民日报》2010年4月28日；胡锦涛出席"2008·经济全球化与工会"国际论坛开幕式并致辞，《人民日报》2008年1月8日；胡锦涛在同全国总工会新一届领导班子成员和中国工会十五大部分代表座谈时的讲话，《人民日报》2008年10月22日。

② 胡锦涛在2010年全国劳模和先进工作者表彰大会上的讲话，《人民日报》2010年4月28日。

展的机遇。中国的现代化绝不仅仅指经济的发达，它还应该包括社会的公平、正义和道德的力量。""我们所做的一切都是要让人民生活得更加幸福、更有尊严，让社会更加公正、更加和谐。""我们要尊重和保障人权，维护社会公平正义，实现人的自由和全面发展，这是民主法治国家的重要标志，也是国家长治久安的基本保障。""要坚持把改善人民生活作为正确处理改革发展稳定关系的结合点，把改革的力度、发展的速度和社会可承受的程度统一起来，以改革促进和谐稳定，确保人民安居乐业、社会安宁有序、国家长治久安。"① 这些主张既切合当前中国的实际，也体现了社会主义的本质要求。

体面的劳动、有尊严的生活是实践科学发展的重要内涵。"要始终把实现好、维护好、发展好最广大人民的根本利益作为党和国家一切工作的出发点和落脚点，尊重人民主体地位，发挥人民首创精神，保障人民各项权益，走共同富裕道路，促进人的全面发展，做到发展为了人民、发展依靠人民、发展成果由人民共享。"② 体面的劳动是有尊严生活的前提，而有尊严生活是体面劳动的表现。没有体面劳动，就不能充分发挥广大劳动群众的聪明才智和他们建设的积极性、主动性和创造性；没有尊严的生活，就不能满足人民群众日益增长的物质文化生活需要，构建和谐社会也就失去了动力和活力。同时，体面劳动、有尊严生活又必须认真对待改革、发展与稳定的关系，坚持改革力度、发展速度和社会可承受程度的适度平衡。改革是动力、发展是目的、稳定是前提，不断改善人民生活是处理这三者关系的结合点，在社会稳定中推进改革发展，通过改革发展保证人民安居乐业、社会大局稳定、国家长治久安。

---

① 温家宝答中外记者问，《人民日报》2010 年 3 月 15 日；温家宝在十一届全国人大三次会议上的政府工作报告，《人民日报》2010 年 3 月 16 日；温家宝在第六十五届联合国大会一般性辩论上的讲话，《人民日报》2010 年 9 月 25 日；温家宝在十一届全国人大四次会议上的政府工作报告，《人民日报》2011 年 3 月 21 日。

② 胡锦涛：《高举中国特色社会主义伟大旗帜　为夺取全面建设小康社会新胜利而奋斗》，人民出版社 2007 年版。

第十二章

转变发展方式，实现新的跨越

中国自改革开放以来通过解放思想、积极探索，及时总结经验教训，不仅经济建设取得了举世瞩目的成就，走出了一条具有中国特色的发展道路，而且在理论和实践上都丰富了马克思主义。但是，我国经济发展方式也存在着某些缺陷，出现了不少问题，而转变发展方式甚至可能比改革所有制和建立市场经济体系更为困难，需要长期不懈的艰苦努力。邓小平曾经指出："我们现在所干的事业是一项新事业。马克思没有讲过，我们的前人没有做过，其他社会主义国家也没有干过，所以，没有现成的经验可学。我们只能在干中学，在实践中摸索。"[①] 2008 年由美国经济危机引发的全球经济危机不但对许多国家造成了巨大冲击，也暴露出我国经济发展的深层次问题。我国经济究竟应当向什么方向发展、如何发展、为什么而发展，这是摆在我们面前必须予以解决的问题。我们一定要抓住时机，适应国内外形势新变化，实现经济转型和结构调整，促进改革开放和社会主义现代化建设步入新的阶段。

一、我国经济发展转型的动因

改革开放 30 多年，我国实现了年均将近 10% 的经济高速增长，经济总量和贸易总量跃居世界前列。1980 年在 196 个国家和地区的人均国民生产总值排名

---

① 《邓小平文选》第 3 卷，人民出版社 1993 年版，第 258~259 页。

中，我国以192美元列第189位；到2009年在213个国家和地区的排名中，我国以3 620美元列第124位，已经超过中等收入国家的平均线（3 400美元）。我国初步建立了社会主义市场经济体制，并成为举世公认的制造大国。以往，我们比较多地关注所有制变革以及如何实践市场经济的问题，并在这些方面取得了历史性的突破。但是，我国经济发展方式中一些长期积累的矛盾和问题仍然存在，有的历经多年还是难以扭转，近年还不断出现一些新情况新问题。

改革开放初期，我们就确立了"把经济发展转移到提高经济效益的轨迹上去"的方针。经过十多年的发展，中共十四届五中全会提出积极推动国民经济从粗放型向集约型增长转变的战略思路。中共十五大报告指出，"国民经济整体素质和效益不高，经济结构不合理的矛盾仍然比较突出，特别是部分国有企业活力不强"；"我们要积极推进经济体制和经济增长方式的根本转变"；"在这个时期，建立比较完善的社会主义市场经济体制，保持国民经济持续快速健康发展，是必须解决好的两大课题。要坚持社会主义市场经济的改革方向，使改革在一些重大方面取得新的突破，并在优化经济结构、发展科学技术和提高对外开放水平等方面取得重大进展，真正走出一条速度较快、效益较好、整体素质不断提高的经济协调发展的路子。"并提出，"要根据我国经济发展状况，充分考虑世界科学技术加快发展和国际经济结构加速重组的趋势，着眼于全面提高国民经济整体素质和效益，增强综合国力和国际竞争力，对经济结构进行战略性调整。这是国民经济发展的迫切要求和长期任务。总的原则是：以市场为导向，使社会生产适应国内外市场需求的变化；依靠科技进步，促进产业结构优化；发挥各地优势，推动区域经济协调发展；转变经济增长方式，改变高投入、低产出，高消耗、低效益的状况。"[1]中共十五届五中全会提出"十五"计划建议认为，实现国民经济持续快速健康发展，必须以提高经济效益为中心，对经济结构进行战略性调整。这是提高国民经济的整体素质，扩大国内需求，增强国际竞争力的根本性措施。要优化产业结构，全面提高我国农业、工业、服务业的水平和效益。中共十六大报告提出，"发展必须坚持以经济建设为中心，立足中国现实，顺应时代潮流，不断开拓促进先进生产力和先进文化发展的新途径。发展必须坚持和深化改革。一切妨碍发展的思想观念都要坚决冲破，一切束缚发展的做法和规定都要坚决改变，一切影响发展的体制弊端都要坚决革除。发展必须相信和依靠人民，人民是推动历史前进的动力。要集中全国人民的智慧和力量，聚精会神搞建设，一心一意谋发展。"特别要求"坚持扩大内需的方针，实施科教兴国和可持续发展

---

[1] 江泽民：《高举邓小平理论伟大旗帜　把建设有中国特色社会主义事业全面推向二十一世纪》，人民出版社1997年版。

战略,实现速度和结构、质量、效益相统一,经济发展和人口、资源、环境相协调"。①中共十六届三中全会提出以人为本、全面协调可持续的科学发展观,以促进经济社会和人的全面发展。中共十六届四中全会进一步指出,发展是解决中国一切问题的关键。"要坚持以经济建设为中心,树立和落实科学发展观,正确处理改革发展稳定的关系,不断开拓发展思路、丰富发展内涵,推动社会主义物质文明、政治文明、精神文明协调发展。"②

在亚洲金融危机（1998年）爆发时,我国经济总量失衡、需求相对不足的问题已经暴露了出来。中共十六大报告提出,"实施扩大内需的方针,适时采取积极的财政政策和稳健的货币政策,克服亚洲金融危机和世界经济波动对我国的不利影响,保持了经济较快增长。经济结构战略性调整取得成效,农业的基础地位继续加强,传统产业得到提升,高新技术产业和现代服务业加速发展。"并要求"走新型工业化道路,大力实施科教兴国战略和可持续发展战略。实现工业化仍然是我国现代化进程中艰巨的历史性任务。信息化是我国加快实现工业化和现代化的必然选择。坚持以信息化带动工业化,以工业化促进信息化,走出一条科技含量高、经济效益好、资源消耗低、环境污染少、人力资源优势得到充分发挥的新型工业化道路";"走新型工业化道路,必须发挥科学技术作为第一生产力的重要作用,注重依靠科技进步和提高劳动者素质,改善经济增长质量和效益。"③中共十六届三中全会提出,"（我国）存在经济结构不合理、分配关系尚未理顺、农民收入增长缓慢、就业矛盾突出、资源环境压力加大、经济整体竞争力不强等问题,其重要原因是我国处于社会主义初级阶段,经济体制还不完善,生产力发展仍面临诸多体制性障碍。"④ 这表明党对我国经济发展中存在的主要问题相当清楚。

2007年6月胡锦涛在中央党校的讲话指出,"科学发展,社会和谐,是发展中国特色社会主义的基本要求,是实现经济社会又好又快发展的内在需要,必须坚定不移地加以落实。""科学发展观,第一要义是发展,核心是以人为本,基本要求是全面协调可持续,根本方法是统筹兼顾。""实现国民经济又好又快发展,关键要在转变经济发展方式、完善社会主义市场经济体制方面取得重大新进展。转变经济发展方式,是在探索和把握我国经济发展规律的基础上提出的重要方针,也是从当前我国经济发展的实际出发提出的重大战略。要更深刻、更自觉地把握经济发展规律,下更大的决心、采取更有力的措施提高经济发展质量和效

---

①③ 江泽民:《全面建设小康社会　开创中国特色社会主义事业新局面》,人民出版社2002年版。
② 《中共中央关于加强党的执政能力建设的决定》,人民出版社2004年版。
④ 《中共中央关于完善社会主义市场经济体制若干问题的决定》,人民出版社2003年版。

益。"① 明确提出又好又快发展的关键是转变经济发展方式。中共十七大报告指出，"发展对于全面建设小康社会、加快推进社会主义现代化，具有决定性意义。要牢牢扭住经济建设这个中心，坚持聚精会神搞建设、一心一意谋发展，不断解放和发展社会生产力。更好实施科教兴国战略、人才强国战略、可持续发展战略，着力把握发展规律、创新发展理念、转变发展方式、破解发展难题，提高发展质量和效益，实现又好又快发展，为发展中国特色社会主义打下坚实基础。"②

我国经济发展方式在改革开放过程中逐渐形成了一些特点：从发展的结构看，过去小企业、小项目、小资本推动的发展方式，逐步转变为大企业、大项目和大资本推动的发展方式；从要素结构看，过去由劳动力要素推动经济增长占较大的比例，而20世纪90年代以后，资本推动的比例越来越大；从充分利用人力资源推动经济发展，逐步转向了过度消耗物质资源来推动经济发展；从实物经济更多地向虚拟经济转变。时至今日，我国经济总体上仍延续着以"高投入、高消耗、高排放、低效益"为特征的增长方式；表现为过度依赖投资和出口、依赖增加资源投入、依赖资金和物质要素投入的工业带动和数量扩张；经济结构不合理，产业结构层次较低，技术水平不高，自主创新能力弱，服务业明显落后。我国经济发展之所以呈现如此局面的主要原因是长期以来更追求速度，"快"表现为追求数量的"多"和投资增长的"快"。这在生活水平低下、迫切需要解决温饱问题之时可以算是应急之策。但是在经济高速增长的过程中，我国原有的和承接的国际产业转移大多是技术含量低、附加值低、资源消耗大和污染排放较多的产品和生产环节，因此而成为世界上煤炭、钢铁、铁矿石、氧化铝、铜、水泥消耗量最大的国家，石油消耗量居世界第二。与世界先进水平相比，我国能耗效率低，排放大，严重"透支"了生态环境，发达国家工业化过程中分阶段出现的环境问题在我国这些年集中地出现了。我国人均土地、水资源及已知能源储量远低于世界平均水平，这样的经济增长是不可持续的。实际上，我国原来资源要素的低成本是不完全成本，近年我国要素成本低的情况被指难以为继，正是重要资源短缺的必然反映。与此同时，我国劳动者工资水平也正处于逐渐上升阶段。要素成本的上升和资源环境约束的强化，对转变经济发展方式、实现又好又快的发展是强有力的推动。

我国经济发展不平衡突出地表现在以下几个方面：

首先是内外失衡。改革开放以来，中国一直实行出口导向型经济发展战略，

---

① 胡锦涛在中央党校的讲话，《人民日报》2007年6月26日。
② 胡锦涛：《高举中国特色社会主义伟大旗帜 为夺取全面建设小康社会新胜利而奋斗》，人民出版社2007年版。

把出口作为拉动经济增长的动力，宏观经济越来越多地依靠出口。我国已成为世界第一大出口国、第二大进口国。新世纪我国对外贸易顺差迅速扩大，出口使我国彻底摆脱了外汇短缺，具备了充裕的国际支付能力，但我国货币政策操作的主动权也受到很大制约。2005 年中国重启了人民币汇率形成机制改革，加快了人民币汇率升值的步伐，但是巨额外汇储备隐含着人民币升值预期，为防止大量热钱涌入而长期实行低利率政策，助长了资金价格扭曲、投资膨胀和产能过剩。巨量贸易盈余不仅意味着我们为发达国家的消费和投资提供融资，还付出了相当高的生态资源成本。在消费、投资和出口"三驾马车"中，近几年出口拉动的权重越来越大，其局限性在金融危机中充分显现。我国不少企业面向国际市场，生产能力依托国际需求，外需急剧萎缩更使生产过剩问题暴露无遗，严重影响了国民经济全局。

其次是内部经济结构不合理。一是投资和消费的结构扭曲，投资占的比重越来越高，而消费占的比重越来越低。消费比重过低是由增长模式、税收体制、社会保障等体制性因素共同所致，说明我国人民并没有较好地分享我国经济快速增长的成果，说明经济投入产出效率较低，具有明显的粗放型经营的特征。改革开放以来，我国年均固定资产投资增长一直保持在较高水平，而投资效率却在下降。从短期来看，这种单纯依靠投资来实现增长会导致产能过剩，企业开工不足和市场过度竞争；从长期来看则会拉动生产资料价格上涨，潜伏着物价全面上涨的危险。投资增长速度过快还会对消费需求产生挤出效应，造成投资回报递减。二是我国经济增长长期依赖工业，制造业产能过剩与服务业特别是生产性服务业供给不足并存。高消耗、高污染的产业和企业所占比重过高，工业规模大而竞争力不强，缺乏自主知识产权、核心技术和世界知名品牌，主要依靠廉价劳动力和资源的高消耗。服务业发展滞后，其增加值占国内生产总值比重比中低收入国家平均水平低十几个百分点，特别是现代生产性服务业的数量和质量远不能满足需求。我国经济内外不平衡相互依存，而内部不平衡更具有基础性顽固性，带来的不良后果也更严重。三是我国的消费结构不合理，农村居民的收入和生活水平的提高长期低于整个经济的平均增长速度，城乡公共服务相对滞后。为了刺激产业发展而不顾国情地照搬发达国家的消费模式，还可能导致其他麻烦问题，例如汽车高消费已经导致许多城市交通出现拥堵等等。因此，扩大内需必须尽力避免复制美国式消费模式，否则势必引起难以克服的资源环境不平衡。

我国已经步入中等收入水平的发展中国家之列，必须防止掉入"中等收入陷阱"（middle income trap）。① 一些国家之所以掉入陷阱，一是为了维护既得利

---

① 所谓"中等收入陷阱"，是指当一个国家的人均收入达到中等水平之后，由于不能顺利实现经济发展方式的转变，导致增长动力不足，而出现较长时期的停滞状态。

益而缺乏制度创新的动力，资源依靠"寻租"来配置导致效益低下；二是技术创新能力不足；三是经济发展失衡，收入分配差距拉大和地区发展严重失衡；四是经济对世界市场过度依赖，容易受到外部经济变化的冲击。我国经济的内外失衡及其宏观经济表现的根源在于由投资和出口拉动经济的发展模式，以及政府过大的配置资源权力而没有实现市场在资源配置中的基础性作用。我国经济发展模式已经到了一个转折关头，主要由投资、出口和低端制造业推动的发展模式已经走到了尽头，必须逐步转到以技术创新驱动、生产效益提高和内需拉动为主的开放性自主经济发展模式上来；同时经济发展方式转变也要求经济结构的整体调整。中共十七届五中全会在提出"十二五"规划建议中强调，"加快转变经济发展方式是我国经济社会领域的一场深刻变革，必须贯穿经济社会发展全过程和各领域，坚持把经济结构战略性调整作为加快转变经济发展方式的主攻方向，坚持把科技进步和创新作为加快转变经济发展方式的重要支撑，坚持把保障和改善民生作为加快转变经济发展方式的根本出发点和落脚点，坚持把建设资源节约型、环境友好型社会作为加快转变经济发展方式的重要着力点，坚持把改革开放作为加快转变经济发展方式的强大动力，提高发展的全面性、协调性、可持续性，实现经济社会又好又快发展。"[1]

二、我国经济发展转型的目标

至少从近期看，转变经济发展方式和调整经济结构必须转向更多地依靠国内消费市场，转向低碳经济和循环经济，在外部和内部压力共同推动下实现产业升级和产业转移。我们还要充分估计到这种转型的长期性和艰巨性，有效克服原来发展模式的路径依赖、制度惯性和文化惰性，实现科学发展的基本要求。

1. 更多地依靠国内需求特别是消费需求

中共十六大报告提出，"扩大内需是我国经济发展长期的、基本的立足点。坚持扩大国内需求的方针，根据形势需要实施相应的宏观经济政策。调整投资和消费关系，逐步提高消费在国内生产总值中的比重。"[2] 中共十七大报告提出，

---

[1] 《中共中央关于制定国民经济和社会发展第十二个五年规划的建议》，人民出版社2010年版。
[2] 江泽民：《全面建设小康社会　开创中国特色社会主义事业新局面》，人民出版社2002年版。

"加快转变经济发展方式,推动产业结构优化升级。这是关系国民经济全局紧迫而重大的战略任务。要坚持走中国特色新型工业化道路,坚持扩大国内需求特别是消费需求的方针,促进经济增长由主要依靠投资、出口拉动向依靠消费、投资、出口协调拉动转变,由主要依靠第二产业带动向依靠第一、第二、第三产业协同带动转变,由主要依靠增加物质资源消耗向主要依靠科技进步、劳动者素质提高、管理创新转变。"① 我们正在从供需两方面调整我国经济发展战略。就供给面而言,要改变我国在产业链上处于低端的局面,通过自主创新、建立标准以及部分地区产业结构升级和转型,提高产品附加值;就需求面而言,要强化市场培育和内需增长。通过城市化和工业化建设,创造出能够给人民更多收入的就业机会;通过建立完善的社会保障体系,努力探索公平合理的收入再分配制度。

出口导向型是我国改革开放以来经济发展的一个突出特征,较高的出口是中国经济增长所必须经历的一个发展阶段,但是我们也意识到必须坚持统筹国内国际两个市场,把扩大内需作为长期战略方针,加快形成内需外需协调拉动经济增长的格局。从长期看,结构性改革就是要实现内需拉动为主进行结构转型的发展战略,政策目标是扩大内需特别是消费需求对经济的拉动作用,实现途径是稳步推进城市化和提高中等收入者比重,适应性地调整产业结构和区域经济发展布局,逐步实现动态均衡;还要辅之以减顺差、调投资和促消费为目标的短期政策和以改变居民的储蓄预期与合理约束政府投资冲动为目标的中期政策。我国经济实现持续增长的关键就在于全方位地启动内需,逐步实现由出口导向型向内需拉动型增长模式的转变。无论是着眼于改善民生,还是着眼于产业结构调整和国际收支平衡,都要坚持扩大国内需求,鼓励合理消费,把经济发展建立在开拓国内市场的基础上,形成消费、投资、出口协调拉动经济增长的局面,促进国民经济良性循环和人民生活水平不断提高。

扩大内需并不意味着放弃国外市场,要在扩大内需的同时优化内外需结构。在积极参与全球化的过程中,我们还必须维护和拓展开放的利益,平等对待面向国内和面向出口的企业,实现内需和外需协调拉动经济增长。"保持现有出口竞争优势,加快培育以技术、品牌、质量、服务为核心竞争力的新优势。提升劳动密集型出口产品质量和档次,扩大机电产品和高新技术产品出口,严格控制高耗能、高污染、资源性产品出口。完善政策措施,促进加工贸易从组装加工向研发、设计、核心元器件制造、物流等环节拓展,延长国内增值链条。""优化进口结构,积极扩大先进技术、关键零部件、国内短缺资源和节能环保产品进口,

---

① 胡锦涛:《高举中国特色社会主义伟大旗帜 为夺取全面建设小康社会新胜利而奋斗》,人民出版社 2007 年版。

适度扩大消费品进口,发挥进口对宏观经济平衡和结构调整的重要作用,优化贸易收支结构。"①

转向国内市场主要依靠投资还是依靠消费?扩大内需是改善民生增进福利的需要,是实现经济发展方式转变的重要条件。近年我国投资占 GDP 比重不断提高,消费对经济增长的贡献率已经低于投资。2000～2008 年,我国的消费率从 62.3% 下降到 48.6%,特别是居民消费率从 46.4% 下降到 35.3%。消费率过低不是消费本身太低,而是投资率太高。在宏观经济上,贷款低利率推动了投资驱动型的经济增长;而低利率则是由于我国货币政策独立性不足,受到诸多政治、经济和社会目标的牵制。另外,大量新投资重复进入建设领域,又与地方政府的积极推动有关。我国生产能力过快扩张,已远远超过市场吸纳容量,过剩的产能势必导致企业开工不足。因此,内需问题实际上是投资过大和投资结构问题。

从收入分配角度看,我国居民消费倾向受制于收入情况,特别是收入分配结构不合理,例如企业利润比例上升,政府财政收入年年增长;普通劳动者收入偏低,社会保障和公共服务制度供应不足;不同行业收入差距大,特别是垄断行业收入过高,管理层收入过高,都在抑制大多数普通劳动者的消费能力。

虽然投资见效快于消费,但是高投资导致产能过剩,即便依靠出口也无法解决过剩问题,经济增长最终还是要依赖消费拉动。"十二五"规划提出建立扩大消费需求的长效机制。"把扩大消费需求作为扩大内需的战略重点,进一步释放城乡居民消费潜力,逐步使我国国内市场总体规模位居世界前列。要积极稳妥推进城镇化,大力发展服务业和中小企业,增加就业创业机会。要完善收入分配制度,合理调整国民收入分配格局,着力提高城乡中低收入居民收入,增强居民消费能力。要增加政府支出用于改善民生和社会事业比重,扩大社会保障制度覆盖面,逐步完善基本公共服务体系,形成良好的居民消费预期。要加强市场流通体系建设,发展新型消费业态,拓展新兴服务消费,完善鼓励消费的政策,改善消费环境,保护消费者权益,积极促进消费结构升级。要合理引导消费行为,发展节能环保型消费品,倡导与我国国情相适应的文明、节约、绿色、低碳消费模式。"② 增强消费对经济增长的拉动作用,还应从几个方面着手:完善收入分配政策,持续增加城乡居民收入;加快社会保障体系建设,稳定居民消费预期,增强居民消费信心,促进居民扩大即期消费;拓宽服务性消费领域;扎实推进新农村建设,促进城镇化健康发展;统筹城乡发展,建立以工促农、以城带乡长效机制,形成城乡经济社会发展一体化新格局。还要走中国特色城市化道路,促进大

---

① 《中华人民共和国国民经济和社会发展第十二个五年规划纲要》,人民出版社 2011 年版。
② 《中共中央关于制定国民经济和社会发展第十二个五年规划的建议》,人民出版社 2010 年版。

中小城市和小城镇协调发展，有序转移农村富余劳动力，这是提高农民收入和扩大内需的重要举措。

2. 发展循环经济、低碳经济

中共十六届五中全会提出，"我国土地、淡水、能源、矿产资源和环境状况对经济发展已构成严重制约。要把节约资源作为基本国策，发展循环经济，保护生态环境，加快建设资源节约型、环境友好型社会，促进经济发展与人口、资源、环境相协调。推进国民经济和社会信息化，切实走新型工业化道路，坚持节约发展、清洁发展、安全发展，实现可持续发展。""发展循环经济，是建设资源节约型、环境友好型社会和实现可持续发展的重要途径。坚持开发节约并重、节约优先，按照减量化、再利用、资源化的原则，大力推进节能节水节地节材，加强资源综合利用，完善再生资源回收利用体系，全面推行清洁生产，形成低投入、低消耗、低排放和高效率的节约型增长方式。积极开发和推广资源节约、替代和循环利用技术，加快企业节能降耗的技术改造，对消耗高、污染重、技术落后的工艺和产品实施强制性淘汰制度，实行有利于资源节约的价格和财税政策。"① 中共十六届六中全会又提出，"优化产业结构，发展循环经济，推广清洁生产，节约能源资源，依法淘汰落后工艺技术和生产能力，从源头上控制环境污染。""转变增长方式，提高发展质量，推进节约发展、清洁发展、安全发展，实现经济社会全面协调可持续发展。"② 中共十七大为实现全面建设小康社会奋斗目标提出了新要求，包括"建设生态文明，基本形成节约能源资源和保护生态环境的产业结构、增长方式、消费模式"。"必须把建设资源节约型、环境友好型社会放在工业化、现代化发展战略的突出位置，落实到每个单位、每个家庭。要完善有利于节约能源资源和保护生态环境的法律和政策，加快形成可持续发展体制机制。落实节能减排工作责任制。开发和推广节约、替代、循环利用和治理污染的先进适用技术，发展清洁能源和可再生能源，保护土地和水资源，建设科学合理的能源资源利用体系，提高能源资源利用效率。发展环保产业。加大节能环保投入，重点加强水、大气、土壤等污染防治，改善城乡人居环境。加强水利、林业、草原建设，加强荒漠化、石漠化治理，促进生态修复。加强应对气候变化能力建设，为保护全球气候作出新贡献。"③

---

① 《中共中央关于制定国民经济和社会发展第十一个五年规划的建议》，人民出版社 2005 年版。
② 《中共中央关于构建社会主义和谐社会若干重大问题的决定》，人民出版社 2006 年版。
③ 胡锦涛：《高举中国特色社会主义伟大旗帜 为夺取全面建设小康社会新胜利而奋斗》，人民出版社 2007 年版。

循环经济是以减量化、再利用和再循环为特征的提高资源永续利用的经济发展模式,低碳经济是以低能耗、低排放、低污染为特征的经济发展模式。我国的经济结构调整与产业升级必须考虑人口多、资源少、环境容量小等基本国情,走出一条资源节约、环境友好和技术高效的调整和升级之路,由主要依靠增加物质资源消耗促进经济增长向主要依靠科技进步、劳动者素质提高和管理创新转变。要按照建设资源节约型、环境友好型社会的要求,以节能减排为抓手,加快形成可持续发展机制,实行严格的土地管理制度,健全节能、节水、节材机制。

由于全球气候变化问题的严峻性,低碳经济将成为全球经济调整和技术创新的主要驱动力,各国业已展开相关技术、产业和贸易的竞争。当今中国的工业化、城市化正受到来自资源和环境的两大约束。"随着工业化、城镇化进程不断加快和人民生活不断改善,中国的能源需求必然会有所增加。同时,由于能源结构以煤为主、产业结构不尽合理,中国在应对气候变化方面面临着繁重任务。"[①]作为石油消费增长最快的国家,尽管我国已主动采取节能减排行动,但仍然面临越来越大的强制减排压力,大量生产的高碳产品也将越来越受到国际市场排挤。发展新能源所必需的稀有金属争夺将愈演愈烈,包括稀有金属等资源的贸易争端已经拉开了帷幕。

胡锦涛在亚太经合组织第十五次领导人非正式会议上指出,"气候变化从根本上说是发展问题,只有在可持续发展的前提下才能妥善解决。可持续发展要求实现经济增长、社会发展、环境保护相协调。为应对气候变化而停滞发展,或者无视气候变化片面追求经济增长,都是不可取的。应该建立适应可持续发展要求的生产方式和消费方式,优化能源结构,推进产业升级,发展低碳经济,努力建设资源节约型、环境友好型社会,从根本上应对气候变化的挑战。""为了有效应对气候变化,中国将坚持科学发展观,贯彻节约资源和保护环境的基本国策,把人与自然和谐发展作为重要理念,促进经济发展与人口资源环境相协调,走生产发展、生活富裕、生态良好的文明发展道路;将把可持续发展作为经济社会发展的重要目标,把减缓和适应气候变化的政策措施纳入国民经济和社会发展规划中统筹考虑、协调推进;将充分发挥科技创新在减缓和适应气候变化中的先导性、基础性作用,增强自主创新能力,大力发展新能源、可再生能源技术、节能新技术,促进碳吸收技术和各种适应性技术;将开展全民气候变化宣传教育,提高公众节能减排意识,让每个公民自觉为减缓和适应气候变化作出努力;将继续推动并参与国际合作,积极参与《联合国气候变化框架公约》谈判和政府间气候变化专门委员会的相关活动,推进清洁发展机制、技术转让等方面的国际合

---

① 胡锦涛在亚太经合组织第十五次领导人非正式会议上的讲话,《人民日报》2007年9月9日。

作，参与并支持'亚太清洁发展和气候伙伴计划'等其他合作机制发挥有益的补充作用。"① 我国政府宣布，中国到 2020 年单位 GDP 二氧化碳排放量比 2005 年下降 40%~45%。作为发展中国家，发展仍然是第一要务，发展低碳经济必须紧密结合自己的发展阶段和特殊国情。"坚持减缓和适应气候变化并重，充分发挥技术进步的作用，完善体制机制和政策体系，提高应对气候变化能力。""综合运用调整产业结构和能源结构、节约能源和提高能效、增加森林碳汇等多种手段，大幅度降低能源消耗强度和二氧化碳排放强度，有效控制温室气体排放。""在生产力布局、基础设施、重大项目规划和建设中，充分考虑气候变化因素。""坚持共同但有区别的责任原则，积极参与国际谈判，推动建立公平合理的应对气候变化国际制度。"②

发展低碳经济集中体现于改善我国的能源结构和提高能源效益，而我国能源结构的特点是贫油、少气、多煤。到 2020 年，中国的非化石能源在能源消费总量中要占到 15% 左右。我国一方面要加强与发达国家的相关合作，积极引进清洁煤技术，另一方面，要加大对其他能源的开发和利用，发展核电仍然是我国的必要选择，但安全发展任务更加艰巨；为了兑现减排承诺，水电发展将承担更大的减排份额，"十二五"期间水电提速成为必然，但如何克服水电项目的无序开发、移民困局和环境后遗症也是很大的挑战；同时发展第二代生物能源等其他清洁能源。另外，还必须加快推进资源和能源价格形成机制改革，推进环境产权制度方面的改革，建立低碳产品标准、标识和认证制度，推进碳排放交易市场建设。

我国的人口峰值大约为 16 亿，如果在未来 30 年基本实现现代化，这个过程不可避免地将增加能源消费和遭遇资源环境因素的制约。低碳经济的发展还将对全球产业新格局产生重大影响，各国都不得不在这个新格局中寻找自己的位置。我们不能错过这个机遇，探索一条具有自己特色的限制高碳产业、激励低碳产业的新型工业化道路。

全球将步入"资源为王"的时代，以有色金属（包括黄金）、煤炭、森林等珍贵自然资源和以高科技人才与知识产品为核心，构筑起来的才是最安全的财富体系，谁拥有这样的资源，尤其是珍贵稀有资源越多，谁就拥有更多的财富和更强的购买力。我们必须从储备货币转向储备实物尤其是重要资源。我国现在已加强了对稀土资源出口的管制，但在资源的有效利用和坚实保护方面，还有许多工作要做。

---

① 胡锦涛在亚太经合组织第十五次领导人非正式会议上的讲话，《人民日报》2007 年 9 月 9 日。
② 《中华人民共和国国民经济和社会发展第十二个五年规划纲要》，人民出版社 2011 年版。

3. 产业升级与产业转移

中共十六大报告提出，"推进产业结构优化升级，形成以高新技术产业为先导、基础产业和制造业为支撑、服务业全面发展的产业格局。优先发展信息产业，在经济和社会领域广泛应用信息技术。积极发展对经济增长有突破性重大带动作用的高新技术产业。用高新技术和先进适用技术改造传统产业，大力振兴装备制造业。继续加强基础设施建设。加快发展现代服务业，提高第三产业在国民经济中的比重。正确处理发展高新技术产业和传统产业、资金技术密集型产业和劳动密集型产业、虚拟经济和实体经济的关系。"① 中共十七大报告提出，"要大力推进经济结构战略性调整，更加注重提高自主创新能力、提高节能环保水平、提高经济整体素质和国际竞争力。要深化对社会主义市场经济规律的认识，从制度上更好发挥市场在资源配置中的基础性作用，形成有利于科学发展的宏观调控体系。"② 2008 年世界金融和经济危机对我国产业升级、经济转型既是严峻挑战也是有利机遇，来自两个方面的推力或压力可以发挥作用。

一是经济危机形成了"倒逼"机制，从外部迫使我国加快产业升级和发展模式的转型。这次世界性经济危机的应对也在酝酿着人类经济发展史上的又一次革命，即从工业经济向生态经济转变。发达国家加强了相关方面的探索力度，试图寻找到新的经济增长点。全球气候变化和能源价格上涨也都对我国经济转型形成了巨大压力。我国现在正处于转型的关键时期，产业竞争力正面临新的挑战。根据中国社会科学院发布的《中国产业竞争力报告（2010）》，我国在"十二五"期间，可能面临竞争优势断档的风险。造成产业竞争力下降的原因有：传统的成本竞争力下降、产业升级难度较大和低碳竞争力较弱。中国原来有竞争优势的传统产业会失去竞争力，而新的优势产业一时难以形成，就会出现竞争优势的断档期。

二是来自国内"刘易斯拐点"的压力。自 2004 年珠三角出现"用工荒"以来，学术界对我国"刘易斯拐点"是否到来展开了激烈讨论。③ 在二元经济中，农村剩余劳动力供给几乎是无限的。由于既定的工资水平，工业和城市部门规模不断扩大，最终会吸收完剩余劳动力，因此不加工资就找不到劳动力了。一方认为中国原有的人口红利正在消失，"刘易斯拐点"近在眼前。从人口数量来看，

---

① 江泽民：《全面建设小康社会 开创中国特色社会主义事业新局面》，人民出版社 2002 年版。
② 胡锦涛：《高举中国特色社会主义伟大旗帜 为夺取全面建设小康社会新胜利而奋斗》，人民出版社 2007 年版。
③ "刘易斯拐点"是指从劳动力无限供给到劳动力供应紧缺的转变拐点。

似乎离"刘易斯拐点"的出现还有 5 年左右的时间,但从人口结构来看,目前已经出现这一拐点,预计到 2015 年中国的人口红利将消失。① 另一方则认为中国的"刘易斯拐点"还未到来,人口结构决定了中国的劳动力供给非常充裕,距离到达"刘易斯拐点"还有 10~15 年的时间。尽管我国劳动力成本不再像过去那么低,但从综合效益考虑,未来这段时间中国仍然是劳动力成本相对较低的国家之一。② 根据国际经验,当农村劳动力人口占到整体劳动力的 10% 时便有可能出现"刘易斯拐点",而目前我国农村劳动力人口仍占总劳动力的 25%~30%。也就是说,在相当长一段时间内,中国的人口红利还不会消失。

问题在于,无论人口红利是否即将消失,近年我国出现的一系列用工事件,原因就是工资待遇低、劳动强度大、工作环境差和基本福利缺失。我国人口结构正在发生深刻变化,普通劳动力成本正以每年 10% 的速度上升,揭示了我国产业升级的必然趋势,同时纠正着以往忽视劳动者权益的倾向。

我国各地区发展不平衡,转变经济发展方式并不是,也不可能全部转向都去搞"高精尖"。值得注意的是,产业升级并非一味发展大企业抛弃中小企业。产业升级的同时还伴随着产业转移,东部原来的劳动力密集型企业或部分生产环节可以向中西部转移,但是转移方式绝不应该以政府计划管理的方式进行,而必须依靠企业自身的动力和国内劳动力市场的配置。近年我国在产业转移的实践中已经逐步出现一种以沿海接单(或部分生产)、内地加工、内外市场兼顾的产业梯度布局的商业运营模式,沿海企业升级为向研发、物流、营销、创意等服务功能转型,又延续了我国低成本制造优势,进而带动中西部经济的发展。另外,产业升级也不是简单地抛弃传统产业,"低端"并不一定是不好的代名词,传统产业仍然可以大容量吸收我国的就业人口,而且企业的生存取向本来就应该是多元的,所谓"无论是土豆片,还是芯片,只要能赚钱,就是好片",就是这个道理。

4. 转变发展方式的长期性、艰巨性

经济结构调整、产业升级是与经济发展方式转变紧密联系在一起的。但原来的发展方式的惯性和刚性非常顽固,而且由于调整和转型涉及各方利益,不可避免地会遇到这样或那样的困难和阻力,要改变各种不合理的利益格局,必须处理好改革、发展和稳定的关系,处理好各方面的利益关系,调动一切积极因素,为

---

① 《中国的"刘易斯拐点"是否到来》,《文汇报》2010 年 8 月 9 日。
② 姚洋:《中国发展模式与当代经济危机》,载《社会主义经济理论与实践》2010 年第 1 期。

经济发展方式转变创造有利条件。经济发展转型，还面临着一个严重的思维障碍，就是中国改革30年取得的巨大成功形成的思想包袱。成功的惯性容易使人们陷入对这个模式的过度依赖和对既得利益的保护，更值得警惕的是，一些从行政垄断中得利的部门和个人为了维护既得利益，也会以种种名义蓄意阻挠改革。

我国经济结构调整和产业升级存在的主要体制性障碍包括：地方政府仍然拥有较强的资源配置权力；各级政府的政绩考核仍然以GDP为主要标准，他们倾向于运用手中权力制造政绩；现行财政体制迫使地方政府运用资源支配权，千方百计来增加本地的财政收入；这些原因综合起来就使得市场机制并未在我国资源价格形成中充分发挥作用。

传统的思维方式和认知水平也制约了结构调整的进展。过于注重投资和出口，单纯依靠向国民经济注入流动性的短期政策来保证经济增长，采用增加大量投资和贷款的办法，将使我国经济面临资产泡沫和通货膨胀的双重危险。人们往往以为只要能够使总需求（主要是投资）增加，就能维持GDP增长的趋势。这很可能导致政策失误。我们必须把注意力和工作重点放在促进经济发展方式转型、促进经济结构优化和提高效率等方面，而不是通过扩大投资的办法"延缓"经济发展方式的转变。

此外，我国劳动密集型产业的升级更多将是生产过程的工艺升级和产品升级，而在这个过程中，高级技术工人的缺乏已经并将进一步成为制约产业升级的瓶颈。

应该承认，我国现阶段消费还难以超过投资，这是因为居民收入占比的增长较大幅度慢于政府和企业收入占比的增长，也因为收入分配向高收入群体集中，而社会保障滞后又迫使人们不得不为未来储蓄，这就限制了居民的消费。一些地方仍然存在着过度追求GDP、过度依赖投资拉动经济和过度干预微观经济活动的惯性，地方政府无法制定宏观经济政策，又不能发行货币和调整利率，要想出政绩，就只能依靠投资。这种局面的蔓延必然导致一系列问题：高投资率已经造成部分产业产能较大过剩，甚至连一些新兴产业也有产能过剩的风险；高投资往往伴随着大量土地消耗，而土地作为最稀缺的资源越来越紧缺，并对我国控制通货膨胀带来额外压力等。可见转变经济发展方式的关键在于约束地方政府的行为，特别要注意垄断利益集团（通常是大型国企）与政府的特殊关系，这些集团的游说能力会使政府出台某些反市场化政策，抑制私人部门的发展和创造就业的能力。因此，要实现经济发展方式的转型，就必须有体制和机制上的重大突破，包括大力推进国有经济的改革、推进现行财税体制和金融市场的改革、建立基本的社会保障制度等。更重要的是，结构性改革势必涉及政府自身的改革。中共十四大报告早就指出，"加快政府职能的转变。这是上层建筑适应经济基础和促进经济发展的大问题。不在这方面取得实质性进展,改革难以深化、社会主义市场经济体制难以建立。"① 中共十六届五中全会指出,"我国正处于改革的攻坚阶段,必须以更大决心加快推进改革,使关系经济社会发展全局的重大体制改革取得突破性进展。以转变政府职能和深化企业、财税、金融等改革为重点,加快完善社会主义市场经济体制,形成有利于转变经济增长方式、促进全面协调可持续发展的机制。""加快行政管理体制改革,是全面深化改革和提高对外开放水平的关键。继续推进政企分开、政资分开、政事分开、政府与市场中介组织分开,减少和规范行政审批。各级政府要加强社会管理和公共服务职能,不得直接干预企业经营活动。深化政府机构改革,优化组织结构,减少行政层级,理顺职责分工,推进电子政务,提高行政效率,降低行政成本。"② 中共十七届五中全会进一步强调:"改革是加快转变经济发展方式的强大动力,必须以更大决心和勇气全面推进各领域改革,大力推进经济体制改革,积极稳妥推进政治体制改革,加快推进文化体制、社会体制改革,使上层建筑更加适应经济基础发展变化,为科学发展提供有力保障。"③ 政府改革包括压缩政府规模、改变政府在经济活动中的垄断作用,让政府回归公共服务、提供公共品的职能。事实上,我国几轮政府改革的历程清楚表明了这种改革的巨大难度,并预示着继续改革的长期性和艰巨性。

三、我国经济发展转型的途径

经济发展大致可以分为要素驱动型、投资驱动型和创新驱动型的模式。我国改革开放以来的经济发展经历了要素驱动和投资驱动阶段,现在到了向创新驱动的经济转型的时期。中共十七大报告在阐述促进国民经济又好又快发展时,把提高自主创新能力,建设创新型国家放在第一位,这是国家发展战略的核心,是提高综合国力的关键。到2020年我国要实现人均国内生产总值比2000年翻两番,就一定要紧紧依靠科技进步和自主创新的有力支撑,一定要改变我国人均劳动生产率低、附加值低、单位国内生产总值物耗能耗高、生态环境代价大的现状。这也是提升我国的国际竞争力的重要手段。

---

① 江泽民:《加快改革开放和现代化建设步伐 夺取有中国特色社会主义事业的更大胜利》,人民出版社1992年版。
② 《中共中央关于制定国民经济和社会发展第十一个五年规划的建议》,人民出版社2005年版。
③ 《中共中央关于制定国民经济和社会发展第十二个五年规划的建议》,人民出版社2010年版。

1. 政府在经济结构调整中的作用

多年来，我国习惯于依靠政府政策引导经济发展，这在实践中的确取得了明显效果。当一个国家原有的比较优势不断降低时，就必须进行产业结构调整。此时，政府要出面对产业升级中所需的人力资源、基础设施、金融体系、法制体系等进行协调，并在淘汰落后产能方面发挥作用。发达国家的政府在产业技术创新方面给予企业大量补贴，这也是他们能够不断保持领先地位的一个关键。但是，政府的作为也可能适得其反，失败的原因则主要是干预得太多，做了许多不该做的事情。可见政府应当做什么、不应当做什么非常重要。

政府主导是我国经济发展的突出特点，特别是产业政策先行，政府先规定未来一段时间产业发展的方向，继而利用财政政策和货币政策引导企业。但是，受惠企业往往是一些国有大企业，它们比较容易获得各种优惠，而中小企业则很难得到同样的待遇。尽管由政府主导启动快，短期效果也很明显，但是很容易造成各地产业同构现象，以及各种恶性竞争和寻租行为等后果，政府的政策性扭曲还导致资源错配和福利倾斜，特别是不利于创新活动。在这种情况下，民营经济往往不愿意向实体经济部门投资，纷纷涌入虚拟经济。地方政府在实施经济转型过程中，仍然沿用旧的体制机制，急于"弯道超车"，把"筑巢引凤"、"腾笼换鸟"作为产业升级的主要手段，这样的经济转型和产业升级造成了严重的投资效率低下，地方政府甚至还背上沉重的公共债务。据国家审计署的数据，到2010年年底，地方公共债务规模已经达到近11万亿元。实现经济转型和产业升级最大的体制性障碍就是，以GDP增长作为政绩标准的政府拥有过大的资源配置权力，连带地还有财政税收体制缺陷和要素价格扭曲等问题。

中共十六届三中全会指出，"转变政府经济管理职能。深化行政审批制度改革，切实把政府经济管理职能转到主要为市场主体服务和创造良好发展环境上来。""完善政府重大经济社会问题的科学化、民主化、规范化决策程序，充分利用社会智力资源和现代信息技术，增强透明度和公众参与度。"[①] 中共十七届二中全会进一步提出，"加快推进政企分开、政资分开、政事分开、政府与市场中介组织分开，把不该由政府管理的事项转移出去，把该由政府管理的事项切实管好，从制度上更好地发挥市场在资源配置中的基础性作用，更好地发挥公民和社会组织在社会公共事务管理中的作用，更加有效地提供公共产品。"[②]

---

① 《中共中央关于完善社会主义市场经济体制若干问题的决定》，人民出版社2003年版。
② 《关于深化行政管理体制改革的意见》，《人民日报》2008年3月5日。

在经济转型中还要注意两个问题：一是充分发挥中小企业在技术创新中的重要作用。企业是技术创新的主体，切不要以为只有大企业才有创新能力，中小企业的外部正效应，就是它能够使得整个市场活跃起来。二是各级政府如何在技术创新、提高效率上发挥正确作用。除了加强扶持力度，还要建立一个尊重规则和法治的市场环境，划清政府与市场的边界，并通过财政、贸易等政策来保护和推动国内市场健康发展，促使市场机制更好地实现优化资源配置的效果；政府还应该有所不为，不应为了某种利益设置各种名目的"行政许可"和"市场准入"，降低不必要的交易成本和物流成本；特别是政府在制定增长目标时，重心应该放在培育经济增长的内生动力上，而不是一味追求经济增长率。

2. 以市场机制促结构优化

经济结构调整的实质就是如何淘汰落后和过剩产能以促进产业升级换代，这就更有必要强调市场机制而不是行政手段的运用。在市场经济条件下，行政手段的作用相当有限，负效应却比较明显。政府对于经济发展中许多具体事项未必能看准，就是看准了也未必能使对力气，因此重要的是提出一个方向性目标，其他的交给市场通过竞争去见分晓。政府应该在强化法制环境方面有更大的作为，当然，适合市场经济的法制健全和完善有一个过程，它们对产业结构变化的影响也只能是规则性和约束性的。

提高劳动力要素价格在有些国家是一种促进产业升级的有效经济手段，这个经验在我国能否奏效？我国的人口特点和廉价劳动力决定了许多企业属于以代工为特点的劳动力密集型企业。现有的代工型企业结构形成的主要原因是，我国企业普遍缺乏核心制造技术，在研发、设计、营销等具有高端价值的环节没有竞争优势，企业只能凭借廉价劳动力，在国际分工体系中选择生产加工和装配等低端环节，通过代工方式获得微薄的加工利润。因此，一方面，企业的低端地位使得它没有动力也没有能力去培训工人，"技工"不足又导致企业难以实现产业升级；另一方面，有限的利润空间也限制了普通工人的工资提高进而加剧了劳动力的结构性短缺。企业产业链的低端化和工人的低收入、"技工"不足之间就这样出现了恶性循环。

近年越来越频繁见诸报道的"用工荒"、劳工工资纠纷以及引起严重"围观"的工人连续自杀的"富士康事件"（2010年）都对劳动力密集型代工企业模式提出了严厉质疑，我国经济增长事实上已经到了必须更多关注劳动者权益的阶段了。这是推动我国实现经济发展方式转变的一个内生动力，是调整产业结构的一个上升推力。劳动力成本上升可以推动粗放型经济向集约型经济转型，迫使企业采取引进先进技术、改善管理营销等手段来提高劳动生产率，推动"中国制造"往产业链的较高端转移。毫无疑问，我国经济发展也一定要服从这条经济规律。从整个国民经济和市场体系宏观层面看，任何一个企业、一个行业、一个地区乃至整个国家的经济转型，在很大程度上都是外部挑战"逼"出来的。要实现成功转型，肯定离不开政府顺势而明智的政策扶持，离不开有利于市场发挥资源配置基础性作用的法制环境。当然，并不是每个企业、行业、地区都能确保成功转型。如果转型真的是市场配置出来的，则必然有优胜劣汰的结果，技术落后、仍然依赖廉价劳动力的企业将被渐次淘汰；如果转型是靠政府用行政手段强制推行的"高端"作业，则很可能出现产业未能成功升级、却丢掉了原来的劳动力密集型产业的老本。中共十七大报告强调，"要深化对社会主义市场经济规律的认识，从制度上更好发挥市场在资源配置中的基础性作用，形成有利于科学发展的宏观调控体系。"① 中共十七届二中全会进一步提出，"改善经济调节，更多地运用经济手段、法律手段并辅之以必要的行政手段调节经济活动，增强宏观调控的科学性、预见性和有效性，促进国民经济又好又快发展。"② 道理很简单，经济转型更重要的是依靠市场行为，只要市场具备了良好的调节机制，转型就是水到渠成的事情。政府要做的是维护好市场秩序，排除一切阻碍市场发挥正常调节作用的不合理障碍。

3. 以自主创新促产业升级

我国长期用"市场换技术"、"政策换资本"，却没能培育出我国企业的自主创新能力，陷入了"落后—引进—再落后—再引进"的怪圈。由于自主创新能力不强，缺乏核心技术和自主知识产权，缺少世界知名品牌，我们就不得不更多地依靠廉价劳动力换取微薄利润，成为低端产品的"世界工厂"。由于企业利润率低，劳动者工资提高缓慢，更不利于扩大内需和促进现代服务业的发展。无论从国际竞争和国内劳动力供给和资源环境压力看，我国都必须更多地依靠科技进步、提高劳动者素质和管理创新来带动经济发展。只有依靠自主创新，推动经济发展迈上创新驱动的轨道，才能由"中国制造"转向"中国创造"。

中共十六届五中全会提出，"把增强自主创新能力作为科学技术发展的战略基点和调整产业结构、转变增长方式的中心环节，大力提高原始创新能力、集成

---

① 胡锦涛：《高举中国特色社会主义伟大旗帜 为夺取全面建设小康社会新胜利而奋斗》，人民出版社 2007 年版。
② 《关于深化行政管理体制改革的意见》，《人民日报》2008 年 3 月 5 日。

创新能力和引进消化吸收再创新能力";"发展先进制造业、提高服务业比重和加强基础产业基础设施建设,是产业结构调整的重要任务,关键是全面增强自主创新能力,努力掌握核心技术和关键技术,增强科技成果转化能力,提升产业整体技术水平。建立以企业为主体、市场为导向、产学研相结合的技术创新体系,形成自主创新的基本体制架构。大力开发对经济社会发展具有重大带动作用的高新技术,支持开发重大产业技术,制定重要技术标准,构建自主创新的技术基础。加强国家工程中心、企业技术中心建设,鼓励应用技术研发机构进入企业,发挥各类企业特别是中小企业的创新活力,鼓励技术革新和发明创造。实行支持自主创新的财税、金融和政府采购政策,发展创业风险投资,加强技术咨询、技术转让等中介服务,完善自主创新的激励机制。加大知识产权保护力度,健全知识产权保护体系,优化创新环境。依法淘汰落后工艺技术,关闭破坏资源、污染环境和不具备安全生产条件的企业。"[1] 中共十七大报告进一步指出,"提高自主创新能力,建设创新型国家。这是国家发展战略的核心,是提高综合国力的关键。要坚持走中国特色自主创新道路,把增强自主创新能力贯彻到现代化建设各个方面。"[2] 报告将自主创新的战略意义提到了一个新的高度。

自主创新不仅是微观层面中国经济持续增长的源泉,而且是我国产业走向国际分工高端地位的可靠支撑。鼓励自主创新,就要解决创新的动力问题,而不仅仅是增加投入,特别是要建立有助于创新的制度环境。中共十六届六中全会把"全社会创造活力显著增强,创新型国家基本建成"作为构建社会主义和谐社会的目标和主要任务之一。"使一切有利于社会进步的创造才能得到发挥,保护创新热情,鼓励创新实践,完善创新机制,宽容创新挫折,增强自主创新能力,建设创新型国家。……营造鼓励人们干事业、支持人们干成事业的社会环境"。[3]

增强自主创新能力,必须加强企业在创新中的主体地位。"充分发挥市场和社会需求对科技进步的导向和推动作用,支持和鼓励企业从事科研、开发和技术改造,使企业成为科研开发和投入的主体。有条件的科研机构和大专院校要以不同形式进入企业或同企业合作,走产学研结合的道路,解决科技和教育体制上存在的条块分割、力量分散的问题。鼓励创新、竞争和合作。实施保护知识产权制度。""加快建立以企业为主体、市场为导向、产学研相结合的技术创新体系,引导和支持创新要素向企业集聚,促进科技成果向现实生产力转化。"[4] 要让每

---

[1] 《中共中央关于制定国民经济和社会发展第十一个五年规划的建议》,人民出版社2005年版。
[2] 胡锦涛:《高举中国特色社会主义伟大旗帜 为夺取全面建设小康社会新胜利而奋斗》,人民出版社2007年版。
[3] 《中共中央关于构建社会主义和谐社会若干重大问题的决定》,人民出版社2006年版。
[4] 江泽民:《高举邓小平理论伟大旗帜 把建设有中国特色社会主义事业全面推向二十一世纪》,人民出版社1997年版。

个企业在竞争的市场经济体制中谋求创新，而不是对企业如何创新指手画脚。在推动创新方面，一定要改变习惯的"计划"、"指导"做法。尽管我们曾经制定过多个发展新兴产业、高新技术等规划，发动过多次科学和技术的"攻关"运动，还要求企业将获得的关键技术应用于生产，实现"从科研到产品的转化"或"科技产业化"，但历史经验表明，这类做法只能在少数重点领域取得赶超效果（这些领域往往目标和探索路径比较清晰，加之政府动员资源的强大投入），而作为整个国民经济的主要技术政策措施，并不能有效激励大范围的自主创新。

我国自主创新存在体制障碍，一方面，许多企业缺乏创新的动力和积极性。中央企业可以凭借其垄断地位获利，而对保值增值和当年利润的考核机制也助长了企业关注眼前利益，没有人真正愿意投入创新；还有不少企业安于现状，满足于依靠廉价劳动力和自然资源赚点辛苦钱；而更多的中小企业只能通过压低成本来维持生存，根本无心无力进行创新研发。另一方面，我国企业在跨国公司钳制下创新动力受挫，其技术成长严重受制于跨国公司的技术路线，在参与产业主流技术竞争、扩大自主创新成果进程中障碍重重；即便是合资企业的研发项目，也无不受制于跨国公司母国的研发战略；有的民营企业依靠并购和联合开发在较短时间获得高端资源，但大部分研发活动仍然高度依靠国外被收购企业，对本土企业长期技术能力提高的贡献相当有限。为此，就必须大力改革我国科研体制中的行政化、官本位、等级制等积习，克服非学术因素对于科学文化发展的不利影响。

自主创新激励还在于构建一个以发展为导向的创新体系，一是鼓励公平竞争，减少各种寻租机会和依靠资产炒作升值谋利的机会，强化通过创新获取利润的制度条件；二是调动科学家、技术人员和专业人才的积极性，扩大他们在创新领域的自主权，健全知识产权制度，保障创新产品拥有者的合法权益，并提供风险资助，免除创新者的后顾之忧；三是鼓励企业愿意投资于创新，愿意通过重大技术突破和日积月累的技术改进，以及对引进技术的消化、吸收和提高等多种手段参与竞争。另外，自主创新并不排斥学习模仿，包括与跨国公司合作，推动相关领域互补性技术环节的突破，获取集成创新的好处；在创新过程中获取中间成果，提高创新效率；利用开放型创新平台，对国外创新源进行技术跟踪和学习，处理好本国企业和跨国公司合作中的技术利用、技术转化和自主创新的关系，为发挥企业创新潜能创造更好的环境和条件。

4. 实现经济发展转型的制度保障

转变经济发展方式反映了经济发展的客观规律，顺应了时代要求，是实现国民经济又好又快发展的根本举措。"实现未来经济发展目标,关键要在加快转变经济发展方式、完善社会主义市场经济体制方面取得重大进展。"① 但是转变发展方式进行得并不顺利,传统的增长方式和体制惯性仍然在很顽固地起作用。主要表现在:第一,政府握有过大的资源配置权,又以 GDP 作为政绩指标,很容易导致重复建设、效益低下和寻租行为。第二,财政体制的缺陷,各级财政预算的主要收入是生产型的增值税,这就刺激了一些地方不顾资源环境条件、盲目扩张财政增收效应大的加工业尤其是重化工业;而政府提供公共品的支出责任却在下移,社会保障和义务教育的七成支出落到了县及县以下财政头上,财权和事权的分离,迫使各级政府为了地方开支推动投资,而投资选择实际上又相当有限,这就必然导致重复建设和过度开发当地的自然资源。第三,生产要素价格扭曲,土地、资本、劳动力等生产要素的价格没有充分市场化,而行政定价往往按照计划经济思路习惯性压低价格。资源和要素价格不能准确反映真实成本,既不利于资源节约和保护,也不利于生产要素的合理配置。第四,知识产权保护不足,缺乏创新激励,有利于创新和创业的制度环境还很不完善。

加快经济发展方式的转变,最重要的是建立一个能够有效支持这种转变的制度基础,"更加重视改革顶层设计和总体规划,大力推进经济体制改革,积极稳妥地推进政治体制改革,加快推进文化体制、社会体制改革,不断完善社会主义市场经济体制,扩大社会主义民主,完善社会主义法制,使上层建筑更加适应经济基础发展变化,为科学发展提供有力保障。坚持和完善基本经济制度,营造各种所有制经济依法平等使用生产要素、公平参与市场竞争、同等受到法律保护的体制环境。加快财税金融体制改革,积极构建有利于转变经济发展方式的财税体制,构建组织多元、服务高效、监管审慎、风险可控的金融体系。深化资源性产品价格和环保收费改革,建立健全能够灵活反映市场供求关系、资源稀缺程度和环境损害成本的资源性产品价格形成机制。"② 这就要求我们进一步完善社会主义市场经济体制的改革,尤其是实现政府职能的转变。现在是政府做了许多不应该管或者管不好的事情,而一些政府应该管的事情却没有管或者没有管好。政府的改革,不仅要减少资源配置和价格形成方面的行政干预,更重要的是提供一个能够让市场机制发挥基础性作用的制度平台。

一是要大力深化市场经济体制改革,有效抑制垄断。早在 20 年前,中共十四届三中全会就指出,"公有制经济特别是国有经济,要积极参与市场竞争,在市场竞争中壮大和发展。国家要为各种所有制经济平等参与市场竞争创造条件,

---

① 胡锦涛:《高举中国特色社会主义伟大旗帜　为夺取全面建设小康社会新胜利而奋斗》,人民出版社 2007 年版。

② 温家宝:《政府工作报告》,《人民日报》2011 年 3 月 17 日。

对各类企业一视同仁。"① 中共十六届三中全会提出,"对垄断行业要放宽市场准入,引入竞争机制。有条件的企业要积极推行投资主体多元化。"② 但是,仍然有一些国企凭借独特优势取得对上游资源的垄断地位,与此同时,在"宏观调控"名义下对企业微观经济活动进行行政干预的情况仍十分普遍。不打破垄断,不消除这种行政干预,充分发挥市场在资源配置中的基础性作用便无从谈起。

二是市场必须建立在法治基础之上。我们虽然已经制定了许多法律,但在实践中,司法独立和严格执法的难度比立法的难度大得多。如果没有独立的公正司法,合同的执行就得不到保障,而不受约束的权力就绝对地导致腐败。政府的过度管制一方面窒息了社会创业和发展的活力,另一方面创造了政府部门和公务员权力寻租的天然条件,进而加剧了经济活动的低效率,加大了灰色和黑色成本。发展健全的市场经济体系,就必须以法治来约束权力之手对经济活动的过度干预,同时有力转变政府职能,从根本上消除产生各种扭曲的体制根源,建立一个与市场经济体制相适应的政府体制格局。

三是进一步完善基本经济制度。坚持平等保护物权,形成各种所有制经济平等竞争、相互促进的新格局,从根本上确认和保障公平竞争这一社会主义市场经济基本原则。以增强国有经济活力、控制力、影响力为着眼点,深化国有企业公司制股份制改革,加快建设国有资本经营预算制度,进一步推动国有经济布局和战略性结构调整。鼓励、支持、引导非公有制经济发展,进一步消除非公有制经济发展的体制障碍,重点解决非公有制经济发展面临的行业准入难、融资难等突出问题。

四是继续深化财税、金融等体制改革,完善宏观调控体系。要按照履行职责与提供资源相对称的原则,深化预算制度改革和税制改革,加快形成统一规范透明的财政转移支付制度,制定和实施合理的绩效评价体系;建设多种所有制和多种经营形式、结构合理、功能完善、高效安全的现代金融体系。深化金融业改革,提高金融运行效率和金融企业经营效益。提高金融监管水平,及时化解金融风险,切实维护金融安全。

五是加快形成统一开放竞争有序的现代市场体系。加强资本市场的基础性制度建设,改革和完善政府管理土地市场的方式,积极发展人力资源市场。健全和完善技术市场,保护知识产权,促进技术成果转化。理顺资源价格体系,完善反映市场供求关系、资源稀缺程度、环境损害成本的生产要素和资源价格形成机制。加快建设社会信用服务体系,健全并严格执行失信惩戒制度。积极发展独立

---

① 《中共中央关于建立社会主义市场经济体制若干问题的决定》,人民出版社1993年版。
② 《中共中央关于完善社会主义市场经济体制若干问题的决定》,人民出版社2003年版。

公正、规范运作、市场认可的行业协会和专业化中介服务机构,在行业内发挥应有作用。我国农村剩余劳动力转移和城镇劳动力的充分就业,迫切需要增强劳动力要素的分配能力,这就必须为吸纳劳动力能力强的中小企业和服务业发展提供一个健康的就业市场。

四、更加注重民生与社会公平

关注人的发展是马克思主义的应有之意,也是当代发展理念的聚焦所在。既要做大蛋糕,又要分好蛋糕,是中国特色社会主义的应有之意。社会主义的目的本来就是实现共同富裕,人民大众共享发展成果的普遍幸福。转变经济发展方式,也是要花大力气解决国富民也要富的问题。中共十六届三中全会提出科学发展观,就是"坚持以人为本,树立全面、协调、可持续的发展观,促进经济社会和人的全面发展。"①

1. 通过收入分配体制改革促进社会公平正义

改革开放特别是20世纪90年代以来,为了适应社会主义市场经济的建立和所有制的变革,我国收入分配原则也进行了重大调整,强调把按劳分配和按生产要素分配结合起来,坚持"效率优先、兼顾公平"的原则,引入竞争机制,打破平均主义,合理拉开差距,但又要规范收入分配,防止两极分化。中共十六大报告提出,"深化分配制度改革,健全社会保障体系。理顺分配关系,事关广大群众的切身利益和积极性的发挥。调整和规范国家、企业和个人的分配关系。确立劳动、资本、技术和管理等生产要素按贡献参与分配的原则,完善按劳分配为主体、多种分配方式并存的分配制度。坚持效率优先、兼顾公平,既要提倡奉献精神,又要落实分配政策,既要反对平均主义,又要防止收入悬殊。初次分配注重效率,发挥市场的作用,鼓励一部分人通过诚实劳动、合法经营先富起来。再分配注重公平,加强政府对收入分配的调节职能,调节差距过大的收入。规范分配秩序,合理调节少数垄断性行业的过高收入,取缔非法收入。以共同富裕为目标,扩大中等收入者比重,提高低收入者收入水平。"② 中共十六届六中全会提

---

① 《中共中央关于完善社会主义市场经济体制若干问题的决定》,人民出版社2003年版。
② 江泽民:《全面建设小康社会 开创中国特色社会主义事业新局面》,人民出版社2002年版。

出,"坚持按劳分配为主体、多种分配方式并存的分配制度,加强收入分配宏观调节,在经济发展的基础上,更加注重社会公平,着力提高低收入者收入水平,逐步扩大中等收入者比重,有效调节过高收入,坚决取缔非法收入,促进共同富裕。通过扩大就业、建立农民增收减负长效机制、健全最低工资制度、完善工资正常增长机制、逐步提高社会保障标准等举措,提高低收入者收入水平。完善劳动、资本、技术、管理等生产要素按贡献参与分配制度。"①

应该承认,"效率优先、兼顾公平"对于调动各方积极性、促进生产力发展发挥了重要作用,但与此同时,也出现了收入分配差距逐步拉大的情况,我国居民收入的基尼系数从1981年的0.280扩大到2006年的0.468,并且还在扩大。从国际比较来看,我国劳动者报酬占GDP比重明显偏低。② 我国城乡居民之间的收入差距也在不断扩大,③ 由于部分群体大量隐性和灰色收入的存在,我国真实的收入差距可能更大,当前的初次分配情况是财政收入大幅增长、资本所有者所得偏高、劳动者所得持续下降,劳动者收入偏低已经成为消费低迷、内需不足、社会关系紧张、利益冲突加剧的主要原因。

我国收入分配中产生问题的重要原因在于市场不健全、制度不完善和政府职能转变滞后。在初次分配中,一是基本要素价格扭曲,资源价格被人为压低,工业用地价格极为低廉,排污收费也很低,这使得劳动力要素的报酬长期只能保持低位;而少数人掌握重要资源迅速暴富,资源要素分配不公加剧社会财富的分配不公,与我国资源产权制度缺失有着很大关联,表现为资源价格成本构成不完全,资源税偏低、开采成本很低、环境责任很小等等。二是行业垄断和行政性垄断导致某些领域收入过高。而一旦部门利益被合法化,实际上的垄断"权力分配"就会严重侵害收入分配的公平性。所以,"规范国有企业经营管理者收入,确定管理者与职工收入合理比例。加快垄断行业改革,调整国家和企业分配关系,完善并严格实行工资总额控制制度"④就非常重要了。三是税收政策不公。主要表现为:逆向调节,穷人的相对税赋比富人还高;税收连续大幅度地超过GDP增长,税赋结构不合理。因此,有必要实施新的"减税计划",大幅度降低个人所得税和企业税负,加大政府在医保、社保、城乡公共设施和其他公共服务方面的支出,改变目前国民收入分配以及再分配向政府倾斜、财富越来越向国家转移的趋势,真正实现"让利于民"和"藏富于民"。四是财政不透明,缺乏有

---

①④ 《中共中央关于构建社会主义和谐社会若干重大问题的决定》,人民出版社2006年版。

② 我国居民劳动报酬占GDP的比重在1983年达到56.6%峰值后持续下降,2005年下降到36.7%,22年间下降了近20个百分点。而从1978年到2005年,资本报酬占GDP的比重却上升了20个百分点。见《新华月报》2010年6月号(上半月),第5页。

③ 2000~2008年城镇居民家庭的人均收入的年均增长率达到12.21%,而农村居民家庭的人均纯收入的增长率只有9.8%。

效监督，国民财富浪费严重。有的地方花巨资搞形象工程、政绩工程，华而不实，劳民伤财；有些部门开支庞大，而公众却无从知晓这些开支的实际用途。因此，"要着力优化财政支出结构，增加'三农'、欠发达地区、民生、社会事业、结构调整、科技创新等重点支出；压缩一般性支出，严格控制党政机关办公楼等楼堂馆所建设，出国（境）经费、车辆购置及运行费、公务接待费等支出原则上零增长，切实降低行政成本。"①

近年来，收入分配改革问题越来越密集地为公众所关注。通过改善收入分配结构和建立社会保障制度来充实国民的口袋，稳定人们的未来预期，扩大并培育不断增长的内需，是我国经济社会健康发展的重要表征。收入分配改革不可能单兵突进，譬如当前分配不公最受诟病的以权谋私、钱权交易问题，就与政治体制改革紧密联系在一起；类似地，通过行政手段寻租、限制市场准入、维护垄断利润所产生的不合理高收入，也只有深化政府改革才能得到有效抑制。还有，由于城乡二元结构而表现为农民工的低收入状况，也只能依靠社会体制改革，推进劳动保护、医疗、养老、失业等社会保障措施来改善。无论如何，使劳动者报酬合理化才是社会主义性质的改革本意，这需要多方面改革的配合，而不仅仅是收入分配改革问题。

中共十七大报告提出："深化收入分配制度改革，增加城乡居民收入。合理的收入分配制度是社会公平的重要体现。要坚持和完善按劳分配为主体、多种分配方式并存的分配制度，健全劳动、资本、技术、管理等生产要素按贡献参与分配的制度，初次分配和再分配都要处理好效率和公平的关系，再分配更加注重公平。""保护合法收入，调节过高收入，取缔非法收入。扩大转移支付，强化税收调节，打破经营垄断，创造机会公平，整顿分配秩序，逐步扭转收入分配差距扩大趋势。"② 针对我国国民收入分配明显偏向政府和企业，以及劳动者工资收入长期偏低，还提出"逐步提高居民收入在国民收入分配中的比重，提高劳动报酬在初次分配中的比重。着力提高低收入者收入，逐步提高扶贫标准和最低工资标准，建立企业职工工资正常增长机制和支付保障机制。"2011年政府工作报告提出，"十二五"期间的收入分配要"努力实现居民收入增长和经济发展同步、劳动报酬增长和劳动生产率提供同步"。针对财产性收入在居民收入中比重过低，要"创造条件让更多群众拥有财产性收入"。我国将通过完善社会主义市场经济体制，使之更充分地体现社会主义性质。

---

① 温家宝：《政府工作报告》，《人民日报》2011年3月17日。
② 胡锦涛：《高举中国特色社会主义伟大旗帜 为夺取全面建设小康社会新胜利而奋斗》，人民出版社2007年版。

2. 建设和谐社会与实现"包容性增长"

与转变经济发展方式相同步，建设社会主义和谐社会也日益提上了议事日程。中共十六届四中全会提出社会主义和谐社会是"全体人民各尽其能、各得其所而又和谐相处的社会"，中共十六届六中全会提出，"社会和谐是中国特色社会主义的本质属性，是国家富强、民族振兴、人民幸福的重要保证。"构建社会主义和谐社会，是"从中国特色社会主义事业总体布局和全面建设小康社会全局出发提出的重大战略任务，反映了建设富强民主文明和谐的社会主义现代化国家的内在要求，体现了全党全国各族人民的共同愿望"。① 中共十七大报告指出，"没有科学发展就没有社会和谐，没有社会和谐也难以实现科学发展。构建社会主义和谐社会是贯穿中国特色社会主义事业全过程的长期历史任务，是在发展的基础上正确处理各种社会矛盾的历史过程和社会结果。要通过发展增加社会物质财富、不断改善人民生活，又要通过发展保障社会公平正义、不断促进社会和谐。"②

胡锦涛在第五届亚太经合组织人力资源开发部长级会议开幕式上致辞说，实现包容性增长，根本目的是让经济全球化和经济发展成果惠及所有国家和地区、惠及所有人群，在可持续发展中实现经济社会协调发展。中国是包容性增长的积极倡导者，更是包容性增长的积极实践者。中国强调推动科学发展、促进社会和谐，本身就具有包容性增长的含义。我们既强调加快转变经济发展方式、保持经济平稳较快发展，又强调坚持把发展经济与改善民生紧密结合起来，以解决人民最关心最直接最现实的利益问题为着力点，大力推进以改善民生为重点的社会建设。③

"包容性增长"（inclusive growth）这个概念首先由亚洲开发银行在 2007 年提出，强调只有全体社会成员的"参与"和"共享"，经济增长才具有积极意义，才能使经济增长和社会进步、人民生活改善同步进行。在国际层面，包容性增长倡导开放与合作的国际环境，各国公平地参与国际经济活动并受益，在共赢多赢中实现共同发展。在国内层面，既强调为所有人创造机会，又要让所有人获得机会，以保障社会各阶层都能平等地参与发展过程并从中受益。在政策选择方

---

① 《中共中央关于构建社会主义和谐社会若干重大问题的决定》，人民出版社 2006 年版。
② 胡锦涛：《高举中国特色社会主义伟大旗帜　为夺取全面建设小康社会新胜利而奋斗》，人民出版社 2007 年版。
③ 胡锦涛在第五届亚太经合组织人力资源开发部长级会议开幕式上的致辞，《人民日报》2010 年 9 月 17 日。

面,包容性增长一是注重实施以创造就业机会为导向、促进民生发展的政策;二是增强社会的包容性,确保公众公平合理地分享发展成果,并提供相应的公共政策。包容性增长的逻辑延伸就是包容性发展,从包容性增长到包容性发展,体现了经济社会全面、均衡和协调的发展,与我国贯彻落实以人为本的科学发展有着高度的契合。

解决好民生问题,既是为建设和谐社会奠定坚实的基础,也是为转变经济发展方式提供持久的动力。"以发展社会事业和解决民生问题为重点,优化公共资源配置,注重向农村、基层、欠发达地区倾斜,逐步形成惠及全民的基本公共服务体系。创新公共服务体制,改进公共服务方式,加强公共设施建设。""适应我国社会结构和利益格局的发展变化,形成科学有效的利益协调机制、诉求表达机制、矛盾调处机制、权益保障机制。坚持把改善人民生活作为正确处理改革发展稳定关系的结合点,正确把握最广大人民的根本利益、现阶段群众的共同利益和不同群体的特殊利益的关系,统筹兼顾各方面群众的关切。"① 关注民生,一要优先开发人力资源,加快形成人力资源优先发展的战略布局,优先调整人力资源结构,优先投资人力资源开发,激发各类人力资源的创新活力和创造智慧;二要把充分就业作为经济社会发展的优先目标,最大限度创造劳动者就业和发展机会,努力实现充分就业;三要提高劳动者素质和能力,形成有利于劳动者学习成才的引导机制、培训机制、评价机制、激励机制,引导广大劳动者成为适应新形势发展要求的高素质劳动者;四要构建可持续发展的社会保障体系,建立覆盖城乡居民的社会保障体系,加大公共财政的社会保障投入,扩大各类社会保险覆盖面,不断提高社会保障水平。

就业是民生之本。中共十六届三中全会提出,"把扩大就业放在经济社会发展更加突出的位置,实施积极的就业政策,努力改善创业和就业环境。坚持劳动者自主择业、市场调节就业和政府促进就业的方针。鼓励企业创造更多的就业岗位。改革发展和结构调整都要与扩大就业紧密结合。从扩大就业再就业的要求出发,在产业类型上,注重发展劳动密集型产业;在企业规模上,注重扶持中小企业;在经济类型上,注重发展非公有制经济;在就业方式上,注重采用灵活多样的形式。完善就业服务体系,加强职业教育和技能培训,帮助特殊困难群体就业。规范企业用工行为,保障劳动者合法权益。"② 中共十七大报告提出,"要坚持实施积极的就业政策,加强政府引导,完善市场就业机制,扩大就业规模,改善就业结构。完善支持自主创业、自谋职业政策,加强就业观念教育,使更多劳

---

① 《中共中央关于构建社会主义和谐社会若干重大问题的决定》,人民出版社2006年版。
② 《中共中央关于完善社会主义市场经济体制若干问题的决定》,人民出版社2003年版。

动者成为创业者。健全面向全体劳动者的职业教育培训制度,加强农村富余劳动力转移就业培训。建立统一规范的人力资源市场,形成城乡劳动者平等就业的制度。完善面向所有困难群众的就业援助制度,及时帮助零就业家庭解决就业困难。积极做好高校毕业生就业工作。规范和协调劳动关系,完善和落实国家对农民工的政策,依法维护劳动者权益。"① 但无论从当前还是从长期看,我国就业形势都不容乐观。首先,我国是人口大国,劳动力总量供过于求;其次,劳动力总体素质偏低,结构性短缺日趋严重,不能适应经济发展和结构调整的需要。我们一方面要努力提高劳动者素质,把人口大国转变为人力资源强国;另一方面要努力为每一个有劳动能力的人创造就业机会,使每个人都各尽所能、各得其所。但由于我国工业化起步晚、发展快,具有明显的赶超特征,且主要依赖于大规模资本与物质投入,国民经济的重型化使得资本取代劳动的现象明显,即使在经济增长快速情况下,就业问题依然十分突出。第三产业是吸纳劳动力最多的行业,但我国第三产业发展缓慢,再加上出口导向型经济使得国内就业受制于国际市场波动的影响。解决我国的就业问题,保持就业形势稳定,一是发展经济促进就业。从我国目前所处的发展阶段和劳动力供求状况看,经济增长只有保持在8%左右,才能保持就业的基本稳定。二是调整经济结构扩大就业。从我国国情出发,推动经济结构调整,必须同时考虑扩大就业问题,包括大力发展服务业,大力发展劳动密集型产业,大力支持中小企业和非公有制经济发展。三是发挥劳动者、市场、政府促进就业的合力。支持和鼓励劳动者自主创业和自谋职业;积极引导人们转变就业观念,大力鼓励灵活就业。四是加强和改善就业公共服务,加强就业援助。进一步加大职业培训力度,加大政府职业培训投入,提高劳动者整体素质。②

3. 社会保障制度是市场经济健康发展的保证

各国发展经验表明,经济增长不会自动带来社会福利,也不会自动实现社会保障权。社会福利水平和社会保障权的实现并非财富积累到一定程度就水到渠成的;相反,财富积累很可能与社会公平南辕北辙,两极分化、政府不作为或者乱作为、腐败横行都会成为社会动荡乃至政治动乱的"温床"。相对于财富积累,公平的分配体制,包括社会保障更体现了社会主义的价值。但是,我国社会保障

---

① 胡锦涛:《高举中国特色社会主义伟大旗帜 为夺取全面建设小康社会新胜利而奋斗》,人民出版社 2007 年版。
② 温家宝:《关于发展社会事业与改善民生的几个问题》,载《求是》2010 年第 7 期。

体制仍然滞后于经济社会协调发展的要求。几乎所有的社会问题，内需不足、劳资冲突、未富先老、医患矛盾、教育乱象、城乡差距贫富差距持续扩大都与社会保障不足、国民对未来缺乏安全感有关，并已成为我们推动科学发展、促进社会和谐的"短板"。

社会保障广义地是指公民享有国家（地区）为满足全体社会成员物质文化需要，改善其生活质量，具有普适性的制度安排；狭义地则是针对某些困难人群提供的救济或援助，具有应急性、补充性的特点。长期以来，我国对社会保障采取了比较狭义的理解，而随着国家实力增强和民生问题凸显，社会保障权益日益引起关注。

中共十六大报告提出，"建立健全同经济发展水平相适应的社会保障体系，是社会稳定和国家长治久安的重要保证。坚持社会统筹和个人账户相结合，完善城镇职工基本养老保险制度和基本医疗保险制度，健全失业保险制度和城市居民最低生活保障制度，多渠道筹集和积累社会保障基金。各地要根据实际情况合理确定社会保障的标准和水平，发展城乡社会救济和社会福利事业。有条件的地方，探索建立农村养老、医疗保险和最低生活保障制度。"[①] 中共十六届六中全会提出，"适应人口老龄化、城镇化、就业方式多样化，逐步建立社会保险、社会救助、社会福利、慈善事业相衔接的覆盖城乡居民的社会保障体系。"相应地，政府职能也必须转向提供公共服务，"建设服务型政府，强化社会管理和公共服务职能。……按照转变职能、权责一致、强化服务、改进管理、提高效能的要求，深化行政管理体制改革，优化机构设置，更加注重履行社会管理和公共服务职能。以发展社会事业和解决民生问题为重点，优化公共资源配置，注重向农村、基层、欠发达地区倾斜，逐步形成惠及全民的基本公共服务体系。创新公共服务体制，改进公共服务方式，加强公共设施建设。"[②] 中共十七大报告提出，"加快建立覆盖城乡居民的社会保障体系，保障人民基本生活。社会保障是社会安定的重要保证。要以社会保险、社会救助、社会福利为基础，以基本养老、基本医疗、最低生活保障制度为重点，以慈善事业、商业保险为补充，加快完善社会保障体系。"到2020年，实现"覆盖城乡居民的社会保障体系基本建立，人人享有基本生活保障"的目标，并把基本养老、基本医疗和最低生活保障作为社会保障制度建设的重点。党的十七届五中全会进一步提出，"着力保障和改善民生，必须逐步完善符合国情、比较完整、覆盖城乡、可持续的基本公共服务体系，提高政府保障能力，推进基本公共服务均等化。要加强社会建设、建立健全

---

① 江泽民：《全面建设小康社会　开创中国特色社会主义事业新局面》，人民出版社2002年版。
② 《中共中央关于构建社会主义和谐社会若干重大问题的决定》，人民出版社2006年版。

基本公共服务体系，促进就业和构建和谐劳动关系，合理调整收入分配关系，努力提高居民收入在国民收入分配中的比重、劳动报酬在初次分配中的比重，健全覆盖城乡居民的社会保障体系，加快医疗卫生事业改革发展，全面做好人口工作，加强和创新社会管理，正确处理人民内部矛盾，切实维护社会和谐稳定。"①

2008年全球经济危机以后，我国政府把抓紧社会保障体系建设的措施纳入经济刺激方案，加大社会保障投入和扩大社会保障覆盖面，既增强了全国人民应对和抵御危机的信心和能力，又加快了覆盖城乡的社会保障体系进程，为振兴经济提供了强有力的社会支持。通过实施大福利政策，中国经济才能走上收入增加拉动消费——消费增长拉动投资——投资扩张推动经济增长的良性循环轨道。②我国社会保险、社会救助和社会福利覆盖面迅速扩大，特别是"新农合"（新型农村合作医疗制度）到2008年年底有8亿多人受益，覆盖率近92%。2009年，还制定了将农民工纳入城市基本养老保险体系政策，在全国10%的县进行"新农保"（新型农村居民社会养老保险制度）试点，计划覆盖农村1.3亿人。

我国社会事业领域的改革开放仍然相对滞后。突出的问题是，政府责任不到位和包揽过多同时并存，该管的没有管到位，该放的没有真正放下去，发挥市场机制、社会资本和民间组织的作用不够，调动各方面积极性的体制机制不健全，社会事业发展的活力不足。这种情况制约了社会事业发展，也制约了经济发展。推进社会事业改革开放，必须处理好政府和市场的关系、公平和效率的关系、尽力而为和量力而行的关系。第一，把维护社会事业的公益性、保障人民群众基本公共服务需求作为政府的主要职责。第二，把应该由社会和市场发挥作用的真正交给社会和市场。第三，由政府保障的基本公共服务，也要深化改革、提高绩效。在服务提供上，应该更多地利用社会资源，建立购买服务的机制。③我国2004年宪法修正案列入了"国家建立健全同经济发展水平相适应的社会保障制度"条款。根据《国家人权行动计划》（2009~2010），国家将继续采取有效措施，促进城乡居民特别是中低收入居民收入的逐步增长，完善最低生活保障等制度，努力维护城乡居民获得基本生活水准的权利；完善和落实基本养老和基本医疗、失业、工伤、生育保险制度和社会救助制度，提高社会保障水平；初步建立覆盖全国城乡居民的基本医疗卫生制度框架，使中国进入实施全民基本卫生保健国家行列。④

---

① 胡锦涛：《高举中国特色社会主义伟大旗帜　为夺取全面建设小康社会新胜利而奋斗》，人民出版社2007年版。

② 所谓"大福利"是指以全体社会成员为对象、以社会成员的基本福利需求为本、以多元主体共同提供支持的福利，它包括社会救助、社会保险、社会福利和社会互助等供给方式。

③ 温家宝：《关于发展社会事业与改善民生的几个问题》，载《求是》2010年第7期。

④ 国务院新闻办公室：《国家人权行动计划（2009~2010年）》，《人民日报》2009年4月14日。

把社会保障纳入积极就业政策范围,是具有中国特色的成功经验。即在努力拓展就业岗位的同时,把农民工纳入积极就业和社会保障政策范围,加快建立东中西一体化和统筹城乡的社会保障体系,通过提高社会保障覆盖率刺激消费需求。这既是应对市场经济波动的政策工具,也是促进城乡社会和谐的有效途径。而对于社会弱势群体,还要构筑社会扶持体系。发展面向社会基本群体的公共产品和公共服务体系,建立健全利益平衡机制,包括诉求表达机制和补偿机制;建立社会对话机制和矛盾化解机制,促进社会沟通和交流;通过改进教育公平和用人机制,为社会底层创造上升渠道和空间,构建公平的社会流动机制。

当前,我国正处于经济社会发展的重要战略机遇期,尽管国际形势风云变幻,不确定因素增多,全球通货膨胀能量也在加大,对我国出口、就业和经济增长的影响进一步显现出来,国内经济运行中的一些矛盾相当突出,主要表现在物价上涨压力不断增大,制约农业稳定发展和农民增收的因素仍然较多,能源资源矛盾愈加凸显,部分产业产能过剩。面对复杂局面,我们更要以科学发展观为指导,保持宏观经济政策的连续性和稳定性,着力解决经济运行中的突出矛盾和问题,增强宏观调控的预见性、针对性、灵活性,把握好调控重点、节奏和力度;进一步深化改革扩大开放,着力推进经济结构调整和发展方式转变,提高经济发展质量和效益,切实加强节能减排和生态保护;同时更加注重改善民生和社会建设,大力促进经济社会的包容性发展。

第十三章

在推进马克思主义中国化、时代化中实现大众化

紧密结合中国国情和时代特征,推进马克思主义中国化、时代化、大众化,用发展着的马克思主义指导新的实践,是把中国特色社会主义建设事业不断推向前进的根本保证。"坚持把马克思主义作为立党立国的根本指导思想,紧密结合我国国情和时代特征大力推进理论创新,在实践中检验真理、发展真理,用发展着的马克思主义指导新的实践,是建设马克思主义学习型政党的首要任务。坚持运用马克思主义立场、观点、方法准确把握当今世界发展大势,准确把握社会主义初级阶段基本国情,准确把握改革发展实际,及时总结党领导人民创造的新鲜经验,围绕什么是马克思主义、怎样对待马克思主义,什么是社会主义、怎样建设社会主义,建设什么样的党、怎样建设党,实现什么样的发展、怎样发展等重大问题,不断作出新的理论概括,增强理论说服力和感召力,丰富发展中国特色社会主义理论体系,为进一步认识世界和改造世界、推动党和国家事业发展提供强有力的理论指导。"[1] 马克思主义与时俱进的理论品质既包含了马克思主义随实践发展而发展,也意味着马克思主义随时代变化而发展。马克思主义是普遍真理,它揭示了世界历史的发展趋势和现代社会演变的一般规律;马克思主义又是具体的,它只有与一国国情与时代变迁相结合,才能发挥对实践的指导作用;马克思主义只有为人民群众所掌握,才能转化为促进经济社会发展的强大动力。基于这些认识,当代中国发展马克思主义就必须推进马克思主义中国化、时代化、大众化,并从整体上把握马克思主义中国化、时代化、大众化与发展马克

---

[1] 《中共中央关于加强和改进新形势下党的建设若干重大问题的决定》,人民出版社2009年版。

思主义的内在关系。

一、推进马克思主义中国化、时代化、大众化的新要求

1. 中国化是发展马克思主义的实践基础

推进马克思主义中国化、时代化、大众化的实践基础是中国化。中国化研究要解决的基本问题是,马克思主义基本原理与中国实践相结合怎样发展了马克思主义。在马克思主义中国化历史过程中形成的中国化马克思主义,是马克思主义在当代中国发展的理论成果。这一理论成果突出强调了以下两点:一是马克思主义必须与一国的具体实际相结合,才能实现自身的发展和创新;二是在中国实践基础上形成的理论成果,具有鲜明的中国特色。马克思主义在中国的发展是以中国的实践为基础,通过马克思主义中国化来实现的。

发展马克思主义本质上是一个实践过程。作为实践过程的一个基本要素是马克思主义必须和一国的革命、建设和改革的实际相结合,用马克思主义基本原理、观点和方法去解决实践中的各种新问题,得出新结论,实现理论发展和创新。离开了一国的实践,马克思主义就会因失去其承载体而没有发挥作用的空间。"我们的现代化建设,必须从中国的实际出发。无论是革命还是建设,都要注意学习和借鉴外国经验。但是,照抄照搬别国经验、别国模式,从来不能得到成功。这方面我们有过不少教训。把马克思主义的普遍真理同我国的具体实际结合起来,走自己的道路,建设有中国特色的社会主义,这就是我们总结长期历史经验得出的基本结论。"[①] 马克思主义和不同国家的实践相结合,形成各国的马克思主义实践共同推动了马克思主义发展。

马克思主义中国化是以中国的实践为基础推动马克思主义发展的过程。在中国具体国情下进行革命、建设和改革是极其复杂和艰巨的任务。要完成这一任务,不可能搬用任何一种现成理论,而只能在实践中不断地发展和创新理论。"实事求是,集中体现了马克思主义唯物的、辩证的认识论,是我们党始终坚持的根本思想方法。解放思想是实事求是的内在要求。只有解放思想,不断研究新情况、解决新问题,把思想认识从各种不合时宜的观念、做法和体制的束缚中解

---

① 《邓小平文选》第 3 卷,人民出版社 1993 年版,第 3 页。

放出来，才能使我们正确地把握不断发展变化着的客观实际，才能使我们的思想认识符合客观实际，这样才能真正做到实事求是。与时俱进是实事求是的必然要求和结果。随着时间的推移和时代的前进，客观实际发生了变化，我们的思想认识必须相应地跟着变、跟着前进，这也就是实事求是。因此，坚持实事求是，一定要同解放思想、与时俱进有机统一起来，在解放思想、与时俱进中坚持真理、纠正错误，做到不唯上、不唯书、只唯实。"[1] 在马克思主义经典理论中，对中国这样一个经济文化比较落后的大国怎样建设社会主义并没有明确的结论。如何用马克思主义来指导中国社会主义建设，需要在实践中探索，对实践的成功探索并形成的理论认识，这就是对马克思主义的发展。

在中国实践基础上形成的马克思主义，当然带有鲜明的中国特色，体现中国特色的马克思主义就是对马克思主义的发展和创新，是把马克思主义基本原理转化为能够指导中国实践的具体的中国化马克思主义。我们建设中国特色社会主义，首先要认同中国社会主义发展过程是对马克思主义的发展，这一发展是全面的、整体性的，包括对社会主义重新认识的各个基本方面，是在中国新的实践基础上形成的马克思主义的新内容，最重要的体现为以下几个方面。

一是对社会主义采取怎样的资源配置形式有了新的认识。在经典马克思主义理论中，社会主义是与计划经济这一资源配置方式相联系，与市场经济是对立的。但中国的实践突破了这一框框，确立了社会主义市场经济理论，走出了社会主义与市场经济资源配置方式相结合的全新道路，赋予了马克思主义有关社会主义经济形态学说新的内容。

二是对社会主义基本经济制度的内涵有了新的认识。在经典马克思主义理论中，社会主义基本经济制度是由社会主义性质的经济成分构成的，非社会主义性质的经济成分不能成为基本经济制度的内容。但中国的实践突破了这一框框，确立了公有制为主体、多种所有制经济共同发展的基本经济制度，赋予马克思主义经济制度学说新的内容。

三是对社会主义收入分配制度有了新的认识。在经典马克思主义理论中，社会主义分配制度的内容只能是按劳分配，其他分配方式不能成为社会主义分配制度的内容。但中国的实践突破了这一框框，确立了按劳分配为主体、多种分配方式并存的收入分配制度，赋予马克思主义分配学说新的内容。

四是对社会主义民主政治制度有了新的认识。在经典马克思主义理论中，社会主义民主政治制度的构成并没有具体论述。中国的实践创造性地构建了有中国

---

[1] 习近平：《深入学习中国特色社会主义理论体系 努力掌握马克思主义立场观点方法》，载《求是》2010年第7期。

特色的人民民主专政制度、人民代表大会制度、中国共产党领导的多党合作和政治协商制度、民族区域自治制度以及基层群众自治制度、"一国两制"制度，赋予马克思主义政治学说新的内容。

五是对社会主义文化建设制度有了新的认识。在经典马克思主义理论中，关于社会主义文化建设制度也没有具体论述。中国的实践创造性地提出建设社会主义核心价值体系，增强社会主义意识形态的吸引力和凝聚力，建设中华民族共有的精神家园，赋予马克思主义文化学说新的内容。

……

党的十七大总结改革开放十条宝贵经验，第一条就是把坚持马克思主义基本原理同推进马克思主义中国化结合起来。我们坚持马克思主义，坚持走社会主义道路。"但是，马克思主义必须是同中国实际相结合的马克思主义，社会主义必须是切合中国实际的有中国特色的社会主义。"[①] 以上几个方面都是以中国实践为基础对马克思主义理论的发展，它使马克思主义关于社会主义建设和发展的理论不只是停留于基本原理层次，而是具有生动的具体内容，并呈现出鲜明的中国特色。正确认识社会主义的历史进程、社会主义初级阶段的特征表现以及社会主义初级阶段的历史任务，"这就要求我们必须把马克思主义的基本原理同社会主义现代化建设和改革开放的实际紧密结合起来，同时代和世界形势的新发展紧密结合起来，在坚持马克思主义的实践中丰富和发展马克思主义。""否认马克思主义的科学性，丢掉老祖宗，是错误的、有害的；教条式地对待马克思主义，也是错误的、有害的。我们一定要适应实践的发展，以实践来检验一切，用发展着的马克思主义指导新的实践。"[②] 马克思主义的发展以各国实践为基础，形成各具特色的马克思主义来实现自身的发展；马克思主义原理的普遍指导意义，也是通过各具特色的马克思主义在各国的实践来实现。我们今天发展马克思主义的落脚点就在于发展中国化马克思主义，在于以中国实践为基础发展马克思主义。

2. 时代化是发展马克思主义的创新要求

马克思主义是时代的产物，马克思主义发展也必然体现时代变化的特征。推进马克思主义中国化、时代化、大众化，要解决的一个基本问题是马克思主义基本原理怎样与变化了的世界实际相结合，形成反映时代特征的马克思主义。如果说马克思主义中国化是从中国实践过程看马克思主义的发展，那么马克思主义时

[①] 《邓小平文选》第3卷，人民出版社1993年版，第63页。
[②] 《江泽民论有中国特色社会主义》（专题摘编），中央文献出版社2002年版，第21、635页。

代化就是从世界的发展变化看马克思主义的发展。当今世界所发生的剧烈和深刻变化，是前人难以想象的。马克思主义并没有结束真理，而是在实践中不断开辟认识真理的道路，具有与时俱进、开拓创新的理论品质。我们运用马克思主义，不可能要求革命导师为解决以后产生的问题提供现成答案，必须从我国实际、时代变化、人民愿望出发，着眼于对实际问题的深刻思考，展现理论创新的巨大勇气。

改革开放以来，我们党的领导人多次强调，"不以新的思想、观点去继承、发展马克思主义，不是真正的马克思主义者。"① 要讲老祖宗没有讲过的话，要讲新话。"马克思主义的生命力，就是在于它在实践中能够不断创新；马克思主义理论的每一次重大突破，社会主义实践的每一次历史性飞跃，都是马克思主义基本原理与具体实践相结合进行理论创新的结果。""实践没有止境，创新也没有止境。我们要突破前人，后人也必然会突破我们。这是社会前进的规律。我们一定要适应实践的发展，以实践来检验一切……"。② "当今中国，综合国力显著增强，人民生活总体上达到小康水平，迸发出前所未有的活力和创造力。同时，我们清醒地认识到，中国仍然是世界上最大的发展中国家，中国在发展进程中遇到的矛盾和问题无论规模还是复杂性都世所罕见。中国要全面建成惠及十几亿人口的更高水平的小康社会，进而基本实现现代化、实现全体人民共同富裕，还有很长的路要走。中国将继续从本国国情出发，坚持中国特色社会主义道路，全面推进经济建设、政治建设、文化建设、社会建设以及生态文明建设，全力做到发展为了人民、发展依靠人民、发展成果由人民共享。"③ 既坚持马克思主义基本原理，又谱写新的理论篇章，要求我们把高举旗帜同与时俱进，解放思想同实事求是，立足当前同放眼长远统一起来，勇于探索、勇于创新。马克思主义时代化突出以下两点：一是马克思主义必须具有时代性，随时代变化而发展，回答不同时代提出的新挑战；二是马克思主义必须具有世界性，解释世界格局的变化，揭示世界发展的一般趋势。推进马克思主义时代化的重点就是体现马克思主义的时代性，深刻揭示世界发展变化的趋势。

马克思主义时代性集中体现为马克思主义随时代变化而发展具有的时代特征。任何一种理论要保持生机和活力，具有旺盛的生命力，就必须随着时代变化而发展，马克思主义也不例外。当今时代是一个大发展、大变革、大调整的时代，新科技革命带来的生产力发展日新月异，经济全球化迅猛发展，世界范围内的经济关系和政治格局都发生了巨大变化和调整，人们的思想观念和价值取向也

---

① 《邓小平文选》第 3 卷，人民出版社 1994 年版，第 292 页。
② 《江泽民文选》第 3 卷，人民出版社 2003 年版，第 131、538 页。
③ 胡锦涛在世界媒体峰会开幕式上的致辞，《新华每日电讯》2009 年 10 月 10 日。

发生了许多与之相适应的变化。时代特征的这些表现，存在于世界范围的社会主义与资本主义两大基本制度及意识形态的并存共处。一方面时代变化使各国发展日益联系密切，越来越融为一体。另一方面，时代变化又使世界的发展越来越呈现多样化，越来越具有差异性。当今时代变化对马克思主义提出了一系列挑战，是否能够应对这些挑战，关键在于把握时代主题的变迁，着力于理论创新，用发展的马克思主义回答时代变化的各种新问题。

当代马克思主义要对社会主义和资本主义两种基本制度共同发展的问题作出回答。和平与发展之所以成为当今时代的主题，是因为在当代，社会主义和资本主义两大基本制度之间的和平共处与共同发展是一个趋势。冷战的降温乃至结束，标志着时代主题的转换，社会主义国家与资本主义国家基于各自发展的需要，相互之间不再处于敌对状态，而是把实现自身的发展作为首要任务。要发展必须有一个和平环境，因此争取和平的国际环境也就成为各国之间处理相互关系的一个重要原则，进而促使和平与发展成为时代的主题。在这一时代主题感召下，社会主义与资本主义两大基本制度之间的关系由敌对转向有竞争也有合作。社会主义和资本主义由敌对转向妥协、合作，在妥协、合作中又有竞争，在竞争中谋求共同发展，这是经典马克思主义没有预见的，也是没有遇到过的。经典马克思主义揭示的社会主义与资本主义两大制度之间的对立关系，为什么在当代表现为和平与发展、合作与竞争的关系，社会主义与资本主义共同发展对这两大基本制度意味着什么，在当代如何认识社会主义与资本主义之间的关系，等等。时代变化提出的这一系列新问题，当代马克思主义必须作出科学的回答。

当代马克思主义还要对科学技术和经济全球化迅速发展对世界的影响做出回答。时代变化所具有的一系列新特征，都与科学技术和经济全球化发展相联系。以新科技革命为核心内容的社会生产力水平的极大提高，使生产力发展跨越了国界而具有世界性，各国经济政治关系越来越密切地联系在一起。这些新的特征对世界发展产生了以下两方面的重要影响：一是先进生产力的发展超越了发达国家的界限，成为世界范围的现象。科学技术进步及其在全球范围的推广运用，使落后国家的生产力能够跨越传统发展模式而具有较高的起点，这就为落后国家生产力跳跃式发展提供了现实可能性。尽管在全球范围内发达国家与落后国家生产力发展水平仍然存在着巨大差别，但落后国家生产力水平也具有发达国家的某些特点，或者说，生产力全球化发展使世界不同国家的先进生产力发展有了更多的共性。虽然这还不是落后国家自己拥有的生产力水平，但却是在落后国家中已经存在的先进生产力。二是生产力的全球化发展，使资本主义生产关系也在全球范围得到了更充分的展现。促进资本主义生产关系全球化展现的基本动因，一方面落后国家在引进发达国家先进生产力过程中，以及与发达国家的交往过程中客观上接受了他们的经济关系；另一方面，发达国家通过各种途径或者施加某种压力，向落后国家推行他们的制度和体制，使落后国家的经济体制机制按照发达国家的模式来运行。由此，发达国家与落后国家在经济体制和运行机制方面的共同点在不断扩大。比较成熟的资本主义生产关系在发展变化中体现的特征，不再局限于少数发达国家，而是表现为世界范围的共性，在这个意义上，经济全球化其实就是资本主义经济关系的全球化。马克思主义必须回答伴随科学技术和经济全球化发展出现的这些变化将对世界未来带来怎样的影响；世界发展一体化趋势的加强，对不同类型的国家将产生怎样的影响；当代科学技术发展所引起的生产力水平极大提高对资本主义生产关系的发展将产生怎样的影响。科学回答这一系列问题是马克思主义时代化研究的主要内容。

时代在不断变化中显示出时代的特征，这些特征又形成不同的问题推动着时代的发展。马克思主义时代化以时代变化发展的新情况新问题作为研究的课题，并在这一过程中不断丰富和发展自己的理论，以更好地认识和把握时代变化发展的规律。没有马克思主义时代化，就没有马克思主义的发展，马克思主义必然随着时代变化而发展，没有一成不变的马克思主义，只有与时俱进的马克思主义。从时代变化和世界发展的角度，我们今天发展马克思主义的契机就在于推进马克思主义时代化，实现马克思主义与时俱进的理论品质。

3. 大众化是发展马克思主义的价值目标

马克思主义大众化是把马克思主义理论同实践相结合的"交集"。大众化研究要解决的基本问题是，怎样有效地用当代中国马克思主义教育人民，使人民群众接受、认同、应用马克思主义中国化的最新理论成果。马克思主义理论同人民群众的实践活动结合起来，就能转化为建设中国特色社会主义的巨大力量。马克思主义本质上是人民大众的理论，马克思主义大众化主要立足于以下两点：一是把发展马克思主义同传播马克思主义结合起来，架起理论与大众之间的桥梁；二是使当代中国马克思主义深刻而简洁的道理深入到群众中去，使抽象的理论逻辑转变为人民群众形象的生活逻辑。推进马克思主义大众化的重点是体现当代中国马克思主义的实践性、群众性，把科学的理论生活化。我们在强调马克思主义指导作用的同时，不能满足于马克思主义作为意识形态居高临下的地位，满足于宣传效应的轰轰烈烈；马克思主义要深入人心，融入中国文化，内化为中国人民的精神状态和时代追求，仅仅靠灌输和政治运动是不够的。我们既要有反对教条主义、生搬硬套的理论勇气，也要把握根据中国实际发展马克思主义的"研究方法"；我们既要有反对虚无主义、方向迷失的政治意识，也要把握使马克思主义为大众所认同所信服的"叙述方法"。

"哲学家们只是用不同的方式解释世界，而问题在于改变世界。"① 这段话既是马克思的墓志铭，又是马克思主义实践品格的精辟写照。无论是解释或认识世界，还是改造世界，都要求理论为群众所接受所掌握。理论只有与实践，与作为实践主体的人民群众，也就是大众相结合，为大众所掌握，才能变为改造现实的物质力量，并推动理论自身的发展。说服人不能太书生气，这就是为什么要大众化；而理论的彻底和深刻是说服人的前提，这就是大众化为什么不是庸俗化。毛泽东说，"马克思主义必须和我国的具体特点相结合并通过一定的民族形式才能实现。"并使之"带有必须有的中国特性，即是说，按照中国的特点去应用它"，表现为"新鲜活泼的、为中国老百姓所喜闻乐见的中国作风和中国气派"。② 用"学会说群众懂得的话"来讲马克思主义。③ 邓小平也说："学习马列要精，要管用的。……要求都读大本子，那是形式主义的。……马克思主义是很朴实的东西，很朴实的道理。"④ 当代中国，从争取民族独立和解放，实现人民当家做主，到励精图治，摆脱贫困落后面貌，实现中华民族的伟大复兴，都是中国人民根本利益的体现。坚持马克思主义原理同中国实际相结合，说到底就是同中华民族、中国人民的实践相结合。"我们要想一想，我们给人民究竟做了多少事情呢？我们一定要根据现在的有利条件加速发展生产力，使人民的物质生活好一些，使人民的文化生活、精神面貌好一些。"⑤ 邓小平根据人民群众的迫切愿望，捕捉和把握改革开放的契机，提出要把人民答应不答应、满意不满意、拥护不拥护作为衡量党的路线、方针、政策是否正确的根本标准。江泽民提醒全党，"人心向背，是决定一个政党、一个政权兴亡的根本性因素。"⑥ "任何时候我们都必须坚持尊重社会发展规律与尊重人民历史主体地位的一致性，坚持为崇高理想奋斗与为最广大人民谋利益的一致性，坚持完成党的各项工作与实现人民利益的一致性。"⑦ 始终做到"三个代表"是我们党的立党之本、执政之基、力量之源。"这里的'本'、'基'、'源'，说到底就是人民群众的支持和拥护。"⑧ 胡锦涛反

---

① 《马克思恩格斯选集》第1卷，人民出版社1995年版，第61页。
② 《毛泽东选集》第2卷，人民出版社1991年版，第534页。
③ 《毛泽东选集》第3卷，人民出版社1991年版，第842~843页。
④ 《邓小平文选》第3卷，人民出版社1993年版，第382页。毛泽东用"枪杆子里面出政权"表达无产阶级暴力革命理论，把马克思主义活的灵魂表述为"实事求是"，用"一分为二"来概括马克思主义辩证法的内容；邓小平用"白猫黑猫，抓住老鼠就是好猫"形容马克思主义的真理标准，"摸着石头过河"表示实践观点等无不生动贴切，并都已成为家喻户晓的中国马克思主义语言。
⑤ 《邓小平文选》第2卷，人民出版社1994年版，第128页。
⑥ 《江泽民文选》第3卷，人民出版社2006年版，第185页。
⑦ 同⑥，第279页。
⑧ 胡锦涛在"三个代表"重要思想理论研讨会上的讲话，《人民日报》2003年7月2日。

复说，要真正做到权为民所用、情为民所系、利为民所谋。"要始终把实现好、维护好、发展好最广大人民的根本利益作为党和国家一切工作的出发点和落脚点，做到发展为了人民、发展依靠人民、发展成果由人民共享。"① 提出从最广大人民群众的根本利益出发谋发展、促发展，把促进经济社会发展与人的全面发展统一起来，从人民群众最关心、最直接、最现实的根本利益出发，不断满足人民群众日益增长的物质文化需要。

马克思主义大众化旨在把中国特色社会主义理论体系转变为人民群众认识世界、改造世界的理论武器。当代中国马克思主义是指引中国实现社会主义现代化，人民群众走向共同富裕的理论，它代表了最广大人民的根本利益，本质上就是人民群众的理论。当代中国马克思主义的力量源泉不仅在于它坚持马克思主义基本原理、符合中国改革开放和现代化建设的实际，更在于它能够为广大人民群众所掌握。从这个意义上说，大众化就是把当代中国马克思主义理论力量转变为人民群众建设中国特色社会主义物质力量的基本途径。推进当代中国马克思主义大众化的关键是在新的环境下，从各方面的实际出发，探索理论同实践相结合的各种有效途径和形式。

马克思主义大众化是一个过程，包含两方面的内容：一方面是把当代中国马克思主义最新理论成果以生动活泼、简洁明了的形式向人民群众进行宣传教育，使人民群众了解、接受这一理论；另一方面是把当代中国马克思主义理论内容同人民群众的实践活动结合起来，使人民群众在实际生活中深切体会和感受到理论的魅力。这两个方面不可分割，又相互促进。不能把大众化仅仅看做只是宣传教育问题，大众化必须用理论来解答群众的困惑，反映群众切身利益，解决群众实际问题。这样的大众化才是有实在内容，与人民群众实践结合起来的大众化。

宣传教育是大众化的基本着力点。马克思主义大众化要让广大人民群众接受当代中国马克思主义，就必须认真考虑和研究以怎样的形式、方法来进行宣传才会有好的效果。人民群众易于接受的是简洁明了的道理，而不是复杂的理论体系。宣传当代中国马克思主义，重点也不是深奥的理论，而是把深奥的理论"打造"成能够反映理论内涵但又简洁明了的论断，架起深奥理论与简明论断之间的传播桥梁。随着科学技术和现代化传播手段工具的迅速发展，大众化的途径越来越丰富越来越多样，以人民群众喜闻乐见的形式，根据不同对象和群体的特点，从实际出发，创新各种宣传形式，使理论宣传不只是单一的说服教育，而是创造一个丰富多彩、生动活泼、符合大众口味、与时代发展相同步的学习型环境，在潜移默化中实现理论宣传的目的。以怎样的方法进行大众化宣传，实际上

---

① 胡锦涛在中央党校的重要讲话，《人民日报》2007年6月26日。

还是一个观念问题,改进宣传方法最关键的是改变观念。不能以为只有鸿篇巨制才能达到宣传的效果,短小精悍的文章就不能实现宣传的目标。大众的特点决定了对理论宣传的接受度高低并不取决于抽象思维的深度、理论分析的程度、专家报告的长度,而在于理论宣传是否能够进入群众的心坎,是否能够有效解答群众的思想困惑,是否能够帮助解决群众的实际问题。只有在观念上实现了这样的转变,才能够用更多的创新方法来提高宣传教育的有效性。

理论联系生活是大众化的基本结合点。大众化希望人民群众自觉接受和应用当代中国马克思主义,而把理论同人民群众的实际生活结合起来是达到这个目标的关键。只有使人民群众在实际生活中感受到当代中国马克思主义的理论魅力,才能使这个理论深深扎根于人民群众之中。理论与实际生活的结合,重要的是把握好以下两个方面。一是理论要切实反映群众的利益,正确表达群众的心声。实现好、维护好、发展好最广大人民的根本利益是马克思主义的出发点和落脚点。中国实现社会主义现代化,中国人民走共同富裕道路,必须做到发展为了人民、发展依靠人民、发展成果由人民共享。当代中国马克思主义理论只有同人民群众的切身利益结合起来,理论宣传才会具有真正的群众基础。二是理论要能够帮助解决群众的实际问题。广大人民的利益是在不断解决实际问题的过程中实现的,是通过不断破解发展难题,推动科学发展实现的。当代中国马克思主义越能够解决群众的实际问题,人民群众就越能够接受这个理论,就越会在实际生活中感受到这个理论,就会把这个理论看做是自己的理论,也就是说,能够解决群众的实际问题,就是最有效的理论宣传。

4. 中国化、时代化、大众化是一个整体

我们党筚路蓝缕,历经奋斗,形成了毛泽东思想、邓小平理论、"三个代表"重要思想和科学发展观等重大战略思想,为我国革命、建设和改革事业提供了正确的理论指导,极大地丰富和发展了马克思主义。在新的历史条件下,我们党创造性地探索和回答了什么是马克思主义、怎样对待马克思主义,什么是社会主义、怎样建设社会主义,建设什么样的党、怎样建设党,实现什么样的发展、怎样发展等重大理论和实际问题,提出了一系列新的思想观点,创立了中国特色社会主义理论体系,基本解决了在一个经济文化比较落后的国家如何巩固、建设和发展社会主义的问题。中国特色社会主义理论体系,开拓了马克思主义发展的新境界,是马克思主义中国化、时代化、大众化的最新成果,指导社会主义中国的各项事业取得了举世瞩目的伟大成就。然而,实践永无止境,创新也永无止境。世界在不断变化,中国也在日新月异,新情况、新问题、新挑战层出不

穷，中国特色社会主义的理论与实践，不断推进马克思主义中国化、时代化、大众化，为我们进一步认识和改造世界、推动党和国家事业发展提供最强有力的武装，使中国特色社会主义道路越走越宽广；不断赋予马克思主义新的生机和活力，使马克思主义焕发出强大的生命力、创造力、感召力，放射出更加灿烂的真理光芒。

马克思主义是我们事业的根本指导思想，是我们沿着正确方向前进的根本思想保证。"马克思主义作为科学理论，始终严格地以客观事实为依据，而实际生活总是在不停变动之中，因此马克思主义必须随着时代、实践的发展而不断发展，必须同各国的具体实际相结合。马克思、恩格斯多次指出，他们的理论不是教条而是行动的指南，对他们理论中的一般原理的实际运用'随时随地都要以当时的历史条件为转移'。列宁也指出，马克思的理论'所提供的只是总的指导原理，而这些原理的应用具体地说，在英国不同于法国，在法国不同于德国，在德国不同于俄国'。在我国，马克思主义只有与中国具体实际相结合，形成马克思主义中国化的成果，才有强大生命力。要通过学习研究马克思主义经典著作，更好地运用辩证唯物主义和历史唯物主义的世界观和方法论，进一步明确我们党所处的历史方位，深刻把握社会主义初级阶段的基本国情，把握当今世界发展大势，使马克思主义更好地体现时代性、把握规律性、富于创造性。要坚持马克思主义基本原理，立足中国国情、研究中国问题、指导中国实践，不断赋予马克思主义以新的内涵，使马克思主义具有中国特色、中国风格、中国气派。要坚持与时俱进，反映时代精神、回答时代课题、引领时代潮流，积极吸收人类所创造的一切有益文明成果，使当代马克思主义在内容、形式和话语体系上实现时代化，不断焕发出强大的生机和活力。要坚持立足于群众，满足大众需求、回应大众关切、解答大众困惑，把深邃的理论用平实质朴的语言讲清楚，把深刻的道理用群众乐于接受的方式说明白，让科学理论更好地走进人民大众、融入人们心灵。"①中国共产党在领导建设中国特色社会主义过程中，把马克思主义基本原理同中国的实际相结合，首先提出了马克思主义中国化的命题，并进一步提出了马克思主义时代化、大众化，形成了马克思主义中国化、时代化、大众化相互促进、有机统一的整体关系，这也是基于对马克思主义精髓、理论本质和品格的深刻认识，充分体现了马克思主义理论发展和建设的内在规律。

党的十七大报告提出，中国特色社会主义理论体系就是马克思主义基本原理与中国实际和时代特征相结合的产物；并要求不断赋予当代中国马克思主义鲜明

---

① 李长春在《马克思恩格斯文集》和《列宁专题文集》出版座谈会上的讲话，《人民日报》2009年12月31日。

的实践特色、民族特色、时代特色；开展中国特色社会主义理论体系的宣传普及活动，推动当代中国马克思主义大众化。表明当代中国马克思主义的大众化，是和阐释马克思主义中国化的最新成果——中国特色社会主义理论体系分不开的。党的十七届四中全会进而提出要大力推进马克思主义中国化、时代化、大众化。中国化、时代化、大众化的整体性首先表现为它们之间是相互促进的关系。中国化是马克思主义发展的中国属性，这里所说的马克思主义是以中国国情为出发点，以中国实践为基础的马克思主义，具有实践特色、民族特色、时代特色的马克思主义。在当代中国，没有中国属性的内容，就谈不上对马克思主义的发展，时代化和大众化也将失去基础。时代化是中国化的拓展，是把马克思主义放在时代变化和世界发展大背景下，强调马克思主义必须与时俱进。时代化从以下两个方面推动着中国化的发展，一是开阔中国化的发展视野。对马克思主义中国化过程中形成的中国改革和发展的道路、模式、经验和成就，不仅要从中国的角度来阐释，还要用时代和世界的眼光来考察理解，使中国化具有鲜明的时代性。二是拓展中国化的发展思路。在推进马克思主义中国化过程中，我们需要在更大的世界范围吸取对马克思主义研究的理论成果，通过甄别、比较、借鉴，从中获得有益的启示，使中国化更具有时代意义。因此，马克思主义时代化具有丰富的中国化内涵，同时要求更多关注中国化的世界眼光。大众化以中国化、时代化的研究成果为依据，把当代中国马克思主义的理论成果同人民群众的实践活动结合起来，使马克思主义的最新理论成果更好地为人民大众所接受和应用。一方面大众化有效地实现了中国化、时代化成果向人民群众的转化；另一方面，大众化又对中国化、时代化研究提出了更具体的要求，对马克思主义理论本质具有更深刻的认识。

马克思主义中国化、时代化、大众化的整体性还体现为中国化、时代化、大众化是有机统一的历史进程。马克思主义在中国发展必须具备这样的基本条件：一是马克思主义发展与中国的具体实际相结合，具有中国特征；二是马克思主义发展与时代变化相联系，顺应时代要求、体现时代精神，具有时代特征；三是马克思主义发展与人民群众的实践活动结合起来，能够为人民群众所接受和应用，具有大众特征。当代中国马克思主义发展只有在符合这三个基本条件的前提下才是整体的发展。马克思主义中国化、时代化、大众化相互作用、有机统一是马克思主义发展所体现的内在规律。没有中国化，马克思主义发展就不具有实践基础；没有时代化，马克思主义发展就不能够与时俱进；没有大众化，马克思主义发展就无法展现理论威力，不能扎根于人民群众。在中国特色社会主义实践基础上形成的中国特色社会主义理论体系，表现为马克思主义中国化、时代化、大众化的有机统一和整体推进，当代中国马克思主义作为马克思主义发展的最新理论成果，它在本质上是中国的、时代的、大众的。所以，马克思主义中国化、时代化、大众化的整体性不仅体现为它的发展是有机统一的历史进程，而且还体现为它的理论成果的构成内容是相互交融的整体。推进马克思主义中国化、时代化、大众化，既要研究中国化、时代化、大众化有机统一的发展进程，也要研究其理论成果内在的逻辑关联，并把这二者看做一个完整的整体。

马克思主义的精髓是实事求是，理论品格是与时俱进，这就决定了马克思主义必然随实践发展而发展，随时代变化而变化。没有中国化、时代化，就没有马克思主义发展的理论成果；没有大众化，就不能实现理论向实践的转化，就不能使我们的理论焕发出强大的生命力。党的十七大指出，改革开放以来我们取得一切成绩和进步的根本原因，归结起来就是：开辟了中国特色社会主义道路，形成了中国特色社会主义理论体系。中国特色社会主义的道路与理论体系就是当代中国马克思主义发展的最新成果。"推进马克思主义中国化、时代化、大众化，必须以改革发展稳定中的实际问题、以我们正在做的事情为中心，着眼于马克思主义理论的应用，着眼于对实际问题的理论思考，着眼于新的实践和新的发展，研究新情况、解决新问题；必须立足中国国情、研究中国问题、指导中国实践，必须反映时代精神、回答时代课题、引领时代潮流，必须关注大众需求、回应大众关切、解答大众困惑；必须紧紧围绕改革开放和社会主义现代化建设提出的重大理论和实际问题，不断作出新的理论概括，增强理论的说服力和感召力，自觉把思想认识从那些不合时宜的观念、做法和体制的束缚中解放出来，从对马克思主义的错误的和教条式的理解中解放出来，从主观主义和形而上学的桎梏中解放出来；必须始终坚持学以致用、学用结合，把马克思主义中国化、时代化、大众化的各项成果，能动地转化为谋划工作的科学思路、促进科学发展的有力措施和领导工作的实际本领，转化为全面建设小康社会、构建社会主义和谐社会的能力，转化为推动党的执政能力建设和先进性建设的能力，在实践中丰富和发展中国特色社会主义理论体系。"[①] 中国特色社会主义将更有力地证明，马克思主义与本国国情相结合、与时代发展同进步、与人民群众共命运，就一定能产生巨大的凝聚力。

二、重温马克思的"研究方法"与"叙述方法"

深化当代中国马克思主义的整体性研究，有力推动当代中国马克思主义的大

---

① 秋石：《大力推进马克思主义中国化、时代化、大众化》，载《求是》2009 年第 23 期。

众化，都要求有方法论上的创新。马克思所阐释的"研究方法"与"叙述方法"为我们提供了很好的启示：马克思主义是一个整体，具有立场、观点与方法的高度一致性，马克思主义中国化的历程，以及所形成的当代中国马克思主义正是这种整体性的一个典范；当代中国马克思主义的大众化，不能仅仅停留于一般的宣传鼓动上，而要抓住"人本身"这个根本，着眼于当代中国马克思主义的传播方法创新。

恩格斯说过一段很有名的话："马克思主义的整个世界观不是教义，而是方法。它提供的不是现成的教条，而是进一步研究的出发点和供这种研究使用的方法。"① 同样的道理，当代中国马克思主义既与马克思主义老祖宗的东西一脉相承，又紧密联系当代中国的实际和当今世界的变化与时俱进，理论上已经丰富很多，方法上也要求有所创新。

马克思在《〈政治经济学批判〉导言》（1859）中，阐述了政治经济学"从抽象上升到具体的方法"，是把具体从精神上再现出来的叙述的方法，而不是像黑格尔那样，把这种叙述方法误认为现实本身产生的方法。② 按照马克思的解释，作为理论分析的出发点的具体，在研究结果中表现为许多规定的综合、多样性的统一；而抽象，是对作为其前提的具体现实的"提炼"。在《资本论》第一卷第一版（1867）序言中，马克思又提出研究方法和叙述方法，叙述方式致力于"尽可能地做到通俗易懂"；而理论研究上强调"抽象力"，"分析经济形式，既不能用显微镜，也不能用化学试剂。二者都必须用抽象力来代替。"③ 大致说来，研究方法主要运用分析的方法，揭示对象的本质，以达到概括的、抽象的规定；而叙述方法则是把研究结果依据其内在联系以某种形式表达出来。叙述方法的"逻辑起点"（譬如"商品"概念），"再现"的就是研究方法的"现实终点"（商品规律）。

为了回应对这种研究方法的关注和争论，马克思在《资本论》第 2 版跋（1873）中又说："在形式上，叙述方法必须与研究方法不同。研究必须充分地占有材料，分析它的各种发展形式，探寻这些形式的内在联系。只有这项工作完成以后，现实的运动才能适当地叙述出来。这点一旦做到，材料的生命一旦在观念上反映出来，呈现在我们面前的就好像是一个先验的结构了。"④ 这就大致提供了一个方法论的框架。

（1）研究方法与叙述方法有别。前者主要是占有材料，分析和探寻它们发

---

① 《马克思恩格斯选集》第 4 卷，人民出版社 1995 年版，第 742~743 页。
② 《马克思恩格斯选集》第 2 卷，人民出版社 1995 年版，第 19 页。
③ 马克思：《资本论》第 1 卷，人民出版社 2004 年版，第 8 页。
④ 同③，第 21~22 页。

展形式之间的内在联系；而后者则是把研究获得的成果用某种方式表达出来，要求通俗易懂。马克思在《资本论》法文版致读者（1875）中这样写道，译者虽然尽可能准确地、甚至逐字逐句地翻译，"但正由于他那样认真，我不得不对表述方法做些修改，使读者更容易理解。"① 可见，作为"批判的武器"，必须有严谨的科学论证，而作为"武器的批判"，又必须讲究传播技巧和表述方式。

（2）研究方法与叙述方法之分来自理论过程。马克思认为，"理论只要说服人，就能掌握群众；而理论只要彻底，就能说服人。所谓彻底，就是抓住事物的根本。但是，人的根本就是**人本身**"②（重点为引者所加）。这既表明了理论的价值，也揭示了理论到行动的过程，研究方法最重要的就是"抓住事物的根本"；叙述方法最重要的就是要"说服人"。

（3）对于研究者来说，研究方法在先，总要对叙述方法产生直接影响；但对于读者来说，却总是先接触叙述，即通过叙述方法了解和领悟作者的研究方法。尽管研究方法是决定性的，但如果叙述方法不合适，就不可能把研究成果表达出来，得到理解和认同。这就是为什么"批判的武器"不能代替"武器的批判"。

马克思的方法论对当代中国马克思主义研究和传播具有启示意义。长期以来，我们有意无意地把研究方法与叙述方法割裂开来，表现为对叙述方法的忽视；在研究方法上，又形成了分门别类的格局，缺乏整体性的观照，特别是没有抓住"人本身"这个根本。这种状况不改变，就难以适应马克思主义中国化的不断理论创新，跟不上当代中国马克思主义发展的步伐。事实上，无论是毛泽东思想，还是中国特色社会主义理论体系，都非常重视研究方法和叙述方法，强调完整地把握马克思主义的立场、观点与方法，并提出必须推动当代中国马克思主义的大众化。

当代中国马克思主义，以我国改革开放和现代化建设的实际问题、以我们正在做的事情为中心，着眼于马克思主义理论的运用，着眼于对实际问题的理论思考，着眼于新的实践和新的发展，形成了中国特色社会主义理论体系，凝练成我们的意识形态。中国特色社会主义是一项需要几代人、十几代人甚至几十代人坚持不懈努力奋斗的长期事业。随着这个事业的推进，意识形态也必然有新的丰富和发展。作为意识形态，中国特色社会主义理论体系不但要反映和代表统治阶级的利益，而且要最大限度地反映和代表广大人民群众的根本利益；使大众认识到中国特色社会主义事业与自己的利益密切相关，这才会转化为大众参与的物质力

---

① 马克思：《资本论》第1卷，人民出版社2004年版，第24~27页。
② 《马克思恩格斯选集》第1卷，人民出版社1995年版，第9页。

量,转变为实际的行动。

我们在强调马克思主义指导作用的同时还要注意,不能满足于它作为意识形态居高临下的地位,满足于强势宣传的轰轰烈烈,马克思主义要深入人心,融入中国文化,内化为中国人民的精神状态和时代追求,仅仅靠灌输和政治运动是办不到的。我们既要有反对教条主义、生搬硬套的理论勇气,更要把握基于中国实际发展马克思主义的研究方法;我们既要有反对虚无主义、防止迷失的政治意识,更要把握使马克思主义为广大人民群众所认同所信服的叙述方法。研究方法和叙述方法相辅相成:没有"深入"的研究,就没有"浅出"的叙述,令人信服的理论必然有其深刻性;没有"浅出"的叙述,再深刻的理论也感动不了人,起不了指导作用。因此,当代中国马克思主义的理论研究和传播就面临两大任务:一是如何深化当代中国马克思主义的整体性研究;二是如何有力推动当代中国马克思主义的大众化。这两项任务都要求有方法论上的创新。

三、关于当代中国马克思主义的整体性研究方法

人们检讨东欧剧变的一个重要思想原因,就是缺乏对马克思主义的整体理解,割裂了马克思主义的完整性,而脱离实际、脱离时代、脱离群众的照本宣科使教条主义大行其道,败坏了马克思主义的名声。不能否认,许多人对马克思主义的理解仍然停滞在陈旧、误读甚至歪曲的水平上。当我们解放思想,提出用发展着的马克思主义指导新的实践,解决当下中国的问题,并相应提出一系列新思想、新观点、新论断时,难免遭到那些传统观念的质疑和非议。1980年代中期以来,随着国外研究大量引介和理论界思想进一步开放,马克思主义研究的整体性问题日益得到重视,特别是聚焦于对马克思主义理论的本质(或核心)问题的讨论;进而"根据具体的政治实践和变化着的历史条件对理论所产生的意义来分析马克思主义",避免把马克思主义当作是检验一切价值和效用的永恒真理,或者视为某种"现代"或"后现代"的思潮。[①]

马克思主义,特别是当代中国马克思主义的整体性研究,必须突出马克思主义是一个整体,具有立场、观点与方法的高度一致性。马克思、恩格斯的工作及其研究成果本来就是融会贯通的。分门别类并不利于完整准确地理解马克思主

---

① 莫里斯·迈斯纳:《重新思考马克思主义对资本主义的批判》,俞可平主编:《全球化时代的"马克思主义"》,中央编译出版社1998年版。

义,也不能真实反映马克思主义的历史地位和深邃影响,不能解释马克思主义生命力何以"溢出"知识界经久不衰。整体性研究,可以为马克思主义理论学科建设提供坚实的学术支持。只有对马克思主义的整体性进行深入透彻的研究,并通过合适途径,使马克思主义理论得以有效传播,才能真正提高马克思主义研究与传播水平,改变马克思主义宣传教育的被动局面。整体性研究,还有助于人民群众,特别是青年一代领略马克思主义创始人艰苦卓绝的理论建树,他们的人格力量、精神境界与道德感召力;以及一代又一代马克思主义实践者、传播者与研究者的不懈探索。整体性研究,能够比较准确地把握马克思主义,特别是当代中国马克思主义的发展线索与现实意义,充分展现马克思主义融会贯通的整体特征和与时俱进的理论品格——马克思主义中国化的历程,以及所形成的当代中国马克思主义正是马克思主义整体性的一个典范。

马克思研究方法的出发点是现实的、处在各种社会关系中的人,即"现实的人",追求的是人自由而全面发展的理想境界,或者正如恩格斯深情引述的那段话:"每个人的自由发展是一切人的自由发展的条件"。① 马克思主义理论的彻底性就在于抓住了这个根本。但在不同历史和地域条件下,人们争取和实现解放的理论诉求有所不同;在中国,则表现为从新民主主义革命到社会主义革命和建设,再到中国特色社会主义发展的主题。

马克思主义丰富的理论资源与中国革命、建设和改革过程中的现实需求相契合,为马克思主义中国化提供了强大动力。1977年,针对"两个凡是"的提法,邓小平立刻提出异议,认为这不是马克思主义,不是毛泽东思想。② 他在许多场合提出要准确地完整地理解毛泽东思想的体系。"要对毛泽东思想有一个完整的认识,要善于学习、掌握和运用毛泽东思想的体系来指导我们的各项工作。只有这样,才不至于割裂、歪曲毛泽东思想,损害毛泽东思想。……我们不能够只从个别词句来理解毛泽东思想,而必须从毛泽东思想的整个体系去获得正确的理解。"③ "对马克思列宁主义,应该准确地完整地理解它的体系。"④ 这就不但把毛泽东思想,而且是马克思主义的整体性要求讲得很清楚了。

当代中国马克思主义,在新的实践中不断探索和回答什么是社会主义、怎样建设社会主义,建设什么样的党、怎样建设党,实现什么样的发展、怎样发展等重大理论和实际问题。中国特色社会主义主题不断明确、内容不断丰富、体系不

---

① 《马克思恩格斯选集》第1卷,人民出版社1995年版,第294页;《马克思恩格斯选集》第4卷,人民出版社1995年版,第730~731页。
② 《邓小平年谱(一九七五——一九九七)》(上),中央文献出版社2004年版,第155页。
③ 《邓小平文选》第2卷,人民出版社1994年版,第42页。
④ 同③,第67页。

断完善,对共产党执政规律、社会主义建设规律、人类社会发展规律的认识和实践都获得了很大进步。这样一种系统性、开放性和创造性相结合的特征,正是当代中国马克思主义整体性研究的应有之意。中国特色社会主义理论体系,把我们的思想认识从那些不合时宜的观念、做法和体制中解放出来,从对马克思主义的错误的和教条式的理解中解放出来,从主观主义和形而上学的桎梏中解放出来,既坚持马克思主义基本原理,又谱写新的篇章。中国特色社会主义市场经济建设、民主政治建设、先进文化建设与和谐社会建设,以及我们党的执政能力和先进性建设是紧密联系、相互促进的。离开了整体性研究,各个领域的研究也就失去了依托。

重要的是,当代中国马克思主义的彻底性也就是抓住了"人本身"这个根本。坚持马克思主义原理同中国实际相结合,说到底就是同中华民族、中国人民的实践相结合。邓小平语重心长地指出,"我们要想一想,我们给人民究竟做了多少事情呢?我们一定要根据现在的有利条件加速发展生产力,使人民的物质生活好一些,使人民的文化生活、精神面貌好一些。"[1] 他根据人民群众的迫切愿望,捕捉和把握了改革开放的契机,提出要把人民答应不答应、满意不满意、拥护不拥护作为衡量党的路线、方针、政策是否正确的根本标准。江泽民提醒全党,"人心向背,是决定一个政党、一个政权兴亡的根本性因素。"[2] "任何时候我们都必须坚持尊重社会发展规律与尊重人民历史主体地位的一致性,坚持为崇高理想奋斗与为最广大人民谋利益的一致性,坚持完成党的各项工作与实现人民利益的一致性。"[3] 始终做到"三个代表"是我们党的立党之本、执政之基、力量之源。"这里的'本'、'基'、'源',说到底就是人民群众的支持和拥护。"[4] 胡锦涛反复说,要真正做到权为民所用、情为民所系、利为民所谋。"要始终把实现好、维护好、发展好最广大人民的根本利益作为党和国家一切工作的出发点和落脚点,做到发展为了人民、发展依靠人民、发展成果由人民共享。"[5] 提出从最广大人民群众的根本利益出发谋发展、促发展,把促进经济社会发展与人的全面发展统一起来,从人民群众最关心、最直接、最现实的根本利益出发,不断满足人民群众日益增长的物质文化需要。

当代中国马克思主义不是"完成式",还在"进行式"。现实生活中,无论是中国的改革发展,还是世界形势的变化都促使我们从马克思主义那里寻找解决

---

[1] 《邓小平文选》第 2 卷,人民出版社 1994 年版,第 128 页。
[2] 《江泽民文选》第 3 卷,人民出版社 2006 年版,第 185 页。
[3] 同②,第 279 页。
[4] 胡锦涛在"三个代表"重要思想理论研讨会上的讲话,《人民日报》2003 年 7 月 2 日。
[5] 胡锦涛在中央党校发表的重要讲话,《人民日报》2007 年 6 月 26 日。

问题的"钥匙",从整体上研究当代中国的马克思主义。

——创新研究理念。当代中国马克思主义是完整地理解和运用马克思主义的典范,深刻体现了马克思主义理论与实践统一的整体性内涵,而从理论到实践的进程并不是划一的,更不能靠照本宣科来实现,最重要的就是与当代中国的实际和当今世界的变化联系起来,提出切实可行的目标模式与行动路线。

——改进研究方法。方法论问题,既有各学科研究都涉及的共性问题,也有不同学科的个性问题。有个性,就有比较;有共性,就可以借鉴。这就要求在各学科研究基础上的比较借鉴,当代中国马克思主义研究要吸收各种研究方法的特点、优势和功能,博采众长、举一反三,以实现整体性研究的方法论创新。

——拓展研究视野。当代中国马克思主义研究,主要是把中国特色社会主义作为一个不断发展的开放理论体系来研究,其中既包括仔细解读不同时期不同阶段党的国家领导人的著述、党和国家的重要文献,还应认真对待我国学者解放思想,勇于探索,在不同领域从不同角度作出的理论贡献。

——丰富研究内容。我们不能仅仅满足于中国话语的阐释,还应具有反映时代特征的世界眼光,这也与我们强调马克思主义研究必须与本土实践时代发展相结合是一致的。全球化为马克思主义理论创新提供了更加开阔的舞台,为世界社会主义运动发展提供了新的机遇,当代中国马克思主义研究理应作出自己的贡献。

四、关于当代中国马克思主义大众化的传播方法

如前所述,叙述方法关系到理论能否为群众所掌握和理论的生命力。马克思的《资本论》被称为"工人阶级的圣经","(世界)各地的工人阶级都越来越把这些结论看成是对自己的状况和自己的期望所作的最真切的表述。而在英国,马克思的理论对社会主义运动产生着巨大的影响,这个运动在'有教养者'队伍中的传播,不亚于在工人阶级队伍中的传播。"[①] 马克思主义关注"人本身",并揭示资本主义对"人的本质"的扭曲,进而提出消灭私有制、消除异化,最终实现人的自由而全面发展的理想。但是,"现实的人"又是动态的,在不同时期、不同阶段和不同地方有不同的表现,这就要求我们深化对"现实的人"及其现实问题的研究,使马克思主义真正反映人民群众的利益,更好地满足大众的

---

① 马克思:《资本论》第 1 卷,人民出版社 2004 年版,第 34 页。

需要。所以,"理论在一个国家实现的程度,总是取决于理论满足于这个国家的需要的程度。"理论不会直接成为实践需要,"光是思想力求成为现实是不够的"。①

"哲学家们只是用不同的方式**解释**世界,而问题在于**改变**世界。"②(重点为原文所有)。这段话既是马克思的墓志铭,也是马克思主义实践品格的精辟写照。无论是解释或认识世界,还是改造世界,都要求理论为群众所接受所掌握。"批判的武器当然不能代替武器的批判,物质力量只能用物质力量来摧毁;但是理论一经为群众掌握,也会变成物质力量。"③ 理论只有与实践,与作为实践主体的人民群众,也就是大众相结合,为大众所掌握,才能变为改造现实的物质力量,并推动理论自身的发展。说服人不能太书生气,这就是为什么要大众化;而理论的彻底和深刻是说服人的前提,这就是大众化为什么不是庸俗化。毛泽东指出,"马克思主义必须和我国的具体特点相结合并通过一定的民族形式才能实现。"并使之"带有必须有的中国特性,即是说,按照中国的特点去应用它",表现为"新鲜活泼的、为中国老百姓所喜闻乐见的中国作风和中国气派。"④ 用"学会说群众懂得的话"来讲马克思主义。⑤ 邓小平也说:"学习马列要精,要管用的。……要求都读大本子,那是形式主义的。……马克思主义是很朴实的东西,很朴实的道理。"⑥ 他的"白猫黑猫,抓住老鼠就是好猫"、"摸着石头过河"就非常生动贴切。马克思主义,特别是当代中国马克思主义的叙述方法创新,就是一个理论的大众化、通俗化问题。

中共十七大报告提出:"大力推进理论创新,不断赋予当代中国马克思主义鲜明的实践特色、民族特色、时代特色。开展中国特色社会主义理论体系宣传普及活动,推动当代中国马克思主义大众化。"⑦ 实践特色是大众化最本质的诉求,马克思主义崇尚实际,反对空谈;不是拿本本去框实践,而是用实践去发展本本。当代中国马克思主义对改革开放和现代化建设的指导作用,只能通过人民群众实践运用的深度和广度来证明。民族特色为实现大众化奠定了广泛深厚的情感和文化基础,马克思主义中国化即在中国的具体化,是民族形式的马克思主义。无论是思想内容还是表达形式,只有扎根于中国文化的土壤,为中国人民所喜闻

---

① 《马克思恩格斯选集》第1卷,人民出版社1995年版,第11页。
② 同①,第61页。
③ 同①,第9页。
④ 《毛泽东选集》第2卷,人民出版社1991年版,第534页。
⑤ 《毛泽东选集》第3卷,人民出版社1991年版,第842~843页。
⑥ 《邓小平文选》第3卷,人民出版社1993年版,第382页。
⑦ 胡锦涛:《高举中国特色社会主义伟大旗帜 为夺取全面建设小康社会新胜利而奋斗》,人民出版社2007年版。

乐见，马克思主义的生命力才能在中国大地发扬光大；时代特色意味着马克思主义与时俱进的理论品质，体现时代性，是与把握规律性，富于创造性联系在一起的，思想上不断有新解放，理论上不断有新发展，实践上不断有新创造，才能无愧于时代赋予我们的使命。因此，当代中国马克思主义大众化，就是要尊重大众的实践主体地位，运用大众的语言宣扬主张，回答大众关心的现实问题。

大众化的反面是官方化、说教化。以苏联意识形态表面上很热闹，也很强硬，却"形成了一种安于现状、不思进取、自我封闭的社会精神氛围，失去了对自己所进行的社会主义实践中的政治、经济等各个方面改革的内部动力，更缺乏向世界上包括资本主义在内的先进文化学习的理性的、开放的态度。"[①] 东欧剧变的原因是复杂和多方面的，但把马克思主义官方化、说教化，是一个必须吸取的深刻教训。马克思主义不应只出现在党和国家的重要文件中，局限在理论研究的范围或思想工作者的圈子内。坚持和发展中国特色社会主义是全国各族人民的共同事业，共同事业要有共同的思想基础，这是当代中国马克思主义大众化的首要任务。马克思主义中国化不但要在理论研究上有新突破，在传播方面也要有新进展。推动当代中国马克思主义大众化，是把马克思主义落到实处的客观要求，是马克思主义中国化进一步发展的主要动力，同时也真切地体现了社会主义核心价值体系的要求："用马克思主义中国化最新成果教育人民，用中国特色社会主义共同理想凝聚力量，用以爱国主义为核心的民族精神和以改革创新为核心的时代精神鼓舞斗志，用社会主义荣辱观引领风尚。"[②] 也可以说，当代中国马克思主义大众化的程度，标志着中国特色社会主义深入人心的程度。

中国的发展离不开世界，世界的发展也离不开中国；这就把中国的前途和命运，同人类文明、时代潮流和世界未来联系了起来，同时也促使我们抓住机遇，发展自己，大胆吸收和借鉴人类社会一切先进文明成果。进入 21 世纪，综合国力竞争日趋激烈，国际环境复杂多变，我们仍将长期面对发达国家在许多方面占优势的压力。在全球化进程中，各种文明和制度相互碰撞，不同社会思潮相互激荡，对我们的意识形态形成了不小的冲击。改革开放 30 多年给中国人民的物质生活和精神生活都带来了巨大变化，我国现在正处在一个发展的关键时期，经济体制深刻变革，社会结构深刻变动，利益格局深刻调整，思想观念深刻变化，人们的精神生活和价值取向越来越多样化，我们以往驾轻就熟的传播教育方式面临着严峻的挑战。

大众化，也就是理论向实践的转化。没有理论高度，就体现不了实践深度；

---

① 干敏敏：《论意识形态对苏联政治生活的影响》，载《俄罗斯研究》2007 年第 1 期。
② 胡锦涛：《高举中国特色社会主义伟大旗帜 为夺取全面建设小康社会新胜利而奋斗》，人民出版社 2007 年版。

反过来，没有实践深度，也提炼不出理论高度。马克思主义只有与本国国情相结合、与时代发展同进步、与人民群众共命运，才能焕发出强大的生命力、创造力和感召力。马克思主义中国化和大众化相辅相成：中国化就是马克思主义被中国大众接受、认同和运用的过程，也是马克思主义通过中国大众展开中国实践的过程，没有中国化，就没有大众化，也只有通过大众化才能实现中国化。问题在于，在新的条件下大众有更复杂更多样的需求，如何代表最广大人民群众的根本利益，最大限度地满足人民群众的实际需要，这是当代中国马克思主义大众化必须认真对待的。

值得一提的是，当今世界，无论哪个角落，大众传播的互联网威力都不容忽视，谁在这个方面犹豫不决，就会丧失吸引大众，特别是青年的传播能力，甚至丧失话语权。网络接触已越来越成为相当多中国人的日常行为和生活方式。我国网民人数已达4.5亿人，超过了世界平均水平的30%，而且这个数字还在增长。互联网为大众创造了多元知识、思想和文化，提供了更为广泛的选择机会，更重要的是极大地激发了大众参与公共生活的热情，也使这种参与成为影响乃至改变现实社会的力量。马克思主义大众化也必须充分认识互联网传播中的巨大潜能，高度重视和主动利用互联网这个传播手段，为此，要加强互联网建设、运用和管理，使互联网成为推动马克思主义大众化的新手段。用贴近大众，特别是青年的方式来传播马克思主义，不致使大众，特别是青年因为感觉不到了解、学习马克思主义的乐趣而产生疏远马克思主义的情绪。

马克思说得好："我们的叙述方法自然要取决于**对象本身的性质**"①（重点为原文所有）。也就是要根据接受群体的情况来决定叙述方式。理论的大众化，要符合社会成员的生活经验，或者说，传递一定思想理论观点的宣传教育一定要与人民群众的经验相对应、相对位和相契合；要充分说明理解与接受某种理论时人们的社会意义与个人意义；要注意教育宣传的科学性与循序渐进性，既要有声有色，又要防止造势式或运动式的形式主义，既要细雨润物，又要反复凸显重点内容。② 当代马克思主义大众化要取得良好的效果，一是表达的通俗化。大众化，不是教科书，不是简单化，更不是庸俗化，而是贴近实际、贴近生活、贴近群众，把理论成果转化为广大人民群众喜闻乐见的生动形式，从大众生活的角度来阐释中国特色社会主义理论体系的深刻内涵，用大众熟悉的语言来回答大家关心的实际问题，力图避免对马克思主义的空洞说教和寻章摘句。这就对深入浅出地研究传播当代中国马克思主义提出了更高的要求。二是形式的多样化。改革开放

---

① 《马克思恩格斯全集》第2卷，人民出版社1957年版，第7页。
② 邱柏生：《推进当代中国马克思主义大众化的途径和过程》，载《思想理论教育》2008年第5期。

特别是近年来，人们思想活动的独立性、选择性、多变性、差异性明显增强，生活方式与价值取向也日益多元化，这就不可能指望用某种统一的模式或方法来达到预先设计的效果。针对不同群体、不同需求，大众化就要把理论宣传与各种关注点、兴趣点结合起来，通过影响大众思维方式行为方式的文化元素，融入丰富多彩的形式和手段，寓教于学、寓教于乐，使大家潜移默化地产生认同感。三是与学习型组织、学习型社会联系起来。大众化是长期的普及性工作，不可能立竿见影，不能搞形式主义，这就需要持之以恒地认真学习，及时准确地传播当代中国马克思主义的创新成果、重大方针政策、重要工作部署；广大人民群众也要在实践中不断总结经验，不断发现新情况，解决新问题，为当代中国马克思主义提供新鲜素材，同时提升自己的学习水平和思想水平。

当代中国马克思主义对世界的影响

第五篇

在世界发生翻天覆地变化的今天，无论什么主义、什么制度、什么模式、什么道路，都在经历时代和实践的检验。各国国情千差万别，世界上不存在最好的、万能的、一成不变的发展模式，只有最适合本国国情的发展道路。中国的发展道路形成于、立足于本国国情。中国深刻认识到走和平发展道路的重要性和长期性，认识到国内外环境变化的深刻性和复杂性，将更加注意总结和运用自身的成功经验，更加注意学习借鉴其他国家的有益经验，更加注意研究前进道路上的新问题、新挑战，为和平发展开辟更为广阔的前景。

中国发展离不开世界，世界繁荣稳定也离不开中国。中国取得的发展成就与世界各国友好合作密不可分，中国未来发展更需要国际社会理解和支持，我们衷心感谢所有理解、关心、支持、帮助中国发展的国家和人民。有十几亿人口的中国走和平发展道路，这是人类发展史上新的伟大探索和实践，不可能做得十全十美，我们欢迎一切友好建议和善意批评。我们真诚希望国际社会更加深入地了解中国源远流长的文明传统，尊重中国人民对国家主权、安全、领土完整和社会稳定的珍视，理解中国作为最大发展中国家需要逐步解决的各种发展难题，理解中国人民渴望彻底摆脱贫困、过上富裕日子的心情，相信中国人民走和平发展道路的诚意和决心，支持而不是阻碍中国走和平发展道路。

——国务院新闻办公室：《中国的和平发展》白皮书（2011年）

第十四章

改革开放以来中国发展的世界效应

马克思主义是一个开放的思想、理论和实践体系,坚持世界眼光是马克思主义的特质。在经历国际阶级斗争与世界革命、反对帝国主义的战争与民族解放运动、批判资本主义与反对霸权主义的发展进程后,我们正以和平与发展的理念、不断崛起与壮大的国家实力、与时俱进地融入世界的崭新视角不断推进马克思主义的中国化与时代化进程。这一进程既客观地反映了世界范围内生产力与生产关系、经济基础与上层建筑的矛盾运动性质,也反映了国际社会中以国家利益为基础的各国之间或冲突或合作的关系状态以及国际格局变化的发展趋势,同时也印证了世界各国之间日益紧密的相互联系以及在这一联系之下开拓和发展各国之间相互关系的重要性。

马克思主义中国化、时代化的一个重要表现,就是基于对时代主题的正确判断,中国特色外交路线的展开,以及中国发展离不开世界,世界繁荣稳定也离不开中国这个大格局的形成。改革开放以来,中国与世界的关系发生了历史性的变化:一方面,改革开放使中国的综合国力获得明显增强,使中国的国际地位发生显著变化;另一方面,中国在各种涉外事件的处理中理顺了自身的对外交往理念,制定既符合国家利益需要又合乎国际规范要求的各项制度与策略,并致力于不断完善对外交往的理论、体制与机制。中国在改革开放中走向世界、融入世界,在与世界的互动中积极开拓进取。中国与世界的关系日益密切,不但中国的前途命运日益紧密地同世界的前途命运联系在一起,同时,中国还以自己的发展有力地促进了地区和世界共同发展。中国与世界的关系演进,是作为内因的国情与作为外因的世情共同作用的结果,正是建立在对时代主题和各种内外因素正确研判的基础上,逐步形成了中国对外工作的新理念和指导方针。我们既坚定推行基本国策,又积极调整国际战略;既分享全球化带来的机遇,又努力应对各种挑战;既谋求国际合作与共同发展,又认真履行应有的责任。在这一过程中,中国外交的进步与转型是相辅相成的,并已经成长为世界事务的重要参与者、责任者和推进者,促进了世界的和平与进步。

一、中国与世界关系发生了历史性的变化

对时代主题的准确判断,就是把握一定时代的主要矛盾与基本特征,这是一个国家制定和实施对外战略的重要依据。由于世界力量对比格局的变化、科学技术日新月异的进步、人类共同面临的各种新问题的出现以及在经济全球化带动下世界各国之间日益紧密的相互联系等现象的出现,使得各国之间相互作用的方式在发生变化,世界进入新的历史发展阶段,国家作为国际社会中的主要行为体,必须准确判断时代主题、及时调整国际战略,这是谋求进一步发展的根本出发点。

1. 对外战略的积极调整

(1)"时代主题"的提出。

改革开放使中国走向世界舞台,在经历国际格局风云变幻的同时也开始对国际社会的各种矛盾与问题有了更为现实的认识。20世纪80年代,邓小平洞悉国际格局由紧张向缓和、由对抗向对话的转变,作出的基本判断是:和平与发展是当代世界的根本问题。1985年3月,他在与日本客人谈话时曾经指出:"现在世界上真正大的问题,带全球性的战略问题,一个是和平问题,另一个是经济问题或者说发展问题。和平问题是东西问题,发展问题是南北问题。概括起来,就是东西南北四个字。"[①]这一判断对于我国对外关系的开拓具有全局性和战略性意义。1987年,中共十三大确认"和平与发展是当代世界的主题"。邓小平还在1990年和1992年两次强调这一主题在当时的突出表现以及解决这两大问题的重要性。

中共十五大进一步阐述了"和平与发展是当今时代的主题"的论断,中共十六大重申"和平与发展仍是时代主题",中共十七大再次明确了这一主题,并

[①] 《邓小平文选》第3卷,人民出版社1993年版,第105页。

指出"当今世界正处在大变革大调整之中。和平与发展仍然是时代主题,求和平、谋发展、促合作已经成为不可阻挡的时代潮流",同时还向世界承诺:"中国将始终不渝走和平发展道路。""要和平、促发展、谋合作"成为几代领导集体对时代主旋律的基本判断。①

两次世界大战的深刻影响和武器技术的不断升级换代,以及战争所带来的巨大破坏性使世人更加向往和平与稳定;世界资本主义在生产力、生产关系及其相互关系上也发生了前所未有的变化,科技革命使生产力不断获得新的发展,资本主义生产关系的协调能力不断增强,生产要素的全球性流动又使得各国相互依存日益加深,人们更加愿意以互利共赢的协商与合作替代对抗与战争。

把和平与发展判断为时代主题的重要原因还包括和平与发展也是未来相当长一段时间人类面临的根本问题。一方面,是当今世界各种性质的局部战争对和平的巨大威胁,由民族与种族冲突所引发的战争、由领土争端而引发的战争、由恐怖主义所引发的恐怖战争与反恐战争以及其他与利益冲突或势力范围争夺相关的战争既是当前局部战争的基本样式,也是威胁和平的重要根源。另一方面,发展问题也是世界各国所面临的共同问题,广大发展中国家在资金、技术等方面所处的地位与发达国家之间存在严重的不平衡性,并在经济全球化的大潮中被边缘化,它们与发达国家之间的距离逐步扩大,全球化不仅未能解决世界范围贫富悬殊问题,反而使之更为加剧;发展中国家还处于贸易条件不断恶化、金融风险日益增大的威胁之中。另外,日益严重的全球环境问题以及气候变化也是发展过程中人类遭遇的共同挑战,这些问题不仅影响发展,而且还会带来不同范围的不稳定,人类至今也未能找到突破性的解决方案。

中共十六大报告中提出:"综观全局,21世纪头二十年,对我国来说,是一个必须紧紧抓住并且可以大有作为的重要战略机遇期。"这个"战略机遇期"也被解释为"国际国内各种因素综合作用形成的,能为国家(地区、集团)经济、社会发展提供良好机会和境遇,并对其历史命运产生全局性、长远性、决定性影响的某一特定历史时期";因此必须"抓住和用好重要战略机遇期,在日益激烈的综合国力竞争中牢牢掌握加快我国发展的主动权"。②"对于总体国际形势的上述重大判断,为中国制定内外政策提供了科学依据,使中国能够紧跟时代发展的潮流,紧紧抓住以经济建设为中心,牢牢把握应对国际风云变幻的战略主动权。"③

---

① 见1999年3月,江泽民在联合国安理会日内瓦裁军谈判会上的发言;2005年9月,胡锦涛在联合国成立60周年首脑会议上作题为《努力建设持久和平 共同繁荣的和谐世界》的讲话等。
② 奚洁人主编:《科学发展观百科辞典》,上海辞书出版社2007年版,第42页。
③ 刘华秋:《辉煌的成就 伟大的创新——改革开放30年的中国对外工作》,载《国际问题研究》2008年第6期。

(2) 对外交往的新原则。

对外交往本身就是一个不断根据外部环境变化及时调整战略策略的过程，我国历届领导集体根据国际形势的新变化，努力把握新动向，积极调整外交战略，使中国对外政策与对外交往得到不断丰富和发展。在开放的国际体系下，中国外交为国家发展营造了良好的外部环境，在维护国家主权和领土完整、实现国家利益、妥善处理危机等方面作出了许多贡献，有利于中国不断融入国际体系。建立在互相尊重主权和领土完整、互不侵犯、互不干涉内政、平等互利、和平共处五项原则的基础上，中国一直奉行独立自主的和平外交政策，也努力推动这些原则成为规范国际关系的重要准则。

20世纪80年代以来，我国对外交往与外交政策在思维、理念、准则、目标等方面逐步形成了一个日益完善的体系。邓小平对当时国际形势及其发展趋势作出了几个判断：一是美苏关系趋向缓和，多极化趋势出现；二是经济因素在国际关系中的作用逐步提升；三是中国是世界上一支重要的力量。进而制定了独立自主、不结盟、不当头、维护国家利益的和平外交政策，顶住了外部压力，坚持既定政策不动摇，争取了许多国家的支持并与外部世界建立广泛联系，开创了对外交往中的主动局面。当年邓小平提出的"冷静观察、稳住阵脚、沉着应付"[①]已成为对外交往的重要战略思维；而"韬光养晦"、"有所作为"、"不结盟"、"不当头"、"不称霸"等战略策略赋予了新中国独立自主外交政策新的内涵；同时也明确了中国国家利益的表达和追求；[②]并把维护国家利益作为制定和实施对外政策的最高准则，把互利共赢作为衡量对外政策的重要尺度；新世纪以来，党和国家根据国际形势的发展把合作与对话作为推进对外关系的主要原则和手段，有理、有节地排除和处置交往中的外来干扰，合理开拓公众外交、民间外交等多种途径，使外交服务于改革开放的大局。

另一方面，中国共产党作为执政党，积极开展对外交往，努力为中国的现代化建设争取和平的国际环境。邓小平曾多次提及处理党际关系的新设想，早在改革开放初期，他就指出："各国的事情，一定要尊重各国的党、各国的人民，由他们自己去寻找道路，去探索，去解决问题，不能由别的党充当老子党，去发号施令。我们反对人家对我们发号施令，我们也绝不能对人家发号施令。这应该成

---

① 《邓小平文选》第3卷，人民出版社1993年版，第319~320页。
② 1989年10月，邓小平在会见美国前总统尼克松时说："考虑国与国之间的关系主要应该从国家自身的战略利益出发，着眼于自身长远战略利益，同时也尊重对方的利益。"见《邓小平文选》第3卷，人民出版社1993年版，第330页。

为一条重要原则。"① 1982年9月，中共十二大报告将这一原则概括为"我们党坚持在马克思主义的基础上，按照独立自主、完全平等、互相尊重、互不干涉内部事务的原则，发展同各国共产党和其他工人阶级政党的关系"。② 1987年6月，邓小平在会见南斯拉夫同志时提出要以这一原则为基础建立新型党际关系。③ 这就为对外交往中党际关系正常化奠定了重要基础。中国共产党不计较意识形态和社会制度的差异，努力同一切愿意与我党交往的各国政党建立和发展多种形式的交流与合作，增进彼此友谊、寻求利益交汇、扩大互利合作，以独立自主原则为基础、以完全平等原则为关键、以互相尊重原则为前提、以互不干涉内政原则为保证不断建立和发展新型党际关系，从而促进了国家间关系的发展。

（3）**对外交往的新依托**。

建立在准确判断时代主题与明确对外交往原则的基础上，我们从思想理论、历史发展、时代变迁、实力地位、地缘政治等多方面不断明确对外交往的依据。从对外交往历史发展的角度看，我们已经清醒地认识到，闭关自守是中国长期停滞和落后的重要原因，新中国成立初期的封闭和半封闭状态也令我们遭受了不小的挫折，只有打开国门，充分利用世界先进技术、合理引进外部资金和资源、不断借鉴先进的管理经验，才能逐步赶上世界经济和社会的发展潮流；中国所拥有的巨大市场和劳动力资源也是对世界经济的重要推动和支撑。

从思想理论发展的角度看，在经济、政治、文化和社会发展各个领域，"中国的发展离不开世界，世界的发展也需要中国"，逐步成为中国领导人和中国各族人民的共识。社会主义在本质上是开放的，社会主义的建设和发展需要吸收人类一切文明成员包括当代资本主义发展的优秀成果。对外交往与对外开放是相辅相成、相互促进的历史进程，经济领域的相互依赖以及在竞争与合作中的相互共存、政治领域的相互借鉴、文化领域的相互交流、军事与安全领域的相互对话等，越来越成为中国开展对外交往、发展对外关系的重要内容。

从时代变迁的角度看，世界经济的全球化发展态势，使得经济生活日趋国际化，要求各国之间能在生产力要素、资本要素等方面实行全球范围内的合理配置，脱离技术发展的世界潮流或离开资源、能源的世界性交流，没有一个国家可

---

① 《邓小平文选》第2卷，人民出版社1994年版，第319页。
② 胡耀邦：《全面开创社会主义现代化建设的新局面》，《人民日报》1982年9月1日。
③ 《邓小平文选》第3卷，人民出版社1993年版，第237页。中共十二大报告把新型的党际关系原则概括为：坚持在马克思主义的基础上，按照独立自主、完全平等、互相尊重、互不干涉内部事务的原则，发展同各国共产党和其他工人阶级政党的关系。见《邓小平文选》第3卷，人民出版社1993年版，第407页。

以独自获得成功。时代的发展还要求世界各国重新认识竞争与合作之间的关系，各国之间既是竞争者又是合作方。对于中国来说，我们既需要遵守国际领域的各项规则，又要积极参与新规则的协商与制定；既要发挥劳动力资源优势促进劳动密集型产品出口，又要引进和开发各类新技术促进产业结构的不断调整。因此，唯有积极开拓对外交往才能避免被边缘化，并为经济等各领域的发展提供宽松的国际环境。

从实力地位的角度看，一个国家对外交往目标的确定通常需要建立在对自身与他国实力地位判断的基础之上，国家利益的自我保护与实现，追求与他国的均势或力量平衡，与他国建立友好关系或结成同盟，利用贸易、货币政策或国际组织等获取更多的可支配资源等，外交政策制定的根本依据都是国家的实力地位。改革开放以来，我们正是以知己知彼为前提，一方面客观分析自身的潜力，另一方面客观看待他国的实力，对各方之间交往目标的相容性作出正确判断，从而不断明确国家对外交往的目标以及如何使用相应的手段去实现目标。

地缘政治在国家对外交往中是一个历史性与客观性兼具的因素，地理位置也是国家实力中最经久不变的因素，因此，如何明确自身的地理属性与地理定位，如何处理好与周边国家的关系，进而从地缘政治的角度正确开展与不同地理位置国家之间的交往，是中国对外交往的一个重要领域。身处于亚洲和太平洋地区，我们不仅需要与许多陆上邻国和睦共处，也需要与太平洋沿岸的诸多国家相互协调、友好合作，因此，在我们的国家战略框架中，东亚、南亚、中亚、东北亚和太平洋沿岸国家一个都不能少，各领域的双边、多边对话和协商机制的建设都具有重要意义。以这一认识为基础，近年来，我国的外交在推动和参与上海合作组织建设、中日韩三国领导人会晤、香格里拉会议、中美亚太事务磋商等方面都作出了积极的努力。

(4) 对外交往的新目标。

改革开放以来，我国对外交往的总体目标是为中国特色社会主义建设奠定良好的外部关系，因此，一方面我们期待在对外交往与对外开放的过程中逐步使中国的体制改革和经济发展尽快融入国际舞台，与世界各国在竞争中谋发展；另一方面，也在对外交往与对外开放的过程中感受外部世界的竞争压力，感受与世界各国的差异和差距，并按照国际竞争的要求完善我们的体制和制度。事实表明，在这一过程中，我们通过扩大对外贸易、发展出口导向型经济、引进外部的资金和技术、加入国际组织等，不仅经济规模日益增大，也积极地促进了各项体制改革。当然，就改革与开放之间的关系而言，还存在相互平衡的问题或是"一致性"的问题，保持体制改革的速度和对外开放的程度之间的适宜性能使我们受益更多。①

今天，我们对对外交往与对外开放的认识已经在邓小平的"关起门来搞建设是不行的"判断基础上进一步延伸，包括：在范围上，我们期待与世界所有国家之间建立友好与合作关系，既与邻为友，又不以地理位置的远近论亲疏；既与发达国家交往，也与发展中国家友好，不在意识形态、社会制度或发展程度上对交往设限。在宗旨上，我们既追求自身的发展，也坚持世界各国的共同发展，力求在平等的基础上互利共赢、扩大共同利益，追求和平、发展与和谐，减少战争、冲突与不必要的对抗。在方向上，既通过加强经济交往促进经济发展，提升国家硬实力，也通过政治、文化等领域的交往不断提升软实力，塑造和展示良好的国家形象，赢得更为广泛的理解、信任与支持。

改革开放以来，我们逐步打破以社会制度和意识形态论亲疏的做法，积极与不同社会制度、不同发展程度的国家开展交往，至今已有170多个国家与我们建立了外交关系；逐步形成了"大国是关键、周边是首要、发展中国家是基础、多边是重要舞台"的外交工作总体战略方针，并与许多国家、地区和国际组织建立了战略协作、战略伙伴以及战略对话关系，促成了一系列双边和多边机制的形成。东北亚发展论坛的建设，中、日、韩三国领导人定期会晤机制的确立，中非合作论坛的举办，东盟"10+3"论坛的形成，中国—东盟自由贸易区建设，以及"金砖五国会晤机制"的建设等，都是对促进地区乃至世界和平与发展的重大贡献，这是一种"层次分明、相互补充的外交战略格局"。② 我们还努力推动国际层面的制度和规范建设，强调以和平共处五项基本原则为基础建设国际政治经济新秩序，在处理领土等争议问题上以"搁置争议、共同开发"新思路缓解争端，促进国际关系民主化。

在实践中不断开拓外交局面的同时，中国特色社会主义的外交理论也在逐步形成。"相较于改革开放前，中国外交理论改变了自身身份认同，强调全方位地参与和融入国际体系。相较于西方，中国外交理论强调利益与道德的平衡，走独立自主的和平外交道路。"并形成了"与时俱进的国际合作观"、"利义均衡的国家利益观"、"积极主动的国际体系观"、"全局视野的内外统筹观"、"以人为本的外交价值观"等中国特色外交理论的五大创新。③ 如今，中国外交理论的研究已经跨越了20世纪80年代以翻译和介绍西方著作为主的时代，中国特色外交理论在研究的内容、方法、范式等方面均有了较大突破，这既是从事国际政治与国际关系研究的学者共同努力的结果，更是我国不断向前推进外交实践的升华。

---

① 樊纲：《改革与开放的"一致性"——过渡经济学的一个一般理论问题及其特例》，载《经济研究》1998年第11期。
②③ 杨洁勉：《改革开放30年的中国外交和理论创新》，载《国际问题研究》2008年第6期。

2. 中国与世界关系的深刻变化

在对外交往理念的调整和深化过程中,在积极的对外政策主导下,中国的外交战略日趋成熟与理性,中国与世界的关系发生了历史性的变化。一方面,我们逐步以"合作、参与、务实"的姿态融入世界,为国家和社会发展开拓日益宽广的空间;另一方面,中国外交对国际事务的影响力在不断增强,已经逐步树立起了开放、自信、负责任的对外形象。

(1) 与大国的关系。

国际社会中的"大国"既是在政治、经济、军事等领域具有强大实力占据显著地位的国家,也是国际关系的主动参与者和国际规则的主导方,通常还能对其他国家的各种需求和行动产生重大影响,因此,处理好与大国之间的关系是中国融入国际社会的必要环节。改革开放以来,我们本着"发展是硬道理"、"和平共处"、"和谐共存"等战略理念在大国的夹缝中求生存,既发展自身也发展与其他国家之间的关系,逐步理顺与世界主要大国之间的关系定位,并在此基础上寻求战略平衡已经成为我国对外关系的选择和发展趋势。

在中国与当今世界大国或大国集团的交往中,双边之间的关系状态既具有历史继承性,也随着现实形势的变化而变化,通常来说,国家利益和价值原则在影响双边关系中处于中心地位,基于各国对自身国家利益和价值追求的定位,国家之间的关系或松散或紧密,或竞争或合作,按照国家利益的等级性与时效性、国家价值原则的次序性,中国与大国的关系也存在一个从核心到外围的相对圈层,而关系的亲疏之间也有特定的排序。清华大学国际关系学系对外关系预测组把中国与大国的关系分为友好、良好与普通三个等第,并在每个等第中依次进行高、中、低级的排序,同时还认为,中国自身的身份定位(是发展中国家还是发达国家,是崛起大国还是普通大国)将直接关系到与大国之间关系的协调[①]。

新中国成立之初的冷战时期,我们在对外交往中曾采取"一边倒"的策略,但事实证明这种处理方式很容易使自身受制于他国,而以拒绝外来援助的方式"另起炉灶"也一度造成某种程度的自我封闭与自我孤立,国家之间的相互对立、对抗、排斥所带来的是国家各方面发展受阻的深刻教训。因此,与大国交往,可能中国与这些国家在社会制度、文化传统、价值观念等方面存在较大差

---

① 清华大学国际关系学系对外关系预测组:《中国与大国关系预测》,载《现代国际关系》2010年第1期。

异，处理国际事务的方法也会各不相同，甚至各自的国家利益追求中也可能存在交叉与冲突，但对立和对抗往往两败俱伤，唯有加强磋商与交流，增强互利与合作，最大限度地降低冲突，才能搁置分歧、共同生存，这也是历史给予我们的经验和教训。

与大国交往，避免对抗、相互合作是当前国际形势发展的基本走向，但与此同时，还需遵守一些必要的规范，比如，双方之间当以最大努力维护和平，实力强大的双方之间如发生关系破裂或诉诸武力威胁，后果将不堪设想；又如，双方之间当能从他国的角度观察国家利益与国际舞台，尽可能达成相互谅解；再如，双方之间须既坚持原则又能在非重大问题上愿意妥协，使得国家之间关系的发展呈现出某种包容性；等等。因此，中国所要做的就是，顺应和平发展的时代潮流，利用与世界各大国之间的合作与交流，抓住机遇发展自己，在复杂的国际关系中努力维护国家利益、积极寻求战略平衡。

(2) 与发展中国家的关系。

中国经济总量虽然不断增长并跃居世界第二，但无论从人均国内生产总值、资源保有量、东西部地区发展的差距、民众可支配的收入、产业结构的状态、创新能力、保障体系以及国家在资源配置、改善民生、社会管理与发展等方面的能力来看，我们仍然是发展中国家，这既是我们对自身的明确定位，也是一个客观的评估。自1974年毛泽东提出划分三个世界的理论至今，中国始终坚定地站在第三世界阵营中，作为世界上最大的发展中国家，中国与广大发展中国家所建立的传统友谊，是我们外交战略的重要资产之一，这一定位，不仅对于维护中国国家安全、提升我们在国际政治经济领域的地位具有重要意义，而且也有利于发展中国家的不断发展，因此，加强和巩固与发展中国家之间的友好合作是我国对外关系的重要基石。

发展中国家大多具有相近的历史遭遇和经济社会发展水平，并处于相似的国际环境之下，由此也使得各国之间存在一致的心声、具有共同的使命、面临共同的挑战。作为当代国际体系中的重要组成部分，发展中国家还是国际关系民主化的共同诉求主体。在自由主义的政治、经济制度纵横天下的当代世界，发展中国家在人权、主权、发展权、国际事务的发言权等多方面面临着来自发达国家的压力。中国与广大发展中国家在诸多领域都存在一致性，因此双方之间的积极合作，既符合各自的国家利益又符合第三世界的整体利益，同时，发展中国家还是我国在国际舞台上可信赖、可依赖的重要政治资源，是我国在处理诸多国际事务、维护多项利益和权利中的重要依托，与发展中国家开展广泛而深入的合作，将有助于提升中国的国际地位和国际影响力。

随着中国经济进入快速发展轨道且经济总量不断增大，中国与发展中国家之间在经济发展上的距离有可能出现分化，而且，与冷战时期相比，我们的外交战略重点也有所调整和变化，但是中国注重开展与大国之间的交往并不意味着我们对发展中国家实施边缘化战略，事实上，从冷战结束至今，中国所面临的重大挑战几乎都来自发达国家，中国也从未以自身的强大而对发展中国家发起挑战。中国始终以尊重发展中国家的需要和发展为前提，努力与发展中国家开展资金、技术、项目、设施等领域的合作，尤其是中国与非洲、拉美各国的广泛合作，既在一定程度上缓冲了西方发达国家对中国的施压，又为发展中国家带来新的发展机遇，这种趋势在一定意义上可以说是以发展与共赢为基础的国际经济新秩序的建设。

当然，中国与一些发展中国家在特定领域存在矛盾也在所难免，尤其是领土与主权领域的问题都涉及彼此的核心利益，在这一问题上，各国都须认识到发展与发展所需的良好外部环境对于发展中国家而言的重要性，因此，加强沟通与交流、不扩大争议与分歧、积极寻找能够产生相互认同的因素，才是各国共同的利益所在，也是我们促进各国关系可持续发展的必然选择。

（3）与其他行为体的关系。

改革开放以来，中国与国际社会各种类型行为体尤其是国际组织的关系产生了较大变化，变化首先发生在认知层面，如果说毛泽东时期中国在恢复联合国的席位、逐步与西方国家改善关系、有限参与西方主导下的国际体制等方面的初步转型主要是为了使国际社会承认中国的话，那么邓小平时期对处理中国与国际社会其他行为体的关系则表现得更加务实，虽然邓小平在对不公平、不公正的现有国际政治经济秩序和国际体制的认识上与毛泽东基本一致，但是，他同时还提倡在处理国际事务时既要学会斗争又要学会合作，① 要做到斗而不破、合而不同，自此，中国开始本着实事求是和国家利益至上的原则，以更加稳健务实的立场处理与其他国际行为体的关系，邓小平还提出："我们在国际事务中起的作用大小，要看我们自己经济建设成就的大小。如果我们国家发展了，更加兴旺发达了，我们在国际事务中起的作用就会大。"②

进入新世纪，我党领导集体在深化改革开放、逐步增强综合国力的基础上，更加积极地参与国际事务，以经济全球化和政治多极化为背景，开始发出建立公正合理国际新秩序的呼吁，在对外交往中更加强调各国利益的相互尊重与平等协

---

① 《邓小平文选》第3卷，人民出版社1993年版，第281~283页。
② 《邓小平文选》第2卷，人民出版社1994年版，第240页。

商，更加明确中国在新的历史时期的利益诉求和责任表达，注重在多种场合争取中国更大的发言权，主动发起和加入一些地区性的国际组织，积极建设和倡导各个级别领导人的多边会晤机制，以世界各国的和谐共处作为追求的境界。当然，这是一个渐进且充满复杂性的过程，需要我们既能趋利避害又能巧妙应对，既要伸张正义又要维护稳定，同时更要保持中国自身不断地向前发展。

20世纪80年代以来，中国开始积极地加入国际组织和国际公约，参与其事务的深度、广度大大增强，在保持与世界大国密切接触的同时，我们尝试与世界各类政治组织保持沟通，在贸易、金融等领域不断拓展与各类国际机构的往来，坚持文化多元和交流，同时在武器技术、军备控制、裁军等方面与许多国家和组织保持密切的信息沟通。时至今日，我们已经从加入联合国下属的各类组织发展到与各类政府和非政府组织、全球性和区域性的国际组织保持经常性的往来，在世界银行、国际货币基金组织、关贸总协定及世界贸易组织、国际奥委会等各类组织中都有中国越来越积极和活跃的身影，中国与其他国际行为体之间的对话、沟通、协调、合作等灵活多样的关系已经逐步建立起来，我们也由此而成为国际体系中日益重要的成员。

二、维护世界和平，促进共同发展

1. 准确判断世界大势

（1）变革中的国际格局。

冷战结束后，国际格局出现许多新变化，多种力量重新分化组合，单极与多极并存，经济全球化迅速发展，利弊互见，不合理的国际政治经济秩序仍在起作用，国际经济的相互依存日益加深，国家之间的竞争也更加激烈，世界范围的技术创新和制度创新要求强烈，气候变化、环境污染、疾病蔓延等全球性问题呼唤国际合作，而恐怖主义又加深了安全威胁。这是第三代领导集体对国际局势的基本判断，认为我们所处的外部环境无论是大国关系还是周边关系都呈现出总体缓和的势头。"当今世界是一个开放的世界，谁也不可能孤立于世界之外去发展自己的经济。""不同社会制度和发展模式长期共存、取长补短，在竞争比较中共同发展,这是人类文明进步的表现。"① 并以参与亚太经济合作组织、推动上海合作组织成立等方式加强区域合作,还在核裁军、防扩散等方面发挥了建设性作用。新世纪以来,一方面,发展中国家的总体力量不断上升,并出现了一些新兴的发展中大国;世界经济总体向好,虽然出现国际性金融危机并危及实体经济领域,但主要国家和地区具有一定危机承受力;国际合作进一步加强,各种类型的对话与合作机制逐步形成。另一方面,世界范围各种问题和挑战也层出不穷,各种原因的地区冲突依然严重,环境危机出路越发困难,金融危机还催生膨胀了各国贸易保护倾向,经济政治领域的不公平、不公正现象依然存在。从中国国内发展看,经济总量持续增加,体制和制度各项改革有效推进,国民素质得到提高,中国已成为国际社会日益重要的组成力量,世界对中国的认识和中国对世界的认识都发生了重大变化。我们深刻认识到,以继承和发展马克思主义思想理论为基础的中国现代化建设进程必须在坚持改革开放中提高与世界各国的交往能力、增强不断融入国际社会的能力。"当代中国同世界的关系发生了历史性的变化,中国的前途命运日益紧密地同世界的前途命运联系在一起。"② 从根本上说,对时代主题的准确判断、坚定实施对外开放的基本国策、对国际战略的积极调整都是马克思主义时代化在外交路线上的重要表现。中国要发展自身需要顺应时代潮流,不能自我封闭,也不能置身于世界之外,坚持走和平发展道路、坚持互利共赢的对外开放战略、积极推动和谐世界的建设三大方针是新世纪中国外交有所作为的重要依托。推动和谐世界的建设更是中国在新的历史起点上的重要战略目标。这一转变说明我们对世界的认识更为现实,而对中国的定位也更为清晰。2005 年以来,中国国家领导人在不同场合表达了构建和谐世界的思想,正式提出"各国人民携手努力,推动建设持久和平、共同繁荣的和谐世界"的主张。由此,超越意识形态的差异,发展与世界各国及政党的关系;努力寻找并扩大在国家交往中的共同利益和利益交汇点;既坚持原则又讲求策略,增强对外交往中的回旋空间;不主动挑战现行国际秩序和规则,在对外交往中积极融入中国元素,在传播我们的传统文化精华中实现与当代国际关系理念的契合等开始成为中国外交战略的重要组成部分。

(2) 时代主题理解的不断深化。

改革开放以来,在和平与发展的时代主题判断与大趋势下,中国紧紧围绕国

---

① 《江泽民文选》第 2 卷,人民出版社 2006 年版,第 201 页;《江泽民文选》第 3 卷,人民出版社 2006 年版,第 526 页。
② 胡锦涛:《高举中国特色社会主义伟大旗帜 为夺取全面建设小康社会新胜利而奋斗》,人民出版社 2007 年版。

内经济建设这一中心开展和发展对外交往，使对外政策和对外关系服务与服从于这一中心，努力为国内经济建设创造和平与稳定的外部环境。中国深刻且务实地认识到，国家交往中的相互合作可以避免走向对抗与战争，相互合作还能创造共同发展的机会，中国与世界是紧密联系的，闭关自守不可能获得发展，因此，党和国家的方针政策中都越来越强调与世界各国、各地区合作的重要性。邓小平对国际合作的认识具有全局性和全面性，他对于社会主义与资本主义关系的阐述，对于社会主义如何有效地学习、借鉴资本主义的成果，对于市场和计划都是调节经济的手段等问题的认识，为中国走向国际合作奠定了重要的理论基础。他不仅提出了"中国是一支和平的力量……要发展自己，只有在和平的环境里才有可能。要争取和平的环境，就必须同世界上一切的和平力量合作"①的观点；同时还指出："中国是一个大的市场，许多国家都想同我们搞点合作，做点买卖，我们要很好利用。这是一个战略问题。"② 这些认识都是中国对时代主题理解的不断深化，说明我们已经对国际合作有了战略性的认识，而并非仅仅把合作作为一种策略或途径。

中国的国际合作从合作的对象来看，既包括发展中国家，也包括发达国家。邓小平将中国定位于发展中国家，提出："中国现在属于第三世界，将来发展富强起来，仍然属于第三世界。中国和所有第三世界国家的命运是共同的。中国永远不会称霸，永远不会欺负别人，永远站在第三世界一边。"③ 他还认为发展中国家之间的团结与合作是改变一切不合理、不公正的政治经济旧秩序的重要前提。与此同时，我们还积极开拓与发达国家之间的合作，提倡利用各自的优势展开合作，我们与发达国家之间在一方的资金、技术、工业品与另一方的市场、劳动力、原材料之间所具有的互补性是合作的重要基础。可以说，不论是与发达国家还是与发展中国家的交往，各自的优势和相互的需要促进了彼此的合作。我们还重视与各类国际性和区域性组织的合作，尤其是2008年金融危机之后，我们向包括国际货币基金组织和世界银行在内的多个国际性组织提出了许多颇具建设性的建议，推动国际经济制度向更加公正合理的方向发展。

从合作的领域来看，既有传统的经贸合作，也有技术合作、安全合作、环保合作、资源合作、劳务合作等。合作的要义是国家利益，因此，并非所有的合作都能一帆风顺，合作的过程通常充满矛盾和困难，不论与发展中国家合作还是与发达国家开展合作，出现分歧在所难免。我们的合作指针是，与发达国家的合作要不断扩大共同利益的交汇点，以各国人民的根本利益为重；与邻国的合作以睦

---

① 《邓小平文选》第3卷，人民出版社1993年版，第82页。
② 同①，第32页。
③ 同①，第56页。

邻、友好、务实为根本,共同营造和平、稳定、互信、共赢的地区环境;与发展中国家的合作以友谊和互信为基础,拓宽合作领域,发展错位优势;与国际组织的合作以积极参与为先导,承担相应义务,不断发挥建设性作用。

改革开放以来,我们对国际合作的认识在不断深化,以融入国际社会为契机、以利益平衡为前提,努力寻求同世界各国建立不同类型的合作伙伴关系已成为对外政策的重要立足点。中共十五大以来,党和国家一直把合作视为世界发展的主流[①],政治上相互尊重、彼此信任,经济上优势互补、共同发展,文化上相互借鉴、多元并存,安全上加强对话、共同维护;环保上相互支持、加强磋商,已成为我们开展对外交往的总体方针。合作,意味着在对话和协商中协调彼此的立场,意味着非零和的互利共赢,是世界各国相互依存条件下的最优选择,符合世界各国的共同利益和发展需要,加强与世界各国、各地区之间的合作,也是促进世界和谐、稳定与发展的重要保障。

当然,我们在不断加强国际合作的同时,也注重坚守自身的合作底线,那就是国家利益至上以及始终维护国家的独立和主权的完整。邓小平曾经十分明确地指出:"独立自主,自力更生,无论过去、现在和将来,都是我们的立足点。中国人民珍惜同其他国家和人民的友谊和合作,更加珍惜自己经过长期奋斗而得来的独立自主权利。任何外国不要指望中国做他们的附庸,不要指望中国会吞下损害我们利益的苦果。"[②] 因此,我们还需要加强对合作的内容、结构、形式等要素的多重考核,努力在国际合作中站稳立场、把握主动权,把自身的国家利益与国际社会的整体利益有机地结合起来;同时,把握主动权也并不意味着我们要推翻现行的国际体系而争取领导权,中国当前的实力和我们所坚持的"和平发展"理念都表明我们努力的目标在于融入现有体系、改革自身并与国际接轨,而并非支配世界。

对于世界发展趋势的准确理解和判断,充分体现了中国对时代发展与变化的关注,把争取世界范围的和平与发展作为对局势的总体判断,把民族独立视为国家富强的政治基础,并把独立和强大视为开展世界性交往的物质前提,在逐步明确中国国家利益的战略定位和层次划分的基础上,把马克思关于国家间关系的认识从"工人阶级没有自己祖国"的国际主义发展成为坚持国家利益的爱国主义与坚持"工人阶级相互联合"的国际主义相结合的新形态。马克思主义经典理论对于国家间关系的关注方式一直都是以世界主义的视角展开宏观的叙事,马克

---

① 中共十五大报告的提法是"要和平、求合作、促发展已经成为时代的主流";中共十六大报告提出把合作安全作为国际合作总方针的理念;中共十七大报告进一步明确,"求和平、谋发展、促合作已经成为不可阻挡的时代潮流"。

② 《邓小平文选》第 3 卷,人民出版社 1993 年版,第 3 页。

思、恩格斯把民族之间的相互交往与发展之间的关系，看成是人类社会历史发展的基本动力，[①] 而改革开放以来我们对于民族命运的严正思考和对国家利益的深入关切则在宏观与微观视野的结合中彰显了我们对马克思主义中国化和时代化的全新注解。

2. 在积极参与全球化中趋利避害

20世纪90年代中期，中国开始快速地融入经济全球化的进程之中，我们既从全球化中受益，也遭遇了全球化带来的各种影响。如何积极参与全球化，并在这个过程中分享发展机遇、应对各种挑战，因此而成为中国外交中的新课题。

（1）直面全球化及全球性问题。

全球化对中国外交在认识经济与社会发展、国家利益、独立自主、竞争与合作、国家安全等领域带来诸多观念层面的变化，从一定意义上也可以说，全球化促使中国外交站在全新的理念基础上不断开拓创新。

全球化最显著的表现就是在生产、贸易、金融等领域的新动向和跨国公司的新作用：在生产领域，资金、技术、管理等各项要素出现跨国流动，国际水平分工取代国际垂直分工成为国际分工的主要形式，各国生产活动都是全球生产体系中的一个有机组成部分；在贸易领域，不仅参与国际贸易的国家急剧增加，而且贸易的领域也由实物贸易向服务贸易拓展，贸易在经济发展中的比重不断增长；在金融领域，资本的流动能迅速突破时间、地域的限制，出现了多种金融产品，在开放金融市场条件下全球金融连成一片；跨国公司不仅数量迅速增加，对外投资额也不断上升，在跨国公司推动下，生产和资本的国际化程度日益加深。打开国门观察这些现象，"以经济建设为中心"的观念和路线日益深入人心。

我们在全球化进程中进一步认清了苏联时代所谓"社会主义大家庭论"、"社会主义国家有限主权理论"、"社会主义国家没有单独的国家利益，只有全人类的解放才是共同利益"等观念的局限性，明确提出"考虑国与国之间的关系主要应该从国家自身的战略利益出发"，"以自身的国家利益为最高标准来谈问题和处理问题"[②] 的指导思想，在此基础上逐步形成包含不同的形态、时效与等级等要素的国家利益观，把中国的国家利益划分为安全利益、经济利益、政治利益、文化利益等物质形态，区分出永久利益、长期利益、中期利益、短期利益等

[①]《马克思恩格斯选集》第1卷，人民出版社1995年版，第25页。
[②]《邓小平文选》第3卷，人民出版社1993年版，第330页。

时效性，以及作出生存利益、关键利益、重要利益、次要利益、边际利益等层级安排。我们不仅重视国家利益的物质层面，也同样重视精神层面、价值层面利益的追求，不仅重视自身国家利益的实现，还"坚持把中国人民的利益同各国人民的共同利益结合起来，秉持公道，伸张正义"。①

全球化促使中国在坚持推行独立自主外交政策的同时不断确立全新的竞争与合作观念，全球化既是生产力发展的客观趋势所致，也有西方资本主义国家的主观推动，无论是世界市场的形成、资本的跨国流动、资源的全球配置、具有时代特点的制度扩展，还是文化共同发展与相互影响，全球化都明显带有西方色彩，从体制角度看，全球化更表现为资本的全球扩张，同时也是资本主义矛盾的全球扩张，包括中国在内广大发展中国家还需要承受全球化带来的诸多不利影响，既要有效化解与发达国家之间的矛盾，又要保证自身不成为发达国家的附庸。我们需要以独立自主的外交政策趋利避害，同时积极融入全球化进程。独立自主的和平外交政策要求我们在处理国际事务过程中，从国家和人民的根本利益出发，按照事情本身的是非曲直来确定自己的立场、制定自己的政策，在关系到国家主权、国家利益、世界和平等根本问题上绝不妥协和退让。

独立自主并不意味着拒绝全球化的影响。全球化加剧了各种竞争，资源的竞争、利益的竞争、制度的竞争、文化的竞争，对于发展中国家来说，在国内各项机制并不完备的条件下迅速进入全球化也存在许多风险，我们会在技术、信息、机会等多方面遭遇各种不平等，也可能无法从发达国家老练的竞争保护机制之下获取应有的收益。因此，伴随着全球化的这些问题迫使我们要尽快形成新的竞争与合作观念，建立起有效的利益协调机制。全球化时代各国经济的相互依存性增强，这使得国家之间的竞争与合作相互渗透，往往是在竞争中合作、在合作中竞争。开展合作是最合理的选择，合作既可以互通有无，使资源得到合理配置，还可以带来规模效应，使各方所得都有所扩大，进而促成建设平等互利的新型国际关系。

发达国家是全球化的始作俑者，它们更多更早地享受到全球化的红利，发展中国家不管主动还是被动卷入其中，不得不在发达国家夹缝中求生存，还要一起承受由全球化带来的风险。大多数发展中国家带着廉价劳动力、资源和广阔市场进入全球化，却承担着资本主义基本矛盾异地扩散的后果。在全球化背景下，金融和经济危机出现世界性蔓延，还引发了全球政治现象与全球文化现象，不同制度、不同价值观念的国家如何竞争共处就是一个突出问题。从这个意义上说，全

---

① 胡锦涛：《高举中国特色社会主义伟大旗帜　为夺取全面建设小康社会新胜利而奋斗》，人民出版社 2007 年版。

球化是一场没有硝烟的战争，要求我们确立起全新的安全观念和危机观念。中国新安全观以"互信、互利、平等、协作"① 为核心，强调以非军事手段应对全球性威胁与综合安全问题，通过平等合作而非实力对抗来解决安全问题，这一新观念促使我们在国际和国内层面都开始更加综合系统地面对安全问题。

（2）分享全球化带来的发展机遇。

随着中国不断融入全球化，不仅许多新的观念得以确立，而且还深刻地影响了当前对外战略的形成与外交实践的开拓。"如果说，改革的目标是建立当代世界主流地位的体制——市场经济体制，那么开放的目标就是使中国向全球化迈进。向全球化迈进，一要建立开放型经济，二要广泛吸收人类创造的各方面优秀成果，在诸多方面要和国际接轨，三要放眼世界，胸怀全球，树立全球观念。"② 全球化促使中国对外战略发生转型，全球化也给中国外交带来了新的发展机遇。

全球化使中国认识到自身国际定位的迫切性，这是我们制定对外政策的重要基石。首先，中国是当代国际体系中的重要成员，但现行国际规则和制度都是在发达国家主导下建立的，存在诸多不尽如人意之处，中国目前只能融入现行国际体系，提出建设性设想，而不是推翻既定规则和制度，因为任何规则和制度的形成都是长期力量较量的结果，并非一朝一夕可改变。其次，从中国国际地位看，经济总量扩张使我国综合国力不断增长，但人口众多又使我国各项人均指标排位靠后，与发达国家水平相距甚远，按照人均标准，我国仍然是名副其实的发展中国家，我们需要清醒地认识自己所处的发展阶段，既不落入发达国家的圈套，又坚定地站稳作为发展中国家的立场。再者，我们还须客观看待自身优势、劣势，不论制度、文化、资源、人力，我们都有特点与优势，但也存在一些突出问题，既不要只看到优势而无端幻想，也不要过分强调不足而妄自菲薄。在一定的条件下，优势和劣势也会发生转化，拥有大量廉价劳动力曾经是我们的优势，但是，"工业、高新技术和信息产业的进步不可避免地挤压着传统劳动力市场，使廉价劳动力的优势萎缩和边缘化"③。我们因此就不能让未来经济发展战略仅仅依托于出口导向。

以发展中国家身份融入国际体系之中，是我们相当长一段时间的对外战略定位，这一定位也决定了策略选择，需要我们在内敛与外向之间、在韬光养晦与有

---

① 这一新安全观最早见于 2002 年 7 月，中国代表团向东盟地区论坛外长会议提交的《中国关于新安全观的立场》文件，文件还对安全威胁、安全内容、安全手段等问题作了全面探讨。2004 年 3 月，温家宝在十届全国人大二次会议政府工作报告中对此进行了系统概括。
② 杨继绳：《邓小平时代——中国改革开放二十年纪实》（上卷），中央编译出版社 1998 年版，第 265 页。
③ 林春：《什么是中国的比较优势？》，载《读书》2003 年第 3 期。

所作为之间寻求新的平衡。集中力量办好自己的事情,不过多地卷入外界是非,争取相对平和的外部环境,为自身发展赢得时间、空间,增强自身的实力。但随着全球化进程的深入和综合国力的增强,需要中国以更加积极主动的姿态参与国际事务,回应国际社会不断出现的新问题,发挥中国作为负责任大国的应有作用。事实上,全球化也使得国家内部问题和外部问题之间呈现相辅相成性,内部问题具有外部性表现,而外部问题也有内部性因素,这种内外兼顾的战略取向也是客观形势发展的必然选择。因此,"韬光养晦"作为我们身处于不利国际环境下的一种生存与发展策略,以谦虚谨慎姿态争取平和的发展条件,而当形势发生变化,这种颇为含蓄的生存方式就需要由更为主动的"有所作为"来替代,使之与中国的国际地位相适应。近年来,我们处理一系列国际问题,无论是加入、建设区域性国际组织或论坛(如加入世界贸易组织,建设上海合作组织、亚太经合组织、博鳌论坛等),还是处理地区与全球性的问题(如朝核问题六方会谈、国际气候大会、核裁军会谈等),我们的外交姿态都明显向着积极方向作出调整。这些现象,既是全球化给当代中国外交发展带来的新机遇,也是我们在全球化大潮中作出的战略反应与调整。

全球化给中国经济社会发展带来新的机遇,也给中国对外关系拓展和对外战略成熟带来新的机遇。我们要"始终站在国际大局与国内大局相互联系的高度审视中国和世界的发展问题,思考和制定中国的发展战略"①。这是中国领导人发出的与时俱进、与世俱进的强烈信号。积极融入全球化进程,表明中国已经能够明确认清世界发展方向与发展趋势;通过合理利用来自外部世界的资金、技术、经验,有效推动了中国工业化和现代化;在广泛参与国际事务的过程中,中国越来越清醒地认识到世界的整体性与各国之间的依存性,唯有坚持对外开放才能求得更好发展,也唯有在国际事务中积极发挥建设性作用才能更好地维护国家安全。"全球化的动态性、过程性,影响着各国在全球化过程中的状态,制约着各国对全球化的态度与选择。"② 正确认识和努力参与全球化的过程,无论是经验还是教训,都使中国在国际生活中越来越成熟,也使中国越来越受到国际社会的尊重。

(3) **应对全球化风险和各种挑战**。

全球化在促成世界性生产效率提高和贫困人口数量减少的同时,也带来一些负面效应,尤其是各国在参与全球化过程中的不平等机会和不平衡发展,资本主

---

① 胡锦涛:《继续把改革开放伟大事业推向前进》,载《求是》2008 年第 1 期。
② 蔡拓:《全球化观念与中国对外战略的转型——改革开放 30 年的外交哲学审视》,载《世界经济与政治》2008 年第 11 期。

导世界进程的一些矛盾和问题，也会在全球化过程中扩散开去，给人类造成威胁和挑战，这也从另一方面对各国提出了必须积极应对的要求。

这些基本矛盾主要表现为：一是全球化所带来的一体化发展与不同条件的制度、社会结构之间的矛盾，各项制度和社会机构完善的国家更容易从全球化过程中得利，而制度和社会结构不完善的国家则要承受更多的风险与伤害；二是全球化所体现的强资本弱劳动之间的矛盾，资本的稀缺性使资本所有者轻易地掌控了生产方式支配权，资本是全球化的推动力量，而劳动则处于弱势地位，这个矛盾既存在于发达国家内部，也存在于发达国家与发展中国家之间，它促使资本主义的基本矛盾有所加剧，也促使发展中国家与发达国家之间的分化与对立有所加深，反全球化运动出现的根源就是资本与劳动之间的矛盾以及由此带来的严重不平等；三是世界各国追求经济发展的一致性与政治、文化等领域多元化表现之间的矛盾，所有国家都希望全球化能带来经济效益，但国家之间在政治与社会制度、文化传统、生活方式等方面又存在许多差异，随之还会出现全球化与本土化的矛盾，以及发达国家以其强势制度和文化干扰、影响发展中国家发展的矛盾。

全球化还使全球性问题膨胀，并成为世界各国共同面临的威胁与挑战。这些问题主要表现为：发展不平衡与贫富分化问题，国家内部存在贫富分化，国家之间的发展也很不平衡，少部分人掌握了大多数财富，贫富之间差距的悬殊也是社会不安定的主要根源；全球化助推了经济和金融危机迅速扩散，墨西哥金融危机、东南亚金融危机、俄罗斯金融危机、美国次贷危机引发的金融危机都带来了全球性的经济衰退；日益严重的环境问题，水、土壤、空气在工业化和全球化进程中不断受到污染，全球气候变暖，恶劣天气现象增多，各种自然灾害频繁发生，多种疾病蔓延……全球环境和生态系统的恶化趋势，并不能改变资本的逐利本性，工业化在全球化带动下如火如荼；跨国犯罪呈现增多趋势，包括各种手段翻新的洗钱行为，通过互联网进行的计算机犯罪，贩运非法移民等人口犯罪，人体器官非法买卖，贩卖和交易毒品，盗窃并交易文物或艺术品，以及各种跨国刑事、经济犯罪等；恐怖主义及其活动愈演愈烈，虽说恐怖主义是各种社会矛盾尖锐化的产物，但它造成的危害震惊世界，然而全球化却在某种意义上为恐怖活动提供了资金流动、技术、装备、人员培训等方面的便利；主权与干涉问题，跨国公司对一国经济主权的威胁在增大，存在以资本意志干涉内政的现象，还影响到国家主权的完整性……全球化引发的全球性问题往往具有综合性的特点，需要我们寻找解决问题的综合途径。

中国积极融入全球化，也对全球化带来的各种影响保持清醒认识，并积极制定应对战略和策略，为自身赢得更好的发展契机。1998年，江泽民指出："经济全球化趋势是当今世界经济和科技发展的产物，给世界各国带来发展的机遇，同时也带来了严峻的挑战和风险，向各国特别是发展中国家提出了如何维护自己经济安全的新课题。""经济全球化趋势要求各国积极参与国际经济合作，但各国在扩大开放时应根据本国的具体条件，循序渐进，注重提高防范和抵御风险的能力。"① 2006 年中央外事工作会议提出"坚持统筹国内国际两个大局"、"坚持走和平发展道路"、"坚持互利共赢的开放战略"、"坚持推动建设和谐世界"四大对外战略，还明确要求"坚定不移地实施对外开放的基本国策和互利共赢的开放战略，在更大范围、更广领域、更高层次上参与国际经济技术合作和竞争，充分利用国际国内两个市场、两种资源，充分运用经济全球化和区域合作提供的各种有利条件，促进国家现代化建设"。② 这表明我们在承认全球化客观趋势的同时也认识到自身地位及所受的影响，提出了在坚持和扩大开放过程中如何增强自身承受能力、实现趋利避害的问题。

面对全球化过程中的各种矛盾和严峻的全球性问题，中国的姿态是积极的，我们注重对话与合作并同各国一起携手共同治理全球问题的态度也是明朗的。我们既指出全球化过程中的不平衡性，也提出顺应全球化趋势的重要性，并努力推动世界各国互利共赢和共同发展，明确"要坚持'引进来'和'走出去'相结合，坚持重信守诺、遵循法制、互利共赢，注重加强互利合作和共同开发"③；指出在政治、经济、文化、安全、环保等领域共同分享发展机遇、共同应对各种挑战的具体途径。"在政治上相互尊重、平等协商，共同推进国际关系民主化；经济上相互合作、优势互补，共同推动经济全球化朝着均衡、普惠、共赢方向发展；文化上相互借鉴、求同存异，尊重世界多样性，共同促进人类文明繁荣进步；安全上相互信任、加强合作，坚持用和平方式而不是战争手段解决国际争端，共同维护世界和平稳定；环保上相互帮助、协力推进，共同呵护人类赖以生存的地球家园。"④ 这表明，我们已经做好了思想观念和战略决策的准备，在国际竞争与合作、对安全问题的认识等方面形成了新的认识，并致力于确立中国在世界上的新形象。

我们还十分关注抵御来自全球化的负面冲击，反对全球化过程中出现的一切不公平、不公正现象，努力维护主权的完整性以及确保国家利益和国家安全的实现。全球化带来了各种社会思潮的侵袭，也使国内民众思想和价值观受到冲击，意识形态也面临新的挑战，包括对外交往中如何既坚持自身政治制度和意识形态又超越意识形态的对抗等问题，我们提出"国与国之间应超越社会制度和意识

---

① 江泽民在亚太经合组织第六次领导人非正式会议上的讲话，《光明日报》1998 年 11 月 19 日。
②③《中央外事工作会议在京召开，研究新形势下外事工作》，《人民日报》2006 年 8 月 24 日。
④ 胡锦涛：《高举中国特色社会主义伟大旗帜　为夺取全面建设小康社会新胜利而奋斗》，人民出版社 2007 年版。

形态的差异，相互尊重，友好相处"；"要寻求共同利益的汇合点，扩大互利合作，共同对付人类生存和发展所面临的挑战。对彼此之间的分歧，要坚持对话，不搞对抗，从双方长远利益以及世界和平与发展的大局出发，妥善加以解决，反对动辄进行制裁或以制裁相威胁"①。我们始终反对西方国家在全球化背景下推行霸权主义与强权政治，"坚持国家不分大小、强弱、贫富一律平等，尊重各国人民自主选择发展道路的权利，不干涉别国内部事务，不把自己的意志强加于人"②，还承诺"继续积极参与多边事务，承担相应国际义务，发挥建设性作用，推动国际秩序朝着更加公正合理的方向发展"。这些思想的提出，充分展示了中国应对全球化挑战，坚持对话与合作、遵守国际制度和规范、合理维护自身利益并协调多边利益、努力发挥自身应有作用的新姿态。

三、勇敢承担与我国地位相称的国际责任

改革开放使中国综合国力大大增强，国际地位显著提高，国际影响力与日俱增。"30年的改革开放，改变了中国，也改变了中国与世界的关系。"③ 中国全面地关注和认识外部世界，并以积极姿态融入世界发展潮流，成为国际社会向前发展的重要推动者，我们也希望外部世界在关注中国的同时更全面地认识中国，客观地评判中国，不断增进相互理解，促进共同发展。

1. 我国国际地位的重大改变

随着改革开放和综合国力的增强，中国已经开始以新的姿态屹立于世界各国之中，外部世界对中国的态度发生了巨大转变，尤其是发达国家的心态已经从俯视或鄙视中国转变为提防中国或宣扬"中国威胁"，同时，中国已经全方位参与各种国际活动并日益彰显大国风采，中国已经不再是单纯的国家利益追求者，我们还希望世界各国能尊重我们的价值理念，共同促进"和谐世界"的建设，不

---

① 江泽民：《高举邓小平理论伟大旗帜　把建设有中国特色社会主义事业全面推向二十一世纪》，人民出版社1997年版。
② 胡锦涛：《高举中国特色社会主义伟大旗帜　为夺取全面建设小康社会新胜利而奋斗》，人民出版社2007年版。
③ 徐坚：《中华民族复兴的国际认同问题——对中国改革开放30年外交的回顾与思考》，载《国际问题研究》2008年第6期。

断开拓国际关系的新局面。

(1) **国家实力的增强**。

改革开放以来，中国经济迅猛增长，从经济的总量及其占世界的比重来看，2010年我国的国内生产总值已达到39.7983万亿元，占世界总量的6.4%，位居世界第二；从人均国内生产总值来看，1978年为381元，2010年已提高到29 762元，超过世界银行人均GDP 4 000美元的标准，进入"上中等收入国家行列"；从经济增长的速度来看，从1952~2008年，中国GDP年均增长8.1%，其中1979~2008年GDP年均增长9.8%，快于同期世界经济增速6.8个百分点，中国由此而被视为全世界"经济快车"，并成为带动世界经济发展的强大引擎；从对世界经济的贡献率来看，1978年为2.3%，2007年为19.2%，超过世界所有国家；从国家财政收入来看，1950年为62亿元，1978年为1 132亿元，2010年超过8万亿元，财政收入的增加既提高了政府的宏观调控能力，也增强了中国经济抗风险的能力[①]。

经济增长的同时是我国综合国力的快速提高，包括经济实力、政治影响、外交能力、发展模式、科技力量、军事力量、航空航天、国民素质等的各项硬实力和软实力的提高越来越受到世界各国的重视，实力的增长奠定了中国国际地位提高的现实基础，中国的发展和发展模式得到越来越多发展中国家和发达国家的认可，汉语热的出现和孔子学院的开设就是明证，世界各国和各种行为体都十分注重开展与中国的交往。尤其是2008年金融危机以来，中国已经成为带领世界经济走向复苏的中坚力量，在大国之间关于世界或地区的经济事务协商中起着重要作用；同时，中国在参与联合国各项事务、参与国际经济和金融体系改革、参与促进环境和气候改善以及参与其他全球性问题领域都作出了许多建设性的共享，也由此而受到世界各国和国际组织的认可。

当然，实力地位本身是一个处于变化中的相对概念，从其内在的因素而言，实力构成要素的状况及其分布直接决定了国家实力的品质，经济力量、政治力量、军事力量、文化力量、制度力量、政策力量、民心力量等软、硬实力的分布存在均衡与协调的问题，有些力量之间相互促进，有些力量之间可能相互抵消，因此总体力量一定是一个变量；从其外在的因素而言，中国实力地位的增强是在与世界其他国家相比较而确定的，实力的积累需要漫长的时间，实力的消减也不可能发生于顷刻之间，一些西方国家虽然在当前受到危机的困扰，但也存在走出危机走向发展的潜力乃至优势。可见，我们还需客观正视其他国家的问题和现

---

① 以上数据来自朱剑红：《东方大国经济崛起》，《人民日报》2011年7月1日。

状,既看到自身不断增强的实力和地位,也正确认识自身的不足,不妄自尊大、不盲目低估其他国家的发展。

(2) 国际影响力的提升。

中国国际影响力的提升是全方位的,它存在于经济、政治、文化、军事、环境保护等多个领域之中,具体表现为:其一,中国的经济增长支持了全球经济的增长,在美国经济相对疲软乏力、欧洲多国陷入债务危机、日本经济停滞不前的当下,中国经济的增长是世界经济的信心所在;其二,中国对发展中国家和发达国家在近年来提供的援助和援建大大提升了中国的政治影响力,中国政治体制和各项制度在国家治理中的有效性也是政治影响力的重要源泉;其三,中国军事能力的增强与和平发展的战略目标的兼容赢得了不少国家的尊重;其四,中国在环境保护领域作出的郑重承诺、可持续发展战略的制定以及实施这些战略过程中对科技的依托,表明中国在建设力增强的同时其协调力也在不断提高;其五,中国还将不断"着眼于推动中华文化走向世界,形成与中国国际地位相对称的文化软实力,提高中华文化的国际影响力"①。

中国实力地位增强后所产生的影响力是全局性的:一方面是来自世界各地对中国发展的尊重、认同与赞美,另一方面是一些国家从中国的发展中所感受到的威胁;一方面是与中国开展合作的伙伴国家日益增多、合作的领域日益广泛、合作产生的利益也不断增长,另一方面是中国的竞争对手在思想认识和行动取向上不断发生转变,错位竞争、既竞争又合作的情形越来越多。相互依赖、彼此借重、发展各方,中国与世界各国以及国际组织之间合作与竞争关系的新变化既表明世界更加重视中国、期待中国,也表明中国在国际事务中能发挥的作用越来越大。

国际影响力的提升既是客观实力地位造就的结果,也源于中国积极主动的对外交往。改革开放以来,中国一直致力于与世界各方建立合作与对话机制,不论是与发展中国家的合作还是与发展国家的对话,中国都作出了不懈的努力。通过金砖国家领导人会晤、中非合作论坛、中阿合作论坛等机构加强与发展中国家的互利合作,通过亚欧会议、中日韩领导人会晤机制以及在其他各种场合的大国首脑会晤积极协调与世界大国之间的关系,通过 G20 会议、亚太经合组织领导人非正式会议等协调发达国家与广大发展中国家之间的利益和观念,由此可见中国影响力之广泛。新中国成立以来相当长一段时间,中国的影响力通常仅止于西方势力范围之外,中国也因为与受西方排斥国家的交往而与西方交恶,今天,中国

---

① 胡锦涛在庆祝中国共产党成立 90 周年大会上的讲话,《人民日报》2011 年 7 月 2 日。

不仅与中东、非洲、拉美的国家交往，也十分重视发展与西方各国的友好关系。

(3) *综合研判中国与世界关系的变化。*

在国家的发展势头日益强劲、实力地位不断提升、对外战略不断调整之下，中国开拓了对外关系的新时代，作为国际社会发展中的大国，我们既体验到由发展所带来的荣耀，也客观承担相应的历史责任。今天的中国在国际社会中的重要性日益突显，G20峰会中各国之间协商成效的取得离不开中国积极的合作态度，金砖国家会晤机制的确立离不开中国努力的斡旋，中国对现有国际体制的"抱怨"也促使西方作出回应，包括以中国向国际货币基金组织出资为条件答应中国在其中拥有更大的发言权和更多的代表权，可以说，我们的对外关系开拓已经不仅仅局限于多交几个朋友的局面，更包括努力在现存的国际体系和国际体制中不断提升自己。

但是，对外交往空间的开拓和国际影响力的提升也不意味着中国对世界领导权的获取，虽然，广大发展中国家对中国向现有国际体制挑战充满期望，而发达国家也希望中国凭借稳步上升的经济实力来拯救危机中的西方和整个世界，但中国无意也无力承担过度的国际责任，中国也不宜被动地背负过多的国际责任而使自身付出高昂的代价。国际秩序的形成向来是一个力量的积聚、较量、讨价还价、重新整合的漫长过程，西方发达国家是现有体制的建立者和主导者，他们对现有体制改革的期待并不是主导者的易位，而是不断增强自身应对来自新兴国家冲击和挑战的能力，继续稳固自身的领导地位。因此，中国应时刻保持清醒的头脑，综合认识我国对外关系所取得的进步，沉着冷静、居安思危，不被外部世界所谓的"中国模式"、"中国道路"、"中国时代"等舆论所"棒杀"。

同时，我们还需理性看待对外关系发展中的不足，包括：中国需要谨慎面对外交理念和外交实践之间如何实现良好对接的问题，美好的理念既应当成为戴在实践头上的皇冠，更应当成为指引实践前行的手杖，"和谐世界"的建设理想任重而道远，需要使之与谋求和实现国家利益的行动之间做好有机的结合；中国需要谨慎面对复杂的主权和边界问题，那些一直以来没有得到妥善解决的边界纠纷和主权完整问题，稍不留神就有可能演变为地区范围内的冲突，当前，我们在相关政策的制定、有效行动的采取等方面均存在不足，我们需要智慧、耐心、大量的专业人员和卓越的管理者去审时度势、统筹兼顾和妥善应对；我们还需要谨慎面对各项非传统安全领域的难题，如金融安全、能源安全、粮食安全、信息安全、环境安全、武器扩散、疾病蔓延等，对外交往既具有多重使命又极具复杂性，由此，寻找对外交往中各项利益的平衡点既具有必要性又是一项很艰巨的任务；另外，外交任务的繁重与我们手中交往资源与手段的有限性之间也形成了一种矛盾，不论是公开外交、秘密外交还是公众外交，都需要我们狠下工夫，才能不断促进对外关系的新进步。

2. 如何理解中国的国际责任

从国际政治角度看，在所有国家都向往和追逐权力情形下，国际力量分布决定着国际格局，权力政治向来起着左右国际生活的作用，因此责任往往与实力相关联，实力强大的国家支配着国际社会一系列规则的制定和实施，他们在享有特权的同时也承担着维护、维持国际秩序的责任。国际责任通常又被划分为政治责任、物质责任和道义责任等类型；从国际法角度看，国际责任是国际法主体对其国际不当行为或损害行为所应承担的法律责任，包括侵犯他国主权、从事侵略战争、破坏国际和平与安全以及损害外国人人身和财产等行为所产生的责任，而且通常以限制主权、赔偿、道歉等作为承担法律责任的主要形式。

我们通常所说的国际责任并非国际法意义，而是国际政治生活的问题。在殖民主义扩张和帝国霸权盛行的年代里，承担国际责任通常是个别国家享有特权或张扬霸权的代名词，美西战争之后美国就曾经把自己霸占菲律宾称为一个伟大国家应当承担和履行的责任，美国也曾经以大国责任名义进入越南战场但又在内外交困形势下托词"不能期待美国承担维护世界和平的特殊责任"而离开，勃列日涅夫时期的苏联也曾经把自己强行在东欧施行的大国沙文主义行为上升为"大国特殊责任论"。一些国家正是通过所谓"国际责任"把权力转化成权利，进而影响国际社会发展的进程。

中国国际责任问题的提出与我国综合国力提高和国际地位上升相伴，在积贫积弱的旧中国，从来不曾有国家提出维护中国国际地位的问题；新中国成立后，我们坚守独立自主的外交路线，但在动荡中求发展的局面使我们始终处在国际舞台的外围；改革开放以来，中国经济以惊人速度实现腾飞，市场拥有诱人的吸引力，贸易总额与外汇储备迅速增加，人民生活正从温饱逐步迈向小康，与发达国家在教育、科技等领域的差距也在缩小。"中国崛起"日益成为世界共同关注的话题。中国积极调整自身的对外战略，从适应世界、融入世界到开始注重发挥建设性作用，中国自身的大国意识在增强，中国的大国地位也得到了外界的认同。

2005年9月，时任美国副国务卿罗伯特·佐利克在政策演说时提出中国是美国的"利益攸关方"，迅即引发普遍关注；2006年8月，美中经济与安全评估委员会在国会以"中国是负责任的利益攸关方吗"为题举行听证会，美国国务院负责东亚和太平洋事务的副助理国务卿柯庆生提出了"中国还不是负责任的利益攸关方"的观点；2007年3月，佐利克又在上海演讲中提出"中美关系是全球利益攸关者"、中美两国互为"负责任的利益攸关方"。从表述上看，佐利克与柯庆生存在差异，说明西方世界对中国成长与发展存在不同认识，我们必须理性对待来自外部世界的中国评说。

20世纪90年代以来，中国快速发展引起西方担忧，一些西方学者和政治家认为，由于中国国力上升和其他国家相对衰退将使中国国际社会影响力不断增强，中国有可能利用其影响力改造现有国际制度和秩序，从而对当前的大国造成威胁与挑战；伴随着一系列全球性问题，尤其是金融和经济危机的蔓延，中国日益突出的地位使得西方关于中国责任的话题不断升温。可以说，从"中国威胁论"到"中国责任论"，一定程度上反映了中国崛起过程中西方舆论的导向变化。冷战结束后一段时间，"中国威胁论"在西方尤其美国占据了对华思维和对华战略中的主导地位，先后有罗斯·芒罗的《正在觉醒的巨龙：亚洲真正的"威胁"来自中国》、理查德·伯恩斯坦和芒罗的《即将到来的美中冲突》、亨廷顿的《文明的冲突与世界秩序的重建》等从不同角度提出了中国威胁问题，此后，只要中国周边地区或世界范围内出现任何性质的危机，"中国威胁论"和"中国责任论"就会轮番上演。20世纪90年代后期，美国国务院《国家安全战略报告》和国防部《四年防务评估报告》也都不断提到中国的威胁与责任，这些论调，也使国际社会对中国责任凭添了几分期待。

"中国威胁论"和"中国责任论"既带有警示和担忧，也包含着抱怨和期待，在美国煽动下，国际社会越来越表现出对中国的厚望，特别是2008年金融危机发生后，"中国责任"呼声越发高涨，甚至出现了"G2"和"Chimerica"的说法。2009年3月，世界银行行长佐利克和世界银行首席经济学家林毅夫在《华盛顿邮报》上联名撰文《经济复苏取决于G2》，把中美两国称为全球经济的发动机，认为两国应该成为二十国集团的发展引擎，联手防止全球陷于持续衰退之中，要求作为消费大国的美国未来应增加储蓄和投资，作为储蓄大国的中国未来应增加消费。① 如果"G2"的说法只用来指称中美在当前世界经济领域的地位和作用还具有一定合理性的话，它在实践中却演变成一种政治施压，而施压则出于这样的怀疑逻辑：中国实力正在逐步上升，无法确定中国是否将变得与他国更加合作，还是走向美国和发达国家主导的国际体系反面，同时也担心中国未必履行承诺担负责任。美国和其他发达国家对崛起中的中国在经济、政治、军事、社会等领域多有期待，包括更充分地开放市场，实行自由化、民主化与透明化，究其实质而言，是给中国的发展套上美国标准和模式。

---

① "Recovery Rides On The 'G-2'", By Robert B. Zoellick and Justin Yifu Lin, Friday, March 6, 2009; A15 *The Washington Post*.

作为国际社会一员，中国理应对自己的行为负责，中国也从未试图逃脱自己的责任，但问题是我们应该对谁负责、负什么责、怎么负责，这些是我们必须在战略上首先明确的问题。从身份定位看，中国仍然是发展中大国，我们面临义不容辞的国际责任，也面对复杂而严峻的国内问题。发展中国家既是我们的现状，又是我们的立场，我们以发展中国家的身份融入国际体系，同时深切体会到当前国际秩序中的不合理与不公正，我们提出将"致力于建立更加公正合理的国际秩序"，目标是对内建设和谐社会，对外谋求和谐世界。中国的发展战略首先是对中国人民负责，同时也与国际社会所有成员共同担负起建设整个世界的责任；我们努力承担与我们的实力和能力相符的责任，不被人家牵着鼻子走，糊里糊涂背负不属于自己的责任。

中国一贯以积极姿态融入国际社会，逐步扩大与周边国家和世界大国在经济、安全、反恐等领域的合作，广泛参与国际条约签订和国际机制形成，中国从来不推卸自己的责任，但也拒绝国际责任问题上的西方标准，国际社会也应本着平等友好的原则，不无端猜疑也不恶意施压。美国为首的发达国家希望中国担负起责任，发展中国家希望中国成为负责任的大国，两者的标准大不相同，中国只能承担自己能力范围内的责任。"中国与西方在物质和精神两个层面的相互交往上存在严重不平衡与巨大反差"①。中国应对国际责任问题形成长远战略和现实策略，既从实际出发融入和维护现有国际体系，也敢于表达自己的理想，使之更有利于自身发展壮大。

3. 负责任大国名副其实的担当

中国在发展壮大过程中，需要全面认识世界的发展态势，也需要清醒解读外部世界对中国的各种评价，在复杂国际格局中站稳脚跟，并形成以自身实力和地位为基础、以实现国家利益为目标、体现时代进步潮流的对外战略。新世纪以来，中央对国际形势和对外工作作出了总体部署，中共十六大把"维护世界和平，促进共同发展"作为外交政策的宗旨，中共十七大提出了建设和谐世界等一系列主张。和平发展、共同发展、构建和谐世界已经成为新时期中国外交战略的核心内容。

（1）和平发展。

20世纪80年代中期，在国际层面，美苏之间关系出现变化与调整，对话逐

---

① 徐坚：《中华民族复兴的国际认同问题——对中国改革开放30年外交的回顾与思考》，载《国际问题研究》2008年第6期。

步替代对抗成为当时世界大国处理相互关系的主要方式,中国也获得相对缓和的周边环境,并在联合国舞台上获得广大第三世界国家的支持,邓小平及时阐述了关于和平与发展是时代主题的战略思想,指出在美苏关系缓和前提下,中国的外部战略环境是基本稳定的,并带领中国走出"以阶级斗争为纲"的国家困境,顺利实现"以经济建设为中心"的战略转移,这是新中国成立以来走出的和平发展第一步。自此,中国始终认为维护世界和平的力量和因素在不断增长,维护世界和平,并在和平的条件下谋求发展是不可阻挡的历史潮流。

我们同时也看到对和平发展的挑战:"冷战思维依然存在,霸权主义和强权政治仍然是威胁世界和平与稳定的主要根源……因民族、宗教、领土等因素而引发的局部冲突时起时伏。世界仍不安宁。"① 20世纪90年代以来,造成世界不安宁的因素增加,民族与种族矛盾、霸权主义、恐怖主义等都是引起地区冲突的重要根源,中国所面临的外部环境中也掺杂着一些不和谐音符,各种"捧杀"、"棒杀"论调此起彼伏。正应了邓小平早些时候的判断:"可能是一个冷战结束了,另外两个冷战又已经开始。一个是针对整个南方、第三世界的,另一个是针对社会主义的。"② 不仅世界和平任重道远,而且南北方国家的发展极不平衡,对中国谋求在和平环境下的发展构成了挑战。

以和平外交方式求和平,坚持走和平发展的道路,是我国对外政策的核心观念。我们推行全方位的和平外交政策,"中国的和平发展道路是人类追求文明进步的一条全新道路",我们既"争取和平的国际环境发展自己,又以自身的发展促进世界和平"。③ 而且,发展也正是和平的要义,我们要在自身发展基础上积极谋求和平,积贫积弱的旧中国由一味忍让获取的和平只能是屈辱的和平。我们提出"一国两制"的构想以指导和平解决自身的历史遗留问题,同时还积极参与联合国维和行动等人道主义援助,推动与发展中国家诸多领域的合作,在"富邻、睦邻、安邻"的原则下与周边国家建立友好关系,体现了我们积极地担负责任、追求和平发展的外交姿态。

和平外交主要思路在中共十六大报告有较为完整的体现,内容包括:维护全人类的共同利益,推动建立公正合理的国际政治经济新秩序,维护世界多样性、发展模式多样化,推进国际关系民主化,反对一切形式的恐怖主义等。中国致力于和平发展,同时也将遇到来自外部世界一些有利和不利因素,有些因素之间相互混杂和转换。中国与许多大国的相互联系日益密切,但彼此利益交错复杂,维系相互合作的因素并不牢固,化解对抗需要发挥大智慧;中国与广大发展中国家

---

① 《十五大以来重要文献选编》(上),人民出版社2000年版,第42页。
② 《邓小平文选》第3卷,人民出版社1993年版,第344页。
③ 国务院新闻办公室:《中国的和平发展》白皮书,2005年12月22日。

之间的关系尽管得到不断巩固与发展,但随着中国跻身经济大国行列和不断融入国际体系,中国与发展中国家合作的领域也需要拓宽和递进,还需要寻求新的合作机制,而如果摆不好位置则很容易受到挑拨离间或陷入被动。

(2) 共同发展。

中国的和平发展与全世界的共同发展紧密相连,是符合全人类利益的发展,是世界进步潮流的重要组成部分,同时也推动世界不断进步和发展。当今世界,经济全球化进程把世界各国的命运都联结在一起,经济上相互依存与相互合作、政治上求同存异与相互借鉴是各国达成的共识。各国既存在许多共同利益,也面临许多共同问题和挑战。在反对战争、恐怖主义与各种武力威胁,争取和维护和平、安宁的总体环境上;在科学、合理开发与利用资源,保护人类共同的资源与环境、保持生态平衡、维持可持续发展上;在对抗疾病、饥饿、毒品、犯罪等一系列问题上;以及获取公平合理的发展秩序、良好的制度环境等方面,世界各国所面临的利益和挑战是一致的。这些问题都是事关人类生存与发展的大问题,解决好这些问题是世界和平发展的共同前提。

共同发展思想的提出,是中国自我发展的递进,包含着对处理自我发展与共同发展关系的深刻思考,同时也意味着中国对外战略不断走向成熟。"'共同发展'的战略思想开创了中国外交和国际战略的新境界","'共同发展'战略思想的形成和确立有一个历史的发展过程"。① 邓小平外交思想中有关发展问题的论述是这一思想的重要来源,20 世纪 80 年代,"平等互利、讲求实效、形式多样、共同发展"就被确认为我国开展对外经济合作的四项原则,我们也正是坚持了这些原则不断巩固和加强与发展中国家的关系。20 世纪 90 年代以来,中国外交实践的积极推进更是促成了这一战略思想的形成,几代领导集体在许多国际场合的表述中,将促进共同发展作为中国处理与外部世界关系的重要原则。"互惠互利共同发展","加强国际合作、促进共同发展"既是我们的战略思想,也是我们的具体行动。

共同发展,不但是一种客观需要,也体现了一种主观境界。当今世界是一个充满多样性的世界,不仅各国发展阶段和发展水平各不相同,而且还处于多种文明相互交汇、多种制度相互共存的情形之下,诸多差异容易导致国与国之间认同度和信任度的降低,相互猜疑与对抗还很容易使各方纠缠于无谓的内耗而与发展机会失之交臂。因此,我们的选择只能是加强不同国家之间的相互合作,努力扩大共同利益的领域,减少恶性竞争,寻找解决分歧与冲突的合理办法,中国愿意

---

① 张吉明:《中国外交和国际战略的"共同发展"思想》,载《国际问题研究》2004 年第 6 期。

在世界的共同发展中作出自己应有的贡献。促进共同发展是中国历届领导人作出的顺应全球化、发展同世界各国的友好关系、开创中国外交新局面的重要战略选择。① "中国是维护世界和平的坚定力量","是拉动世界经济、促进共同发展的重要力量","是推进人类正义与进步事业的健康力量","是促进国际合作、应对全球挑战、捍卫全人类共同利益的积极力量"。②

(3) 共同推动和谐世界建设。

建设和谐世界,"是中国政府关于和谐社会的执政理念在外交领域的自然延伸"③,也是对"和平发展"、"共同发展"外交战略思想的深化,对内建设和谐社会、对外推动世界和谐已经成为当代中国的价值追求。"和谐"的追求在中国有着悠久的思想根源,但是,"以和为贵"的思想传统在近代却备受外来侵略与凌辱,中华民族在奋起反抗的斗争历程中以革命替代忍让和妥协,以谋求中国的独立、安全与发展。今天,时代发生了巨大变化,历史也开启了新的世纪,中国的经济、政治和社会生活都向前迈进了一大步,中国正以崭新姿态屹立于世界舞台。近年来,中国领导人在许多重大场合多次阐述了构建"和谐世界"的思想④,并逐步升华为当代中国处理国家之间关系的新理念。

建设和谐世界等一系列主张的提出,既基于中国自身发展的需要,更着眼于当今世界许多领域的紧张态势,它提出了这样的问题:面对各种形式和性质的矛盾与冲突,全世界是否能够共同努力寻找兼具建设性和包容性的解决方法。这是一种新的姿态、新的尝试。建设和谐世界理念具有丰富的内涵,包括:世界各国在经济上的相互合作与互利共赢,在政治上的求同存异与相互借鉴,在文化上的相互交流与彼此尊重,在人类所面临的环境、生态、气候、疾病等一系列问题上加强合作与共担责任。世界是丰富多彩的,各国之间在不同领域既有独特性与差异性,也有共同性、依存性与可融合性,在相互尊重与合作中共同进步符合各国

---

① 阮宗泽:《维护世界和平 促进共同发展——邓小平外交思想的形成及其丰富内涵》,载《国际问题研究》2004年第6期。
② 董漫远:《全人类共同利益与中国的和平发展》,载《国际问题研究》2005年第5期。
③ 郑启荣:《中国外交思想的新发展——建设和谐世界》,载《当代世界》2006年第10期。
④ 2005年4月,胡锦涛在雅加达的亚非峰会上作了题为《与时俱进 继往开来 构筑亚非新型战略伙伴关系》的讲话,提出"推动不同文明友好相处、平等对话、发展繁荣,共同构建一个和谐世界";2005年7月,胡锦涛在莫斯科签署《中俄关于21世纪国际秩序的联合声明》中提出"中俄两国决心与世界其他有关国家共同不懈努力,建设发展和谐的世界,成为安全的世界体系中重要的建设力量";2005年9月,胡锦涛在联合国成立60周年首脑会议上发表《努力建设持久和平 共同繁荣的和谐世界》的讲话,进一步阐述了建设"和谐世界"的理念。在2006年8月召开的中央外事工作会议上,胡锦涛把"坚持推动建设和谐世界"作为新时期中国外交工作的目标之一。中共十七大报告把"各国人民携手努力,推动建设持久和平、共同繁荣的和谐世界"确立为我国外交工作的重要指导原则。

利益。和谐世界就是主张和平、合作与发展的重要性，通过推动国际多边合作机制的建设，积极寻求建立公正、合理的世界政治经济新秩序，逐步打破依靠力量制衡的世界格局，努力建设更加美好的新世界。

中国对于"和谐"的追求不仅表现于观念层面，更体现在行动之中，体现在我们解决现实问题的政策和实践路径上。我们坚定地维护国家主权与领土完整，在战略上把国防安全排在安全利益的第一序列，认为维护国家的主权与领土的完整是中华民族的根本利益之所在，但在实践中，我们并没有依照安全威胁的严重程度来决定解决问题的先后序列，而是沿着从次要问题解决走向重要问题解决的路径作出安排，以避免在解决问题过程中出现局势的剧烈动荡。我们也没有因为台湾问题的重要性迫不及待地提出解决问题的时间表，而是先从推动两岸经济文化交流入手，通过增强两岸的依存度来增进"一个中国"的凝聚力。中俄之间历经40多年谈判才解决了所有边界问题，"我们共同的目标就是通过双方的努力使中俄边界真正成为一条和平的边界、合作的边界、友好的边界"①。中俄边界问题的解决"为其他国家在互惠互利基础上和平解决领土纠纷树立了典范"②。同样道理，我们将继续"坚持多边主义，实现共同安全；坚持互利合作，实现共同繁荣；坚持包容精神，共建和谐世界"③，推动世界的繁荣发展。

---

① 2005年5月24日，中国外交部发言人对俄罗斯国家杜马高票批准《中华人民共和国和俄罗斯联邦关于中俄国界东段的补充协定》表示欢迎时的发言，《南方日报》2005年6月3日。
② 俄罗斯《外交官》杂志社社长塔夫罗夫斯基接受新华社记者采访，《解放日报》2005年6月3日。
③ 胡锦涛：《努力建设持久和平　共同繁荣的和谐世界》，《人民日报》2005年9月17日。

第十五章

国外学者论马克思主义在中国的发展

国外关于马克思主义在中国的发展研究各有特点。一方面，国外学者对马克思主义在中国的发展有不同的研究视角、研究思路和研究范式，对当代中国马克思主义有不少富有启迪的见解，丰富了马克思主义中国化研究的内涵；另一方面，国外学者的研究也提出了许多具有挑战性的问题，引发出一些需要我们深入探讨的课题。当然，研究中也存在繁芜共生的现象，一部分国外学者出于政治利益和国家利益以及世界观、价值观和历史观的不同，对马克思主义在中国的发展甚至有误解和歪曲之处，这一现象也是值得我们关注的。总之，在这一理论空间内关注国外学者对马克思主义在中国发展的研究状况、学术成果以及有关研究的未来趋势，有助于拓宽理论视野，促进不同思维方式、话语体系的对话与交流，对深化马克思主义中国化研究肯定很有补益。

一、国外有关马克思主义在中国发展研究的现状

自20世纪20年代开始，特别是50年代以来，世界各国不同政治倾向、不同学派和不同世界观的人们，怀着不同的目的，相继对马克思主义在中国的发展进行了广泛而持久的研究，出现了不同的研究热潮和研究重心。

1. 关于马克思主义在中国发展的历史进程

国外的马克思主义在中国的发展研究一个重要特点就是其思想重心随中国政

治经济形势的变化而变化,以马克思主义中国化的历史进程展开,体现马克思主义在中国发展的一脉相承的历史逻辑性。

国外学者研究的逻辑起点是毛泽东与毛泽东思想。早在20世纪20年代末,共产国际机关杂志《共产国际》开始直接刊登毛泽东的著作。新中国成立以后,特别是"毛以后中国改革的迅猛形势,也迫使学者要花费大量的时间,精力去追赶事物的发展,尽可能与该领域的研究保持同步"①。这类研究力量以美国费正清(John K. Fairbank)、史华慈(Benjamin I. Schwartz)、史景迁(Jonathan D. Spence)、法国谢和耐(Jacques Gernet)等为代表,他们都以研究中国历史与语言文化见长。20世纪40年代以来,他们致力于中国马克思主义理论的研究。费正清、麦克法夸尔(Roderick MacFarquhar)主编的《剑桥中华人民共和国史》1949~1965年和1966~1982年阶段,费正清的《伟大的中国革命(1800~1985)》,施拉姆(Stuart R. Schram)的《毛泽东的思想》,迈斯纳(Maurice Meisener)的《马克思主义、毛泽东主义与乌托邦主义》、《毛泽东的中国及后毛泽东的中国》,迈斯纳与德里克(Arif Derick)合著的《马克思主义和中国的经验》等比较有代表性。中共领袖人物及思想成为国外有关研究的重心。美国哈佛大学1971年出版的《中国共产主义人物传记词典(1921~1965)》中提到的中国历史人物就有1 700多人,其中正式立传就有340人。

1951年,史华慈在《中国共产主义与毛的崛起》,第一次使用"毛主义"(Maoism)这个概念。1994年《中国季刊》发表施拉姆的《毛泽东百年:一个统治者的遗产》,代表了西方毛泽东思想研究的主流意识。哈佛大学费正清东亚研究中心在毛泽东诞辰110周年时召开了"毛泽东再认识"国际学术研讨会。2006年澳大利亚《中国研究》为毛泽东逝世30周年开辟专栏。国外毛泽东思想研究一时热闹非凡。

中共十一届三中全会以后,国外学者把目光转向邓小平与中国改革开放问题研究。《毛主义的遗产和中国的社会主义》、《毛以后的中国》等文章标志着国外邓小平研究的开始。他们认为中国已经进入"后毛时代"或"邓时代"。1986年麦克米兰公司出版的戴维·W·张(张大卫)的《邓小平领导下的中国》、美国学者弗雷德里克·C·泰韦斯(Frederick C. Teiwes)的《从毛泽东到邓小平》是这一时期的代表作。而罗伯特·本尼维克(Robert Benewick)和保罗·温格索夫(Paul Wingrove)主编的《90年代的中国》、澳大利亚学者乔纳森·昂哥(Jonathan Unger)主编的《中国的民族主义》、卡普拉·密拉(Kalpana Misra)

---

① [美]哈里·哈丁:《八十年代美国的当代中国研究》,载《国外中共党史研究动态》1995年第2期。

的《从后毛主义到后马克思主义：邓小平中国官方意识形态的衰落》则反映了国外学者对邓小平及其改革的认识。

对江泽民及"三个代表"思想的研究主要有：云涵·楚（Yun-han Chu）主编的《江泽民领导下的中国》、乔纳森·昂哥主编的《中国政治的本质：从毛泽东到江泽民》以及美国银行家罗伯特·劳伦斯·库恩（Robert L. Kuhn）的《他改变了中国：江泽民传》（2005）和新加坡学者约翰·吴（John Wong）和郑永年主编的《后江时代的领导继承：问题和视角》。尤其是党的十六大的召开，"三个代表"重要思想在国外引起强烈反响，贾斯帕·弗斯米斯（Jasper Eph-smicer）2002年在《中国季刊》上发表《第十六次党代会：继承并未发生》等文章对江泽民及"三个代表"重要思想进行了广泛的研究。

2003年，维尼·沃－蓝普·兰姆（Willy Wo-Lap Lam）的《中国政治的胡锦涛时代：新领导、新挑战》标志着国外对新近中国主导思想的研究展开。在这本书里，维尼·沃－蓝普·兰姆认为，中国在胡锦涛、温家宝等人的领导下，在增长变得"更加持续"的同时，公共政策的制定更加"科学"。这是胡主席相信"科学社会主义"本质的自然结果。① 最早提及胡锦涛及科学发展观思想的是美国有线电视新闻网络亚太区办公室资深中国分析员林和立。2004年2月25日，他在美国有线电视新闻网发表文章，对中共中央提出的科学发展观概念和内涵作了最基本的介绍。② 对科学发展观较早进行系统研究的是美国波士顿大学约瑟夫·菲史密斯教授。2004年，他在胡佛研究所出版的电子期刊《中国领导动态》夏季号发表长篇文章《提出科学发展观》，对科学发展观的提出经过进行了详细梳理。③ 2010年，美国罗伯特·劳伦斯·库恩的新著《中国30年：人类社会的一次伟大变迁》，不仅对科学发展观提出的背景、实质等进行了全面的介绍，而且还批评了西方学者在科学发展观问题上的错误看法。④ 然而，由于科学发展观提出的时间还不长，更为深入的研究还有待今后的努力。

2. 马克思主义中国化的性质争论

国外学者从世界社会主义运动中马克思主义的宽广眼界看待马克思主义在中

---

① ［美］维尼·沃－蓝普·兰姆：《中国政治的胡锦涛时代：新领导、新挑战》，夏普出版公司2006年版，第42页。

② Willy Wo-Lap Lam: *It's all scientific, but is it?*, CNN.com, February 25, 2004.

③ Joseph Fewsmith: *Promoting the Scientific Development Concept*, China Leadersh Monitor, No. 11, summer, 2004.

④ Robert Lawrence Kuhn: *How China's Leaders Think; The Inside Story of China's Reform and What: This Means for the Future*, John Wiley Sons (Asia) PteLtd, 2010, pp. 121–131.

国的发展，马克思主义中国化理论体系的发展及其相互之间的联系始终是国外学者研究的重点。美国学者莫里斯·迈斯纳的《毛泽东的中国及后毛泽东的中国》、施拉姆的《毛泽东百年：一位统治者的遗产》都认为中国化马克思主义是经典马克思主义的继承和发展。他们依然是"根据马克思理论的基本原理来进行这一工作的"；是"更正统的马克思主义理论"、"一种新版的中国马克思主义"。① 俄罗斯科学院远东研究所所长、院士米哈伊尔·列昂季耶维奇·季塔连科（М. Л. Титаренко）在新中国成立六十周年的时候就指出："马克思主义中国化是中国成功的关键。中国成功的根本原因在于中国共产党能够按照变化了的时代条件，及时平稳地调整党和国家的发展政策，用不断创新的中国化的马克思主义指导实践。中国60年的经验，特别是30年改革的经验，就是实行了最大限度地调动个人积极性的政策，这些政策对于实现国家的整体发展和现代化具有重大意义。"② 奈特·温斯坦（Night Weinstein）就认为，国有企业在中国还控制着工业的核心部门和金融部门，而且正是这种"社会主义属性"使中国在经济危机中得以幸免，并给全球经济注入了活力。从这一点出发，他认为短期内中国转向资本主义的可能性不大。因为只要资本主义世界仍然处于这种缓和的次危机状态，中国就没有理由放弃已被证明有效的市场社会主义政策。③

而美国学者费正清、史华慈、乔纳森·昂哥以及澳大利亚学者白杰明（Geremie Barme）则持反对态度。费正清在《伟大的中国革命》中指出："中国的马克思主义似乎是特殊的"，因为它"把农民运动作为革命的阶级基础"④，毛泽东不但是"对马克思主义的一种颠倒"，而且也偏离了列宁和托洛茨基。⑤ 美国汉学家史华慈甚至得出"中国马克思主义是列宁主义的异端，中国成分仍然是其中的决定性因素"⑥。有英国学者断言："毛主义"一词中不仅没有任何马克思主义的因素，甚至不包含"列宁主义"的因素。⑦ 还有人认为，市场改革只要一启动，就会陷入一种"湿滑的斜坡效应"，每一步改革过程中所出现的问题和矛盾就会自动地把改革推向前，其结果就是私有一步一步地替代公有，直至目前"彻底的资本主义复辟和日益严重的外国经济控制"⑧。

---

① ［美］莫里斯·迈斯纳：《毛泽东的中国及其发展》，社会科学文献出版社1992年版；［美］莫里斯·迈斯纳：《毛泽东与马克思主义、乌托邦主义》，中央文献出版社1991年版。
② 见《国内外十学者纵论中国道路》，载《中国社会科学报》2009年8月28日。
③ Nat Weinstein: *In Response to Monthly on China*, Socialist Viewpoint, Vol. 4, No. 8 Sep. 2004.
④ ［美］费正清：《伟大的中国革命（1800～1985）》，世界知识出版社2000年版。
⑤ ［美］费正清：《美国和中国》，世界知识出版社1999年版，第280页。
⑥ 许纪霖、宋宏编：《史华慈论中国》，新星出版社2006年版，第470页。
⑦ ［英］莱塞克·科拉科夫斯基：《主要马克思主义流派：起源、发展和瓦解》第3卷，牛津大学出版社1981年版，第496～512页。
⑧ Martin Hart-Landsberg & Paul Burkett: *China and Socialism*, Monthly Review, July-August 2004.

围绕马克思主义中国化性质问题，国外学者也关注马克思主义中国化的实践表现形式，即中国特色社会主义道路的属性问题。美国汉学家阿里夫·德里克、日本学者天儿慧（日子供ホイ）都认为不能用原有概念区别社会主义与资本主义，德里克 1989 年发表《后社会主义——反思有中国特色的社会主义》一文，把改革开放之后的中国社会称为"后社会主义"。而也有学者称中国特色社会主义为"特色的资本主义"。匈牙利经济学家亚诺什·科尔耐（Janos Kornai）的《所有制形式和调节机制之间的亲和：社会主义改革的共同经验》、美国学者贾斯帕·弗斯米斯的《十六大：继承并未发生》、布鲁斯·迪克森（Bruce Dickinson）的《中国红色资本主义》均持类似观点。美国左翼学者詹姆斯·彼得拉斯（James Peter Last）在《中国的过去、现在与未来》一文中指出："中国不仅仅是中国资本家的乐园，也是全世界资本家和投资者的磁石。"[1] 英国剑桥大学教授彼得·诺兰（Peter Nolan）则认为中国走的"第三条道路"，不仅是中国的十字路口，而且是整个世界的十字路口。[2] 日本学者不破哲三把中国社会主义初级阶段称为类似列宁的"新经济政策"阶段。显然，由于中国化马克思主义问题本身的复杂性，加之西方学者对中国国情缺乏了解，以及意识形态方面的限制，有些看法和分析表现出了各自的局限性，对这些研究我们应当正确地看待并加以取舍。

3. 解读中国共产党对马克思主义中国化的作用

对中国共产党的研究一直是国外研究的重要主题，尤其是中国改革开放 30 多年的成就，使研究中国、解读中国共产党历史及其对中国社会进步产生的巨大影响成为海外学者关注的热点之一，并有相当数量的研究成果问世。国外学者普遍认为中国共产党对推动马克思主义发展有积极作用。乔治·汤姆林（George Tomlin）考察了布尔什维克党实行民主集中制过程后指出，"列宁的原理被毛泽东运用到中国……他们积累了经验，这些经验与学习布尔什维克的紧密结合，从而把民主集中制的理论和实践提高到一个更高的阶段"，他最后得出结论说，"毛泽东发展的列宁'新型党'的理论，可以归结为三个方面：先锋队的党、民主集中制和群众路线"。[3] 魏斐德（Frederic Evans Wakeman Jr.）说：中国共产党"接受了马克思和恩格斯关于党是先锋队的理论，并使这一理论中国化"[4]。

---

[1] ［美］詹姆斯·彼得拉斯：《中国的过去、现在与未来》，载《国外理论动态》2007 年第 5 期。
[2] 徐觉哉：《国外学者论中国特色社会主义》，载《中国特色社会主义研究》2008 年第 3 期。
[3] ［美］乔治·汤姆林：《从马克思到毛泽东》，厦门大学出版社 1995 年版，第 56 页。
[4] ［美］魏斐德：《历史与意志：毛泽东思想的哲学透视》，中国人民大学出版社 2005 年版，第 246 页。

而迈斯纳更是夸张地写道：谁也未能预料到（卡尔·马克思也一定未曾预料到）："'先进的'西方世界最先进的革命学说，会在'落后'的亚洲中最古老的国度里深深的扎根……这一切都离不开共产党。"①

2008年以后，中国共产党再次成为全球瞩目的焦点。英国《金融时报》前驻北京记者站站长马利德（Richard McGregor）在2010年出版了《党：共产主义治理的神秘中国》，这名常驻中国的记者详细讲述了他对中国共产党的观感："中国共产党的体制对中国的适应度超过许多人的想象，这是促成中国经济大繁荣的重要原因。"英国经济学家威尔·赫顿（Will Hutton）2007年出版的《不祥之兆：21世纪的中国和西方》将自己对中国共产党的关注，聚焦在邓小平领导的改革开放时代。"10年之内，中国的国力跃居世界第二位。超过1.5亿中国人离开家乡，到了飞速发展的城市地区。4亿人摆脱了贫困。中国取得的成就令人瞩目。"赫顿对1978年邓小平开始的极其复杂、逐步推进但取得成功的市场经济改革表示钦佩："正如邓小平所说的，中国是摸着石头过的河。"《共产主义的起落沉浮》是牛津大学政治学荣誉退休教授阿奇·布朗（Archie Brown）2009年推出的著作，也是近年来英国长期销售的另一部有关共产党和共产主义的书籍。共产主义为何能够生根发展，为何它在低潮期也能广泛传播，是什么让它维持如此之久？这是布朗在书中试图解答的三大问题。虽然布朗对亚洲的共产主义运动的论述非常谨慎，尤其是对老挝、朝鲜、越南的共产党质疑声不断；但对毛泽东、周恩来和邓小平等中国共产党人的评价却是赞不绝口，并直言"是这一批优秀的共产党人在中国汇聚了国家主义、社会主义等不同思想的优秀特色，建立了一个成功的政党"。已经停刊的英国杂志《今日马克思主义》的最后一任编辑马丁·雅克（Martin Jacques）在2009年出版的《当中国统治世界》的书中也说："共产党是一股温和的力量，它领导中国走向繁荣富强，从而避免苏联那样的垮台遭遇。"此外，剑桥大学的学者乔治·沃登（George Waden）2008年出版的《中国：世界之狼》、美国乔治敦大学亚洲研究学者罗伯特·萨特（Robert Sutter）2008年出版的《中国外交关系：冷战后的力量和政策》等书也都给予大幅评价。如1949年之后，中国共产党领导的中国政府在内政外交上的表现，但其中不乏对中国力量过快上升的"忧虑"。② 但是不管怎么说，国外学者都肯定了中国共产党在推动马克思主义中国化过程中的巨大作用，正是如此，中国取得了如此大的发展成就。

---

① ［美］莫里斯·迈斯纳：《毛泽东的中国及后毛泽东的中国》，四川人民出版社1990年版，第60页。
② 《国外研究中国共产党的书籍知多少》，《环球时报》2011年6月17日。

4. 聚焦中国发展对世界的意义

中国的崛起引起了国外学者的浓厚兴趣，其中，他们更想了解的是中国特色社会主义道路对世界的意义，是否有可借鉴的地方。国外主流的看法是中国崛起将对世界各国发展产生积极影响。历史学家汤因比（Arnold Joseph Toynbee）在中国改革开放伊始就对中国的发展充满了信心，"西方观察者不应低估这样一种可能性：中国有可能自觉地把西方更灵活、也更激烈的火力与自身保守的、稳定的传统文化熔为一炉。如果这种有意识、有节制地进行的恰当融合取得成功，其结果可能为人类的文明提供一个全新的文化起点"。① 美国学者约瑟夫·奈（Joseph Nye）说："中国的经济增长不仅让发展中国家获益巨大，中国特殊的发展模式和道路也被一些国家视为可效仿的榜样……更重要的是将来，中国倡导的政治价值观、社会发展模式和对外政策做法，会进一步在世界公众中产生共鸣和影响力。"俄罗斯科学院院士季塔连科（М. Л. Титаренко）在 2009 年 9 月 16 日《光明日报》上刊登的《中国找到了一条符合国情的发展道路》一文中说，中国的成功具有巨大的国际意义，让人们有信心去解决本国的问题。许多人说："应该以中国为榜样！""中国能办到的事，我们为什么办不到？"说中国经验具有国际意义，并不是要简单地重复中国的经验，而是为其他国家的人民提供思索的源泉。他指出，中国的实践证明，经过 30 多年的改革开放，中国不仅解决了本国的问题，也为全世界树立了榜样。许多不赞成社会主义学说的西方学者也对中国的改革开放实践给予充分的肯定。"中国取得了理论和实践的双突破，中国共产党在坚持马克思列宁主义的同时，坚持走社会主义道路，使无限美好的'乌托邦'变成了现实的科学。"在这方面，中国共产党对新形势下的理论创新作出了巨大的贡献。就连放言历史终结的弗朗西斯·福山（Francis Fukuyama）也出乎意料地主编了一本新书《出乎意料》，书中预测未来世界可能发生的七大"战略意外"中有一项是："人们将许多不平等现象归咎于美国式的资本主义，全世界对这些不平等现象的不满，可能会将人们的注意力更多地转向像中国这样的社会主义模式，从而结束美国的霸权地位。"②

当然，很多学者也注意到中国发展道路远非完美，恰恰相反，它有不少缺点，甚至还衍生出很多棘手的问题，如环境严重恶化，贫富差距拉大，官员的腐败问题未得到有效遏制，内需也没有得到有效拓展，等等，并不具有任何值得世

---

① ［英］阿诺德·汤因比：《历史研究》，上海人民出版社 2000 年版，第 394 页。
② http://lib.gddx.gov.cn/jyxx/jyxx2008/jyxx20082.3/weilaishi.htm。

界学习的地方。西方左翼学者在这一问题上基本持一种否定的态度。但是由于他们的出发点不同,对这个问题的具体认识也存在着较大的差异。一些学者认为,中国不仅不能作为社会主义的"样板",而且还是一个"反面教材"。他们认为,中国的市场改革和外向型经济已经使中国离社会主义渐行渐远,不仅对内造成了两极分化,对外也强化了区域间的竞争和压力并引起不同国家工人之间的疏离和仇视,因而对于国际工人运动和世界社会主义实践是一种消极的力量。① 有这样看法的还有一些俄罗斯学者,谈到了"中国经济高速增长的质量"问题——与经济增长的高速度相比,社会回报不高。正因为重大的社会问题没有得到解决,经济的稳定发展就缺乏根基;社会发展滞后使经济发展结构失调,从而变得矛盾重重。社会发展与经济增长的不协调,还使就业问题、社会两极分化、城乡差距变得越来越严重。② 法国国家政治科学基金会国际研究中心中国问题专家让—吕克多梅纳克(Jean-Luc Duomeinake)在他的题为《中国让我担心》的新书中也表达了相同的看法,在他看来,中国的经济增长"浪费"过于严重,付出的资源、环境和社会成本过高,中国经济的头上有四把"达摩克利斯之剑":农业、国有企业、股市、金融。③ 因此,当一些国内学者在论及"马克思主义世界化"问题时,托马斯·海贝勒(Thomas Heberer)的看法显得尤为中肯,他提出"中国未来的发展主要取决于国内问题,中国内部的差异是巨大的"。不过这些学者也提到,"问题的关键在于,中国已经意识到了问题,并尽力在解决"。托马斯·海贝勒认为,"只要经济平稳发展,大多数人的生活水平和参与程度不断提高,那么,社会和政治的安定就可以得到保障,中国也将日益成为国际政治中一个值得信赖和负责任的伙伴"。④ 另外,值得注意的是,与主流看法相对的,是还有不少人以十分复杂的甚至是恐慌的心态看待中国的发展,以至于出现各种版本的"中国威胁论"。当然,从总体上看,国外大多数学者大都能本着尊重历史、尊重事实的治学态度,对中国的发展采取比较客观公正的态度。

5. 研究视角多维,尤其重视文献

国外学者研究中国问题的视野各不相同。他们有人通过中共几代领导的实践

---

① 范春燕:《近年来西方左翼学者关于中国特色社会主义的争论及其启示》,载《国外理论动态》2011年第7期。
② [俄]贝格尔:《中国的社会经济问题》,载(俄)《远东问题》2004年第3期。
③ 《"世界眼"看中国实践:美国学者担忧"中国模式"》,人民网2009年1月13日,http://politics.people.com.cn/GB/143465/143480/8669683.html。
④ [德]托马斯·海贝勒:《关于中国模式若干问题的研究》,载《当代世界与社会主义》2005年第5期。

来分析马克思主义在中国的发展,如美国前国务卿基辛格(Henry Alfred Kissinger)的《论中国》;也有从文化发展的内涵了解马克思主义在中国的发展,如法国汉学家让—吕克多梅纳克、美国中国问题专家李侃如(Kenneth Lieberthal);有的学者从中国共产党的组织、建设研究马克思主义中国化的历程,如美国沈大伟(David Shambaugh)教授的《中国共产党:收缩与调适》;还有的学者则从社会主义市场经济层面剖析中国化马克思主义,如黄亚生的《中国特色资本主义》、乔万尼·阿瑞吉(Giovanni Arfighi)的《亚当·斯密在北京——21世纪的谱系》。不同的学术视野,由于其视角不同,有时候得出的结论不同,甚至是截然相反的观点。比如在中国道路的性质、中国市场经济的走向、中国崛起的世界意义等观点上针锋相对。这种观点的多样性,也与西方提倡学术争鸣紧密相关。2006年,美国卡内基国际和平基金会主办了一系列"重新定义领导中国政策"的辩论会。在其中的"如果不进行重大改革,中国是否能继续维持目前的经济增长?"辩论会上,吴永泰(Wing Thye Woo)与巴里·诺顿(Barry Naughton)就对中国共产党"构建社会主义和谐社会"的战略思想展开针锋相对的讨论。这些争鸣,无疑有助于推进西方对马克思主义中国化理论的研究。当然,在这些研究中,也有一些值得关注的现象,那就是国外学者的研究的对象日益变得微观,正如沈大伟所说:"中国是一个很大并且非常复杂的国家,但西方中国学者研究的对象却越来越小。十年前他们研究一个县,五年前研究一个区,现在他们研究一个巷子或者道路。对中国的大趋势等这种宏观研究却少有人关注。"[①] 这也使我们在了解国外研究成果的时候必须注意到其局限性。

在文献方面,目前国外有关研究中,既有美国、俄罗斯(含苏联)、日本及英、法、德等欧洲国家,新近澳大利亚、加拿大、新加坡、韩国、越南和印度也加入了研究者行列,并出版了一些有影响力的刊物,形成了一些新的研究机构。由美国福特基金赞助的英国《中国季刊》和《近代中国》颇有学术影响,它们比较重视对中国改革开放与邓小平理论的探讨和研究。《中国季刊》自20世纪90年代以来,出版的中国研究专辑就多达十辑。近年澳大利亚《中国研究》(《澳大利亚中国事务杂志》)也很有声势,对1978年以后中国改革开放以来经济改革、农村问题、毛泽东思想及中外关系等多方面都有涉及。美国的《亚洲研究》、《中国书评》,俄罗斯的《远东问题》、《近现代史》,日本的《中国研究》、《现代中国研究》,韩国的《亚洲视角》,印度的《中国报道》等都在国外马克思主义中国化研究中占有一席之地。

[①] 梁怡、王爱云:《西方学者视野中的国外中国问题研究——访美国乔治·华盛顿大学教授沈大伟》,载《中共党史研究》2010年第4期。

一些国外研究者和机构非常重视原始资料的收集。日本和欧美研究人员不惜重金和人力收集购买有关中国问题研究的各个时期的第一手资料。其中日本出版的《中国共产党最新资料集》，收录了中共十一届三中全会到十二届三中全会这一时期中国共产党历史文献。竹内实主编有目前容量最大的中文版《毛泽东集》（10卷本）和《毛泽东集补卷》（10卷本）。施拉姆则出版了《毛泽东同人民的谈话》和《通向权利的道路——毛泽东革命文稿（1912~1949）》等毛泽东文献集，在国际学术界很有影响。随着冷战结束、新档案解密、国际学术交流日益便利使国外中国研究出现了某些新特点。不少学术机构和个人以协作方式选择合适的专题共同整理文献和研究考证，如《联共（布）、共产国际与中国革命》系列档案文件是由俄罗斯和德国学者共同完成的。弗里德曼（Edward Friedman）、毕科伟（Paul G. Pickowicz）和塞尔登（Mark Selden）合著了《中国乡村，社会主义国家》，阿里夫·德里克和新西兰的保罗·希利（Paul M. Healy）、澳大利亚的尼克·奈特（Nick Knight）合作编辑出版的《毛泽东思想的评析》，托尼·赛奇（Anthony Saich）和汉斯（中文名方德万）合编的《中国共产主义革命的新视角》，美国的齐幕实（Timothy Cheek）参与合编的《关于中国国家社会主义的新概念》都是合作性的研究成果。

二、国外学者有关研究的范式与方法

海外马克思主义中国化理论队伍比较庞大，来源于不同的国家、地区、学科领域、文化背景，空间分布也很不均衡。在这样一个前提下，各国学者研究的视角和方法也皆有不同，呈现出多样化的研究范式和方法。

1. 国外有关研究机构

在美国，关于中国问题的研究机构从全国性机构至地方性学术团体一应俱全。最负盛名的是哈佛大学费正清东亚研究中心，密歇根大学、耶鲁大学、哥伦比亚大学等50多所高等学府都设有亚洲研究中心或中国研究中心，斯坦福大学胡佛研究所还专门设立东亚图书馆。不仅如此，政府与一些私人基金会还给中国研究拨款，如1959年成立的当代中国联合委员会，各地和各大学的中国研究机构达数百个，出版《近代中国》、《中国季刊》、《当代中国》等具有不同影响的刊物。

英国现在拥有 23 个研究中国的主要机构，其中以西方毛泽东思想研究著称的有伦敦大学东方和非洲研究院下设的现代中国研究中心，该所创办的《中国季刊》是国外研究马克思主义中国化问题的重要传媒，《近代中国》也是有较大影响的学术刊物。饶有意味的是它们却与美国福特基金会有着密切联系。

德国的中国问题研究在欧洲排在第二名[①]。德国的汉学研究历史悠久，1909年，德国汉堡殖民学院（Kolon ia lin stitut）即创办东亚语言与历史研究所。目前德国的中国问题研究还是没有脱离大的汉学背景，但从 20 世纪 90 年代开始，受中国改革开放形势影响，他们正在从对传统的中国文化、哲学、中国史、语言为重点的汉学研究，转向传统汉学与中国现实问题的双轨研究。

俄罗斯对马克思主义与中国的研究明显带有现实色彩。在苏联时期，苏联科学院远东研究所、莫斯科普列汉诺夫国民经济学院、世界社会主义体系研究所等就相关问题进行了许多探索，但充满了意识形态论战气息。在苏联和俄罗斯《远东问题》这份权威性刊物中，季塔连科、莫罗佐夫和波格丹洛夫等学者均撰文讨论中国问题。目前俄罗斯的研究主要倾向于中国经验的介绍。

日本学者因其独特的地理优势、文化渊源，对中国主导思想的研究产生了较大的影响。竹内实就是其中知名度很高和颇有造诣的，早在 20 世纪 70 年代，他就编辑出版了《毛泽东文集》、《毛泽东补卷》。日本的亚洲政治经济研究协会、现代中国研究会、国际事务研究中心等都是全国性的研究机构，东京大学、京都大学、早稻田大学均设有中国研究中心，资助专职研究人员从事对中国问题的研究，专业刊物有《中国研究》、《现代中国》、《东亚》等。

韩国、新加坡、印度和澳大利亚近年来也加强了对中国改革开放的研究。如韩国的《亚洲视角》、印度的《中国报道》，新加坡从亚洲各地招募研究人员，澳大利亚设有专门研究机构。我国台湾地区和香港地区的学者也在国外相关研究中起着不容忽视的作用。

2. "西方中心主义" 范式

"西方中心主义" 一直是国外研究中国问题的基本视角。这种解释西方社会变迁、概括西方社会特征的 "现代性—前现代性及传统性" 思想理论，在解释非西方发展问题时就成为一种关于传统社会向现代社会转型的思想框架。所谓"传统—现代"、"冲击—回应" 模式其实就是这种 "西方中心主义" 研究范式

[①] 见梁怡、王爱云：《西方学者视野中的国外中国问题研究——访美国乔治·华盛顿大学教授沈大伟》，载《中共党史研究》2010 年第 4 期。

的表现。

费正清用"现代化"重新解释中国的近现代史,认为国共两党斗争是中国文明对东西"两种文明冲突"的回应,而不是美苏对峙的产物。中国在西方冲击下发生现代化运动,只是它的回应太弱,这种回应的结果使中国接受了共产主义,这"不是因为没有任何更好的东西可供选择,而是因为共产主义的行为和许诺"更打动他们。中国发展的目标是独立于俄国式的,是瞄准西方现代化的。这种"冲击—回应"模式影响了包括李侃如在内的许多研究者。在李侃如的《治理中国》一书的第一章:"可以看到作者借鉴费正清关于中国近代史的'撞击—回应'模式的痕迹。"① 罗兹曼以此解释说,中国现代化之所以慢于日本,不是由于外来的挑战过大,而是中国作出的回应太软弱,不如日本强烈。回应强烈的日本走上西方道路,而回应软弱的中国才走了苏联道路。② 德里克也认为西方人把中国特色社会主义错误地理解为资本主义和不加约束的自由企业,是因为"西方人是从资本主义历史为基础的历史观出发来看待有中国特色社会主义"的。③

"传统—现代"、"冲击—回应"研究模式由于处处以西方标准来衡量中国近代社会的历史,将"现代化"等同于"西方化",使近代以来中国的一切变革皆与西方的"冲击"联系起来,西方被不加分析地加封为中国的救世主;没有西方,不可想象中国会发生任何近代化的变化。这是一种典型的西方中心主义。

3. "中国中心主义"范式

随着战后世界殖民体系的瓦解,乃至后现代主义对"现代性"主流价值的解构,西方学者对以现代性为依据的"西方中心主义"和"现代化叙事"模式进行了反思,人们开始批判"西方中心主义"的"现代化叙事"史观,并以"多中心"和"无中心"观取代了"西方中心"观。在中国研究方面,出现了从"现代化叙事"向"中国中心观"的转变。美国学者保罗·柯恩(Paul Cohen)在《在中国发现历史——中国中心观在美国的兴起》提出新的研究视角,呼吁美国学者应当从"囚禁在自己的近代经验的狭隘牢笼中"解放出来,"根本放弃近代化理论的整套术语(特别是'传统'与'近代'的概念),寻找另外

---

① [美]李侃如:《治理中国:从革命到改革》,中国社会科学出版社2010年版,序。
② [美]吉尔伯特·罗兹曼:《中国的现代化》,江苏人民出版社1995年版,第670页。
③ 苑洁主编:《后社会主义》,中央编译局出版社2007年版,第30页。

一种西方中心较少使用的方法",来描绘中国的历史进程。①

一些左派学者也开始重新思考。宋荣培提出:"'儒家式'社会不能用这种欧洲中心主义的世界观进行解释",而应该从中国社会本身的结构因素出发,研究"脱儒家化和马克思主义中国化的过程"。② 布兰特利·沃马克（Brantly Womack）就认为,从政治概念的最初所指来分析政治概念,并探讨毛泽东在实际决策关头认定的紧要主题。这一研究方法特别适用于毛泽东,因为他的理论概念来自一系列实际经验而非抽象范畴。③ 同时,他也批判了国外学者评价中国时持有的主导观念,认为这种消极地从观察者眼睛本身的变化评价中国现状和前程并不反映中国实际情况。④

"中国中心论"重视马克思主义理论在中国社会政治条件下的运用,强调解读中国马克思主义文本首要抓住当时的社会政治背景,提倡从既成事实出发追溯历史原因的思维方式,注重从实地考察和史实考证研究理论与实践的持续互动。怀利（Raymond F. Wylie）指出:"创造一种新形式的马克思主义的过程被描述为中国化。"⑤ 格雷海姆·杨（Graham Young）认为:"中国化不仅仅是给马列主义的内容穿上中国的新袍子,马列主义的理论观点会被采纳、改变或拒绝,并创造新的理论来处理中国革命的新情况。"⑥ 但是,仍然不可否认,在这个中心观"从中国传统社会内部寻找对中国历史发展的解释中,依然存在一个中国要按西方模式发展的先在预定"的问题。因此,这个研究范式转变是不彻底的。

4. "历史主义"范式

历史主义论者认为,研究者既不可能完全返回文本"语境",也不可能完全返回到其社会环境,而是对马克思主义在当代中国的实践理解越深刻,就越能把握当今生活世界的本质,作者、读者和学者之间就越能进行深层次的、跨时空的对话和沟通,考察中国马克思主义者怎样在满足中国社会历史差异的要求基础上

---

① [美] 保罗·科恩:《在中国发现历史——中国中心观在美国的兴起》,中华书局1989年版,第80页。
② [韩] 宋荣培:《中国社会思想史:儒家思想、儒家式社会与马克思主义的中国化》,中国社会科学出版社2003年版,第239页。
③ [美] 布兰特利·沃马克:《〈从湖南农民运动考察报告〉看毛泽东政治思想的发展》,载《湖南科技大学学报》2004年第6期。
④ [美] 詹姆斯·R·汤森、布兰特利·沃马克:《中国政治》,江苏人民出版社2007年版,第20页。
⑤ [美] 雷蒙德·怀利:《毛泽东、陈伯达和"马克思主义中国化"（1936～1938）》,林育川译,载《现代哲学》2006年第6期。
⑥ Graham Young. Review: Ideology, Authority and Mao's Legacy, The Australian Journal of Chinese Affairs, No. 9. (Jan, 1983). P. 156.

实现马克思主义的社会政治目标，从而把中国历史带进马克思主义理论，发掘文本的历史价值和当代意义。

澳大利亚学者尼克·奈特在《毛和历史：谁来判断和怎么判断》（1986）一书中提出要站在当代生活的现实基础上研究马克思主义中国化。"'马克思主义的中国化'究竟如何理解？西方评论家的看法大体上有两种，第一种看法认为，'马克思主义的中国化'因强调中国的传统和实际情况而抛弃了马克思主义的普遍原理。……第二种看法认为，'马克思主义中国化'是毛泽东的一个花招，旨在同紧跟莫斯科的留俄派进行的权力斗争中抬高自己的地位，因为留俄派支持欧洲人和苏联人比较正统的马克思主义观点。……但是，我认为，还能够做出第三种解释，即毛泽东试图制定一个公式，既不抛弃马克思主义的普遍原理，又能够将这种普遍原理应用于一个国家特殊的历史条件和文化环境。"① 类似地，德里克也认为马克思主义中国化是一个"历史理论化和理论历史化的过程"，是"马克思主义在中国逐渐引发出的政治意识及其随之而来的历史意识的直接产物，而非偶然性的相关物"。② 马克思主义的"中国化"并不是指在中国的文化空间里掌握马克思主义，而是指在面对并改变马克思主义实践的同时改变中国的文化空间。③ 立足于当代马克思主义的中国实践，马克思主义中国化研究就具备了共同的问题谱系和话语系统，也为不同学术观点的争鸣与交流提供了方法论原则，有利于形成广泛的学术共识，乃至公理化基础。

5. 文本解读与比较法

文本研究和解读一直是国外学者研究马克思主义中国化的重要方法。施拉姆、史华慈注重考证、研读文本，分析"哪些成分是规范的毛主义的核心，哪些更马列主义化一些"。施拉姆通过研究毛泽东著作文本提出："毛泽东思想是否实际上仍然是马克思主义的一种变型，从而归根到底仍是西方化的一种媒介？或者相反，其思想的逻辑和模式越来越中国化？也许毛的思想根本就没有任何联系，只是两条脉络，时而侧重某一面，时而又混杂着各种意向，是一种由各种不同成分构成的粗拙的东西"。这种"变型论"把马克思主义中国化区分为"马克思主义实质的中国化"和"马克思主义形式的中国化"，毛泽东显然是前一种中

---

① ［澳］尼克·奈特：《毛泽东与马克思主义中国化》，载《中共党史研究》1988年第4期。
② ［美］阿里夫·德里克：《革命与历史：中国马克思主义历史学的起源（1919~1937）》，江苏人民出版社2005年版，第1~3页。
③ ［美］阿里夫·德里克：《后现代主义、东方主义与"自我东方化"》，载《东方论坛》2001年第4期。

国化的行家里手，但"是否在后一种意义上把马克思主义中国化了就不得而知了"。① 史华慈把中国的传统看成是"像所有以文本为中心的传统"② 来研读，认为中国化马克思主义是"中国成分＋马克思主义"，关键是中国成分。中国马克思主义是列宁主义的异端，中国成分是其中的决定性因素。"马克思主义中国化意味着对马克思主义普遍规律的拒斥和对中国现实及传统的提升，目的在于改变马克思主义的实质使之符合中国情况。"③

不过值得一提的是，即便是对文本的研究和解读，有时候得出的结论也是截然相反的。在西方关于毛泽东思想的四次大论战中，争论双方都把毛泽东的"文本"作为理论的根据。费正清、史华慈通过研读毛泽东著作和马克思"文本"进行比较，得出了毛泽东思想是马克思主义的"异端"；而威特福格尔（Karl Wittfogel）同样以"文本"为根据，得出"毛主义"和马列主义没有任何不同，其实质是"莫斯科指挥下的一场国家阴谋"的说法。

饶有意味的是，迈斯纳没有采用"现代化叙事"和"民族主义为体"的文本分析方法，而更看重中国化的"本土"标准。"我宁愿按照中国共产党人自己关于马克思主义目标和标准的观点来论述中华人民共和国史。把中国共产党人简单地看做'民族主义者'或'推进现代化的人物'，既不能公正评价他们的目标和努力，也不能让我们有一个足够高而强有力的判断标准去评估他们的成败。"④

6. 文化研究与心理分析法

国外学者在对马克思主义中国化的研究中，注重了对文化视域的扩展研究。他们采取多样的研究方式，注重文化心理和个性分析。比如在对毛泽东思想进行研究的时候，使用心理学方法，还原毛泽东的心理特征及其对中国革命的影响。这种方法最初运用者是美国毛泽东研究专家派伊（Pye），在他看来，毛泽东早年形成的强烈的反传统意识是他成功的秘诀所在。"在毛泽东那里，关键的进展与恋母情结的体验有关，涉及毛与他母亲的关系，这种关系给了他很强的自恋感，但是当他不再得到母亲专一的照料时，这也使他感受到了不公平的对待。我们的假说是，这一系列重点体验可以最合适不过地用来解释毛既作为一个反抗

---

① Stuart R. Schram: *Chinese and Leninist Components in the Personality of Mao Tse-Tung* Asian Survey, Vol. 3, No. 6. (Jun, 1963).
② 许纪霖：《史华慈论中国》，新星出版社 2006 年版，第 202 页。
③ Stuart R. Schram: *Mao Zedong: A Preliminary Reassessment*. The Chinese University Press, Hong Kong, 1983. P. 261.
④ ［美］莫里斯·迈斯纳：《毛泽东的中国及其发展》，社会科学文献出版社 1992 年版，原序、增订版序。

者,又作为一个有超凡魅力的领袖的个性。"①

随后,这种研究被更深层次的文化心理分析所替代。美国圣母大学政治学系教授彼得·穆迪2009年撰文提出,绝大多数人都同意,只有参照中国文化才能理解中国政治。"在现代化理论传统中,美国政治学家们(与持有同一范式的历史学家相反)往往也会看到中国的过去和中国的现在之间的联系,虽然看到的都是两者不光彩的一面。这些都属于把文化看做心理学反映的总体范例……认为存在一种对于一致性的文化需求——有点类似于胡锦涛提倡的和谐,与此同时还存在一种在特殊关系中寻求安全的倾向性。"②李侃如认为中国社会无论"其优先事项、目标和政策的变化有多大,它们仍然要受先前制度遗产的影响……"③伦敦政治经济学院亚洲研究中心教授马丁·雅克(Martin Jacques)在其《当中国统治世界:中央帝国的崛起和西方世界的终结》一书中,从中国的文化视野出发分析马克思主义在中国的发展,认为共产党传统和王朝历史之间存在很强大的连续性。新中国是中国历史上的一个重要组成部分,只有在这样的背景下才能更好地理解它。"中国作为一个民族国家,是在共产党的领导下,以马克思主义为指导建立起来的。然而,与共产主义的普遍原则相比,它与中国民族主义,与中华民族的重创辉煌,与中国未来的现代化更为相关。"④

此外,国外学者还常常将马克思主义在中国的发展同中国传统文化中先秦时期的老子、庄子思想以及孔子思想、明清时期的王夫子、颜元等人的思想进行比较,以探究马克思主义在中国发展的历史渊源,如史华慈与施拉姆都认为,毛泽东等人重视人的道德教育与道德实践主要来自于中国儒家传统,斯塔尔(John Bryan Starr)认为毛泽东的矛盾学说主要来源于中国传统的阴阳学说等。⑤这些研究方法在国外马克思主义研究中占有重要地位。

三、国外有关马克思主义在中国发展研究的主要问题

国外学者对马克思主义在中国的发展研究,主要围绕马克思主义中国化之间

---

① [美]派伊:《〈毛泽东:领袖人物〉序言》,参见《国外研究毛泽东思想的四次大论战》,中央文献出版社1993年版,第254页。
② [美]彼得·穆迪:《政治文化与中国政治研究(上)》,载《国外理论动态》2010年第11期。
③ [美]李侃如:《治理中国:从革命到改革》,中国社会出版社2010年版,中文版序。
④ [英]马丁·雅克:《当中国统治世界:中央帝国的崛起和西方世界的终结》,中信出版社2010年版,第375页。
⑤ [美]斯塔尔:《毛泽东的政治哲学》,中国人民大学出版社2006年版,第23页。

的逻辑关系、中国特色社会主义道路历史进程、马克思主义中国化发展的动力、马克思主义在中国的最新成就等问题展开,从政治、经济、文化和社会的角度,提出了一系列值得思考的观点。

1. 中国化马克思主义与马克思主义之间是否一脉相承?

中国化马克思主义与马克思主义之间的关系,是国外学者关注的一个重点。而这两者的关系又可以分为马克思主义中国化与经典马克思主义之间的关系、毛泽东思想与中国特色社会主义理论体系之间的关系。

在马克思主义中国化与经典马克思主义之间关系的问题上,国外学者经历了一个"否定—肯定—反思"的过程。20 世纪中叶,费正清、史华慈先后发表《中国共产主义和毛的崛起》、《中国共产主义历史文献》,提出"异端论",认为中国的马克思主义根本不含有任何马列主义的成分,所遵循的只是中国革命的传统,是马列主义的异端。费正清认为"中国的马克思主义似乎是特殊的",因为它"把农民运动作为革命的阶级基础",毛泽东不但偏离了"以前的马克思主义理论",而且也偏离了列宁和托洛茨基。① 施拉姆在《毛泽东的政治思想》(1962)、《毛泽东》(1966),迈斯纳在《李大钊与中国马克思主义的起源》(1967)、《毛泽东与马克思主义、乌托邦主义》(1982)、《毛泽东的中国与后毛泽东的中国》(1986) 中也强调毛泽东思想的独创性即"异端"性,表现在行动上的唯意志倾向和民粹倾向。②

中共十一届三中全会以后,中国改革开放促使经济迅速发展。国外学者不同程度地摆脱了主观臆测和意识形态纠缠,以较为客观的态度思考中国化马克思主义。施拉姆修改了以前的看法:"毛泽东仍然是一个马克思主义者。他晚年的问题并不是他放弃了把马克思主义作为他的指导原则,而是他的体系化的思想被他的激情和冲动所代替。"③ "许多事情说明,当今邓小平的中国和 20 年前的毛泽东的中国有了不同,但是有一件事一点也没有改变:即为寻求一条现代化的道路而向西方学习,特别是向马克思主义学习,同时保留中国自己的特色,他们都以此为目标。"④ 迈斯纳则认为邓小平理论与毛泽东思想有很大的差别。"毛泽东逝世后,中国社会出现了社会经济非政治化,政治生活非激进化的形势","与这种情况同时出现的是一种新版的马克思主义理论"。"当今中国马

---

① [美] 费正清:《美国和中国》,世界知识出版社 1999 年版,第 280 页。
② Stuart R. Schram: *The Political Thought of Mao Tse-tung* New York: Praeger, 1963.
③ [美] 斯图尔特·施拉姆:《毛泽东百年:一位统治者的遗产》,载《中国季刊》1994 年春季号。
④ [美] 斯图尔特·施拉姆:《毛泽东思想》,中国人民大学出版社 2001 年版,第 196 页。

克思主义奇特之处在于,它特别喜欢用生产力来解释社会主义","实际上已消除了所有空想和偏见的成分",这种理论"成了更加正统的马列主义理论"。①

20世纪90年代以后,世界社会主义运动陷入低潮,中国经济迅猛增长和社会发展中出现的问题,使得国外学者的观点出现了大相径庭的分化。罗伯特·劳伦斯·库恩(Robert Lawrence Kuhn)指出,西方对中国的误判和对江泽民的曲解屡屡发生。"江努力把共产主义目标、自由市场经济和中国的传统价值观念结合起来,使之适应当代社会的发展……江的思想是在毛泽东思想和邓小平理论基础之上'对马克思主义的进一步发展',而且他要使这一思想成为21世纪的指导思想。"② 而罗伯特·克林伯格(Robert Greenberg)则认为,在中国,马列主义、毛泽东思想的意识形态已名存实亡,取而代之的是中国民族主义。这种民族主义是对列宁国家主义学说的放弃,是对马克思主义的"解构",胡温领导是新权威主义的代表。③ 每一代领导者为了显示需要而调整正统理论,它最初始的某些因素已消失殆尽了。

这种情况并没有持续多久。随着中国经济的发展,国外学者对马克思主义在中国的发展逐渐从否定的态度转变为持肯定态度。即便是英国记者兼作家威尔·赫顿(Will Hutton)在其发人深省的著作中,虽然将中国的政治体制描绘为结构上不稳定和不可持续的"列宁主义的法团主义",但是也不得不承认中国"仍然是共产党领导的国家,不管共产党怎样想方设法拓宽界限,马列主义、毛泽东思想仍然屹立不倒,因为这是一党执政的基础"。④ 基辛格(Henry Kissinger)更是认为改革开放所取得的成功其"现代中国是由邓小平来设计的。但是,很多是由江泽民实现的……与实行马克思主义是分不开的"⑤。

2. "中国特色社会主义"究竟是什么道路?

由于对"社会主义"这个概念的理解众说纷纭,美国学者阿里夫·德里克

---

① [美] 莫里斯·迈斯纳:《毛泽东与马克思主义、乌托邦主义》,中央文献出版社1991年版,第228页。

② [美] 罗伯特·劳伦斯·库恩:《他改变了中国:江泽民传》,上海译文出版社2004年版,第554、556页。

③ [美] 罗伯特·克林伯格:《中国的对外开放:对资本主义的试验》,西方观点出版社1990年版,第39页。

④ [英] 威尔·赫顿:《新中国,新危机》,英国《观察家报》2007年1月7日,选自其著作《不祥之兆:21世纪的中国和西方》。

⑤ Henry Kissinger: *On China*. Penguin Group USA, Inc, 2011, P.1.

认为传统的资本主义和社会主义很难套用到今天的现实社会了。① 俄罗斯科学院哲学研究所研究员弗拉季连·布罗夫（Владислав даже Фу）认为："中国特色社会主义"概念，与马克思主义经典作家的著作以及苏联学者关于社会主义的著作中的相关论述有着重大的不同。如果把邓小平及其后继者关于社会主义的思想加以总结，可以概括为如下几点：社会主义的社会经济制度将经历一个很长的历史时期；社会主义没有普遍模式，它在不同的国家有不同的形式，社会主义建设应该始终考虑各个国家具体的社会经济特点；社会主义的主要矛盾，是生产力和人民物质文化需要之间的矛盾；一切社会关系改革的中心问题，是发展经济，发展生产力；共产党不仅代表工人阶级的利益，而且代表全体人民的利益；非公有制经济是社会主义建设不可分割的一部分；社会主义社会中存在市场关系，是正常的、合乎规律的现象；利用资本主义特有的经济管理形式与方法（例如股票、证券交易所，等等），不是走资本主义道路，它们纯粹是技术手段；没有对外开放政策，不可能建设社会主义，必须从全球化中受益；没有科学技术的发展，就没有社会主义；人民物质文化生活水平的提高只能一步一步地实现，只有部分地区和居民先富起来，才能走向全体居民的富裕；政治体制的建设不能照搬西方的模式；必须尊重民族传统文化。②

中国特色社会主义道路的属性问题，便成为一种很难以界说的问题：一方面中国突破了对社会主义的教条式的理解，使这个昔日社会主义大国焕发了蓬勃朝气；另一方面，中国通过吸收资本主义在商品经济、市场经济方面的成功经验，是否仍然属于社会主义就有怀疑了。

中国走的是不是社会主义道路？有些学者是肯定明确的。俄学者杰柳辛（Lev Elusen）认为，中国领导人和学者提出了一种能够革新社会主义的思想，同时又能保留社会主义的基本原则，并用中国、苏联和东欧国家社会主义建设的实际经验和教训来丰富这些原则，为摆脱教条主义的框框提供了可能。③ 哈萨克斯坦社会党主席叶尔蒂斯巴耶夫对四项基本原则倍加推崇，他认为中国改革之所以成功，很重要的原因就是由于中国坚持四项基本原则。美国毛泽东研究学者沃马克认为，四项基本原则凝结着上一辈领导人对革命和新中国的建设所做的努力，具有基本的指导意义。从这个意义上说，中国始终走的是社会主义道路。

另一类比较委婉地承认中国特色社会主义的观点，则是把中国的社会主义

---

① ［美］阿里夫·德里克：《后社会主义：论"有中国特色的社会主义"》，载《国外中共党史研究动态》1992 年第 4 期。

② ［俄］布罗夫：《俄罗斯学者眼中的中国特色社会主义》，在北京"中国道路：回顾与展望"国际论坛上的发言，中国中共文献研究会主办，2010 年 5 月 24 日。

③ ［俄］杰柳辛：《中国的资本主义还是有中国特色的社会主义》，载《国外社会科学》1994 年第 4 期。

限定在某种意义上。阿里夫·德里克把改革开放之后的中国称为"后社会主义","有中国特色的社会主义"是这样一种社会主义,它更多的是要用意识形态上的宣传将社会主义民族化,以达到其民族目标。这种社会主义观可能只是一种理论上的需要(为达到其合理性的目的),在现实中不被重视。① 英国剑桥大学教授彼得·诺兰(Peter Nolan)把中国特色社会主义道路理解为"第三条道路",他指出,如果我们所说的"第三条道路"是指国家与市场之间一种创造性的、共生的相互关系,那么中国 2000 年以来一直在走它自己的"第三条道路"。在他看来,中国的"第三条道路"是一种完整的哲学,把既激励又控制市场的具体方法与一种源于统治者、官员和老百姓道德体系的思想结合在一起。② 美国学者戴维·W·张、英国学者迈克尔·雅胡达(Michael Yahuda)把社会主义的成功归结为"中国文化价值观作用的结果",并称为"民族共产主义"道路。③

关于当今中国所走的道路,也有类似"变相资本主义"的观点:布鲁斯·迪克森(Bruce Dixon)指出,中国已有大约 20% 的私营企业主入了党,中国正在走向"红色资本主义"。④ 但是也有人不同意这种看法,布鲁金斯学会一位高级研究员李成(Cheng Li)在题为《速度与方向》的文章指出,现在国际上说中国在走资本主义道路的人没有以前那么多了,尚未实现资本历史普遍性的现实社会主义,仍需在社会主义制度下进行资本的运动,从而建立起新的社会主义发展战略。这与走资本主义道路完全是两码事。⑤ 关于中国特色社会主义的特征,日本学者渡边利夫(渡辺敏夫)认为,邓小平改革最显著的特征就是实验性的实用主义。中共政权的合法性不再基于意识形态,而是基于对现代化、增强国力、维护安定、建立社会主义民主等的承诺。

乔舒亚·库珀·雷默(Joshua Cooper Ramo)在谈到中国特色时,则提出将"中国形象"表述为"淡色"。他说,这个"淡"字,既包括了"水"(左边的三点),也包括了"火"(右边上下两个火),恰如中国自身融合了诸多矛盾因素。"这种化矛盾为和谐的理念是中国延续至今的传统价值观念。"⑥ 根据他的解释,"淡"将"水"与"火"两种不相融的东西结合在一起,使对立的东西成

---

① 苑洁主编:《后社会主义》,中央编译局出版社 2007 年版,第 28 页。
② Peter Nolan: *China at the Crossroads*, Journal of Chinese Economic and Business Studies, UK, Jan. 2005.
③ 马启民:《国外中国特色社会主义理论研究评析》,载《当代世界与社会主义》2008 年第 6 期。
④ [美] 布鲁斯·迪克森:《中国的红色资本主义》,剑桥大学出版社 2003 年版,第 157 页。
⑤ [美] 李成:《速度与方向》,载《中国安全》季刊 2008 年春季号。
⑥ [美] 乔舒亚·库珀·雷默等:《中国形象:外国学者眼里的中国》,社会科学文献出版社 2008 年版,第 14 页。

为一种和谐。"淡色中国"意味着中国是一块白板，可以充分展现自己的美好理想，既可以包括"水"，也可以包括"火"，它是"和而不同"这一传统中国文化的精华所在。同时，这还可以解释当前最具挑战性的问题，即为何中国充满着相互对立的东西，却能安然无恙。

3. 中国共产党仍然是一个马克思主义政党吗？

对于中国共产党的性质问题，始终是国外学者研究的兴趣点之一。对于中国共产党是一个什么样性质的政党，可以说基本上认可是列宁主义与中国实践相结合的中国特色政党。《寻找和谐社会的中国》（China in Search of a Harmonious Society，2008）一书刊载了美国大峡谷州立大学助理教授约瑟夫·格利高里·迈哈内（Josef Gregory Mahoney）题为《通往和谐之路：马克思主义、儒家和胡锦涛的和谐概念》的文章。文章通过对马克思主义唯物辩证法、儒家"大同"和"小康"概念以及胡锦涛总书记的"和谐社会"概念的细致分析，指出党仍然是一个以马克思主义为指导思想的政党。迈哈内在文章中说道："在经历 30 年的政治经济巨大变化后，许多人问道：中国共产党仍然是一个'马克思主义'政党吗？它真是一个'共产'党吗？中国的观察家们认为，为了填补由于背离马克思主义路线而产生的'意识形态空白'，今天的中国正在转向儒家或新儒家。从这样一些分析和胡锦涛最近提出的构建和谐社会呼吁来看，这样的看法并不令人感到奇怪。即便如此，但是许多证据表明，这样的思维或许犯下了'囫囵吞枣'的错误。与他们相反，我认为，中国共产党不仅在所谓的'后毛主义'时代仍然明显是马克思主义的政党，而且它也更加接近经典马克思主义的核心原理。因此，我同样认为，'共产主义'仍然是中国共产党的首要目标。"① 西班牙驻华使馆前商务参赞、西中企业家委员会前主席恩里克·凡胡尔（Enrique En caso de casco）指出，中国共产党重建中国的统一，结束了外国侵略和中国受凌辱的历史；中国共产党使中国变成一个在国际社会不容忽视、备受尊重的大国；中国共产党是改革和对外开放的党；中国共产党是中国社会稳定的最大保障。中国的共产主义包含中国传统文化的精髓：儒家思想。另一个重要组成部分是马列主义，特别是列宁主义。② 季塔连科认为中国成功的原因离不开中国共产党，是"中国领导人多年来不断注意研究苏联解体和苏共亡党的原因及教训。在一系列

---

① [美] 约瑟夫·格利高里·迈哈内：《通往和谐之路：马克思主义、儒家与和谐概念》，载《国外理论动态》2009 年第 12 期。

② [西] 恩里克·凡胡尔：《关于中国共产党的八个关键问题》，新华网 2011 年 2 月 14 日：http://www.cctb.net/llyj/lldt/hwzg/201103/t20110329_26928.htm。

党的代表大会特别是十七大文件中，可以清楚地看到中国领导人对苏联解体、苏共亡党的悲剧性教训的严肃思考。这表现在马克思主义中国化中，就是考虑到国家发展的特点，建设好'中国特色社会主义'是中国共产党巩固执政地位的主要条件，是保障中共领导作用的前提"①。

也有一些学者认为研究中国共产党是否是一个马克思主义政党这样的争论毫无意义，因为"毕竟它把衰败、动荡、在国际舞台上无足轻重的中国改变成了一个繁荣、国民经济实力与日俱增并跻身世界强国之列的国家。在国内，中共把人民凝聚在领导之下；在国际领域，中共把中华文明与民族国家融为一体以巩固其政治制度、国家独立和经济现代化。中共与中国现代国家几乎同时诞生恰恰说明了中共在中国当代历史发展中的重要性"②。俄罗斯社会科学院院士、莫斯科大学社会系主任弗·伊·多布连科夫（Добреньков Владимир Иванович）觉得一个有生命力的政党"要始终遵守民主集中制的原则。也就是说，要搞民主，少数服从多数。这样需要在组织内部形成一种负责任的纪律严明的秩序，这种气氛衍射到整个社会，就成了制度。对于执政党来说，应该了解党内、国内和世界发生了什么，确定社会发展的方向和前景，这些都要求对党的理论层面给予极大的关注。而且，要确定任何一个领导层次的责任级别，对这些责任也进行严格的监督。这既是对社会负责、对党负责，也是对当事人负责。在这方面，不应讲究什么自由主义和某种宽容。让所有人在党面前、社会面前、人民面前都能感觉到责任。"这是最重要的，而不是意识形态。"现在的中国共产党是政治组织中的某种标杆和范例。因为从实践当中可以看到，这个党有自己的纲领、目标。这个目标可以给人民带来最大利益，能动员广大群众的能量来实现既定目标。任何党派都有自己的意识形态，在意识形态中含有需要实现的理想。其最主要的任务就是构建最为公平的社会。根据我的了解，中国共产党为此做了很多很多，它在中国和世界都巩固了自己的威信。尽管存在很多难以避免的问题，但它确实一直在努力实现国富民强的理想。而且，它总是在困境中找到出路，不拘泥于陈规，善于对自己进行改革，应对不同时期的不同挑战。这一点让世界为之震撼和惊讶。"③

在国外学者研究过程中，由于其局限性及意识形态影响，也有人对中国共产党抱有敌意。在英国《金融时报》记者理查德·麦格雷戈（Richard McGregor）向人们揭秘。在副标题为"中国共产党领导者的秘密世界"的《党》一书中，他第一次向世界展示了中共这个世界上"具有唯一规模和权力"的政党，是怎

---

① 《国内外十学者纵论中国道路》，《中国社会科学报》2009年8月28日。
② 《中国共产党成立90周年》，西班牙中国政策观察网2011年6月26日：http://news.xinhuanet.com/world/2011-06/29/c_121597897.htm。
③ 《5位外国知名学者：中共是世界的某种政治标杆》，《环球时报》2011年6月14日。

样掌管政府、军队、媒体、法院以及在内部处理腐败成员的。在其充满挑衅的叙述当中,他认为中共是对世界产生重大影响的政党,对法律并不感冒,而且只有美国才是其对手。他的观点在西方标注为"诚实的讲述",迎合了西方对中国的某种想象,我们必须引以为戒。

4. 社会主义市场经济是列宁"新经济政策"的延续吗?

国外学者对中国实行社会主义市场经济的成就基本持肯定态度,认为市场经济对中国发展功不可没。日本共产党资深理论家不破哲三在《马克思的科学观——21世纪的资本主义和社会主义》一文中认为,中国自1992年以来推行了"社会主义市场经济"的政策,而市场经济原只属于资本主义。"列宁挑战市场经济的历史与中国1949年之后所有的道路有很多相似的地方,中国的发展进程也类似于列宁实施新经济政策时的基础,可以说,今天的中国正进入一个类似列宁提出的'新经济政策'阶段。"(此处引号是否该如此修改)① 美国左派学者詹姆斯·劳勒指出,现在是社会主义向社会主义高级形态过渡时期,这种过渡论主要源于列宁的新经济政策理论,认为中国的社会主义市场经济就是新经济政策的中国版本;认为中国社会主义建设条件尚不成熟,社会主义市场经济可以为奠定社会主义政治、经济、文化基础服务。②

但是传统左翼学者对市场经济持否定态度。他们认为这既不是属于社会主义,与列宁的"新经济政策"也大相径庭。中国社会主义市场经济已经是资本主义的一种形态,或者是资本主义原始积累阶段或者是国家资本主义阶段。持这种看法的人中有人认为中国的腐败官僚、资本家和小资产阶级已经联合起来。迈里斯·迈斯勒(Mailisi Maisile)认为1960~1976年之间毛主义时期是中国社会主义的最高点,后来中国就偏离了社会主义方向。乔·安德斯(Joel Andreas)的《中国颜色的变化》一文中,就认为在改革初期(1978~1992年),社会主义经济在中国仍然占主导地位,但是,现在正在改变颜色。随着20世纪90年代初期限制私有企业规模和外国投资的政策被取消,各级官员鼓励要推动两者的发展,到2000年中国国内资本主义经济也迅速增长……劳动力和生产资料的分离,中国的改革最终被私有化和资本逻辑支配。③ 将中国社会主义市场经济看做国家资本主义的人主要是托洛茨基主义者、毛主义者和保罗·斯威齐(Paul Sweezy)等

---

① [日]不破哲三.マルクスの"科学の目"——二十一世紀の資本主義と社会主義,発行ジャパンプレスサービス、2003。
② http://www.wyzxsx.com/Article/Class17/200607/8468.html。
③ Joel Andreas:*Changing Colours in China*,New Left Review,No.52,Nov/Dec,2008.

独立学者。他们认为社会经济控制在党国官僚手中,特权阶层正在进行资本积累,将工人创造的财产当作私有财产,将国家的财产变成私人财产。

值得注意的是,中国市场经济也被看做一种介于计划经济与新自由主义之间的发展模式。国外学者认为,中国的经济改革是对国际货币基金组织(IMF)和世界银行(WB)一种政策上的挑战,因为 IMF 以及 WB 所主张的新自由主义模式中有两个关键性支柱要素,即市场自由化和私有化,而中国共产党和政府显然在其中发挥了调节作用。在他们看来,标准的 IMF 以及 WB 的方式是支持资源的自由流动以及使用"未被扭曲"的市场价格(包括工资)来支配资源的。根据这种方式,如果一个国家的资源所有权主要掌握在私有人手里,并根据其先天的比较优势来配置资源,那么这个国家所做的一切调控与这种模式并不兼容。澳大利亚格里菲斯大学学者指出,中国的经济改革创造了一种与新自由主义完全不同的市场经济。1993 年以来中国共产党实行了"具有中国特色的社会主义",正式用市场和公共所有制(publicownership)代替了指令性计划和国有制,并将之作为中国社会主义经济的核心特征和意识形态的重要支柱,更重要的是,中国没有毫无保留地支持新自由主义改革。毛泽东之后,中国共产党采取了一种更加自由的方式来管理国家的经济,这与共产主义正统理论存在着某些不一致。虽然共产党维持了它作为执政党的权力,但要继续保持这种权力就必须进行自我创新,到目前为止,它通过吸收那些在市场改革中获得权力的新社会阶层来重塑自己的支持基础,这是其作为执政党权力的关键性因素,并保证了中国的市场改革将继续背离标准的新自由主义模式。①

5. 是否存在"中国模式"?

2004 年 4 月,新加坡《联合早报》发表文章指出,经过 20 多年的改革,中国迅速崛起,为第三世界国家提供了一个有别于西方的发展模式。同年 5 月,英国伦敦外交政策中心发表了美国著名中国问题研究专家乔舒亚·库珀·雷默(Joshua Cooper Ramo)一篇题为《北京共识:论中国实力的新物理学》的论文,对中国经济改革的成就作了分析,指出中国通过艰苦努力、主动创新和大胆实践,摸索出一个适合本国国情的发展模式,他把这一模式称为"北京共识"。

而也有学者以"中国正处于从计划经济向市场经济的转型期","将伴随有急剧的社会变革和政治变革"为由,否认中国模式的存在。英国学者里奥·霍

---

① Leong Liew: *China's Engagement with Neo-liberalism: Path Dependency, Geography and Party Self-Reinvention*. The Journal of Development Studies UK, Feb. 2005.

恩在（Leo Horn）2008年7月29日《金融时报》上发表《中国模式背后的真相》一文，说中国之所以成功，恰恰是因为没有什么"模式"，"中国模式"这个概念掩盖了中国经验中最重要的因素：把握机会。2009年6月，哈佛大学教授傅高义又以中国与东南亚四小虎的成功"有相似之处"为由，说它应"属于亚洲后期快速发展的一种模式"，而否认有什么中国模式。

郑永年在新加坡《联合早报》发表文章认为，"理性而言，中国模式是客观存在的，就像是盖房子，房子盖好了，肯定有个模式。问题在于如何看待和评价这所房子？"但是用科学的客观的方法，还是用"审美"的方法？"如果是后者，那么政治化和道德化等倾向就变得不可避免"，"很显然，这种局面的持续，并不能对人们认识中国模式有很大的帮助"。① 对于世界来说，中国模式"对发展中国家来说更多的是发展经验问题"，对西方来说"更多的是一种价值问题"。②

在不少学者看来，"中国模式"具有如下特点：第一，中国始终把保持稳定放在首位；第二，中国把消除贫困看做是现代化建设的首要任务，并在这个领域取得了辉煌的成绩；第三，实事求是；第四，采用了比较渐进的方式推动改革；第五，确立了比较正确的改革顺序；第六，以开放的态度，有选择地学习别人的一切长处，但以我为主，绝不盲从。美国思想家福山指出，人们将许多不平等现象归咎于美国式的资本主义，全世界对这些不平等现象的不满，可能会将人们的注意力更多地转向像中国这样的社会主义模式，从而结束美国的霸权地位。这是西方有识之士可贵的远见，我相信，历史的发展也必将证实这一点。③ 美国学者阿里夫·德里克指出，"中国模式"社会主义革命中"民族经济的一体化、自主发展、政治和经济的主权以及社会平等等这些主题是'中国模式'中最重要的内容"。④ 俄罗斯共产党主席久加诺夫（Геннадий Андреевич Зюганов）认为："中国成功的公式是：社会主义＋中国民族传统＋国家调控的市场＋现代化技术和管理"（2004年4月29日《苏维埃俄罗斯报》）。但是"中国模式"也并不完美：环境严重恶化，贫富差距拉大，官员的腐败，内需也没有得到有效拓展等。在这点上，俄罗斯学者亚科夫-贝格尔（Yakov Berger）的看法很有代表性，他认为与经济增长的高速度相比，社会回报不高。正因为重大的社会问题没有得到解决，经济的稳定发展就缺乏根基；社会发展滞后使经济发展结构失调，从而变得矛盾重重。社会发展与经济增长的不协调，还使就业问题、社会两极分化、城

---

① 郑永年：《为什么要提"中国模式"？》，《联合早报》2010年5月4日。
② 郑永年：《中国模式：经验与困局》，浙江人民出版社2010年版，第2页。
③ 《世界聚焦中国特色社会主义：徐觉哉研究员访谈》，载《国外理论动态》2008年第10期。
④ ［美］阿里夫·德里克：《中国发展道路的反思：不应抛弃社会主义革命的历史遗产》，载《当代世界与社会主义》2005年第5期。

乡差距变得越来越严重。① 应该说，"中国模式"概念不失为一个新颖的视角，这个视角既包含马克思主义中国化的理论指导，又涉及中国特色社会主义的经济、文化、政治和社会等各个方面内容；既有对马克思主义中国化道路的内涵思考，也有对中国经验、中国实践面临各种问题的反思。在这个意义上，"中国模式"内涵丰富，具有挑战性，有利于加强马克思主义中国化的整体性研究。

四、国外有关马克思主义在中国发展研究的趋势

马克思主义在中国的发展是一个重大而复杂的历史性课题，而今探索中国的快速发展又成为国外学者近年来研究的另外一个历史之谜。随着研究的深入，国外学者的研究深度和广度也在不断提高，对马克思主义中国化的进一步发展有所裨益。

1. 更加关注中国和谐社会建设与民主政治问题

西方学者对中国共产党提出"构建社会主义和谐社会"的思想渊源极感兴趣，很多学者从不同角度作出了不同解读。《欧洲时报》的社论说，自从中共提出构建和谐社会的思路后，"和谐"成了当今中国最时髦的一个词汇。在国内努力构建和谐社会的同时，在国际上把建设和谐世界作为外交努力的方向，这也是中国的亮点。《联合早报》文章认为，在发展问题上，西欧模式、日本模式、美国模式都没有很好地处理经济效率与社会公平的问题，而中国正在探索的发展模式，通过"小康社会"而达致"和谐社会"是一个很好的战略设想。加利福尼亚大学戴维斯分校经济学教授、哥伦比亚大学东亚项目主任吴永泰在《社会主义和谐社会：中国的可持续发展探索》一文中，对中共中央提出"构建社会主义和谐社会"战略思想的实质进行了高度评价。他指出：中共中央提出构建社会主义和谐社会，从强调经济发展为中心转为强调"以人为本"的社会和谐为中心，实质上是对民主实践、法治、收入平等的新强调。这种转折可以与邓小平1992年提出建立社会主义市场经济相媲美。他还认为"和谐社会目标代表了中国体制的根本改革，远远超出了经济体制改革的意义"。②

---

① ［俄］贝格尔：《中国的社会经济问题》，载［俄］《远东问题》2004 年第 3 期。
② Wing Thye Woo："A Harmonious Socialist Society or Bust：China's Quest for Sustainable Development" "Car-negie's China Debate Series"，Reframing China Policy：The Carnegie Debates，Debate 2：China's Economy，December 1，2006.

德国杜伊斯堡大学东亚政治学教授托马斯·海贝勒（Thomas Heberer）从政治参与的角度研究了中共提出"构建社会主义和谐社会"的思想渊源，他认为中国领导层提出的"和谐社会"这一概念与"权威性的社群主义"有着密切的联系。因为从中国的政治发展过程看，中国正在日益从统治向治理转型，它需要越来越多有能力的、负责的公民有意识地参与社会事务。① 同时，托马斯·海贝勒还认为：中共倡导的"社会主义和谐社会"，也是对中国传统儒家"大同"理想社会的一种复归，这是一种以社会平等、政治和谐为特征的社会，是与以消费主义、物质财富、利润最大化为特征的新自由主义市场社会相反的。② 对于这种认为和谐社会是传统儒家思想的复归的观点，也有西方学者提出了不同看法。有学者认真比较了"八荣八耻"与清朝顺治年间颁布的六条"乡约"的内容，指出尽管一些西方观察家认为"社会主义和谐社会"是中国共产党对儒家思想的复兴，但是无论是在价值观还是在概念方面，十六届六中全会提出的"社会主义和谐社会"与儒家的传统"和谐社会"观几乎没有共同之处。③ 但是，无论哪种观点事实上都表明西方学者没能对中共"构建社会主义和谐社会"的思想渊源作出正确解读。

很多西方学者虽然对中共构建社会主义和谐社会的目标给予积极评价，但对其前景作出了不恰当的描述。如沈大伟指出：构建社会主义和谐社会的目标是值得赞扬的，它代表了一种对过去不惜一切代价发展经济的方式的否定和转变。这种正确的规划在群众中引起了共鸣，以胡锦涛为总书记的中共中央由此得到人们的肯定与赞扬。但这种目标的前景，沈大伟认为，在很多方面，这种目标是可以实现的；但是在其他很多方面，使体制固有的问题好转，是很不容易的。④ 郑永年认为，中共十六届六中全会将"构建社会主义和谐社会"定为主题，中国建设和谐社会的重点已经悄然从思想意识形态层面的论证转移到制度建设层面。尤其是 2006 年一连串法律、法规和政策的出台更是说明了这一点。但是作者也指出，所有这些法律和规章的通过，并不能等同于它们所针对的问题从此可以解决了。在实践层面，法律和规章的实施要比它们的制定来得重要。建设和谐社会是当务之急，一种能够保障基本社会正义的制度环境的确立必须建立在社会成员的

---

① [德] 托马斯·海贝勒：《关于中国模式若干问题的研究》，载《当代世界与社会主义》2005 年第 5 期。

② Thomas Heberer and Gunter Schubert："Political Reformand Regime Legitimacy in Contemporary China"，April，2006.

③ Alice L. Miller："Hu Jintao and the Sixth Plenum"，China Leadersh？Monitor，No. 20，Winter 2007.

④ David L. Shambaugh："China's Communist Party：Atrophy and Adaptation"，University of California Press，2008，P. 116.

广泛参与的基础之上。①

多年来，西方舆论对中国的描述大都把它归结为经济自由加政治专制和压制，把研讨重点放在经济改革和发展上面，而给中国政治体制扣上"专制"、"独裁"、"威权"等帽子。例如美国智库企业研究所在2007年年底《美国人月刊》上发表文章把中国模式分为两个组成部分：一是仿效自由经济政策的成功要素；二是"允许执政党保持对政府、法院、军队、国家安全机构以及信息自由流通的牢牢控制"，文章称为"政治压制"。如果按西方国家民主指数来评定的话，支撑中国民主制度的人民代表大会制度和中国共产党领导下的多党合作与政治协商制度就会变得一无是处。然而，在美国民主理论家拉里·戴尔蒙德（Larry Diamond）主编的《中国的选举与民主》（2001）中，大部分作者对中国的民主化前景表现出乐观态度。印度信息网的文章也认为，世界上并不是只有西方民主一种模式，只要坚持民主本质，即人民当家做主，就是一种有效的民主。与西方民主中强调竞争、参与不同，中国民主强调人民当家做主，这种民主制度适合中国的国情，所以"中国式民主制度正在成为世界民主制度的一种新模式"。

很多学者认为市场化改革不仅改变了中国人的精神气质，而且培育了中国民主发展所需要的公民文化。在未来15年到20年，中国社会将为这些人所主宰，"诸多领导岗位将被这些有民主思想的人所占据"②。安德鲁·默瑟（Andrew Mertha）和亨利·罗恩（Henry Rowen）的研究表明，市场化改革增强了中国公民的权利意识，吴苹等"钉子户"的出现，意味着中国公民开始"要求国家在保护私有财产权方面承担责任"③，"要求政府遵守它所制定的法律"④。王燕莱（Yanlai Wang）等学者调查发现，改革开放使中国的公众变得更加宽容，"超过一半的被调查者愿意在教学与出版领域容纳不同观点，超过70%的被调查者愿意在公共讨论中容纳不同观点"⑤。从政治文化与民主化的关系看，旅美华裔学者史天健（Tianjian Shi）教授发现，"调查数据并不支持中国的政治文化是民主

---

① 《外媒：中国建设和谐社会重点已移到制度建设层面》，中国新闻网2006年10月3日，http://chinanews.corn.en/other/news/2006/10-03/799476.shtml。

② Zhengxu Wang："Public Support for Democracy in China"，Journal of Contemporary China，Volume 16, Issue 53，2007，P. 579.

③ Andrew Mertha："Fragmented Authoritarianism 2.0: Political Pluralization in the Chinese Policy Process"，The China Quarterly，Volume 200，2009，P. 996.

④ Henry Rowen："The Short March: China's Road to Democracy"，The National Interest，Fall 1996，45，pp. 63 – 64.

⑤ Yanlai Wang，Nicholas Rees，Bernadette Andreosso Callaghan："Economic Change and Political Development in China: Findings from a Public Opinion Survey"，Journal of Contemporary China，Volume 13，2004，P. 21.

的绝对障碍。……并不证明民主是无望的结论"。①

以村民直接选举与自治为核心内容的中国农村政治改革与发展，也是近 10 年来国外学者关注的焦点。新加坡国立大学东亚研究所郑永年教授从国家制度建设的视野分析村民选举这个问题时，强调中国民主道路要走自己的路，也就是"有中国特色的社会主义民主"，这种民主的价值取向不能照搬西方的民主理论预设。他认为，历史是开放的，民主政治更是一个开放体。民主政治具有多种形式，发展民主政治的途径也是多样化的。这就是为什么中国一而再、再而三地拒绝西方式民主，但同时又积极努力根据实际情况来发展中国民主。"中国不拒绝民主，但也不简单输入民主。这是中国有序民主的希望。"②

2. 更加关注中国特色社会主义制度

国外学者一致认为中国发展的路径建立在特殊的体制上。美国普渡大学教授洪朝辉在《中国特殊论：中国发展的困惑和路径》一书中认为，中国开创的这条道路是建立在特殊的中国体制与文化之上的，它"不以现有的经典理论为指标，不以各国的历史与现状为参照，完全是依据中国近 30 年的各种发展现实为实证分析的基点，价值中立地分析中国的客观现实对世界常识的挑战和对经典理论的证伪"。他举了三个例子，作了论证和说明：其一，中国现行的经济制度，既不是西方教科书上所讲的社会主义的计划经济，也不是西方典型的市场经济，它是建立在中国特殊的政治制度、文化传统和社会结构之上的政治权力与经济资本杂交的混合经济。这种特殊的经济体制在西方的教科书上几乎为空白，它与西方从农业社会向工业社会和苏联由计划经济向市场经济的过渡都不同。它是"看得见的手"（权力）和"看不见的手"（市场）互相杂交之后所产生的一种新的独立经济形态，并受到中国的孔孟文化、政党文化和商品文化的三重影响，所以它有可能不是过渡的和暂时的，而可能是相对独立和持久的。其二，特殊的混合经济必然产生特殊的社会阶级。令人瞩目的是，中国新兴的富豪阶层虽然具有独立的财产，但很少追求独立的政治地位，他们不是政治权力的制衡，因为他们当初的财富积累与在政治上得到的支持密切相关。西方学者所期望的类似欧洲新兴资产阶级所领导的早期资产阶级革命，不大可能在中国出现。其三，西方学者对中国所特有的"有效稳定"和"内部制衡"的政治文化机制缺乏一定的认

---

① Andrew J. Nathan and Tianjian Shi: "*Cultural Requisites for Democracy in China: Findings from a Survey*", Daedalus, Spring 1993; 122, 2; P. 116.

② ［新加坡］郑永年：《先有制度基础，后有民主政治》，《环球时报》2008 年 1 月 15 日。

识。中国文化向来存在"稳为先、变为次"的传统,而且"稳得快、变得慢"也是融化在中国人血液中的重要基因。中国政治文化中尽管缺乏西方所固有的以外部制衡为特征的三权分立和多党制约,但自古并不缺乏内部制衡的传统,如天制衡帝、官制衡士、宦官制衡外戚等。同样,今天的中国政界因为博弈所产生的制衡和监督效应,往往被西方学者所忽视和轻视。其实,正是中国政治治理结构中始终存在着一定程度的分权与制衡,所以中国的核心领导层能够不断地调整,为中国的发展保存和延续了相当的潜力和活力。①

当然,中国特色社会主义制度是需要完善的。美国乔治华盛顿大学艾略特国际关系学院中国政策项目主任、教授沈大伟用"party state"来形容中国特色的社会制度,他认为有以下特点:"第一,中国的政治体制是独特的,但不可对外移植。中国共产党的确把一个苏维埃式的体制演变为今天这样一个混合政体,尽管仍保留着原有体制的典型要素,但也为党内民主及公众参与提供了更大空间,更加注重任人唯贤和高效治理。第二,中国的经济体制也是个混合体。虽然国有经济比重大幅缩减(占国民经济约30%),但国家仍然主导着经济生活。另一方面,集体经济规模依然庞大(占30%左右),私营经济比重升至40%左右。中国经济的成功很大程度上还归功于将自由市场机制引入农村农业领域(但仍有一定国家补贴和价格支持)。这些要素是中国特有的吗?单个看都不是,放在一起,特性就出来了。但关于是否可以移植的问题,鉴于中国的巨大规模、中央和地方政府在经济运行中的强大控制权,答案或许是否定的。第三,过去30年间,中国瓦解了原有的社会福利制度,使上亿人无法获得充分的医疗、失业保险、教育优惠及其他许多社会服务。中国人只能通过维持世界上最高的储蓄率,仰赖隐性补贴和家庭关系来缓冲这些费用和无法预料的个人不幸带来的压力。重建社会福利服务体系是中国未来面临的一大挑战。第四,中国在外交领域提出的诸如'和平共处五项基本原则'、'新安全观'、'国际新秩序'、'战略伙伴关系'和'和谐世界'等概念,都别具特色。但是,尽管中国一直在推动这些概念,许多国家却不愿效仿和实践它们。总之,中国的发展历程中虽有一些独特要素,但无法轻易移植到他国。"② 同时,他还提出了相应的建议:"当下中国的一个事实是,美国必须要审慎考量中共政治体制。我认为,这种政治体制会在外界压力下保持坚定,慢慢地发展成自己的特色。中国政治肯定会逐渐变得更多元、更自由。许多政治体制改革,包括一些党内改革,都与外界看中国的视角不太一样,

---

① Chaohui Hong: "*The China Uniqueness-Dilemmas and Directions of China's Development*", New York: Cozy House Publisher. 2004.
② [美]沈大伟:《一个美国人眼中的"中国模式"》,在北京"中国道路:回顾与展望"国际论坛上的发言,中国中共文献研究会主办,2010年5月24日。

但这个政治体制正在变得更透明、更负责任、更精英化、更特殊、更有效。"

至于未来中国特色社会主义制度的走向,很多学者也给出了自己的答案。俄罗斯科学院远东研究所研究员认为,从中共十六大到现阶段党政改革领域的政治建设,可以概括为"在科学发展观基础上由经济现代化转向构建和谐社会"。中心任务是完善国家管理体制,工作重心转向推行政府行政改革,建设服务型政府,同时加强反腐败斗争。在政治实践中逐步推行以防范和调控社会"利益冲突"、保持社会稳定为宗旨的党政制度。改革干部人事制度,防止党政高层精英像苏联在20世纪七八十年代那样成为封闭性团体和"领导层自我复制"。① 新加坡国立大学东亚研究所教授郑永年认为:"国家制度建设就是中国30年政治改革的核心。如果中国不能建立这些可以提供现代国家服务的制度,那么就很难成为一个现代国家","社会改革是中国今后几十年渐进改革最重要的制度保障。社会改革就是要消化经济改革产生的一系列负面效果。经济改革一方面创造了世界经济史的奇迹,另一方面,我们今天看到的一系列问题也和中国经济的发展模式有关系。社会改革也是要为未来经济发展找到新的增长点。未来经济增长必须依靠内需。另外,社会改革也是为未来的政治改革做准备"。②

3. 更加关注中国形象和角色定位

2010年8月,中国第二季度GDP已经超过日本,成为仅次于美国的世界第二大经济体。一时间,《中国经济登临巅峰看似势不可当》、《美国还能挡住巨龙多久?》等标题占据国外媒体版面,中国发展现状及其未来走势再次成为国际舆论关注的焦点。继"责任论"、"G2论"等论调后,又出现了有关中国角色定位的新观点。

"发达国家论"。国外舆论认为经过30多年的高速经济增长,中国已经不是发展中国家了,而是一个发达国家。而何时超过美国就成为金融危机以来被热议的话题。高盛首席经济学家奥尼尔表示:"我们现在预测,到2027年中国将挑战美国的头号经济大国地位。""这比我们原先的估计提前了10年左右。"野村证券预测中国的国内生产总值将在10年后超过美国。经济学家罗伯特·福格尔预言到2050年,中国经济将在世界各国国内生产总值中占40%,而美国经济所占比例将缩减至微不足道的14%。与此相应,舆论认为中国应该承担与其经济规模相适应的大国责任,他们把中国说成是全球温室气体排放第一大国,为此应在

---

① [俄]玛玛耶娃:《中国的政治改革:阶段与方向——对中共和苏共若干要素的比较分析》,在北京"中国道路:回顾与展望"国际论坛上的发言,中国中共文献研究会主办,2010年5月24日。
② [新加坡]郑永年:《中国模式:经验与困局》,浙江人民出版社2010年版,第108页。

减排上承担与其相应的责任。目前，WTO、联合国、欧盟等世界上各主要国际组织都没有把中国列为"发展中国家"。但我们应注意到以中国目前还有 1.5 亿人达不到联合国 1 美元/天收入的标准，还有 4 000 多万人没有脱贫的现实来看，中国现在是并且在可以预见的相当长时期内都将是发展中国家。无论如何，"发达国家"的标签是不适合当代中国的。

"中国时代论"。"中国模式"不仅带来中国经济的发展，更重要的是迎来了"中国新时代"。正如 2010 年 8 月，《澳大利亚人报》网站刊载瑞士商学院国际政治经济学教授让·皮埃尔·莱曼的文章《当我们进入中国时代，一切都不确定》提出："中国经济也有脆弱性，但是有一点可以肯定：19 世纪属于欧洲，20 世纪属于美国，现在，世界似乎进入了可能被大家认知的中国时代。"伦敦政治经济学院教授马丁·雅克则在 2010 年 1 月出版的《当中国统治世界：中国的崛起和西方世界的衰落》中文版中写道："中国的崛起将意味着她的历史、文化、语言、价值、机制和企业将会影响全世界。如果说 1978 年以来，世界带给中国的改变要大大多于中国带给世界的改变，那么这种进程将很快发生逆转——中国带给世界的改变将远远多于世界带给中国的改变。"法国《世界报》发表题为《中国没有觉醒而是苏醒》的文章中高调指出："21 世纪是亚洲的世纪，是中国的世纪。"总之，西方的历史时刻正在悄悄退去，历史的"接力棒"正传向东方——尤其是中国。这种观点实际上既忽略了中国与世界之间的良性互动关系，也忽略了外部世界尤其是以美国为首的西方发达国家依然保持着强势影响力和作用力。

"国家资本主义论"。国外舆论认为所谓中国经济的成功是以强有力的政府控制和近乎无所不能的国有经济为前提的，这种政府控制式的国家资本主义是全球市场经济的最大威胁，并将最终要被自由市场经济击败。纽约政经风险咨询公司欧亚集团创始人伊恩籀布里默认为，现在世界上有一个自由市场模式，还有一个国有资本模式，中国就是国有资本模式的代表，是金融危机和中国政府强大的自信心造就了中国国家资本主义的兴起。卡内基国际和平基金会高级研究员认为，中国国家资本主义的发展特征主要体现在国有企业在经济中的主导性发展。2003 年后中共领导人的政策选择与中共执政合法性的需求，共同促进了以国有企业高速发展为代表的中国"国家资本主义"的发展。他还预测说，在 2012 年之前，中国将延续以国有企业为主导的国家资本主义发展模式。以研究"中国式资本主义"闻名的美国麻省理工学院教授黄亚生指出，2009 年，中国政府在企业部门中的影响急剧扩大。政府除了涉足房地产、酸奶等各个行业，与过去相比，中国政府现在不过是以更大的规模运营。Ian Bremmer 在最近出版的新书《自由市场的终结：谁将在政府与企业的战争中胜出》中明确把中国称为"是典型的国家资本主义"。这些观点无视中国特色社会主义道路的实质，还是西方中心主义和历史终结论的翻版。

"日本第二论"。中国经济发展轨迹表明,今天的中国就像另一个日本一样,建立在出口依赖和固定资产投资基础上的经济增长之后必将是长期的停滞和衰退,中国很可能重蹈日本的覆辙。美国查普曼大学研究员乔尔·科特金在刊发于《福布斯》网站的一篇题为《中国综合征》的文章认为,就像过去的日本一样,"中国很难超越美国并且可能遭遇较大逆境","美国人确实应当担心地位下降的可能性,但是认为中国必将成为世界霸主的成见——就像20年前对日本霸权的恐慌一样——实际上可能被严重夸大了。通常,一国经济飞速发展不会持续很久,而经济高速增长只是许多预测的出发点。最终,成本上升,国内压力加大,固有的局限性将制约经济增长,甚至引起经济逆转"。约翰·梅金等有影响的美国经济学家纷纷猜测,中国很快要忍受自己"失去的十年",理由是中国会出现一个日本式的经济低迷期。这个论点在一定程度上道出了中国成长道路上应该注意的问题,但是它把基本国情以及现代化道路根本不同的中国与日本作简单类比,多少有些危言耸听。

"中国不确定论"。在越来越多的人把中国经济崛起视为一个确定事实的同时,有些人总是怀疑中国的发展模式是否可持续,对于强大的中国可能带给现有世界体系的冲击及挑战深表忧虑。今年8月6日,英国专栏作家伊恩·米尔斯在《世界政治评论》发表文章认为:"中国的必然崛起越来越成为一种主流立场。不过,一系列的文化、政治和经济因素将成为中国前进道路上的重大障碍。"怎样消除这种不确定性呢?2010年1月3日《土耳其周刊》刊登普林斯顿大学历史和国际关系学教授哈罗德·詹姆斯的文章《马克思主义的复兴》,他认为:"中国领导人所面对的真正挑战,其实是要提出一套条理分明清晰易懂的世界观,以消除周边国家和地区的疑虑。"早些时候,西方世界接纳中国进入其主导的世界经济体系,认为只要中国进入了这个体系,中国的行为就会改变,但现在他们感到,中国这样一个大国的行为是很难根据西方的期望而得到改变的,同时他们对这个体系能否有效地制衡中国也感到不确定。在政治和战略上,西方的"中国不确定性"更严重。在政治上,西方原本期望中国随着经济市场化和加入世界经济体系,中国政治制度也会随之变化,但这种情况显然并没有在中国出现。令西方感觉最不确定的是中国经济崛起的战略后果。在历史上,一个崛起中的大国往往会挑战既存世界权力格局,因为崛起中的大国往往会把其经济力量通过军事现代化转化成为军事力量。

但是,不管国际风云如何变幻,只要不发生世界大战,中国致力于改革开放和社会主义现代化建设的发展信念不会动摇,坚持走科学发展、和谐发展以及和平发展的中国特色社会主义道路不会改变。①

---

① 以上内容参见张西立:《国外有关中国发展现状的舆论动向》,《学习时报》2010年10月6日。

改革开放以来有关大事记

1976年10月粉碎"四人帮"取得了胜利,华国锋在这场关系党和国家命运的斗争中起了决定性作用,他在领导揭批"四人帮"和动员全党全国各族人民建设社会主义现代化强国方面作出了很大努力。整顿党和国家组织,平反冤假错案缓步进行,党内外越来越强烈地要求系统地纠正"文化大革命"的错误,但是遇到了严重阻碍,一个重要原因就是当时仍然受到"两个凡是"(即"凡是毛主席作出的决策,我们都坚决维护,凡是毛主席的指示,我们都始终不渝地遵循")错误方针的影响……

1978年

2月和6月,《人民日报》先后报道了安徽省、四川省落实农村经济政策的经验。这两个省分别在1977年11月和1978年2月制定有关调整农村经济政策的《规定》,得到了广大农民的拥护,并立刻见了成效。

2月至3月,在第五届全国人民代表大会第一次会议上,华国锋提出在本世纪内把我国建成伟大的社会主义现代化强国,到1985年要建设一百二十个大项目,包括十大钢铁基地、九大有色金属基地、十大油气田等。这些举措加剧了国民经济的比例失调。

3月,邓小平在全国科学大会上讲话,提出科学技术是生产力,"四化"的关键是科学技术的现代化。我国知识分子的绝大多数已经是工人阶级的一部分,是党的一支依靠力量,要造就更宏大的科学技术队伍。

5月,《光明日报》刊登特约评论员文章《实践是检验真理的唯一标准》,论述马克思主义理论宝库不是教条,必须在实践中不断增加新的内容。这篇文章引发了关于真理标准问题的大讨论,为党的十一届三中全会准备了思想条件。

9月,邓小平在外地视察多次谈到,怎样高举毛泽东思想旗帜,是个大问题。摆在我们面前的问题,关键还是实事求是、理论与实际相结合、一切从实际出发。

11月至12月，中共中央工作会议讨论把全党工作着重点转移到社会主义现代化建设上来。邓小平作《解放思想，实事求是，团结一致向前看》的讲话，提出解放思想是当前的一个重大政治问题；民主是解放思想的重要条件；处理遗留问题为的是向前看；研究新情况，解决新问题。这篇讲话实际上成为随后召开的党的十一届三中全会的主题报告。

12月，中共十一届三中全会批判了"两个凡是"的错误方针，高度评价了关于真理标准问题的讨论，确定了解放思想、开动脑筋、实事求是、团结一致向前看的指导方针；果断停止使用"以阶级斗争为纲"的口号，作出了把工作重点转移到社会主义现代化建设上来的战略决策；提出要注意解决好国民经济重大比例严重失调的要求，制订了加快农业发展的决定；提出健全社会主义民主和加强社会主义法制的任务；审查和解决了党的历史上一批重大冤假错案和一些重要领导人的功过是非问题。全会形成以邓小平为核心的中央领导集体，实现了伟大的历史性转折。

这一年国内生产总值3 624亿元（比上年增长11.7%）。全国财政收入1 132亿元。全年社会商品零售总额1 559亿元，商品零售价格指数比上年增长0.7%。全国进出口贸易总额355亿元，入超20亿元。城镇居民家庭人均可支配收入343元，农村居民家庭人均纯收入134元。

1979年

1月，全国人大会常委会发表《告台湾同胞书》，指出实现中国的统一，是人心所向，大势所趋。建议海峡两岸首先结束军事对峙状态；尽快实现通航通邮；发展贸易，进行经济交流。《人民日报》先后报道四川省广汉县、贵州省开阳县、云南省元谋县、安徽省和广东省实行农业生产责任制的情况。全国各地陆续出现各种形式的农业生产责任制，我国农村形势发生了重大变化。

1月至2月，胡耀邦在理论工作务虚会上指出，要总结理论宣传战线的基本经验教训，继续扫清前进道路上的思想障碍，研究和解决层出不穷的新问题。邓小平应邀访问美国，指出只要台湾回归祖国，我们将尊重那里的现实和现行制度。

3月，中央政治局会议决定用三年时间调整国民经济，改变过去"以粮为纲，以钢为纲"的提法。邓小平在会见香港总督时提出，1997年收回香港后，香港还可以搞资本主义。邓小平在理论工作务虚会上发表《坚持四项基本原则》讲话，指出现在搞建设，也要适合中国情况，走出一条中国式的现代化道路。必须在思想政治上坚持社会主义道路,坚持无产阶级专政,坚持党的领导,坚持马列主义毛泽东思想。

6月,万里在安徽省凤阳县农村调查,肯定了当地实行的"大包干"生产责任制。邓小平在全国政协五届二次会议开幕词中指出:我们的革命统一战线已结成以工人阶级领导的、工农联盟为基础的社会主义劳动者和拥护社会主义的爱国者的广泛联盟。

6月至7月,五届全国人大二次会议通过全国工作重点转移和对国民经济实行"调整、改革、整顿、提高"八字方针的决策,为此必须改革目前生产关系和上层建筑中那些妨碍实现四个现代化的部分,扫除一切不利于实现四个现代化的旧习惯势力,这是现阶段所要解决的主要矛盾。

9月,中共十一届四中全会提出,我们要从中国的实际出发,努力走出一条适合我国情况和特点的实现现代化的道路;改革和完善社会主义经济制度和政治制度,发展高度的社会主义民主和完备的社会主义法制,建设高度的物质文明和高度的社会主义精神文明。

10月至11月,邓小平在中国文学艺术工作者第四次全国代表大会祝词中提出,新时期我国文艺工作的任务是要提高全民族的科学文化水平,发展高尚的丰富多彩的文化生活,建设高度的社会主义精神文明。

12月,邓小平在会见日本首相时说,我们要实现的是中国式的四个现代化,是"小康之家",即到本世纪末,实现国民生产总值人均一千美元。

这一年国内生产总值4 038亿元(比上年增长7.6%)。全国财政收入1 146亿元。全年社会商品零售总额1 800亿元,商品零售价格指数比上年增长2.0%。全国进出口贸易总额455亿元,入超31亿元。城镇职工年平均工资为614元,农村居民家庭人均纯收入160元。

1980年

1月,邓小平指出,80年代我们要做的三件大事:在国际事务中反对霸权主义,维护世界和平;台湾回归祖国,实现祖国统一;加紧经济建设,就是加紧四个现代化建设。三件事的核心是现代化建设,因此要有一条坚定不移的、贯彻始终的政治路线;要有一个安定团结的政治局面;要有一股艰苦奋斗的创业精神;要有一支坚持走社会主义道路的、具有专业知识和能力的干部队伍。邓小平在听取包产到户的情况汇报时说,我们要按照到本世纪末达到小康这个目标,考虑我国经济发展的速度,考虑农村经济的发展。

3月,邓小平对中央准备起草《关于建国以来党的若干历史问题的决议》提出指导意见：最核心的是确立毛泽东同志的历史地位，坚持和发展毛泽东思想；对新中国成立30年来历史上的大事，要进行实事求是的分析，包括一些负责同志的功过是非要做公正的评价；对过去的事情做个基本的总结，这个总结宜粗不宜细，引导大家团结一致向前看。

5月，中共中央、国务院批准《关于广东、福建两省会议纪要》，决定在广东省的深圳市、珠海市、汕头市和福建省的厦门市试办经济特区。邓小平就处理同兄弟党关系的原则发表谈话：各国的事情，一定要尊重各国的党、各国人民，由他们自己去寻找道路、去探索，去解决问题，不能由别的党充当老子党，去发号施令。

8月，邓小平在中央政治局扩大会议上作《党和国家领导制度的改革》的讲话，提出党和国家现行的一些具体制度中，还存在不少的弊端，只有对这些弊端进行有计划、有步骤而又坚决彻底的改革，人民才会信任我们的领导，才会信任党和社会主义。这些弊端多少都带有封建主义色彩，应该明确提出继续肃清思想政治方面的封建主义残余影响的任务，并在制度上做一系列切实的改革。这个讲话实际上是我国政治体制改革的纲领。邓小平在会见意大利记者时谈到，毛主席的功绩是第一位的。毛泽东思想主要是毛泽东同志的思想，包括老一辈革命家都参与了毛泽东思想的建立和发展。毛主席的错误是第二位的，要实事求是地讲他后期的错误。对于如何避免类似"文化大革命"的错误，要从制度方面解决问题，要认真建立社会主义的民主和法制。

12月，在中央工作会议上，陈云作了《经济形势与经验教训》的讲话，强调我们要改革，但步子要稳；目前的调整意味着某些方面的后退，而且要退够。邓小平在《贯彻调整方针，保证安定团结》的讲话中，强调必须坚定不移地执行三中全会以来一切行之有效的方针、政策、措施，继续把经济搞活，执行对外开放政策；安定团结的政治局面是继续巩固还是遭到破坏，是这次调整成败的关键。

这一年国内生产总值4 518亿元（比上年增长7.8%），全国财政收入1 160亿元。全年社会商品零售总额2 140亿元，商品零售价格指数比上年增长6.0%。全国进出口贸易总额570亿元，入超28亿元。城镇居民家庭人均可支配收入478元，农村居民家庭人均纯收入191元。

1981 年

3月，中央纪律检查委员会第三次全体会议决议指出，陈云提出的执政党党风问题是有关党的生死存亡的问题，对我们党的建设具有重大意义。

6月，中共十一届六中全会通过《关于建国以来党的若干历史问题的决议》，对新中国成立以来党的重大历史事件,特别是"文化大革命",对毛泽东的功过是非和毛泽东思想的基本内容与指导意义作出总结和评价。指出毛泽东思想是马克思列宁主义在中国的运用和发展,是被实践证明了的关于中国革命的正确的理论原则和经验总结,是中国共产党集体智慧的结晶。《决议》初步总结了十一届三中全会以来,党逐步确立的适合中国情况的社会主义现代化建设道路的十个要点。

7月,胡耀邦在庆祝中国共产党成立60周年大会讲话中指出,所有经验集中到一点,就是要有一条马克思主义的革命路线,要有一个能够确立和坚持这条路线的无产阶级政党。邓小平同中央宣传部门负责同志谈思想战线问题,重申坚持四项基本原则的核心是坚持共产党的领导,没有党的领导,肯定会天下大乱,四分五裂。

9月,叶剑英委员长就关于台湾回归祖国,实现和平统一问题提出九条方针政策,被称作"叶九条"。

10月,赵紫阳总理在墨西哥坎昆国际会议上,提出了国际合作五项原则。

12月,胡耀邦在省委第一书记座谈会上提出,要两手抓,在物质文明和精神文明的建设方面都取得令人满意的成就;在经济上要努力争取一个扎扎实实、没有"水分"的一定的发展速度,提高经济效益;努力争取社会治安、社会风尚和党风有一个好转。

这一年国内生产总值4 862亿元(比上年增长5.2%)。全国财政收入1 176亿元。全年社会商品零售总额2 350亿元,全年商品零售价格指数比上年增长2.4%。全国进出口贸易总额735亿元,入超0.1亿元。城镇居民家庭人均全部收入500元,农村居民家庭人均纯收入223元。

1982年

1月,中共中央批转《全国农村工作会议纪要》,肯定了不同形式的农业生产责任制,反映了亿万农民要求按照中国农村的实际状况来发展社会主义农业的强烈愿望。这是新时期中央关于农业政策的第一个当年"一号文件",此后连续4年有这样的"一号文件"。中共中央、国务院作出《关于国营工业企业进行全面整顿的决定》,要求用两三年时间,分期分批地对所有国营工业企业进行全面整顿,逐步建设起一种又有民主又有集中的领导体制;一支又红又专的职工队伍和一套科学的管理制度。邓小平在中央政治局讨论机构精简问题会上提出,精简机构不是对人的革命,而是对体制的革命。实现干部的革命化、年轻化、知识化、专业化,是革命和建设的战略需要。胡耀邦在中央书记处会议上说,我国的社会主义现代化建设,要利用国内和国外两种资源;要打开国内和国外两个市场；要学会组织国内建设和发展对外经济关系两个本领。

4月，邓小平在中央政治局讨论《关于打击经济领域中严重犯罪活动的决定》的会议上指出，必须坚持社会主义道路的四项必要的保证，即：体制改革；建设社会主义精神文明；打击经济犯罪活动；整顿党的作风和党的组织，包括坚持党的领导，改善党的领导。我们要有两手，一手就是坚持对外开放和对内搞活经济的政策，一手就是坚决打击经济犯罪活动。

6月，胡耀邦会见外国共产党领导人指出，中国共产党和各国共产党发展关系的原则是：独立自主、完全平等、互相尊重和互不干涉内部事务。

9月，中国共产党第十二次全国代表大会召开。邓小平在开幕词中提出了"建设有中国特色的社会主义"这一命题，党在新的历史时期的总任务是：团结全国各族人民，自力更生，艰苦奋斗，逐步实现工业、农业、国防和科学技术现代化，把我国建设成为高度文明、高度民主的社会主义国家。到本世纪末，我国经济建设的总的奋斗目标是：在不断提高经济效益的前提下，力争使全国工农业的年总产值翻两番，使人民的物质文化生活达到小康水平。

11月，邓小平在全国政协五届五次会议上说，一定要坚持"长期共存，互相监督，肝胆相照，荣辱与共"的方针，共同开创我国社会主义现代化建设的新局面。

这一年国内生产总值5 295亿元（比上年增长9.1%）。全国财政收入1 212亿元。社会商品零售总额2 570亿元，全年商品零售价格指数比上年增长1.9%。全国进出口贸易总额772亿元，出超57亿元。城镇居民家庭人均全部收入535元，农村居民家庭人均纯收入270元。

1983 年

1月，中共中央印发《当前农村经济政策的若干问题》，指出联产承包制是在党的领导下我国农民的伟大创造，是马克思主义农业合作化理论的新发展。邓小平指出，农村、城市都要允许一部分人先富裕起来，勤劳致富是正当的。各项工作都要有助于建设有中国特色的社会主义，都要以是否有助于人民的富裕幸福，是否有助于国家的兴旺发达，作为衡量做得对或不对的标准。

3月，胡耀邦在纪念马克思逝世100周年会上讲话，指出马克思主义发展历史的一条根本经验，就是各国党要根据自己的实际，决定自己的路线和政策。

4月，国务院发布《关于城镇劳动者合作经营的若干规定》、《〈关于城镇非农业个体经济若干政策性规定〉的补充规定》和《关于城镇集体所有制经济若干政策问题的暂行规定》，提出城镇个体经济是公有制经济的必要的、有益的补充；城镇集体所有制经济是社会主义公有制经济的一个重要组成部分，是我国基本的经济形式之一。国务院颁布《国营工业企业暂行条例》，规定国营工业企业实行党委领导下的厂长（经理）负责制和党委领导下的职工代表大会制。

6月，六届全国人大一次会议的《政府工作报告》指出，今后五年的主要任务是：动员全国各族人民全面和超额完成第六个五年计划，制定和执行第七个五年计划，把以经济建设为中心的各项建设事业继续推向前进，实现争取国家财政经济状况和社会风气的根本好转，在全面开创社会主义现代化建设新局面的斗争中取得重大胜利。

10月，中共十二届二中全会通过《关于整党的决定》，确定用三年时间分期分批地对党的作风和党的组织进行一次全面整顿。邓小平作《党在组织战线和思想战线上的迫切任务》的讲话，指出加强党对思想战线的领导，克服软弱涣散的状态，是全党的一个迫切任务。中共中央、国务院发出《关于实行政社分开，建立乡政府的通知》，人民公社政社分开，建立乡政府的工作陆续展开。

这一年国内生产总值5 935亿元（比上年增长10.9%）。全国财政收入1 367亿元。全年社会商品零售总额2 849亿元，商品零售价格指数比上年增长1.5%。全国进出口贸易总额860亿元，出超17亿元。城镇居民家庭人均全部收入573元，农村居民家庭人均纯收入310元。

1984年

1月，中共中央发出《关于1984年农村工作的通知》，指出重点是在稳定和完善生产责任制的基础上，提高生产水平，疏通流通渠道，发展商品生产。全国农业工作会议提出要用大胆探索、勇于改革的精神，巩固和完善联产承包责任制，迅速把主要精力转到抓好商品生产上来，使广大农民尽快富裕起来。

1月至2月，邓小平视察深圳、珠海、厦门和上海宝山钢铁总厂，指出我们建立经济特区，实行开放政策，有个指导思想要明确，就是不是收，而是放。

3月，中共中央、国务院转发农牧渔业部《关于开创社队企业新局面的报告》并发出通知，同意将社队企业名称改为乡镇企业，并提出发展乡镇企业的若干政策。

3月至4月，根据邓小平的建议，中央确定进一步开放由北至南14个沿海城市。5月，中共中央、国务院转发《沿海部分城市座谈会纪要》，指出沿海开放城市的建设，主要靠政策，一是给前来投资和提供先进技术的外商以优惠待遇；二是扩大这些城市的自主权，让他们有充分的活力去开展对外经济活动。

9月，中英两国政府发表关于香港问题的联合声明，中国政府决定在1997

年 7 月 1 日对香港恢复行使主权。香港将设立特别行政区，保持原有制度和生活方式 50 年不变。

10 月，国务院批转国家计委《关于改进计划体制的若干暂行规定》，强调根据"大的方面管住管好，小的方面放开放活"的精神，适当扩大指导性计划和市场调节的范围。中共十二届三中全会通过《关于经济体制改革的决定》，提出改革的基本任务是建立起具有中国特色的、充满生机和活力的社会主义经济体制，促进社会生产力的发展。首先要突破把计划经济同商品经济对立起来的传统观念，明确认识社会主义计划经济必须自觉依据和运用价值规律，是在公有制基础上的有计划的商品经济。商品经济的充分发展，是社会经济发展不可逾越的阶段，是实现我国经济现代化的必要条件。邓小平高度评价这个《决定》是马克思主义基本原理和中国社会主义实践相结合的政治经济学。

11 月，邓小平在军委座谈会上指出，军队工作要服从国家建设这个大局，要紧密配合这个大局，大力支援国家发展国民经济。

这一年国内生产总值 7 171 亿元（比上年增长 15.2%）。全国财政收入 1 643 亿元。全年社会商品零售总额 3 376 亿元，商品零售价格指数比上年增长 2.8%。全国进出口贸易总额 1 201 亿元，入超 40 亿元。城镇居民家庭人均全部收入 660 元，农村居民家庭人均纯收入 355 元。

1985 年

1 月，中共中央、国务院发布《关于进一步活跃农村经济的十项政策》，指出重点是进一步改革农业管理体制，改革农产品统购派购制度，在国家计划指导下，扩大市场调节，使农业生产适应市场需要，促进农村产业结构的合理化，进一步把农村经济搞活。这就开始了我国农业的第二步改革。国务院建议将长江、珠江三角洲和闽南厦（门）漳（州）泉（州）三角地区开辟为沿海经济开放区，这就形成了从经济特区到沿海开放城市，再到沿海经济开放区的对外开放新格局。

3 月，邓小平在全国科学技术工作会议上讲话指出，经济体制、科技体制改革双管齐下，解决长期存在的科技与经济脱节的问题。他还强调，一个公有制占主体，一个共同富裕，是我们必须坚持的社会主义的根本原则。邓小平会见外宾时说，现在世界上真正大的问题，一个是和平问题，一个是经济问题或者说发展问题。和平问题是东西问题，发展问题是南北问题。南北问题是核心问题。

4 月，邓小平会见外宾时谈到，贫穷不是社会主义，社会主义要消灭贫穷。不发展生产力，不提高人民的生活水平，不能说是符合社会主义要求的。就国内政策而言，最重大的有两条，一条是政治上发展民主，另一条是经济上进行改革，同时相应地进行社会其他领域的改革。

5月至6月，中央军委扩大会议讨论贯彻裁军一百万的决策，研究制定落实这一决策的措施和步骤。邓小平指出，我们对国际形势的判断和对外政策有两个重要的转变，一是改变了原来认为战争危险很迫近的看法，在较长时间内不发生大规模的世界战争是有可能的，维护世界和平是有希望的；二是改变了从日本到欧洲一直到美国的"一条线"战略。中国不打别人的牌，也不允许任何人打中国牌。

9月，邓小平在中国共产党全国代表会议上讲话，指出十一届三中全会以来，我们主要做了两件事：一是拨乱反正，二是全面改革。改革是社会主义制度的自我完善，在一定的范围内也发生了某种程度的革命性变革。我们已经开始找到了一条建设有中国特色的社会主义的路子。端正党风是端正社会风气的关键。不加强精神文明的建设，物质文明的建设也要受破坏，走弯路。

10月，邓小平会见外宾时说，社会主义和市场经济之间不存在根本矛盾。对于改革中出现的一些消极现象，我们主要通过两个手段解决，一个是教育，另一个是法律。

这一年国内生产总值8 964亿元（比上年增长13.5%）。全国财政收入2 005亿元。全年社会商品零售总额4 305亿元，商品零售价格指数比上年增长8.8%。全国进出口贸易总额2 067亿元，入超449亿元。城镇居民家庭人均可支配收入739元，农村居民家庭人均纯收入398元。

1986年

1月，中共中央、国务院发出《关于1986年农村工作的部署》，指出我国农村已开始走上有计划发展商品经济的轨道。农业和农村工业要协调发展，把"无工不富"和"无农不稳"有机地结合起来。邓小平在中央政治局常委会上讲话，指出一定要有两手，一手抓建设，一手抓法制。

3月，邓小平在科学家提出发展高技术的建议上批示：此事宜速作决断，不可拖延。11月，中共中央、国务院转发《高技术研究发展计划〈"八六三"计划〉纲要》，提出将生物技术、航天技术、信息技术、先进防御技术、自动化技术、能源技术和新材料等七个领域中的15个主题项目，作为我国发展高技术的重点。

6月以来，邓小平多次谈到政治体制改革问题，指出改革应该包括政治体制的改革，而且应该把它作为改革向前推进的一个标志。不改革政治体制，就不能保障经济体制改革的成果，不能使经济体制改革继续前进，就会阻碍生产力的发展，阻碍四个现代化的实现。改革的内容，第一是党政要分开，解决党如何善于领导的问题；第二是权力要下放，解决中央和地方的关系；第三是精简机构，这和权力下放有关。我们政治体制改革总的目标是三条：巩固社会主义制度；发展社会主义社会的生产力；发扬社会主义民主，调动广大人民的积极性。

9月，中共十二届六中全会通过《关于社会主义精神文明建设指导方针的决议》，指出要以经济建设为中心，坚定不移地进行经济体制改革、进行政治体制改革、加强精神文明建设，并使这几个方面互相配合，互相促进。还确定了社会主义精神文明建设的基本方针和根本任务。邓小平在会上强调我们搞的四个现代化是社会主义四个现代化。我们实行开放政策，吸收资本主义社会的一些有益的东西，是作为发展社会主义社会生产力的一个补充。

12月，中央军委扩大会议讨论中央军委《关于新时期军队政治工作的决定》，提出我军建设指导思想战略转变的新要求。邓小平就学生闹事问题同中央负责同志谈话，指出要旗帜鲜明地坚持四项基本原则，否则就是放任了资产阶级自由化。我们执行对外开放政策，学习外国的技术，利用外资，是为了搞好社会主义建设，而不能离开社会主义道路。

这一年国内生产总值10 202亿元（比上年增长8.8%）。全国财政收入2 122亿元。全年社会商品零售总额4 950亿元，商品零售价格指数比上年增长6.0%。全国进出口贸易总额2 580亿元，入超416亿元。城镇居民家庭人均可支配收入900元，农村居民家庭人均纯收入424元。

1987年

1月，中共中央发出《关于当前反对资产阶级自由化若干问题的通知》，指出搞资产阶级自由化，否定社会主义制度、主张资本主义制度，核心是否定党的领导。坚持四项基本原则，坚持改革开放、搞活，是党的路线的两个基本点，两者互相联系，缺一不可。

4月，中葡两国签署关于澳门问题的联合声明，中国政府将于1999年12月20日对澳门恢复行使主权。邓小平会见外宾时提出三步走的战略目标，在下世纪用30~50年，大体上达到人均四千美元。做到这一步，中国就达到中等发达国家的水平。

6月，邓小平会见美国前总统指出，改革开放政策不但要继续下去，过去搞得不够的还要搞得更大胆一些，而且要把政治体制改革提到日程上来。中国的主要目标是发展，是摆脱落后，使国家的力量增强起来，人民的生活逐步得到改善。要做这样的事，必须有安定的政治环境。

10月至11月，中国共产党第十三次全国代表大会召开。《沿着有中国特色的社会主义道路前进》的报告，阐明中国正处在社会主义初级阶段，规定了党在这个阶段的基本路线，即领导和团结全国各族人民，以经济建设为中心，坚持四项基本原则，坚持改革开放，自力更生，艰苦创业，为把我国建设成为富强、民主、文明的社会主义现代化强国而奋斗。还提出分三步走的经济发展战略部署，加快建立和培育社会主义市场体系，逐步建立起有计划商品经济新体制的基本框架。新的经济运行机制，总体上是"国家调节市场，市场引导企业"的机制。并强调我们党在对社会主义再认识的过程中，构成了建设有中国特色的社会主义理论的轮廓，初步回答了我国社会主义建设的阶段、任务、动力、条件、布局和国际环境等基本问题。

12月，中共中央政治局全体会议讨论并原则同意关于党中央、国务院机构改革方案，并决定了组织实施的步骤。

这一年国内生产总值11 963亿元（比上年增长11.6%）。全国财政收入2 199亿元。全年社会商品零售总额5 820亿元，商品零售价格指数比上年增长7.3%。全国进出口贸易总额3 084亿元，入超144亿元。城镇居民家庭人均可支配收入1 002元，农村居民家庭人均纯收入463元。

1988年

2月，国务院批转国家体改委《1988年深化经济体制改革的总体方案》，提出经济体制改革要从全局出发，立足于解决当前经济运行中亟须解决的矛盾和问题，把经济体制改革同经济发展和政治体制改革紧密结合起来。

3月，国务院发出《关于进一步扩大沿海经济开放区范围的通知》，决定扩大沿海经济开放区。新划入的沿海经济开放区有140个市、县，人口增加到1.6亿。

4月，在七届全国人大第一次会议通过的宪法修正案中，增加了"国家允许私营经济在法律规定的范围内存在和发展。私营经济是社会主义公有制经济的补充"等内容。6月，国务院颁布《中华人民共和国私营企业暂行条例》。

8月，中央政治局第十次全体会议讨论并原则通过《关于价格、工资改革的初步方案》。各大中城市出现抢购风潮。10月，国务院作出《关于加强物价管理严格控制物价上涨的决定》，要求采取坚决有力的措施，加强物价管理，整顿市场秩序。

9月，邓小平会见外宾时说，一个党、一个国家不能把希望寄托在一两个人的威望上，过分夸大个人作用是不对的。他还提出了"科学技术是第一生产力"

的论断。邓小平在听取关于价格和工资改革初步方案汇报时提出，中央要有权威。改革要成功，就必须有领导有秩序地进行。从长远看，要注意教育和科学技术。否则，我们已经耽误了二十年，影响了发展，还要再耽误二十年，后果不堪设想。我们要千方百计，在别的方面忍耐一些，甚至牺牲一点速度，把教育问题解决好。中共十三届三中全会批准了中央政治局治理经济环境、整顿经济秩序、全面深化改革的指导方针和政策、措施。

12月，邓小平会见印度总理时说：世界上现在有两件事情要同时做，一件是建立国际政治新秩序，另一件是建立国际经济新秩序。中央政治局第十四次全体会议提出，和平与发展问题将是影响今后国际形势进程的两个全球性战略问题。我们要积极倡导在和平共处五项原则的基础上建立国际政治新秩序和在平等互利的基础上建立国际经济新秩序。

这一年国内生产总值 14 928 亿元（比上年增长 11.3%）。全国财政收入 2 357 亿元。全年社会商品零售总额 7 440 亿元，全年商品零售价格指数比上年增长 18.5%。全国进出口贸易总额 3 822 亿元，入超 288 亿元。城镇居民家庭人均可支配收入 1 181 元，农村居民家庭人均纯收入 545 元。

1989 年

2月至3月，邓小平在各种场合强调，中国的问题，压倒一切的是需要稳定。中国不能乱，这个道理要反复讲，放开讲。十年来我们最大的失误是在教育方面，对青年的政治思想教育抓得不够，教育发展不够。知识分子的待遇太低，这个问题无论如何要解决。

4月开始，北京和其他一些大城市出现了较大规模的学潮，邓小平指出这不是一般的学潮，而是一场否定共产党的领导、否定社会主义制度的政治动乱。《人民日报》发表《必须旗帜鲜明地反对动乱》的社论。5月，根据中央政治局常委会的决定，北京部分地区宣布实行戒严。邓小平在同中央负责同志谈话时指出，第一，要更换领导层。这是最重要的一条。第二，要扎扎实实做几件事情，体现出我们是真正反对腐败，不是假的。第三代的领导要取信于民，要得到人民对这个集体的信任，使人民团结在一个他们所相信的党中央领导集体周围。6月4日凌晨，戒严部队实行清场进驻天安门广场，平息了暴乱。

6月，邓小平接见戒严部队军以上干部，指出十一届三中全会制定的路线方针政策，不能因这次事件的发生，就说错了。党的十三大概括的"一个中心、两个基本点"没有错。十年改革开放的成绩要充分估计，基本路线和基本方针、政策都不变，要认真总结经验，对的要继续坚持，失误的要纠正，不足的要加把劲。中共十三届四中全会选举江泽民为中央委员会总书记。

9月,在庆祝中华人民共和国成立40周年大会上,江泽民提出,社会主义制度的确立、巩固和发展,体现了中国现代社会运动的客观规律,是中国历史上最伟大、最深刻的变革;社会主义制度是在自身基础上不断发展和完善的制度;发扬爱国主义精神,坚持独立自主、自力更生的方针,是中国革命也是中国社会主义建设取得胜利的一条根本经验;中国共产党是中国工人阶级的先锋队,是中国各族人民利益的忠实代表,在国家独立和发展的过程中担负着极其重要的使命。

12月,全军政治工作会议讨论修改《关于新形势下加强和改进军队政治工作的若干问题》,次年2月,中共中央转发了这一文件。中共中央发表《关于坚持和完善中国共产党领导的多党合作和政治协商制度的意见》。

这一年国内生产总值16 909亿元(比上年增长4.1%)。全国财政收入2 665亿元。全年社会商品零售总额8 101亿元,商品零售价格指数比上年增长17.8%。全国进出口贸易总额4 156亿元,入超244亿元。城镇居民家庭人均可支配收入1 376元,农村居民家庭人均纯收入602元。

1990年

1月,在全国经济体制改革工作会议上,李鹏总理作《改革开放要沿着健康的轨道前进》的讲话,指出治理整顿的目的,是为改革开放创造更有利的条件。

3月,中共十三届六中全会通过《关于加强党同人民群众联系的决定》,强调能否始终保持和发展同人民群众的血肉联系,直接关系到党和国家的盛衰兴亡。当前特别要注意切实解决群众最为关心而又有条件解决的问题。

4月,中共中央、国务院同意上海市加快浦东地区的开发。9月,国务院有关部门和上海市政府宣布开发、开放浦东新区的具体政策规定。浦东的开发、开放进入实质性启动阶段。

12月,江泽民在全军军事工作会议上提出"政治合格,军事过硬,作风优良,纪律严明,保障有力"的要求。次年1月,他在中央军委扩大会议上再次强调,我们一定要努力建设一支政治合格、军事过硬、作风优良、纪律严明、保障有力、战斗力很强的人民军队。

12月,中共十三届七中全会指出,我们要抓住历史机遇,迎接挑战,努力实现现代化建设的第二步战略目标,把国民经济的整体素质提高到一个新水平。全会通过《中共中央关于制定国民经济和社会发展十年规划和"八五"计划的建议》,提出今后十年国民经济和社会发展的基本任务和方针政策,并概括了建设有中国特色社会主义的基本理论和基本实践的十二条原则。

这一年国内生产总值1.9万亿元（比上年增长3.8%）。全国财政收入2 937亿元。全年社会商品零售总额8 300亿元，商品零售价格指数比上年增长2.1%。全国进出口贸易总额5 560亿元，出超412亿元。城镇居民家庭人均可支配收入1 510元，农村居民家庭人均纯收入686元。

1991年

1月，全国农业工作会议提出，以家庭联产承包为主的责任制是党在农村的基本政策，应在稳定的前提下逐步加以完善。要努力把科技、教育兴农这件大事继续向前推进一步。

2月，邓小平在视察上海时指出，开发浦东是利用上海这个基地发展长江三角洲和长江流域的问题。中国在金融方面取得国际地位，首先要靠上海。计划经济和市场经济都是手段，市场也可以为社会主义服务。发展经济，不开放是很难搞起来的。要克服一个怕字，要有勇气。全国统一战线工作会议提出，要高举爱国主义、社会主义两面旗帜，巩固和扩大最广泛的统一战线。

2月至3月，全国经济体制改革工作会议讨论《经济体制改革"八五"纲要和十年规划》。提出十年经济体制改革的目标是：初步建立起社会主义有计划商品经济的新体制和计划经济与市场调节相结合的运行机制。

7月，江泽民在庆祝中国共产党成立70周年大会上讲话，把党领导全国各族人民为中国社会的进步所做的贡献归纳为：完成反帝反封建的新民主主义革命任务；确立了社会主义制度；开创建设有中国特色的社会主义的道路。

11月，中共十三届八中全会通过《中共中央关于进一步加强农业和农村工作的决定》。提出了90年代农业和农村工作的主要任务。

这一年国内生产总值2.2万亿元（比上年增长9.2%）。全国财政收入3 150亿元。全年社会商品零售总额9 416亿元，全年商品零售价格指数比上年增长2.9%。全国进出口贸易总额7 226亿元，出超428亿元。城镇居民家庭人均可支配收入1 701元，农村居民家庭人均纯收入709元。

1992年

1月，李鹏在全国经济体制改革工作会议上指出，治理整顿的任务基本完成；通过治理整顿，为改革创造了一个比较宽松的环境，并且使改革有所前进。

1月至2月，邓小平视察武昌、深圳、珠海、上海等地发表"南方谈话"。

主要内容是：革命是解放生产力，改革也是解放生产力。应该把解放生产力和发展生产力两个讲全了。要坚持党的十一届三中全会以来的路线、方针、政策，关键是坚持"一个中心，两个基本点"。基本路线要管一百年，动摇不得。改革开放的胆子要大一些，敢于试验，看准了的，就大胆地试，大胆地闯。判断的标准，应该主要看是否有利于发展社会主义社会的生产力，是否有利于增强社会主义国家的综合国力，是否有利于提高人民的生活水平。计划和市场都是经济手段。社会主义的本质，是解放生产力，发展生产力，消灭剥削，消除两极分化，最终达到共同富裕。社会主义要赢得与资本主义相比较的优势，就必须大胆吸收和借鉴人类社会创造的一切文明成果，吸收和借鉴当今世界各国包括资本主义发达国家的一切反映现代社会化生产规律的先进经营方式、管理方法。中国要警惕"右"，但主要是防止"左"。要抓住时机，发展自己，关键是发展经济，发展才是硬道理。经济发展得快一点，必须依靠科技和教育。科学技术是第一生产力。要坚持两手抓，一手抓改革开放，一手抓打击各种犯罪活动。正确的政治路线要靠正确的组织路线来保证。中国的事情能不能办好，从一定意义上说，关键在人。要按照"革命化、年轻化、知识化、专业化"的标准，选拔德才兼备的人进班子。我们改革开放的成功，不是靠本本，而是靠实践，靠实事求是。邓小平南方谈话是在重大历史关头，深刻回答了长期束缚人们思想的许多重大认识问题，把改革开放和现代化建设推进到新阶段的又一个宣言书。

6月，江泽民在中央党校讲话，阐述了如何深刻领会和全面落实邓小平谈话的精神，提出了"社会主义市场经济"命题。中共中央、国务院《关于加快发展第三产业的决定》要求争取用十年左右或更长一些时间，逐步建立起适合我国国情的社会主义统一市场体系、城乡社会化综合服务体系和社会保障体系。

10月，中国共产党第十四次全国代表大会召开。江泽民作《加快改革开放和现代化建设步伐，夺取有中国特色社会主义事业的更大胜利》的报告，认为我们逐步形成和发展了建设有中国特色社会主义的理论。这个理论第一次比较系统地初步回答了中国这样的经济文化比较落后的国家如何建设社会主义、如何巩固和发展社会主义的一系列基本问题，用新的思想、观点继承和发展了马克思主义。党的十四大的重大决策，一是抓住机遇，加快发展；二是明确我国经济体制改革的目标是建立社会主义市场经济；三是确立邓小平建设有中国特色社会主义理论在全党的指导地位。

这一年国内生产总值2.7万亿元（比上年增长14.2%）。全国财政收入3 483亿元。全年社会消费品零售总额1.1万亿元，全年商品零售价格指数比上年增长5.4%。全国进出口贸易总额9 120亿元，出超233亿元。城镇居民家庭人均可支配收入2 027元，农村居民家庭人均纯收入784元。

1993 年

1月，邓小平在上海说，走一步，回头看一下是必要的。要注意稳妥，避免损失，特别要避免大的损失。回头总结经验，改正缺点就是了。

3月，中共十四届二中全会通过《关于调整"八五"计划若干指标的建议》和《关于党政机构改革的方案》。八届全国人大一次会议通过宪法修正案，确认了我国正处在社会主义初级阶段；农村中的家庭联产承包为主的责任制是社会主义劳动群众集体所有制经济；国家实行社会主义市场经济等。还通过了关于国务院机构改革方案的决定。

4月，海峡两岸关系协会会长汪道涵和台湾海峡交流基金会董事长辜振甫在新加坡举行会谈，签署《汪辜会谈共同协议》等协议。

11月，中共中央、国务院发布《关于当前农业和农村经济发展的若干政策措施》，指出以家庭联产承包为主的责任制和统分结合的双层经营体制，是我国农村经济的一项基本制度，要长期稳定，并不断完善。中共十四届三中全会通过《关于建立社会主义市场经济体制若干问题的决定》，指出建立社会主义市场经济体制，就是要使市场在国家宏观调控下对资源配置起基础性作用；为实现这个目标，必须坚持以公有制为主体、多种经济成分共同发展的方针；建立现代企业制度，全国统一开放的市场体系；以间接手段为主的完善的宏观调控体系，以按劳分配为主体，效率优先、兼顾公平的收入分配制度；多层次的社会保障制度，这些环节构成社会主义市场经济体制的基本框架。

12月，江泽民在毛泽东诞辰100周年纪念大会上讲话，指出毛泽东思想永远是中国共产党人的理论宝库和中华民族的精神支柱，永远是我们建设社会主义现代化国家的行动指南。

这一年国内生产总值3.5万亿元（比上年增长13.5%）。全国财政收入4 349亿元。全年社会消费品零售总额1.2万亿元，全年商品零售价格指数比上年增长13.2%。全国进出口贸易总额1.1万亿元，入超701亿元。城镇居民家庭人均可支配收入2 577元，农村居民家庭人均纯收入922元。

1994 年

1月，江泽民在全国宣传思想工作会议上指出，要以科学的理论武装人，以正确的舆论引导人，以高尚的精神塑造人，以优秀的作品鼓舞人，不断培养和造就一代又一代有理想、有道德、有文化、有纪律的社会主义新人。

6月，江泽民在广东就经济特区发展问题指出，解放思想，实事求是，胆子要大，步子要稳，理论与实际相结合，借鉴与独创相统一，努力形成和发展经济特区的中国特色、中国风格、中国气派。

9月，乔石委员长在纪念全国人民代表大会成立40周年大会上讲话，要进一步坚持和完善人民代表大会制度，更好地发挥国家权力机关的作用。中共十四届四中全会通过《关于加强党的建设几个重大问题的决定》，提出把党建设成为用建设有中国特色社会主义理论武装起来、全心全意为人民服务、思想上政治上组织上完全巩固、能够经受住各种风险、始终走在时代前列的马克思主义政党，是新的伟大的工程。

这一年国内生产总值4.7万亿元（比上年增长12.6%）。全国财政收入5 218亿元。全年社会消费品零售总额1.6万亿元，商品零售价格指数比上年增长21.7%。全国进出口贸易总额2.0万亿元，出超462亿元。城镇居民家庭人均可支配收入3 496元，农村居民家庭人均纯收入1 221元。

1995年

1月，江泽民发表《为促进祖国统一大业的完成而继续奋斗》讲话，提出坚持一个中国的原则，进行海峡两岸和平统一谈判，欢迎台湾当局领导人以适当身份前来访问，我们也愿意接受邀请前往台湾等八项主张，即所谓"江八条"。

5月，中共中央、国务院作出《关于加速科学技术进步的决定》，提出科教兴国的战略。江泽民在全国科学技术大会上指出，实施科教兴国战略，是总结历史经验和根据我国现实情况作出的重大部署。

5月至6月，江泽民考察江苏、浙江、上海以及辽宁、黑龙江、吉林等省、市，指出，搞好国有企业特别是大中型企业，既是关系到整个国民经济发展的重大经济问题，也是关系到社会主义制度命运的重大政治问题。在建立社会主义市场经济体制的过程中，国有经济和整个公有制经济只能搞好，只能加强，而绝不能削弱；只能使它们形成新的优势，而绝不能使它们失去优势。

9月，中共十四届五中全会通过《关于制定国民经济和社会发展"九五"计划和2010年远景目标的建议》。"九五"时期国民经济和社会发展的主要奋斗目标是：全面完成现代化建设的第二步战略部署，2000年实现人均国民生产总值比1980年翻两番；基本消除贫困现象，人民生活达到小康水平；加快现代企业制度建设，初步建立社会主义市场经济体制。2010年的主要奋斗目标是：实现国民生产总值比2000年翻一番，使人民的小康生活更加富裕，形成比较完善的社会主义市场经济体制。实现这一奋斗目标的关键是"两个根本性转变"：经济体制从传统的计划经济体制向社会主义市场经济体制转变；经济增长方式从粗放型向集约型转变。

11月，江泽民在考察北京市工作时指出，在对干部进行教育时，要强调讲学习、讲政治、讲正气。

这一年国内生产总值5.8万亿元（比上年增长10.5%）。全国财政收入6242亿元。全年社会消费品零售总额2.1万亿元，商品零售价格指数比上年增长14.8%。全国进出口贸易总额2.4万亿元，出超1404亿元。城镇居民家庭人均可支配收入4283元，农村居民家庭人均纯收入1578元。

1996年

2月，江泽民在中央举办的领导同志法制讲座上说，坚持依法治国，保障国家的长治久安，就是使国家各项工作逐步走上法制化和规范化；广大人民群众在党的领导下，依照宪法和法律的规定，通过各种途径和形式参与管理国家、管理经济文化事业、管理社会事务；逐步实现社会主义民主的法制化、法律化。

3月，八届全国人大四次会议通过《关于国民经济和社会发展"九五"计划和2010年远景目标纲要及关于〈纲要〉报告的决议》。《纲要》还提出了保持国民经济持续、快速健康发展；积极推进经济增长方式转变，把提高经济效益作为经济工作的中心；实施科教兴国战略，促进科技、教育与经济紧密结合；把加强农业放在发展国民经济的首位；把国有企业的改革作为经济体制改革的中心环节等方针。

6月，江泽民在纪念中国共产党成立75周年座谈会上讲话，指出党领导的事业不但必须有正确的理论和路线，还必须有一支能坚决贯彻执行党的理论和路线的高素质干部队伍。

9月，江泽民在中央扶贫工作会议上指出，由救济式扶贫转向开发式扶贫，既是扶贫工作的重大改革，也是扶贫工作的一项基本方针。10月，中共中央、国务院作出《关于尽快解决农村贫困人口温饱问题的决定》。

10月，中共十四届六中全会通过《关于加强社会主义精神文明建设若干重要问题的决议》。精神文明建设的指导思想是：以马克思列宁主义、毛泽东思想和邓小平建设有中国特色社会主义理论为指导，发展教育科学文化，提高全民族的思想道德素质和科学文化素质，团结和动员各族人民把我国建设成为富强、民主、文明的社会主义现代化国家。

这一年国内生产总值6.8万亿元（比上年增长9.6%）。全国财政收入7408亿元。全年社会消费品零售总额2.5万亿元，商品零售价格指数比上年增长

6.1%。全国进出口贸易总额 2.4 万亿元，出超 1 019 亿元。城镇居民家庭人均可支配收入 4 839 元，农村居民家庭人均纯收入 1 926 元。

1997 年

1 月，江泽民就十五大报告起草谈到经济体制改革问题：在坚持公有制为主体的前提下，一切符合"三个有利于"的所有制形式都可以而且应该用来为社会主义服务。公有制经济要寻找能够极大促进生产力发展的实现形式。股份制是现代企业的一种资本组织形式，社会主义同样可以用。目前广大城乡出现了劳动者的劳动联合和资本联合为主的股份合作制形式，是中国经济发展实践中出现的新事物，应积极地予以支持。

2 月，邓小平病逝。江泽民在追悼大会上指出，邓小平留给我们最可宝贵的财富就是他创立的建设有中国特色社会主义理论和在这个理论指导下制定的党在社会主义初级阶段的基本路线，更高地举起邓小平建设有中国特色社会主义理论的伟大旗帜，更好地贯彻执行党的基本路线，是我们党中央领导集体坚定不移的决心和信念，也是全党全军全国各族人民的共识和愿望。

5 月，江泽民在中央党校讲话，强调一定要高举邓小平建设有中国特色社会主义理论的伟大旗帜，指导我们的整个事业和各项工作，这是党从历史和现实中得出的不可动摇的结论。邓小平建设有中国特色社会主义理论是当代中国的马克思主义。

7 月，中国对香港恢复行使主权，中国香港特别行政区正式成立。江泽民在庆祝中国人民解放军建军 70 周年大会上讲话，指出走有中国特色的精兵之路，是实现我军现代化的正确选择。减少数量，提高质量，是我军现代化建设的一条基本方针。

9 月，中国共产党第十五次全国代表大会召开。江泽民作《高举邓小平理论伟大旗帜，把建设有中国特色社会主义事业全面推向 21 世纪》的报告，指出旗帜问题至关紧要。旗帜就是方向，旗帜就是形象。坚持十一届三中全会以来的路线不动摇，就是高举邓小平理论的旗帜不动摇。报告系统论述了党在社会主义初级阶段的基本纲领，这个纲领是党的基本路线在经济、政治、文化等方面的展开，是这些年来最主要经验的总结。报告还对我国跨世纪的现代化建设事业作出战略部署。深化经济体制改革，必须全面认识公有制经济的含义，公有制实现形式可以而且应当多样化，一切符合"三个有利于"的所有制形式都可以而且应该用来为社会主义服务。

这一年国内生产总值 7.4 万亿元（比上年增长 8.8%）。全国财政收入 8 651

亿元。全年社会消费品零售总额 2.7 万亿元，商品零售价格指数比上年增长 0.8%。全国进出口贸易总额 2.7 万亿元，出超 3 354 亿元。城镇居民家庭人均可支配收入 5 160 元，农村居民家庭人均纯收入 2 090 元。

1998 年

2 月，中共十五届二中全会通过《国务院机构改革方案》。江泽民就亚洲金融危机和我国经济发展问题提出，只要我们坚持改革开放，继续开拓前进，不断增强承受和抵御风险的能力，就一定能够立于不败之地。3 月，九届全国人大一次会议批准国务院机构改革方案，重点是调整和撤销某些直接管理经济的专业部门，加强宏观调控和执法监管部门。

5 月，胡锦涛在纪念真理标准讨论 20 周年座谈会上讲话，指出这场讨论的最大作用，就是恢复了解放思想、实事求是的思想路线；我们要按照十五大的要求，始终不渝地坚持邓小平理论，并在实践中继续丰富和创造性地发展这个理论。

7 月至 8 月，党和国家领导人多次赴长江、黑龙江第一线，看望、慰问、鼓励各地军民，指导抗洪抢险斗争。9 月，江泽民在全国抗洪抢险总结表彰大会上讲话指出，万众一心、众志成城，不怕困难、顽强拼搏，坚韧不拔、敢于胜利的伟大抗洪精神，同我们党一贯倡导的革命精神和新时期的创业精神一样，都是我国人民的宝贵精神财富。

10 月，中共十五届三中全会通过《关于农业和农村工作若干重大问题的决定》，指出实行家庭联产承包责任制，废除人民公社，突破计划经济模式，初步构筑了适应发展社会主义市场经济要求的农村新经济体制框架。还提出到 2010 年建设有中国特色社会主义新农村的奋斗目标，确定了实现这些目标要坚持的方针。要长期坚持以公有制为主体、多种所有制经济共同发展的基本经济制度，以家庭承包经营为基础、统分结合的经营制度，以劳动所得为主和按生产要素分配相结合的分配制度。

12 月，江泽民在十一届三中全会召开 20 周年纪念大会上讲话，强调我们党在领导改革开放和社会主义现代化建设中积累了丰富的经验，要认真总结并结合实际的发展充分运用这些经验，把我们的事业继续推向前进。

这一年国内生产总值 7.8 万亿元（比上年增长 7.8%）。全国财政收入 9 876 亿元。全年社会消费品零售总额 2.9 万亿元，商品零售价格指数比上年下降 2.6%。全国进出口贸易总额 2.7 万亿元，出超 3 598 亿元。城镇居民家庭人均可支配收入 5 425 元，农村居民家庭人均纯收入 2 162 元。

1999 年

5月，胡锦涛发表电视讲话，强烈谴责以美国为首的北约袭击我国驻南斯拉夫使馆。中国政府将坚定不移地奉行独立、自主、和平的外交政策，坚定不移地维护国家主权和民族尊严，坚决反对霸权主义和强权政治。

6月，江泽民在纪念中国共产党成立78周年座谈会上发表讲话指出，在全国县级以上党政领导班子和领导干部中，集中一段时间，以整风的精神深入开展讲学习、讲政治、讲正气的"三讲"教育，是当前党的建设的重中之重。

7月，中共中央发出《关于共产党员不准修炼"法轮大法"的通知》，民政部作出《关于取缔法轮大法研究会的决定》。全国各地干部群众纷纷揭发批判"法轮功"。

9月，中共十五届四中全会通过《关于国有企业改革和发展若干重大问题的决定》，提出必须大力促进国有企业的体制改革、机制转换、结构调整和技术进步。全会确定了到2010年国有企业改革和发展的主要目标和指导方针，指出要尽最大努力实现国有企业改革和脱困的三年目标，把解决当前问题与长远发展结合起来；从战略上调整国有经济布局，把产业结构的优化升级与所有制结构的调整完善结合起来；提高国有经济的控制力和整体素质；以市场为导向，用先进技术改造传统产业；在新兴技术和高技术产业，国有企业要占据重要地位，掌握核心技术，发挥先导作用。

11月，中共中央发出《关于加强和改进思想政治工作的若干意见》，指出在改革开放和发展社会主义市场经济的进程中，要紧密结合新的历史条件，充分发挥党的思想政治工作政治优势。

12月，中国对澳门恢复行使主权，澳门特别行政区正式成立。

这一年国内生产总值8.2万亿元（比上年增长7.1%）。全国财政收入1.1万亿元。全年社会消费品零售总额3.1万亿元，商品零售价格指数比上年下降3.0%。全国进出口贸易总额3.0万亿元，出超2 423亿元。城镇居民家庭人均可支配收入5 854元，农村居民家庭人均纯收入2 210元。

2000 年

1月，朱镕基总理在西部地区开发会议上阐述实施西部大开发战略，强调要站在我国现代化建设全局和战略高度，把思想和行动统一到党中央这一重大决策上来。会议提出，要集中力量抓好几件关系西部地区开发全局的重点工作。

2月，江泽民在广东考察期间提出，要把中国的事情办好，关键取决于我们的党，取决于党的思想、作风、组织、纪律状况和战斗力、领导水平。只要我们党始终成为中国先进社会生产力的发展要求、中国先进文化的前进方向、中国最广大人民的根本利益的忠实代表，我们党就能永远立于不败之地，永远得到全国各族人民的衷心拥护并带领人民不断前进。5月，他在江苏、浙江、上海考察时进一步指出，这"三个代表"是我们党的立党之本，执政之基，力量之源；推进党的思想建设、政治建设、组织建设和作风建设，都应贯彻"三个代表"的要求。

6月，江泽民在中央思想政治工作会议讲话，提出并阐述如何认识社会主义发展的历史进程、如何认识资本主义发展的历史进程、如何认识我国社会主义改革实践过程对人们思想的影响、如何认识当今的国际环境和国际政治斗争带来的影响等当前直接影响干部群众思想活动的重大问题，希望全党共同深入研究。

9月，江泽民在联合国千年首脑会议上发表讲话，阐述了中国关于促进人类和平与发展的崇高事业、关于国际关系民主化、加强联合国的作用、维护《联合国宪章》的宗旨和原则的立场，并呼吁在经济全球化进程中实现各国共同发展和繁荣。

10月，中共十五届五中全会通过《关于制定国民经济和社会发展第十个五年计划的建议》，认为从新世纪开始，我国将进入全面建设小康社会，加快推进现代化的新的发展阶段。全会还提出了"十五"期间我国现代化建设的总体部署。

12月，江泽民在全国统战会议上讲话，指出新世纪党对统一战线的基本要求是：高举爱国主义、社会主义旗帜，团结一切可以团结的力量，调动一切积极因素，变消极因素为积极因素，为建设有中国特色社会主义的经济、政治、文化服务，为维护安定团结的政治局面服务，为实现祖国完全统一服务，为维护世界和平与促进共同发展服务。中共中央发出《关于加强统一战线工作的决定》，要求适应新的历史条件下统一战线内部构成发生的深刻变化，实现大陆人民的团结，实现大陆同胞与港澳台同胞的团结，实现海内外全体中华儿女的团结。

这一年国内生产总值8.9万亿元（比上年增长8.0%）。全国财政收入1.3万亿元。国家外汇储备1 656亿美元。全年社会消费品零售总额3.4万亿元，商品零售价格指数比上年下降1.5%。全国进出口贸易总额3.9万亿元，出超1 996亿元。城镇居民家庭人均可支配收入6 281元，农村居民家庭人均纯收入2 253元。

2001年

1月，江泽民在新年贺词中指出：中国人民进入新世纪的主要任务，就是继续推进现代化建设，完成祖国统一，维护世界和平与促进共同发展。

3月，朱镕基在九届全国人大四次会议上作《关于国民经济和社会发展第十个五年计划纲要的报告》。提出今后五年经济和社会发展的主要目标是：国民经济保持较快发展速度，经济结构战略性调整取得明显成效，经济增长质量和效益显著提高，为到2010年国内生产总值比2000年翻一番奠定坚实基础；国有企业建立现代企业制度取得重大进展，社会保障制度比较健全，社会主义市场经济体制逐步完善，对外开放和国际合作进一步开展；就业渠道拓宽，城乡居民收入持续增加，物质文化生活有较大改善，生态建设和环境保护加强；科技、教育加快发展，国民素质进一步提高，精神文明建设和民主法制建设明显进展。

3月，江泽民会见美国媒体一行指出，我们进行政治体制改革，就是要努力提高党和国家的活力和工作效率，充分调动各方面的积极性，扩大基层民主，克服上层建筑中那些不符合经济基础发展要求的弊端，不断促进经济发展和社会全面进步。我们进行政体改革，发展社会主义民主政治，必须有利于保持和发挥我国政治制度的特点和优势，有利于维护国家统一、民族团结和社会稳定，也必须充分考虑我国历史背景、经济发展和文化教育的水平。

6月，江泽民在上海合作组织成员国元首会议上讲话指出，"上海五国"进程首创了以相互信任、裁军与合作安全为内涵的新型安全观，丰富了新型国家关系，提供了新型区域合作模式。

7月，江泽民在庆祝中国共产党成立80周年大会上讲话，党的奋斗业绩和基本经验启示我们：必须始终坚持马克思主义基本原理同中国具体实际相结合，坚持科学理论的指导，坚定不移地走自己的路；必须紧紧依靠人民群众，诚心诚意为人民谋利益，从人民群众中汲取前进的不竭力量；必须始终自觉地加强和改进党的建设，不断增强党的创造力、凝聚力和战斗力，永葆党的生机和活力。为了完成继续推进我党肩负的三大历史任务，必须坚定不移地贯彻落实"三个代表"要求，这是我们党的立党之本、执政之基、力量之源，也是我们在新世纪全面推进党的建设，不断推进理论、制度和科技的创新，不断夺取建设有中国特色社会主义事业新胜利的根本要求。

9月，中共十五届六中全会通过《关于加强和改进党的作风建设的决定》，提出国内外环境和党的队伍状况都发生了重大变化，必须围绕提高党的领导水平和执政水平、提高拒腐防变和抵御风险能力这两大历史性课题，全面推进党的建设新的伟大工程。

10月，江泽民在辛亥革命90周年纪念大会上讲话指出，只要在热爱祖国、振兴中华这个大目标上一致，不论属于哪个党派团体、哪个民族，不论抱有何种信仰、居住何地，都应携起手来，共同完成民族复兴的伟大历史使命。

11月，中国政府代表向世贸组织总干事递交国家主席签署的《中国加入世贸组织批准书》，并签署中国加入议定书。中国正式成为世贸组织第143个成员。

这一年国内生产总值9.7万亿元（比上年增长7.5%）。全国财政收入1.6万亿元。国家外汇储备2122亿美元。全年社会消费品零售总额3.8万亿元，商品零售价格指数比上年下降0.8%。全国进出口贸易总额4.2万亿元，出超1865亿元。城镇居民家庭人均可支配收入6860元，农村居民家庭人均纯收入2366元。

2002年

2月，江泽民在中央党校专题研究班座谈时指出，要更加积极地走向世界，适应经济全球化发展的新形势，继续推进全方位、多层次、宽领域的对外开放，为我国经济发展提供新的强大动力。必须实施"引进来"和"走出去"相结合的开放战略，努力在"走出去"方面取得明显进展。

5月，江泽民在中央党校讲话指出，贯彻"三个代表"要求，关键在坚持与时俱进，核心在保持党的先进性，本质在坚持执政为民。全党要牢牢把握这个根本要求，不断增强贯彻"三个代表"要求的自觉性和坚定性。我们一定要以实践来检验一切，用发展着的马克思主义指导新的实践。我们党必须始终紧紧抓住发展这个执政兴国的第一要务，把保持党的先进性和发挥社会主义制度的优越性，落实到发展先进生产力、先进文化、维护和实现最广大人民的根本利益上来。我们必须紧紧抓住并且可以大有作为的重要战略机遇期。加强和改进党的建设，保证党的路线方针政策全面反映人民的利益和时代发展的要求，保证我们党始终是中国工人阶级的先锋队，同时是中国人民和中华民族的先锋队，始终是建设有中国特色社会主义事业的领导核心。

7月，江泽民考察中国社会科学院，强调建设有中国特色社会主义，需要在实践和理论上不懈探索，不断在实践的基础上提出创新的理论，用发展着的理论指导实践。

11月，中国共产党第十六次全国代表大会召开。江泽民作《全面建设小康社会，开创中国特色社会主义事业新局面》的报告，报告总结过去五年的工作和十三年的基本经验，阐述全面贯彻"三个代表"重要思想的根本要求，提出全面建设小康社会的奋斗目标。大会通过《中国共产党章程（修正案）》的决议，把"三个代表"重要思想同马克思列宁主义、毛泽东思想、邓小平理论一道确立为党必须长期坚持的指导思想。中共十六届一中全会选举胡锦涛为中央委员会总书记。

12月，胡锦涛在纪念中华人民共和国宪法公布施行20周年大会上讲话，指出必须在全社会进一步树立宪法意识，维护宪法的权威，使宪法在全社会得到一体遵行。胡锦涛带领中央书记处成员到河北省平山县西柏坡学习考察，重温毛泽东关于"两个务必"的重要论述，号召全党同志特别是领导干部大力发扬艰苦奋斗的作风，牢记全心全意为人民服务的宗旨，做到权为民所用，情为民所系，利为民所谋。胡锦涛在新一届中央政治局第一次集体学习会上指出，为了适应党和国家事业发展的需要，为了更好地承担起党和人民所赋予的重任，必须进一步加强学习，不断提高全党的马克思主义理论水平和科学文化水平。

这一年国内生产总值10.4万亿元（比上年增长8.3%）。全国财政收入1.90万亿元。国家外汇储备2 864亿美元。全年社会消费品零售总额4.2万亿元，商品零售价格指数比上年下降1.3%。全国进出口贸易总额5.1万亿元，出超2 518亿元。城镇居民家庭人均可支配收入7 703元，农村居民家庭人均纯收入2 476元。

2003 年

1月，中共中央、国务院发出《关于做好农业和农村工作的意见》，要坚持"多予、少取、放活"的方针，发挥城市对农村带动作用，实现城乡经济社会一体化发展。此后连续5年都发出有关"三农"问题的"一号文件"，分别是：《关于促进农民增加收入若干政策的意见》（2004），决定5年内取消农业税；《关于进一步加强农村工作 提高农业综合生产能力若干政策的意见》（2005）；《关于推进社会主义新农村建设的若干意见》（2006）；《关于积极发展现代农业 扎实推进社会主义新农村建设的若干意见》（2007）；《关于切实加强农业基础建设 进一步促进农业发展农民增收若干问题的意见》（2008）。

2月，中共十六届二中全会通过《关于深化行政管理体制和机构改革的意见》，要求进一步转变政府职能，改进管理方式，改进工作作风，提高行政效率，努力形成行为规范、运转协调、公正透明、廉洁高效的行政管理体制。胡锦涛指出，建设社会主义政治文明，最根本的是要坚持党的领导、人民当家做主和依法治国的有机统一，坚持社会主义方向，坚持和发展我国社会主义政治制度的特点和优势，坚持走中国特色的政治发展道路。并决定了中央政治局要向中央全会报告工作的制度。

4月以来，中共中央、国务院紧密部署非典型肺炎防治工作。7月，胡锦涛在全国防治非典工作会议上总结了抗击非典斗争的经验和启示，指出我们讲发展是党执政兴国的第一要务，绝不只是指经济增长，而是要坚持以经济建设为中心，在经济发展的基础上实现社会全面发展。更好地坚持全面发展、协调发展、可持续发展的发展观。要高度重视存在的问题，采取切实措施加以解决，真正使防治非典斗争成为我们改进工作、更好地推动事业发展的一个重要契机。

8月，温家宝总理在振兴东北老工业基地座谈会上指出，加快东北地区等老工业基地调整改造是党中央作出的一个重大战略决策。10月，中共中央、国务院发出《关于实施东北地区等老工业基地振兴战略的若干意见》。

9月，胡锦涛在中央党校专题研讨班上讲话，指出落实立党为公、执政为民这个本质，要坚持把群众是否赞成、是否受益作为决策和工作的重要依据，紧紧抓住人民群众最现实、最关心、最直接的问题，使我们的各项决策和工作真正体现群众的愿望、符合群众的利益，不断使群众从经济社会发展中得到更多的实惠。

11月，中共十六届三中全会通过《关于完善社会主义市场经济体制若干问题的决定》，提出完善社会主义市场经济体制，要按照统筹城乡发展、统筹区域发展、统筹经济社会发展、统筹人与自然和谐发展、统筹国内发展和对外开放的要求，更大程度地发挥市场在资源配置中的基础性作用，增强企业活力和竞争力，健全国家宏观调控，完善政府社会管理和公共服务职能，为全面建设小康社会提供强有力的体制保障。要坚持社会主义市场经济的改革方向，注重制度建设和体制创新；坚持尊重群众的首创精神，充分发挥中央和地方两个积极性；坚持正确处理改革发展稳定的关系，有重点、有步骤地推进改革；坚持统筹兼顾，协调好改革进程中的各种利益关系；坚持以人为本，树立全面、协调、可持续的发展观，促进经济社会和人的全面发展。

12月，胡锦涛在全国宣传思想工作会议上指出，宣传思想工作要坚持贴近实际、贴近生活、贴近群众，努力形成体现"三个代表"的理论指导、舆论力量、精神支柱和文化条件，引导和激励全党全人民为实现全面建设小康社会的宏伟目标而团结奋斗。

这一年国内生产总值11.7万亿元（比上年增长9.5%）。全国财政收入2.2万亿元。国家外汇储备4 033亿美元。全年社会消费品零售总额4.6万亿元，商品零售价格指数比上年下降0.1%。全国进出口贸易总额7.0万亿元，出超2 092亿元。城镇居民家庭人均可支配收入8 472元，农村居民家庭人均纯收入2 622元。

2004 年

1月，胡锦涛在中央纪委第三次全体会议上讲话，强调要在全党大力弘扬求真务实精神,大兴求真务实之风,把加快发展的立足点放到真抓实干上。

3月,十届全国人大二次会议通过宪法修正案,确立"三个代表"重要思想在国家政治和社会生活的指导地位,增加推动物质文明、政治文明和精神文明协调发展的内容,在统一战线的表述中增加社会主义事业的建设者,完善土地征用制度,进一步明确国家对发展非国有制经济的方针,完善对私有财产保护的规定,增加建立健全社会保障制度的规定,增加尊重和保障人权的规定等。国务院提出,实施东北地区等老工业基地振兴战略,要抓好四个重点:加快体制创新和机制创新;大力推进产业结构优化升级;进一步扩大对内对外开放;切实做好就业和社会保障工作。中共中央发出《关于进一步繁荣发展哲学社会科学的意见》。

4月至7月,胡锦涛分赴陕西、江苏、吉林、上海调研。指出要开辟我国农业发展的广阔前景,关键在于农业技术进步。推进西部大开发,必须坚持走新型工业化道路,努力走出一条科技含量高、经济效益好、资源消耗低、环境污染少、人力资源优势得到充分发挥的新路子。各地各部门一定要把思想统一到中央的决策上来,增强大局意识和责任意识,牢固树立和认真落实科学发展观。振兴东北老工业基地,关键是要大力促进观念创新和体制创新,引导广大干部群众牢固树立靠改革开放、靠市场机制、靠自力更生、靠艰苦创业实现振兴的观念。要深刻认识我国经济发展的特点和规律,研究治本之策,谋划长久之计,切实增强工作的预见性,不断提高驾驭社会主义市场经济的能力,努力形成有利于保持国民经济持续快速协调健康发展的一整套体制机制。加强党的执政能力建设是党的建设的重中之重。

8月,胡锦涛在邓小平同志诞辰100周年纪念大会上讲话,指出我们要紧紧围绕中国特色社会主义这个主题,不断把马克思主义的中国化推向前进,不断把中国特色社会主义伟大事业推向前进,不断把党的建设新的伟大工程推向前进。中共中央、国务院发出《关于进一步加强和改进大学生思想政治教育的意见》,强调把大学生培养成中国特色社会主义事业的建设者和接班人,确保事业兴旺发达、后继有人。

9月,中共十六届四中全会通过《关于加强党的执政能力建设的决定》,提出通过全党共同努力,使党始终成为立党为公、执政为民的执政党,成为科学执政、民主执政、依法执政的执政党,成为求真务实、开拓创新、勤政高效、清正廉洁的执政党;不断提高驾驭社会主义市场经济、发展社会主义民主政治、建设社会主义先进文化、构建社会主义和谐社会、应对国际局势和处理国际事务的能力。

10月,中央政治局决定在全党开展以实践"三个代表"重要思想为主要内容的保持共产党员先进性教育活动，坚持理论联系实际，务求实效；坚持正面教育为主，认真开展批评与自我批评；坚持发扬党内民主，走群众路线；坚持领导干部带头，发扬表率作用；坚持区别情况，分类指导。

这一年国内生产总值13.7万亿元（比上年增长9.5%）。全国财政收入2.6万亿元。国家外汇储备6 099亿美元。全年社会消费品零售总额5.4万亿元，商品零售价格指数比上年增长2.8%。全国进出口贸易总额9.6万亿元，出超2 668亿元。城镇居民家庭人均可支配收入9 422元，农村居民家庭人均纯收入2 936元。

2005 年

1月，中央政治局研究加强中国共产党领导的多党合作和政治协商制度建设问题。3月，颁发《关于进一步加强中国共产党领导的多党合作和政治协商制度建设的意见》，这是新时期第二个关于多党合作和政治协商制度的文件。

2月，胡锦涛在中央党校专题研讨班上指出，和谐社会是民主法制、公平正义、诚信友爱、充满活力、安定有序、人与自然和谐相处的社会。要不断提高激发社会创造活力、管理社会事务、协调利益关系、处理人民内部矛盾、开展群众工作、维护社会稳定的本领，扎扎实实做好构建社会主义和谐社会的各项工作。

3月，胡锦涛就新形势下发展两岸关系提出：坚持一个中国原则决不动摇；争取和平统一的努力决不放弃；贯彻寄希望于台湾人民的方针决不改变；反对"台独"分裂活动决不妥协。十届全国人大三次会议通过《反分裂国家法》。4月，胡锦涛与中国国民党主席连战实现六十年来国共两党最高领导人的首次正式会谈。

3月，胡锦涛在中央人口资源环境工作座谈会上讲话，强调调整经济结构和转变经济增长方式是缓解人口资源环境压力的根本途径，要大力推进循环经济，建设资源节约型、环境友好型社会。

8月，中共中央政治局研究进一步做好西藏工作，指出新世纪新阶段，牢牢把握和切实用好重要战略机遇期，建设团结、民主、富裕、文明、和谐的社会主义新西藏。

10月，中共十六届五中全会通过《关于制定国民经济和社会发展第十一个五年规划的建议》，强调必须认真解决前进道路上面临的突出矛盾和问题，立足科学发展，着力自主创新，完善体制机制，促进社会和谐，为后十年顺利发展打下坚实基础。胡锦涛指出，科学发展观是推动经济社会发展、加快推进社会主义现代化必须长期坚持的重要指导思想。要坚持发展为了人民、发展依靠人民、发展成果由人民共享,不断实现好、维护好、发展好最广大人民的根本利益。

12月,中共中央、国务院发出《关于深化文化体制改革的若干意见》,指出要形成科学有效的宏观文化管理体制,富有效率的文化生产和服务的微观运行机制,以及新的文化产业格局、文化市场体系,文化创新体系和文化开放格局。中共中央、国务院发出《关于推进社会主义新农村建设的若干意见》,提出要统筹城乡经济社会发展,推进现代农业建设,促进农民持续增收,加强农村基础设施建设,加快发展农村社会事业,全面深化农村改革,加强农村民主政治建设。

这一年国内生产总值18.2万亿元(比上年增长9.9%)。全国财政收入3.2万亿元。国家外汇储备8 789亿美元。全年社会消费品零售总额达到6.7万亿元,消费价格比上年增长1.8%。全年进出口总额1.4万亿美元,出超1 019亿美元。城镇居民人均可支配收入10 493元,农村居民人均纯收入3 255元。

2006 年

1月,全国科学技术大会部署实施《国家中长期科学和技术发展规划纲要(2006~2020年)》。中共中央、国务院作出《关于实施科技规划纲要,增强自主创新能力的决定》,提出2020年使我国进入创新型国家行列的目标。《中国对非洲政策文件》发表,中国政府致力于建立和发展中非间政治上平等互信、经济上合作共赢、文化上交流互鉴的新型战略伙伴关系。

3月,十届全国人大五次会议通过《中华人民共和国物权法》。胡锦涛提出,要引导广大干部群众特别是青少年树立以"八荣八耻"为主要内容的社会主义荣辱观。5月,中央精神文明建设指导委员会发出《关于深入学习实践社会主义荣辱观,大力加强思想道德建设的意见》。

4月,中共中央、国务院发布《关于促进中部地区崛起的若干意见》,要求把中部地区建设成全国重要的粮食生产基地、能源原材料基地、现代装备制造及高技术产业基地和综合交通运输枢纽,使中部地区在发挥承东启西和产业发展优势中崛起。

5月,国务院发出《关于推进天津滨海新区开发开放有关问题的意见》。

6月,胡锦涛在上海合作组织成员国元首理事会第六次会议上指出,要坚定不移地倡导和实践互信、互利、平等、协商,尊重多样文明,谋求共同发展的"上海精神"。

7月,胡锦涛在庆祝中国共产党成立85周年暨总结保持共产党员先进性教育活动大会上指出,保持和发展党的先进性是马克思主义政党自身建设的根本任务和永恒课题,必须把加强党的先进性建设作为一项重大战略任务更加突出、更加紧迫地提到全党面前。胡锦涛在全国统战工作会议上指出，要正确认识和处理政党关系、民族关系、宗教关系、阶层关系、海内外同胞关系，把统一战线建设成为坚持以人为本、具有强大凝聚力，具有空前广泛性和巨大包容性的统一战线。中共中央发出《关于巩固和壮大新世纪新阶段统一战线的意见》。

10月，中共十六届六中全会通过《关于构建社会主义和谐社会若干重大问题的决定》，提出社会和谐是中国特色社会主义的本质属性，是国家富强、民族振兴、人民幸福的重要保证。胡锦涛指出，我国发展已站在一个新的历史起点上，经济体制深刻变革，社会结构深刻变动，利益格局深刻调整，思想观念深刻变化，深层次矛盾逐步显现，必须把构建社会主义和谐社会摆在更加突出的地位。要把各方面的积极性引导到实现科学发展上来，扎实促进经济又好又快发展。

这一年国内生产总值20.9万亿元（比上年增长10.7%）。全国财政收入3.9万亿元。国家外汇储备1.1万亿美元。全年社会消费品零售总额达到7.6万亿元，消费价格比上年增长1.5%。全年进出口总额1.8万亿美元，出超1 775亿美元。城镇居民人均可支配收入11 759元，农村居民人均纯收入3 587元。

2007年

1月，胡锦涛在中央纪委第七次全体会议上讲话，要求在各级领导干部中大力倡导勤奋好学、学以致用，心系群众、服务人民，真抓实干、务求实效，艰苦奋斗、勤俭节约，顾全大局、令行禁止，发扬民主、团结共事，秉公用权、廉洁从政，生活正派、情趣健康的良好风气。

6月，胡锦涛在中央党校讲话指出，科学发展观，第一要义是发展，核心是以人为本，基本要求是全面协调可持续，根本方法是统筹兼顾。必须坚定不移地坚持解放思想，坚定不移地推进改革开放，坚定不移地落实科学发展、社会和谐，坚定不移地为全面建设小康社会而奋斗。

7月，胡锦涛在庆祝香港回归祖国10周年大会暨香港特别行政区第三届政府就职典礼上讲话，指出最重要的是坚持全面准确地理解和贯彻执行"一国两制"方针，坚持严格按照基本法办事，坚持集中精力发展经济、改善民生，坚持维护社会和谐稳定。

10月，中国共产党第十七次全国代表大会召开。胡锦涛作《高举中国特色社会主义伟大旗帜　为夺取全面建设小康社会新胜利而奋斗》的报告，提出改革开放以来我们取得一切成绩和进步的根本原因归结起来就是：开辟了中国特色社会主义道路，形成了中国特色社会主义理论体系。高举中国特色社会主义伟大旗帜，最根本的就是要坚持这条道路和这个理论体系。在当代中国，坚持中国特色社会主义道路，就是真正坚持社会主义，坚持中国特色社会主义理论体系，就是真正坚持马克思主义。报告还对深入贯彻落实科学发展观、继续推进改革开放和社会主义现代化建设、实现全面建设小康社会的宏伟目标作出了全面部署，对以改革创新精神全面推进党的建设新的伟大工程提出了明确要求。

这一年国内生产总值24.7万亿元（比上年增长11.4%）。全国财政收入5.1万亿元。国家外汇储备1.5万亿美元。全年社会消费品零售总额达到9.0万亿元，消费价格比上年增长4.8%。全年进出口总额2.2万亿美元，出超2622亿美元。城镇居民人均可支配收入11759元，农村居民人均纯收入4140元。

2008 年

1月，《求是》杂志发表胡锦涛文章，指出我国改革开放"十个结合"的宝贵经验阐明了我们党在改革开放实践中是如何坚持和发展马克思主义、如何坚持和发展社会主义、如何全面推进中国特色社会主义事业、如何统筹国内国际两个大局、如何加强和改善党的领导，是很有政治分量和理论内涵的。胡锦涛在中央政治局第三次集体学习会上提出，要扎扎实实地把十七大提出的新要求贯彻到社会主义现代化建设的各个方面，落实到改革发展稳定各个环节。

1月至2月，我国南方发生大范围低温雨雪冰冻灾害。党中央、国务院多次部署抗灾救灾和灾后重建工作，党和国家领导人分赴各地看望干部群众、指导工作，全国上下齐心协力抗冻救灾。

2月，中共十七届二中全会讨论《关于深化行政管理体制改革的意见》、《国务院机构改革方案（草案）》。

3月，十一届全国人大一次会议审议批准了国务院机构改革方案，探索实行职能有机统一的大部门体制。

3月，"藏独"分裂势力在西藏拉萨市等地制造打砸抢烧严重暴力犯罪事件，自治区政府依法处置，得到国际社会的理解和支持。

5月，四川汶川发生8.0级大地震。面对特大灾害，各级党委快速反应、果断决策、有力指挥，全国军民展开规模空前的大营救、大驰援，处处表现出爱心大奉献和共克时艰大协作。7月，胡锦涛在抗震救灾先进基层党组织和优秀共产党员代表座谈会上讲话，强调万众一心、众志成城，不畏艰险、百折不挠，以人为本、尊重科学的伟大抗震救灾精神，是爱国主义、集体主义、社会主义精神，以及我们党和军队光荣传统和优良作风，中华民族民族精神在当代中国的集中体现和新的发展。

5月，胡锦涛与中国国民党主席吴伯雄会谈，强调把握用好难得的历史机遇，继续依循并切实落实"两岸和平发展共同愿景"，希望国共两党和两岸双方共同努力，建立互信，搁置争议，求同存异，共创双赢。

8月，北京，举世瞩目的第29届奥运会获得圆满成功。中国领导人希望通过举办北京奥运会，更加有力地推动国际奥林匹克运动发展，更加广泛地弘扬奥林匹克精神，更加积极地开展中国同世界各国在体育及各个领域的合作，更加充分地表达中国人民同世界各国人民共享发展成果、共创美好未来的真诚愿望。

9月，中共中央政治局决定从当月开始，用一年半左右时间，在全党分批开展深入学习实践科学发展观活动。

10月，党的十七届三中全会通过《关于推进农村改革发展若干重大问题的决定》，对新形势下推进农村改革发展进行了全面部署。我国领导人在北京召开的第七届亚欧首脑会议上呼吁世界各国加强政策协调、密切合作、共同应对由美国次贷危机引发的金融危机这一全球性挑战。

12月，胡锦涛在纪念中共十一届三中全会召开30周年大会上讲话，高度评价十一届三中全会的重要意义和历史功绩，系统阐述改革开放"十个结合"的宝贵经验，明确指出继续推进改革开放伟大事业的前进方向。胡锦涛在中央军委扩大会议上提出"忠诚于党、热爱人民、报效国家、献身使命、崇尚荣誉"的当代革命军人核心价值观。胡锦涛在纪念《告台湾同胞书》发表30周年座谈会上发表讲话，在中央对台工作大政方针的基础上，提出推动两岸关系和平发展的六点意见。

这一年国内生产总值30.1万亿元（比上年增长9.0%）。全年税收收入5.8万亿元。国家外汇储备1.9万亿美元。全年社会消费品零售总额10.8万亿元，消费价格比上年上涨5.9%。全年进出口总额2.6万亿美元，出超2 955亿美元。城镇居民人均可支配收入15 781元，农村居民人均纯收入4 761元。

2009年

3月，中共中央、国务院公布《关于深化医药卫生体制改革的意见》，国务院印发《医药卫生体制改革近期重点实施方案（2009~2011年）》。

7月，新疆乌鲁木齐发生打砸抢烧严重暴力犯罪事件。党和政府果断决策，妥善处置，控制了事态发展，当地生产生活逐步恢复正常。

9月，国务院公布《关于开展新型农村社会养老保险试点的指导意见》，决定开展新型农村社会养老保险试点，探索建立个人缴费、集体补助、政府补贴相结合的新农保制度，2020年之前基本实现对农村适龄居民的全覆盖。后来根据此项工作进展情况，国务院决定提前到 2015 年实现全覆盖的目标。

9 月，中共十七届四中全会通过《关于加强和改进新形势下党的建设若干重大问题的决定》，强调要建设马克思主义学习型政党，坚持和健全民主集中制，深化干部人事制度改革，做好抓基层打基础工作，弘扬党的优良作风，加快推进惩治和预防腐败体系建设，不断提高党的建设科学化水平。

12 月，《马克思恩格斯文集》和《列宁专题文集》出版。

这一年国内生产总值 33.5 万亿元（比上年增长 8.7%）。全年财政收入 6.8 万亿元。国家外汇储备 2.4 万亿美元。全年社会消费品零售总额 12.5 万亿元，消费价格比上年下降 0.7%。全年进出口总额 2.2 万亿美元，出超 1 961 亿美元。城镇居民人均可支配收入 17 175 元，农村居民人均纯收入 5 153 元。

2010 年

4 月，中共中央办公厅转发《中央组织部、中央宣传部关于在党的基层组织和党员中深入开展创先争优活动的意见》，对开展创先争优活动作出部署。胡锦涛在全党深入学习实践科学发展观活动总结大会上讲话，阐述学习实践活动的经验和启示，对以改革创新精神加强党的建设提出明确要求。国务院发出《关于坚决遏制部分城市房价过快上涨的通知》，提出一系列政策措施，遏制部分城市房价过快上涨。翌年 1 月，国务院办公厅发出《关于进一步做好房地产市场调控工作有关问题的通知》。

4 月，青海玉树发生 7.1 级地震，全党全军全国各族人民众志成城、团结奋战，夺取了抗震救灾斗争的重大胜利。灾后重建工作随之全面展开。

5 月至 10 月，中国 2010 年上海世界博览会举行，主题是"城市，让生活更美好"。246 个国家和国际组织参展。中外参观者达 7 308 万人次，创造了世博会历史上的新纪录。

5 月，中共中央、国务院召开新疆工作座谈会，对新形势下实现新疆跨越式发展和长治久安作出决策部署。

6 月，中共中央印发《关于加强和改进新形势下党史工作的意见》，明确规定新形势下党史工作的指导思想、基本要求和主要任务，对加强党对党史工作的领导、提高党史工作科学化水平提出新要求。7 月，中共中央召开全国党史工作会议。

6 月，海峡两岸关系协会与台湾海峡交流基金会在重庆签署《海峡两岸经济合作框架协议》，推进了两岸经济合作机制化和制度化进程。

7 月，中共中央、国务院印发《国家中长期教育改革和发展规划纲要（2010~

2020年)》。

8月，甘肃舟曲发生特大山洪泥石流灾害，全党全军全国各族人民团结奋战，夺取了抢险救灾的重大胜利。

10月，中共十七届五中全会通过《关于制定国民经济和社会发展第十二个五年规划的建议》，提出适应国内外形势新变化，顺应各族人民过上更好生活新期待，以科学发展为主题，以加快转变经济发展方式为主线，深化改革开放，保障和改善民生，巩固和扩大应对国际金融危机冲击成果，促进经济长期平稳较快发展和社会和谐稳定，为全面建成小康社会打下具有决定性意义的基础。

12月，中共中央、国务院作出《关于加快水利改革发展的决定》，对新形势下水利改革发展作出一系列明确规定。

年底中国特色社会主义法律体系形成。涵盖社会关系各个方面的法律部门已经齐全，各法律部门中基本的、主要的法律已经制定，相应的行政法规和地方性法规比较完备。

这一年国内生产总值39.8万亿元（比上年增长10.3%）。全年财政收入8.3万亿元。国家外汇储备2.8万亿美元。全年社会消费品零售总额15.7万亿元，消费价格比上年上涨3.3%。全年进出口总额3.0万亿美元，出超1 831亿美元。城镇居民人均可支配收入19 109元，农村居民人均纯收入5 919元。

2011年

2月，胡锦涛在中央党校省部级主要领导干部社会管理及其创新专题研讨班开班式上讲话，阐述加强和创新社会管理的重要性和紧迫性，提出新形势下加强和创新社会管理、做好群众工作的总体思路和重点任务。

3月，十一届全国人大四次会议批准《国民经济和社会发展第十二个五年规划纲要》。中共中央、国务院印发《关于分类推进事业单位改革的指导意见》，对事业单位改革作出全面部署。

4月，金砖国家领导人第三次会晤在海南三亚举行，发表《三亚宣言》。此前中国、巴西、俄罗斯、印度四国领导人分别于2009年6月、2010年4月在俄罗斯和巴西举行两次会晤。2010年12月，吸收南非作为正式成员加入金砖国家合作机制，金砖四国更名为"金砖国家"。

4月，国家统计局公布第六次全国人口普查主要数据，全国总人口为13.7亿，其中普查登记的大陆31个省、自治区、直辖市和现役军人的人口为13.4亿。

5月，胡锦涛主持召开中共中央政治局会议，研究加强和创新社会管理问题。强调要以解决影响社会和谐稳定突出问题为突破口，通过协调社会关系、规范社会行为、化解社会矛盾和深入细致的群众工作，维护人民群众权益，促进社会公平正义，保持社会良好秩序，有效应对社会风险，为党和国家事业发展营造更加良好的社会环境。

6月，胡锦涛在中共中央政治局就保持和发展党的先进性研究进行第三十次集体学习上强调，要深刻认识和充分运用党的建设历史经验，不断推进新形势下党的先进性建设。

7月，胡锦涛在庆祝中国共产党成立90周年大会上讲话，总结了党领导革命、建设和改革的宝贵经验，提出了新的历史条件下提高党的建设科学化水平的目标任务，阐述了在新的历史起点上把中国特色社会主义伟大事业全面推向前进的大政方针。提出面对世情、国情、党情深刻变化的新形势，必须始终保持党开拓前进的精神动力，始终保持党同人民群众的血肉联系，始终保持党的蓬勃活力，始终保持党的肌体健康。

后 记

这部书稿是我们承担 2007 年教育部哲学社会科学研究重大课题攻关项目《改革开放以来马克思主义在中国的发展》（批准号 07JZD002）的最终研究成果，这个成果的前期准备包括两部双年度《当代中国马克思主义研究报告》(2007~2008 年主题："聚焦党的十七大与纪念改革开放三十周年"；2009~2010 年主题："推进马克思主义中国化时代化大众化")。本书稿由复旦大学马克思主义研究院顾钰民、肖巍负责的研究团队合作完成，作者分工：导论，顾钰民；第一篇，余源培、孙谦；第二篇，肖巍、吴海江；第三篇，顾钰民、肖巍、郎秀云、李聪、唐斌；第四篇，肖巍、钱箭星；第五篇，徐蓉、杨龙波；大事记的编者是肖巍。顾钰民、肖巍负责统稿。另外，吴晓明、余源培、陈学明参与了项目设计。初稿送审时，评审组专家提出了许多宝贵意见，使我们很受启发，并据以修改完善。书稿还得到了复旦大学社会科学基础部许多教师的支持；一些博士、硕士研究生也参与了材料整理等辅助工作。在此，一并致以真诚的感谢。

复旦大学马克思主义研究院
2011 年 9 月初稿；2012 年 6 月修改

教育部哲学社会科学研究重大课题攻关项目成果出版列表

书　名	首席专家
《马克思主义基础理论若干重大问题研究》	陈先达
《马克思主义理论学科体系建构与建设研究》	张雷声
《马克思主义整体性研究》	逄锦聚
《改革开放以来马克思主义在中国的发展》	顾钰民
《当代中国人精神生活研究》	童世骏
《弘扬与培育民族精神研究》	杨叔子
《当代科学哲学的发展趋势》	郭贵春
《面向知识表示与推理的自然语言逻辑》	鞠实儿
《当代宗教冲突与对话研究》	张志刚
《马克思主义文艺理论中国化研究》	朱立元
《历史题材文学创作重大问题研究》	童庆炳
《现代中西高校公共艺术教育比较研究》	曾繁仁
《楚地出土戰國簡册［十四種］》	陳偉
《京津冀都市圈的崛起与中国经济发展》	周立群
《金融市场全球化下的中国监管体系研究》	曹凤岐
《中部崛起过程中的新型工业化研究》	陈晓红
《中国市场经济发展研究》	刘　伟
《全球经济调整中的中国经济增长与宏观调控体系研究》	黄　达
《中国特大都市圈与世界制造业中心研究》	李廉水
《中国产业竞争力研究》	赵彦云
《东北老工业基地资源型城市发展接续产业问题研究》	宋冬林
《转型时期消费需求升级与产业发展研究》	臧旭恒
《中国民营经济制度创新与发展》	李维安
《中国现代服务经济理论与发展战略研究》	陈　宪
《中国转型期的社会风险及公共危机管理研究》	丁烈云
《人文社会科学研究成果评价体系研究》	刘大椿
《中国工业化、城镇化进程中的农村土地问题研究》	曲福田
《东北老工业基地改造与振兴研究》	程　伟

书　名	首席专家
《全面建设小康社会进程中的我国就业发展战略研究》	曾湘泉
《自主创新战略与国际竞争力研究》	吴贵生
《转轨经济中的反行政性垄断与促进竞争政策研究》	于良春
《面向公共服务的电子政务管理体系研究》	孙宝文
《中国加入区域经济一体化研究》	黄卫平
《金融体制改革和货币问题研究》	王广谦
《人民币均衡汇率问题研究》	姜波克
《我国土地制度与社会经济协调发展研究》	黄祖辉
《南水北调工程与中部地区经济社会可持续发展研究》	杨云彦
《产业集聚与区域经济协调发展研究》	王　珺
《我国民法典体系问题研究》	王利明
《中国司法制度的基础理论问题研究》	陈光中
《多元化纠纷解决机制与和谐社会的构建》	范　愉
《中国和平发展的重大国际法律问题研究》	曾令良
《中国法制现代化的理论与实践》	徐显明
《农村土地问题立法研究》	陈小君
《生活质量的指标构建与现状评价》	周长城
《中国公民人文素质研究》	石亚军
《城市化进程中的重大社会问题及其对策研究》	李　强
《中国农村与农民问题前沿研究》	徐　勇
《西部开发中的人口流动与族际交往研究》	马　戎
《中国边疆治理研究》	周　平
《中国大众媒介的传播效果与公信力研究》	喻国明
《媒介素养：理念、认知、参与》	陆　晔
《创新型国家的知识信息服务体系研究》	胡昌平
《数字信息资源规划、管理与利用研究》	马费成
《新闻传媒发展与建构和谐社会关系研究》	罗以澄
《数字传播技术与媒体产业发展研究》	黄升民
《教育投入、资源配置与人力资本收益》	闵维方
《创新人才与教育创新研究》	林崇德
《中国农村教育发展指标体系研究》	袁桂林
《高校思想政治理论课程建设研究》	顾海良

书　名	首席专家
《网络思想政治教育研究》	张再兴
《高校招生考试制度改革研究》	刘海峰
《基础教育改革与中国教育学理论重建研究》	叶　澜
《公共财政框架下公共教育财政制度研究》	王善迈
《农民工子女教育问题研究》	袁振国
《中国青少年心理健康素质调查研究》	沈德立
《处境不利儿童的心理发展现状与教育对策研究》	申继亮
《学习过程与机制研究》	莫　雷
《WTO主要成员贸易政策体系与对策研究》	张汉林
《中国和平发展的国际环境分析》	叶自成
*《西方文论中国化与中国文论建设》	王一川
*《中国抗战在世界反法西斯战争中的历史地位》	胡德坤
*《近代中国的知识与制度转型》	桑　兵
*《中国水资源的经济学思考》	伍新林
*《中国金融国际化中的风险防范与金融安全研究》	刘锡良
*《中国政治文明与宪法建设》	谢庆奎
*《地方政府改革与深化行政管理体制改革研究》	沈荣华
*《知识产权制度的变革与发展研究》	吴汉东
*《中国能源安全若干法律与政府问题研究》	黄　进
*《我国地方法制建设理论与实践研究》	葛洪义
*《我国资源、环境、人口与经济承载能力研究》	邱　东
*《产权理论比较与中国产权制度变革》	黄少安
*《中国独生子女问题研究》	风笑天
*《当代大学生诚信制度建设及加加强大学生思想政治工作研究》	黄蓉生
*《中国艺术学科体系建设研究》	黄会林
*《边疆多民族地区构建社会主义和谐社会研究》	张先亮
*《非传统安全合作与中俄关系》	冯绍雷
*《中国的中亚区域经济与能源合作战略研究》	安尼瓦尔·阿木提
*《冷战时期美国重大外交政策研究》	沈志华
……	

* 为即将出版图书